INHALT

IV. Homosexualität im Kontext der Seelsorge

Mein Dank gilt den Vorstandsmitgliedern (Ältesten) der Freien Evangelischen Gemeinde (FEG) Zürich, namentlich Ernst Baumann, Paul Roth und Werner Weber, die mir ihre tatkräftige Unterstützung für diese wissenschaftliche Arbeit zukommen ließen. Meine Frau und ich sind Herrn Prof. Dr. jur. Werner Kägi und seiner lieben Frau Gertrud, Dörte und Hermann Bopp, Frau Dr. med. Elisabeth Schnorf, Frau Regine Finschi, Annerös und Werner Bucher und der SWF (eine Stiftung für wissenschaftliche Forschung) in Zürich herzlich dankbar für ihre moralische und finanzielle Unterstützung, womit sie die Erscheinung dieses Werkes ermöglicht haben. Für das Mitdenken, Korrigieren und Abschreiben des Manuskripts spreche ich Frau Hanni Tarsis-Dormann und Herrn Carsten Peter Thiede meinen Dank aus. Verdanken möchte ich auch den intensiven Einsatz an der Computer/Druckfront von Peter Deutsch und Hermann Gysel, zwei leitende Brüder einer Berner Gemeinde.

Meine liebe Frau Maria ist mir bei der Literaturbeschaffung und beim Ordnen trotz ihrer Krankheit wiederum als die von Gott geschenkte Partnerin und Gehilfin zur Seite gestanden.

Meine Arbeit soll all denen gewidmet sein, die mir durch ihr Vertrauen an der Bewältigung dieses Themas mitgeholfen haben.

EINLEITUNG

Diese vorliegende Studie untersucht die Gründe der gleichgeschlechtlichen Liebe aus psychoanalytischer und theologischer Sicht. Im Bereich der Seelsorge wurden wir häufig mit dem Problem der Homosexualität konfrontiert. Wir wußten oft nicht, wie wir einem entsprechend veranlagten Christen beistehen sollten. Da sich die Homosexuellen vermehrt zu ihrer Veranlagung bekennen, sehen wir uns zu einer pastoraltheologischen Stellungnahme gedrängt.

Das folgende Beispiel kann dies vergegenwärtigen. Als ein Christ unser Studierzimmer betrat, erklärte er ohne Umschweife: »Ich bin homosexuell und kann meine Neigung weder überwinden noch länger verheimlichen. Ich möchte gern heterosexuell werden und heiraten. Ich wünsche mir Kinder, ja, ich wünsche mir eine verständnisvolle Frau, die meine Not verstehen und mir in Zeiten schlimmer Versuchung helfen könnte.« Wir versuchten, eine Anamnese zu erstellen und herauszufinden, wann und unter welchen Umständen dieser Mann seine homosexuelle Neigung erstmals empfunden hatte. Alles schien darauf hinzudeuten, daß er sich an keinen »Anfang« erinnern konnte. Der Hilfesuchende behauptete, in seinem »Sosein« geboren worden zu sein. Wir standen vor einem Rätsel. Beratungen mit christlichen Psychiatern führten weder zu einer Klärung noch ergaben sich für eine angemessene Hilfe Hinweise. Ein Psychiater meinte, man müsse den Mann in seinem »Sosein« akzeptieren und ihm raten, eine homosexuelle Partnerschaft einzugehen. Diesem Rat konnte aus zwei Gründen nicht Folge geleistet werden: Erstens gehörte der Hilfesuchende einer christlichen Gemeinde an, die eine derartige Partnerschaft aus biblischer Überzeugung nicht dulden konnte. Zweitens wollte der Mann aufgrund seiner biblischen Erkenntnis und seines Wunsches nach einer Ehe nicht mehr in seinem »Sosein« verharren.

Bei den Begegnungen und Gesprächen mit diesem Mann zeigten sich starke Minderwertigkeitskomplexe und ein erhebliches Selbstmitleid. Seine Aggressionen und seine Einsamkeit schienen grenzenlose Dimensionen annehmen zu wollen. Nachdem die Ursachenforschung der homosexuellen Neigung ergebnislos geblieben war, leiteten wir den Mann dazu an, Komplexe, Aggressionen und Selbstmitleid zu bekämpfen und abzulegen. Nach zwei schwierigen Jahren des Kampfes, in denen er täglich mindestens eine Stunde über seine Stellung zu Gott nachgedacht hatte, eröffnete sich ihm ein tiefes und neues Verstehen. Es war ein unvergeßlicher Augenblick, als dieser Christ das Studierzimmer des Seelsorgers betrat und sagte: Er sei frei von Aggressionen seinen Eltern gegenüber; er empfinde kein Selbstmitleid und keine Minderwertigkeitskomplexe mehr.

Und vor allem habe er überhaupt keine gleichgeschlechtlichen Anwand-
lungen mehr ... Mit Vorsicht nahmen wir seine Aussage zur Kenntnis.
Nach kurzer Zeit bestätigte uns auch der Prediger der Gemeinde, daß der
Mann als geheilt betrachtet werden könne; einer Eheschließung stände
nichts im Wege. Im nachhinein muß zugegeben werden, daß die Schlußfolgerung des Verkündigers zu voreilig war. Denn der Ex-Homosexuelle
hatte noch so manche Kämpfe auch nach der Eheschließung durchzuste-
hen.

Keiner von uns, der diesem Christen zur Seite gestanden hatte, wußte,
wie man ihm hätte helfen können, seine homosexuelle Neigung in eine
heterosexuelle umzuwandeln. Wir stellten fest, daß er ohne jeden Zwang
heterosexuelle Empfindungen haben und bekunden konnte, nachdem er
von seinen Komplexen freigeworden war.

Da die tödliche Immunschwächekrankheit AIDS gegenwärtig eine Bedrohung für die Gesellschaft darstellt, melden sich immer mehr bisexuell
wie homosexuell veranlagte Christen. Sie bekennen sich zu ihrem »So-
sein« – und hoffen auf Hilfe. Aus diesem Grunde sahen wir uns veranlaßt,
die Homosexualität im Umfeld von Psychoanalyse, Bibel, Theologie und
Seelsorge zu untersuchen.

Man sollte heute auch Stimmen wie die des jesuitischen Theologen
John J. McNeill wahrnehmen, der die Meinung vertritt, die Bibel verurteile die Homosexualität keineswegs als »schändliche gottwidrige Inversion«, sondern wende sich nur gegen einige pervertierte Formen der
gleichgeschlechtlichen Liebe.[1]

Die Befürworter homosexueller Partnerschaften im Umfeld der Kirchen verweisen auf angeblich bestehende homosexuelle Beziehungen zwischen biblischen Gestalten, wie beispielsweise bei Jonathan und David[2],
Ruth und Naomi[3]. Es werden sogar Mutmaßungen über »erotische Beziehungen« Jesu angestellt.[4] Der Kampf um ein Verbleiben von Homosexuellen im kirchlichen Amt[5] sowie um die Ordination homosexueller Geistli-

---

[1] John J. McNeill, The Church and the Homosexual (Mission/Kansas, 1976), S. 43ff; vgl. Biblisch-Historisches Hand-Wörterbuch (fortan! BHHW), 1962, s.v. »Greuel« von Gosta Lindeskog; Theologisches Wörterbuch zum Neuen Testament (fortan: TWNT) (Stuttgart,
1953); dort auch »bdelyssomai, bdelygma, bdelyktos« v. Werner Foerster.

[2] Gladys Schmitt, David the King (New York, 1973); vgl. Robert L. Treese, »Homosexuality:
A Contemporary View of the Biblical Perspective« in Sally Gearhart und William R.
Johnson (Hrsg.), Loving Women, Loving Men: Gay Liberation and the Church (San Francis-
co, 1974), S. 23–58.

[3] Vgl. Thomas M. Horner Jonathan Loved David (Philadelphia, 1979), S. 40–46.

[4] Thomas F. Driver, »Sexuality and Jesus«, Union Seminary Quarterly Review 20 (März
1965): 235–246.

[5] »Wir sind schwul«, Stern Magazin 41 (5. Okt. 1978): 104–118.

cher nimmt immer größere Dimensionen an.[6] Unsere Gesellschaft hat
sich bereits mit dieser Erscheinung abgefunden und betrachtet die Homosexualität weitgehend als eine »biologisch-soziologische Zeitfrage«.[7]
An den theologischen Hochschulen wurden wir u.E. zu wenig mit der
Anthropologie aus psychologischer Sicht konfrontiert. Die Befunde der
empirischen Psychologie zu den Triebkomponenten beim Menschen wurden uns vorenthalten, obwohl gerade diese Zusammenhänge im Bereich
der Seelsorge für jeden Pfarrer notwendig und wichtig sind. Ein bloßes
Nein zu promiskem Verhalten kann einem Hilfesuchenden kaum dienen,
seine Triebe unter Kontrolle zu halten. Pietistische Strenge ist nur dann
gerechtfertigt, wenn sie auf der Kenntnis der biblischen Haltung zur Sexualität basiert und eine Alternative zu ablehnenden Verhaltensweisen
bietet – oder zu einer angemessenen Kanalisierung der Triebkomponenten der Sexualität, insoweit sie nicht ausgelebt werden kann, beiträgt.

In dieser Arbeit befassen wir uns zuerst mit den Ursachen der Homosexualität aus psychoanalytischer Sicht.

Dabei werden einige Überlegungen zur exegetischen Vorgehensweise
nahegebracht, damit beim Lesen des exegetischen Teils keine Mißver-
ständnisse entstehen. Wir stimmen nicht mit Julius Wellhausens Datierung der Texte von Leviticus 18,22f und 20,13 (d.h. des »Heiligkeitsgesetzes«) überein, da er die nachexilische Zeit als Entstehungszeit für diese
Texte betrachtet.[8] Yehezkel Kaufmann gab im Gegensatz zu Wellhausen
ein viel früheres Datum an.[9] Die Heiligkeitsgesetze könnten aus folgenden
Überlegungen recht früh verfaßt worden sein: Die Ras-Schamra-Texte,
die vor 1200 v.Chr. abgefaßt wurden, informieren uns auch über die Sitten
und Gebräuche der Bevölkerung von Ugarit an der syrischen Mittelmeer-
küste. Sie geben zu Protokoll, daß Unzucht, Ehebruch, Inzest und Zoophilie unter diesen Menschen praktiziert und nicht verpönt wurden.[10] Die
hethitischen Stämme frönten einer Form von Zoophilie uneingeschränkt,
wie das aus ihren Schriften hervorgeht, die im 14. bzw. 13. Jahrhundert
kompiliert wurden.[11] Der kulturelle Einfluß der Ugariter und Hethiter auf

[6] Troy Perry, »Homosexual Ordination: Bishops Feel the Flack«, *Christianity Today* (4.
   März 1966): 516.
[7] Rudolf Klimmer, *Die Homosexualität als biologisch-soziologische Zeitfrage* (Hamburg,
   1965), bes. S. 63–184.
[8] Julius Wellhausen, *Die Composition des Hexateuchs und der historischen Bücher des Alten
   Testaments* (Berlin, 1889), S. 151ff.
[9] Yehezkel Kaufmann, *The Religion of Israel; from Its Beginnings to the Babylonian Exile*
   (Chicago, 1960), S. 175ff.
[10] Adrianus van Selms, *Marriage and Family Life in Ugaritic Literature* (London, 1954),
   S. 74ff.
[11] Ephraim Neufeld, *The Hittite Laws* (London, 1951), S. 188. Neufeld übertrug die Texte
   auf Englisch und Hebräisch und kommentierte sie.

die kanaanitische Kultur war immens. Gegen diese Einflüsse mußten die Hebräer mit ihrem Heiligkeitsgesetz (Lev 17–26) schon früh gewappnet sein. Die Ugariter und Hethiter hießen die Zoophilie (Ehebruch und Inzest) z.B. gut, die Hebräer untersagten jedoch den Interkurs mit Tieren (Lev 18,23) und verlangten für solche Handlung die Todesstrafe (Lev 20,15–16); mit Todesstrafe wurden u.a. auch Ehebruch (20,10) und Inzest (20,11f) geahndet. Das Heiligkeitsgesetz begründet diese Verordnung: ». . . denn all diese Greuel haben die Menschen des Landes getan, die vor euch (da) waren . . .« (Lev 18,17).

Ein frühes Entstehungsdatum der Heiligkeitsgesetze darf aus dem Grund vorausgesetzt werden, weil die Hebräer unmittelbar nach der Eroberung Kanaans sich gegen den Pantheismus der Kanaaniter und deren Praktiken wehren und abgrenzen wollten. Wir untersuchen daher die Aussagen des Leviticus 18,22 und 20,13 über homosexuelle Praktiken unter Berücksichtigung der jeweiligen Umwelt, in der die Hebräer lebten und ihre monotheistische Religion zu wahren hatten.[12]

Die relevanten neutestamentlichen Texte bereiten kaum Datierungsprobleme, da doch eindeutig feststeht, daß der Apostel Paulus den Römerbrief während seines dreimonatigen Aufenthalts in Achaja Anfang 57 und den 1. Korintherbrief um die Zeit des Passah im Jahr 55 aus Ephesus geschrieben hat.[13] An diesen Orten war die Urgemeinde durch die sexuelle Freizügigkeit der griechischen, römischen und kleinasiatischen Einwohner bedroht. Die Argumentation des Apostels beruhte auf pastoralen Überlegungen, bei denen es auch um den Schutz der Institution der heterosexuellen Ehe ging.[14]

Im Anschluß an die Exegese der relevanten biblischen Texte untersuchen wir deren Anwendung im Umfeld der Theologie. Uns interessiert die Haltung der römisch-katholischen und der protestantischen Theologen gegenüber der Homosexualität.

Wir versuchen dann, der Frage einer Umwandlung der Homosexualität in Heterosexualität nachzugehen. Die wissenschaftlichen Erkenntnisse auf diesem Gebiet sind für hilfesuchende Homosexuelle vielversprechend. Auch die Ergebnisse psychotherapeutischer Behandlungen sind zum Teil ermutigend. Ob man einem hilfesuchenden Homosexuellen zur Um-

---

[12] Vgl. Louis Finkelstein, *The Jews: Their History, Culture, and Religion* (New York, 1949), Bd. 1, S. 10ff.

[13] John A.T. Robinson, *Wann entstand das Neue Testament?* (Paderborn-Wuppertal, 1986), S. 62f.

[14] Vgl. Michael Green, *Evangelisation zur Zeit der ersten Christen* (Neuhausen, 1970), S. 18ff, 299ff.

wandlung seiner Neigung helfen sollte, ist nach wie vor Gegenstand einer heftigen Kontroverse, die von Homophilen ausgelöst wurde.[15]

Wir konnten die Frage der AIDS-Krankheit im pastoraltheologischen Teil nicht umgehen und skizzieren deshalb ihre Entstehung und Ausbreitung sowie die diesbezügliche theologische Auseinandersetzung. Die pastoralen Vorschläge zum Umgang mit Christen, die unter ihrer bi- oder homosexuellen Neigung leiden, bleiben notwendigerweise sehr begrenzt, geht es in diesem Teil der Studie doch vor allem um die Untersuchung der Theorien zur Seelsorge und ihre Anwendung in der Arbeit mit Homosexuellen.

Es ist die Hoffnung des Verfassers, daß diese Studie Anregungen für die kirchlichen – und möglicherweise außerkirchlichen Kreise geben und etwas zur sachlich-kritischen Auseinandersetzung mit dem Thema beitragen kann.

---

[15] Vgl. Cornelius Beukenkampf, »A Rationale for the Treatment of the Homosexual Symptom« in Juan C. Moreno (Hrsg.), *The International Handbook of Group Psychotherapy* (New York, 1966), S. 664–666.

I. Zu den Ursachen der Homosexualität

1. Definition der relevanten Begriffe

Das griechische Wort *homo(ios)* und das lateinische *sex(us)* liegen dem Begriff Homosexualität zugrunde, der im 19. Jahrhundert zur Bezeichnung eines abnormen, auf Menschen gleichen (homo-) Geschlechts (sexus) gerichteten Sexualempfindens entstand.[1] Geprägt wurde der Begriff »Homosexualität« im Jahre 1869 vom österreichischen Schriftsteller Karoly Maria Bennert, der unter dem Namen Kertbeny schrieb und selbst gleichgeschlechtlich empfand.[2]

In einem nichtwissenschaftlichen Zusammenhang meint Homosexualität ausschließlich die gleichgeschlechtliche Liebe zwischen Männern, während lesbische Liebe auf das weibliche Geschlecht beschränkt bleibt.[3]

Der Begriff Lesbianismus (lesbische Liebe) bezeichnet die Homosexualität der Frauen. Er leitet sich von der Insel Lesbos (neugriech. Mytilini) ab und bezieht sich auf das angebliche Verhalten der griechischen Lyrikerin Sappho, die in der Antike (um 600 v.Chr.) auf Lesbos lebte. Sie scharte adelige junge Mädchen zu einer Kommunität, die der Liebesgöttin Aphrodite sowie den Musen geweiht war, um sich. Sappho unterwies die Mädchen bis zum Eintritt in die Ehe. Der Inhalt der Liebes- und Hochzeitslieder der Dichterin soll überwiegend homosexuellen Charakter aufweisen.[4]

Der Begriff Päderastie gibt das griechische Wort *paiderastia* wieder und bezeichnet die Knabenliebe. Ein Päderast ist ein homosexueller Mann, der mit minderjährigen Knaben sexuelle Beziehungen unterhält.[5]

---

[1] Peter Coleman, *Christian Attitudes to Homosexuality* (London, 1980), S. 4; *Collier's Encyclopedia*, 1980, s.v. »Homosexuality« von Lawrence J. Hatterer.

[2] Erwin H. Haeberle, *Die Sexualität des Menschen* (Berlin-New York, 1985), S. 242, 490.

[3] *Der Große Duden: Herkunftswörterbuch*, 1963, S. 271f; *Encyclopedia Americana*, 1982, s.v. »Homosexuality« von Judd Marmor.

[4] *Der Neue Knaur*, 1975, s.v. »Sappho« und »Lesbianismus«; Johannes Irmscher, *Das Große Lexikon der Antike* (München, 1976), s.v. »Lesbianismus« und »Sappho«; E. Lobel und D. Page, *Poetarum Lesbiorum Fragmenta* (Oxford, 1955), S. 2–110; vgl. Ralph H. Gundlach und Bernhard F. Riess, »Self and Sexual Identity in the Female: A Study of Female Homosexuals« in B.F. Riess (Hrsg.), *New Directions in Mental Health* (New York, 1968), S. 205–232; F.E. Kenyon, »Studies in Female Homosexuality«, *British Journal of Psychiatry* 114 (1968): 1337–1350.

[5] *Webster's New Collegiate Dictionary*, 1981, s.v. »Pederasty«.

In Frankreich bleiben solche Handlungen mit Jugendlichen über fünfzehn Jahren straffrei.[6]

Den Terminus Onanie (Masturbation) verwendet man für geschlechtliche Selbstbefriedigung durch Reizung der eigenen Geschlechtsorgane. Er wird hergeleitet vom Namen Onan, eines Sohnes des Juda. Onan heiratete auf den Willen seines Vaters hin die Witwe seines älteren Bruders. Er verhinderte jedoch ihre Befruchtung durch *coitus interruptus* (vgl. Gen 38,8–10).[7]

In der vorliegenden Studie wird auch der Begriff Inversion bzw. Invert verwendet. Das lateinische Wort *inversio* bezeichnet u.a. die Umkehrung des Geschlechtstriebes. Wir werden diesen Begriff auch im Blick auf die Homosexualität benutzen.[8]

Ein weiterer Fachausdruck in unserer Arbeit ist der der Perversion, worunter man abnorme sexuelle Verhaltensweisen versteht. Der Begriff beinhaltet sexuelle Befriedigung, die nur oder vorwiegend außerhalb der physiologisch sinnvollen Vereinigung der Genitalorgane eines Mannes und einer Frau erreicht wird[9], wie zum Beispiel beim Exhibitionismus, d.h. der Gewinnung sexueller Befriedigung durch Zurschaustellen der Genitalien[10]; bei Voyeurismus, womit sexuelle Befriedigung bezeichnet wird, die durch bloßes Beobachten, insbesondere von sexuellen Handlungen anderer oder auch nur von nackten Körpern erreicht wird.[11] Auch Masochismus gehört zur Perversion, d.h. die Gewinnung sexueller Befriedigung aus dem Erlebnis eigener körperlicher oder seelischer Mißhandlung.[12] Zur Perversion zählt auch der Transvestitismus, worunter man die triebhafte Vorliebe für das Tragen von Kleidern des anderen Geschlechts versteht.[13]

---

[6] Evelyn Kobelt, »Genfer Sittenskandal zieht weite Kreise«, *Der Bund* (Bern), 18. Juli 1986, S. 11.

[7] *Der Neue Knaur*, s.v. »Onanie«; *Webster's New Collegiate Dictionary*, s.v. »Masturbation« und »Onanism«; vgl. Wilhelm Stekel, *Onanie und Homosexualität* (Wien–Berlin 1921), S. 101–146.

[8] *Webster's New Twentieth Century Dictionary of the English Language*, 1979, s.v. »Inversion«; vgl. Evelyne Hooker: »Male Homosexuals and Their ›Worlds‹« in Judd Marmor (Hrsg.), *Sexual Inversion: The Multiple Roots of Homosexuality* (New York, 1965), S. 83–107.

[9] Willibald Pschyrembel, *Klinisches Wörterbuch mit klinischen Syndromen* (Berlin–New York, 1975), S. 927; C.N. Armstrong, »Diversities of Sex«, *British Medical Journal* 4923 (1955): 1173–1177.

[10] *Der Neue Knaur*, 1975, s.v. »Exhibitionismus«.

[11] Ebenda, s.v. »Voyeurismus«; vgl. »Erklärungen zu einigen Fragen der Sexualethik«, *L'Osservatore Romano* 4 (1976): S. 3–5.

[12] *Der Neue Knaur*, s.v. »Masochismus«; vgl. »Homosexualität und Kirche«, Sendung des Zweiten Deutschen Fernsehens, 9. August 1976.

[13] Peter C. Craigie, *The Book of Deuteronomy* (Grand Rapids, 1976), S. 287f; vgl. Martin Roth und John R.B. Ball, »Psychiatric Aspects of Intersexuality« in Charles Nathaniel

Freud verwendet den Begriff Sadismus zur Umschreibung der sexuellen Befriedigung durch Mißhandlung anderer Menschen aufgrund einer quasi-fehlerhaften Koppelung von Sexualität und Aggressivität.[14] Ein letzter Begriff, der unter Perversion fällt, ist jener der Sodomie (oder Zoophilie), womit der geschlechtliche Verkehr von Menschen mit Tieren bezeichnet wird.[15]

In dieser Arbeit wird der Begriff Perversion jeweils durch Hinweis auf eine bzw. mehrere der obenerwähnten spezifischen Praktiken näher erklärt.

Homophilie wird synonym zu Homosexualität verwendet; der gegenteilige Begriff Homophobie wird im Sinne einer ängstlichen Reaktion seitens der heterosexuellen Mehrheit bei Kontaktnahme mit Homosexuellen und deren Kultur verwendet.[16]

2. Kausale Faktoren

Die Frage nach den Ursachen der Homosexualität ist noch nicht endgültig beantwortet.[17] Die Diskussion hält an; ein Konsens unter den Wissenschaftlern ist bisher nicht erreicht worden.

Bereits im letzten Jahrhundert wurden verschiedene Hypothesen, die man von homosexuellen Verhaltensweisen ableitete, aufgestellt. Daß die Entstehung der Homosexualität nicht eindeutig geklärt worden ist, mag nicht zuletzt in den diversen Methoden empirischer Erhebungen wurzeln. Es wäre jedenfalls unvorsichtig und anmaßend, sich auf eine der Theorien festzulegen und nur sie als Basis für moraltheologische Argumentationen zu verwenden.[18]

Armstrong und Alan John Marshall (Hrsg.), *Intersexuality in Vertebrates Including Man* (London, 1964), S. 385–443.

[14] *Der Neue Knaur*, s.v. »Sadismus«; vgl. Herman Morris und S.B. Wortis, »Aberrant Sex Behavior in Humans«, *Annals of the New York Academy of Science*, 47 (5) (1947): 639–645.

[15] *Der Neue Knaur*, s.v. »Zoophilie« und »Sodomie«; vgl. John H. Cagnon und William Simon, »Sexual Deviance in Contemporary America«, *Annals of the American Academy of Political and Social Science* 376 (1968): 106–122.

[16] Vgl. Alan P. Bell und Martin S. Weinberg, *Homosexualities* (New York, 1978), S. 100ff, mit Peter Coleman, *Christian Attitudes to Homosexuality*, S. 4.

[17] Alan J. Cooper, »Aetiology of Homosexuality« in J.A. Loraine (Hrsg.), *Understanding Homosexuality: Its Biological and Psychological Basis* (Lancaster, 1974), S. 1f.

[18] John Kleinig und Henry Schmidt argumentieren: Solange die Wissenschaft noch keinen Konsens hinsichtlich der Entstehung homosexuellen Verhaltens erreicht hat und keine der Theorien als bindend nachgewiesen ist, kann sich ein Theologe keiner der wissenschaftlichen Hypothesen ausschließlich verschreiben. Dennoch hat er den Stand der wis-

Bereits die akzeptierte Definition der Homosexualität scheint uns nicht eindeutig genug zu sein. Manche Erklärungen verstehen darunter auch gegenseitige Masturbation sowie das Berühren der Geschlechtsorgane des Partners mit dem Mund[19], wobei die betroffenen Partner nicht immer klar identifiziert sind (Beziehung homosexuell und/oder heterosexuell?). Solche erotischen Beziehungen ließen sich auch ausklammern und unter »abnormes Sexualverhalten« ablegen. Grundsätzlich betrachtet die heutige Sexualwissenschaft die Homosexualität jedoch als eine der vielen möglichen Ausdrucksformen der Sexualität[20] und als persönliche Veranlagung, »nicht (wie man weithin meint) (als) eine Verhaltensweise«.[21] Letzteres gilt als Hinweis darauf, daß die Befunde nicht übereinstimmen.

Jedoch hat Martin Dannecker in einem Gespräch mit Helmuth Zenz und Gabriele Manok die Frage nach der Definition der Homosexualität wie folgt beantwortet: »Leute, die selber von sich sagen, sie seien homosexuell oder bisexuell. Man kann nur über die Homosexuellen sprechen, bei denen es ein Stück weit Selbstidentifizierung als Homosexuelle gibt. Zwar kann auch jemand homosexuell sein, der vorbewußt oder unbewußt erotische oder sexuelle Wünsche nach einem gleichgeschlechtlichen Sexualobjekt hat, diese Wünsche aber bewußt nicht aushält und deshalb verleugnet. Nur, solche Personen werden von der Wissenschaft nicht erfaßt . . .« Dannecker meint, die, »die später ausschließlich homosexuell sind, hatten schon vor der Pubertät gleichgeschlechtliche Schwärmereien . . . Der Wunsch nach bestimmten Sexualobjekten ist ja wie ein Zwang, das können wir uns nicht aussuchen.« Der Wissenschaftler verneint eine vererbte Homosexualität und führt aus: »Homosexualität ist nach meiner Auffassung nicht angeboren, sondern eine spezielle Bahnung der sexuellen Ausstattung in der Lebensgeschichte.«[21a]

Götz Kockott fragt »zur Klärung homosexueller Neigungen zusätzlich nach, ob und wie der Patient durch Personen oder Abbildungen von Personen gleichen Geschlechts sexuell angeregt« wird, und fragt auch »nach

---

senschaftlichen Erkenntnisse zu verfolgen, um einem hilfesuchenden Homosexuellen jede mögliche Hilfe bieten zu können. Vgl. John Kleinig, »Reflections on Homosexuality«, *Australian Journal of Christian Education* 59 (Sept. 1977): 32ff. Vgl. Henry J. Schmidt, »The Church's Ministry to Persons with a Homosexual Orientation« (Vorlesungsdruckschrift, MBB Seminary, Fresno, Nov. 1980), S. 2ff; David Ewert, »The Bible, Homosexuality and the Church«, *The Christian Leader* (Hillsboro, 1980), S. 9.

[19] *Meyers kleines Lexikon: Psychologie* (1968), s.v. »Homosexualität«.

[20] *Meyers Enzyklopädisches Lexikon* (1974), s.v. »Homosexualität«; vgl. A.C. Kinsey, *Das sexuelle Verhalten des Mannes* (Frankfurt/M., 1966), S. 606–611.

[21] *Die Religion in Geschichte und Gegenwart* (fortan: *RGG*), 1986, s.v. »Homosexualität« von S. Bailey.

[21a] Helmuth Zenz und Gabriele Manok (Hrsg.), *AIDS-Handbuch für die psychosoziale Praxis* (Bern, Stuttgart, Toronto: H. Huber, 1989), S. 143ff.

dem Inhalt von Masturbationsphantasien und sexueller Träume«. Kokkott schreibt:»Ich habe den Eindruck, daß es gerade der Inhalt der Masturbationsphantasien ist, der bei der Eigeneinschätzung der sexuellen Orientierung hilft, wenn ein junger Mann in seiner Ausrichtung ganz unsicher ist.«[22] Walter Bräutigam spricht von vier Erscheinungsformen der Homosexualität: 1. Entwicklungshomosexualität, gemeint sind homosexuelle Episoden im Jugendalter, »die bei relativ vielen später eindeutig heterosexuellen Männern zu beobachten seien.« 2. Pseudohomosexualität, gemeint ist hiermit die Gelegenheitshomosexualität oder die situative, »ohne daß der Beteiligte homosexuell empfindet.« 3. Neigungshomosexualität, hiermit meint man das sexuelle Interesse, das »immer auf das gleiche Geschlecht gerichtet gewesen« ist. 4. Hemmungshomosexualität, man gibt bei dieser Triebrichtung einem gleichgeschlechtlichen Partner Vorzug, und zwar »bei starken neurotischen Hemmungen vor dem Gegengeschlecht.«[22a] Der Autor faßt die Angaben der Formen der Homosexualität von W. Bräutigam zusammen. Hans Peter Dreitzel argumentiert:»Homosexuelle spielen in der Regel nur dort eine Rolle, wo ihr sexuelles Verhalten in irgendeiner Weise sanktioniert wird.« Er sieht »ihr Verhalten als ein die ganze Persönlichkeit affizierendes« und meint damit die Neigungshomosexualität.[23]

2.1. Die konstitutionelle Homosexualität

In der Veranlagungsforschung gibt es verschiedene Thesen zur Entstehung der Homosexualität. Seit dem 19. Jahrhundert hält die Diskussion um eine konstitutionelle Abnormität der Drüsenformel an. Man spricht von einer zwittrigen, d.h. weder rein maskulinen noch rein femininen Drüsenanlage, die auf dem Weg der Hormoneinwirkung zu einer falschen Sexualeinstellung im Bereich der Psyche und zu mehr oder weniger ausgeprägten konträrsexuellen Einschlägen im Körperbau führe.[23a] Die körperlich-seelischen und seelisch-geistigen Merkmale der körperlichen Erscheinung einer homosexuellen Person stehen in einer Wechselwirkung zueinander.[24] Magnus Hirschfeld (1868–1935) gelangte wohl als erster

---

[22] Götz Kockott, *Sexuelle Variationen*, (Stuttgart: Hippokrates, 1988), S. 52f.

[22a] Götz Kockott, S. 53–54.

[23] Hans Peter Dreitzel, *Die gesellschaftlichen Leiden und das Leiden an der Gesellschaft. Vorstudien zu einer Pathologie des Rollenverhaltens* (Stuttgart: Enke, 1968), S. 245 vgl. S. 244, 300f.

[23a] Heinz Remplein, *Die seelische Entwicklung des Menschen im Kindes- und Jugendalter* (München-Basel, 1958), S. 426.

[24] Ernst Kretschmer, *Medizinische Psychologie* (Leipzig, 1930), S. 133f.

zur Auffassung, es gebe eine hormonell bedingte bzw. angeborene Homosexualität, die man nicht mit der Pseudohomosexualität verwechseln dürfe. Hirschfeld prägte den bekannten Ausdruck »das dritte Geschlecht«, womit er die Homosexuellen meinte. Er behauptete jedoch nicht, daß Vererbung der einzige Entstehungsfaktor der Homosexualität sei, sondern lehrte, daß sie sich bei nicht mehr als 25 Prozent der Homosexuellen fände.[25]

Bereits 1887 sprach Richard von Krafft-Ebing davon, daß homosexuelle Personen die Seele oder das Gehirn des anderen Geschlechts besäßen.[26] So lehrte Prof. Rudolf Brun noch Mitte unseres Jahrhunderts, es handle sich bei angeborener Homosexualität um »partiell feminierte Männchen« bzw. »partiell maskulinierte Weibchen«.[27] Diese These begegnet uns auch in der modernen Terminologie bei Günter Dörner. Er postuliert, daß die männlichen Homosexuellen aufgrund eines Androgenmangels »in einer kritischen vorgeburtlichen Phase ein sexuell weibliches Gehirn entwikkelt« hätten und umgekehrt die lesbischen Frauen ein »sexuell männliches Gehirn«.[28]

Zu den bekanntesten neueren Forschungsergebnissen auf diesem Gebiet zählen die von Franz J. Kallmann. Er ermittelte im Rahmen einer Studie, daß von 37 eineiigen Zwillingspaaren durchschnittlich eine Person pro Paar und von 26 zweieiigen Zwillingspaaren 12 Prozent homosexuell seien, wobei ausschließlich über Dreißigjährige untersucht wurden.[29] Kallmann erklärte später, seine Untersuchung einer homosexuellen Gruppe von eineiigen Zwillingen sei ein »statistisches Kunsterzeugnis« (statistical artifact) gewesen. Er berichtete aber zugleich von einem Zwillingspaar, bei dem der eine Mann schizophren und homosexuell, der andere normal veranlagt gewesen sei.[30]

Gerhard Koch untersuchte 495 Zwillingspaare, keiner von diesen Patienten war jemals in psychiatrischer Behandlung noch straffällig. Bei einer Frau (eineiiger Zwilling) und einem Mann (zweieiiger Zwilling) zeigten sich hier homosexuelle Neigungen.[31]

[25] Wilhelm Stekel, *Onanie und Homosexualität*, S. 151, vgl. S. 149.
[26] Arno Karlen, *Sexuality and Homosexuality: A New View* (New York, 1971), S. 186.
[27] Rudolf Brun, *Allgemeine Neurosenlehre, Biologie, Psychoanalyse und Psychohygiene leibseelischer Störungen* (Basel, 1942), S. 214.
[28] G.J.M. van den Aardweg, *Das Drama des gewöhnlichen Homosexuellen. Analyse und Therapie* (Neuhausen, 1985), S. 53.
[29] Franz J. Kallmann, »Comparative Twin Studies on the Genetic Aspects of Male Homosexuality«, *Journal of Nervous and Mental Disease 115 (1952)*: 283.
[30] Alan J. Cooper, a.a.O., S. 5; vgl. J.D. Rainer et al., »Homosexuality and Heterosexuality in Identical Twins«, *Psychosomatic Medicine* 22 (1960): 251–259.
[31] Gerhard Koch, »Die Bedeutung genetischer Faktoren für das menschliche Verhalten«, *Ärztliche Praxis* 17 (1965): 823–839.

Alan J. Cooper berichtet von Ärzten, die eine vierzehnköpfige Familie klinisch untersucht haben, d.h., sie wurde mittels psychologischer Tests, Interviews und Verhaltensbeobachtung auf Fehlentwicklung oder Störungen des Erlebens bzw. Verhaltens hin geprüft. Die Familie wurde auch bezüglich des genetischen Polymorphismus (Blutgruppe, Protoplasma) genau untersucht. Die Ärzte wollten das Verhältnis der Genotypen im Gleichgewicht der Patienten bzw. mögliche Abweichungen von der normalen Chromosomenzahl (= 46, und zwar 44 Autosomen und 2 Geschlechtschromosomen) feststellen. In der vierzehnköpfigen Familie gab es drei männliche eineiige Zwillingspaare; von zwei Paaren waren beide homosexuell, im dritten Paar beide heterosexuell. Welchen Einfluß die Chromosomen auf die homosexuellen Neigungen der Zwillinge hatten, geht aus den Untersuchungen nicht deutlich genug hervor.[32]

Diese namhaften Wissenschaftler versuchen die Homosexualität folglich mit einer genetischen Theorie zu erklären (Erbfaktoren tragen zur homosexuellen Veranlagung bei).

Demgegenüber lehren andere, die homosexuellen Neigungen seien auf abnorme hormonale Entwicklungen zurückzuführen; ein so veranlagter Mensch weise zu wenig physische Maskulinität bzw. Femininität auf, und zwar wäre das spätere Sexualverhalten durch bestimmte hormonale Prozesse in der embryonalen Entwicklungsphase vorprogrammiert.[33] Die Metropolitan Community Church in Los Angeles bezieht sich auf diese Theorie, insofern dort folgendes Prinzip gilt: Jeder ehemalige Homosexuelle, der eine heterosexuelle Ehe eingeht, lebt »in Sünde«[34]; denn Menschen mit angeborener Homosexualität seien völlig gesund und – abgesehen von ihrer spezifischen Abweichung – in jeder Beziehung normal.[35]

Theodor Spoerri hält in seinem Lehrbuch der Psychiatrie fest, daß rund fünf Prozent der Bevölkerung eine erbbedingte Veranlagung zur Homosexualität hätten.[36]

Der katholische Theologe Eugen Drewermann folgert entsprechend:

---

[32] Alan J. Cooper, a.a.O., S. 5; vgl. D. Rosenthal, *Genetics of Psychopathology* (New York, 1971). Rosenthal liefert detaillierte Analysen zur Zwillingsforschung hinsichtlich der Homosexualität.

[33] Vgl. Robert C. Kolodny et al., »Plasma Testosterone and Semen Analysis in Male Homosexuals«, *New England Journal of Medicine* 285 (1971): 1170–1174; M.H. Briggs, *Sexual Behavior and Antiandrogens: Pharmacology of Cyproterone and Related Compounds* (London, 1970).

[34] Jim Kasper und Mike Bresse, *Former Homosexuals Speak Out* (Atlanta, 1977); vgl. Roy Birchard, »Metropolitan Community Church«, *Foundations: Baptist Journal of History and Theology* (April–Juni 1977), 127.

[35] Havelock Ellis und Albert Moll, »Die Funktionsstörungen des Sexuallebens« in A. Moll (Hrsg.), *Handbuch der Sexualwissenschaften* (Leipzig, 1921), S. 652.

[36] Theodor Spoerri, *Kompendium der Psychiatrie* (Basel usw., 1975), S. 130.

Dem konstitutionellen Homosexuellen erscheint seine Einstellung als subjektiv selbstverständlich. Er fühlt sich nicht im Widerspruch mit sich selbst, wohl aber im Widerspruch zu der meist verständnislos ablehnenden Haltung der Umgebung, die ihn verspottet und ihn mit all den Sanktionen eines Außenseiters, einer Omega-Position, überhäuft. Das moraltheologische Bestreben kann in solchen Fällen eigentlich nur dahin gehen, den Schutz der homosexuellen Minderheiten zu urgieren, nicht aber durch eine undifferenzierte Betrachtungsweise die soziale Ablehnung einer biologischen Veranlagung zu unterstützen.[37]

Alfred Adler widerpricht der Erbtheorie und bietet eine Alternativthese an:

Der fertige Homosexuelle beruft sich immer auf seine ganze, historisch gleichmäßig entwickelte Individualität. Alle seine Kindheitserinnerungen scheinen ihm in seinem Standpunkt rechtzugeben. Diese Einheit der Entwicklung war es auch, die den Autoren die falsche These einer ›angeborenen Homosexualität‹ nahegebracht hatte. Ich und Schrecker haben auf die fälschende Tendenz der Kindheitserinnerungen zugunsten des Lebensplanes hingewiesen. Demnach fällt ein Hauptbeweisstück für die ›angeborene Homosexualität‹ gänzlich aus der Diskussion.[38]

Adlers Lebensplan-Hypothese besagt, daß sich Perversionsneigungen als kompensatorische Bestrebungen entwickeln. Sie entstehen zur Behebung eines Minderwertigkeitsgefühls gegenüber der zu hoch eingeschätzten Macht des anderen Geschlechts. Adler führt die Homosexualität somit auf den kompensatorischen kindlichen Lebensplan zurück.[39]

Auch William H. Perloff und andere widersprechen der genetischen bzw. hormonellen Theorie. Sie vertreten die These, daß die homosexuelle Orientierung eine »erlernte Präferenz« darstelle.[40]

In diesem Kontext ist festzuhalten, daß es nicht Aufgabe eines Theologen sein kann, Partei für die eine oder andere der sich widersprechenden wissenschaftlichen Theorien zu ergreifen. Die Theorie von der angeborenen Homosexualität ließe sich einerseits in die Erbsündenlehre[41] des Augustinus einbeziehen, andererseits entspricht sie der Theorie Carl-Gustav Jungs

---

[37] Eugen Drewermann, *Psychoanalyse und Moraltheologie, Wege und Umwege der Liebe* (Mainz, 1983), S. 172.

[38] Alfred Adler, *Das Problem der Homosexualität und sexueller Perversionen* (Frankfurt/M., 1981), S. 34.

[39] Ebenda, S. 31; vgl. Christie Stonecipher, »Is Your Teen a Homosexual?« in Jay Kesler (Hrsg.), *Parents and Teenagers* (Wheaton, 1984), S. 526f.

[40] Gerhard von den Aardweg, *Das Drama*, S. 54; vgl. W.H. Perloff, »Hormones and Homosexuality« in J. Marmor (Hrsg.), *Sexual Inversion;* W.H. Masters und V.E. Johnson, *Homosexuality in Perspective* (Boston, 1979); J. Money und A.A. Ehrhardt, *Man and Woman, Boy and Girl: The Differentiation and Dimorphism of Gender Identity from Conception to Maturity* (Baltimore, 1972).

[41] *Basic Writings of Saint Augustine* (Hrsg.), Whitney J. Oates 1. 644; vgl. dagegen: Roger T. Forster und V. Paul Marston, *God's Strategy in Human History* (Wheaton, 1974), die gegen Augustinus voreingenommen scheinen und es versäumen, ihn sachlich zu würdigen.

vom »kollektiven Unbewußten«.[42] Eine Befürwortung dieser Theorie wäre also nachvollziehbar. Der bereits zitierte Eugen Drewermann, Privatdozent für katholische Dogmatik, vertritt jedoch eine gegenteilige Meinung:

> Wenn aber von seiten der Medizin und Psychoanalyse die Homosexualität teils als hormonale, teils als seelische Erkrankung verstanden werden muß, wird es natürlich zu einer äußerst problematischen Frage, wann und ob überhaupt die Homosexualität als ein sündhaftes Vergehen bezeichnet werden kann . . .[43]

Wir wollen hierzu bewußt keine Stellung beziehen, da die Ursachen der Homosexualität bisher nicht endgültig und eindeutig konstatiert werden konnten.[44]

2.2. »Die Umwelt determiniert das Verhalten«

Der französische Schriftsteller Emile Zola (1840–1902) spricht in seinem Werk von angeborener Homosexualität. So schreibt er beispielsweise:

> Was für eine Verwicklung voll Dunkel und Elend ist es, wenn die Natur in einem Augenblick der Unentschiedenheit den Jungen als halbes Mädchen, das Mädchen als halben Jungen geboren werden läßt![45]

Diese Ende des 19. Jahrhunderts außerhalb der gläubigen Kreise nicht unangefochtene, aber weithin akzeptierte Theorie veranlaßte 1907 die Sozialdemokraten Deutschlands, die Abschaffung von Paragraph 175 des Strafgesetzbuches (Ahndung der Homosexualität) zu fordern.[46]

Demgegenüber lehnen zahlreiche Psychotherapeuten, die sich auf Behandlungserfolge bei Homosexuellen berufen können, eine angeborene oder konstitutionelle Homosexualität ab. Aufgrund ihrer Erfahrung sind sie überzeugt, daß alle Homosexuellen ihre Einstellung durch eine Fehl-

---

[42] Stafford Wright, *Der Christ und das Okkulte* (Wuppertal, 1974), S. 37f.

[43] Eugen Drewermann, *Tiefenpsychologie und Exegese (Olten-Freiburg, 1985), Bd. 2, S. 710)*.

[44] Die neue Kausalitätstheorie von Rupert Sheldrake könnte auch für die Ursachen der Homosexualität relevant sein; sie besagt folgendes: Falls eine Gruppe von Organismen eine Aufgabe bewältigt hat, schaffen dies auch andere Gruppen, ohne vom ursprünglichen Mentor angeleitet werden zu müssen. Sobald man in das »morphogenetische Feld« der bereits bewältigten Aufgabe gerät, vermag man die gleiche Aufgabe problemlos zu erledigen. Analog könnte ein Mensch ins »morphogenetische Feld« der homosexuellen Neigung geraten und sofort entsprechende Neigungen bekunden. Damit ist den erwähnten Theorien von der Verursachung der Homosexualität eine weitere hinzugefügt. Vgl. William D. Marbach, »A New Theory of Causation«, *Newsweek* 27 (7. Juli 1986): 51.

[45] Zitiert nach Max Kaufmann, *Licht und Wahrheit über die homosexuelle Frage* (Leipzig, 1906), S. 11.

[46] *Sodom und Gomorrha. Der Prozeß der Königsmacher* (Berlin, 1907), S. 6ff. Benedict Friedländer behauptete damals: »Die Bahn ist frei für eine weniger dogmatische und richtigere Würdigung der gleichgeschlechtlichen Liebe.« Siehe *Denkschrift, verfaßt für die Freunde und Fondszeichner des wissenschaftlich-humanitären Komitees* (Berlin, 1907), S. 34.

entwicklung erworben hätten. So kam Sigmund Freud zum Ergebnis, jeder Mensch durchlaufe verschiedene sexuelle Entwicklungsstufen, die sich durch besondere Merkmale unterscheiden. Wird ein Kind durch Fehler in der Erziehung auf einer bestimmten Entwicklungsstufe blockiert, kann es neben anderem sexuellen Fehlverhalten auch Homosexualität entwickeln. Als Beispiel läßt sich das Verhältnis eines Kindes zu seinen Eltern anführen: Ist ein Knabe zu sehr an seine Mutter gebunden, kann er aus (instinktiver) Angst vor dem Weiblichen seine sexuellen Spannungen in Richtung auf das männliche Geschlecht kanalisieren und homosexuelle Beziehungen suchen. Ein Mädchen, das Angst vor dem Vater hat, identifiziert ihn mit allen Männern und weicht ihnen aus. Die Neigung des Mädchen richtet sich in der Pubertät nur auf Frauen.[47] Auch der neofreudsche Theoretiker Irving Bieber kommt zu dem Schluß: »Die Homosexualität ist eine psychologische bisoziale, psychosexuale Adaptation, die aus der allgegenwärtigen Angst vor dem Ausdruck von heterosexuellen Impulsen resultiert«; wobei die Schuld bei den Eltern zu suchen sei: bei einem zurückhaltenden, feindseligen, kühlen Vater wie bei einer dominierenden, unterdrückenden Mutter.[48]

Aufgrund dieses Befundes ist jeder Homosexuelle latent heterosexuell und darf für seine gleichgeschlechtliche Liebe keinesfalls bestraft werden, sondern sollte nach Möglichkeit ärztlich behandelt werden.[49]

Burrhus Frederic Skinner postuliert ähnlich wie Freud: Unser gegenwärtiges Verhalten ist die Folge einer vielseitig bedingten Vorlage bzw. Vorzeichnung, die wir in der Kindheit erhalten haben. Die Kindheitseinflüsse einschließlich der Erziehung prägen also das Verhalten des Erwachsenen. Skinner vertritt den deterministischen Behaviorismus. Er glaubt an einen »Rekonditionalismus«, d.h., menschliches Verhalten läßt sich durch eine Serie von »Belohnung und Strafe«-Maßnahmen ändern, indem der Betroffene veranlaßt wird, die belohnte Verhaltensweise zu praktizieren (kontra Freud).[50] Charles Young schließt sich Freud und Skinner an: Homosexualität sei hauptsächlich eine erworbene Kondition und könne geändert werden, wenn jemand motiviert werde umzulernen.[51]

---

[47] Bernhard Harnik, »Gleichgeschlechtliche Liebe und Homosexualität« in Sieber Ernst (Hrsg.), *H ... S ... der Homosexuelle* (Zürich–Frankfurt/M., 1964), S. 55f; vgl. Friedrich Keiter, *Verhaltensbiologie des Menschen auf kulturanthropologischer Grundlage* (München–Basel, 1966), S. 79.

[48] Irving Bieber, *Homosexuality: A Psychoanalytical Study* (New York, 1962), S. 220.

[49] Jerry Kirk, *The Homosexual Crisis in the Mainline Church* (Nashville–New York, 1973), S. 80.

[50] Ebenda, S. 81; vgl. B.F. Skinner, *Walden Two* (New York, 1948); Sigmund Freud, *New Introductory Lectures on Psychoanalysis* (New York, 1933), bes. S. 105–140.

[51] Kenneth Gangel, *The Gospel and the Gay* (Nashville–New York, 1978), S. 126f; vgl. Paul Young, *Motivation and Behavior: The Fundamental Determinants of Human and Animal Activity* (New York, 1936). Der Psychater argumentiert, man gewinne Erkenntnisse über

David Lester wehrt sich dagegen, daß man durch retrospektive Studien über Homosexuelle Eltern die Schuld zuweist, ohne sie oder andere Drittpersonen, die relevante Informationen über die Familienverhältnisse beisteuern könnten, befragt zu haben.[52]

Dennoch weist Gerhard J.M. van den Aardweg darauf hin, daß weder endokrinologische und genetische Forschungen die Theorie einer Erbanlage (»einer wie auch immer gearteten hormonalen Dysfunktion oder somatischen Krankheit«) belegen konnten noch Freuds »prädisponierender« (physischer oder physiologischer) Faktor nachgewiesen wurde. Von daher könne man nicht mehr »rational begründet« postulieren, Homosexualität sei »eine ›normale Variante‹ menschlicher Sexualität«, sondern sie müsse als eine Störung gelten. Van den Aardweg nennt als Ursache ein psychologisches Faktum, das er »für das Verständnis der Homosexualität als zentral« betrachtet, nämlich:

... das mit der Homosexualität verbundene neurotische Selbstmitleid. Wir finden bei jedem homosexuellen Menschen den Ausdruck einer neurotischen emotionalen Störung. Wie jeder Neurotiker leidet der homosexuelle Mensch unter dem Mechanismus eines automatischen Selbstmitleides, dessen Ursprung in der Kindheit liegt, und das einen dauerhaften Einfluß auf sein Gefühlsleben ausübt.[53]

Im weiteren führt er aus, daß ein »Autopsychodrama«, d.h. die Fixierung auf ein Trauma, das neurotische Selbstmitleid und dieses die Inversion bewirke.[54] Auch diese These geht von der Annahme, die Umwelt lege das Verhalten fest, aus.

Auch für Adler hat die Homosexualität psychischen Ursprung[55], wobei körperliche Idiosynkrasien (hochgradige Abneigung oder Überempfindlichkeit eines Menschen gegenüber bestimmten Personen) der Homosexualität Vorschub leisten können. Mit solchen physischen Eigenarten meint man den Schein, der die Andersgeschlechtlichkeit hervorruft. Adler kommt zu dem Schluß, die Homosexualität zeige sich als ein mißglückter Kompensationsversuch bei einem starken Minderwertigkeitsgefühl. Sie sei daher auch eine Revolte des subjektiven Schwächeempfindens gegen Forderungen, die sich aus dem gesellschaftlichen Leben ohne Zwang ergä-

---

die menschliche Behavioristik nicht durch Selbstbeobachtung, sondern durch Experimente.

[52] David Lester, *Unusual Sexual Behavior: The Standard Deviations* (Springfield, 1975), S. 71f.

[53] Aardweg, *Das Drama* . . ., S. 63.

[54] Ebenda, S. 62ff; C.W. Socarides, *The Overt Homosexual* (New York, 1968), S. 5ff; Antony Storr, *Sexual Deviation* (New York–Harmondsworth, 1964), S. 70–91.

[55] Alfred Adler, *Das Problem der Homosexualität* . . ., S. 81; A. Holder, »Freuds Theorie des psychischen Apparates«, *Psychologie des 20. Jahrhunderts* (München, 1976), Bd. 2, S. 226–266.

ben, und ziele auf einen fiktiven, subjektiv begründeten Triumph der eigenen Überlegenheit.[56]

Fritz Morgenthaler betrachtet dagegen die Homosexualität als eine Entwicklungsmöglichkeit analog zur Heterosexualität. Bei allen Menschen werde die narzißtische (Selbst-)Entwicklung durch den Bruch der ursprünglichen Mutter-Kind-Einheit notwendigerweise gestört. Die dadurch entstandene Lücke verursacht Angst, weshalb jeder danach strebt, sie auszufüllen, um »die Schönheit des Bildes seiner selbst herzustellen«.[57] In der Kindheit macht der Mensch irgendwann die Erfahrung, daß autoerotische Befriedigung Störungen in der narzißtischen Homöostase (Gleichgewicht der Körperfunktionen beim Gesunden) ausgleichen kann; eine Überbesetzung der selbstbefriedigenden Aktivität senkt die Intoleranz gegenüber Entmutigungen und überbrückt sie. So hat die Überbetonung der Autoerotik eine ausgleichende Funktion zur Füllung der Lücke, welche die Mutter-Kind-Einheitsstörung darstellt. Es kann aber auch das andere Geschlecht die Repräsentanz zur Kompensation übernehmen, wodurch sich eine heterosexuelle Beziehung entwickelt.[58] Demzufolge ist die Homosexualität einfach ein anderer Weg zur narzißtischen Homöostase, zur Identität und Triebbefriedigung unter Vermeidung von Nachteilen für das Selbst. Die meisten Menschen sind in ihrer Selbstentwicklung praktisch gestört. Daher versuchen sie, diesen Mangel durch homosexuelle oder heterosexuelle Kompensation auszugleichen. So besteht das Glück des homosexuellen wie des heterosexuellen Orgasmus in der »großartigen Bestätigung der Kohärenz des eigenen Selbst.«[59]

Erich Fromm wiederum geht von einer Polarität des maskulinen und des femininen Prinzips im Innern des Menschen aus. Der Mann wie auch die Frau finden die Einheit in sich selbst nur in Gestalt der Vereinigung seiner bzw. ihrer weiblichen und männlichen Polarität. Diese Polarität ist laut Fromm auch die Grundlage jeder Kreativität. Im Liebesakt zwischen Mann und Frau werden daher beide wiedergeboren. Die homosexuelle Abweichung von dieser Norm entsteht dadurch, daß die polarisierte Vereinigung nicht zustandekommt.

Hierdurch leidet der Homosexuelle unter dem Schmerz der nicht aufgehobenen Getrenntheit, wobei es sich übrigens um ein Unvermögen handelt, das er

---

[56] A. Adler. *Das Problem der Homosexualität . . .*, S. 88.

[57] Fritz Morgenthaler, »Homosexualität« in V. Sigusch (Hrsg.), *Therapie sexueller Störungen* (Stuttgart, 1980), S. 336.

[58] Ebenda, S. 338f.

[59] Vgl. Fritz Morgenthaler, »Die Stellung der Perversionen in Metapsychologie und Technik«, *Psyche* 28 (1974): 1077–1098, mit Frances G. Wickes, *Analyse der Kinderseele. Die Auswirkung elterlicher Probleme auf das Unbewußte des Kindes* (Olten-Freiburg, 1973), S. 228–241; Peter Martin, »The New Narcissism«, *Harper's* (Okt. 1975), 45f.

mit dem durchschnittlich heterosexuell Veranlagten, der nicht lieben kann, teilt.[60]

Fromm verneint die Fähigkeit des Homosexuellen, im gleichgeschlechtlichen Kontakt eine Bestätigung der Kohärenz seines Selbst zu empfinden.

Eine weitere Hypothese vertritt Mary Jane Sherfey. Sie geht davon aus, daß der menschliche Fötus ursprünglich weiblich sei, bis er im Laufe der Schwangerschaft durch die Einwirkung von Androgen männlich werde. Psychosexuell besteht laut Sherfey bei der Geburt kein Unterschied zwischen den Geschlechtern, die psychosexuelle Persönlichkeit entstände erst nach der Geburt durch die Erziehung.[61] Die Entdeckung der Genus-Identität ist die erste Identifizierung, die ein menschliches Wesen vollzieht. Es ist die dauerhafteste und weittragendste. Das Geschlecht ist zwar biologisch, der Genus jedoch psychologisch und damit kulturell bedingt.[62] So determiniert die Umwelt, welches sexuelle Verhalten sich beim Menschen durch den »psychogenen Prozeß« herausbilden wird.[63]

John Money, Professor für Psychologie, verneint dies wiederum:

Die Disposition in Richtung der einen oder anderen sexuellen Orientierung tritt als angeboren in Erscheinung, wenn auch als Folge des Einflusses der Geschlechtshormone auf die Entwicklung der Bahnen sexueller Empfindung im Gehirn (sexual pathways in the brain). Die Homosexuellen zu zwingen, heterosexuell zu werden, ist dasselbe, wie Heterosexuelle zu zwingen, homosexuell zu werden.[64]

Damit haben wir bereits einige Pros und Kontras zur deterministischen Theorie festgehalten. Im folgenden werden wir noch Werke über die Homosexualität als kulturelles Phänomen erwähnen, die zum Teil auf dieser Theorie basieren. Deutlich wird wiederum, daß bezüglich der Ursachen der Homosexualität keine Einstimmigkeit besteht.[65]

Betrachtet man die Theorie vom erlernten gewohnheitsmäßigen Sexualverhalten näher, so stößt man auf die Schwächen der lerntheoreti-

---

[60] Erich Fromm, *Die Kunst des Liebens* (Zürich, 1982), S. 44; Alexander Mitscherlich, *Auf dem Weg zur vaterlosen Gesellschaft. Ideen zur Sozialpsychologie* (Zürich, 1963), S. 369.

[61] M.J. Sherfey, »The Evolution and Nature of Female Sexuality in Relation to Psychoanalytic Theory«, *Journal of the American Psychoanalytic Association* 1 (1966): 43f; vgl. John Money, »Psychosexual Differentiation« in Ders. (Hrsg.), *Sex Research: New Developments* (New York, 1965), S. 12ff.

[62] Robert J. Stoller, *Sex and Gender* (New York, 1968), S. 9.

[63] Kate Millett, *Sexus und Herrschaft. Die Tyrannei des Mannes in unserer Gesellschaft* (München, 1974), S. 46ff.

[64] John Money, »Statement on Antidiscrimination Regarding Sexual Orientation«, *SIE-CUS Report* 6 (Sept. 1977): 3, zitiert von Letha Scanzoni und Virginia Ramey Mollenkott, *Is the Homosexual My Neighbor? Another Christian View* (San Francisco, 1980), S. 78.

[65] *International Encyclopedia of the Social Sciences* (1968), s. v. »Homosexuality«, von Evelyn Hooker.

schen Auffassung von der Neurose. Stavros Mentzos argumentiert folgendermaßen:

> Die Annahme mehr oder weniger zufälliger Konditionierungen reicht nicht aus, um ein so spezifisches und mit erstaunlicher Einheitlichkeit bei einer großen Zahl von Menschen auftretendes Verhalten verständlich zu machen. Noch weniger vermag diese These die Konstanz und Widerstandsfähigkeit des »Symptoms«, geschweige denn die sonstigen, keineswegs vorwiegend negativen Merkmale homosexueller Menschen zu erklären.[66]

Grundsätzlich gilt, daß jede These, für die nicht ausreichende wissenschaftliche Beweise erbracht worden sind, in Frage zu stellen ist.[67] Keinesfalls soll aber die Bedeutung von Konditionierungsvorgängen bei der Festigung bzw. Fixierung bestimmter sexueller Erlebens- und Verhaltensweisen übersehen werden.[68]

2.3. »Die Homosexualität gehört ins Gebiet der Pathologie«

Bereits 1899 wies Albert Kroll darauf hin, daß die Homosexualität, wenn man den Geschlechtstrieb nicht als Mittel zum Vergnügen, sondern zur Fortpflanzung betrachte, in das Gebiet der Pathologie verwiesen werden müsse.[69] Dieser Argumentation widersprach Paul Näcke, der mehrfach die Meinung vertrat, die Homosexuellen seien völlig gesund und – abgesehen von ihrer spezifischen Abweichung – völlig normal.[70]

Freud dagegen sah bei allen Neurotikern »im unbewußten Seelenleben Regungen von Inversion, Fixierung von Libido auf Personen des gleichen Geschlechts«.[71] Diese Regungen spielen als Motoren der Erkrankung eine wichtigere Rolle als die Bindung libidinöser (erotisierter) Gefühle an Per-

---

[66] Stavros Mentzos, *Neurotische Konfliktverarbeitung* (Frankfurt/M., 1985), S. 225.

[67] Publikationen wie die von W.S. Schlegel überraschen. Bei rund 20 000 nicht ausgesuchten Personen nahm er anatomische Messungen vor und behauptete, homosexuelle Männer wiesen häufiger gynäkomorphe Beckenformen und »konsequenterweise« auch feminine Charakterzüge und Verhaltensweisen auf. Der Wissenschaftler scheint von dem alten, weitverbreiteten Vorurteil auszugehen, der typische Homosexuelle müsse ein femininer Typ sein. Willhart S. Schlege, »Angeborenes Verhalten und Sittengesetz« in Hermanus Bianchi et al. (Hrsg.), *Symposienband: Der homosexuelle Nächste* (Hamburg, 1965), S. 190ff.

[68] S. Mentzos, *Neurotische Konfliktverarbeitung*, S. 225; G. Arentewicz und E. Schorsch, »Verhaltenstherapie sexueller Perversionen« in V.I. Sigusch (Hrsg.), *Therapie sexueller Störungen*, S. 221.

[69] Albert Moll, *Die konträre Sexualempfindung* (Berlin, 1890), zitiert bei Wilhelm Stekel, *Onanie und Homosexualität*, S. 148.

[70] Havelock Ellis und Albert Moll, »Die Funktionsstörungen des Sexuallebens«, a.a.O., S. 652.

[71] Sigmund Freud, *Gesammelte Werke* (London, 1950), Bd. 5, S. 65.

sonen des anderen Geschlechts.[72] Mit dem von ihm geprägten Ausdruck
»Libido« bezeichnete Freud die sexuelle Triebkraft, die allen Lebensäuße-
rungen zugrunde läge, wobei die letzteren stets auf Lustgewinn gerichtet
seien.[73] Die Libido durchläuft in der Kindheit eine stufenweise Entwicklung (orale, anale, phallische, genitale Phase), wobei sie sich auf immer
neue erogene, d.h. sexuell erregbare und erregende, Körperzonen bezieht.
Dazu zählen beispielsweise der Mund, die Mutterbrust, der After und die
Geschlechtsteile. Störungen der Libidoentwicklung führen zu seelischen
Beeinträchtigungen.[74] Demzufolge ist die Homosexualität laut Freud
nichts anderes als eine psychologische Störung, die möglicherweise durch
biologische Faktoren (z.B. durch Vererbung) hervorgerufen wird.[75]

Wir haben bereits darauf hingewiesen, daß Adler die Homosexualität
als Folge von mehreren mißglückten Kompensationsversuchen bei einem
starken Minderwertigkeitsgefühl verstand. M. Stekel geht noch weiter als
Adler und schreibt:

Alle Menschen sind ursprünglich bisexuell veranlagt. Von dieser Regel gibt es
keine Ausnahme. Bei dem normalen Menschen zeigt sich bis zur Pubertät eine
deutliche bisexuelle Periode. Der Heterosexuelle verdrängt dann seine Homosexualität. Er sublimiert auch einen Teil der homosexuellen Kräfte in Freundschaft, Nationalismus, sozialen Bestrebungen, Vereinswesen usw. Mißlingt ihm
diese Sublimierung (d.h. die Umwandlung sexueller Triebenergie in sozial anerkannte oder zumindest tolerierte Formen der Aktivität – H.H.), so wird er neurotisch. Da jeder Mensch seine Homosexualität nicht gänzlich bewältigen
kann, so trägt er dadurch schon die Disposition zur Neurose in sich.[76]

Stekel hat wohl als erster die Homosexualität als neurotische Erkrankung
diagnostiziert.[77] Nach Stekel ist der Homosexuelle nicht wie der durch-
schnittliche Neurotiker unfähig zu lieben. Seine ganze Liebe ist jedoch
ausschließlich auf ihn selbst gerichtet. Weil der Homosexuelle nur sich
selbst liebt, sucht er auch in den anderen nur sich selbst.[78] So widerspricht
Stekel[79] Krafft-Ebings Behauptung, die Kinderonanie sei Ursache der
später manifestierten Homosexualität.[80]

[72] Ebenda, S. 221. Vgl. H.J. Campbell, *Der Irrtum mit der Seele* (Bern usw., o.J.), S. 194.
[73] Sigmund Freud, *Vorlesungen zur Einführung in die Psychoanalyse (Frankfurt/M., 1984)*,
S. 257ff.
[74] *Meyers kleines Lexikon: Psychologie*, s. v. »Libido«; vgl. S. Freud, *Ges. Werke*, Bd. 8, S. 447;
Bd. 13, S. 108–233.
[75] Vgl. S. Freud, »Triebe und Triebschicksale« in *Ges. Werke*, Bd. 10, S. 210–232.
[76] W. Stekel, *Onanie und Homosexualität*, S. 159f.
[77] G.J.M. van den Aardweg, *Homosexuality and Hope* (Ann Arbor, 1985), S. 38.
[78] W. Stekel, *The Homosexual Neurosis*, S. 209f, zitiert von L. Scanzoni und V.R. Mollenkott, S. 79.
[79] *Onanie und Homosexualität*, S. 144–146.
[80] Richard von Krafft-Ebing, *Psychopathia sexualis* (München 1984), S. 181–183; vgl. S.
275ff mit A.J. Cooper, »Aetiology of Homosexuality«, a.a.O., S. 16f.

Karl Bednarik schloß sich der Auffassung Freuds und Stekels an, daß der Mensch bisexuell veranlagt sei, und lehrte – ähnlich wie Skinner –, die Homosexualität entstehe durch Umwelteinflüsse und sei psychogener Natur. Doch bejaht er auch, daß neurotische psychische Vorgänge Konsequenzen von Umwelteinflüssen sein können.[81]

Demgegenüber sieht Carl Gustav Jung die Anfänge der homosexuellen Neigung in der Persönlichkeitsentwicklung, die ein dem Menschen innewohnendes Bedürfnis ist. Laut Jung versucht der spätere Homosexuelle sich aus der kindlichen Bindung an die Eltern zu befreien, die streng genommen

> gar keine Beziehung, sondern ein Zustand unbewußter Identität ist, der wegen seiner Unbewußtheit eine ungemeine Trägheit besitzt, die jeder höheren geistigen Entwicklung größten Widerstand entgegensetzt.[82]

Die notwendige Loslösung vollzieht der Vater, der für den Sohn die Antizipation[83] seiner eigenen Männlichkeit bedeutet. Verharrt ein Junge in der unbewußten infantilen Verbundenheit mit der Mutter – sei es beispielsweise, daß der Vater zu schwach oder zu streng ist –, so bleibt dennoch »die Sehnsucht nach dem führenden Manne«[84] bestehen, die u.U. zu einer homosexuellen Neigung führen kann. Diese stellt eine unzureichende Entwicklung dar und kann niemals zur Selbstverwirklichung als Mann führen. In der Adoleszenz (d.h. in der Phase nach Eintritt der biologischen Geschlechtsreife, in der eine gewisse »psychische Pubertät« zwar noch andauert, deren Manifestationen aber im Sinne der Persönlichkeitsfestigung allmählich abgebaut werden) ist die Homosexualität ein mißverstandenes und dennoch zweckgerichtetes Bedürfnis nach einem Mann: eine Sehnsucht nach der »Einführung in die Welt des erwachsenen Mannes«.[85] So ist für Jung die Homosexualität eine Art psychische bzw. psychologische Störung in der Persönlichkeitsentwicklung eines Mannes (bzw. einer Frau – H.H.), die konsequenterweise zu abnormalem, neurotischem Verhalten führt.[86]

Wenngleich Jungs Theorie auch in das Gebiet der Entwicklungsho-

---

[81] Karl Bednarik, *Die Krise des Mannes* (Wien usw., 1968), S. 122f; vgl. E. Kretschmer, *Medizinische Psychologie*, S. 130.

[82] C.G. Jung, *Gesammelte Werke* (Olten-Freiburg, 1972), Bd. 17, S. 182.

[83] Antizipation ist die Vorwegnahme oder Erwartung eines bestimmten Zieles oder künftiger Ereignisse in der Vorstellung bzw. im Denken, z.B. bei der Wahl der zur Befriedigung eines Bedürfnisses führenden Mittels. Die Antizipation als gedanklicher Vorgriff in die Zukunft wird zu den kennzeichnenden Merkmalen des menschlichen Bewußtseins gezählt. Siehe *Meyers kleines Lexikon: Psychologie*, s.v. »Antizipation«.

[84] C.G. Jung, *Ges. Werke*, Bd. 17, S. 182.

[85] Ebenda; vgl. H. Kohut und E. Wolf, »Die Störungen des Selbst und ihre Behandlung«, *Psychologie des 20. Jahrhunderts* 10 (1980): 667–682.

[86] Vgl. Walter J. Schraml, *Einführung in die Psychologie* (Stuttgart, 1976), S. 207f.

mosexualität gehört, dürfen wir krankhafte Entwicklungsphasen keinesfalls übersehen. Uns scheint die psychoanalytische Konzeption von Harald Schultz-Hencke, den neurotischen Aspekt der Homosexualität hervorzuheben, ein wenig plausibler. Schultz-Hencke betont die »Allgegenwart« homosexueller Regungen in der Latenz, d.h. in der durch die Nervenleitung bedingten Distanz zwischen Reizeinwirkung und Reaktion. Er schreibt: »Bei unseren Neurosen erleben wir . . ., daß aus der Latenz durchaus ubiquitäre homosexuelle Tendenzen hervorklingen. Sie pflegen sich in höchst mannigfaltiger Weise . . . zu äußern.«[87] Das Kind erlebt Sexualität zunächst »ungeschieden heterosexuell oder homosexuell« und »wird vorwiegend in Anpassung an die soziologisch-historischen Gegebenheiten seiner Zeit eine mehr oder weniger ausgeprägte Heterosexualität, die in der Mehrzahl der Fälle sogar dominiert, erwerben«.[88] Die homosexuellen Neigungen werden hingegen überwiegend verdrängt und möglicherweise infolge ihrer Latenz derart angestaut, »daß sich diesbezügliche Hingabetendenzen bis zu dem Wunsche, sich selber völlig aufzugeben, entwickeln, die ihrerseits wiederum eine Verstärkung der Abwehr bewirken«.[89]

Daher gibt es die Theorie, daß sich homosexuelle Tendenzen nicht nur aus einem Ödipuskomplex[90] entfalten, sondern u.a. auch aus den erworbenen Gehemmtheiten und ihren Folgeerscheinungen, »welche die Konflikthaftigkeit der phasenspezifischen Gesamtauseinandersetzung mit den Eltern konstituieren«.[91] Demnach ist die Homosexualität vor allem prägenital fundiert, d.h. in der frühkindlichen Sexualentwicklungsphase. Man kann sie als »Relikt« bzw. als »Zufluchtsort«[92] bezeichnen und kann sie im Bereich der Neurosen ansiedeln.[93]

Edmund Bergler und Ludwig Eidelberg beobachteten bei Homosexuellen eine Art von psychischem Masochismus und Selbstfolterung, ein unbewußtes Bedürfnis, sich abgelehnt zu fühlen. Der Beginn einer solchen Pathogenese (Entstehung und Entwicklung der seelischen Erkrankung) mag im Entwöhnungstrauma liegen, das von einem intensiven Haß des

---

[87] Harald Schultz-Hencke, *Das Problem der Schizophrenie* (Stuttgart, 1972), S. 264.
[88] Ebenda, S. 67f.
[89] Irmela Vonessen, *Aspekte der homosexuellen Übertragung und ihrer Handhabung* (Göttingen, 1980), S. 88.
[90] Charles W. Socarides, *Homosexuality* (New York–London, 1978), S. 10ff: Ödipuskomplex beim Mann; S. 18–23 dasselbe bei der Frau. Zum Ödipuskomplex siehe unten, mit weiteren Quellen.
[91] I. Vonessen, *Aspekte der homosexuellen Übertragung . . .*, S. 88; vgl. H. Schultz-Hencke, *Einführung in die Psychoanalyse (Jena, 1927)*, S. 129f.
[92] H. Schultz-Hencke, *Schicksal und Neurose* (Jena, 1931), S. 65.
[93] H. Schultz-Hencke, *Das Problem der Schizophrenie*, S. 67–123; vgl. M. Fain und P. Marty, »The Synthetic Function of Homosexual Cathexis in the Treatment of Adults«, *International Journal of Psycho-Analysis* 41 (1960): 401–406.

Jungen auf seine Mutter begleitet wird. Er erhöht dann den sekundären Narzißmus und identifiziert sich mit der Mutter, indem – als Lösung – das eigene Glied die verlorene Brust ersetzen soll. Hierdurch wird bereits im frühkindlichen Stadium die homosexuelle Neigung entwickelt. Dieser Erklärungsversuch entfällt natürlich bei weiblichen Homosexuellen.[94]

Nicht wenige Psychiater haben die Homosexualität als pathologische Lösung des Ödipuskonfliktes gesehen. In der ödipalen Phase empfindet das Kind Liebesgefühle und sexuelle Wünsche gegenüber dem gegengeschlechtlichen Elternteil. In der idealen Situation erfährt es eine entsprechende Gegenreaktion der Mutter bzw. des Vaters, die dem Kind paradigmatisch den Weg zur normalen Geschlechtsrolle zeigt.[95] Erscheint jedoch der gleichgeschlechtliche Elternteil als übermächtiger, störender Rivale, erfolgt beim Jungen bzw. beim Mädchen die Verdrängung der »verbotenen« sexuellen Neigungen: die Beendigung der phallischen Phase (d.h. der kindlichen Libidoentwicklung zwischen dem 3. und dem 7. Lebensjahr) und Einleitung der Latenzperiode (die Zeit zwischen Reizbeginn und beobachteter Reaktion, nach Freud der Zeitabschnitt zwischen dem 5. und dem 12. Lebensjahr). Aus Angst vor Bestrafung (für »verbotene« Regungen) entsteht der Ödipuskomplex, der sich beim Jungen auch in der Identifizierung mit dem Vater äußert, dessen Moral- und Wertvorstellungen er übernimmt und sein Über-Ich bzw. sein Gewissen entsprechend geformt wird.[96]

So ist der Ödipuskonflikt eigentlich ein Ausweichen vor der »gefährlichen« heterosexuellen Situation. Konsequenterweise werden die heterosexuellen Wünsche verdrängt: Der Junge unterwirft sich dem Rivalen Vater und identifiziert sich mit der Mutter; das Mädchen hingegen unterwirft sich der Rivalin Mutter und identifiziert sich mit dem Vater. Die Identifikation mit dem andersgeschlechtlichen Elternteil wirkt sich dahingehend aus, daß ein(e) gleichgeschlechtliche(r) Partner(in) so geliebt wird, wie der oder die Homosexuelle früher vom andersgeschlechtlichen Elternteil geliebt werden wollte.[97]

Folglich könnte man die Homosexualität als Resultat einer pathologi-

---

[94] Edmund Bergler und Ludwig Eidelberg, »Der Mammakomplex des Mannes«, *Internationale Zeitschrift für Psychanalyse* 10 (1933): 550; siehe die Zusammenfassung bei I. Vonessen, S. 40, und Aardweg, *Homosexuality and Hope*, S. 38f.

[95] Rudolf Affemann, *Geschlechtlichkeit und Geschlechtserziehung in der modernen Welt* (Gütersloh, 1970), S. 261–263.

[96] Vgl. Otto Rank, *Technik der Psychoanalyse I* (Leipzig-Wien, 1926), S. 3–29, mit Melanie Klein, *Die Psychoanalyse des Kindes* (München–Basel, 1971), S. 35.

[97] Melitta Schmideberg, »Einige unbewußte Mechanismen im pathologischen Sexualleben und ihre Beziehung zur normalen Sexualbetätigung«, *Internationale Zeitschrift für Psychoanalyse* 18 (1932), S. 61.

schen Abwehr bezeichnen. Denn hinter der vordergründigen Kastrationsangst (d.h. der neurotischen Angst, den Penis zu verlieren bzw. kastriert zu
werden) verbergen sich Ängste vor einer regressiven Verschmelzung mit
der »Mutter«, Ängste vor Kontrollverlust und vor Selbstverlust, welche
die heterosexuellen Neigungen verdrängen. Das Ausweichen in die homosexuelle Situation wird als Selbststabilisierung und Entlastung der Persönlichkeit von präödipalen Konflikten erlebt.[98]

J.L. Arndt betrachtet die Homosexualität als Folge des Autopsychodramas, d.h. des kindlichen Selbstmitleids, das sich verselbständigt hat.[99] Die
Gefühlswelt der Kindheit – Ängste, Vorstellungen, die Sicht anderer Personen usw. – ist beim Erwachsenen als Kette von Erinnerungen lebendig
vorhanden. Solche Erinnerungen, die in der Phase der psychischen Trau-
matisierung mit Selbstmitleid verbunden waren, reichen im Laufe des Lebens immer wieder ins Bewußtsein und begünstigen das Aufkommen aller
damit verbundenen Gefühle.[100] Es kommen u.a. auch die psycho-physi-
schen Gefühle zum Vorschein, unmännlich bzw. ein Schwächling zu sein.
Das Gefühl, den eigenen Geschlechtsgenossen im Blick auf die seelischen
wie körperlichen Aspekte der Männlichkeit (bzw. bei der Frau – Weiblich-
keit) unterlegen zu sein, begünstigt die homosexuelle Neigung und kann
zu deren Ausübung führen.[101]

Zum Schluß soll van den Aardwegs Selbstmitleidstheorie kurz untersucht werden. Er geht davon aus, daß die Homosexualität eine funktionelle Störung in einem grundsätzlich normalen Individuum ist. Nach van den
Aardweg verbirgt sich hinter jeder homosexuellen Person ein Kind. Das
»Kind im Manne«[102] fühlt sich gegenüber anderen Männern (und das
»Kind in der Frau« gegenüber anderen Frauen) minderwertig, nicht zu ihrer Welt gehörig, und entwickelt aus diesem Grund ein starkes Selbstmitleid. Als junger Mann schaut er z.B. zu denjenigen auf, die in seinen Augen
männlich, jungenhaft, physisch kräftig sind, also die Vorzüge aufweisen,
die er an sich zu vermissen glaubt. So schafft er sich Idole, Objekte der Be-
wunderung, bleibt jedoch völlig auf sich selbst fixiert: »Ich bin nicht wie er;

[98] C.W. Socarides, »Bedeutung und Inhalt von Abweichungen im Sexualverhalten«,
a.a.O., S. 707–737; vgl. N. Becker und E. Schorsch, »Die psychoanalytische Theorie sexueller Perversionen« in V. Sigusch (Hrsg.), S. 172ff.

[99] Aardweg, *Homosexuality and Hope*, S. 39–41, und *Das Drama des Homosexuellen*, S. 63ff;
vgl. I. Bieber, »A Discussion of ›Homosexuality‹: The Ethical Challenge«, *Journal of Consulting and Clinical Psychology* 44 (1976): 163–166.

[100] Vgl. G.J.M. van den Aardweg, »Autopsychodrama: Theory and Therapy of Neurosis According to J.L. Arndt«, *American Journal of Psychotherapy* 26 (1972): 52–68.

[101] Vgl. G.J.M. van den Aardweg, »A Grief Theory of Homosexuality«, *American Journal of
Psychotherapy* 26 (1972): 52–68.

[102] Vgl. Thomas A. Harris, *Ich bin o.k. – Du bist o.k.* (Reinbek 1975), S. 31–53; vgl. Aardweg,
Das Drama des Homosexuellen, S. 63–77.

ich habe nicht, was er hat.« Die Vergötterung des anderen ist bei einem jungen Mann, der an Minderwertigkeitsgefühlen leidet, nur eine Form der Klage über sich selbst, die sich aber zur Verliebtheit und schließlich zu erotisch gefärbten Empfindungen gegenüber einem anderen Mann steigern kann. Dies ist eher der Fall bei Jungen oder Mädchen, die sich ohnehin aus der gleichgeschlechtlichen Gemeinschaft ausgeschlossen fühlen, die sich einsam und minderwertig vorkommen und nach menschlicher Wärme sehnen. So wird das homosexuelle Verlangen in den meisten Fällen zum Zwang, und die homosexuelle Person entwickelt eine Zwangsneurose, die durch Selbstmitleid und Minderwertigkeitsgefühle noch gesteigert wird.[103]

2.4. Sonderfall Pseudohomosexualität

Ehe wir die dargelegten Thesen bewerten, sei noch das Phänomen der Pseudohomosexualität erwähnt, zu dem wir auch die Nothomosexualität zählen. Wir wollen sie hier nicht eingehender behandeln, da beide mit den Ursachen der Homosexualität im eigentlichen Sinn des Wortes nichts zu tun haben. Festzuhalten ist, daß der Pseudohomosexualität eine Unselbständigkeit zugrunde liegt, durch die sich die soziale und/oder psychische Abhängigkeit einer Person von einer gleichgeschlechtlichen stabileren Person ergibt. Die stärkere Person zwingt die schwächere, sich zu verkaufen. Das Opfer klammert sich an den gleichgeschlechtlichen Partner und wird von diesem sexuell mißbraucht, obwohl »u.U. nicht homosexuell, wohl aber nimmt er (der Schwächere – H.H.) das homosexuelle Tun in Kauf, um nicht durch Zurückweisung seines einzigen Haltes beraubt zu werden.«[104]

Homosexualität kann mangels heterosexueller Partner auch in Internaten, Kasernen und anderswo vorkommen: Es werden Kontakte zu einer gleichgeschlechtlichen Person gesucht, wobei die erotischen Phantasien der Beteiligten jedoch heterosexuelle Handlungen beinhalten.[105] Drewer-

---

[103] Aardweg, *Das Drama des Homosexuellen*, S. 135–145; C.W. Socarides, »Beyond Sexual Freedom: Clinical Fallout«, American Journal of Psychotherapy 30 (1976): 385–397; Vgl. Ders., »The Sexual Deviations and the Diagnostic Manual«, *American Journal of Psychotherapy* 32 (1978): 414–125, mit Aardweg, *Homosexuality and Hope*, S. 41–53.

[104] E. Drewermann, *Psychoanalyse und Moraltheologie*, S. 172; vgl. Yves Lassueur, »Le climat pourri du scandale Bouvard«, *L'Hebdo* 27 (3. Juli 1986): 16–19; W. Simon und S.H. Gagnon, *Sexuelle Außenseiter* (Reinbek 1970), S. 91–97.

[105] Laut Bednarik sind in den USA die Homosexuellen vom Militärdienst ausgeschlossen: *Die Krise des Mannes*, S. 121; vgl. Michael F. Valente, »A New Direction« in Edward Batchelor Jr. (Hrsg.), *Homosexuality and Ethics* (New York, 1980), S. 149–153.

mann meint: ».. . die scheinbare Homosexualität ist nur eine Ersatzhandlung, die sogleich nach Eintreten normaler Verhältnisse wieder verschwindet.«[106]

Dazu ein Fall aus meiner eigenen Erfahrung: Es waren Fälle von Nothomosexualität, die mich auf die Streitfrage der Homophilie aufmerksam gemacht haben, und zwar in der Begegnung mit Homosexuellen in sowjetischen Besserungsarbeitskolonien. Mit 20 Jahren wurde ich angeklagt, »ideologischer Leiter einer nichtregistrierten Baptistengemeinde« zu sein. Dieser Grund genügte, mich zu fünf Jahren Arbeitslager der strengen Vollzugsart zu verurteilen.[107] So kam ich zuerst in das Gefängnis an der Dostojewskij-Straße in Semipalatinsk, wo ich mit zwei Glaubensgenossen in der Zelle Nr. 2 untergebracht wurde. Hier gab es sieben schmale Pritschen, die wir uns zu vierzehn Personen teilen mußten.[108]

Unsere erste Begegnung mit den elf Kriminellen war etwas seltsam. Wir Gläubigen waren bei der Einlieferung ins Gefängnis jeder in eine Einzelzelle gesperrt worden, wo wir stundenlang auf das Urteil vom Amtsgericht warteten. Erst nachdem das Urteil verlesen und dem Gefängnisdirektor unterbreitet worden war, teilte man uns alle in die erwähnte Zelle zu. Wir waren so erfreut darüber, einander wiederzusehen, daß wir uns umarmten und mit dem Bruderkuß begrüßten. Die Häftlinge beobachteten uns als Neue ohnehin sehr aufmerksam. Einer der Kriminellen näherte sich uns und bemerkte: »Ihr seid wohl schwul?«[109] Ich kannte das Wort noch nicht und reagierte: »Was heißt schwul? Wir sind Christen!« Geglaubt wurde uns freilich erst, als wir den Zellenkameraden eine Urteilskopie zu lesen geben konnten.

Homosexuelle Beziehungen sind in der Sowjetunion gesetzlich verboten; Zuwiderhandlungen werden streng bestraft.[110] Der Begriff »Päderast«, mit dem im Kriminellenjargon der passive Homosexuelle bezeichnet wird, war uns Christen bei der Inhaftierung unbekannt; bald lernten wir aber, mit welcher

[106] E. Drewermann, *Psychoanalyse und Moraltheologie*, S. 172f; vgl. Kurt Freund, *Die Homosexualität beim Mann* (Leipzig, 1963), S. 184; Hans Blüher, *Die Rolle der Erotik in der männlichen Gesellschaft* (Jena, 1920), Bd. 2, S. 161–186.

[107] Philipp Loepfe und Gerd Heining, »Schweizer entkam dem tödlichen Atom-Gulag«, *Sonntags-Blick* (Zürich), 13. Juli 1986, S. 2f.

[108] Hermann Hartfeld, *Glaube trotz KGB* (Bad Liebenzell, ³1986), S. 30.

[109] Vgl. Hermann Hartfeld, *Heimkehr in ein fremdes Land* (Wuppertal, 1986), S. 95. Die Praxis der christlichen Begrüßung – nach Röm 16,16 – besteht bei russischen bzw. sowjetischen Gläubigen im Kuß auf die Lippen: Männer mit Männern, Frauen mit Frauen. Keiner käme auf den Gedanken, man könne damit bei Ungläubigen den Verdacht wecken, homosexuell zu sein. In San Francisco wiederum nahm ich mit Staunen zur Kenntnis, daß männliche bzw. weibliche Paare, die engumschlungen die Straßen entlang spazierten, Homosexuelle sein müßten: ihr Verhalten weise sie als solche aus. In der Sowjetunion hätte man (außer im Gefängnis) bei entsprechendem Verhalten von Männern bzw. Frauen kaum diesen Verdacht geschöpft.

[110] *Bol'schaja Sovetskaja Enciklopedija*, ³1974, s. v. »Musheloshstvo« (Päderastie): Art. 121 StGB der RSFSR sieht Freiheitsstrafen bis zu 5 Jahren, bei homosexuellen Beziehungen mit Minderjährigen bis zu 8 Jahren vor.

Verachtung er befrachtet ist. Die »aktiven« Homosexuellen gelten in den Strafanstalten jedoch überhaupt nicht als homosexuell; nur ihre Opfer werden geächtet. Zu unserem Entsetzen mußten wir zur Kenntnis nehmen, daß wir unser Brot nicht mit (passiven) Homosexuellen teilen durften; sonst kämen wir in Gefahr, selber von den (aktiven) Homosexuellen vergewaltigt zu werden. Wenn Männer beim Kartenspiel mehr verloren, als sie mit ihrer Habe zahlen konnten, wurden sie vergewaltigt und waren damit »für immer« in den Rang von »Päderasten« degradiert.[111]

Diese passiven Homosexuellen durften in der Gefängniszelle nur neben dem Abfall- bzw. Aborteimer auf dem nackten Beton oder aber unter den Pritschen schlafen. In den Arbeitslagern weigerten sich die anderen Häftlinge (und gerade die aktiven Homosexuellen!), eine Baracke oder einen anderen Raum mit ihnen zu teilen. Man wollte schon gar nicht mit ihnen essen; ihre Schüsseln und Löffel waren mit einem Löchlein im Rand gekennzeichnet. Sie mußten die dreckigsten Arbeiten verrichten und »durften« ohne Anlaß verprügelt werden. Oft kochten die anderen Häftlinge ihnen Tee aus Urin und zwangen sie, ihn im Beisein aller zu trinken. Sie gaben den passiven Homosexuellen Frauennamen, mit denen sie sich vorstellen mußten; wer sich weigerte, wurde brutal zusammengeschlagen. Nach der schweren Tagesarbeit mußten sie anderen Häftlingen die Schuhe putzen und die Unterwäsche waschen. Diese Regeln hatten Kriminelle aufgestellt, die ihre Einhaltung strikt überwachten.[112]

In meiner Haftzeit traf ich nur einen einzigen Mann, der für seine Homosexualität verurteilt worden war – einen Doktor der Biologie, der dafür zwei Jahre abzusitzen hatte. Die übrigen, die als Homosexuelle bezeichnet wurden, waren lauter Opfer, die sich jederzeit für sexuelle Beziehungen bereithalten mußten, zumeist als Strafe für das Verlieren im Kartenspiel (das in den Haftanstalten zwar strengstens verboten war, aber von den Kriminellen dennoch betrieben wird).[113]

Niemals habe ich es in den beinahe sieben Jahren Haft erlebt, daß ein kommunistischer Offizier die Vergewaltigten verteidigt und die Schuldigen bestraft hätte. Obschon die gesetzliche Situation eindeutig ist, teilt das Aufsichtspersonal in den Strafanstalten weithin die doppelte Moral der kriminellen Häftlinge. Es wäre schwierig zu ermitteln, inwieweit es sich bei den letzteren um Heuchelei handelt; die Offiziere jedoch referierten noch gern darüber, daß Homosexualität als Verbrechen gegen die menschliche Moral und gegen die kommunistische Ethik einzustufen sei.[114] Nicht nur zählten sie zu Delinquenten lediglich die passiven Homosexuellen, sondern etliche Aufseher mißbrauchten bereits

[111] Hermann Hartfeld, *Irina oder die Enkel der Revolution* (Wuppertal, 1986), S. 217–230.
[112] *Informationsdienst G2W* (Zollikon) 18 (28. Nov. 1978): 18.
[113] H. Hartfeld, *Glaube trotz KGB*, S. 33f; Ders., *Irina . . .*, S. 225ff; vgl. »Besuch der Familie bei einem Häftling«, *Frankfurter Allgemeine Zeitung*, 28. Dez. 1978, S. 3; »Russische Lager wie ein KZ«, *Die Welt*, 8. Mai 1979, S. 1.
[114] *Great Soviet Encyclopedia*, 1975, s. v. »Homosexuality«; *Bol'schaja Sovetskaja Enciklopedija*, 1972, s. v. »Gomoseksualizm«.

vergewaltigte Häftlinge selber homosexuell. Auch gegenüber dem Personal konnten wir uns nicht für die »Päderasten« einsetzen.[115]

Diese Beobachtungen veranlaßten mich, über das Phänomen der Homosexualität nachzudenken. Ich konnte mich niemals des Eindrucks erwehren, daß homosexuelle Neigungen anerzogen oder durch Zwang de facto bewirkt werden.[116]

2.5. Evaluation

Im folgenden wollen wir die verschiedenen Thesen zur Entstehung der Homosexualität, welche die wissenschaftliche Literatur bisher vorgelegt hat (unter Ausklammerung der theologischen Literatur), zusammenfassen und bewerten.

Die erste These, die wir kurz dargestellt haben, lautet: Homosexualität ist »sehr wahrscheinlich« eine konstitutionell vorgegebene und den Psychopathien vergleichbare Abnormität des Sexualverhaltens, »die als eindeutig krankhaft und sozial schädlich« anzusehen ist und nach Möglichkeit »behandelt« werden sollte.[117] Die Voraussetzungen dieser These sind ebenso wie ihre Folgerungen u.E. zu wenig begründet. Van den Aardweg argumentiert mit gutem Recht:

Endokriminologische und genetische Forschungen konnten die Theorie einer konstitutionellen Anlage nicht belegen. Nicht einmal ein physischer oder physiologischer »prädisponierender Faktor«, der von Freud angenommen worden war, konnte nachgewiesen werden.[118]

Dennoch sollte der Satz *natura non facit saltus* (die Natur macht keine Sprünge) nicht zum Axiom erhoben werden. Gelegentlich könnte es der Natur »gefallen, Sprünge zu machen, und dann verändert sich die Triebrichtung eines Menschen«.[119]

Letztlich fehlt der »konstitutionellen Hypothese« jedoch die Schlüssigkeit. Es sind weitere wissenschaftliche Untersuchungen und eine Verifika-

---

[115] Vgl. Peter Peters, »Vsjo sie preodolevajem« (All dies überwinden wir), *Vestnik istiny* 2 (1982): 27ff.

[116] Vgl. Berceley Rice, »Coming of Age in Sodom and New Milford«, *Psychology Today* 9 (1975): 64–66.

[117] Stavros Mentzos, *Neurotische Konfliktverarbeitung*, S. 225; vgl. Gerhard Vinnai, *Das Elend der Männlichkeit. Heterosexualität, Homosexualität und ökonomische Struktur* (Reinbek, 1977), S. 60–74; Reinhard Mumm, Paul Römhild und Gerhard Naujokat, *Vom Sinn geschlechtlicher Partnerschaft* (Kassel–Harleshausen, 1976), S. 20ff.

[118] G.J.M. van den Aardweg, *Das Drama des gewöhnlichen Homosexuellen*, S. 62.

[119] Adolf Köberle, »Deutung und Bewertung der Homosexualität im Gespräch der Gegenwart«, in *Der homosexuelle Nächste. Ein Symposion* (Hamburg, 1963), S. 36.

tion notwendig. Bis dahin muß sie von einem Theologen als unbewiesene Annahme betrachtet werden.[120]

Die zweite These, über die wir berichteten, besagt: Die Homosexualität ist durch die Umwelt bedingt. Diese Annahme impliziert erlerntes, gewohnheitsmäßiges homosexuelles Verhalten, das durch eine bestimmte Prägung im Zusammenhang mit einer erblichen Veranlagung oder unabhängig davon recht früh entsteht. Hätte ein Betroffener den Wunsch, heterosexuell zu werden, könnte man versuchen – oft mit Erfolg –, »dieses erlernte Verhalten zu dekonditionieren, und zwar mit Hilfe der Verhaltenstherapie«.[121]

Nach Stavros Mentzos ist diese These aufgrund der Unzulänglichkeiten der lerntheoretischen Auffassung von der Neurose anfechtbar:

> Die Annahme mehr oder weniger zufälliger Konditionierungen reicht nicht aus, um ein so spezifisches und mit erstaunlicher Einheitlichkeit bei einer großen Zahl von Menschen auftretendes Verhalten verständlich zu machen. Noch weniger vermag diese These die Konstanz und Widerstandsfähigkeit des »Symptoms«, geschweige denn die sonstigen, keines vorwiegend negativen Merkmale homosexueller Menschen zu erklären.[122]

Hiermit stellen wir die Bedeutung von Determinations- und Konditionierungsvorgängen bei der Festigung bzw. Fixierung von sexuellen Verhaltensweisen keineswegs in Frage. Doch belegen die zitierten Bedenken, daß auch die zweite von uns dargestellte These unzureichend ist, um die Wurzeln der Homosexualität freizulegen.[123]

Als dritte These stellten wir die Variante der pathologischen Lösung dar, insbesondere als »Lösung« des Ödipuskonflikts. Demnach wäre Homosexualität ein Ausweichen vor der sog. Kastrationsangst, welche die heterosexuelle Situation als Gefahr erscheinen läßt. Die neueren Befunde im Bereich dieser These präsentieren Homosexualität als Ergebnis einer pathologischen Abwehr: »Hinter der vordergründigen Kastrationsangst ver-

---

[120] C.A. Tripp, *The Homosexual Matrix* (New York, 1975), S. 11; Marc Oraison, *The Homosexual Question* (New York, 1977), S. 59; Edward A. Malloy, *Homosexuality and the Christian Way of Life* (Lanham usw., 1981), S. 64–66.

[121] Stavros Mentzos, *Neurotische Konfliktverarbeitung*, S. 225; vgl. John Bancroft, »Aversion Therapy of Homosexuality«, *British Journal of Psychiatry* (Dez. 1969): 1417–1431.

[122] S. Mentzos, *Neurotische Konfliktverarbeitung*, S. 225; vgl. Arno Karlen, *Sexuality and Homosexuality* S. 296–336; Emery S. Hetrick und A. Damien Martin, »Ego-Dystonic Homosexuality: A Developmental View« in E.S. Hetrick und Terry S. Stein (Hrsg.), *Innovations in Psychotherapy with Homosexuals* (Washington, 1984), S. 2–18.

[123] Vgl. M. Siegelman, »Parental Backgrounds of Male Homosexuals and Heterosexuals«, *Archives of Sexual Behavior* 3 (1974): 3–18; Ders., »Parental Backgrounds of Homosexual and Heterosexual Women«, *British Journal of Psychiatry* 124 (1974): 14–21; Ders., »Psychological Adjustment of Homosexual and Heterosexual Men: A Cross-National Replication«, *Archives of Sexual Behavior* 7 (1978): 1–11.

bergen sich Ängste vor einer regressiven Verschmelzung mit der ›Mutter‹, Ängste vor Kontrollverlust, Ängste vor Selbstverlust.«[124] Edmund Bergler resümierte sogar, Homosexualität sei eine »neurotische Distortion der totalen Person ... Es gibt keine gesunden Homosexuellen«.[125]

Peter Kutter nimmt u.a. an, daß der Homosexualität zumindest eine besonders gestörte Form der Sexualität zugrunde liegt, bei welcher der homosexuelle Partner als Erweiterung des eigenen »grandiosen Selbst« erlebt wird. Es kommt hier zu Verschmelzungsprozessen zwischen Selbst- und Objektivrepräsentanz.[126] So folgert er weiter, es gehe bei der homosexuellen Handlung keineswegs um Triebbefriedigung, sondern um die Aufrechterhaltung von desexualisierenden Objektbeziehungen, mit der Funktion, gleichsam als »Plombe« die »Lücken« bzw. Defekte in der Ich- und Über-Ich-Struktur zu schließen.[127] Charles Socarides vereinfachte dieses Postulat, wie bereits erwähnt, auf folgende These: Die Homosexualität »hat sich oft als lebensrettendes Mittel zur Reintegration des Ich erwiesen«. Der homosexuelle Akt wirke wie eine Morphium-Injektion, die vor Angst, Schmerz, Depression, Spannung und Einsamkeit rette. Nach dem Verkehr sei das Individuum plötzlich wieder da, »und alles funktioniert wieder«.[128]

Bei Hysterie und Zwangsneurose könne es – laut Wilhelm Reich zu weiblicher Homosexualität kommen. Der Typus zwangsneurotischer Frauen verleugnet das Frausein völlig und ist daher gezwungen, die Männlichkeit kompensatorisch zu übertreiben. Bisweilen gelingt es ihr, männliche Ideale zu erfüllen. Den Penis des Mannes möchte sie einerseits selbst besitzen, andererseits möchte sie den Mann seiner Männlichkeit berauben und das Organ beiseite schaffen, das ihre verdrängte bzw. ertötete weibliche Strebung hervorzulocken imstande wäre.[129] Reichs These ist wohl nur auf

---

[124] S. Mentzos, *Neurotische Konfliktverarbeitung,* S. 226; vgl. Robert Kronemeyer, *Overcoming Homosexuality* (London–New York, 1980), S. 63–79.

[125] Edmund Bergler, *Homosexuality: Disease or Way of Life?* (New York, 1956), S. 9; vgl. Lionel Ovesey, *Homosexuality and Pseudohomosexuality* (New York, 1969), S. 28ff; Charlotte Wolf, *Love Between Women* (New York, 1971), S. 110ff; Marc Oraison, *The Homosexual Question,* S. 131.

[126] P. Kutter, »Psychoanalytische Aspekte psychiatrischer Krankheitsbilder« in Wolfgang Loch (Hrsg.), *Die Krankheitslehre der Psychoanalyse* (Stuttgart, 1983), S. 261; F. Morgenthaler, »Die Stellung der Perversion in Metapsychologie und Technik«, *Psyche* 28 (1974): 1077–1098, hier: 1081.

[127] P. Kutter, »Über moderne Neurosenformen und ihre gesellschaftliche Bedingtheit« in Ders. (Hrsg.), *Die Beziehungen zwischen Arzt und Patient. Zur psychoanalytischen Theorie und Praxis. Festschrift für Wolfgang Loch zum 60. Geburtstag* (München, 1975), S. 215–226, hier: S. 220.

[128] C.W. Socarides, »Bedeutung und Inhalt von Abweichungen im Sexualverhalten«, a.a.O., S. 172.

[129] Wilhelm Reich, *Frühe Schriften, 2. Genitalität in der Theorie und Therapie der Neurose* (Köln, 1982), S. 137f.

neurotische Menschen anwendbar. Immerhin wurde in einem Report der Medizinischen Akademie von New York 1964 behauptet: »Die Homosexualität ist in der Tat eine Krankheit, sogar nur Symptom einer Krankheit, weil sie Ausdruck einer Grundstörung in der gesamten Entfaltung der Person ist.«[130]

Auch Günther Gollner argumentiert, man müsse sich der Beurteilung der Homosexualität als Neurose anschließen:

> Denn zumindest in unserem Kulturkreis, bei der gegebenen Lebenssituation, bedeutet homosexuell zu sein die Ablehnung der Aufgabe der Kommunikation zwischen Mann und Frau, und damit eine mangelhafte Anpassung des Bewußtseins. Gerade diese mangelhafte Anpassung des Bewußtseins, d.h. daß es mit einer Aufgabe oder Situation konfrontiert wird, der es nicht gewachsen ist, auf die es sich nicht adäquat einstellt, obwohl es dazu in der Lage wäre, macht die Neurose aus.[131]

Für einen medizinischen bzw. psychiatrischen Laien ist es schwierig, die angeführte These von der Homosexualität als eine Variante der pathologischen Lösung des Ödipuskonflikts einzuschätzen. Das socaridische Modell der Homosexualität als »Morphiumspritze« scheint uns jedenfalls nicht überzeugend genug zu sein. Würde homosexueller Verkehr tatsächlich als solche Injektion wirken und so eine Ich-Stärkung erzielen, müßte zugegeben werden, daß auch jeder heterosexuelle Verkehr, ja jede Liebesbeziehung eine entsprechende Ich-stärkende Wirkung hat.[132] Man folgert zwangsläufig, daß eine solche narzißtische Reparation nicht nur mit Hilfe der Homosexualität, sondern auch über die Heterosexualität möglich ist. So betrachtet kann Homosexualität noch keine pathologische Abwehr sein.[133] Homosexualität existiert dennoch als ein Abwehr- und Reparationsvorgang.[134] Fritz Morgenthaler argumentiert jedoch, die meisten

---

[130] *Bulletin of the New York Academy of Medicine* 2.40.7 (Juli 1964): 575ff, zitiert von Wilhelm Rütemeyer, »Medizinische Aspekte der Homosexualität« in Theo Sorg et al. (Hrsg.), *Homosexualität in evangelischer Sicht* (Wuppertal, 1965), S. 64.

[131] Günther Gollner, *Homosexualität: Ideologiekritik und Entmythologisierung einer Gesetzgebung* (Berlin, 1973), S. 34.

[132] H. Kohut, *Die Heilung des Selbst* (Frankfurt/M., 1974), S. 112; vgl. S. Mentzos, *Hysterie. Zur Psychodynamik unbewußter Inszenierungen* (München, 1980); Lewis B. Smedes, *Sex for Christians* (Grand Rapids, 1976), S. 132–136.

[133] S. Mentzos, *Neurotische Konfliktverarbeitung*, S. 230; vgl. M. Hoffman, *Die Welt der Homosexuellen* (Frankfurt/M., 1971), S. 117–124.

[134] Vgl. Marie Jahoda, *Freud und das Dilemma der Psychologie* (Frankfurt/M., 1985), S. 145ff; Rudolf Brun, S. 214ff; Heinz Remplein, S. 426, mit Heinrich Wallhöfer, *Seele ohne Angst. Autogenes Training, Hypnose – Wege zur Entspannung* (Rüschlikon-Zürich usw., 1986), S. 150; Mark Freedman, *Homosexuality and Psychological Functioning* (Belmont, 1971), S. 106; Louis S. Loudon und Frank S. Caprio, *Sexual Deviations* (Green Farms, 1950), S. 634.

Menschen seien in ihrer Selbstentwicklung gestört. Diesen Mangel versuche jeder durch eine andere Kompensation auszugleichen.[135]

Als »positive Folge« der medizinisch formulierten Pathologisierung der Homosexualität ist vermerkt worden, daß diese »zwischen 1890 und 1970 zur Entkriminalisierung der Homosexualität« in vielen westlichen Ländern beigetragen habe. Dies bedeute allerdings noch nicht das Ende sozialer Kontrolle und die Akzeptierung homosexuellen Verhaltens.[136]

Die vierte These besagt, Homosexualität sei an sich keine Störung und keine Krankheit, sondern wie auch die Heterosexualität eine Entwicklungsmöglichkeit.[137] An dieser Stelle müssen wir den Begriff »narzißtische Homöostase« (Gleichgewicht des inneren Milieus bzw. der Selbstliebe) aufgreifen und seine Bedeutung skizzieren. Jeder Mensch durchlebt narzißtische Phasen, wie beispielsweise als Kleinkind, das seine sexuelle Energie (Libido) ganz auf sich richtet und dabei für das spätere Selbstwertgefühl bedeutsame kreative Kräfte entwickelt. Ungenügende narzißtische Bestätigung des Kindes durch die Eltern kann zu schwerwiegenden psychischen Störungen führen. Macht das Kind irgendwann die Erfahrung, daß Selbstbefriedigung Störungen in der narzißtischen Homöostase ausgleichen kann, dann greift es zur autoerotischen Aktivität, um im Bedarfsfall die Wiederherstellung der narzißtischen Homöostase zu bewirken. Bei jedem Menschen findet ein Funktionswandel statt, indem sich später höhere Strukturen entwickeln. Diese Strukturen enthalten Objekte, Rollen, Identitätsgefühle, die u.a. zur Aufrechterhaltung der narzißtischen Homöostase beitragen. Laut Fritz Morgenthaler gilt:

Stehen in diesen Strukturen unbelebte, ungeformte und undifferenzierte Objekte im Mittelpunkt, entsteht die Perversion . . . Steht das belebte, Gestalt annehmende, hochdifferenzierte Objekt im Mittelpunkt, entwickelt sich die reife Liebesbeziehung des Menschen. Ist dieses belebte . . . Objekt die Repräsentanz der eigenen Person, weil sich die entsprechenden Strukturen aus dem Funktionswandel der Autoerotik gebildet haben, entwickelt sich die homosexuelle Beziehung. Ist dieses . . . Objekt die Repräsentanz einer anderen Person, die sich durch Geschlechtsmerkmale von der eigenen Person unterscheidet, entwickelt sich die heterosexuelle Beziehung.[138]

Das Fazit dieser Argumentation kann so gezogen werden: Die Homosexualität ist einfach ein anderer Weg zur narzißtischen Homöostase, »zur

[135] F. Morgenthaler, »Homosexualität«, a.a.O., S. 336–339; vgl. W. Masters und V. Johnson, *Homosexualität* (Frankfurt/M., 1979), S. 361, mit Irving Bieber et al. (Hrsg.), *Homosexuality: A Psychoanalytic Study of Male Homosexuality* (New York, 1962), S. 231.

[136] Rüdiger Lautmann, *Seminar: Gesellschaft und Homosexualität* (Frankfurt/M., 1977), S. 131; vgl. dagegen E.H. Haeberle, S. 420ff.

[137] S. Mentzos, *Neurotische Konfliktverarbeitung*, S. 227; H. Kohut und E. Wolf, »Die Störungen des Selbst und ihre Behandlung«, a.a.O., S. 667–682.

[138] F. Morgenthaler, »Homosexualität«, a.a.O., S. 339.

Identität und Triebbefriedigung unter Vermeidung von Nachteilen für das Selbst«.[139] So könnte die Homosexualität als ein alternativer Entwicklungsmodus angesehen werden, der ähnlich wie der heterosexuelle verläuft und wie dieser seine Chancen, Vorteile und Risiken hat. Demzufolge geht es bei der Homosexualität nicht um ein anderes Sexualverhalten, »sondern im wesentlichen um eine andere Organisation und Regulation des Selbst-Systems«.[140]

Edward Osborne Wilson argumentiert vom soziologischen Standpunkt aus und resümiert: Die Homosexualität kann ein normal verlaufender biologisch-adaptiver Entwicklungsmodus sein.[141] Diesem Gedanken liegt die Annahme zugrunde, daß die Homosexualität auf genetische Faktoren zurückzuführen sei; demzufolge beinhalten die Gene ein vorprogrammiertes hetero- oder homosexuelles Verhalten bei ihrem Träger.[142] Wir haben bereits auf das Fehlen empirischer Beweise für diese Theorie hingewiesen. Dennoch sind Douglas J. Futuyma und Stephen J. Risch davon überzeugt, daß Homosexualität ein Beispiel für enorme Flexibilität des menschlichen Verhaltens sei, das keiner Erklärung bedürfe – zumindest nicht mehr als die Frage, warum jemand blond oder brünett geboren wurde, sportlich oder musikalisch begabt ist.[143] Auch William Howell Masters und Virginia Johnson haben darauf hingewiesen, daß ihre 14 Jahre dauernden Untersuchungen der homosexuellen Funktion und Dysfunktion beim Menschen im Labor und in der Klinik – d.h. mittels Test, Interviews, Verhaltensbeobachtung usw. – die These stützen, daß die Homo- und die Heterosexualität »von einem funktionalen Gesichtspunkt aus betrachtet weit mehr Ähnlichkeiten als Unterschiede aufweisen«.[144] Pittenger schreibt:

> Der Homosexuelle unterscheidet sich von anderen nur durch die Person, die er liebt, im übrigen sehnt er sich genau wie alle anderen nach dem Menschen, dem er sich hingeben kann und der sich ihm hingibt.[145]

---

[139] S. Mentzos, *Neurotische Konfliktverarbeitung*, S. 228.

[140] Ebenda; vgl. M. Ruse, »Are there Gay Genes? Sociology and Homosexuality«, *Journal of Homosexuality* 6 (1981): 5–34; C.W. Socarides, *Homosexuality*, S. 143–147. Zu beachten sind besonders die Ausführungen über die Mechanismen der Identifikation zur Wiederherstellung der narzißtischen Homöostase.

[141] Edward O. Wilson, *On Human Nature* (Cambridge/Mass., 1978), S. 143. Wilson argumentiert hier u.a.: ». . . homosexuals may be the genetic carriers of some of mankind's rate altruistic impulses.«

[142] Vgl. Douglas J. Futuyma und Stephen J. Risch, »Sexual Orientation, Sociobiology and Evolution« in John P. De Cecco und Michael G. Shively (Hrsg.), *Origins of Sexuality and Homosexuality* (New York–Binghamton, 1985), S. 158–161.

[143] Ebenda, S. 166.

[144] W. Masters und V. Johnson, *Homosexualität*, S. 361; D.J. West, *Homosexuality* (Harmondsworth, 1974), S. 146–165.

[145] Norman Pittenger, *Zeit zur Verständigung: Plädoyer eines Christen zum Problem der Homosexualität* (Hamburg–Zürich, 1971), S. 76; vgl. H. Blüher, *Studien zur Inversion und Perver-*

Ohne Pittengers Argumentation ignorieren zu wollen, müssen wir feststellen, daß sie zur erwähnten vierten These keinen wesentlichen Beitrag leistet. Enttäuschend sind auch die Untersuchungen von Masters und Johnson. Denn die 91 männlichen oder weiblichen homosexuellen und 57 heterosexuellen Paare ihrer Forschungsserie wurden vorwiegend physisch in ihrer sexuellen Begegnung beobachtet und untersucht. Man erfährt nichts über die Psychodynamik der detailliert geschilderten »körperlichen Kommunikation«.[146] Die Hypothesen von Wilson, Futuyma und Risch laufen auf dasselbe hinaus wie die Aussage des homosexuellen Pfingstpredigers Troy D. Perry, die Homosexuellen seien von Gott als solche vorherbestimmt. »Ich bin sicher, daß die Homosexualität von Anfang an in meinen Genen und in meiner Seele präsent gewesen ist. Ich glaube es einfach, punktum.«[147]

Morgenthalers These liefert leider keine Erklärungen, warum die Selbstliebe bei bestimmten Menschen eine besondere Akzentuierung zur Wiederherstellung der narzißtischen Homöostase erfährt. Wie Irving Bieber hervorgehoben hat, ist sie aber wichtig, insbesondere zur Selbsterhaltung und Entwicklung von Kindern, die eine beherrschende, sie eng an sich bindende Mutter und einen schwachen oder fehlenden Vater haben.[148] Sollte die Annahme stimmen, daß homo- und heterosexuelle Beziehungen gleichsam als »Plombe« die Defekte in der Ich- und Über-Ich-Struktur (bzw. narzißtischen Homöostase) zu schließen vermögen, dann beweist dies noch nicht, daß die Homosexualität nicht zu den Perversionen gezählt werden dürfte.[149]

Die homosexuelle Vereinigung kann auch kaum ein Suchen sowohl des eigenen Selbst als auch des ergänzenden anderen beinhalten. Denn das »Glück« des homosexuellen Orgasmus mag allenfalls in einer großartigen Bestätigung der Kohärenz des eigenen Selbst bestehen, doch kann der Homosexuelle dabei laut Fromm unter dem Schmerz leiden, daß er die Einheit vermißt, die zwischen heterosexuellen Partnern durch die Vereini-

sion. *Das uralte Phänomen der geschlechtlichen Inversion in natürlicher Sicht* (Schmieden/Stuttgart, 1965), S. 101–105; Martin Hoffman, *The Gay World* (New York–London, 1968), S. 10ff mit Clinton R. Jones, *Homosexuality and Counseling* (Philadelphia, 1974), S. 2–4.

[146] S. Mentzos, *Neurotische Konfliktverarbeitung*, S. 238f; vgl. Klaus Bockmühl, »Die Diskussion über Homosexualität in theologischer Sicht« in Theo Sorg et al. (Hrsg.), *Homosexualität in evangelischer Sicht*, S. 39–41.

[147] Troy D. Perry, *The Lord Is My Shepherd and He Knows: I'm Gay* (Los Angeles, 1972), S. 10.

[148] I. Bieber in *Homosexuality: A Psychoanalytic Study of Male Homosexuality*, S. 231.

[149] F.C. Redlich und D.X. Freedman, *Theorie und Praxis der Psychiatrie* (Frankfurt/M., 1970), S. 566; vgl. F. Morgenthaler, »Die Stellung der Perversionen in Metapsychologie und Technik«, a.a.O., S. 1077–1098.

gung der weiblichen und männlichen Polarität scheinbar zu erreichen wäre.[150]

2.6. Folgerungen

Die oben skizzierten Theorien zu den Ursachen der Homosexualität lassen sich in zwei Thesen zusammenfassen: einerseits die der Anlagebedingtheit, andererseits die der Umweltbedingtheit. Zu diesem Ergebnis gelangt auch Götz Kockott vom Max-Planck-Institut für Psychiatrie in München.[151] Falls die erstgenannte These zutreffend ist, erwiese sich eine Umstellung des Homosexuellen als äußerst schwierig, wenn nicht gar als unmöglich.[152] Die Pseudo- und Nothomosexualität ebenso wie die Entwicklungs- und die erworbene Homosexualität gehören zur Umweltbedingtheitstheorie. Hierunter fallen auch die Varianten der Pathologisierung der Homosexualität, wobei man dem Begriff Pathologicum einen negativen Wertakzent verleiht, der sich an die Ursachen oder an die Resultate des homosexuellen Verhaltens knüpft, an die individuellen oder an die gesellschaftlichen Befunde.[153]

Van den Aardweg sieht in der Homosexualität in erster Linie nicht eine sexuelle Erscheinung, sondern die Fixierung des zwanghaften neurotischen Gefühlslebens – die Klagesucht und andere Äußerungen, die mit infantilem Selbstmitleid zusammenhängen. Dieses Pathologicum soll die natürliche Entwicklung zur Heterosexualität unterbrochen haben.[154] Analog denkt man in gewisser Weise im Bereich der paramedizinischen Disziplinen, und die meisten Psychotherapeuten sehen die Homosexualität als eine heilbare Krankheit an. Denn der gemeinsame Nenner aller vom Medizinmodell ausgehenden Analysen ist die Pathologisierung der Homosexualität, wobei man diese als dysfunktional beschreibt: Sie behindert die Erreichung gewünschter Ziele und verstößt gegen allgemein akzeptierte Maßstäbe ethischer oder sozialpolitischer Art. Sie verfehlt u.a.

---

[150] Erich Fromm, *Die Kunst des Liebens*, S. 44; Vgl. Howard J. Clinebell und Charlotte H. Clinebell, *The Intimate Marriage* (New York usw., 1970), S. 134–157, mit Reinhold Niebuhr, »Kinsey and the Moral Problems of Man's Sexual Life« in P.D. Geddes (Hrsg.), *An Analysis of the Kinsey Reports* (New York, 1954), S. 62ff.

[151] Götz Kockott, »Überblick über die Forschungsdiskussion zu Erklärungs- und Entstehungstheorien der Homosexualität«, *Tutzinger Studien* 2 (1977): 13.

[152] ²*RGG*, ³1986, s.v. »Homosexualität« von S. Bailey,; R.O. Benson, *In Defense of Homosexuality* (New York, 1965), S. 21; H.G. Wiedemann, *Homosexuelle Liebe* (Stuttgart–Berlin, 1982), S. 39ff.

[153] Vgl. L. Szondi, *Triebpathologie* (Bern–Stuttgart, 1952), Bd. 1, S. 113.

[154] G.J.M. van den Aardweg, *Das Drama des gewöhnlichen Homosexuellen*, S. 487.

auch einen vorgegebenen Sinn, etwa das »Wesen« des Mannes bzw. der Frau oder das »Wesen« der Sexualität.[155]

Wir folgern in Zusammenhang mit Smedes: Wenn wir uns mit den Ursachen der Homosexualität beschäftigen, stoßen wir auf eine Palette empirischer Gegebenheiten, die uns keine eindeutige Genese der Homosexualität liefert. Wir stehen geradezu vor einem Rätsel oder Geheimnis, das noch erforscht werden müßte, wenn man es lösen (oder »lüften«) wollte. Auch wenn die spezifische Gemeinsamkeit fester Neigungen zu sexuellen Beziehungen mit Menschen gleichen Geschlechts entdeckt würde, müßte noch immer von Geheimnis gesprochen werden: Die angeführten Wissenschaftszweige haben bisher weder mit voller Sicherheit herausgefunden, wieso manche Menschen von homosexuellen Neigungen beherrscht werden, noch welcher Art diese Neigungen überhaupt sind. Ist die Anziehungskraft der Homosexualität rein physischer Art? Die Homosexuellen wehren sich gegen diese »Unterstellung«.

So ist als einziger gesicherter Befund festzuhalten: Homosexuelles Verhalten ist abnormal bzw. eine Abweichung vom heterosexuellen Verhalten.

Vor diesem Hintergrund sind auch die moraltheologischen Schlußfolgerungen zu erarbeiten. Zunächst müssen wir uns aber der Bibel zuwenden und ihre Lehre von der Homosexualität untersuchen.[156]

[155] Rüdiger Lautmann, *Seminar: Gesellschaft und Homosexualität*, S. 487; C.A. Tripp, *The Homosexual Matrix*, S. 229.

[156] L.B. Smedes, *Sex for Christians*, S. 64; G. Kockott, S. 13; *RGG* s.v. »Homosexualität« von S. Bailey, mit L.S. Loudon und F.S. Caprio, *Sexual Deviations*, S. 634; H. Blüher, *Studien zur Inversion*, S. 92; Josef Rattner, *Homosexualität – Psychoanalyse und Gruppentherapie* (Olten-Freiburg/Brsg., 1973), S. 20ff; David J. Gottlieb, *The Gay Tapes: A Candid Discussion about Male Homosexuality* (New York, 1977), S. 37ff; M. Zuckermann, »Physiological Measures of Sexual Arousal in the Human«, *Psychological Bulletin* 75 (1971): 297–329. Dagegen siehe C.W. Socarides, »The Sexual Deviations and the Diagnostic Manual«, a.a.O., S. 414–425.

II. Die Homosexualität im Kontext der Bibel

1. Die Umwelt zur Zeit der Entstehung des Alten Testaments

1.1. Ägypten

Im folgenden geht es nicht darum, eine historische Beschreibung der Kulturen und Sitten des Alten Orients vorzulegen. Wesentlich erschien ausschließlich die Frage, ob die Homosexualität in der Umwelt des Alten Testaments praktiziert und geduldet wurde.

Die Götterlegenden Ägyptens geben hierzu keine bemerkenswerte Kosmogonie wieder: Der Gott Ra (oder Re) wird als Invert, als sich selbstreproduzierender Gott dargestellt. Er masturbierte, schluckte die Spermien, befruchtete sich selbst, produzierte Leben, spie es aus – und der Gott Schu war geboren. Um der Göttin Tefnut das Leben zu verleihen, genügte es Ra, zu urinieren . . . und sie war da. Anschließend schrie Ra ganz laut . . . und die menschliche Kreatur war erschaffen.[1]

Die Göttin Isis benötigte aufgrund ihrer Zauberkräfte keinen Mann, um ein Kind zur Welt zu bringen. Das Kind soll in einem Versteck in der Marsch des Nildeltas geboren worden sein. Isis selbst soll gesagt haben: »Es gibt keinen Mann, fähig (zu tun), was ich getan habe, noch eine Göttin! Ich machte mich selbst zum Mann, obwohl ich eine Frau war, um deinen Namen (Osiris) auf Erden leben zu lassen.«[2]

In beiden Fällen ging es im Rahmen der Kosmogonie einfach um Reproduktion: Der Zweck heiligte die Mittel.

Anderweitig wurde das homosexuelle Verhalten in Ägypten nicht positiv bewertet. Die Mitglieder des Herrscherhauses, insbesondere der Pharao, der als Inkarnation Gottes galt, erlaubten sich – heterosexuelle – Verbindungen mit Blutsverwandten, die sowohl bei hohen Würdenträgern und Priestern der bürgerlichen Klasse als auch beim gemeinen Volk undenkbar gewesen wären. Hätten sie sich ein entsprechendes Sexualverhalten angemaßt, so hätten sie sich dadurch gewissermaßen auch zu Göttern erhoben.[3]

---

[1] Richard J. Hoffman, »Vices, Gods, and Virtues. Cosmology as a Mediating Factor in Attitudes toward Male Homosexuality« in John P. De Cocco und Michael G. Shively (Hrsg.), *Origins of Sexuality and Homosexuality*, S. 30.

[2] Hermann Kees, *Der Götterglaube im Alten Ägypten* (Berlin, 1980), S. 256; meine Hervorhebung – H.H.

[3] Waley-el-dine Sameh, *Alltag im Alten Ägypten* (München, 1963), S. 106.

Im allgemeinen galt die Monogamie in Ägypten. Bei Kinderlosigkeit war es einem verheirateten Mann aber gestattet, sich Nebenfrauen zu halten, deren Nachkommen als rechtmäßige Kinder anerkannt wurden.[4] Ethische Normen hinsichtlich der Sexualität wurden betont; Ehebruch war untersagt. Die Einleitung zum 125. Kapitel des *Totenbuches* enthält (in der Form negativer Aussagen) tatsächlich die ethische Konfession eines detaillierten Bildes von rechtem Verhalten gegenüber den Mitmenschen: »Ich habe nicht hungern lassen . . . Ich habe nicht gemordet. Ich habe nicht zu morden befohlen . . . Ich habe nicht Ehebruch begangen . . .«[5] Eine andere Aussage dieses Buches läßt uns besonders aufmerksam werden: »Ich habe keinen Geschlechtsverkehr mit einem Knaben gehabt.«[6] Es sollen jedoch gültige Beweise vorhanden sein, die von der Billigung homosexueller Vergewaltigung männlicher Opfer eines Krieges sprechen.[7]

Somit ergibt sich: Moraltheologisch wurde der Homosexualität im Alten Ägypten – bis auf wenige Ausnahmen – nicht zugestimmt.[8] Ungeklärt bleibt allerdings das Verhalten der Priesterinnen im Tempel. Sie stammten aus höheren Gesellschaftsklassen, und ihre Tätigkeit scheint eine Art Ehrenamt gewesen zu sein.[9] Religionsgeschichtlich läßt sich nachweisen, daß die Priesterinnen sich im Bereich eines Heiligtums (meist der Mutter- oder der Liebesgöttin) entweder bestimmten Königen, Fürsten und Priestern oder beliebigen Männern hingaben.[10] Der Isiskult schloß die kultische Prostitution nicht aus, da die Isisgestalt in dieser Hinsicht – den überlieferten Legenden zu entnehmen – beispielgebend wirkte. Sie regte ihre Dienerinnen zur Nachahmung an.[11] Denn an den Kultstätten scheinen »Gottesgefangene« in der Hingabe an die Göttin gelebt zu haben. Der Kult wies jedoch einen eher geheimkultisch-esoterischen Charakter auf. Neben öffentlichen Gottesdiensten mit Festen, Prozessionen und Liturgien wurden den Eingeweihten in Bildern und dramatisch-symbolischen sakramentalistischen Handlungen die Mysterien und Verheißungen der »großen Allmutter Isis« dargeboten.[12] Friedrich Heiler schreibt allerdings: »Isis

[4] Ebenda; vgl. *RGG*, ³1986, s.v. »Ägypten: Religionsgeschichtlich« von H. Jacobson.
[5] Friedrich Heiler, *Die Religionen der Menschheit* (Frankfurt/M. usw., 1984), S. 112.
[6] Walter Beyerlin (Hrsg.), *Near Eastern Religious Texts Relative to the Old Testament* (Philadelphia, 1978), S. 66; J. Yoyotte, »Le jugement des morts«, *Sources orientales* 4 (1961): 15ff; E.H. Haeberle, *Die Sexualität des Menschen*, S. 243.
[7] Vern L. Bullough, *Sexual Variance in Society and History* (New York, 1976), S. 64–66; J. Gwyn Griffiths, *The Conflict of Horus and Seth* (New York, 1969), S. 41–46.
[8] Vgl. Raphael Patai, *Sex and the Family in the Bible and the Middle East* (New York, 1959), S. 169ff.
[9] Waley-el-dine Samey, *Alltag im Alten Ägypten*, S. 106.
[10] *RGG*, ³1986, s.v. »Kultische Prostitution« von W. v. Soden.
[11] *RGG*, ³1986, s.v. »Isis und Osiris« von H. Jacobson.
[12] F. Heiler, *Die Religionen . . .*, S. 331.

hat ihre Anhänger stärker in sittliche Pflicht genommen als die Gottheiten vieler anderer Kulte der Antike ... Ihre Religion ist ... von einer gewissen heiligen Nüchternheit.«[13] Lesbianismus oder männliche Homosexualität läßt sich in den ägyptischen Kulthandlungen, mit denen die Fruchtbarkeit aller Lebewesen im Land gesichert werden sollte, bisher nicht mit Sicherheit nachweisen.[14]

Das Fazit läßt sich folgendermaßen ausdrücken: Das Volk Israel wurde in Ägypten kaum mit Homosexualität konfrontiert (zumal es bis zum Exodus zu keinem Krieg zwischen den beiden Nationen kam). Sie wurde in diesem Land geächtet und aufgrund der Fortpflanzungsidee, die der Heterosexualität innewohnt, als verfehltes sexuelles Verhalten betrachtet.[15]

1.2. Kanaan

Otto Eißfeldt ermittelte, daß der Name Kanaan für den palästinensisch-syrischen Küstenstreifen bereits im 15. Jahrhundert v.Chr. verwendet wurde. Die Israeliten sollen den Namen übernommen und in einem erweiterten Sinn verwendet haben, d.h. mit Einschluß des syrischen Streifens. Als geographisches Gebilde betrachtete man Kanaan vom »Unterlauf des Nahr el-Kasimije, des antiken Leontes, an; dann verläuft die ›Grenze‹ bis zum Wadi Ghazze und Wadi el-Hesa (in der Höhe von Gaza und Südspitze des Toten Meeres) im Süden und weiter zur Pilgerstraße (Mekkabahn) und ihrer über el-Muzerib nach Norden gezogenen Fortsetzung im Osten. Das so skizzierte Gebiet umfaßt etwa 30 000 Quadratkilometer (Westjordanland 20 000 km², Ostjordanland 10 000 km²)«.[16]

Die Bewohner des Landes nennt man Kanaanäer. Allerdings kam dieser Name erst in der Mitte des 2. Jahrhunderts v.Chr. auf. Er bezeichnete zunächst nur die Bewohner der phönizischen Küste. Noch in der Blütezeit der 12. Dynastie Ägyptens (1991–1786 v.Chr.), als sich Kanaan in der Ab-

[13] Ebenda; vgl. auch S. 429.

[14] Vgl. »Egyptian Myths and Tales« in James B. Pritchard (Hrsg.), *The Ancient Near East* (Princeton, 1973), Bd. 1, S. 1–27; »Egyptian Hymns«, ebenda, S. 226–231, bes. S. 228; *Unterwegs in die Vergangenheit* (Stuttgart, 1984), S. 44f, 47–49, 71f, 78f, 95f; G. Ernest Wright et al. (Hrsg.), *Völker, Herrscher und Propheten. Die Menschen der Bibel – ihr Leben, ihre Zeit* (Stuttgart, 1979), S. 388.

[15] M. Eliade, *From Primitives to Zen* (New York, 1967), S. 91ff. Weitere Literatur zur ägyptischen Mythologie: E.A.W. Budge, *The Gods of Egyptians* (New York, 1969), 2 Bde.; Ders., *The Book of the Dead* (New York, 1967); J. Middleton (Hrsg.), *Gods and Ritual* (New York, 1967).

[16] *RGG*, ³1986, s.v. »Kanaan. I. Geographisch« von O. Eißfeldt; B. Maisler, »Canaan and the Canaanites«, *Bulletin of the American Schools of Oriental Research* (fortan: *BASOR*) 102 (1946): 7–12.

hängigkeit der Pharaonen befand, wanderten Semiten in das Land ein und ließen sich in der Nähe der Städte nieder. Sie wagten es, dem ägyptischen Herrschaftsanspruch Widerstand entgegenzusetzen.[17] Diese Einwanderer werden Amoriter oder Ostkanaanäer oder Protoaramäer genannt. Es konnte jedoch nicht eindeutig nachgewiesen werden, daß mit »Amoritern« eine bestimmte, ethnisch abgrenzbare und lokalisierbare Völkerschaft zu bezeichnen ist.[18] Ihren Höhepunkt erreichte die Völkerbewegung nach Kanaan im 12. Jahrhundert v.Chr. Damals drangen die aus dem kleinasiatisch-ägäischen Gebiet kommenden Philister sowie weitere Seefahrer dort ein, besetzten die Ebenen und führten das überkommene Stadtwesen fort.[19] Gleichzeitig, zum Teil sogar etwas früher, erfolgte von Osten und Süden die Landnahme der Stämme Israels sowie östlich des Jordans jene der verwandten Völkerschaften: Aramäer[20], Ammoniter[21]. Moabiter[22] und Edomiter.[23] Durch diese Völker wurden die Gebiete in Gebirgslagen besiedelt. Das kanaanitische Stadtstaatensystem ließ sich allmählich in die auf ethnischer Grundlage errichteten »Staaten« jener jungen Völker integrieren, parallel zu Teilen der kanaanäischen Kultur.[24]

Es ist in diesem Zusammenhang nicht wichtig, die Religion der Kanaanäer detailliert darzustellen. Wir beschränken uns auf die Elemente, die etwas über sakrale Prostitution auszusagen haben. Eine entscheidende Rolle spielen hierbei die Göttinnen, auch die Elat genannte Aschera, Astarte und Anat. Die aramäische Atargatis trat später das Erbe dieser kanaanäischen Göttinnen an.[25]

Die Phönizier waren in ihrer ganzen Geschichte als Stadtstaaten organisiert (so in Tyrus, Sidon, Beerot, Gebal/Byblos, Anad und Ugarit), und sie verehrten die Göttin Aschtoret. Die phönizische Aussprache dürfte –

[17] W.F. Albright, »New Egyptian Data on Palestine in the Patriarchal Age«, *BASOR* 81 (1941): 16–21; vgl. Ders., »The Land of Damascus between 1850 and 1750 B.C.«, *BASOR* 83 (1941): 30–36.

[18] M. Notz, »Amoriter«, *Zeitschrift für die alttestamentliche Wissenschaft* (Fortan: *ZAW*) 58 (1940/41): 182ff.

[19] *RGG*, ³1986, s.v. »Philister« von H. Danner.

[20] K.F. Euler, »Königtum und Götterwelt in den altaramäischen Inschriften Nordsyriens«, *ZAW* 56 (1938): 272–313.

[21] *RGG*, ³1986, s.v. »Ammoniter« von M. Noth.

[22] *RGG*, ³1986, s.v. »Moabiter« von M. Noth.

[23] V. Maag, »Jakob-Esau-Edom«, *Theologische Zeitschrift* 13 (1957): 418–429.

[24] G. Fohrer, »Die wiederentdeckte kanaanäische Religion«, *Theologische Literaturzeitung* 78/4 (1953): 193–200.

[25] W. Baumgartner, »Ugaritische Probleme und ihre Tragweite für das AT«, *Theologische Zeitschrift* 3 (1947): 81–100; I.E.S. Edwards, »A Relief of Qudshu-Astarte-Anath in the Winchester College Collection«, *Journal of Near Eastern Studies* 14 (1955): 49ff, Taf. III.

nach der griechischen Umschreibung *Astarte* – *'aschtart* gelautet haben. Somit besteht Grund zur Annahme, daß die Namen Aschtoret und Astarte ein und dieselbe Göttin bezeichnen.[26] Interessant ist jedenfalls, daß in einer Inschrift von Delos Astarte »Aphrodite« genannt und mit der ägyptischen Göttin Isis gleichgesetzt wird.[27] Herodot meint, das Heiligtum zu Askalon sei das älteste für Aphrodite Urania erbaute gewesen, und setzt somit seinerseits die an der kanaanäischen Küste verehrte Göttin Astarte (vgl. 1Sam 31,10) mit Aphrodite gleich, wie es übrigens alle späteren Griechen taten.[28]

Im Alten Testament erscheint Astarte als *paredros* des Baal, und zwar durch die Verdrängung der – diesem Gottesnamen eigentlich entsprechenden – Göttin Baalat. Viele Tonfigürchen nackter Göttinnen, d.h. der Aschtaret (pl. Aschtaroth) oder Astarte sind in Palästina ausgegraben worden. Die Betonung der geschlechtlichen Merkmale läßt klar erkennen, daß sie als Göttin der Fruchtbarkeit verehrt wurde. Am Rande der Ebene von Jesreel, in Richtung Jordantal entdeckte man in einem für Astarte erbauten Tempel, der zerstört worden war, eine Stele mit der Aufschrift »Herrscherin des Himmels und Führerin aller Götter«.[29] Man dachte auch, sie sei die Offenbarerin des Baal, und verehrte sie in Kanaan – ähnlich wie die Göttin Ischtar bei Babyloniern und Assyrern – als kriegerische Göttin.[30]

Auch die Göttin Aschera, die Gemahlin des Gottes Baal, trägt die Züge einer Matrone, einer Muttergottheit, und wurde geradezu als »Erzeugerin der Götter« bezeichnet. Nicht immer wird sie von Astarte und Anat unterschieden. Sie verkörperte das Massiv-Erotische – wie Anat, die unter den bisher erwähnten Göttinnen die kriegerischste und sinnlichste gewesen sein soll.[31] Kenneth A. Kitchen verweist auf die Tafeln von Ebla, laut denen Priester, Priesterinnen und Propheten im Dienst dieser Göttinnen und Baals (als Fruchtbarkeitsgott) standen.[32] Diese Priester und Prieste-

---

[26] *Realencyklopädie für protestantische Theologie und Kirche* (fortan: *RPTK*), 1897, s.v. »Astarte und Schera« von Wolf Baudissin. – Bei Transkriptionen wird fortan der betonte bzw. mit Überstrich zu markierende Vokal halbfett wiedergegeben; z.B. hebr. aleph als **a.**

[27] Mitgeteilt von Hauvette Besnault, *Bulletin de Correspondance hellenique* 6 (1882): 473, zitiert in *RPTK* s.v. »Astarte und Schera«.

[28] Herodotus *History* (Hrsg. A.D. Godley; London, 1946), Bd. 1, S. 105ff.

[29] Werner Keller, *Und die Bibel hat doch recht – In Bildern* (Wien–Düsseldorf, 1963), S. 133, 157, vgl. S. 121; vgl. *RPTK* s.v. »Astarte und Schera«.

[30] *RPTK* s.v. »Astarte und Schera«.

[31] D. Winton Thomas, *Documents from Old Testament Times* (New York, 1970), S. 106; Beatrice A. Brooks, »Fertility Cult Functionaries in the Old Testament«, *Journal of Biblical Literature* 15 (Sept. 1951): 238–249.

[32] K.A. Kitchen, *The Bible in Its World: The Bible and Archaeology Today* (Downers Grove, 1978): 46f; vgl. P. Matthiae, »Ebla nel periodo delle dinastie amorree e della dinastia di

rinnen übten sich als Transvestiten, um sich sowohl männlichen als auch weiblichen Gottheiten anzugleichen.[33] Im Bereich des Heiligtums gaben sie sich im Rahmen der Riten beliebigen Männern hin (Priesterinnen ebenso wie als solche transvestierte Priester; s. unten). Hier verbanden sich religiöse und magische mit stark sinnlichen Motiven in vielfältiger und nie eindeutig bestimmbarer Weise. (1) Religiös war der Wunsch, das unbegreifliche Geheimnis um die Zeugung neuen Lebens durch den Geschlechtsverkehr vor der Göttin zu feiern und ihr dafür zu danken, daß sie Menschen, Tieren und Pflanzen die Fruchtbarkeit geschenkt hatte.[34] Die Fruchtbarkeitsgöttinnen wurden in Askese, Ekstase und sinnlichen Riten verehrt. Friedrich Heiler führt aus:

> Der Kult sucht u.a. das Geschlechtliche in sakraler Prostitution wie in orgiastischer Selbstkastration für das religiöse Erlebnis zu aktivieren und so dem Anhänger Seligkeit und Gottesgewißheit zu bringen.[35]

(2) Magisch verband sich damit der Wunsch, durch den Vollzug der Vereinigung in sakraler (priesterlicher) Prostitution allen Lebewesen im Lande die Fruchtbarkeit zu sichern bzw. einen Verlust der Zeugungs- und Gebärkraft zu verhindern.[36] Wie bereits angedeutet, schloß die sakrale Prostitution homosexuelle Verbindungen nicht aus. Dies ergibt sich allein schon aus dem erwähnten Vorgang, daß Priester wie Priesterinnen sich der im jeweiligen Zeitabschnitt verehrten Gottheit anglichen. Handelte es sich um eine weibliche Gottheit, traten die Priester in weiblicher Kleidung zum Dienst an; handelte es sich um den Fruchtbarkeitsgott Baal, kleideten sich die Priesterinnen in männliche Kleidung. Männer wie Frauen gaben sich den sexuellen Orgien hin, und nicht selten wurde so auch homosexueller Verkehr praktiziert.[37] Denn der Tempel war das Haus der Götter, die Priester waren ihre »Hausgenossen«, und es lag in ihrer Verantwortung, auf die »körperlichen Bedürfnisse« der Gottheiten einzugehen. Zudem waren die Gottheiten auch Herren des ganzen Volkes und mithin berechtigt, Opfer und Verehrungsbezeugungen verschiedener Art entgegenzunehmen.[38]

Nicht auszuschließen sind »theologische« Einflüsse der Babylonier und

---

Akkad: Scoperte archeologiche recenti a Tell Mardikh«, *Orientalia NS* 44 (1975) 337–360.

[33] *RPTK* s. v. »Astarte und Schera« sowie »Atargatis« von Wolf Baudissin.

[34] G. Rattray Taylor, *Sex in History* (New York, Reprint 1973), S. 226.

[35] F. Heiler, S. 330, vgl. S. 369–372; ebenso: *RPTK* s. v. »Atargatis«.

[36] G.R. Taylor, *Sex in History*, S. 226; vgl. Edward A. Malloy, S. 30f; ebenso: H.T. Frank, *Bible, Archaeology and Faith* (Nashville, 1971), S. 82, 104–106.

[37] Vgl. Raphael Patai, S. 168–176; G. Rattray Taylor, Historical and Mythological Aspects of Homosexuality« in J. Marmor (Hrsg.), *Sexual Inversion*, S. 140–164; vgl. Peter Coleman, S. 51–55.

[38] O.R. Gurney, *The Hittites* (Baltimore, 1952), S. 149f.

Assyrer auf die Kanaanäer. Im babylonischen Gilgamesch-Epos wird uns von einem merkwürdigen Verhältnis zwischen Gilgamesch und Enkidu berichtet. Der legendäre König von Uruk (um 2600 v.Chr.) soll zu einem Drittel menschliches und zu zwei Dritteln göttliches Wesen besessen haben. Seine Freundschaft zum genannten Mann wird jedoch nicht so detailliert beschrieben, daß man mit Bestimmtheit auf homosexuellen Verkehr schließen kann. Als sich die Fruchtbarkeits- und Kriegsgöttin Ischtar in Gilgamesch verliebt und ihm einen Heiratsantrag macht, lehnt dieser ab, weil Ischtar für Promiskuität bzw. unzählige Liebesabenteuer berüchtigt war.[39] Gilgamesch und Enkidu müssen gegen einen Stier vom Himmel kämpfen, den Ischtar mit Erlaubnis ihres Vaters, des Gottes Anu, gegen die beiden gehetzt hat. Zwar besiegen die Freunde den Stier, doch stirbt Enkidu anschließend.

Nach einer Sintflut erlebt Gilgamesch auf der Suche nach einem Überlebenden viele seltsame Abenteuer. Er findet schließlich in der Unterwelt einen »unsterblichen« Mann namens Utnapischtim, der als einziger durch Zufall überlebt hat. Ihm präsentiert Gilgamesch einen Lebensbaum (plant of life), den er einer Schlange gestohlen hat.[40] Erneut läßt sich nicht mit Sicherheit sagen, ob zwischen dem Zweidrittelsgott und Utnapischtim eine homosexuelle Verbindung bestand, obschon dies (wie zwischen Gilgamesch und Enkidu) bei den Interpreten des Epos als gegeben hingenommen wurde.[41] Hierzu scheinen uns die Untersuchungen von Robert Graves wesentliche Befunde zu liefern. Er kam zu dem Ergebnis, daß die Göttin Ischtar in ihren Tempelhöfen die Sodomie tolerierte. Im Gegensatz dazu betrachtete man die »ideale« Homosexualität als moralische Abirrung: »Es war der maskuline Intellekt, der versucht hatte, sich geistlich selbstgenügsam zu machen.«[42]

Wie dem o.a. Zitat von Heller zu entnehmen, gab es beim Ischtar-Kult auch kastrierte Priester (*kurgaru* und *assinnu*), ferner »prostituierte« Frauen mit verschiedenen Titeln wie z.B. *gadischtu* (Tempelbraut), *naditu* (unfruchtbar), *zer-maschitu* (die Samen verbirgt), *harimtu* (Eingeweihte),

---

[39] W. Beyerlin, *New Eastern Religious Texts*, S. 68ff; vgl. J.I. Packer, M.C. Tenney und W. White Jr. (Hrsg.), *The World of the Old Testament* (Nashville usw., 1982), S. 114f.

[40] »The Gilgamesh Epic«, *Ancient Near Eastern Texts Relating to the Old Testament* (fortan: *ANET*) (Hrsg. James B. Pritchard; Princeton, ²1956), S. 75–78; *The Interpreter's Dictionary of the Bible* (Nashville), 1976, Ergänzungsband, s.v. »Homosexuality« von M.H. Pope.

[41] Alfred C. Kinsey, *Sexual Behavior in the Human Female* (New York, 1953), S. 481, Anm. 24; vgl. Thorkil Vanggaard, *Phallos: A Symbol and Its History in the Middle World* (New York, 1974), S. 118.

[42] Robert Graves, *The White Goddess: A Historical Grammar of Poetic Myth* (London, 1961; New York, 1972).

schamhatu (Freudenmädchen), *ischtaritu* (der Ischtar zugehörig) usw.[43]
Diese Priester und Priesterinnen oblagen der Förderung des Frömmig-
keitsglaubens bei der Bevölkerung. So liest man in einem Prozessions-
psalm:

> Gewiß ist es gut, immer hinter Ischtar herzugehen.
> Es ist gut, ihr nachzufolgen, der Herrscherin Eannas.
> Bevor ich Ischtar regelmäßig nachfolgte,
> ging ich von Haus zu Haus wie ein Bettler,
> lag auf der Schwelle wie ein Hund.
> Hatte Dornen in meinem Fuß und Stacheln in meinem Kleid.[44]

Hier gewinnt man den Eindruck, daß eine »Bekehrung« zu Ischtar stattge-
funden hat. Im Kontext mit diesem Kult läßt sich auch Ischtars Wut gegen
Gilgamesch erkennen, nachdem er ihre Liebe abgewiesen hatte, u.a. »mit
dem Hinweis auf das Schicksal, das frühere Liebhaber der Göttin erfahren
haben«.[45] Die Identifikation mit den Frömmigkeitsvorstellungen Ischtars
forderten Texte wie diesen: »Von ganzem Herzen liebe ich die Furcht vor
ihrer Gottheit, ich fürchte ihre Herrschaft.«[46] Wer sich gegenüber dem
Kult distanzierte, d.h. die Götter nicht fürchtete, galt als ehrloser Verbre-
cher. »Der Tag, da man die Götter fürchtete, war meines Herzens Freude.«[47] In den babylonischen Weisheitssprüchen heißt es u.a. auch:

> Zu »deinem Gotte sollst du Herzensneigung haben. Das ist, was sich für die
> Gottheit geziemt. Beten, Flehen, Niederwerfen aufs Antlitz sollst du morgens
> ihr darbringen, so wird deine Kraft gewaltig sein ...«[48]

Wir stellen also fest, daß die Furcht vor den Göttern die Grundeinstellung
jeder Person zu sein hatte und daß diese Frucht im kultischen Dienst –
durch Opfer, Gebete und sakrale Prostitution u.a. zum Zwecke der Vereinigung mit der lebensspendenden Göttin der Liebe – ihren Ausdruck fand,
damit das Leben und die Fruchtbarkeit für das Land sichergestellt werden
konnte.[49] Vom praktizierten Transvestitismus und seinen Implikationen
war vorher die Rede. Nach Clifton Allen sei es bei der sakralen Prostitution bzw. beim Liebesakt »für die Göttin der Liebe« (»der Fruchtbarkeit«)

[43] Helmer Ringgren, *Die Religionen des Alten Orients* (Göttingen, 1979), S. 142.

[44] *Bibliotheca Orientalis* 13 (1956): 144.

[45] Helmer Ringgren, *Die Religionen des Alten Orients*, S. 134; vgl. W. Beyerlin (Hrsg.): *Religionsgeschichtliches Textbuch zum Alten Testament* (fortan: *RTAT*). ATD-Ergänzungsreihe (Göttingen, 1975), Bd. 1, S. 118ff; *ANET*, S. 72ff.

[46] H. Ringgren, *Die Religionen des Alten Orients*, S. 172; vgl. E. Dhorme: »Les religions de
Babylonie et d'Assyrie« in *Mana. Introduction a l'histoire des religions* (Paris, 1945), Bd.
1,2., S. 202.

[47] Dhorme, a.a.O., 214, und H. Ringgren, *Die Religionen des Alten Orients*, S. 172.

[48] *ANET*, S. 426f und H. Ringgren, *Die Religionen des Alten Orients*, S. 173.

[49] Vgl. W. v. Soden, »Zur Stellung des ›Geweihten‹ *(qdsch)* in Ugarit«, *Ugarit Forschungen* 2
(1970): 329ff; vgl. *Bibliotheca Orientalis* 11 (1954): 86; S.N. Kramer, »Sumerian Mythology«, *Proceedings of the American Philosophical Society* (Philadelphia) 107 (1944): 510ff.

üblich gewesen, daß ein Priester die Rolle einer Frau übernahm.[50] Das bedeutete homosexuellen Verkehr.

Die Ausführungen zeigen, daß die gottesdienstlichen Vorstellungen erheblichen Einfluß auf die Kanaanäer hatten. Die »Völkerwanderung« in den kanaanäischen Raum brachte nicht zuletzt auch religiöse Inhalte mit sich. Insbesondere gilt der Einfluß der indogermanischsprachigen Stämme – der Hethiter und Hurriter – auf die Hochkultur der Phönizier als gesichert.[51] Die hethitischen Texte sprechen von den »tausend Göttern des Hatti-Reiches«, unter denen wir die Liebesgöttin entdecken – »Ischtar des Feldes, Ischtar von Ninive, Ischtar von Hattarinna« usw.[52] Bei den Hethitern tritt Ischtar weiblich und männlich auf.[53] Die hethitische Religion hat ihrerseits auch Mythen kanaanitischen Ursprungs aufgenommen, so z.B. den Mythus von Illkunirsa und seiner Gemahlin Asertu, d.h. von *El gonaeh aeraes* (El, dem Schöpfer der Erde) und Aschera.[54] Für unser Thema sind auch die hurritischen Kumarbi-Texte aufschlußreich. Einer von ihnen schildert den Kampf um das Königtum im Himmel. Kumarbi kastrierte seinen Vater Anu und entthronte ihn; nachdem er die Testikel seines Vaters verschluckt hatte, wurde er schwanger mit dem Sturmgott, dem Fluß Tigris und mit weiteren Göttern.[55] Pervers zwangsneurotische bzw. sadistische Verhaltensnormen begegnen uns verschiedentlich bei den Göttern und Liebesgöttinnen in orientalischen Mythen. Auch die Hethiter kannten Tempeldirnen, die sich den männlichen Besuchern hinzugeben hatten, ähnlich wie wir das für die Vorhöfe der Ischtar-Tempel bereits festgestellt haben.[56] Denn wo immer sie Städte und Reiche eroberten, nahmen sie auch das »religiöse Gut« der Eroberten in ihren Pantheon auf. So dürfte der hethitische König Murschili I., der mit seinem Heer Mitte des 16. Jh.s v.Chr. entlang des Euphrat bis Babylon vorstieß und das Ende der ersten babylonischen Dynastie herbeiführte, auch den Ischtarkult in die Religion

---

[50] C. Allen, *A Textbook of Psychosexual Disorders* (New York, ²1969, S. 243–246; Peter C. Craigie, *The New International Commentary on the Old Testament: The Book of Deuteronomy* (Grand Rapids, 1976), S. 288; vgl. S.N. Kramer, *The Sumerians* (Chicago, 1963), S. 254ff.

[51] Georg Fohrer, *Geschichte Israels* (Heidelberg, 1982), S. 20.

[52] H. Otten, »Die Religionen des alten Kleinasien« in Berthold Spuler (Hrsg.), *Handbuch der Orientalistik* (Leiden, 1964), Bd. 8, 1.1., S. 105; ebenso: O.R. Gurney, »Some Aspects of Hittite Religion« in Ders., *Schweich Lectures* (Oxford, 1977), S. 9f.

[53] H.G. Güterbock, »The Songs of Ullikummi«, *Journal of Cuneiform Studies* 5 (1951): 135ff; *Journal of Cuneiform Studies* 6 (1952): 8–42.

[54] H.G. Güterbock, »Hittite Mythology« in S.N. Kramer (Hrsg.), *Mythologies of the Ancient World* (Garden City, 1961), S. 155.

[55] *RTAT*, S. 175ff; *ANET*, S. 120f.

[56] H. Otten, »Die Religionen des alten Kleinasien«, a.a.O., S. 110f.

seines Volkes integriert haben.[57] Die sexuellen Orgien in den Tempelhöfen waren auch damit verbunden, daß man zum Erwerb der Göttergunst und als Erweis der Liebe und Verehrung gegenüber den Gottheiten, denen ja der ganze Leib gehörte, sich oder auch anderen Wunden zufügte, wobei es auch zu Menschenopfern kommen konnte.[58]

Diese Befunde ermöglichen die Schlußfolgerung, daß die kanaanäische Fruchtbarkeitsgöttin Astarte mit der akkadischen Ischtar identisch war, »obwohl die Feminin-Endung -t fehlt«.[59]

Zudem ist zu berücksichtigen, daß die hethitischen Gesetze die Päderastie legitimierten, während sie für »Bestialität« die Todesstrafe verhängten.[60] Johannes Pedersen schließt nicht aus, daß diese Form homosexueller Praxis sich in Kanaan hat weit verbreiten können.[61]

1.3. Fazit

Die kanaanäische Religion hatte zwar ihre eigenen Gottheiten, doch wiesen diese Ähnlichkeiten oder gar Übereinstimmungen mit Göttern von Völkern außerhalb Kanaans auf. Einflüsse der Ägypter, Sumerer[62], Babylonier, Assyrer, Hethiter u.a.m. auf die »Theologie« der Kanaanäer lassen sich leicht nachweisen.[63] Von besonderem Interesse für unsere Studie ist das Kultpersonal. Wie bereits erwähnt, hatten verschiedene Kultdie-

[57] Vgl. H.G. Güterbock, »The Deeds of Suppululiuma as Told by His Son, Murshili II«, *Journal of Cuneiform Studies* 10 (1956): 41–68, 75–98, 107–130.

[58] O.R. Gurney, »Some Aspects of Hittite Religion«, a. a. O., S. 27ff; vgl. O. Masson, »A propos d'un rituel hittite pour la lustration d'une armee«, *Revue de l'histoire des religions* 137 (1950): 5ff; H. Otten, »Die Religionen des alten Kleinasien«, a. a. O., S. 112f; vgl. H. Ringgren, *Die Religionen des Alten Orients* mit Ders., *Israelitische Religion* (Stuttgart, 1965), S. 160ff.

[59] H. Ringgren, *Die Religionen des Alten Orients*, S. 214; vgl. Ders., *Word and Wisdom* (Lund, 1947), S. 173ff. Weitere Informationen über die westsemitischen Religionen siehe: Ulf Oldenburg, *The Conflict between El and Baal in Canaanite Religion*. Suppl. Numen 3 (Leiden, 1969); M. Pope, *El in the Ugaritic Texts*. Suppl. NT 2 (Leiden, 1955); A.S. Kapelrud, *The Violent Goddess* (Oslo, 1969).

[60] R.S. Hardy, »The Old Hittite Kingdom«, *American Journal of Semitic Languages and Literature* 57 (1941): 177–216; H. Otten, »Zu den Anfängen der hethitischen Geschichte«, *Mitteilungen der deutschen Orientgesellschaft* 83 (1951): 33–45; A. Goetze, »Kleinasien« in W. Otto (Hrsg.), *Handbuch der Altertumswissenschaft* (München, 1939–1954), Bd. 3,I. Abt. II/1,3; A.G. Güterbock, »Hittite Religion« in: V. Ferm (Hrsg.), *Forgotten Religions* (New York, 1950), S. 83–109.

[61] Johs. Pedersen, *Israel. Its Life and Culture* (London-Kopenhagen, 1926), I–II, Bd. 1, S. 66.

[62] W.O.P. Römer, *Sumerische Königshymnen der Isiszeit* (Leiden, 1965), S. 153 und weitere Passagen.

[63] S.N. Kramer, *The Sumerians*, S. 129–210.

ner(innen) verschiedene Aufgaben in den Tempeln zu verrichten.[64] Die männlichen Priester *g deschim* sowie die *a deschot* (Tempeldirnen) waren die Ausübenden der Tempelprostitution. Die sakrale Prostitution muß sich nicht auf heterosexuellen Verkehr beschränkt haben.[65] Denn wenn den Göttern und Göttinnen perverses sexuelles Verhalten, von Inversion bis zur eindeutigen Homosexualität, zugeschrieben wurde, wie hätten da der König, der Oberpriester und namentlich das Kultpersonal nicht entsprechende Sexualhandlungen nachvollziehen sollen. Transvestitismus, Sadismus, Sodomie, Homosexualität und andere Perversionen waren Elemente der sexuellen Orgien in den Tempelhöfen. Die »Frömmigkeit« der kanaanitischen Stämme muß solche »Handlungen« auch außerhalb des Tempelbereichs verlangt haben. Nicht zuletzt ist die gesetzlich erlaubte Päderastie der Hethiter ein Beweis dafür. Einerseits identifizierten sich die Völker mit den Forderungen ihrer Götter; andererseits glaubten sie, durch Geschlechtsverkehr die Lebenskräfte in der Natur zu fördern.[66]

Mit Recht weist Max Dimont darauf hin, daß die hebräischen Stämme immensem Druck ausgesetzt waren, sich in die sakrale Prostitution verwickeln zu lassen.[67] Es wäre aber nicht zutreffend, der sakralen Prostitution die gesamte Schuld für sexuelle Perversionen zuzuschreiben; letzten Endes lag die Schuld bei den Menschen, die diese Religionen erdacht, gegründet und gefördert haben (vgl. 1Kön 18,26–29).[68] Untersucht man namentlich die Ursachen der Verehrung von Fruchtbarkeitsgöttinnen, so zeigt sich die Kombination von libidinöser auf Lustgewinn abzielender Triebkraft und Sinnlichkeit, die die Genese des Lebens in Natur und Kreatur symbolisieren soll. Entsprechend backten die kanaanäischen Frauen Brote »in Gestalt weiblicher Geschlechtsteile« und brachten sie im Tempel der Göttin als Opfer dar, »um von ihr Getreide und Wein zu erflehen«.[69]

Der Sinn der sexuellen Kulthandlungen lag wohl darin, (1) daß z.B. der

---

[64] Siehe J. Aisleitner, *Die mythologischen und kultischen Texte aus Ras Schamra* (Budapest, 1959).

[65] O. Eißfeldt, »Kanaanäisch-ugaritische Religion« in *Handbuch der Orientalistik* (Leiden, 1984), Bd. 8,1., S. 89ff; vgl. H. Ringgren, *Die Religionen des Alten Orients*, S. 237.

[66] H. Ringgren. *Die Religionen des Alten Orients*, S. 237f.

[67] Max I. Dimont, *Jews, God and History* (New York, 1962), S. 44–47; vgl. S. 249, 377 mit K.A. Kitchen, S. 54f.

[68] H.T. Frank, S. 104ff; siehe auch: Robertson W. Smith, *The Religion of the Semites* (New York, 1956); vgl. für unsere Problematik unter den Monographien vor allem K. Bockmühl, *Leiblichkeit und Gesellschaft. Studien zur Religionskritik und Anthropologie im Frühwerk von Ludwig Feuerbach und Karl Marx* (Gießen–Basel, 1980), bes. S. 69–88; Hans Küng, *Existiert Gott? Antwort auf die Gottesfrage der Neuzeit* (München–Zürich, 1978), S. 223–250.

[69] Karin Gaube und Alexander v. Pechmann, *Magie, Matriarchat und Marienkult: Frauen und Religion. Versuch einer Bestandsaufnahme* (Reinbek, 1986), S. 135f.

König von Babylon nur dadurch gottgleich werden konnte, daß er mit einer Priesterin bzw. sakralen Prostituierten »das Lager teilte«; (2) daß ein Mann, ledig oder verheiratet, durch den Koitus mit einer Priesterin (»heilige Hochzeit«) göttliche Weihen empfing, galt stellvertretend für die gesamte Natur:

> Liebe war das schöpferische Agens, die Kraftquelle, die das Wachsen der Pflanzen bewirkte, die Fruchtbarkeit der Tiere sicherte und das Ansteigen der Wasser in den Flußläufen verursachte. Die Liebe knüpfte das menschliche Dasein in die kosmische Ordnung ein und gewährte die Erhaltung des Lebens, den Sieg der geistigen, seelischen und physischen schöpferischen Kräfte über Untergang, Tod und Verwesung.[70]

Neben dieser sakralen Prostitution bedrohten auch diverse homosexuelle Praktiken der Kanaanäer die ethischen Prinzipien der Hebräer.[71]

2. Die Homosexualität im Kontext des Alten Testaments

2.1. Monotheismus contra Polytheismus: ein Exkurs

Es ist angebracht, auch in diesem Abschnitt den Bezug zur Umwelt herzustellen, in welcher das Alte Testament entstand. Laut John A. Wilson[72] war der gegenseitige Austausch der Gottheiten unter Völkern bereits zur Zeit des alten Ägypten nichts Außergewöhnliches und schloß die »Verpflanzung« ägyptischer Götter nach Asien und umgekehrt ein. Zum Teil handelte es sich um einen Verschmelzungsvorgang: Die ägyptische Göttin Hathor[73], die Mutter des Falkengottes bzw. der Sonne, wurde mit Baalat[74] der Kanaanäer gleichgesetzt; der ägyptische Gott Seth[75] mit Baal oder

---

[70] Gerda Weiler, *Der enteignete Mythos* (München, 1985), S. 173f, zitiert bei K. Gaube und A. v. Pechmann, S. 125f.

[71] D.W. Eichrodt, »Homosexualität – Andersartigkeit oder Perversion?« in Th. Sorg (Hrsg.), *Homosexualität in evangelischer Sicht*, S. 11ff. Ebenso: *RGG*, ³1986, s. v. »Homosexualität« von D.S. Bailey; K. Boyd, »Homosexuality and the Church« in J.A. Loraine (Hrsg.), *Understanding Homosexuality*, S. 178ff.

[72] John A. Wilson, »Ägypten« in Golo Mann und Alfred Heuss (Hrsg.), *Propyläen Weltgeschichte* (Berlin–Frankfurt/M., 1987), Bd. 1, S. 439.

[73] Schafik Allam, »Beiträge zum Hathorkult bis zum Ende des Mittleren Reiches«, *Münchener ägyptologische Studien* (Berlin) 4 (1963): 164; C.J. Blecker, *Hathor und Thora* (Leiden, 1973); Ph. Derchain, *Hathor und Quadrifons* (Leiden, 1972).

[74] Vgl. H. Donner und W. Röllig (Hrsg.), *Kanaanäische und aramäische Inschriften* (Wiesbaden, 1967–69), 10.2. mit 101A,3.

[75] Vgl. H. Kees, »Horus und Seth als Götterpaar«, *Mitteilungen der Vorderasiatisch(-Ägyptisch)en Gesellschaft* 28/1 (1924), mit *ANET*, S. 14ff.

dem hethitischen Teschub[76], Re mit dem semitischen Sonnengott Schamasch.[77] Zum Teil fand sogar eine beiderseitige kultmäßige »Kolonisierung« statt, indem z.B. Ramses III. in Kanaan einen Tempel errichtete und die lokale ägyptische Gottheit Ptah in Askalon ein Heiligtum erhielt.[78] Umgekehrt gab es in Ägypten Baals- und Astartepriester von der 18. Dynastie an. Unter dem Namen »Astar von Syrien« verehrten die Ägypter Astarte als Göttin der Heilkunst. In der ägyptischen Literatur figurieren Baal und Reschech[79] sowie Astarte, Anath und Qedesch als Metaphern für Macht und Gewalt.[80]

Wie erwähnt, können wir nicht mit Gewißheit behaupten, daß in Ägypten sakrale Prostitution betrieben wurde. Dagegen gibt es kaum Zweifel, daß die kanaanäischen Fruchtbarkeitskulte mit Prostitution beider Geschlechter verbunden waren.[81] Die *gadesch* und *g^edescha* waren die geweihten männlichen Prostituierten und Hierodulen. Sie standen im Dienst von Baal, Astarte, Anath, Ascherah oder Baalat. Der Gottesdienst trug magischen wie orgiastischen Charakter.[82] Eine Kollektion von assyrischer Weisheitsliteratur liefert indirekte Beweise für eine Assoziierung des Transvestitismus mit der Ausübung der sakralen Prostitution.[83] Roland Kenneth Harrison bemerkt u.a.: »Es gab eine anerkannte homosexuelle Zunft (Cinaedus) in den kanaanäischen Tempeln, und rituelle Prostitution beider Geschlechter war an der Tagesordnung.«[84]

---

[76] H. Ringgren, *Die Religionen des Alten Orients*, S. 186f.

[77] Ebenda, S. 120f.

[78] Askalon gehörte zu den fünf Philisterstädten, nebst Asdod, Gaza, Gath und Ekron. Siehe *RGG*, ³1986, s.v. »Pentapolis« von Kurt Galling.

[79] W. Beyerlin (Hrsg.), *RTAT*, Bd. 1, S. 259.

[80] J.A. Wilson, »Ägypten«, a.a.O., S. 439.

[81] Kardinal Franz König (Hrsg.), *Der Glaube der Menschen. Christus und die Religionen der Erde* (Wien, 1985), S. 80; vgl. Kap. 125 des Totenbuches: »Ich habe nicht Unzucht getrieben im heiligen Bezirk meines Stadtgottes« (a.a.O., S. 84). König spricht auch von der Schlangenanbetung, welche Israel von den Kanaanäern übernommen hätte, ferner von den Menschenopfern in Verbindung mit dem Fruchtbarkeitskult. Vgl. auch A.R.W. Green, *The Role of Human Sacrifice in the Ancient Near East (Missoula, 1975).*

[82] W. Eichrodt, *Theology of the Old Testament* (Philadelphia, 1961), Bd. 1, S. 115f, 148–151; W. Baumgartner, »Ras Schamra und das AT«, *Theologische Rundschau* (1940): 163ff und (1941): 1–157; Ders., »Ugaritische Probleme und ihre Tragweite für das AT«, a.a.O., S. 81f; G. Fohrer, »Die wiederentdeckte kanaanäische Religion«, a.a.O., Sp. 193ff; B. Buber, *Königtum Gottes* (Berlin, 1932), S. 65f, englisch: *Kingship of God* (New York, ³1967), S. 60ff; Gerhard v. Rad, *Old Testament Theology* (New York usw., 1962), Bd. 1, S. 22.

[83] W.G. Lambert, *Babylonian Wisdom Literature* (Oxford, 1960), S. 226–230.

[84] Roland Kenneth Harrison, *Introduction to the Old Testament* (Grand Rapids, 1977), S. 119; W.F. Albright, *The Biblical Period from Abraham to Ezra* (New York, 1963), S. 16ff; Ders., *Archaeology and the Religion of Israel* (Harmondsworth, 1960), S. 77–88; vgl. Ders., *From the Stone Age to Christianity* (Baltimore, 1957), S. 234f.

Wenn wir uns nun dem Gottesdienst der Hebräer zuwenden, stellen wir fest, daß der »hebräische« bzw. israelitische Gott als Schöpfer und Lenker über der Natur steht – die »entgöttlicht« ist – und notwendigerweise transzendent ist. Im Unterschied zum Pantheon der Kanaanäer und der benachbarten Völker war die Religion der Hebräer monotheistisch.[85]

Innerhalb des hebräischen Monotheismus bzw. »der Willenssphäre Jahwes (ist) kein Raum für das Zusammen mit einer anderen göttlichen Macht oder gar für eine Rivalität mit einer solchen«, formulierte Friedrich Baumgärtel.[86] Denn der Monotheismus schließt intermediäre Agenten aus. Jahwe ist unmittelbar für sein Volk bzw. für den einzelnen, und zwar in seiner richtenden wie in seiner helfenden Aktivität, d.h., gute wie böse Manifestationen sind von ihm aus als der allein lebendigen Macht wirksam.[87]

Die Studie kann aufgrund ihrer umgrenzten Thematik nicht im einzelnen auf die Entwicklung des Monotheismus eingehen. Mit Friedrich Baumgärtel, Umberto Cassuto und anderen lehnen wir die Hypothese ab, der alttestamentliche Monotheismus hätte sich aus den Umweltbedingungen ergeben, oder die Hebräer hätten ihn in einem evolutionistischen Vorgang von Nachbarvölkern entlehnt.[88] Demgegenüber ist er Ausdruck der Glaubenserfahrung einer religiös-schöpferischen Persönlichkeit und beruht auf der Selbsterschließung Gottes in einem von ihm erwählten Werkzeug.[89] Dabei darf nicht übersehen werden, daß man zur Zeit des Alten Testaments von der Existenz »anderer Götter« wußte oder mit ihr rechnete. Israel distanzierte sich jedoch ganz bewußt von den »anderen Göttern«. Wenn auch synkretistische Elemente bzw. polytheistische Überfremdungen den monotheistischen Glauben der Hebräer wiederholt bedrohten, konnten diese zersetzenden Vorgänge doch den strengen mono-

---

[85] H.H. Rowley, »The Antiquity of Israelite Monotheism«, *Expository Times* 61 (1950): 333–338; Ders., »Mose und der Monotheismus«, *ZAW* 69 (1957): 1–21; vgl. R. Mayer, »Monotheistische Strömungen in der altorientalischen Umwelt Israels«, *Münchener Theologische Zeitschrift* 8 (1957); Y. Kaufmann, »The Bible and Mythological Polytheism«, *Journal of Biblical Literature* 79 (1951): 179–197.

[86] *RGG*, ³1986, s.v. »Monotheismus und Polytheismus« von F. Baumgärtel; hier: Sp. 1113.

[87] Ebenda; W. Eichrodt, *Theology of the Old Testament*, Bd. 1, S. 220–227; W.F. Albright, *From the Stone Age to Christianity*, S. 207.

[88] *RGG* s.v. »Monotheismus und Polytheismus«, Sp. 1114f; U. Cassuto, *A Commentary on the Book of Exodus* (Jerusalem, 1967), bes. S. 77; vgl. G.H. Park-Taylor, *Yahweh: The Divine Name in the Bible* (Waterloo/Ont., 1975); C.B. Labuschagne, *The Incompatibility of Yahweh in the Old Testament* (Leiden, 1966), mit Millard J. Erickson, *Christian Theology* (Grand Rapids, 1983), Bd. 1, S. 322–324.

[89] Karl Rahner, *Theological Investigations*, 14 Bde. (New York, 1974–76), Bd. 10, S. 34ff; vgl. George A. Lindbeck, »The Thought of Karl Rahner S.J.«, *Christianity and Crisis* 25 (18. Okt. 1965): 211–215.

theistischen Glaubensgrund niemals erschüttern (vgl. Ps 46,11 mit Dtn 6,4; Jes 5,19; 28,23ff).[90]

Edmond Jacob unterstreicht, daß für Israel der Glaube an die Überlegenheit des eigenen Gottes von alters her, jedenfalls seit der Zeit des Mose, vorhanden war. Als lebendige Person ist Gott aus alttestamentlicher Sicht der sich offenbarende Gott, der mit den Menschen eine Gemeinschaft führen will. Dies präzisiert Jacob so:

> Gehört es zum semitischen Denken, die Vollständigkeit des Personseins in ihrem Gegenüber zu einem Partner zu sehen, lassen die Schöpfungserzählungen daher die Schöpfung in der Erschaffung des Menschen als des göttlichen Gegenübers und wiederum in der Erschaffung des Weibes als des Partners des Mannes gipfeln, so konkretisiert sich für atl. Denken das die Gemeinschaft mit den Menschen begründende Wesen Gottes in den Akten der geschichtlichen Erwählung und des Bundesschlusses.[91]

Die Mannigfaltigkeit der Gottesbezeichnungen im Urtext des Alten Testaments – auch im Neuen Testament zu finden – illustriert den Umstand, daß Gott durch einen einzigen Namen nicht völlig erkannt werden konnte. Abraham Meister meint:

> . . . alle biblischen Gottesnamen vermitteln nur eine stückweise Erkenntnis der göttlichen Vollkommenheit, jeder Einzelname zeigt nur eine Seite der Gottesoffenbarung, die einzelnen Namen ergänzen sich.[92]

Die Vielfalt der Gottesbezeichnungen ist jedenfalls kein Beweis für einen Polytheismus in Israel, sondern »bietet in hohem Maße einen Einblick in die Fülle Gottes, des Schöpfers, des Erlösers, des Richters und des Vollenders, und in das Wirken des Heiligen Geistes«.[93] Der monotheistische Glaube ist gleichsam zusammengefaßt in der feierlichen Akklamation, die

---

[90] Donald G. Bloesch, *Essentials of Evangelical Theology*, Bd. 1: *God; Authority and Salvation* (San Francisco, 1978), S. 24–26; vgl. Karl Barth, *Church Dogmatics* (Edinburgh, 1957), II/2, S. 685.

[91] *Biblisch-Historisches Hand-Wörterbuch*, hg. von Bo Reicke und Leonhart Rost, Göttingen, 1962, s. v. »Gott« von E. Jacob. Zu verweisen ist auch auf die Werke von Panihar, der im Pantheon der hinduistischen Religion auch eine Präsenz Christi ermittelte. Da es außer in Jesus Christus kein Heil gebe, müsse dieser Retter in allen Religionen der Welt präsent gewesen sein; so Raimundo Panihar, *The Unknown Christ of Hinduism* (London, 1964), S. 153; Ders., *Myth, Faith and Hermeneutics* (New York, 1979), S. 359; Ders., *The Trinity and the Religious Experience of Man* (London, 1973), S. 74ff.

[92] Abraham Meister, *Namen des Ewigen* (Pfäffikon, 1973), S. 8.

[93] Ebenda, S. 12; vgl. J.I. Packer, M.C. Tenney und W. White Jr. (Hrsg.), S. 109, 141. Dagegen haben – notwendigerweise spekulative – Argumentationen über das Wesen Gottes im Laufe der Kirchengeschichte zu vielen Mißverständnissen geführt. Meister Eckhart unterschied zwischen der Gottheit, die eine Einheit reiner Ideen darstellte, und Gott-Vater als späterer Offenbarung. Eckharts neoplatonische Gedanken überschatteten das biblische Zeugnisgut. Siehe Vladimir Lossky, *Theologie negative et connaissance de Dieu chez Maitre Eckhart. Etudes de Philosophie Medievale* (Paris, 1960), S. 32–39.

sich in Deuteronomium findet: »Höre, Israel! Jahwe, unser Gott, ist der einzige Gott!« (Dtn 6,4)[94]

Die monotheistische Religion Israels verlangte eine Abgrenzung des Gottesdienstes (hebr. 'aboda) von polytheistischen Kulten. Bilderkult, mythologische Kultdramen, ausgebildete Orakeltechniken und Beschwörungen, sakrale Prostitution bzw. sexuelle Riten und Menschenopfer gelten im israelitischen Gottesdienst als Greuel (hebr. to'eba schiqqus) und Scheusal vor Gott, d.h. als Inbegriff dessen, was Ekel erregt.[95] Sigmund Mowinkel vermerkt, daß der Gottesdienst ein fester Bestandteil des israelitischen Alltags war. »Die Erneuerung ihrer Welt ... mußte durch den machtwirkenden heiligen, von den Vätern ererbten«, letzten Endes von Gott selbst stammenden und offenbarten Gottesdienst«. ... erarbeitet ('abäd) und gewonnen werden«.[96] Darum kam »das Halten der Gebote neben anderen nichtkultischen Leistungen in den Begriff des Gottesdienstes mit hinein (Neh 3,5; Ex 13,5)«.[97] Wir beziehen uns auf o.a. und widersprechen den Behauptungen, die Gottesdienstordnungen und -handlungen in Israel seien vom Alltagsleben getrennt gewesen; ein Verbot der sakralen Prostitution in den Tempelhöfen wäre also nicht auf das Verhalten des Volkes im Alltag übertragbar.[98] Gerade das Gegenteil entspricht der Wahrheit: Die gottesdienstlichen Handlungen der Hebräer wurden spiritualisiert und sollten das Verhalten jedes Israeliten im Alltag bestimmen. Denn das Volk lebte in der Gegenwart seines Gottes, den es zu »fürchten« und dem es zu »dienen« hatte. Mit diesen zwei Verben soll das gesamte religiöse Verhältnis des Volkes Israel zu seinem Gott bezeichnet worden sein (Dtn 4,19; 6,14; Mal 3,14; Hiob 36,11).[99]

---

[94] E. Jenni, »Jahwe« in Ernst Jenni (Hrsg., unter Mitarbeit von Claus Westermann), *Theologisches Handwörterbuch zum Alten Testament* (fortan: Jenni/Westermann), 2 Bde. (München–Zürich, 1978), Bd. 1, Sp. 701–707.

[95] *BHHW*, 1962, s.v. »Gottesdienst« von K.H. Bernhard; vgl. *Acta Orientalia* 18 (1939): 1–14, mit F. Dumermuth, »Zur deuteronomischen Kulttheologie und ihren Voraussetzungen«, *ZAW* 70 (1958): 59–98.

[96] *RGG*, ³1986, s.v. »Gottesdienst. II. im AT« von S. Mowinkel, Sp. 1752; vgl. H. Kees, *Das Priestertum im ägyptischen Staat* (Leiden, 1953).

[97] *RGG*, ³1986, s.v. »Gottesdienst. II. im AT« von S. Mowinkel, Sp. 1755; vgl. Donald G. Bloesch, *Essentials of Evangelical Theology*, Bd. 2: *Life, Ministry and Hope* (San Francisco, 1979), S. 31–64.

[98] Siehe den Kommentar dazu bei D.G. Bloesch, Bd. 2, S. 269; vgl. H. Thielicke, *The Ethics of Sex* (London, 1964), S. 273ff, mit E.O. Wilson, *On Human Nature*, S. 143.

[99] *RGG*, ³1986, s.v. »Gottesdienst. II. im AT« von S. Mowinkel, Sp. 1752. Luthers These, die Inkarnation Christi bezwecke die Erhebung des Menschen in seine Herrlichkeit, dürfte die göttliche Absicht gegenüber der Menschheit am prägnantesten fassen. Martin Luther *Luther's Works* (St. Louis, 1958), Bd. 34, S. 164; vgl. Bd. 27, S. 87. – Die pantheistischen Vorstellungen eines Jürgen Moltmann in Anlehnung an Hegel, der die Welt in Gott einge-

2.2. Die alttestamentliche Definition der Perversionen

2.2.1. Exegese von Leviticus 18,22 und 20,13: Homosexualität

Im Alten Testament wird nur an wenigen Stellen auf homosexuelle Praktiken Bezug genommen. Zu den bekanntesten Textpassagen, die eindeutig homosexuelle Vergehen apostrophieren, zählen Leviticus 18,22 und 20,13. Die Jerusalemer Bibel gibt den hebräischen Text Leviticus 18,22 folgendermaßen wieder: »Du darfst mit einem Manne keinen geschlechtlichen Umgang haben wie mit einer Frau; es wäre ein Greuel.« Dieser Text ist eingebettet in den Abschnitt, den August Klostermann (1877) als »Heiligkeitsgesetz« bezeichnet hat (Kap. 17–26).[100] Ihm gehen (wir folgen hier Georg Fohrer) Opfergesetze (1–7) und Reinheitsvorschriften (11–15) voraus; Kap. 16 beschließt diese Aufzählung der Unreinheiten mit dem jährlichen Tilgungsritus. Kap. 27 (ein Nachtrag über Gelübde und Zehnten) beschließt das Buch Leviticus.[101]

Im Zentrum des Gesetzeskorpus steht die Selbstoffenbarung Gottes am Sinai, aus der die Forderung der Heiligkeit für das Volk erwächst.[102] Das Volk ist dem Profanbereich entzogen und für den Dienst vor Gott ausgesondert. Im Unterschied zu einer dinglich-unpersönlichen Heiligkeit, wie sie etwa die altkanaanäische Religionsgeschichte kennt, wird in Israel mehr und mehr Jahwe selber als der Heilige, als der von der Sünde Abgesonderte erkannt. Gott offenbart seinen heiligen Namen durch seine Heilstaten. Er wehrt Angriffe auf die von ihm stammenden Rechte ab (1Sam 6,26; Am 2,6ff; 4,2; Hos 11,9; Jes 5,16). So erhält die Heiligkeit eine ethische Komponente, die über den rein gottesdienstlichen Bezug hinausgeht.[103] Das Heiligkeitsgesetz und die mit ihm verbundenen Gesetzesvorschriften versuchen die Verkündigung der Heiligkeit Israels in heilige

---

schlossen sieht und *vice versa* (Gott sei »ein dynamischer eschatologischer Prozeß«), trennen nur aus diesem Grund Alltagsleben und biblische Ethik nicht! Jürgen Moltmann, *The Crucified God* (New York, 1973), S. 247–249.

[100] A. Klostermann war wohl der erste, der den Abschnitt Leviticus 17–26 unter »Heiligkeitsgesetz« gefaßt hat. A. Klostermann, *Der Pentateuch: Beiträge zu seinem Verständnis und seiner Entstehungsgeschichte* (Leipzig, 1907), S. 368–418; Ders., »Beiträge zur Entstehungsgeschichte des Pentateuchs«, *Zeitschrift für die gesamte Lutherische Theologie und Kirche* 38 (1877): 401–445; *RGG*, ³1986, s.v. »Heiligkeitsgesetz« von K. Elliger. Die Diskussion über Ursprung bzw. Entstehung von Leviticus ist bestens beschrieben bei R.K. Harrison, *Introduction to the Old Testament*, S. 591–613; vgl. J. Begrich, »Die priesterliche Tora«, *Beihefte zur ZAW* 66 (1936): 63–88.

[101] *RGG*, ³1986, s.v. »Leviticus« von G. Fohrer; Gleason L. Archer Jr., *A Survey of Old Testament. Introduction* (Chicago, 1974), S. 239–243, vgl. S. 92–104.

[102] *RGG*, ³1986, s.v. »Heiligkeitsgesetz« von H. Graf Reventlow; K. Elliger, »Das Gesetz Leviticus 18«, *ZAW* 67 (1955): 1–25.

[103] *TWNT*, 1953, s.v. »Die Verwendung des Heiligkeitsbegriffes im AT« von Otto Procksch.

Normen und Ordnungen zu fassen, um ein heiliges, d.h. von der Sünde und Unordnung abgesondertes Volk zu schaffen, wie es Jahwe fordert (z.B. Ex 24,4–8 usw.).[104]

Jede sexuelle Perversität wird somit vom Heiligkeitsgesetz als abnorm, als »Greuel« deklariert.

Der hebräische Text ist allerdings komplex. Wir lesen in 18,22: *et zakar lo tischkab mischk'be 'ischschah.* Carl Friedrich Keil und Franz Delitzsch übersetzen diesen Passus mit dem Hinweis: »... it was forbidden to ›lie with mankind as with womankind‹« (mit dem männlichen Geschlecht zu liegen wie mit dem weiblichen), und im Kommentar wird gefolgert: »... d.h. das Verbrechen der Päderastie, jenes von Sodom (Gen 19,5), zu begehen«.[105] Es ist möglich, daß die beiden Theologen mit dem Begriff der Homosexualität noch nicht vertraut waren, als sie im 19. Jahrhundert ihren Kommentar erarbeiteten; hermeneutisch wäre ihre Wiedergabe jedenfalls denkbar. Wir haben bereits vermerkt, daß die Päderastie bei den Hethitern zumindest toleriert wurde.[106] Wir müssen aber das hebräische *zakar* noch eingehender betrachten, um herauszufinden, ob der Begriff mit Knabenliebe in Beziehung gebracht werden kann. Ludwig Köhler gibt das Wort mit »Mensch männlichen Geschlechts« wieder.[107] Denselben Beiklang erhält der Begriff in Genesis 17,10.12.23. In diesem Passus geht es zweifellos um Angehörige des männlichen Geschlechts jeden Alters. Abraham sollte »alles Männliche« beschneiden, da noch niemand in seiner Sippe beschnitten war, nahm er »seinen Sohn Ismael und alle ... Sklaven, alles Männliche im Hause Abrahams, und beschnitt noch am gleichen Tage das Fleisch ihrer Vorhaut, wie Gott ihm befohlen hatte« (Gen 17,23). Wie auch andere Bibelstellen bezeugen, in denen *zakar* erscheint[108], meint der hebräische Begriff Männer aller Altersstufen.[109]

In diesem Zusammenhang interessiert uns auch das Verb *schkb* »beiwohnen« oder »schlafen«. Laut Ludwig Köhler bezeichnet *schakab* »sich hinlegen zum Schlaf«. Er meint aber, in Leviticus 18 gehe es nicht um das natürliche Schlafen allein, sondern das Verb impliziere perverse sexuelle

---

[104] *BHHW*, 1962, s.v. »Heilig« von J.A. Soggin; Peter R. Ackroyd, *Exile and Restoration* (Philadelphia, 1968), S. 87–91.

[105] C.F. Keil und F. Delitzsch, *Commentary on the Old Testament in Ten Volumes. The Pentateuch* (Grand Rapids, 1980), Bd. 2, S. 417.

[106] Vgl. B. Ebeling und B. Meißner (Hrsg.), *Reallexikon der Assyrologie*, 6 Bde. (Berlin usw., 1928–1972), Bd. 4, S. 459ff.

[107] Ludwig Köhler, *Lexicon in Veteris Testamenti Libros* (Leiden, 1958), S. 257.

[108] Genesis, 34,15.22.24f; Exodus 12,48; Leviticus 6,11.22; 7,6; Numeri 1,2.20.22.

[109] Jenni/Westermann, Bd. 1, Sp. 132: »Speziell zur Bezeichnung des Geschlechts« findet sich *Zakar*›männlich, Mann‹: 82mal, davon je 18mal in Leviticus und Numeri, 14mal in Genesis und in Esra 8mal. Vgl. ebenda, Bd. 2, Sp. 557.

Absichten.[110] *Schakab* bezeichnet aber auch das friedliche Sterben von Menschen. Die Rede des Propheten Nathan zu König David ist ein plausibles Beispiel dafür: »Wenn dann deine Tage voll sein werden und du dich zur Ruhe legst bei deinen Vätern . . .« (2Sam 7,12). Kontext und Aussage des Verses verleihen dem Verb die Konnotation des Sterbens bzw. des Bestattet-Werdens.[111] Darüber hinaus wird das Verb *schakab* für den Geschlechtsverkehr verwendet, so z.B. in Genesis 19,32f: Die ältere Tochter Lots »legte sich zu ihrem Vater. Dieser merkte es nicht, wie sie sich hinlegte, noch, wie sie aufstand« (Gen 19,33). Der euphemistische Gebrauch des Begriffs *schakab* zielt nicht auf eine Verheimlichung des Inzests, denn das Ergebnis des Beischlafs der beiden Töchter mit Lot wird doch ausdrücklich erwähnt: »So empfingen beide Töchter Lots von ihrem Vater« (Gen 19,36). Der Inzest wird hier vom Autor nicht bewertet, sondern als Resultat einer Grenzsituation präsentiert.[112] Das Heiligkeitsgesetz seinerseits läßt uns kaum daran zweifeln, daß in Leviticus 18,22 *schakab* als Euphemismus für sexuellen Verkehr unter Männern verwendet wird. Der Autor gibt uns durch einen erklärenden Vergleich den Hinweis, wie der Koitus unter Repräsentanten des männlichen Geschlechts zu verstehen ist: *mischk'be' ischscha*, »Beischlaf (wie) mit einer Frau«.[113] Laut B. Davidson ist *mischk'be'* ein Femininsubstantiv[114], das zweifellos Koitus bedeutet. Die Kombination *mischkab zakar* begegnet uns in Numeri 31,17 und wird gelesen: »Beischlaf mit einem Mann«.[115] Der Passus gibt den Befehl wieder: »Tötet sofort alle männlichen Kinder, ebenso tötet jedes Weib, das bereits mit einem Mann geschlechtlich verkehrt hat.« Auch hier also hat das Wort *mischkab* eine sexuelle Konnotation und meint den heterosexuellen Verkehr.

Entsprechend können wir Leviticus 18,22 wie folgt wiedergeben: »Keine sexuelle Verbindung mit einem Menschen männlichen Geschlechts, als wäre er eine Frau, sollst du eingehen.« Diese etwas umschreibende Wiedergabe stimmt inhaltlich wohl mit dem Urtext überein. Laut Benjamin

---

[110] L. Köhler, S. 968; er zählt als Parallelen Lev 20,13; Ex 22,18; Dtn 27,21 auf: ebenda, S. 968.

[111] Jenni/Westermann, Bd. 1, Sp. 11; diese Quelle zitiert entsprechende Artikel von C .F. Whitley in *Vetus Testamentum* 2 (1952): 148f; B. Alfrink in *Oudtestamentische Studien* 2 (1943): 106–108, und 5 (1948): 118–131; vgl. O. Eißfeldt, »Israelitisch-jüdische Religionsgeschichte und alttestamentliche Theologie«, *ZAW* 44 (1926): 1–12; Ders., »Werden, Wesen und Wert geschichtlicher Betrachtung der israelitisch-jüdisch-christlichen Religion«, *Zeitschrift für Missionskunde und Religionswissenschaft* 46 (1931): 1–24.

[112] L. Köhler, S. 986; vgl. Jenni/Westermann, Bd. 2, Sp. 637, 680; Gerhard v. Rad, *Genesis* (Philadelphia, 1973), S. 223–225.

[113] L. Köhler, S. 575; vgl. Jenni/Westermann, Bd. 1, Sp. 691.

[114] Benjamin Davidson, *The Analytical Hebrew and Chaldee Lexicon (Lynn, 1981)*, S. 521.

[115] L. Köhler, S. 575; vgl. S. 257; Jenni/Westermann, Bd. 1, Sp. 691.

Davidson kann *lo tischkab* ein Verb in der 2. wie auch in der 3. Person sein.[116] Somit kann *lo* als ein Adverb gesehen werden, das eine Verneinung ausdrückt. »Nicht sollst du mit einem Menschen männlichen Geschlechts schlafen wie mit einer Frau.«[117] Das Futurum des Verbs »schlafen, sich hinlegen« bildet mit dem Adverb »nicht« einen Imperativsatz: »Nicht sollst du« oder »du darfst nicht«. Hiermit wird der homosexuelle Verkehr unter Männern strikt untersagt. Daß die Israeliten hier im Singular mit »du« angesprochen werden, ist keine Ausnahme. Elmar Martens kommentiert, daß die Zuhörer als »corporate personality«, als kollektive Einheit gesehen werden.[118]

Leviticus 20,13 sagt eigentlich dasselbe aus wie Leviticus 18,22:

Sollte ein Mann mit einem Menschen männlichen Geschlechts Geschlechtsverkehr unterhalten wie mit einer Frau, haben beide Schändliches (bzw. Greuel) begangen. Mit dem Tod sollen sie bestraft werden; es lastet Blutschande auf ihnen.[119]

Hier ist zu berücksichtigen, daß die homosexuelle Praxis als Folge der kanaanäischen Rechtslage im Umfeld der Israeliten existierte. Diese Legislation von Leviticus 20,13 hatte u.a. vorbeugende Funktion. Gottes Volk sollte vor der Befleckung mit der Verderbtheit der Heiden geschützt werden.[120]

Karl Barth bewertet u.E. auf plausible Weise, daß die Homosexualität im Licht der Schöpfungslehre eine Perversion sei, weil sie das Individuum souverän zu machen versuche. Sie setze den Menschen in eine Unabhängigkeit von Gott, indem sie sich der gottgegebenen sexuellen Orientierung widersetze und somit gegen die »Ein-Fleisch-Ehe« bzw. die Heterosexualität verstoße.[121]

Die Homosexualität rüttelt an der »Ein-Fleisch-Ehe« bzw. der Heterosexualität, die in der judäo-christlichen Ethik vertreten wird.[122] Aber der

---

[116] B. Davidson, S. 779.

[117] Vgl. L. Köhler, S. 466f.

[118] Elmer Martens, *God's Design. A Focus on Old Testament Theology* (Grand Rapids, 1981), S. 66f. Ebenso beachtenswert ist das Werk von H.W. Robinson, *Corporate Personality in Ancient Israel* (Philadelphia, 1964).

[119] Vgl. C.F. Keil und F. Delitzsch, *The Pentateuch*, Bd. 2, S. 482; N.H. Snaith, *Leviticus and Numbers* (London, 1967), S. 125; dagegen D.S. Bailey, *Homosexuality and the Western Christian Tradition* (London, 1955), S. 30.

[120] S.R. Driver, *Deuteronomy* (Edinburgh, 1896), S. 264; R.E. Clements, »Leviticus« in *The Broadman Biblical Commentary* (London, 1970; Nashville, 1970), S. 50.

[121] Karl Barth, *Church Dogmatics*, III/4, S. 166; vgl. R.E. Clements, a.a.O., S. 54; Martin Noth, *Leviticus* (Philadelphia, 1965), S. 134–136; Armor D. Peisker, *The Wesleyan Bible Commentary: Leviticus* (Grand Rapids, o.J.), S. 343.

[122] Dale Moody, *The World of Truth. A Summary of Christian Doctrine Based on Biblical Revelation* (Grand Rapids, 1981), S. 149–151; vgl. Roland Bainton, *Here I Stand* (New York, 1950), S. 286ff.

Heiligkeitskodex sagt mehr aus. So formuliert Herman Wouk: Der Sexual-
kodex der Bibel beruht auf faktischen Gegebenheiten. Er meint,

> daß die Verbote des Geschlechtsverkehrs zwischen Männern (sowie) zwischen
> Mensch und Tier kein fernes Echo aus der Bronzezeit sind, sondern daß es sich
> um Gesetze gegen Perversionstaten handelt, die wie Diebstahl und Brandstif-
> tung zu allen Zeiten vorkommen.[123]

Bei der Zusammenfassung ergibt sich folgendes: Erstens spricht unser Text
eindeutig vom Verbot der homosexuellen Beziehungen unter Männern.
Zweitens kann Päderastie im Verbot mit eingeschlossen sein, doch darf aus
dem Kontext nicht gefolgert werden, der Schreiber habe lediglich über die
Knabenliebe berichten wollen.[124] Drittens sagt der Text nichts über lesbische Beziehungen aus. Viertens impliziert der Passus Analverkehr, zugleich
wird jedoch nichts über die Art und Weise der homosexuellen Beziehung
ausgesagt. Es bleibt fraglich, ob hier allenfalls gegenseitige Masturbation
gemeint war. Insbesondere der Geschlechtsverkehr scheint angesprochen
zu sein, da der Vergleich zum Beischlaf mit einer Frau gezogen wird. Fünf-
tens ist in Leviticus 18,22 nicht von sakraler Prostitution die Rede. Denn
das ganze Volk Israel ist heilig, weil es für den Dienst vor Gott erwählt worden ist. Somit bezieht sich auch das Verbot der homosexuellen Praxis nicht
ausschließlich auf die Priester, sondern auf das ganze Volk.[125]

2.2.2 Exegese von Leviticus 18,23; 20,15f: Sodomie oder Zoophilie

Walter Krebs ermittelte, daß es im östlichen Nil-Delta einen Kult gab, der
den Beischlaf mit Ziegenböcken impliziert habe.[126] Auch der ägyptische
Schöpfergott Ptah trat in Ziegengestalt auf; der Pharao Ramses II. war überzeugt, von ihm abzustammen.[127] Es liegen auch ugaritische Texte vor, die

---

[123] Herman Wouk, *Das ist mein Gott. Glaube und Leben der Juden* (Hamburg, 1984), S. 164;
vgl. Willhart S. Schlegel, »Parameter Beckenskelett. Genetische Aspekte sozialen Verhaltens«, *Sexualmedizin* 4 (1975): 228–238; Medard Boss, »Ist Homosexualität angeboren?«, *Dokument und Analyse* 11 (1975): 40ff.

[124] Vgl. E. Ebeling und K. Meißner (Hrsg.), *Reallexikon der Assyrologie*, Bd. 4, S. 459–468 mit
Martin Noth, *Geschichte Israels* (Göttingen, 1956), S. 33, vgl. S. 200; Gerhard v. Rad,
Theologie des Alten Testaments (München, 1984), Bd. 2, S. 184; Bd. 1, S. 35f.

[125] Vgl. Eugene Joseph Fisher, »Cultic Prostitution in the Ancient Near East? A Reassessment«, *Biblical Theology Bulletin* 6 (1976): 225–236, mit J.J. Finkelstein, »Sex Offences
in Sumerian Laws«, *Journal of the American Oriental Society* 86 (1966): 355–372.

[126] Walter Krebs, »Zur kultischen Kohabitation mit Tieren im alten Orient«, *Forschungen
und Fortschritte* 37 (1963): 19–21.

[127] Ebenda, S. 20, vgl. S.H. Langdon, »The Scape-Goat in Babylonian Religion«, *Expository
Times* 24 (1912–13): 9–13; H. Ringgren, *Die Religionen des Alten Orients*, S. 46; vgl. S. 14,
24, 32.

von Göttern sprechen, die sexuelle Beziehungen zu Tieren hatten.[128] Die hethitische Legislation verbot nur bestimmte Formen der Sodomie. Krebs schreibt: In der hethitischen Gesetzgebung »erscheint eigenartig, daß die Kohabitation eines Mannes mit einem Rind (Taf. II, § 73), einem Schaf (§ 74), einem Schwein oder Hund (§ 85) strafbar ist, während nach § 86 bei einem Pferd oder Maultier keine Strafverfolgung, sondern nur eine Art Ehrverlust stattfindet«.[129]

Trotz der angeführten Belege läßt sich nicht mit Sicherheit sagen, ob Sodomie im Alten Orient unter der Bevölkerung Kanaans üblich war. Wir konnten bisher nicht feststellen, ob sakrale Sodomie in Kanaan etwas Alltägliches war. Unter König Manasse wurden in Jerusalem zwar assyrische und nichtjahwistische Kulte ausgeübt; Baal, Astarte und die bocksgestaltigen Feldgötter, Masseben und Ascheren waren in Mode; eine spezielle Stätte für Kinderopfer wurde im Tal Hinnom eingerichtet[130]; im Tempel stand ein Bild der Göttin Ischtar, zu deren Ehren in einem eigens erbauten Haus sakrale Prostitution betrieben wurde[131]; aber von sakraler Sodomie in Kanaan läßt sich nicht mit Bestimmtheit reden. Hingegen dürfte sie in der Sexualmystik verschiedener Naturreligionen ihren Platz gehabt haben: Die mystische Vereinigung mit »großen Gottheiten« geschah nicht allein mittels diverser esoterischer Riten, sondern auch durch Geschlechtsverkehr, der nicht nur unter Menschen vollzogen wurde.[132] Denn die Verehrung des als heilig geltenden Lebens der Natur beinhaltete Tiergottheiten, und die geschlechtliche Vereinigung der Tempelmädchen (bzw. -dirnen) mit dem entsprechenden Tier sicherte göttliche Zauber- und Lebenskraft sowie die Fruchtbarkeit.[133] Ob bei der Fassung des »Heiligkeitsgesetzes« an diese kultischen Phänomene gedacht wurde oder an ein allgemeineres Praktizieren des Verkehrs zwischen Menschen und Tieren ist nicht entscheidend. Wir haben jedenfalls Grund zur Annahme, daß So-

---

[128] A. Van Selms, *Marriage and Family Life in Ugaritic Literature* (London, 1954), S. 81f.

[129] Walter Krebs, S. 20 vgl. J. Pedersen, *Israel: Its Life and Culture*, Bd. 1, S. 66f. Zu diesem Thema vgl. auch R.S. Hardy, »The Old Hittite Kingdom«, a.a.O., S. 177–216; *RGG*, ³1986, s.v. »Kultische Prostitution« von W. von Soden; H. Bauer, »Die Gottheiten von Ras Schamra«, *ZAW* 51 (1933): 81–101; E. Pilz, »Die weiblichen Gottheiten Kanaans«, *Zeitschrift des Deutschen Palestina-Vereins* 47 (1924): 127–167.

[130] N.H. Snaith, »The Cult of Moloch«, *Vetus Testamentum* 16 (1966): 123f; H. Ringgren, *Die Religionen der Welt*, S. 232.

[131] Georg Fohrer, *Geschichte der israelitischen Religion* (Berlin, 1969), S. 128; *BHHW*, 1962, s.v. »Tempeldirne« von G. Fohrer.

[132] Vgl. Friedrich Heiler, S. 248–252, mit S. 40–44, 103, 139, 291, 348; *International Standard Bible Encyclopaedia* (fortan: *ISBE*), Reprint 1976, s.v. »Sodomite« von W. Ewing.

[133] Vgl. H.A. Hoffner, »Incest, Sodomy and Bestiality in the Ancient Near East«, *Orient and Occident: Essays for C.H. Gordon* (Neukirchen, 1973), S. 81–90, mit F. Heiler, S. 235, 331 sowie 24; *ANET*, S. 159–198.

domie in Kanaan vorkam, sonst wäre kein Verbot dieser Form sexueller Perversion notwendig gewesen. Im Alten Testament beinhaltet der Begriff »heilig« vor allem die Idee, daß das so Bezeichnete der Sphäre der Unreinheit bzw. des heidnischen Gebrauchs entzogen und statt dessen in die Sphäre Gottes versetzt worden war. Die Heiligkeitsgesetze grenzten das Leben der Israeliten vom heidnischen Leben ab, einschließlich der wohl in Kanaan praktizierten Sodomie. Walter Krebs resümiert:

»Es wäre möglich, daß sich die Verurteilung des jüdischen Gesetzgebers weniger gegen Handlungen einzelner aus Perversität – solche hat es wohl zu allen Zeiten und bei allen Völkern gegeben – als gegen deren kultisch-religiöse Ausübung richtet, denn seine ganze Gesetzgebung ist vor allem Unterbau und Ausstrahlung der neuen Lehre und von ihr nicht zu trennen. Das geht ganz deutlich aus den einleitenden Bemerkungen Lev 18,3 hervor: ›Ihr sollt nicht tun nach den Werken des Landes Ägypten, darin ihr gewohnt habt, auch nicht nach den Werken des Landes Kanaan, darin ich euch führen will; ihr sollt auch euch nach ihrer Weise nicht halten.‹ Das gleiche gilt auch von den Schlußsätzen dieses Kapitels Lev 18,24–30 und 20,23, wonach die in dieser Aufzählung verworfenen Handlungen bei den Voreinwohnern von Kanaan üblich und ein Grund zu ihrer Austreibung durch Gott wären. Da letzterer Hinweis unmittelbar an die Verurteilung des sexuellen Umganges mit Tieren anschließt, dürfte er sich auch wohl in erster Linie auf diesen beziehen, dann auch auf das Kinderopfer an den Moloch (Milkom) 18,21. Die anderen, vorher aufgezählten Sünden der Blutschande und verwandter Art waren auch schon z.B. in Hammurabis Gesetz verboten. Wenn dieses auch als Kern ältere sumerische Auffassungen enthält, so muß es dann doch in seiner uns überlieferten Form auch den Anschauungen der in Mesopotamien eingedrungenen Semiten entsprochen haben. Man darf daraus wohl schließen, daß die aus dem syrisch-arabischen Raum stammenden Akkader und Amoriter von dort schon ähnliche Ansichten mitbrachten; später waren sie bei den Juden, wie schon erwähnt, in gleicher Form vorhanden. Somit dürfen wir wohl die Formulierungen Lev 18,24f in erster Linie auf die Handlungen nach 18,23 beziehen. Schließlich spricht für diese Auffassung auch die Tatsache, daß in dem älteren ›Bundesbuch‹ Ex 22,18 das Verbot der Tierkohabitation unmittelbar zusammen mit zwei anderen Verboten auftritt, die sich eindeutig lediglich auf fremde Kulte beziehen, nämlich das der Zauberei und des Opfers vor fremden Göttern; die Zusammenstellung im Lev (das ›Heiligkeitsgesetz‹) ist jünger.«[134]

»Mit gar keinem Vieh darfst du dich begatten und dich dadurch verunreinigen. Eine Frau darf sich nicht vor ein Vieh hinstellen, um sich begatten zu lassen« (Lev 18,23). Der hebräische Text vermittelt Nuancen, die uns aufmerksam machen: »Mit gar keinem Vieh darfst du den Beischlaf vollziehen« richtet sich in erster Linie an das männliche Geschlecht. Denn das

---

[134] Walter Krebs, »Zur Kultischen Kohabitation mit Tieren«, S. 19–20 vgl. W.W. Graf Baudissin, »Der Begriff der Heiligkeit im AT«, *Studien zur semitischen Religionsgeschichte* 2 (1878): 1–142; a.a.O., S. 19–21.

Verb *natan* ist – laut Benjamin Davidson – in der Futurform *(titen)* mit maskuliner Konnotation gegeben.[135] Wählen wir die Übersetzung »gewähren« für das Verb *natan,* ergibt sich eine etwas anders nuancierte Übersetzung. Das Substantiv *sch^{e}kab^{e}t^{e}ka* ist zwar feminin, das Suffix jedoch 2. Person Singular maskulin[136]; es bedeutet »Beischlaf« oder »Beilager«. Ludwig Köhler argumentiert sogar, der Begriff beinhalte neben dem Akt des Koitus das finale Ziel »damit Nachkommenschaft entsteht«.[137] Schwierigkeiten bietet das hebräische Wort *bhmh,* das sowohl »junges Schaf, Ziege« als auch weiter gefaßt »Vieh, Tier« bedeuten kann.[138] Die Wiedergabe von *bhmh* mit »junges Schaf« (oder »junge Ziege«) ist denkbar, zumal Leviticus 18,23b weniger Raum für eine Auswahl läßt: »Eine Frau darf sich nicht vor ein Vieh (*bhmh* – Tier) hinstellen, um sich begatten zu lassen.« Gillis Gerleman schlägt vor, das Wort *b^{e}hema* mit »Haustier« zu übersetzen, wie man es auch in Genesis 8,1 findet (vgl. Hes 14,15; 33,27; Zeph 2,15; Ps 148,10).[139] Somit gelangen wir zu folgender Übersetzung:

> Auf keinen Fall darfst du (maskulin – H.H.) den Beischlaf mit einer Ziege (bzw. einem Haustier) vollziehen, um dich zu verunreinigen. Eine Frau darf keine Aufstellung einnehmen *(lo ta'amod lip^{e}ne)*[140], um sich von einem Haustier begatten zu lassen; das wäre eine Schändlichkeit« (*tebel,* auch: »Vermischung«).[141]

Zieht man in Betracht, daß das Heiligkeitsgesetz zwar nicht in Ägypten entstanden ist, aber in gewisser Erinnerung an den Beischlaf von Frauen (vielleicht auch Männern) mit Ziegenböcken im östlichen Nil-Delta, so wird das Verbot in Lev 18,23 um so sinnfälliger.[142] Otto v. Gerlach expliziert:

> In ganz Ägypten war der Tierdienst verbreitet; wie die Sternbilder und Sterne schon früh mit Tiernamen bezeichnet wurden, so war das Land gleichsam ein Spiegelbild des Himmels, und in jedem Bezirk wurde daher ein besonders heiliges Tier verehrt ... In einem nordöstlichen Kreise Ägyptens, der den Namen

---

[135] B. Davidson, S. 782; vgl. L. Köhler, S. 624f. Die rein logische Deduktion legt – nebst jeder Grammatik – denselben Schluß nahe, wird doch die Frau im zweiten Satz besonders angesprochen.

[136] B. Davidson, S. 713.

[137] L. Köhler, S. 968; B. Davidson, S. 713.

[138] L. Köhler, S. 110; B. Davidson, S. 68.

[139] G. Gerlemann, »Leben« in Jenni/Westermann, Bd. 1, Sp. 553.

[140] L. Köhler, S. 871.

[141] Ebenda, S. 1018.

[142] Vgl. oben, Anmerkungen 298–300, mit H. Ringgren, *Die Religionen des Alten Orients,* S. 14–39; M. Sandman-Holmberg, *The God Ptah* (Lund, 1946). J.P. Lange meint: »Die fünfte Sünde (Lev 18,23 – H.H.) ist der Gipfel der Scheußlichkeit, Vermischung mit einem Tier, und doch ein Vorkommnis (sic!), weil sonst das Gesetz nicht davon sprechen würde. Nach Herodot und Pindar ließen Weiber zu Mendes sich vom Ziegenbock besteigen.« J.P. Lange, *Die Bücher Exodus, Leviticus, Numeri* (Bielefeld-Leipzig, 1874), S. 196.

nach der Stadt Mendes führte, welche wieder so nach dem Bocksgotte Mendes hieß, unfern der alten Hauptstadt Tanis und des Landes Goschen, wurde der Ziegenbock verehrt, und solch ein lebendiges Tier stets im Heiligtum gehalten.[143]

Der zitierte Autor hält für erwiesen, daß jeder Mann, der ins Priestertum initiiert werden wollte, die Kohabitation mit einem Ziegenbock bzw. einer Ziege vollziehen mußte. »Diesem Götzendienst waren damals, von Ägypten her, die Israeliten verfallen und trieben ihn heimlich in der Wüste.«[144]

Leviticus 20,15f besagt eigentlich das gleiche wie Leviticus 18,23. Eine Erweiterung enthält die Stelle mit der Festsetzung der Strafe für Sodomie: Männer wie Frauen, die der Kohabitation mit Tieren schuldig waren, mußten samt den Tieren sterben. O. v. Gerlach kommentiert:

Eine sinnbildliche Strafe sollte auch an dem Tiere vollzogen werden, das durch die Sünde des Menschen mit befleckt worden war, und nicht bloß Vermehrung des Abscheus geht aus dem Ausdruck: »Ihr Blut sei auf ihnen« hervor.[145]

Für Gordon J. Wenham ist die Sodomie strikt verboten worden, weil sie die Grenze zwischen Mensch und Tier verwischt bzw. überschreitet.[146]

2.2.3. Sodomie konkret: intendierte Homosexualität oder Gastrechtsverletzung?

Unter Ausklammerung der akzeptierten Bedeutung von Sodomie als »Zoophilie« untersuchen wir nun, ob das Verhalten der Sodomiter (Gen 19) homosexuelle Intentionen beinhaltete oder ob das Problem bei der versuchten Verletzung des Gastrechts lag. Der Vorfall in Kanaan, der in Genesis 19 geschildert wird (ebenso die Parallele in Gibeah, Ri 19), ist nicht leicht zu erklären. Zuerst setzen wir uns mit dem Kommentar von Arthur Frederick Ide auseinander, dessen Thesen im folgenden resümiert werden: Erstens: Lot verstieß als Ausländer gegen die Regeln des Gastrechts von Sodom.[147] Nach den Regeln mußten im Altertum Fremde vor dem Stadttor ihre Namen, die Zahl der Begleiter sowie die Zahl der Tiere nennen, damit entschieden werden konnte, ob von den Einreisenden Ge-

---

[143] Otto v. Gerlach, *Das Alte Testament mit Einleitung und erklärenden Anmerkungen* (Leipzig, 1876), Bd. 1, S. 255.

[144] Ebenda, S. 256.

[145] O. v. Gerlach, S. 263; vgl. S. 259; J.P. Lange, S. 201; *ANET*, S. 159–198; M. Greenberg, »Some Postulates of Biblical Criminal Law« in M. Haran (Hrsg.), *Y. Kaufmann Jubilee Volume* (Jerusalem, 1960), S. 5–28; B.S. Jackson, *Essays in Jewish and Comparative Legal History* (Leiden, 1975), S. 25–63.

[146] Gordon J. Wenham, *The Book of Leviticus* (Grand Rapids, 1979), S. 260.

[147] Arthur Frederick Ide, *The City of Sodom and Homosexuality in Western Religious Thought to 630 C.E.* (Dallas, 1985), S. 39.

fahr wie Überfall oder Versklavung drohte. Lot habe diese Gastregeln ignoriert und die zwei Männer bzw. Engel (Gen 19,1) in Mißachtung des Gastrechts in sein Haus aufgenommen.[148] Zweitens: Das hebräische Wort *jadha'* (erkennen, erfahren, vernehmen) besitzt im Kontext von Genesis 19 keine erotische Konnotation! Die Einwohner Sodoms wollten die Ausländer kennenlernen, ohne die Absicht, sie homosexuell zu mißbrauchen. Es ging den Sodomitern nur um die Abklärung, ob Lots Gäste die Stadt mit friedlichen Absichten aufgesucht hätten. Da Lot selbst ein Fremder war, trauten sie Lot nicht und wollten sich selbst nach den Absichten der Ankömmlinge erkundigen.[149] Drittens: Laut A.F. Ide zeigt Lots Angebot an die Städter, anstelle der Gäste seine Töchter sexuell zu mißbrauchen (1) seinen misogynen Sexismus und (2) seine Mißachtung der Gastregeln in Sodom. Daß die Sodomiter Lots Angebot ausschlugen, beweise die Intensität ihres Bedürfnisses, die Intentionen der Fremden kennenzulernen und nötigenfalls zu »neutralisieren«.[150] Nach Derrick Sherwin Bailey ist hebräisch *jadha'* im Kontext von Genesis 19,5 nicht anders als im Sinne von »kennenlernen« zu verstehen.[151] Ähnlich wie Ide folgert er, erst die späteren Autoren Josephus und Philo und das Neue Testament hätten die »Sünde von Sodom« als »unmoralische, unnatürliche Sinnlichkeit« bezeichnet.[152]

Die Thesen von Ide und Bailey werfen jedoch Fragen beim Lesen des Berichts über Sodom und Gomorra auf. Auch unter Berücksichtigung der kulturellen Gegebenheiten, der Sitten und Gebräuche würde die Botschaft des Schreibers überhört werden, wenn die obigen Erklärungsversuche genügten[153]:

Erstens: Der Schreiber formuliert ausdrücklich, die beiden Städte hätten Gottes Strafe verdient[154]; somit stellt man Jahwe als ungerecht hin,

---

[148] Ebenda; R. de Vaux, *Ancient Israel: Its Life and Institutions* (London, 1969), S. 10, 74–76, 160–163.

[149] A.F. Ide, S. 39ff; vgl. *RGG*, ³1986, s. v. »Gastfreundschaft« von J. de Vries, der ebenfalls meint: »Auf der primitiven Kulturstufe wird der Fremde als Feind betrachtet; das Land außerhalb der Stammesgrenzen ist ein dämonisches Unland« (a. a. O.).

[150] A.F. Ide, S. 44f; vgl. dagegen Leon Wood, *A Survey of Israel's History* (Grand Rapids, 1973), S. 54–56.

[151] D.S. Bailey, *Homosexuality and the Western Christian Tradition*, S. 155f.

[152] Ebenda, S. 156f, und A.F. Ide, S. 46ff; vgl. Walter Barnett, *Sexual Freedom and the Constitution* (Albuquerque, 1973), S. 23–39; John J. McNeill, *The Church and the Homosexual*, S. 50–74; Norman Pittenger, »The Homosexual Expression of Love« in W. Dwight Oberholtzer (Hrsg.), *Is Gay Good?* (Philadelphia, 1971), S. 237.

[153] O. v. Gerlach, S. 55; vgl. Derek Kidner, *Genesis. An Introduction and Commentary* (Downers Grove, 1967), S. 134–137.

[154] Vgl. Donald Williams, *Homosexuality, the Bible and the Church* (Los Angeles, 1978), S. 70.

wenn man »kennenlernen« als »zahlenmäßige Stärke und Intentionen erkunden« interpretiert. In Genesis 13,13 charakterisiert der Autor die Sodomiter: »Die Leute von Sodom aber waren sehr böse und Sünder gegen Jahwe.« Ferner gibt Genesis 18,20 Gottes Aussagen gegenüber Abraham wieder: »Die Klage über Sodom und Gomorra, sie hat sich gehäuft, und ihre Sünde, sie ist sehr schwer.« Bei Jesaja ist zu lesen: »Wenn Jahwe Zebaot uns nicht einen Rest übriggelassen hätte, wie Sodom wären wir, Gomorra wären wir gleich« (1,9). Sexuelle Ausschweifungen verschiedener Art werden häufig mit Sodom in Zusammenhang gebracht (vgl. Jer 49,18; Hes 16,46–58 mit Jer 50,40; Lam 4,6). Im Neuen Testament wird das Gericht über Sodom und Gomorra als Paradigma des göttlichen Zorns gegen die Frevler (2Petr 2,6) und gegen solche, die »Unzucht getrieben haben und anderem Fleisch nachgegangen sind« (Jud 7), beschrieben. Die Autoren des Alten wie des Neuen Testaments sehen die Sünde Sodoms als arroganten Verstoß gegen die von Gott gesetzten Normen, und zwar durch (unmißverständlich) perverse sexuelle Praktiken.[155]

Zweitens: Ide und Bailey scheinen das hebräische Verb *jadha'* etwas zu präsumtiv zu behandeln. Ohne mit Kohlers Aussage übereinzustimmen, der Begriff meine in Genesis 19,5 die Päderastie[156] (außer falls als Synonym für Homosexualität verstanden), stellen wir fest, daß Lot *jadha'* mit sexuellen Implikationen verwendet, indem er den Sodomitern seine Töchter zum beliebigen Gebrauch anbietet. Auf die Forderung der Stadtbewohner: »Bringe sie (die Gäste) heraus, damit wir sie erkennen« (V. 5b) bietet er ihnen als Ersatz seine Töchter an, »die noch keinen Mann erkannt haben. Diese will ich zu euch herausbringen, und tut mit ihnen, was euch beliebt« (Gen 19,8). Für »erkennen« verwendet der Schreiber beidesmal *jadha'*; er kann kaum etwas anderes als sexuellen Verkehr gemeint haben.[157] Lot muß die sexuellen Absichten der Sodomiter wahrgenommen haben, sonst hätte er die Jungfräulichkeit seiner Töchter nicht auf diese Weise angesprochen.[158] Willy Schottroff zeigt an, daß *jd' (jadha')* im Alten Testament nicht nur für »erkennen« im kognitiven Sinn gebraucht wird, sondern auch

---

[155] David Atkinson, *Homosexuals in the Christian Fellowship* (Grand Rapids, 1979), S. 80f; vgl. Thomas M. Horner, *Jonathan Loved David*, S. 47ff.

[156] L. Köhler, S. 365; vgl. Peter Coleman, *Christian Attitudes to Homosexuality*, S. 34; Jenni/Westermann, Bd. 1, S. 691.

[157] Scanzoni und Mollenkott, *Is the Homosexual My Neighbor?*, S. 54–58; Charles Ellicott, *A Bible Commentary for English Readers* (London, o.J.), Bd. 2, S. 262; David L. Bartlett, »A Biblical Perspective on Homosexuality«, *Foundations* 2 (April–Juni 1977): 133–147, hier: 134; Jerry Kirk, *The Homosexual Crisis . . .*, S. 54; John J. Davis, *Paradise to Prison: Studies in Genesis* (Grand Rapids, 1976), S. 200–202.

[158] G. v. Rad, *Genesis*, S. 217f; E.A. Speiser, *Genesis: Introduction, Translation, and Notes* (Garden City, 1964), S. 30ff.

für den geschlechtlichen Verkehr des Mannes mit der Frau (Gen 4,1.17.25; 24,16; 38,26; Ri 19,25; 1Sam 1,19; 1Kön 1,4), der Frau mit dem Mann (Gen 19,8; Ri 11,39; sonst: *jd' /l*ᵉ/ *mischkab zakar* »den Beischlaf eines Mannes kennen«, Num 31,17f.35; Ri 21,11f) und den homosexuellen Verkehr (Gen 19,5; Ri 19,22) umschreibt.[159]

Wir sehen in diesen sprachwissenschaftlichen Erwägungen Schottroffs eine Stützung und Verifizierung unserer These.[160]

Drittens: Viele Wissenschaftler weisen bewußt darauf hin, daß im Nahen Osten des Altertums Homosexualität parallel zur Heterosexualität toleriert wurde bzw. sogar ein Bestandteil der Götterverehrung war, die einen erotischen bis zügellosen Charakter trug. Die sexuelle Mißhandlung von männlichen Gefangenen oder unwillkommenen Gästen war üblich. Davor ist anzumerken, daß in Genesis 19 die Sodomiter nicht die Erkundung ihrer etwaigen politischen Ziele verfolgten, sondern die Vergewaltigung der beiden Männer beabsichtigten.[161] Wesentlich ist dabei, daß Lot und seine Familie in Sodom als Ausländer galten. Es wird nicht deutlich, welche Abneigungen die Stadtbewohner gegen Lot und seine Familie hegten. Möglicherweise hatte den Kanaanäern Lots Jahwe-Verehrung mißfallen. Die Polytheisten (Anhänger der Vielgötterei) versuchten, einen »fremden Gott« stets ihrer Religion einzuverleiben, und es ist nicht auszuschließen, daß sie dies auch von den hebräischen Stämmen erwarteten. Dadurch, daß Lot ihrem Polytheismus nicht zustimmte, begann oder vertiefte sich vielleicht ihre Feindschaft. Sie hatten so einen Grund, um ihm zu schaden.[162] Wir stimmen Peter Coleman zu, daß uns überzeugende Beweise dafür fehlen, daß in den kanaanäischen Heiligtümern homosexuelle Praktiken mit Sicherheit betrieben worden wären; dagegen oblag ihnen die Bevölkerung allgemein ungeniert.[163] Dieses Verhalten tadelte Lot (vgl. 2Petr 2,7–8 mit Gen 19).

Viertens: Ides Darstellung der kanaanäischen Gastfreundschaft mit den daraus resultierenden Bedingungen für die Aufnahme eines Fremden in

---

[159] W. Schottroff, »Erkennen« in Jenni/Westermann, Bd. 1, Sp. 689–691.

[160] Vgl. Peter Coleman, S. 34; *Encyclopaedia of Religion and Ethics*, 1908–1926, s.v. »Sodomy« von G.B. Barton; *Theologisches Begriffslexikon zum Neuen Testament* (fortan: *TBLNT*), 1979, s.v. »Erkenntnis, Erfahrung« von E.D. Schmitz.

[161] Vern L. Bullough, S. 51–73; Edward Westermarck, *The Origin and Development of the Moral Ideas* (London, 1917), Bd. 1, S. 456–489; G. v. Rad, *Genesis*, S. 217.

[162] *Taschenlexikon Religion und Theologie*, 1983, s.v. »Jahwe« von Ladislav Martin Pakozdy; Veit Valentin, *Illustrierte Weltgeschichte* (Köln, 1976), Bd. 1, S. 72–78; G. v. Rad, *Old Testament Theology*, Bd. 2, S. 80–98; W. Eichrodt, *Theology of the Old Testament*, Bd. 1, S. 178–205; *RGG*, ³1986, s.v. »Gastfreundschaft« von J. de Vries.

[163] P. Coleman, *Christian Attitudes to Homosexuality*, S. 51; vgl. Alberto J. Soggin, *Introduction to the Old Testament* (London, 1978), S. 146–160; Roland de Vaux, *The Early History of Israel to the Period of the Judges* (London, 1978), S. 241ff.

die jeweilige Gemeinschaft könnte an sich zutreffen. Sie berücksichtigt aber nicht die Diskrepanz zu den Regeln des Gastrechts bei den hebräischen Sippen – zumal beim Schreiber –, welche sich aus der Härte der rechtlosen Stellung entwickelten, mit der sie sich in Ägypten und anderswo abfinden mußten. So konnte sich auch ein Flüchtling oder ein Verbannter unter den Schutz eines hebräischen Hauses stellen, ohne mit inquisitorischen Fragen hinsichtlich seines Ziels konfrontiert zu werden.[164] Eine Abgrenzung von den »Fremden« fand erst in nachexilischer Zeit und einzig aus der Befürchtung, sich in den Götzendienst verwickeln zu lassen, statt. In Genesis 19 spielte dies noch keine Rolle. Damals galt das hebräische Gastrecht noch uneingeschränkt.[165] Der Verfasser muß das Vorgehen der Sodomiter als groben Verstoß gegen das Gastrecht interpretiert haben. Darüber hinaus gehört zur Konfrontation von zweierlei Gastrecht, daß den Sodomitern sexuelle Perversion zugeschrieben wird (freilich euphemistisch kaschiert). Die Bosheit der Sodomiter bestand für den Schreiber somit in der Verletzung der Gastfreundschaft durch die Absicht, die Gäste nicht – kognitiv – kennenlernen zu wollen, sondern (homo)sexuell zu mißbrauchen.[166] Von einem Fall besonderer Verletzung der Gastfreundschaft im hebräischen Stamm Benjamin wird in Richter 19,22–30 berichtet: Ein Levit aus Ephraim war unterwegs von Bethlehem nach Hause. Er wurde von seinem Knecht und seiner Nebenfrau begleitet (Ri 19,1–2); bei Einbruch der Nacht (»der Tag hatte sich sehr geneigt«, *hajom rad*, Ri 19,11) beschloß der Levit, in Gibea zu übernachten. Die Benjaminiter wollten ihm und seinen Leuten jedoch keine Unterkunft gewähren, womit sie gegen das Gastrecht der Hebräer verstießen.[167] Ein alter Mann, der als Fremder in Gibea lebte (Parallele zu Lot), nahm sie auf und bewirtete sie; doch da umringten »Männer aus der Stadt, böses Gesindel, das Haus«, hämmerten an die Tür und verlangten vom Gastgeber: »Bring den Mann heraus, der bei dir ist; wir wollen ihn erkennen« (Ri 19,22). Das entsprechende hebräische Verb ist *neda'enu*, Futurum von *jadha'*[168]; daß die Gibeaniter keine harmlosen Absichten hatten, zeigt der Autor mit seiner Beschreibung der Gibeaniter als *bne' b*e*lija'al*, »Söhne der Nichtswürdigen

---

[164] *RPTK*, 1987, s.v. »Fremdlinge bei den Hebräern« von Immanuel G.A. Benzinger.

[165] *TWNT*, 1953, Artikel »Einstellung zum Fremden bei Israeliten und Juden« von Gustav Stählin.

[166] C.F. Keil, *The Pentateuch*, Bd. 1, S. 232f; O. v. Gerlach, S. 55; vgl. *ZPEB*, ⁴1980, s.v. »Hospitality« von G.B. Funderburk.

[167] J. Bright, *A History of Israel* (London, 1972), S. 166f; J. Noth, *History of the Old Testament* (London, 1958), 2. Kap.; J. Gray, *Joshuah, Judges and Ruth* (Nasville–New York, 1967), S. 239–243, 327ff.

[168] B. Davidson, S. 557; vgl. Hans Schmidt, *Die Erzählung von Paradies und Sündenfall* (Tübingen, 1931), S. 13–31.

(oder: Heillosen)«.[169] Das weist ausdrücklich auf eine ruchlose Absicht, die mit sexuellen Handlungen verbunden ist, hin. Das Verb *jadha'* erscheint nämlich zur Schilderung des kollektiven Vergewaltigungsaktes wiederum in Ri 19,25: »Sie erkannten *(jedhu)* sie« (die Nebenfrau). Verlangt hatten sie den Mann, den Leviten, den sie »erkennen« wollten, in u.E. eindeutiger Intention: Die Männer von Gibea beabsichtigten, ihn sexuell zu mißbrauchen, indem sie homosexuellen Verkehr mit ihm planten.[170] Allerdings scheint im Kontext von Richter 19,22–25 die Verletzung der heiligen Gastrechtspflicht die primäre Rolle zu spielen (vgl. Ri 19,23), während die homosexuellen Intentionen gegenüber dem Fremden sekundär erscheinen.[171] Die ansässigen Benjaminiter hatten offenbar die Sitten der Gibeaniter – einschließlich deren homosexuelle Praktiken – übernommen; mit einer List hatten sich die Ureinwohner von Gibea der Ausrottung entzogen, was zur Assimilierung ihrer Kultur durch die Benjaminiter am Ort führte.[172]

2.2.4. *Homosexualität ist* to'ebah, *d.h. ein Greuel*

In Leviticus 18,22 wird homosexueller Verkehr unter Männern als »Greuel« bezeichnet. Gösta Lindeskog übersetzt das Substantiv mit »Scheusal« als Inbegriff dessen, was Ekel erregt. Es soll aus der kultbezogenen Terminologie stammen, und es bezieht sich grundsätzlich auf alles, was kultisch verboten ist.[173] Gerhard v. Rad verdeutlicht diese Aussage für die Szene Israel: *to'ebah* bezeichnet alles, was gegen den Willen Jahwes geschieht; jeder Verstoß gegen das Gesetz Jahwes ist ihm, »deinem Gott«, ein »Greuel« (Dtn 17,1; 22,5; 23,19; 22,16).[174] Norman Snaith kam zum Ergebnis, der Begriff bezeichne Dinge oder Handlungen fremden Ursprungs, die dadurch qualitativ gesehen kultisch unrein seien.[175] An dieser Stelle gilt es, Einwände gegen die Ansicht von Letha Scanzoni und Virginia Ramey

---

[169] L. Köhler, S. 130; Jenni/Westermann, Bd. 1, Sp. 746f; V. Maag, »Belijaal im AT«, *Theologische Zeitschrift* 21 (1956), S. 287–299.

[170] J. Dus, »Gibeon – eine Kultstätte des *schmsch* und die Stadt des benjamitischen Schicksals«, *Vetus Testamentum* 10 (1960): 353–374.

[171] *Gilgamesch-Epos* (Hrsg. und Übers. A. Schott; Stuttgart, 1958), I/3,49–4,43, bes. 4,29.34.

[172] Charles F. Pfeiffer (Hrsg.), *The Biblical World. A Dictionary of Biblical Archaelogy* (Grand Rapids, 1966), S. 261–268; N. Avigod, »Review of Hebrew Inscriptions . . .«, *Israel Exploration Journal* 9 (1959): 130–133.

[173] *BHHW*, 1962, s. v. »Greuel« von G. Lindeskog; *Theological Handbook of the Bible*, 1950, s. v. »Abomination« von K. Grayston.

[174] G. v. Rad, *Old Testament Theology*, Bd. 1, S. 197.

[175] Norman H. Snaith, *Leviticus and Numbers*, S. 126.

Mollenkott vorzubringen, wonach man im 20. Jahrhundert nicht einseitig die praktizierenden Homosexuellen als »Greuel«-Täter abqualifizieren dürfe, sondern auch alle anderen Kultverstöße (z.B. im Zusammenhang mit unkoscherem Essen und Trinken) in diese Kategorie verweisen müsse.[176] Die Folgerung der Autorinnen erscheint zu voreilig. Zum einen empfanden beispielsweise die Ägypter es als Greuel, mit Hebräern eine Tischgemeinschaft zu haben (Gen 46,34; vgl. Ex 8,22). Zum andern werden im Deuteronomium folgende Praktiken der Israeliten als »Greuel« aufgeführt: Der Genuß von Fleisch verbotener Tiere (14,3), die Heirat entlassener Frauen (24,4), das Opfer fehlerhafter Tiere (17,1), der Transvestitismus (22,5), das Opfern von Unzuchtsgeld (23,19), das heimliche Aufstellen von Götterbildern (27,15), die Verehrung fremder Götter (32,16); dazu gesellen sich das Assimilieren abscheulicher Bräuche fremder Völker (1Kön 14,24), d.h. der Tempelprostitution, Kinderopfer (Lev 18,27.29) und eben Homosexualität.[177] Diese von Gott als »Greuel« qualifizierten Handlungen wurden von den anderen Völkern tatsächlich im Zusammenhang mit ihrem Götzendienst geübt.[178]

Es ist hier hervorzuheben, daß homosexueller Verkehr nicht nur als »Greuel« bezeichnet wird, sondern – in Leviticus 20,13 – mit der Strafandrohung auch als Blutschande gilt: $d^e m' hem kam$ – »ihr Blut ist auf ihnen«. Der gleiche Ausdruck wird für sexuelle Verbindungen mit bestimmten Verwandten verwendet (Lev 18,6–18; 20,11f.14.17). Evald Lövestam weist darauf hin, daß bei der Verbindung zwischen Stiefsohn und Stiefmutter in 1. Korinther 5,1 das Inzestverbot (Lev 18,8) wohl als irrelevant betrachtet worden sei. Paulus behandelt hingegen das Verhältnis als Akt der Blutschande und übergibt den Mann »dem Satan zum Verderben des Fleisches« (1Kor 5,5).[179] Inzest ist ein direkter Verstoß gegen die Prinzipien des Dekalogs: Hier wird die Ehe, d.h. die heterosexuelle Verbindung, als heilig betrachtet und versucht die monogame Ehe zu schützen.[180] Nach den rabbinischen Überlieferungen gab es in Sodom u.a. die Sitte, einmal jährlich ein Fest zu feiern. Nach den Lauten der Trommel wurde auf dem Gras an den Wasserquellen getanzt. In der Dunkelheit gaben sich die

---

[176] L. Scanzoni und V.R. Mollenkott, *Is the Homosexual My Neighbor?*, S. 60f.

[177] Ludwig Köhler, S. 1022; vgl. D. Kidner, *Proverbs* (Downers Grove, 1978), S. 98.

[178] *ZPBE*, [4]1980, s.v. »Abomination« von A.E. Cundall; *The New Bible Dictionary*, 1979, s.v. »Abomination« von L.L. Morris.

[179] BHHW, 1962, s.v. »Blutschande« von E. Lövestam; vgl. dagegen H.L. Strack, P. Billerbeck, *Kommentar zum Neuen Testament aus Talmud und Midrasch* (fortan: Strack/Billerbeck) (München, 1922–1961), Bd. 3, S. 353–358.

[180] David Atkinson, *Homosexuals in the Christian Fellowship*, S. 82; vgl. J. Bright, *The Authority of the Old Testament* (London, 1967), S. 143–153; R.K. Harrison, *Leviticus. An Introduction and Commentary* (Downers Grove, 1980), S. 192.

Frauen beliebigen Männern, die nicht durch Inzestverbot tabu waren, hin. Es soll den Männern bei diesem Fest nichts ausgemacht haben, ihre Ehefrau, Schwester, Mutter oder Tante in den Armen eines Nachbarn zu sehen.[181] Wurde in Sodom diese Grenze beachtet, dann kann es um so weniger verwundern, daß für Jahwe der Inzest unter *to'ebah* fiel, wie auch die Homosexualität, da sie im Zusammenhang der heidnischen Riten im Alltag praktiziert und der Analverkehr als widernatürlich betrachtet wurde.[182]

2.2.5. Zoophilie ist tebel, d.h. eine große Schandtat

Ludwig Köhler übersetzt den hebräischen Begriff *tebel* mit »Vermischung« oder »Schändlichkeit«.[183] Wilhelm Gesenius hat den Versuch unternommen, *tebel* im konkreten Kontext von Leviticus 18,23 zu definieren, und gibt den Ausdruck mit »schändliche Befleckung, Viehschande« wieder.[184] Wir erwähnten bereits, daß in Ägypten im Zusammenhang mit dem Tiergötter-Kult Zoophilie praktiziert wurde. Das Volk Israel soll in der Wüste ebenfalls Zoophilie getrieben haben.[185] Ob Israel die Zoophilie nach Kanaan brachte, ist schwer zu ermitteln. Das Gesetzesverbot gegen die Zoophilie entstand jedenfalls als Reaktion auf eine entsprechende Praxis, wohingegen der Geschlechtstrieb nach dem Alten Testament seinen Zweck in der Ehe hat (Gen 1,27f; 2,18–24). Er wird in dieser Funktion geschützt[186], indem Entartungen ausdrücklich verurteilt werden, wie beispielsweise Verstümmelung (Dtn 23,1), Ehebruch, Homosexualität und Unzucht mit Tieren (Ex 22,19; Lev 18,23; Dtn 27,21). Zoophilie ist nicht nur eine Schändlichkeit im Sinne von »Viehschande«, wie Gesenius sie nennt, sondern bedeutet im Sinne einer »Vermischung« von Mensch und Tier einen Verstoß gegen das göttliche Naturgesetz, gegen die Bestimmung des Menschen: »Herrschet ... über alles Getier, das sich auf Erden

---

[181] Robert v. Ranke-Graves and Raphael Patai, *Hebräische Mythologie* (Reinbek, 1986), S. 212, vgl. S. 209, 274; H.A. Hoffner, »Incest, Sodomy and Bestiality in the Ancient Near East« in Harry A. Hoffner Jr. (Hrsg.), *Orient and Occident: Essays for C.H. Gordon* (Neukirchen, 1973).

[182] *Reclam Bibel-Lexikon*, 1982, s.v. »Greuel« von Hans Schmoldt; Gustav Boström, *Proverbiastudien: Die Weisheit und das fremde Weib in Sprüche 1–9* (Lund, 1935), S. 15–170; G. v. Rad, *Old Testament Theology*, Bd. 1, S. 142.

[183] L. Köhler, S. 1018; O. v. Gerlach, S. 259, vgl. S. 255.

[184] *Wilhelm Gesenius' hebräisches und aramäisches Handwörterbuch über das Alte Testament.* Berarb. Frants Buhl (Berlin usw., [17]1962), S. 870.

[185] O. v. Gerlach, S. 255f.

[186] Vgl. J. Morgenstein, »Beena Marriage (Matriarchat) in Ancient Israel and Its Historical Implications«, *ZAW* 47 (1929): 91–110 und 49 (1931): 46–58.

regt!« (Gen 1,28). Somit ist die Zoophilie eine den Schöpfungsabsichten Gottes zuwiderhandelnde Entartung.[187]

2.2.6. Auf sexuelle Perversionen stand Todesstrafe

Der Glaube der Israeliten implizierte das Bewußtsein kollektiver und persönlicher Verantwortung. Hierdurch eröffnete sich die Möglichkeit der Reue und der darauffolgenden Rettung – oder der Strafe. Zu römischer Zeit sagten die Rabbiner, man habe gelernt, daß die Taten des Menschen ein Schild gegen die Strafen seien.[188] Grundlage der Strafpraxis ist im Alten Testament der Begriff des »Rechts« (hebr. *mischpat*), genauer des lebendig empfundenen, dem einzelnen wie der Gemeinschaft förderlichen Gleichgewichts in Gesellschaft und Natur. Jedes Verbrechen stellt somit auch eine entsprechende Störung dar und löst eine unbewußte oder bewußte Gegenreaktion aus, die das Gleichgewicht wiederherstellt. »Strafe ist nichts anderes als das Verbrechen mit umgekehrten Vorzeichen ...«; ein und dasselbe Wort (so *'awon*) kann sowohl das Vergehen (die Verletzung des Gleichgewichts) als auch die Sühne (die Behebung der Gleichgewichts-Störung) bezeichnen.[189] Auch Sexualdelikte wurden als Störung des Gleichgewichts in der Gesellschaft und Natur betrachtet und mit dem Tode geahndet. Homosexualität, Inzest oder Sodomie wurden nicht geduldet; die Schuldigen sollten »mit dem Tode bestraft werden *(mot jumatu)*« (Lev 20,13; vgl. 20,15f).[190] In den erwähnten Bestimmungen geht es um die individuelle Verantwortung: die persönliche Schuld mußte mit dem Tod gesühnt werden, und bei Sodomie wurde auch das betreffende Tier mit bestraft.[191] Im Falle der Sodomiter und der Benjaminiten ging es um eine kollektive Schuld (vgl. Gen 19,4–5; 19,22ff), die (gerechterweise) eine Kollektivstrafe nach sich zog. Die gerechte Strafe verfolgt stets das positive Ziel, das Korrupte zu beseitigen und Neues zu schaffen. Israel sollte durch die göttliche Erwählung, durch den Bund mit Gott und die Befolgung des göttlichen Dekalogs der heidnischen Unreinheit entrissen werden und Gott ein »heiliges Volk« sein.[192]

---

[187] Vgl. Dale Moody, *The Word of Truth*, S. 170–269.

[188] Abba Eban, *Das Erbe. Die Geschichte des Judentums* (Frankfurt/M.–Berlin, 1986), S. 22.

[189] *BHHW*, 1962, s.v. »Strafe« von C.A. Keller; vgl. unten III, 3.5. die Evaluation der zitierten Standpunkte.

[190] Vgl. R. Hirzel, »Die Strafe der Steinigung« in *Abhandlungen der sächsischen Akademie der Wissenschaften in Leipzig* 27 (1909): 222–226, mit RGG, [3]1986, s.v. »Todesstrafe« von F. Horst.

[191] J. Penrose Harland, »Sodom and Gomorrah« in G.E. Wright und D.N. Freedman (Hrsg.), *The Biblical Archaeological Reader* (New York, 1961), S. 58–67; D. Atkinson, *Homosexuals in the Christian Fellowship*, S. 86.

[192] Helmer Ringgren, *Israelitische Religion*, S. 292ff; vgl. A. Alt, »Die Ursprünge des israelitischen Rechts« in, Albrecht Alt (Hrsg.), *Kleine Schriften zur Geschichte des Volkes Israel* (München, 1953), Bd. 1, S. 278–332.

76

3. Homosexualität im Kontext des Neuen Testaments

3.1. Die Römer und der Römerbrief

3.1.1. Die Homosexualität in Rom

Die Sitten bzw. Unsitten der Römer lassen sich im Rahmen dieser Arbeit nicht adäquat darstellen. Der römischen Literatur ist jedenfalls leicht zu entnehmen, daß homosexuelle Beziehungen in allen sozialen Schichten geführt wurden. Cäsaren schliefen mit Schauspielern, Könige mit Soldaten, Senatoren mit Sklaven. Tacitus (um 55–120 n.Chr.) berichtet über den Tod eines Stadtpräfekten, der von seinem Sklaven aus Eifersucht gegen einen männlichen Prostituierten ermordet wurde.[193] Nach Edward Gibbon bildete unter den ersten fünfzehn römischen Kaisern Claudius im Hinblick auf seine »korrekte« Einstellung zur Liebe eine Ausnahme. Falls Gibbons Darstellung zutrifft, wurde das römische Reich fast 200 Jahre lang von Männern gelenkt, deren sexuelle Neigungen und Praktiken auch die Homosexualität einschlossen.[194] Die nicht perverse Einstellung zur Sexualität von Claudius wird bei W.C. Firebaugh mit dessen angeblicher Schwachsinnigkeit erklärt.[195] Der Dichter, Philosoph und Staatsmann Seneca, ein Zeitgenosse Jesu, der an Neros Hof wirkte, schrieb u.a. einiges über die Erotik. In seinem »Brief an Helvia« vertritt er zum Beispiel die Ansicht, die Sinneslust lasse sich durch das Bewußtsein bezwingen, daß sie nur der Fortpflanzung und nicht der Lust zu dienen habe.[196] Immerhin hat er auch sinnliche Epigramme verfaßt, von denen das folgende an einen Knaben gerichtet ist:

> »Oh, welch ein göttliches Antlitz, des Bacchus, Apollon gleich würdig, das Mann nicht noch Weib jemals hat straflos erblickt.«[197]

Dio Cassius, der seine »Römische Geschichte« zu Beginn des 3. Jahrhunderts schrieb, berichtet, daß Seneca der Unzucht angeklagt wurde.[198] Bei Niphilinus, einem Mönch in Konstantinopel (11. Jahrhundert), le-

---

[193] *Tacitus* (Hrsg./Übers. C. Moore and J. Jackson; Cambridge/Mass., 1939), »Annals 14.42«

[194] Edward Gibbon, *History of the Decline and Fall of the Roman Empire*, Hrsg. Dean Milman, M. Guizot und W. Smith (London, 1898), Bd. 1, S. 313 (Anm. 40).

[195] W.C. Firebaugh, *The Satyricon of Petronius Arbiter* (New York–Washington), 1966, S. 228.

[196] Seneca *Philosophische Schriften* (Übers. Otto Apelt; Leipzig, 1923/24), B. 2 »Ad Helviam matrem de consolatione« (Trostschrift an die Mutter Helvia), Buch 13,3.

[197] *Seneca Werke* (Hrsg. G. Tafel, C. Osiander und G. Schwab; Stuttgart, 1829) Bd. 41, »Epigramme« (Übers. J. Moser) 38.

[198] Dio Cassius *Römische Geschichte* (Übers. L. Tafel; Stuttgart, 1831–1844) 60.8,5; 61,10.

sen wir konkreter, Seneca habe »mit Agrippina und mit Lustknaben Unzucht getrieben und dies auch Nero gelehrt«.[199] Anklagen wegen Unzucht bzw. homosexueller Beziehungen soll es in Rom tatsächlich in der ersten Hälfte des 1. Jahrhunderts n.Chr. gegeben haben. Sie waren unter den heterosexuellen Delikten aufgelistet, die zu den Mißhandlungen römischer Bürger gehörten.[200] John Boswell argumentiert überzeugend, daß das römische Recht insbesondere die »frei geborenen« minderjährigen Knaben zu schützen suchte, damit man sie nicht beliebig zur Prostitution oder Kastration zwingen konnte. Aufgrund von Homosexualität wurden Männer, die einen »minderjährigen Sohn eines römischen Bürgers« oder – als zivile oder militärische Beamte – ihre männlichen Untergebenen vergewaltigten bzw. dies versuchten, strafrechtlich verfolgt.[201]

Außer in den genannten Fällen von Vergewaltigung war bei bereitwilligen Partnern sowie gegenüber Sklaven die Homosexualität in Rom erlaubt. Das homosexuelle Gewerbe beider Geschlechter unterlag der Besteuerung. Für minderjährige männliche Prostituierte reglementierte das Gesetz sogar Ferien.[202] Vandenberg kommentiert:

> Die Homosexualität war im alten Rom keineswegs anrüchig oder pervers, sie galt im Gegenteil als schick. Die Römer hatten sie in Griechenland kennengelernt, das ihnen auch in dieser Beziehung Vorbild war.[203]

Die Kaiser Augustus und Tiberius huldigten der Päderastie; die jüngsten ihrer Lustknaben waren zwölfjährig. Nero war bisexuell; einen stadtbekannten Homosexuellen namens Sporus ließ er entmannen und eine Geschlechtsumwandlung an ihm vornehmen und vollzog feierlich mit ihm die Hochzeitszeremonie. Danach lebte er mit Sporus wie mit einer Frau zusammen und tauschte mit ihm in aller Öffentlichkeit zärtliche Küsse.[204]

Zoophilie wurde auf offener Bühne im Theater geübt. Man konstruierte z.B. eine Kuh-Attrappe, eine Frau schlüpfte hinein und bewegte sie vor einem leibhaftigen Stier, bis er die Darstellerin in der Kuhhaut

[199] Villy Sörensen, *Seneca. Ein Humanist an Neros Hof* (Zürich, 1986), S. 128; John Boswell, *Christianity, Social Tolerance, and Homosexuality* (Chicago-London, 1980), S. 130f.
[200] John Boswell, S. 63; vgl. D.S. Bailey, S. 64–66; *Valerius Maximus* (London, 1907) 6.1.8
[201] John Boswell, S. 64–67; vgl. (366) Theodor Mommsen, *Das Römische Imperium der Caesaren* (Wiesbaden, 1941), S. 505.
[202] Jasper Griffin, »Augustan Poetry and the Life of Luxury«, *Journal of Roman Studies* 66 (1976): 87–105, hier: 102; vgl. J. Boswell, S. 70.
[203] Philipp Vandenberg: *Nero: Kaiser und Gott, Künstler und Narr* (München, 1981), S. 94; vgl. Veit Valentin, *Illustrierte Weltgeschichte*, Bd. 1, S. 160ff.
[204] *Tacitus* 15, Kap. 37; Dio Cassius *Römische Geschichte* 61, Kap. 28, u. 62, Kap. 12; Sueton *Kaiserbiographien. De vita Caesarum: Claudius, Nero, Galba, Otho, Vitellius, Vespasian* (München, o.J.), 2, Kap. 28–29 (Nero).

besprang. Nero verfolgte solche Szenen tagelang von der Kaiserloge aus.[205]

Wenn auch eine gesetzliche Regelung des homosexuellen Gewerbes ebenso wie der heterosexuellen Prostitution bestand, so war die lesbische Liebe in Rom doch weniger populär als die männliche Homosexualität – da die meinungsbildenden Literaten Männer waren! Manche Schriftsteller bezeichneten Lesbianismus als Unzucht (so Ovid, 43 v.Chr. bis 17 n.Chr., und Lucian, 125–180 n.Chr.). Lucian wie zuvor Cicero (106–43 v.Chr.) verspotteten homosexuelle Frauen. Seneca der Ältere (55 v.Chr. bis 39 n.Chr.) sowie Martial (ca. 40 bis ca. 104 n.Chr.), Verfasser von zum Teil obszönen Epigrammen, bezeichneten die lesbische Liebe verheirateter Frauen als »Ehebruch«; ersterer verlangte die Verhängung der Todesstrafe, wenn ein Mann seine Gattin beim Verkehr mit ihrer Freundin vorfand. Die vorliegenden Berichte über weibliche Homosexualität reichen für eine ausführlichere Darstellung nicht aus; John Boswell folgert jedoch, daß auch die Frauen in Rom – wenngleich in geringerem Ausmaß – in homosexuelle Praktiken verwickelt waren wie die Männer.[206]

Resümierend stellen wir fest, daß im 1. Jahrhundert n.Chr. genügend Anlaß für den Apostel Paulus bestand[207], der im Brief an die römische Gemeinde auch das Thema der gleichgeschlechtlichen Liebe zwischen Männern wie Frauen aufgriff und eine theologische Beurteilung gab.

3.1.2. Ätiologie der Homosexualität in der paulinischen Perzeption (Römer 1,26f)

Der Verfasser des Briefes »an alle Geliebten Gottes in Rom« (1,7) stellt sich den Lesern als Diener Christi Jesu (*doulos* = Sklave) und berufener Apostel *(kletos apostolos)* vor (1,1). Nach einer kurzen theologischen Begründung seines Amtes und Auftrags (1,2–6) erwähnt er seine Sehnsucht, die Gläubigen in Rom zu besuchen (1,8–14), um ihnen »das Evangelium zu verkünden« (1,15), dessen Ziel und Zweck er knapp faßt: ». . . wird doch in ihm Gottes Gerechtigkeit aus Glauben zu Glauben enthüllt« (1,17). Dieses Thema läuft als roter Faden durch die ganze Epistel.[208]

---

[205] Ph. Vandenberg, S. 126ff.
[206] John Boswell, S. 82ff.
[207] Vgl. Wilhelm Kroll, »Römische Erotik«, *Zeitschrift für Sexualwissenschaft und Sexualpolitik* 3 (1930/31): 145–178.
[208] Wir schließen uns hier der Textgliederung von C.K. Barrett an: *The Epistle to the Romans* (San Francisco, 1957), S. 29.

Im Abschnitt 1,18–3,20 des Römerbriefs wird deutlich, wie die *conditio humane* dem Zorn Gottes unterliegt (1,18). Dieser Zustand (1,18–32) kann durch die göttliche Rechtsprechung bzw. Rechtfertigung aufgehoben werden, wenn jemand bereit ist, an diese Gnade und an Jesus Christus zu glauben und versucht, sie durch seinen Gehorsam aufrecht zu erhalten. Das universale Geschenk der Gerechtigkeit aus Glauben wird allen Menschen, Juden wie Heiden, angeboten (3,21–5,11).[209]

Außerhalb des Evangeliums besteht jedoch nur der Zorn Gottes, womit sowohl die heidnische (1,19–32) als auch die jüdische Welt gemeint ist (2,1–3,20). Der Zorn *(orge)* des Heiligen beinhaltet in Römer 1,18; 2,5.8; 3,5; 5,9 und 12,19 nach William E. Vine »Gottes Absicht im Gericht«.[210] Der Zorn äußert sich zunächst im Zulassen der Sünden und ihrer Vermehrung: V. 21 stellt die Weigerung der Menschen fest, Gott zu preisen (*edoxasan* – verherrlicht haben) oder anzuerkennen (*eucharistesan* – gedankt haben); statt dessen richteten sie ihre Gedanken (*dialogismois auton*) auf nichtige Dinge, und ihre unverständigen Herzen wurden verfinstert (*eskotisthe he asynetos auton kardia*). Gott hat dafür gesorgt, daß er der Menschheit nicht ein Geheimnis ist, »denn er hat das, was wir von ihm wissen können und sollen, an die helle Öffentlichkeit gesetzt. Er ist unsichtbar. Aber seine Werke machen ihn sichtbar, seit es Menschen gibt«.[211] Die Menschen wollten eigenständig und unabhängig sein. Sie glaubten, »weise zu sein« (1,22), wenn sie *auton kardia*, ihre Herzen, zum Mittelpunkt des Erkennens und Wollens erhöben. Diese Distanzierung und Befreiung vom Schöpfer zog eine Sehnsucht nach Ersatzgöttern entsprechend nach sich[212] (1,23): Der Mensch, der sich vom »unvergänglichen Gott« emanzipiert hat, vertauscht dessen Herrlichkeit mit Abbildern von vergänglichen Menschen[213], Vögeln[214], Vierfüßern[215] und Gewürm[216].

[209] Frédéric L. Godet, *Commentary on Romans* (Grand Rapids, 1957), S. 29.
[210] William E. Vine, *An Expository Dictionary of New Testament Words* (Old Tappan, [17]1966), s.v. »Anger« S. 55.
[211] Adolf Schlatter, *Der Brief an die Römer* (Stuttgart, 1974), S. 23.
[212] Otto Etzold, *Der Römerbrief der Gemeinde neu erschlossen* (Metzingen, 1970), S. 27; M.D. Hooker, »Adam in Romans i«, *New Testament Studies* 6 (1959/69): 297–306, hier: 301ff.
[213] Vgl. *ANET*, Supplement 1969, S. 87f (= 523f) mit S. Mowinkel, »Urmensch und ›Königsideologie‹«, *Studia Theologica* 2 (1948): 71–89; Weisheit 15,8ff.
[214] Vgl. O. v. Gerlach, S. 256, mit Weisheit 11,15f; 12,24ff; William Hendriksen, *New Testament Commentary* (Grand Rapids, 1953) S. 187f.
[215] Vgl. H. Ringgren, *Die Religionen des Alten Orients*, S. 21–24 mit: Ps 105,20; Dtn 4,15–19; T.M. Horner, S. 16ff u. S. 137 (seine Anm. 12).
[216] Das griechische Wort *erpeton* wird korrekter mit »kriechendes Tier« wiedergegeben (wie z.B. in der revidierten Elberfelder). Siehe W.F. Arndt und F.W. Gingrich (Hrsg.), *A Greek-English Lexicon of the New Testament and Other Early Christian Literature*

Gerhard Kittel folgert, daß Römer 1,23 den Bilderdienst des Götzen-kultes meint. Die Eigentümlichkeit des Ausdrucks liegt im Nebeneinander von *homoioma* (»Abbild«) und *eikon*, »die das Urbild, das Original dieses Abbildes, also die abgebildete Sache selbst ist«.[217] Diese »abgebildete Sa-che« wurde anstelle der Herrlichkeit des Schöpfers zur Zeit des Paulus u.a. in Rom verehrt. Der Götzendienst ist aber in all seinen Formen nie eine Vorstufe zum wahren Gottesdienst, sondern »Gottlosigkeit, Leugnung und Verachtung des einen Gottes und ist deshalb dem Zorn Gottes verfal-len«.[218] »Deswegen hat Gott sie in den Begierden, in Unreinheit ihrer Her-zen dahingegeben, daß ihre Körper darin entehrt wurden« (1,24): die Gründe für dieses Strafgericht sind im schuldhaften religiösen Irrtum der Betroffenen zu suchen.[219]

Die Formel »in jemandes Hände übergeben« ist in der jüdischen Tradi-tionsliteratur nicht unbekannt.[220] Auch der Apostel Paulus verwendet sie mehrmals, u.a. in 1. Korinther 5,5, wonach der Schuldige »dem Satan übergeben zum Verderben des Fleisches (werde), damit sein Geist gerettet werde am Tage des Herrn«. Nach jüdischem Glauben ist Satan der Voll-strecker göttlicher Gerichte.[221] Diese Übergabe bzw. Preisgabe an den Sa-tan soll das wirksamste Strafwunder einzelner Gottesmänner gewesen sein.[222] Die Auslieferung bezweckte den Untergang, die Niederlage, die Vernichtung, den Tod. In der Gerichtssprache meinte das Verb *paradidomi* die »Zwangsvorführung« oder Zwangseinlieferung. Auch im Alten Testa-ment treffen wir diese Formel wiederholt an (vgl. Ri 2,14; 6,13; Jes 65,12; Jer 32,4).[223]

Die Gerichtsinstanz von Römer 1,23ff bilden weder Menschen noch

---

(fortan: Arndt/Gingrich) (Chicago-London, 1979), S. 310. Die Anbetung von Repti-lien bzw. kriechenden Tieren wird auch heute geübt (z.B. in Afrika der Schlangen-kult). Siehe Hans Helfritz, *Schwarze Ritter zwischen Niger und Tschad* (Berlin, 1958), S. 215–225; vgl. Weisheit 11,15; Kardinal Franz König, S. 80.

[217] *TWNT*, 1953, Bd. 2, S. 393; William Hendriksen, *Romans (Grand Rapids, 1980), Bd. 1 (Kap. 1–8), S. 73.*

[218] Heiko Krimmer, *Bibelkommentar*, Bd. 10: *Römerbrief* (Neuhausen, 1983), S. 60; vgl. D. Stuart Briscoe, *Romans* bei L.J. Ogilvie (Hrsg.), *The Communicator's Commentary* (Waco, 1982), S. 46–48; G.W. Bromiley, *Historical Theology* (Grand Rapids, 1978), S. 30, mit G. Fohrer, »Das sogenannte apodiktisch formulierte Recht und der Deka-log«, *Kerygma und Dogma* 11 (1965): 49–74.

[219] Meine Übersetzung von Vers 24 (H.H.). Vgl. A.T. Robertson, *Word Pictures in the New Testament* (Nashville, 1931), Bd. 4, S. 330.

[220] Strack/Billerbeck, Bd. 3, S. 358.

[221] Ebenda, Bd. 4, S. 521ff.

[222] Ebenda, Bd. 2, S. 714.

[223] *TBLNT*, 1979, s.v. »paradidomi« von H. Beck; vgl. A. Alt, »Ursprünge des israeliti-schen Rechts«, a.a.O., Bd. 1, S. 287; W. Richter, »Zu den Richtern Israels«, *ZAW* 77 (1965): 40ff.

der Satan, sondern die *epithymia*, d.h. die Begierde, der sinnliche Trieb, die böse Lust.[224] Gott distanziert sich von den Schuldigen und überläßt sie ihrem eigenen Wollen, d.h. der (von ihm getrennten, unheiligen) Selbstbestimmung, die zur Selbstzüchtigung führen mußte.[225] In der paulinischen Lehre ist *epithymia* »die Erscheinungsform der im Menschen vorhandenen, ihn beherrschenden Sünde«.[226] Sie zeigt sich u.a. in dem unersättlichen Verlangen nach geschlechtlichem Genuß außerhalb der Ehe und beinhaltet auch perverse sexuelle Neigungen. Mit Recht argumentiert Hans Schönweiß, daß *epithymia* ihre Potenz ableitet:

> Sie entspringt im letzten Grunde der tief eingewurzelten Neigung des Menschen, den Mittelpunkt seines Lebens in sich selbst zu haben, sich auf sich selbst zu verlassen, sich selbst am meisten zu lieben. Diese Neigung heißt bei Paulus »Fleisch« und »Sinne« (Eph 2,3), d.h. die Mächte, die von Gott abziehen.[227]

Der Verfasser des Römerbriefes zieht eine Parallele zwischen den perversen Gottesvorstellungen und der *inversio*, der Umkehrung des Geschlechtstriebs, und bringt sie in eine Wechselbeziehung: *epithymia* bedingt den Tausch (griech. *allage*; Verb: *allasso*) der Gottesverehrung und verselbständigt sich zu einer Macht, welche die Trennung von dem einen Gott vollzieht und den Menschen vollkommen beherrscht. Gott überläßt ihn dieser »Gerichtsinstanz«, weil der Mensch die Gottesoffenbarung in der Natur ignoriert[228] und sich willentlich der *epithymia* unterstellt hat (Röm 1,20ff), einer Macht, die sich Götter schuf (1,23), um sich in den Kulten in ihrer ganzen »Schändlichkeit« zu aktualisieren und realisieren.[229]

> ... sie, welche die Wahrheit Gottes gegen die Lüge eingetauscht hatten (*metallasso* – umtauschen, verändern) und nun dem Geschöpf Verehrung und Anbetung erwiesen anstatt dem Schöpfer, der hochgelobt ist in Ewigkeit. Amen! (1,25).

Diese Feststellung besagt, daß der Mensch durchaus zur wahren Erkenntnis des einen Schöpfers gelangen konnte, es aber nicht als notwendig er-

---

[224] Hermann Menge, *Altgriechisch-Deutsch* (Berlin usw., [42]1985), S. 175.

[225] Vgl. *Meyers Konversations-Lexikon* (Leipzig-Wien, [5]1895), Bd. 8, S. 994.

[226] TWNT, 1953, s.v. »epithymia, epithymeo« von Friedrich Büchsel.

[227] BTLNT, 1979, s.v. »Begehren« von H. Schönweiß: eine theologische Umschreibung von Freuds Theorie über die Libidoentwicklung; vgl. Vamik D. Volkan, *Linking Objects and Linking Phenomena. A Study of the Forms, Symptoms, Metapsychology, and Therapy of Complicated Mourning* (New York, 1981), S. 100ff; David Barash, *Das Flüstern in uns: Ursprung und Entwicklung menschlichen Verhaltens* (Frankfurt/M., 1981), bes. S. 70ff.

[228] Luther hat auch gelehrt, die Existenz von Götzendienst sei der Beweis dafür, daß der Mensch im Besitz einer intuitiven Erkenntnis über den wahren Gott sei: *Luther's Works*, Bd. 25, S. 154–157, vgl. Bd. 19, S. 53.

[229] Ebenda, Bd. 22, S. 149; vgl. C.K. Barrett, S. 38f; John Calvin, *Institutes of the Christian Religion* (Grand Rapids, 1949), Bd. 1, V.12; vgl. Bd. 1, III.1.

achtete, sich mit der »Wahrheit Gottes« zu befassen, und die Lüge vorzog, womit er der Macht der *epithymia* über ihn Geltung verschaffte.[230]

Die Korrelation zwischen *epithymia* als Urteilsvollstrecker und *paredoken autous ho theos* als Gottes Urteilsspruch der Dahingabe kann nicht übersehen werden. Die kausalen Wurzeln sind freigelegt und zeigen zugleich die göttliche Finalität auf – die Strafe, die sich »in Leidenschaft (der) Schande« (*eis pathe atimias*) äußert.[231] Römer 1,24 beschreibt das Urteil: Gott hat sie den Begierden des Herzens preisgegeben, die ihre Körper in Unreinheit entehren (*eis akatharsian*). »*Akatharsia* drückt die allgemeine Verderbtheit der ganzen Persönlichkeit aus, sie vergiftet jeden Lebensbereich.«[232] Römer 1,26f gibt die ausgelebte *pathe atimias* deutlich wieder:

Erstens: Die Frauen haben den natürlichen Verkehr mit dem widernatürlichen vertauscht. Die weibliche Homosexualität wird in V. 26 als bewußte Entscheidung der Frauen für die lesbische Liebe verstanden, denn Paulus gebraucht auch hier das Verb *metallasso*, das im Handel für »eintauschen« verwendet wurde.[233] Lesbianismus ist weder durch Zwang von außen noch konstitutionell bedingt: gemäß Röm 1,26 sind lesbische Beziehungen als eine von innen ausgehende Entscheidung der Frauen für diese sexuelle Triebrichtung zu verstehen. Dies belegt nicht zuletzt der *terminus technicus* »*metallasso*«. Hier bedeutet »natürlicher Geschlechtsverkehr« (*physiken chresin*) für den Schreiber die heterosexuelle Beziehung innerhalb einer Ehe.[234] Die freie Entscheidung der Frauen für die widernatürliche Kohabitation unterliegt nun aber einer richterlichen Beurteilung durch Gott selbst, dessen Urteil lautet: Tut, was euch beliebt.[235] Wie sich der »widernatürliche Verkehr« der Frauen konkret äußerte, wird in V. 26 nicht gesagt; auch die römischen Zeitgenossen des Paulus berichten nur äußerst wenig darüber, während die sakrale Prostitution in Kleinasien

---

[230] Calvin, *Institutes . . .*, Bd. 1, V.12; vgl. D.W. Torrance und Th.F. Torrance (Hrsg.), *Calvin's Commentaries: The Epistles of Paul the Apostle to the Romans and to the Thessalonians* (Grand Rapids, 1979), S. 36; vgl. E. Bolaji Idowu, *African Traditional Religion* (Maryknoll, 1975), S. 53–134.

[231] S. Schulz, »Die Anklage in Röm 1,18–32«, *Theologische Zeitschrift* 14 (1958): 161–173; E. Klostermann, »Die adäquate Vergeltung in Röm 1,22–31«, *Zeitschrift für die neutestamentliche Wissenschaft* (fortan: ZNW) 32 (1933): 1–6.

[232] William Barcley, *Begriffe des Neuen Testaments* (Wuppertal, 1979), S. 39; John A. Witmer, *Romans*, bei J.F. Walvoord und Roy B. Zuck (Hrsg.), *The Bible Knowledge Commentary: New Testament Edition* (Wheaton, 1983), S. 443; TWNT, 1953, s.v. »akathartos, akatharsia« von Friedrich Hauck.

[233] A.T. Robertson, *Word Pictures in the NT*, Bd. 4, S. 330f. Der Ausdruck kommt im NT einzig in Rö 1,25–26 vor.

[234] Vgl. 1.Kor 7,1–9; E. Käsemann, *Commentary on Romans* (Grand Rapids, 1980), S. 48ff.

[235] J. Jeremias, »Zu Rm 1,22–32«, ZBW 45 (1954): 119–123, hier: 119f; M.D. Hocker, »Adam in Romans i«, a.a.O., S. 297–306.

und im Mittleren Osten u.a. beim Griechen Herodot in allen Einzelheiten festgehalten ist.[236] Jedenfalls wurde ermittelt, daß römische Frauen Lesbianismus, Transvestismus und Sodomie praktizierten.[237]

Zweitens: Die männliche Homosexualität wird ausführlicher behandelt. Die Männer haben (1) den natürlichen Geschlechtsverkehr mit der Frau verlassen (*aphentes ten physiken chresin tes theleias*). Das Verb *aphiemi* – in Römer 1,27 ein Partizip – wurde laut Rudolf Bultmann häufig im juristischen Sinn verwendet, z.B. »jemand aus einem rechtlichen Verhältnis entlassen, sei es Amt, Ehe, Haft, Schuld oder Strafe (aber nie im religiösen Sinn)«.[238] Dieser Aspekt scheint wenig hilfreich, da das Objekt mit dem Verb zusammen diesen Sinn ergeben müßte. Die Kombination von *arsenes* (pl., Männer) und *theleias* (sg., Frau), mit der sie den Verkehr »entlassen« haben[239], impliziert jedoch, daß sie sich von der Heterosexualität losgesagt haben.[240] Ihre Präferenz ist (2), »in ihrer Begier zueinander entbrannt« zu sein (*exekauthesan en te orexei auton allelous*). In diesem Kontext kann *orexis* (Begierde, Streben) nicht sexuelles Interesse an Tieren meinen – wir stimmen hier nicht mit Hans Lietzmann überein –[241] noch kann ein anderes Streben als das erotische gemeint sein: dies macht schon die vorausgegangene Feststellung, daß die Männer von der Kohabitation mit den Frauen abgegangen seien, plausibel. Es wird deutlich angesprochen, daß sie nicht wie asketische Mönche lebten, sondern ihrerseits zu widernatürlichem Verkehr übergingen: »zueinander entflammt« (*ekkaio* – anzünden, anfeuern), »Männer zu Männern« (*arsenes en arsesin*). Diese *aschemosyne* (Unschicklichkeit, Häßlichkeit, Schande oder Unzucht) ist die Vergeltung für ihre Verirrung: Wiederum hat die Umkehrung der Gottesverehrung zur Umkehrung des Geschlechtstriebes geführt – laut Paulus die Strafe für Gottlosigkeit.[242]

---

[236] Über abnorme sexuelle Beziehungen von Frauen liest man bei Herodotus *The Histories* (Übers. A. de Selincourt; Harmondsworth; 1954), S. 94f; Lucian *The Syrian Goddess* (Übers. H.A. Strong, Hrsg. J. Garstang; London, 1913), S. 84f.

[237] E. Käsemann, *Romans*, S. 48f; Robert Wood, »Sex Life in Ancient Civilizations« in Albert Ellis und Albert Abarbanel (Hrsg.), *The Encyclopedia of Sexual Behavior* (New York, 1961), Bd. 1, S. 125–128; Sidney Tarachow, »St. Paul and Early Christianity: A Psychoanalytic and Historical Study« in W. Muensterberger (Hrsg.), *Psychoanalysis and the Social Science* (New York, 1955), S. 232ff; Lucius Apuleius *The Golden Ass* (Übers. Robert Graves; New York, 1951), S. 181–200.

[238] *TWNT*, 1953, s.v. »aphiemi« von R. Bultmann.

[239] B. Friberg und T. Friberg (Hrsg.), *Analytical Greek New Testament* (Grand Rapids, 1981), S. 472.

[240] Ides Behauptung, Paulus verurteile damit die Bisexualität sowie die Widerwilligkeit der Männer, die homosexuelle Präferenz zu akzeptieren, kollidiert kraß mit dem Prinzip der Berücksichtigung des Kontexts. Siehe: A.F. Ide, *The City of Sodom . . .*, S. 68.

[241] Neutral zitiert bei E. Käsemann, S. 47 und passim.

[242] Archibald T. Robertson, S. 331; C.K. Barrett, *Romans*, S. 39; E. Käsemann, S. 47ff; J. Jervell, *Imago Dei* (Göttingen, 1960), S. 289–314.

In Römer 1,28 werden dann die kausalen Faktoren der Homosexualität noch einmal zusammengefaßt: (1) Sie haben es abgelehnt, Gott in der Erkenntnis festzuhalten; (2) Gott hat sie darum preisgegeben, Verwerfliches zu tun. Der Ausdruck »was nicht recht ist« (nach Luther) (*me kathekonta*: Partizip präsens), bringt nochmals zum Ausdruck: Die sexuelle Perversion bzw. Abweichung von der Heterosexualität ist unvereinbar mit der Erkenntnis des einen Gottes.[243]

Die Ätiologie der Homosexualität, die Paulus in Römer 1 vorlegt, besagt also: Ursache der homosexuellen Neigung und Praxis ist die Ablehnung der Erkenntnis Gottes, die Weigerung, Gott zu ehren (1,21). Als Konsequenz »überließ sie Gott der Unreinheit (1,24a) . . ., den schimpflichsten Leidenschaften (1,26a) . . ., einer verworfenen Gesinnung« (1,28). Laut Paulus führte Gottlosigkeit zur Umkehrung des Geschlechtstriebes. Wer Gott nicht anerkennt, sucht sich Ersatzgötter, die seinem Geschlechtstrieb jenseits der Schöpfungsordnung Rechnung tragen. Wen Gott aus diesem Grund preisgibt, der folgt seinen eigenen Trieben.[244] Charles K. Barrett resümiert, daß in den obszönen Lüsten, die Paulus anspricht, genau jene Perversion der Schöpfungsordnung zu sehen sei, die man erwarten müsse, wenn die Menschen das Geschaffene an die Stelle des Schöpfers rücken.[245]

Gabriel Looser sieht in den paulinischen Ausführungen hinsichtlich der homosexuellen Praktiken seiner Zeitgenossen einen Hinweis dafür, daß der Apostel – und die übrigen biblischen Autoren – »von Homotropie im Sinne einer Konstitution, einer ganzmenschlichen Veranlagung nichts gewußt« habe.[246] Looser folgert weiter: Paulus habe mit dem Ausdruck »gegen die Natur« den Verstoß gegen »die Ordnung seiner Kultur und Umwelt« gemeint, »also etwas anderes als wir heute mit unserem durch die Naturwissenschaften geschärften Naturbegriff« verstehen.[247] Wir geben hier zu bedenken, daß Paulus mit den damaligen diversen Entstehungstheorien der Homosexualität vertraut gewesen sein muß. Denn seine Kenntnisse der griechischen klassischen Literatur waren enorm. Einige Beispiele können unsere Annahme verifizieren: Paulus verarbeitete Er-

---

[243] W. Hendriksen, *Romans*, S. 78–80; A.T. Robertson, S. 331; *Calvin's NT Commentaries*, S. 37; D. Stuart Briscoe, *Romans*, S. 48–50; William Barclay, *The Letter to the Romans* (Edinburgh, o.J.), S. 23f; Don Williams, *The Bond That Breaks* (Ventura, o.J.), S. 116.

[244] S. Lewis Johnson, »God Gave Them Up«, *Bibliotheca Sacra* 2 (April-Juni, 1972): 127f; Everett F. Harrison, »Romans« in F.E. Gaebelein (Hrsg.), *The Expositor's Bible Commentary* (Grand Rapids, 1976), Bd. 10, S. 25; vgl. dagegen John Boswell, S. 340f.

[245] C.K. Barrett, S. 39; vgl. J.R. Ungareni, »De-moralizing Morality: Where Dover's Greek Homosexuality Leaves Us«, *Journal of Homosexuality* 8 (1982): 1–18.

[246] G. Looser, *Gleichgeschlechtlichkeit ohne Vorurteil* (Basel, 1980), S. 74.

[247] Ebenda, S. 75f.

kenntnisse seiner Zeitgenossen in seinen Reden und Schriften, insofern sie ihm für seine Theologie dienlich waren. In seiner Rede auf dem Areopag z.B. betonte er: »Gott . . . wohnt nicht in von Menschenhand errichteten Tempeln« (Apg 17,24 nach Jürgen Roloff). Eine Parallelaussage läßt sich bei Plutarch feststellen: »Es ist ein Lehrsatz des Zeno: Den Göttern soll man keine Heiligtümer bauen« (*Moralia*, 1034b). Das Motiv der Bedürfnislosigkeit Gottes in Apg 17,25 war auch der griechisch-philosophischen Tradition bekannt.[248] Die Aussprüche von Apg 17,25 und 1Kor 15,33 erinnern uns an die Aussagen des griechischen Dichters Menander, der zwischen 343 bzw. 341 und 291 v.Chr. gelebt hatte. Im Brief an Titus erscheint ein Zitat aus der Dichtung des legendären kretischen Priesters und Sehers Epimenides.[249] Paulus war zweifelsohne mit den Humanwissenschaften seiner Zeit recht gut vertraut gewesen und muß auch Kenntnisse von der Lehre des Aristoteles über die konstitutionell bedingte Homosexualität gehabt haben (vgl. 3.2.1.). Jedoch war für Paulus auch diese möglicherweise nicht wegzudiskutierende Disposition keine Rechtfertigung für homosexuelles Verhalten gewesen. Denn Paulus argumentierte: »Ich weiß, daß in mir, d.h. in meinem Fleisch, das Gute nicht wohnt« (Röm 7,18). Nach ihm bedarf der Mensch einer Erneuerung »in Christo« (2Kor 5,17), um »im Geiste« zu wandeln und »das Begehren des Fleisches nicht befriedigen« zu müssen (Gal 5,16). Paulus war sich der »Pansexualität«, der Triebe, ohne einer Organisation wohl bewußt, nur hielt er es für möglich, daß sie im »Dienst der Gerechtigkeit zur Heiligkeit« (Röm 6,19; vgl. 6,13–18) umgesetzt werden können. Die paulinische Theologie hat zwar Raum für kulturelle Anpassung, »um auf jeden Fall etliche zu retten« (1Kor 9,22), sie zieht aber gegen eine kulturelle Umwelt zu Felde, die den Libertinismus gutheißt (vgl. 1Kor 6,9–20). Die paulinische Umwelt – die jüdische bildete wohl eher eine Ausnahme – wertete homosexuelle Praktiken gar positiv. Sarah Pomeroy schreibt z.B., »daß erotische Beziehungen zwischen älteren Frauen und jungen Mädchen in Sparta gebilligt wurden«.[250] Platon wußte von einer »natürlichen« weiblichen Homosexualität und versuchte im »Symposium« 190 A–B, ihren Ursprung zu erklären. Paulus dagegen wertete sie als »widernatürlich« bzw. als eine der Ordnung Gottes zuwiderlaufende Praxis (vgl. Röm 1,26). Tatsache bleibt, daß die römischen Autoren lesbische Beziehungen verabscheuten und deren strenge Ahndung verlangten, die männliche Homosexualität wurde dagegen glorifiziert (vgl. 3.1.1.). Dessenungeachtet verdienten auch diese ho-

[248] Vgl. Plutarch, *Moralia* 1952a; Plato, *Tim.* 33d. 34b.
[249] Vgl. Plato, *Tim.* 37c.d; Plutarch, *Moralia* 477c.d.
[250] Sarah B. Pomeroy, *Frauenleben im klassischen Altertum*. Stuttgart, 1985, S. 82.

mosexuellen Beziehungen in der paulinischen Wertung kein besseres Urteil (vgl. Röm 1,27).

3.2. Die Korinther und der 1. Korintherbrief

3.2.1. Ursachen der Homosexualität in der klassischen griechischen Literatur

Wilhelm Reich geht davon aus, daß bei den alten Griechen folgende Organisation der sexuellen Beziehungen und Praktiken bestanden habe: männliche Homosexualität (»Männerschaft«) und Hetärentum für die obere Gesellschaftsklasse; Prostitution für die mittlere und untere Schicht; daneben geradezu versklavte, nur als Gebärmaschinen angesehene Ehefrauen. Aus dem Zwangseheleben flüchteten die Männer zu Hetären bzw. Wollustknaben, um dort ihre sexuelle Erlebnisfähigkeit zu beleben.[251]

Der Aussage von Reich wird hier nicht widersprochen, konstatierte doch Philo (15/10 v.Chr. bis 45/50 n.Chr.), zu seiner Zeit habe die Homosexualität durch wirtschafts- und sozialpolitische Bevölkerungsbewegungen über kulturelle Grenzen hinweg eine verheerende Verbreitung gefunden.[252] Herodot (490–430 v.Chr.), der seine Heimat wegen einer Verschwörung gegen den Tyrannen Lygdamis verlassen mußte, unternahm Reisen nach Ägypten, Mesopotamien und in skythische Gebiete, wo er die jeweiligen Sitten erforschte. Er kam zu dem Ergebnis, die Griechen hätten den Persern die Homosexualität beigebracht. Herodot spricht von einem erworbenen oder erlernten homosexuellen Verhalten.[253]

Aristophanes (ca. 445–385 v.Chr.) versuchte, jeden Aspekt menschlichen Benehmens mit Ironie zu besetzen. Den homosexuellen Eros behandelt er als »natürlichen« Trieb zur analen Penetration.[254] Er differenzierte diesen Trieb nicht vom Verlangen nach heterosexuellem Verkehr oder vom Bedürfnis nach Essen, Trinken und Lachen.[255] Sein Zeitgenosse Xenophon (ca. 430–354) äußert in seinen Werken die gleiche Vorstellung von den kausalen Faktoren der Homosexualität; besonders deutlich dürfte sie in folgender Aussage seines Helden Hieron formuliert sein:

> Meine Leidenschaft (*eran*) für Dialochos ist das, wozu uns die menschliche Natur vielleicht nötigt, von den Schönen zu erbitten, aber ich hege den starken

---

[251] Wilhelm Reich, *Die Massenpsychologie des Faschismus* (Köln, 1986), S. 98f.

[252] J. Boswell, S. 55.

[253] *Herodotos* (Übers./Hrsg. H. Stein; Berlin–Zürich, 1968–70), 1, 1.135; Herodot *Historien* (gr. u. dt. Hrsg. J. Feix; Stuttgart, 1963), 1, 1.135.

[254] *Aristophanes* (London, 1963), 3. »Thesmophoriazusen« 1115–1124.

[255] *Aristophanes* (London, 1960), 1, »Clouds« 1975.

Wunsch, das Ziel meiner Leidenschaft (nur) mit dessen Liebe und Einwilligung zu erreichen.[256]

Platon (426/27–348/47) behandelte das Phänomen der Homosexualität als eine Konsequenz des Reizes, der aus dem Stimulus optischer Schönheit entstehe.[257] Aristoteles (384–322) sprach von einer konstitutionell bedingten Homosexualität, wobei er zwischen einem naturgemäßen und einem nicht-naturgemäßen Vergnügen unterschied. Er differenzierte den homosexuellen Verkehr der Männer in einen anlagebedingten und in einen aus der Gewöhnung stammenden Bereich, z.B. bei Männern, die als Knaben bereits zur Lust mißbraucht wurden. Wenn die Ursache konstitutionell bedingt ist, ist nicht von der Unbeherrschtheit des Betroffenen zu reden.[258] Aristoteles liefert auch eine Begründung für die passive männliche Homosexualität: Naturgemäß bilde sich die Samenflüssigkeit in den Genitalien; nicht aber bei Männern, die dem Geschlechtsverkehr unterworfen werden wollen – bei ihnen werde das Sperma in kleinen Mengen und nicht unter Druck im Mastdarm abgesondert, und an der Stelle der Absonderung bereite die Friktion sexuelle Lust.[259]

Philo von Alexandrien (den wir im Zusammenhang mit Reich außerhalb der Chronologie schon zitierten) kam zu dem Ergebnis, die zunehmende Verbreitung der homosexuellen Präferenz stehe in Relation zur Überproduktion an Nahrungsmitteln.[260] Plutarch (46–125 n.Chr.) vertrat hingegen die Meinung, alle Menschen würden bisexuell geboren, und folgerte ähnlich wie Platon, ein Liebhaber werde von menschlicher Schönheit sexuell gereizt und suche Gelegenheit, diesem Reiz Geltung zu verschaffen, es sei für ihn völlig gleichgültig, ob das Objekt männlich oder weiblich sei.[261] Laut Platon – ähnlich auch Plutarch – entzündet sich die Begierde an der Schönheit so, »daß die Verliebten den Jüngling lieben wie Wölfe das Lamm«.[262] Darüber hinaus vertritt Platon die Situationsethik,

---

[256] Kenneth Dover, *Homosexualität in der griechischen Antike* (München, 1983), S. 61.

[257] Platon *Gastmahl. Phaidon. Phaidros* (Wiesbaden, 1978), S. 91ff; vgl. John Gould; *The Development of Plato's Ethics* (Cambridge, 1955), S. 71ff; K.J. Dover, *Greek Popular Morality in the Time of Plato and Aristotle* (Oxford, 1974), S. 175ff; W. Reich, S. 98; J. Boswell, S. 49–51.

[258] *The Basic Works of Aristotle* (Hrsg. Richard McKean; New York, 1941) »Nicomachean Ethics« 1148b.15–20.

[259] K.J. Dover, *Homosexualität in der griechischen Antike*, S. 150f; vgl. J. Boswell, S. 50; D.M. Robinson und E.J. Fluck, *A Study of Greek Lovenames* (Baltimore, 1937), S. 40ff.

[260] Philo war ein hellenistischer Jude, der so stark vom griechischen Gedankengut beeinflußt war, daß man ihn ohne weiteres als griechischen Philosophen bezeichnen kann. K.S. Latourette, *A History of Christianity* (New York usw., 1975), Bd. 1, S. 14f; vgl. J. Boswell, S. 51f.

[261] Plutarch *Dialogue on Love (Amatorius)* (Cambridge/Mass, 1961), »Moralia« 767; Platon *Das Trinkgelage oder über den Eros* (Frankfurt/M., 1985), S. 41f.

[262] Platon *Gastmahl. Phaidon. Phaidros* »Phaidros«, S. 95; vgl. J. Boswell, S. 50f.

die einem solchen Knaben zu opportunem Verhalten rät. Wenn dieser Bildung und »jegliche Art von Weisheit« begehre, die ein Liebhaber ihm vermitteln könne, »dann trifft es zu, daß es schön ist für den Liebling, dem Liebhaber gefällig zu sein«.[263] Zurück zu Plutarch, er meinte, die Nudität in den Gymnasien habe erheblich dazu beigetragen, daß die Homosexualität sich so verbreiten konnte.[264]

Caelius Aurelianus aus Sicca (5. Jahrhundert) übersetzte und bearbeitete die Werke des griechischen Arztes Soranus von Ephesus, der in der ersten Hälfte des 2. Jahrhunderts n.Chr. gelebt hatte und sich in ca. dreißig schlecht erhaltenen Schriften mit anatomischen, chirurgischen, physiologischen, pathologischen und therapeutischen Fragen befaßte. Caelius stellt wahrscheinlich die Meinung des Soranus dar; indem er zwei Theorien einer Ätiologie passiver Homosexualität unterbreitet. Die erste Theorie sieht den kausalen Faktor in einem Fortpflanzungsdefekt, die zweite in einer angeborenen Inklination zu sexuellen Perversionen, die als Krankheit diagnostiziert werden.[265]

Selbst die antiken Astrologen befaßten sich mit den Ursachen der Perversionen und »fanden heraus«, daß die jeweilige Konstellation von Venus und Mars im Moment der Geburt eines Kindes dessen Sexualtrieb bestimme und eine »Vorentscheidung« seiner sexuellen Veranlagung bewirke.[266]

So stimmen auch die griechischen Klassiker bei den kausalen Faktoren sexueller Abweichungen nicht überein. Der Streit um die Ätiologie der Homosexualität ist also schon Jahrtausende alt. Auch die alten Griechen boten zur Erklärung sowohl die konstitutionelle (hereditäre) Homosexualitätstheorie als auch die These vom erlernten bzw. erworbenen oder von der Umwelt aufgeprägten homosexuellen Verhalten. Es gab wohl nur eine Minderheit, die von Homosexualität als Krankheit sprach, denn mehrheitlich befürworteten und praktizierten die Männer in Griechenland die Homosexualität.[267]

---

[263] Platon *Sämtliche Werke* (Hrsg. W.F. Otto, Hamburg, 1983), 2, S. 216; vgl. W. Reich, S. 99, und Plutarch »Moralia« 760f a.a.O.

[264] Plutarch »Moralia« 751 a.a.O.

[265] *Caelius Aurelianus* (Übers./Hrsg. I.E. Drabkin; Chicago 1950) »Tardarum passionum 4.9«.

[266] Vgl. *Firmicus Maternus Julius* (Hrsg. W. Kroll und F.S. Kutsch; Stuttgart, 1968) »Matheoseos libri VIII« 6.30.16 mit Alexander Olivieri (Hrsg.), *Catalogus codicum astrologorum Graecorum* (Brüssel, 1898), Bd. 1, S. 140–173.

[267] Vgl. *Philo of Alexandria* (London, 1929–41), Bd. 7 »De specialibus legibus« 3.7. mit Aristotle »Nicomachean Ethics« a.a.O., S. 1044f; vgl. dagegen ebenda S. 1062f; J. Boswell, S. 52ff.

3.2.2. Die Korinther und das Phänomen der Homosexualität

Hans Conzelmann wendet sich gegen die »Behauptung«, die Stadt Korinth sei Sitz sakraler Prostitution – im Dienst der Aphrodite – gewesen.[268] Diese Kontroverse verlangt geradezu, den Tatbestand hinsichtlich der Homosexualität in Korinth zu untersuchen.

Ein anerkannter Informant ist der griechische Geograph und Historiker Strabo (gr. Strabon), der von 63 v.Chr. bis 23/26 n.Chr. lebte. Er berichtet vom Reichtum des Korinther Aphroditentempels, der über tausend *hierodulous hetairas* besessen habe. Conzelmann relativiert diesen Bericht. Strabos Angaben bezögen sich nicht auf seine Zeit, sondern auf die alte goldene Ära der Stadt; zu seiner Zeit hätte es lediglich ein »Tempelchen« der Göttin auf dem Akrokorinth gegeben.[269]

Der griechische Lyriker Pindar lebte 522/518–446 v.Chr., d.h. einige Jahrhunderte vor Strabo. Er berichtet von kultischer Prostitution auf dem Akrokorinth.[270] Im 3. Jahrhundert n.Chr. lebte Athenäus, ein griechischer Schriftsteller aus Naukratis in Ägypten. Hier stoßen wir auf ähnliche Berichte über sakrale Prostitution wie bei Strabo und Pindar.[271]

In einer Fußnote seines Kommentars nimmt Conzelmann zurück, was er Strabo für die »früheren Zeiten« zugebilligt hatte. Die »Behauptung« von Strabo hinsichtlich der sakralen Prostitution wäre auch für das alte Korinth nicht zutreffend: »Bei ihm vermischen sich Reminiszenzen wie die von Pindar stammende mit seiner eigenen Kenntnis der kleinasiatischen Tempelstädte, besonders Komana in Pontus.«[272] Conzelmann bestreitet aber nicht die Beteiligung der korinthischen Hetären am Dienst der Aphrodite.[273]

Wir sehen keinen Anlaß, die Tatsache wegzudiskutieren, daß der griechische Schriftsteller Pausanias (um 110÷180 n.Chr.), der Korinth bereiste, in seiner Stadtschilderung nichts von sakraler Prostitution auf dem

---

[268] Hans Conzelmann, *Der erste Brief an die Korinther* (fortan: H. Conzelmann 1981) (Göttingen, 1981), S. 29, auch seine Anm. 97 ebd. Dagegen Herbert J. Rose, *Griechische Mythologie*. Handbuch (München, 1982), S. 119–124.

[269] H. Conzelmann 1981, a.a.O., vgl. Strabo *The Geography* (Hrsg. H.L. Jones; New York, 1917–1932), 4, VIII.378. Deutsch. *Geographica. Strabos Geographika in 17 Büchern* (Hrsg. W. Aly, E. Kirsten und F. Lapp; Bonn, 1957ff).

[270] *Pindari carmina cum fragmentis* (Hrsg. B. Snell; Stuttgart, 1964–71) 5, Fragment 107. Deutsch: Pindar *Die Dichtungen und Fragmente* (Leipzig, 1942).

[271] Athenaeus *The Deipnosophists* (Griech.-engl., Hrsg. Ch.B. Gulick; London, 1957-63) 7 Bde; Bd. 6, XIII.573.

[272] H. Conzelmann 1981, S. 29: seine Anm. 97.

[273] Ebenda; vgl. *Meyers Enzyklopädisches Lexikon* s.v. »Aphrodite«; Oscar Broneer, »Corinth, Center of Paul's Missionary Works in Greece«, *The Biblical Archaeologist* 14/4 (Dez. 1951): 80–94.

Akrokorinth bzw. im Apollotempel erwähnt. Aus diesem Schweigen des Pausanias folgert Conzelmann, es könne sie deshalb nicht gegeben haben.[274] In Fragen der Alten Geschichte sollten wir u.E. Argumente *ex silentio* indessen nicht als gültig ansehen.

In der hellenistischen Zeit bis zur Zerstörung durch die Römer 146 v.Chr. florierten in Korinth Handel und Wirtschaft. In Homers Heldengesängen (zwischen 750 und 650 v.Chr.) wird »die reiche Korinthos« erwähnt[274a], in der »Euchener, ein Sohn des Polyidos, des Sehers reich an Hab und edel, ein Haus« bewohnt hat.[274b] Wenn »die reiche Korinthos« mit unserer Stadt Korinth identifiziert werden darf, dann haben wir in Homers »Ilias« einen Hinweis, daß die Stadt zwischen 750 und 650 v.Chr. reich gewesen sein muß. Strabo behauptet sogar: »Korinth war immer bedeutend und wohlhabend.«[274c] Das kaufmännische Interesse ging daher allem anderen voran. Korinths Ruf galt folglich weniger den Staatsmännern und Denkern, sondern viel eher seinen Vergnügungsstätten. Diese Informationen sind in den Schriften Pindars[275], Xenophons[276] und Thykydidos (460/455–400 v.Chr.)[277] enthalten. Strabo seinerseits formuliert gar: »Korinth war immer bedeutend und wohlhabend.«[278]

Korinth wurde unter C. Julius Caesar wieder aufgebaut und erhielt im Jahre 46 v.Chr. den Namen Colonia Laus Julia Corintus: eine Kolonie römischer Kriegsveteranen und Freigelassener. Seit der Regierungszeit von Augustus (27 v.Chr. bis 14 n.Chr.) wurde die Stadt nach römischem Muster entwickelt. Viele der alten Bauten wurden renoviert. Zugleich entstanden neue Bauten rund um den alten Marktplatz (*agora*) und das Richterstuhlpodium (*bema*). Hier hatte der Apostel Paulus vor dem Statthalter Gallion gestanden (Apg 18,12).[279] Zu jener Zeit war Korinth Hauptstadt der römischen Provinz Achaia geworden (Apg 18,1–2).

Unter der römischen Herrschaft erreichte Korinth erneut großen Wohlstand, vor allem durch den Handel. Ovid berichtet, Korinther Töp-

---

[274] H. Conzelmann 1981, S. 29; vgl. *Pausanias' Description of Greece* (London, 1955–66) Bd. 1, 2; vgl. G. Roux, *Pausanias en Corinthe* (Paris, 1958), S. 29ff.

[274a] Homer *Ilias. Odyssee*, Edition Weltliteratur, (Stuttgart, Hamburg, München o.J.), S. 40.

[274b] Ebenda, S. 230.

[274c] Strabo *Geography* 8.6.23.

[275] Pindar *Siegesgesänge und Fragmente* (Hrsg. Oskar Werner, München, o.J.) »Nemeen« VI.40 und »Olympien« 13.4.

[276] Xenophon *Werke* (Übers. Ad.H. Christian et al.; Stuttgart, 1827–72) »Agesilaos« 2.17; *Xenophons Werke. Hicro. Lobschrift auf Agesilaus* (Übers. Ch.H. Dörne; Berlin, 1869–71) 2.17.

[277] Thucydides *Geschichte des Peloponnesischen Krieges* (Zürich–Stuttgart, 1960), I.13.5; vgl. VIII.7.

[278] Strabo *Geography* 8.6.23; vg. Homerus *Ilias* (München, 1967) II.570; XIII.664.

[279] Oscar Broneer, »Corinth ...«, a.a.O., S., 80–82.

ferwaren und korinthisches Kupfergeld (eine Legierung aus Gold, Silber und Kupfer) seien weltberühmt geworden.[280]

Nicht weit vom Ost-Ende des Isthmus entfernt, rund 11 km östlich von Korinth, befand sich der Poseidontempel, an dem regelmäßig die Isthmischen Spiele abgehalten wurden. Nach Strabo zeigten die Teilnehmer dabei einen Hang zum Luxus und zur Ausschweifung, weil der Poseidontempel der Verehrung der korinthischen Aphrodite diente.[281]

Obgleich sich Conzelmann gegen die Assertion wehrt, auf dem Akrokorinth sei sakrale Prostitution geübt worden, ist er anscheinend nicht irritiert, daß korinthische Hetären am Dienst ihrer Patronin Aphrodite beteiligt waren. In den Ruinen des Korinther Theaters wurde ein Sitzstein mit der Inschrift »/Stein/ der Mädchen« gefunden[282]; daraus folgern die Fachleute, daß die Aphrodite-Hetären unter der Bevölkerung respektiert wurden.[283]

Sarah B. Pomeroy ermittelte, daß die Göttin Aphrodite für ihre Verehrer und Verehrerinnen physische Schönheit, geistige wie erotische Liebe und Fruchtbarkeit verkörperte. Die Göttin besaß eine doppelte Natur: Aphrodite Urania, die ohne Beteiligung einer Frau geboren wurde, stand für rein geistige Liebe; Aphrodite Pandemos, die aus der Verbindung des olympischen Zeus mit der Himmelsgöttin Dione hervorgegangen sein soll, war die Schirmherrin der Prostituierten und verkörperte die erotische Liebe, die sowohl heterosexuell als auch homosexuell sein konnte, »während die geistige Liebe ausschließlich eine Beziehung unter Männern war«.[284]

Kenneth J. Dover vermerkt, daß der griechische Terminus *aphrodisia*,

---

[280] Publius Ovidius Naso *Metamorphosen* (München–Zürich, 1983) 6:416.

[281] W. Harold Mare, »1 Corinthians« in F.E. Gaebelein (Hrsg.), *The Expositor's Bible Commentary* (Grand Rapids, 1976), Bd. 10, S. 176; vgl. *Meyers Enzyklopädisches Lexikon*, 1974, s. v. »Poseidon«; Charles F. Pfeiffer (Hrsg.), *The Biblical World*, S. 248f; vgl. Homer *Hymnoi Homerikoi* 5 (Leipzig, o.J.) »An Aphrodite« 24–32.

[282] Ch.F. Pfeiffer, S. 172; vgl. T.H. Shear, »Excavations in the Theatre District and Tombs of Corinth in 1929«, *American Journal of Archaeology* 33 (1929): 525f.

[283] Vgl. W.R. Halliday, *The Pagan Background of Early Christianity* (London, 1925), S. 320ff; W.A. McDonald, »Archaeology and St. Paul's Journey in Greek Lands. Part III: Corinth«, *The Biblical Archaeologist* 5 (1942): 36–48.

[284] Sarah Pomeroy, *Frauenleben im klassischen Altertum* (Stuttgart, 1985), S. 9f; Platon *Gastmahl, Phaidon, Phaidros* »Gastmahl« S. 17f; vgl. E.M. Blaiklock, *The Archaeology of the New Testament* (Grand Rapids, 1970), S. 101–103; Johannes Irmscher, S. 48. – Hesiods Darstellung der Geburt der Aphrodite aus dem Meer (als Analogie zum Fruchtwasser) und den Genitalien des Uranos unterstreicht ihre Bedeutung als Göttin der Fruchtbarkeit. Siehe: Hesiodus *Sämtliche Gedichte. Theogonie. Erga. Frauenkataloge* (Zürich, 1970) »Theogonia« S. 188–192; *Hesiodi carmina* (Hrsg. A. Rzach; Stuttgart, 1967) »Theogonia« 929–932; 585–602 und »Erga kai hemerai«, 53–82.

von dem der Name Aphrodite abgeleitet wurde, homosexuelle Kopulation konnotiert.[285] Hans Licht (Paul Brandt) hebt hervor:

> In Aphrodite selbst erwacht im jungen Lenze die Liebe, mit Blumen geschmückt, schreitet sie durch die Wälder zu ihrem Geliebten, und wo sie sich zeigt, folgen ihr die wilden Tiere des Gebirges schmeichelnd und ergeben sich dem süßen Triebe ... In den Frühling fielen die meiste Feste, die man der Aphrodite feierte und die man nachts beging, in blühenden Gärten und Lauben mit Reigen, Tänzen und Musik und ungezügelter Liebe, »die süßen Gaben der goldgeschmückten Aphrodite«.[286]

Falls es zutrifft, daß tausend *hierodouloi* auf dem Akrokorinth der Aphrodite dienten, so kann wohl kaum Zweifel daran bestehen, daß sie den Besuchern für »ungezügelte Liebe« zur Verfügung standen.[287] Strabo vermerkt, daß viele wegen dieser »Priesterinnen« nach Korinth reisten und die Stadt deshalb wohlhabend geworden sei.[288]

Der 590 v.Chr. erbaute Apollontempel[289] kann als weiterer Grund für die Bekanntheit der sexuellen Zügellosigkeit in Korinth geltend gemacht werden.

Nach dem Verständnis der antiken Völker übernahm der mythische Gott Apollon die Rolle des Herrschers, des Intellektuellen, des Richters, des Kriegers, des Vaters sowie des erotischen Partners in homosexuellen wie heterosexuellen Liebesbeziehungen.[290] Das griechische Volk hatte – entsprechend der dichterischen und künstlerischen Darstellungen – eine vulgäre erotische Auffassung von seinen Göttern entwickelt. Dabei lebten die antiken Völker in »gläubiger« Abhängigkeit von ihren Göttern. Nicht zu übersehen sind Aussagen wie die von Hesiod. Hiernach ist der von den Göttern geschenkte Reichtum besser als einer, den man sich selbst schafft. Diese propagierte Ausrichtung trieb die antiken Menschen auch in eine quasi-erotische Beziehung mit ihren Göttern. Der mystisch-mythische Gehalt der Götterverehrung war zwar ein Produkt der Dichter und Priester der jeweiligen Epoche, spiegelte aber als solche auch das Denken der

[285] K.J. Dover, *Homosexualität in der griechischen Antike*, S. 63; vgl. Ders., »Classical Greek Attitudes to Sexual Behavior«, *Arethusa* 6 (1973): 58f.

[286] Hans Licht (Paul Brandt), *Sittengeschichte Griechenlands*. Neu hrsg. von H. Lewandowski (Stuttgart, 1959), S. 144f; vgl. H.T. Frank, S. 324–326.

[287] Ch.F. Pfeiffer, S. 172ff; S.B. Pomeroy, S. 172; vgl. G. Devereux, »Greek Pseudo-homosexuality and the Greek Miracle«, *Symbolae Osloenses* 42 (1967): 69–92; Robert Gundry, *A Survey of the New Testament* (Grand Rapids, 1970), S. 240f; J.B. Skemp, *The Greek and the Gospel* (London, 1964), S. 90ff.

[288] Strabo *Geography* 8.6.20; *Meyers Enzyklopädisches Lexikon*, 1974, s.v. »Apollon«; J. Irmscher, S. 49f; S.B. Pomeroy, S. 48, 148.

[289] J.I. Packer, M.C. Tenney und W. White Jr. (Hrsg.), S. 22; Vgl. William Hendriksen, *Survey of the Bible* (Welwyn, 1976), S. 332f.

[290] S.B. Pomeroy, S. 12 vgl. S. 19; R.H. Gundry, *A Survey of the New Testament*, S. 33ff.

damaligen Bevölkerung wider.[291] Das Wesen der griechischen Göttergestalten war nach Licht der ästhetische Gedanke. Die ideale Götterexistenz verstand sich als eine durch keine Krankheit, kein Alter, keinen Tod getrübte Möglichkeit, die Genüsse einer sublimierten Sinnlichkeit, Schönheit, Anmut und Freude bis zur letzten Neige auszukosten.[292] Unzählige erotische Abenteuer der Götter wurden nicht nur mit Unbefangenheit geschildert, sondern geradezu glorifiziert. So beschreibt z.B. der Apollonhymnus des Kallimachos den Liebesgott als »von *eros* für den jugendlichen Admetos beflügelt«.[293] Das relativistische Denken der antiken Sophisten reflektierte letzten Endes nichts anderes als die Erinnerung der Zeitgenossen an quasi-ursprüngliche Realitätserlebnisse, die allerdings im Widerspruch zum hebräischen Denken standen.[294]

Gerade weil die autoerotischen und homosexuellen Abenteuer der Götter nichts anderes als das Produkt der libidinösen Phantasie waren, ist mit Sicherheit anzunehmen, daß die Griechen ihre Götter im Bereich der Erotik imitierten.[295] Apollon attributierten die Griechen Liebesabenteuer, die ihrem Charakter nach lüstern und rachsüchtig sein konnten. Frauen wie Männer konnten Opfer seiner spontanen Libido werden.[296] Apollon war daneben auch der bedeutendste Orakelgott der griechischen Mythologie. Darum gab es im Apollontempel von Korinth auch eine Orakelstätte, wo Priesterinnen, von Apollon inspiriert, weissagten. Trotz der ihm zugeschriebenen teils perversen Sexualtriebe galt dieser Gott auch als Abwehrer von Übel und als Gott der Heilkunst. Er zog Scharen von gesunden wie kranken Wallfahrern an.[297]

Die Existenz der beiden Tempel – der Aphrodite und des Apollon – in

[291] Vgl. Hesiod *Sämtliche Gedichte* (Zürich–Stuttgart, 1970) »Erga« 320ff.

[292] H. Licht, *Sittengeschichte Griechenlands*, S. 135f. Es gab in der Antike auch Stimmen wie jene des Xenophanes, der die homerischen amoralischen Götter mit Ironie bedachte: »nach dem Ebenbild der Menschen« geschaffen, so wie Ochsen sich Götter nach dem Bilde des Ochsen erschaffen würden. Siehe: H. Diels (Walther Kranz, Hrsg.), *Fragmente der Vorsokratiker* (Berlin, 1951), Bd. 1, Xenophanes »Fragmente« 24 sowie 15.

[293] K.J. Dover, *Homosexualität in der griechischen Antike*, S. 174; vgl. *Die Dichtungen des Kallimachos* (Hrsg. E. Howald und E. Staiger; Zürich, 1955) »Apollonhymnos« 49. – Kallimachos gab den Zeitgeist seiner Epoche wieder. Der Komödiendichter Terenz prägte laut Menander im 2. Jahrhundert den berühmten Satz, der auch in den Göttersagen bestimmend gewesen sein muß; *Homo sum, humani nil a me alienum puto* (Ich bin Mensch, nichts Menschliches, glaube ich, sei mir fremd). M. Pohlenz, *Die Stoa I* (Göttingen, 1970), S. 137 vgl. S. 273.

[294] Vgl. M. Eliade, *Kosmos und Geschichte* (Reinbek, 1966), S. 30–36.

[295] J. Addington Symonds, *Sexual Inversion* (New York, 1984), S. 62; E.H. Haeberle, S. 243; H. Licht, S. 286–350; vgl. J. Boswell, S. 381–393.

[296] S.B. Pomeroy, S. 16–19; vgl. Aischylos *Sämtliche Tragödien und Fragmente* (Hrsg. K. Hoenn; Zürich, 1952), S. 107–154.

[297] F. Heiler, S. 303, vgl. S. 285; ebenso: J. Irmscher, S. 49f.

Korinth ist sowohl durch archäologische Funde als auch durch die griechische Literatur belegt. Strabo schreibt *expressis verbis*, daß unzählige Besucher einzig wegen der Aphroditepriesterinnen nach Korinth kamen.[298] Aristophanes kannte zu seiner Zeit den Begriff *korinthiazomai*, der soviel wie »leben wie ein Korinther hinsichtlich sexueller Perversität« bedeutet.[299] Zumindest bis zur Zerstörung der Stadt durch die Römer muß gemäß den angeführten Indizien die beschriebene Lebensweise auf Korinth zugetroffen haben. Charles K. Barrett meint hierzu:

> Die unmoralische Reputation des alten Korinth (vom Stadtnamen abgeleitete Termini scheinen in der Alten Komödie mit der Bedeutung von Unzucht betreiben, Hurenbock und ähnliche verwendet worden zu sein) darf nicht ohne weiteres in ein späteres Jahrhundert extrapoliert werden; indes kann nicht konstatiert werden, die Neugründung hätte besondere Anstrengungen gezeigt, um jene Vergangenheit gutzumachen. Zur Zeit des Paulus war Korinth wahrscheinlich kaum besser und kaum schlimmer als jede andere große Hafenstadt und Handelsmetropole der Zeit.[300]

Auch wenn wir die Frage der Homosexualität im Rahmen der kultischen Prostitution in Korinth nicht schlüssig belegen können, erweist sich die Behauptung, daß mit Bestimmtheit Analverkehr praktiziert wurde, als suggestiv. Aristophanes schreibt, die Hetären hätten zu seiner Zeit generell auf diesem bestanden, um einer Gravidität vorzubeugen.[301] Lucian von Samosata – lebte von 120/125 bis Ende des 2. Jahrhunderts – schreibt über eine maskuline homosexuelle Frau aus Lesbos, die auf dem geschorenen Kopf eine Perücke trägt; gemeinsam mit einer Partnerin aus Korinth will sie ein Mädchen verführen.[302] Obschon seine Darstellung satirischen Charakter zu tragen scheint, kommentiert Kenneth J. Dover: »Wenn sich Lukian bei seiner Nennung der Städte Lesbos und Korinth etwas gedacht hat, so werden die Bewohner dieser Städte wohl einen gewissen Ruf für sexuelle Unternehmungslust genossen haben.«[303] Allgemein befürwortete man in der griechischen Welt nicht zuletzt wegen einer unbegrenzten se-

[298] Strabo *Geography* 8.6.20; W. Harold Mare, »1 Corinthians«, a. a. O. S. 176; vgl. Marianne Mehling (Hrsg.), *Knaurs großer Bibelführer* (München, 1985), S. 282–284, 308; *Aristophanes* »The Ecclesiazusae« 3, S. 247–360.

[299] Aristophanes »Fragmenta« 354; vgl. *BHHW*, 1962, s. v. »Korinth« von R.M. Grant; F.J. de Waele, »Corinth and St. Paul« in *The Interpreter's Dictionary of the Bible*.

[300] C.K. Barrett, *Commentary on the First Epistle to the Corinthians*, S. 2f; vgl. Donald Guthrie, *New Testament Introduction* (Downers Grove, 1970), S. 421f.

[301] *Aristophanes* 3 »Ploutos« 149–152; vl. »Lysistrata« 26–28; K.J. Dover, *Homosexualität in der griechischen Antike*, S. 94.

[302] Lucian von Samosata *Hetärengespräche* (Köln–Berlin, 1983), S. 15ff.

[303] K.J. Dover, *Homosexualität in der griechischen Antike*, S. 121; S.B. Pomeroy, S. 80–84; Ovid *Metamorphosen* (Zürich, 1983), S. 185; 219; F. Heiler, S. 285ff; J. Boswell, S. 42ff; *Aristophanes* 3, S. 368ff; Platon *Sämtliche Werke* (Hamburg, 1958) 3, »politeia« 404d; *Corpus Vasorum Antiquorum* (Paris, Louvre), AM 1569, Tafel II Ca, 28.15.

xuellen Befriedigung ohne Schwangerschaftsrisiko sowohl homosexuellen Verkehr, Analverkehr mit Frauen, Interkurs älterer Männer mit Lustknaben, Prostitution als auch Verkehr mit Sklavinnen, wobei deren Kinder wieder dem gleichen Zweck dienen sollten. Homoerotische Beziehungen zwischen Frauen kamen, wenn auch in geringerem Ausmaß als unter Männern, vor. In Athen scheint Masturbation als willkommenes Ventil für die sexuellen Bedürfnisse der Frau betrachtet worden zu sein.[304] Aristoteles berichtete ohne kritischen Kommentar, der kretische Gesetzgeber habe den »Verkehr mit Männern« als geeignete Methode zur Prävention gegen die Übervölkerung betrachtet.[305]

Die Evidenz homosexueller Beziehungen in der griechischen Antike wie zur Zeit des Paulus ist so überwältigend, daß er wohl unweigerlich in Korinth oder anderswo mit diesem Phänomen konfrontiert wurde.

Zusammenfassend sei nochmals konstatiert, daß auch Conzelmann für das 1. Jahrhundert auf dem Akrokorinth an einem »Tempelchen« der Aphrodite festhält. Eine Fülle von Material belegt zudem, daß zur Zeit des Apostels weibliche *hierodoulai* (priesterliche Dienerinnen) jener Göttin hier zu Diensten standen. Es wäre kaum denkbar, daß diese »sakralen Sklavinnen« ethisch reiner gewesen sind als ihre Vorgängerinnen in der Blütezeit vor der Zerstörung der Stadt durch die Römer. Ob der Apollontempel zerstört und nach 46 v.Chr. neu erbaut wurde, ist kaum zu ermitteln; jedenfalls waren die Isthmus-Spiele beim Poseidontempel mit sexuellen Orgien verbunden. Belegt ist ferner, daß Korinth nicht nur wegen seines Handels und seiner Vergnügungsstätten, sondern auch aus religiösen wie philosophischen Gründen ein Anziehungspunkt war.

Fazit: Auch wenn in Korinth keine sakrale homosexuelle Kohabitation geübt worden sein sollte, so dürfen wir dennoch mit Sicherheit annehmen, daß es dort Päderastie, Homosexualität und weitere perverse Praktiken aus der Intention der Empfängnisverhütung bei unverminderter sexueller Befriedigung gab.[306]

---

[304] S.B. Pomeroy, S. 131; vgl. K.J. Dover, *Homosexualität in der griechischen Antike*, S. 152–161.

[305] *The Basic Works of Aristotle* »Politics« 1272a. 23–26; vgl. Plutarch »Moralia« 189c, 457f; *Valerius Maximus* 5.1; Athenäeus *The Deipnosophists* VII.13.589f.

[306] Vgl. Merrill C. Tenney *Die Welt des Neuen Testaments* (Marburg/Lahn, 1979), S. 314f; Herman van de Spijker, *Die gleichgeschlechtliche Zuneigung* (Freiburg, 1968), S. 82ff; Lucius Apuleius *The Golden Ass* S. 181–200, 579–590; James G. Frazer, *The Golden Bough: A Study in Magic and Religion* (London, 1919) 1.6; *Theocritus* (Hrsg./Übers. A.S.F. Gow; Cambridge, 1950) I.119–121 mit M. Buchberger (Hrsg.), *Lexikon für Theologie und Kirche* (Freiburg–Basel, 1957–1968), Bd. 1, S. 718; Petronius *Satiricon* (Frankfurt/M., 1986) S. 153ff; W.S. Ferguson, *Hellenistic Athens: An Historical Essay* (London, 1911), S. 80ff; U.E. Paoli, *Die Frau im alten Hellas* (Bern, 1955), S. 77–105.

3.2.3. Der Korintherbrief und das Phänomen der Homosexualität

Der Aufenthalt des Apostels Paulus in Korinth ist wohl zwischen dem Herbst 50 und Frühjahr 52 anzusetzen.[307] Es handelt sich also um eine Zeit, zu der die Homosexualität in der gesamten hellenistischen Welt voll akzeptiert wurde.[308] Während die wiederaufgebaute Stadt im Vergleich zu Athen nur bescheidene Tradition aufgewiesen haben dürfte, traf Paulus in Korinth zahlreiche Leute aus dem übrigen Griechenland, Italien, Ägypten und orientalischen Provinzen an, die hier am Wirtschaftswunder teilhaben wollten. All diese »Einwanderer« brachten ihr kulturelles Gepäck mit, das zu berücksichtigen ist.[309] Ernst Haenchen weist darauf hin, daß die Stadt zu dieser Zeit bereits wohlhabend und hinsichtlich der Sittenlosigkeit berüchtigt geworden war.[310]

Paulus scheint sich mit dieser Frage zuerst gar nicht auseinanderzusetzen. So faßte er seine Absicht in Korinth zusammen: ». . . denn ich hatte beschlossen, unter euch nichts anderes zu wissen, außer Jesus Christus, und zwar (den) Gekreuzigten« (*ou gar ekrina ti eidenai en hymin ei me Iesoun Christon kai touton estauromenon:* 1Kor 2,2). Diese positive Inhaltsangabe des christlichen Kerygmas war auch der Kernpunkt der Unterredung des Apostels mit den Juden in der korinthischen Synagoge.[311] Nachdem Paulus auf den Widerstand der Juden gestoßen war, verlegte er seine Predigt aus der Synagoge in das Nebenhaus des Titius Justus. Der Synagogen-

---

[307] Jürgen Roloff, *Die Apostelgeschichte. NTD Bd. 5* (Göttingen, 1981), S. 273. Hinweise über den Aufenthalt des Paulus in Korinth vgl. auch C.K. Barrett, *The New Testament: Background. Selected Documents* (London, 1958), S. 48f; Klaus Haaker, »Die Gallio-Episode und die Paulinische Chronologie«, *Biblische Zeitschrift* 16 (1972): 252–255; James H. Oliver, »The Epistle of Claudius which Mentions the Proconsul Junius Gallio«, *Hesperia: Journal of the American School of Classical Studies at Athens* 40 (1971): 239f; George Ogg, *The Chronology of the Life of Paul* (London, 1968), S. 104–111; Andre Plassart, *Fouilles de Delphes 3.4* (Paris, 1970), Nr. 286, S. 26ff; Alfred Suhl, *Paulus und seine Briefe: Ein Beitrag zur paulinischen Chronologie. Studien zum NT 11* (Gütersloh, 1975), S. 324–327.

[308] Philo gibt unmißverständliche Hinweise auf dieses Phänomen seiner Zeit, indem er die mosaischen Verbote der homosexuellen Praxis mit der allgemeinen Akzeptanz solcher Beziehungen in der hellenistischen Welt kontrastiert. in: Philo Judaeus: *Philosophical Works* (Übers. F.H. Colson et al.; London, 1929-41) Bd. 7 »De legibus specialibus« 3.37.

[309] J. Roloff, *Die Apostelgeschichte*, S. 269; Vgl. F.F. Bruce, *The Book of the Acts* (Grand Rapids, 1977), S. 366ff; W. Gutbrod, »Zur Predigt des Paulus in Korinth. Nach Apg 18«, *Evangelische Theologie* 3 (1936): 379–384.

[310] Ernst Haenchen, *The Acts of the Apostles. A Commentary* (Philadelphia, 1971), S. 533; vgl. J. Weiß, *Der erste Korintherbrief* (Göttingen, 1910), S. vii-xi.

[311] Vgl. W. Gutbrod mit C.K. Barrett, *A Commentary on the First Epistle to the Corinthians*, S. 63f, und H. Conzelmann 1981, S. 75f. Conzelmann schreibt: »Auch hier ist eine psychologisierende Auswertung abwegig, etwa: Nachdem Paulus in Athen mit seinem Versuch, Weisheit anzubieten, gescheitert sei, habe er es in Korinth andersherum versucht« (a.a.O., S. 75, Anm. 15).

vorsteher Crispus kam jedoch mit seinem ganzen Haus und zahlreichen Korinthern »zum Glauben an den Herrn und ließen sich taufen« (Apg 18,6–8). Anderthalb Jahre lehrte Paulus gemäß Lukas in Korinth, ehe er die Stadt mit dem Ziel Kleinasien und Jerusalem verließ (Apg 18,18ff). Paulus hinterließ eine relativ junge christliche Gemeinde, die wohl reich an Erkenntnis und Charismen war, aber in der Kontextualisierung des christlichen Kerygmas sowie in der Bewährung ihrer christlichen Identität im Rahmen der lokalen Kultur wenig Erfahrung aufzuweisen hatte. So häuften sich bei ihnen Probleme, die einer Lösung bedurften: eine Konstellation, die zur Entstehung der Korintherbriefe führte.[312]

Den Korinthern wurde extreme Lasterhaftigkeit nachgesagt. Die christliche Gemeinde blieb vom Milieu nicht ganz unberührt. Ein gewisser Libertinismus ist aus der Anklage des Apostels ersichtlich, die unter den Korinther Christen Blutschande (1Kor 5,1ff) und Kohabitation mit Prostituierten (6,12–20) konstatiert.[313] Die Heiligtümer ausländischer Gottheiten – so der Isis[314], des Sarapis[315], der »Göttermutter« (der Aphrodite)[316] – fanden im Leben der Gemeinde in Korinth auch ihren Niederschlag: Chri-

---

[312] Philipp Vielhauer, *Geschichte der urchristlichen Literatur* (Berlin, 1975), S. 72f; vgl. John C. Hurd, »Pauline Chronology and Pauline Theology« in *Christian History and Interpretation: Studies Presented to John Knox* (Cambridge, 1967), S. 225–248 mit Martin Dibelius, *Studies in the Acts of the Apostles* (London, 1956), S. 148f; besonders: Robert Jewett, *Paul's Anthropological Terms: A Study of Their Use in Conflict Settings* (Leiden, 1971), S. 11ff (Arbeiten zur Geschichte des antiken Judentums und des Urchristentums). – Wir wollen uns hier nicht mit der Form des Briefes auseinandersetzen. Über die Echtheit, Einheitlichkeit, Entstehungszeit, Sprache und Form des Briefes geben folgende Autoren Aufschluß: J.C. Hurd, *The Origin of 1 Corinthians* (London, 1965); Rudolf Bultmann, *Der Stil der paulinischen Predigt und die kynisch-stoische Diatribe* (Göttingen, 1910); Theodor Zahn, *Geschichte des neutestamentlichen Kanons* (Leipzig, 1888/90), 2 Bde., bes. Bd. 2.1, S. 344ff.

[313] W. Schrage, *Die konkreten Einzelgebote in der paulinischen Paränese* (Gütersloh, 1961), S. 190f. Man kannte in der antiken Volkskunde den Koitus mit der leiblichen Mutter als »persische Sitte«. Siehe Philo *Philosophical Works 7* »De legibus specialibus« III.13; vgl. dagegen Josephus *Jewish Antiquities* (Übers. H.St.J. Thackeray; London, 1966) 1–4, III.274; sowie Gen 35,22; 49,4.

[314] Eine Beschreibung des Isisfestes enthält Apuleius *Der Goldene Esel* Buch 11.

[315] Sarapis war ein synkretistischer Gott, dessen Name die gräzisierte Form von »Osiris-Apis« darstellt, in dessen Gestalt die Apisstiere nach ihrem Tod verehrt wurden. Er galt als *soter*, als Retter- und Heilgott. Tradiert sind zahlreiche Berichte über Heilungen, besonders durch Inkubation. Literatur: G.J.F. Kater-Sibbes. *A Preliminary Catalogue of Sarapis' Monuments* (Leiden, 1971); J.E. Stambough, *Sarapis Under the Early Ptolemies* (Leiden, 1972); vgl. H. Conzelmann 1981, S. 28.

[316] Aelius Aristides (117/129–189 n.Chr.) war ein gefeierter Rhetor und wundergläubiger Asklepiosverehrer. Er schrieb Prosahymnen auf verschiedene Götter, u.a. auch über Aphrodite. Aelius Aristides *Opera Omnia* (Hrsg. W. Dindorf; Hildesheim, 1964), III.23; vgl. Horaz *Briefe* (Nördlingen, 1986), S. 42–54.

sten standen vor dem Problem, Götzenopferfleisch zu essen (1Kor 8 u. 10). Die Bevölkerung wurde in heidnische Kulte – teils mit Tieropfern verbunden – stark involviert.[317]

Diese skizzenhaften Hinweise mögen uns den paulinischen Passus 1Kor 6,9–11 plausibel machen:

Oder wißt ihr nicht, daß Ungerechte keinen Anteil am Reiche Gottes haben werden? Gebt euch keiner Täuschung hin! Weder Unzüchtige noch Götzendiener, noch Ehebrecher, noch Wollüstlinge, noch Knabenschänder, noch Diebe, noch Habsüchtige, noch Trunkenbolde, noch Lästerer, noch Räuber werden Anteil haben am Reiche Gottes. Und Leute dieser Art seid ihr, einige von euch, gewesen. Doch ihr seid reingewaschen, ihr seid geheiligt, ihr seid gerechtfertigt worden im Namen des Herrn Jesus Christus und im Geiste unseres Gottes.

Die historische Frage (»Wißt ihr nicht . . .?«) ist eine Methode des Autors, die Briefempfänger zu einer Überlegung zu motivieren: *Basileia theou* kommt bei Paulus nicht häufig vor; wo er den Terminus verwendet (z.B. 6,9f; 15,50; Gal 5,21), geht es hauptsächlich um Bedingungen für den Einlaß in das Gottesreich. Es wird zwar eschatologisch verstanden, als das »zu ererbende« (*kleronomesousin:* ererben werden; *kleronomein:* ererben) künftige Heilsgut[318]; dennoch ist es als »sich realisierendes« Reich aufzufassen.[319] Die *adikoi*, die Ungerechten, verstoßen gegen die *dikaiosyne theou*, welche einerseits die Bedingung des Heils, anderseits aber das Heilsgut selbst ist (Röm 10,10). Hier drückt sich die Dialektik von Zukunft und Gegenwart aus. Denn Gottes Gerechtigkeit ist die übereignete Gerechtigkeit, d.h. die Glaubensgerechtigkeit, »erfahrbar im Wort«, indem sie dem Glaubenden zugesprochen wird; »im Hören erkennen« die Christen sich als wirklich Gerechtgemachte und werden befreit zur »Neuheit des Lebens«.[320] Darum heißt es: »Ihr habt euch abwaschen lassen . . . ihr seid geheiligt worden . . . ihr seid gerechtgesprochen worden durch den Namen des Herrn Jesus Christus und den Geist unseres Gottes«, 1Kor 6,11. Das Passiv des Verbums kann nicht von *ek pisteos* (aus Glauben) getrennt wer-

---

[317] H. Conzelmann 1981, S. 28; vgl. F.F. Bruce, *The Acts of the Apostles. The Greek Text with Introduction and Commentary* (Grand Rapids, 1979), S. 342.

[318] *RGG*, [3]1986, s.v. »Reich Gottes« von H. Conzelmann; Ders., *Grundriß der Theologie des Neuen Testaments* (München, 1976), S. 125–134; H. Conzelmann 1981, S. 135; C.K. Barrett, *A Commentary on the First Epistle to the Corinthians*, S. 140; vgl. W.G. Kümmel, »Futurische und präsentische Eschatologie im ältesten Christentum«, *New Testament Studies* 5 (1959): 113–126.

[319] C.H. Dodd, *The Parables of the Kingdom* (London, 1955), S. 43f; vgl. dagegen W.G. Kümmel, *Promise and Fulfillment* (Naperville, 1959); R.H. Fuller, *The Mission and Achievement of Jesus* (London, 1954), bes. S. 20–25.

[320] H. Conzelmann, *Grundriß der Theologie des NT*, S. 243, vgl. C.K. Barrett, »Ho adikesas (II Cor 7:12)« in *Verborum Veritas: Festschrift für Gustav Stählin* (Wuppertal, 1970), S. 149–157.

den.[321] Denn der Glaube an Christus ist die Bedingung für »sich abwaschen lassen«, »geheiligt werden« und »gerechtgesprochen werden«, gleichzeitig auch *conditio sine qua non*, die unerläßliche Bedingung, für den Einlaß ins Gottesreich. Die Korrelation zwischen *basileia theou* und »Neuheit des Lebens« ist somit zu berücksichtigen. Das Reich Gottes ist zwar zukünftig, spiegelt sich aber in der Gegenwärtigkeit des Lebens wider. So ist das Verhältnis ein »sowohl – als auch«.[322] Denn das eschatologische Heil wirkt sich in der Sphäre der »Neuheit des Lebens« aus und ist nichts anderes als das »Reich des Sohnes seiner Liebe« (*basileia tou hyiou tes agapes autou*, Kol 1,13).

In der gegenwärtigen wie zukünftigen Sphäre der Gottesherrschaft nun haben Verhaltensweisen wie Unzucht, Götzendienst, Ehebruch, passive und aktive Homosexualität, Diebstahl, Habsucht, Trunkenheit, Lästerung, Raub keinen Raum, sondern allein »Gerechtigkeit und Friede und Freude im Heiligen Geist«, *dikaiosyne kai eirene kai chara en pneumati hagioi* (Röm 14,17).[323] Eine konkretere Beschreibung des schwer vorstellbaren kommenden Gottesreiches läßt sich nicht geben, denn: »Was kein Auge gesehen und kein Ohr gehört hat und was in keines Menschen Herz gedrungen ist, alles, was Gott denen bereitet hat, die ihn lieben« (1Kor 2,9); etwaige Leiden der gegenwärtigen Zeit stehen in keiner Relation zur künftigen Herrlichkeit, »die sich an uns offenbaren wird« (Röm 8,18). Im Blick auf diese eschatologische Realität argumentiert der Apostel Paulus entsprechend: »Wißt ihr denn nicht, daß die Heiligen die Welt richten werden? . . . Wißt ihr nicht, daß wir (sogar) über Engel richten werden, geschweige über alltägliche Dinge?« (1Kor 6,2–3) »Weshalb laßt ihr euch nicht lieber Unrecht zufügen? . . .« (6,7) Rechtsstreit ist wie die verschiedentlich zitierten Laster mit den Charakteristika des Reiches Gottes, der *basileia theou*, unvereinbar.[324]

Im Rahmen des in diesem Unterkapitel untersuchten »Lasterkataloges« aus 2. Korinther 6 müssen wir uns noch zwei Begriffen zuwenden, die von besonderer Relevanz sein dürften: *malakoi* und *arsenokoitoi*. Beide sind

---

[321] E. Käsemann, »Gottesgerechtigkeit bei Paulus«, *Zeitschrift für Theologie und Kirche* 58 (1961): 367–378; Dagegen vgl. R. Bultmann: »Dikaiosyne theou«, *Journal of Biblical Literature* 83 (1964): 12–16.

[322] R. Schnackenburg, *God's Rule and Kingdom* (New York–London, 1963), S. 301ff.

[323] George Eldon Ladd, *A Theology of the New Testament* (Grand Rapids, 1974), S. 410f; vgl. R. Schnackenburg, S. 284–317; G. Klein, »Reich Gottes als biblischer Zentralbegriff«, *Evangelische Theologie* 30 (1970): 642–670; R.H. Fuller, S. 25–27, mit Albrecht Ritschl, *Justification and Reconciliation* (New York, 1900), S. 13–30.

[324] H. Conzelmann, *Grundriß der Theologie des NT*, S. 111; vgl. R.D. Shaw, *The Pauline Epistles* (Edinburgh, 1913), S. 163–183; L.H. Marshall, *The Challenge of New Testament Ethics* (London, 1947), S. 278f.

noch nicht ausreichend erforscht, und ihre Übersetzung bleibt vorläufig umstritten.

Archibald Thomas Robertson gibt *malakos* als männliche Person wieder, die durch eine hochgradig entgegengesetzte sexuelle Empfindung charakterisiert wird. Nach Robertson ist der *malakos* ein effeminierter Mann.[325] Bei W.E. Vine findet sich dafür unter (b) die Interpretation: »metaphorisch, in negativem Sinn, 1Kor 6,9: ›effeminiert‹, nicht nur von einer männlichen Person, die /verschiedene/ Formen der Lüsternheit praktiziert, sondern allgemein von Personen, die der Süchtigkeit nach Fleischessünden schuldig sind, wollüstig«.[326] In den Evangelien dagegen erscheint *malakos* mit neutraler Konnotation für weiche Gewänder (Mt 11,8; Lk 7,25).[327]

Außerhalb des Neuen Testamentes begegnen wir dem Adjektiv *malakos* im gleichen Sinn, so im Fragment eines um 260–245 v.Chr. geschriebenen Briefes, das wir folgendermaßen übersetzen: »Und kaufe mir weiche Wolle, damit die Mädchen Arbeit haben ... und ein weicher Mantel für mich gemacht werden könnte, und das Kind (junger Sklave?) auch nicht unbekleidet bleibt.«[328] Diese leicht paraphrasierende Wiedergabe belegt den Gebrauch von *malakos* für »weiche« Kleider bereits vor unserer Zeitrechnung.

Das Substantiv *malakia* steht im Matthäusevangelium im Sinne von »Gebrechen« oder »Krankheit«: Christus »zog umher in ganz Galiläa, lehrend ..., verkündigend ..., heilend jede Krankheit (*noson*) und jedes Gebrechen (*malakian*) im Volk (4,23; ebenso: 9,35; 10,1)«.[329]

Die griechischen Philosophen verwendeten diese Termini eher sparsam. Bei Aristoteles begegnet uns *malakos* für den »Unbeherrschten«, der »jeweils dem Genuß des Augenblicks« nachjagt.[330] Epiktet (50–138) dagegen beschreibt damit Personen, die zu »einfältig« wären, philosophische Aussagen zu betrachten und aufzunehmen.[331] John Boswell zeigt auf, daß *ma-*

---

[325] A.T. Robertson, *Word Pictures in the New Testament*, Bd. 4, S. 119; vgl. C.K. Barrett, *A Commentary on the First Epistle to the Corinthians*, der (S. 140) ebenfalls sagt, beide Begriffe implizierten passive und aktive männliche Homosexualität.

[326] W.E. Vine, *Expository Dictionary*, Bd. 2, S. 19.

[327] Ebenda: bei Mt steht das Adjektiv (ohne Substantiv) zweimal.

[328] *kai eria moihina agoratseis mala/k/a hina echosin hai paidisskai erga /thesthai/ kai emoi himation hina genetoi /m/alakon to paidar/i/on hina me gymnon t'sei . . .* in E.G. Turner (Hrsg.), *The Hibeh Papyri* (Edinburgh, 1955), 2, S. 123f.

[329] Diese Informationen sind der *Vollständigen Konkordanz zum Neuen Testament* (Berlin, 1983), Bd. 1, Teil 2, S. 758 entnommen; vgl. W.E. Vine, Bd. 1, S. 317: »Schwäche, Krankheit, davon: Weichheit«.

[330] Aristoteles *Nikomachische Ethik* (Übers. F. Dirlmeier; Stuttgart, 1983), S. 182f.

[331] *Epicteti dissertationes ab Arriani digestae* (Hrsg. H. Schenkl; Leipzig, 1916/Stuttgart, 1965) 3.9; deutsch: Epiktet *Unterredungen und Handbüchlein der Moral* (Zürich, 1924).

lakos in der patristischen Literatur folgende Konnotationen besitzt: »flüssig; feige; mit schwachem Willen; delikat; zart; verderbt; raffiniert/kultiviert«.[332] In der Kirchengeschichte wurde das Wort nicht selten mit dem Begriff »Masturbation« identifiziert.[333] Dionysius von Halicarnassus (1. Jahrhundert v.Chr.) charakterisiert den Aristodemus von Cumae so:

> (Er war) ein Mann von nicht unbekannter Herkunft, der von den Bürgern Malakus oder »Effeminierter« genannt wurde – ein Spottname, der mit der Zeit besser bekannt war als sein eigener Name; entweder weil er als Knabe weibisch war und sich wie eine Frau traktieren ließ, wie einige berichten, oder weil er von mildem Wesen und nicht leicht zum Zorn zu reizen war, wie andere festhalten.[334]

Dio Chrysostomus (1./2. Jahrhundert) kennt den Terminus auch und verwendet ihn etwa so in einer Rede: »Wenn du dich mit Bildung befaßt, wird man dich einfältig und effeminiert (*euethes kai malakos*) nennen . . .«[335] Vettius Valens assoziiert *malakos* mit allgemeiner Zügellosigkeit[336], während bei Diogenes Laertius (3. Jahrhundert) die Bedeutung etwas vage bleibt; O. Apelt übersetzt ihn an einer Stelle mit »Wollüstling«, ein anderer mit »Weichling«.[337] Plautus erwähnt in seiner Komödie vom ruhmreichen Soldaten dasselbe Adjektiv als Fremdwort unmittelbar nach dem Substantiv *cinaedus*, das ebenfalls aus dem Griechischen kommt und dort passiv homosexuelle Männer bezeichnete, und zwar für professionelle Tänzer oder Pantomimenschauspieler.[338]

Boswell legt als Folgerung vor:»Das Argument, das in 1Kor 6,9 . . . *malakoi* . . . die passiven Partner im homosexuellen Interkurs repräsentieren soll, ist unrealistisch und nicht durch lexikographische Evidenz belegt.«[339]

---

[332] J. Boswell, S. 106; vgl. Vettius Valens *Anthologiarum Libri* (Hrsg. G. Kroll; Dublin–Zürich, 1973), S. 121.

[333] Thomas von Aquin *Summa theologica* (Heidelberg usw., 1964), 22, II-II. 154.11.

[334] aner ou ton epitychoton heneka genous, hos epekaleito Malakos hypo ton aston kai syn chrono gnorimoteran tou onomatos esche ten epiklesin, eith'hoti thelydrias egeneto pais on kai ta gynaixin harmottonta epaschen, hos historousi tines, eith'hoti praos en physei kai malakos eis orgen, hos heteroi graphousin – in *The Roman Antiquities of Dionysius of Halicarnassus* (Übers. E. Cary; Cambridge/Mass.–London, 1950) 4, S. 150.

[335] *Dio Chrysostom* (Übers. H. Lamar Crosby; Cambridge/Mass.–London, 1951) 5, S. 110, 112.

[336] Vettius Valens, S. 113: *Ares hypo kronou martyroumenos kai meliou, kategoretheis malakos estai:* Zeilen 21f.

[337] Diogenes Laertius *Leben und Meinungen berühmter Philosophen* (Berlin, 1955) 2, S. 89.

[338] T. Maccus Plautus *Miles Gloriosus* (Hrsg. M. Hammond et al.; Cambridge/Mass., 1963), S. 133; vgl. Einleitung LXII: Anmerkungen der Hrsg. zu Strophen 211, 775, 924; für 665 geben sie »weich, effeminiert« als Übersetzung von *malacos*.

[339] J. Boswell, S. 341; vgl. *Philo of Alexandria* (Übers. F.H. Colson et al.; London, 1924–41), 9 »De vita contemplativa« 7; 7 »De legibus specialibus« 3.7; *Patrologia Graeca* (Hrsg. J.-P. Migne; Paris, o.J.) Jejunator »Poenitentiale« 88.1893.

Boswells Begründung ist zu präsumtiv. Lukas (Marcus Annaeus Lucanus, 39–65 n.Chr.) beschreibt gewisse Priester bzw. deren Blut und beschuldigt sie gerade mit dem Begriff *malakos* der passiven Homosexualität.[340] Der Begriff ist demnach im 1. Jahrhundert durchaus hierfür belegt. Adolf Deissmann zitiert aus einem Brief des Domophon an Ptolemäus (geschrieben um 245 v.Chr.): »Sende uns aber auch Zenobios den Weichling (*malakon*) mit Trommeln, Becken und Klappern.«[341] Deissmann kommentiert: »Das Wort steht wohl in der auch dem Apostel 1Kor 6,9 bekannten obszönen Bedeutung und deutet das schmutzige Nebengewerbe des Musikanten an.«[342] Mit dieser These konfliktiert Boswells explizite Interpretation: »Die haltbarste Folgerung ist, daß ›malakos‹ sich auf allgemeine sittliche Schwäche bezieht, ohne spezifischen Konnex mit Homosexualität.«[343]

Wie oben bereits erwähnt, gab Dionysus von Halicarnassus dem Begriff *malakos* zwei Bedeutungen, die entgegen Boswell gültig sind: als Spitzname konnte er »effiminierter Mann« bedeuten, der wie eine Frau behandelt wurde; ferner gab er einen »milden Charakter« wieder, konnte also auch damit den passiven Partner in einer homosexuellen Beziehung bezeichnen; mit Hans Lietzmanns Formulierung: »Ein *Malakos* ist das Passivum zum *Arsenokoites*.«[344] Dagegen sprechen Letha Scanzoni und Virginia Ramey Mollenkott: Weil im 17. Jahrhundert das Wort »effeminate« gewöhnlich »hemmungslos, ausschweifend« bedeutete, meinten die Übersetzer der King-James-Bibel in 1. Korinther 6,9 wohl eher dies als Homosexualität; dann wäre aber ein viel größerer Kreis von Menschen angesprochen, denn Ausschweifende gibt es mehr als Homosexuelle. »Vielleicht« hat man darum den Sinn der Stelle eingeengt, um nur eine »Sündenbock-Minderheit« damit aufs Korn zu nehmen.[345]

Wir meinen aber, daß der Apostel Paulus im Kontext von 1. Korinther 6,9 *malakos* unmöglich für »Genußsüchtige« oder »Masturbierende« oder »moralisch Schwache« bzw. »Instabile« verwendet haben kann. *Malakos*

---

[340] *Lucan* (Hrsg. W. Rutz; Darmstadt, 1971) 37; vgl. J. Boswell, S. 338, Anm. 14.

[341] A. Deissmann, *Licht vom Osten. Das Neue Testament und die neuentdeckten Texte der hellenistisch-römischen Welt* (Tübingen, 1923), S. 131.

[342] Ebenda, Anm. 4; vgl. dagegen: *The Hibeh Papyri* (Hrsg. Bernard P. Grenfell und Arthur S. Hunt; Oxford, 1906) Teil 1 S. 201, Anm. 11: »*malakos* may be merely a nickname, but probably refers to the style of Zenobius' dancing. Smyly well compares Plautus, *Mil.* 668: ›Tum ad sallandum non cinaedus malacus aequest atque ego‹.« Dagegen die zitierte Stelle oben, aus *The Hibeh Papyri* (Hrsg. E.G. Turner), Teil 2, S. 123 für »weiche« Wolle.

[343] J. Boswell, S. 340; vgl. dagegen F.W. Grosheide, *Commentary on the First Epistle to the Corinthians* (Grand Rapids, 1976), S. 140.

[344] Hans Lietzmann, *An die Korinther I/II. Handbuch zum NT* (Tübingen, 1969), S. 26f; das Zitat: S. 27.

[345] L.Scanzoni und V.R. Mollenkott, *Is the Homosexual My Neighbor?*, S. 69.

steht unmittelbar nach *moichoi* (Ehebrecher) und vor *arsenokoitoi* (s. unten), zwei Begriffen, die eindeutig Unzuchtssünden bezeichnen. John Milton hat z.b. einen »effeminierten Mann« als Frauenheld charakterisiert. Er gibt der sexuellen Eroberung so großes Gewicht, daß er darüber Gottes Willen ignoriert und nichts zum Wohl der Menschheit beiträgt.[346]

Auch Derrick Sherwin Bailey stützt unsere Interpretation, daß *malakoi* ein *terminus technicus* für Männer ist, die aktiven männlichen Homosexuellen zur Verfügung stehen.[347] Das Wort ist gelegentlich in der klassischen griechischen Literatur zur Beschreibung solcher Männer belegt. Die Tatsache, daß *malakoi* vor *arsenokoitoi* steht, einem Begriff für aktive Homosexuelle, impliziert ebenfalls, daß Paulus damit weder »moralisch schwache« noch »masturbierende« Männer meinte, sondern die passiven Homosexuellen. Dieses Fazit wird durch die Untersuchung von *arsenokoitoi* offensichtlich.[348]

Komplex und obskur ist der semantische Gehalt des griechischen Begriffs *arsenokoitoi*. Neben 1. Korinther 6,9 findet er sich nur noch in 1. Timotheus 1,10, wo er von Hans Bürki und vielen anderen mit »Knabenschänder« wiedergegeben wird.[349]

Arsenokoitoi ist ein Kompositum der Morpheme *arsen* (Gen. *arsenos*) mit der Bedeutung »männlich« oder »Mann«, und *koitos*, dessen Konnotation einer Untersuchung bedarf.[350] Generell verwendete man *koite* für »Bett«[351]; in dieser Bedeutung finden wir den Begriff in Lukas 11,7. Der Hebräerbrief verwendet das Wort für »Ehebett« (*Timos ho ganos es pasiu*

---

[346] John Milton, *Das Verlorene Paradies* (Übers./Hrsg. H.H. Meier; Stuttgart, 1969), Buch 11, Z. 632ff.

[347] D.S. Bailey, *Homosexuality and the Western Christian Traditions*, S. 38; D. Atkinson, *Homosexuals in the Christian Fellowship*, S. 92; vgl. Polybius *The Histories* (Übers. M. Chambers; New York, 1966), S. 306; Suetonius *The Twelve Caesars* (Übers. R. Graves; Harmondsworth, 1957), S. 223; James Graham-Murray, *A History of Morals*, London 1966, S. 64–66.

[348] Friedrich Lang, *Die Briefe an die Korinther. NTD 7* (Göttingen, 1986), S. 80; M.-J. Klauck, *1. Korintherbrief. Die Neue Echte Bibel* (Würzburg, 1984), S. 46; H. Conzelmann 1981, S. 136; vgl. *Reallexikon für Antike und Christentum*, 1924ff, s. v. »Effeminatus« von H. Herter; *Real-Encyklopädie der classischen Altertumswissenschaft*, 1939/1894–1963, s. v. »Kinaidos« von W. Kroll.

[349] Hans Bürki, *Der erste Brief des Paulus an Timotheus. WStB* (Wuppertal, 1982), S. 60; vgl. Fritz Rienecker, *Sprachlicher Schlüssel zum Neuen Testament nach der Ausgabe von D. Eberhard Nestle* (Gießen–Basel, 1970), S. 490; zu 1.Kor 6,9 a.a.O., S. 362. W.E. Vine dagegen verweist unter dem Stichwort »Abuse, abusers« indirekt auf die (englischen) Übersetzungen; sein ganzer Beitrag ist: »B. Noun. For the noun *arsenokoites*, see I Cor 6:9, and I Tim 1:10«.

[350] Arndt/Gingrich, S. 109; vgl. F. Rienecker zu Röm 1,27, a.a.O. S. 318; Josephus *The Life and Against Apion* (Übers. H.St.J. Thackeray; London, 1966) »Contra Apionem« 2.199.

[351] Josephus *Jewish Antiquities* (Übers. H.St.J. Thackeray /1/ bzw. Ders. und R. Marcus (2/; London, 1966) Bd. 1, 1.177; Bd. 2, 6.52.

kai he koite amiantos: Ehrbar /sei/ die Ehe bei allen und das Ehebett unbe-fleckt). Die moralische Konnotation von *amiantos* (unbefleckt) verrät die Verwendung von *koite* in diesem Kontext: Das Sexualleben der Ehepart-ner muß »unbefleckt« bleiben, m.a.W., die eheliche Treue darf nicht ver-letzt werden.[352] In Römer 13,13 steht *koite* euphemistisch für »Unzuchts-handlungen« oder »Wollust«. Römer 9,10 meint mit *koite* wohl »Gravidi-tät, Leibesfrucht« oder aber »Beischlaf«.[353]

Das Kompositum aus den Morphemen *arsen* und *koite* (pl. *koitai*) ergibt also »Männerbeischlaf«, euphemistisch »mit Männern (sexuell) verkehren-de Männer«.[354] Dieser Interpretation stimmen auch die Homophilen Der-rick Sherwin Bailey, John McNeill und John Boswell zu.[355] Letzterer argu-mentiert aber, *arsenokoitai* könne nicht auf Homosexuelle generell bezo-gen werden, sondern meine die aktiven männlichen homosexuellen Pro-stituierten.[356] Boswells Behauptung läßt sich weder verifizieren, noch schlüssig widerlegen. In *Anthologia Graeca* lesen wir von einer Inschrift am Osttor von Thessalonike, die von einem anonymen Autor stammt und nachstehend auf deutsch wiedergegeben sei:

> Wandrer, jauchze im Herzen! Du siehst ob dem Tor den Präfekten Basileios, den Mann, der Babylons übergewaltige Macht zerstört hat, die Leuchte des un-bestechlichen Rechtes, kommst zum Orte der besten Regierung mit trefflich-stem Sohne, brauchst nicht Barbaren zu fürchten noch Männer, die Männern sich gatten (*ouk arrenas arrenokoitas*).[357]

---

[352] Arndt/Gingrich, S. 46; vgl. bes. Weish 3,13: *hoti makaria steira he amiantos, hetis ouk egno koiten en paraptomati, hexei karpon en episkope psychon:* »Selig ist die Unfruchtbare, die sich nicht befleckte, die nicht ein Ehebett in Sünde kannte. Ihre Fruchtbarkeit wird sich zeigen bei der Heimsuchung der Seelen« (nach Jerusalemer Bibel).

[353] Arndt/Gingrich, S. 440; Rienecker, S. 335. Ernst Käsemann gibt (wie die *Revidierte El-berfelder Bibel* /Wuppertal, 1986/, NT S. 198) *koite* in Röm 9,10 mit »wurde/war schwanger« wieder, was dem Kontext gerechter wird als »Gravidität« oder »Leibes-frucht«. *Commentary on Romans,* S. 260, 263f. »...*koiten echein* is a euphemism for se-xual intercourse, perhaps as in Lev 18,20.23; Num 5,20 the seminal discharge«: a.a.O., S. 263.

[354] Vgl. Ernst Dietzfelbinger, *Das Neue Testament. Interlinearübersetzung Griechisch-Deutsch* (Neuhausen, 1986), S. 730, 904; ebenso: Arndt/Gingrich, S. 109; Peter Cole-man, S. 97; vgl. dagegen M. Macourt (Hrsg.), *Towards a Theology of Gay Liberation* (Lon-don, 1977), S. 43, 54.

[355] D.S. Bailey, *Homosexuality and the Western Christian Tradition,* S. 38; J.J. McNeill, *The Church and the Homosexual,* S. 52ff; John Boswell, S. 341; vgl. Morton Scott Enslin, *The Ethics of Paul* (Nashville, 1957), S. 147ff.

[356] John Boswell, S. 344; vgl. S. 342 mit: »The Epistle of Polycarp to the Philippians« 2.12 in *The Lost Books of the Bible.* Übers./Hrsg. W. Hone, J. Jeremiah und W. Wake (New York, 1979), S. 194.

[357] Hermann Beekby (Hrsg.), *Anthologia Graeca. Buch IX-XI.* München 1958, Buch IX.686, S. 409 (griech. S. 408); vgl. Alexander Olivieri et al. (Hrsg.), *Catalogus codicum astrologo-rum Graecorum.* Brüssel 1898 usw., Buch VIII.4, S. 196. *Arrenokoite* und *arsenokoite* ha-

Aristides von Athen (2. Jahrhundert) war einer der ältesten christlichen Apologeten. Er richtete seine Verteidigungsschrift für die Christen an den Kaiser Hadrian und benutzte das geschichtstheoretische Argument, die Christen seien nach den »Barbaren, Hellenen und Juden« das »neue«, »vierte Geschlecht«, um dessentwegen die Welt noch fortbestehe.[358] Aristides u.a. skizziert in seiner Apologie auch die Korruption der heidnischen Götter, die er als kriminell einstuft und denen er die Praxis der *arsenokoitai* unterstellt.[359] Es ist kaum zu bezweifeln, daß Aristides an dieser Stelle den homosexuellen Verkehr meint. Boswells Interpretation, die Charakterisierung von *arsenokoitai* in Aristides' Apologie als illegal, gegen das Gesetz verstoßend, beweise die Konnotation der aktiven männlichen homosexuellen Prostitution, diese Interpretation ist präsumtiv und nicht begründet. Reimut Reichl verweist mit Recht darauf, daß mit Zwang verbundene Homosexualität in der griechischen Welt stets verpönt und strafbar war. Es ist nicht garantiert, daß *arsenokoitai* in der Regel als solche galten, die sich u.U. auf dubiose Weise einen Partner verschafften.[360] Wenn Boswell diese Charakterisierung jedoch gemäß seiner These als auf homosexuelle Prostitution gerichtet deutet[361], so ist ihm entgegenzuhalten, daß für Männer oder Knaben des homosexuellen Gewerbes das allgemeinere maskuline Substantiv *pornos* Anwendung fand.[362]

In der klassischen Epoche scheinen das Verb *hetairein* und das Begriffswort *hetairesis* nicht für *hetaira* benutzt worden zu sein, sondern ausschließlich für einen Mann oder Knaben, der in einer homosexuellen Beziehung eine mit einer *hetaira* vergleichbare Stellung einnahm;
ergänzt Kenneth Dover.[363] Jedenfalls sind uns einige Begriffe für männli-

---

ben dieselbe Bedeutung, ist doch *arren* (»Mann«) nichts anderes als *arsen* im attischen Dialekt. Siehe: Arndt/Gingrich, S. 109; vgl. Robert Browning, *Medieval and Modern Greek* (London, 1969), S. 31; J. Boswell, S. 342–344.

[358] Johannes Quasten, *Patrology* (Westminster, 1950–63), Bd. 1, S. 191ff; B. Altaner und A. Stuiber, *Patrologie* (Freiburg, 1966), S. 64; R. Wolff, »The Apology of Aristides«, *The Harvard Theological Review* 30 (1937): 233–247; vgl. *RGG*, ³1986, s.v. »Frühkirchliche Apologetik« von C. Andresen.

[359] Aristides »Apologia« 9.13 in E.J. Goodspeed (Hrsg.), *Die ältesten Apologeten* (Göttingen, 1914); vgl. Eusebius »Demonstrationis evangelicae 1« in J.P.-Migne (Hrsg.), *Patrologiae cursus completus* (Turnhour, 1975ff) 22.65.

[360] *Meyers Enzyklopädisches Lexikon*, 1974, s.v. »Homosexualität und Homosexuelle« von Reimut Reichl, auch Anm. 7 S. 234.

[361] Vgl. J. Boswell, S. 350f, mit *Patrologiae cursus completus* 17.181; 61.135; 82.1169; 97.644; Alexander Roberts und James Donaldson (Hrsg.). *The Ante-Nicene Fathers* (Edinburgh, 1885), Bd. 2, siehe u.a. Clement of Alexandria »Paedagogus« 2.10.

[362] Xenophon *Erinnerungen an Sokrates* (Übers. P. Jarrisch; München, 1962) I 6.13; *Aristophanes 3* »Ploutos« 153–159; *Aischinis orationis* (Hrsg. F. Blaß; Leipzig, 1908) I 137.

[363] K.J. Dover, *Homosexualität in der griechischen Antike*, S. 26; vgl. Aischines, I 37–44.51, mit I 19f, 74.119f; J. Boswell S. 46, seine Anm. 12.

che Prostitution bekannt, nämlich *pornos*, *hetairekos* oder *hetairesis*. Boswell meint, daß *hetairekos* für männliche Kurtisane oder bessergestellte Prostituierte verwendet wurde. Hingegen sei *pornos* oder *peporneumenos* für sozial niedrigere männliche Prostituierte benutzt worden.[364] Der Begriff *Porneia* bezeichnet in der nachklassischen Epoche aber nicht nur Prostitution, sondern jedes sexuelle Verhalten, für das der Sprecher oder Schreiber seine Mißbilligung bis Abscheu bekundet (vgl. 1Kor 5,1ff; 6,9ff).

Demgegenüber sind *arsenokoitai* zweifellos Männer, die in aktive homosexuelle und *malakoi* entsprechend in passive Beziehungen verwickelt sind. Boswells Folgerung, daß Paulus nicht die Homosexualität an sich verurteile, sondern ausschließlich die homosexuelle Prostitution, ist ein Elaborat *pro domo sua* (ein Machwerk zum eigenen Nutzen) und kontextuell überhaupt nicht haltbar. Im Römerbrief gibt Paulus eine unmißverständliche Auffassung von den Ursachen der Homosexualität wieder: 1. Sie wird – als männliche wie als weibliche Homosexualität – frei erworben (Röm 1,26: *metellaxan* ist »das alte Wort für Tauschhandel«)[365]; *aphentes* (V. 27) ist aktives Partizip des Präteritum und besagt, daß die Männer den Verkehr mit Frauen bewußt aufgegeben haben – zugunsten der Begier zueinander.[366] 2. Paulus assoziiert die homosexuelle Präferenz mit der unersättlichen sinnlichen Begierde (Röm 1,27: *exekauthesan en te orexei auton*, »sind entbrannt in ihrer Begier«.[367] 3. Paulus bewertet die homosexuelle Aktivität als Verstoß gegen die von Gott eingesetzte Ordnung der heterosexuellen Beziehung.[368]

Damit wird verständlich, daß Paulus die passive wie aktive Homosexualität mit jeweils einem Partner auch ablehnte, wenn *arsenokoitai* männliche homosexuelle Prostituierte bezeichnen würde.[369] In linguistischer Hinsicht stimmt Derreck Sherwin Bailey mit uns überein: ». . . die technischen Termini *malakoi* und *arsenokoitai* bezeichnen Männer, die passiv bzw. aktiv in homosexuelle Praktiken involviert sind.«[370]

Laut Paulus gehören die Christen dem Reich Gottes an, sie müssen je-

---

[364] J. Boswell, S. 344, seine Anm. 23; S. 351f.
[365] A.T. Robertson, *Word Pictures in the NT*, Bd. 4, S. 330f.
[366] Victor Paul Furnish: *The Moral Teaching of Paul*. Nashville 1979, S. 73.
[367] A.T. Robertson, Bd. 4: »*exekauthesan* . . . old verb, to burn out, to set on fire, to inflame with . . . lust«: S. 331; ebenso: Arndt/Gingrich, S. 240.
[368] V.P. Furnish, S. 73f; vgl. Philo Judaeus *On Abraham* (Übers. F.H. Colson; London, 1935) S. 135f; Plutarch *Moralia* (Übers. W.C. Helmbold; London, 1961) 9 »Dialogue on Love« 751C-752B-C.
[369] Vgl. J. Boswell, S. 344ff, mit R. Scroggs, *Paul for a New Day* (Philadelphia, 1977), S. 66ff; L.H. Marshall, *The Challenge of New Testament Ethics*, S. 278ff.
[370] D.S. Bailey, *Homosexuality and the Western Christian Tradition*, S. 38; vgl. S. 157. Ferner: C.K. Barrett, *A Commentary on the First Epistle to the Corinthians*, S. 140f; F.W. Grosheide, S. 140; H. Conzelmann 1981, S. 136; Strack/Billerbeck, Bd. 3, S. 70ff.

doch wissen, daß praktizierende passive wie aktive Homosexualität dieses nicht ererben werden. Denn jene Praktiken gehören zur Verhaltensweise der Menschen, die noch in der Gottferne leben. In der Korinther-Gemeinde gab es Leute, die zuvor die Homosexualität praktiziert hatten, seither jedoch »reingewaschen . . ., geheiligt . . ., gerechtfertigt . . . (waren) im Namen des Herrn Jesus Christus und im Geiste unseres Gottes« (1Kor 6,11b). In der Vergangenheit hatten sich einige als Homosexuelle betätigt – wobei absolut irrelevant bleibt, ob sie einen oder mehrere Partner gehabt hatten, ob sie aktiv oder passiv waren oder ob sie als Prostituierte oder Wohlsituierte gelebt haben. Sie gehören nun der Kategorie der neuen Menschen an, die sich vom vormaligen Lebenswandel distanziert haben.[371]

4. Folgerungen

Für die vorliegenden Untersuchungen war keine differenzierte Identifizierung der Verfasser einzelner biblischer Bücher notwendig.[372] Unsere Recherchen galten zunächst dem Ziel, wie und zu welchem Zeitpunkt die hebräischen Stämme mit dem Phänomen der Homosexualität in Berührung kamen. Es wäre nicht exakt, perverse sexuelle Triebrichtungen einzig den heidnischen Kulten zuzuschreiben; es ist zu offensichtlich, daß die im Orient geübte sakrale Prostitution Ausdruck der gestörten – oder eben der »natürlichen« – libidinösen Entwicklung des heidnischen religiösen Menschen war.[373] Die israelitischen Stämme hatten sich gegen die Praktiken der Ägypter, Kanaanäer, Syrer, Assyrer, Babylonier und anderer Völker abzuheben oder abzugrenzen.[374] Übte man im Nildelta sakrale Zoo-

---

[371] V.P. Furnish, S. 70–73; vgl. S. 79ff; A. Nygren, *Commentary on Romans* (Philadelphia, 1967), S. 100f; R. Lovelace, *Homosexuality and the Church* (Old Tappan, 1978), S. 93–96; W.D. Davies, *Paul and Rabbinic Judaism* (London, 1970), S. 114f.

[372] Eine Diskussion über die Interpretationsprinzipien biblischer Bücher liegt vor in R.K. Harrisons Werk *Introduction to the Old Testament*, bes. S. 351–492; vgl. S. 3–82. Für das Neue Testament bzw. die paulinischen Briefe empfiehlt sich das beeindruckende Werk von J.A.T. Robinson, *Wann entstand das Neue Testament* (Paderborn-Wuppertal, 1986), für die angeführten Texte bes. S. 40–94. Ferner: D.G. Spriggs, *Two Old Testament Theologies* (London, 1974); Walter Bruggemann und Hans Walter Wolff, *The Vitality of Old Testament Traditions* (Atlanta, 1975).

[373] G. v. Rad, *Old Testament Theology*, Bd. 1, S. 444; Bd. 2, S. 142. Die sakralen Prostituierten in Hammurabis Tempeln stellten eine geachtete Gesellschaftsklasse dar: s. J. Barton Payne, *Theology of the Older Testament* (Grand Rapids, 1962), S. 326; vgl. G.A. Barton, *Archaeology and the Bible* (Philadelphia, 1937), S. 376–406.

[374] Die Absonderung bzw. das Sich-Abheben von den übrigen Nationen ist im Begriff *herem* impliziert, wie N.H. Snaith ausführlich darlegt: *The Distinctive Ideas of the Old Te-*

philie bzw. Sodomie, so waren in Kanaan kultische Homosexualität und Transvestitismus bei Männern und Frauen zur Ehre von Göttern und Göttinnen alltäglich.[375] Da das Programm des Lustprinzips, durch Erfüllung der jeweiligen Lust zum »Glück« zu gelangen, (auch) für den damaligen Menschen in der heterosexuellen Beziehung nicht immer zu realisieren war, bildete er seine Libidokomponente um und richtete sie darauf aus, in sakraler Prostitution zu seinem Lustgewinn zu kommen.[376] Die israelitische Religion bemühte sich nicht – und wollte sich schon gar nicht bemühen –, einen Prozeß der Transformation bzw. Umleitung der Triebkomponente bei Homosexuellen in Gang zu setzen.[377]

Die biblischen Autoren des Alten und Neuen Testaments sind im Befund einig: Homosexualität ist – wie Zoophilie – ein offenkundiger Verstoß gegen die göttliche Institution der Ehe eines Mannes und einer Frau.[378] Somit war Homosexualität für die Hebräer ein theologisches, nicht ein psychologisches Problem.[379] Im Heiligkeitskodex lesen wir denn auch:

Ich bin Jahwe, euer Gott! Ihr dürft nicht die Werke (Taten) des Landes Ägypten, in dem ihr gewohnt habt, tun; und die Werke des Landes Kanaan, wohin ich euch bringe, sollt ihr nicht tun, und nach ihren Ordnungen sollt ihr nicht wandeln (Lev 18,2c–3, meine Übersetzung – H.H.).

Damit hob sich das Volk von den religiösen Kulten wie der sexuell perversen Praxis dieser Völker ab[380], einer Praxis, die eine Verletzung der von Gott offenbarten Normen Israels dargestellt hätte: Heterosexualität im Rahmen der Ehe; keinerlei Homosexualität.[381]

---

stament (Philadelphia, 1946), S. 39ff; Geerhardus Vos, *Biblical Theology* (Grand Rapids, 1948), bes. S. 265–268.

[375] J. Barton Payne, S. 331; vgl. S. 370; Walter Eichrodt, *Theology of the Old Testament*, Bd. 2, S. 339; BHHW, 1962, s. v. »Tempeldirne« von G. Fohrer.

[376] W. Eichrodt, *Theology of the Old Testament*, Bd. 1, S. 151, 223; vgl. G. Hölscher, »Zum Ursprung der Rahab-Sage«, *ZAW* 38 (1919–20): 54–57; Georg Fohrer, *Geschichte der israelitischen Religion*, S. 128.

[377] Sexualdelikte wurden mit dem Tode bestraft; die Strafpraxis hatte außerordentliche erzieherische Bedeutung; sie unterstrich wie schwerwiegend Vergehen gegen die Rechte einzelner wie der Gemeinschaft waren. Vgl. *BHHW*, 1962, s. v. »Strafe« von C.A. Keller, mit O. Grether, »Name und Wort Gottes im AT«, *ZAW* 64 (1934): 59ff; M. Brocke, »Tun und Lohn im nachbiblischen Judentum«, *Bibel und Leben* 8 (1967): 166–178.

[378] Vgl. Don Milligan, *The Politics of Homosexuality* (London, 1973), S. 10ff, mit D.S. Bailey (Hrsg.), *Sexual Offenders and Social Punishment* (London, 1956), Appendix 1: »The Homosexual and Christian Morals«, S. 75.

[379] A.R. Vidler, *Christ's Strange Work* (London, 1944), S. 27–43; vgl. D.S. Bailey (Hrsg.), *Sexual Offenders . . .*, S. 77.

[380] G.J. Wenham, *The Book of Leviticus*, S. 251; R.K. Harrison, *Leviticus*, S. 185–190.

[381] Vgl. Karl Barth, *Church Dogmatics*, III.4, S. 140, mit Merlin Stone, *When God Was a Woman* (New York, 1976). Hier wird die These vertreten, eine Rückkehr zu den Fruchtbarkeitsriten würde das Problem der Frauenbefreiung lösen. Vgl. dazu Georgia Harkness,

Sexuelle Perversion wurde unter den Israeliten nicht toleriert (Lev 18,21f); wer sich ihrer schuldig machte, mußte »mit dem Tod bestraft werden« (Lev 20,13.15f). Die (heiden)christliche Urgemeinde lebte ebenfalls – und zwar unmittelbar – in einer Umwelt, die die sakrale homosexuelle Prostitution wie sonstige sexuelle Perversion kannte. Besonders Paulus setzte sich mit dem Phänomen auseinander und verurteilte derartige Praktiken als widernatürlich.[382] Seine theologischen Ausführungen stimmen mit den alttestamentlichen Autoren überein[383]: Die homosexuelle Präferenz ist ein Laster der »Heiden«, die den lebendigen Gott nicht anerkennen, sondern in perversen Gottesvorstellungen gefangen sind. Dementsprechend ist auch ihr Verhalten durch Inversion, die Umkehrung des Geschlechtstriebes, charakterisiert. Solange ein Mensch darin lebt, kann er das Reich Gottes nicht erlangen.[384] Die christliche *ekklesia* stellt eine neue Schöpfung dar, und Homosexuelle, die bekehrt worden sind, erfahren mehr als Sublimation. Durch die Wirkung Christi und des Heiligen Geistes ist die Umbildung der Libidokomponente, um eine heterosexuelle Ehe eingehen zu können (1Kor 6,11; vgl. 7,1ff), möglich.[385]

Women in Church and Society (Nashville, 1972). Harkness referiert über die »Emanzipation Evas«, verweist aber darauf, daß diese Befreiung nur das Vorspiel zur nächsten Revolution sei. – Harkness wie Stone scheinen der Homosexualität neutral bis positiv gegenüberzustehen.

[382] Paul K. Jewett, *Man as Male and Female* (Grand Rapids, 1975), S. 84; vgl. Scott Sullivan, »Of Masters and Puppets: The Debate over Foucault's Theories of Power«, *Newsweek* 49 (8. Dez. 1986): 53–55.

[383] E.P. Sanders, *Paul and Palestinian Judaism* (Philadelphia, 1977), S. 370ff.

[384] Lewis B. Smedes, *Sex for Christians*, S. 66ff; vgl. A. Fridrichsen, »Zur Auslegung von Röm 1,19f«, *ZNW* 17 (1916): 159–168.

[385] Vgl. L. Szondi, *Triebpathologie* (Bern, 1956), Bd. 2, S. 361, mit F. Flücker, »Zur Unterscheidung von Heiden und Juden in Röm 1,18–2,3«, *Theologische Zeitschrift* 10 (1954): 154–158.

III. Homosexualität im Kontext der Theologie

1. Homosexuelle Beziehungen sind *para physin*

Die zeitgenössische Diskussion um Homophilie und Homophobie ließe sich in dem lateinischen Sprichwort zusammenfassen: *Parturient montes: nascetur ridiculus mus*, d.h., Gebirge liegen in Geburtswehen; zur Welt kommt eine lächerliche Maus. Die Protagonisten wie die Antagonisten homosexueller Beziehungen beteiligen sich an theologischen Auseinandersetzungen, doch kommen sie kaum zu Ergebnissen, die zur Konstituierung eines einheitlichen christlichen Verhaltens beitragen könnten. In unserer pluralistischen Gesellschaft bleibt ein solches wohl ohnehin unerreichbar.[1] Der Apostel Paulus befürwortete theologische Auseinandersetzungen durchaus, so schrieb er: ». . . denn es ist nötig, (daß) unter euch Parteiungen (im Sinne von diversen Überzeugungen, Denkweisen, Grundsätzen – *haireseis*) vorhanden sind, damit auch die Bewährten (*dokimoi* – Erprobte, Tüchtige) unter euch manifest (*phaneroi* – vor aller Augen sichtbar) werden«.[2]

Es war vor allem John A.T. Robinson, ein eklektischer Denker und christlicher Humanist, erheblich vom Denken Paul Tillichs, Rudolf Bultmanns und Dietrich Bonhoeffers beeinflußt, oft als vehementer Antagonist der evangelikalen Christenheit angesehen, der vielen den Mut, ja den Impetus gab, gegen den Strom des Zeitgeistes zu schwimmen und dabei unsere theologische Perzeption im Widerspruch auch zu vielen Denkern, darunter John A.T. Robinson selber, zu entwickeln.[3]

Die biblischen Autoren, so auch der Apostel Paulus, betrachten die gleichgeschlechtliche Liebe als den göttlichen sexualethischen Normen

---

[1] Vgl. die Diskussion von Mary Daly über eine männliche Homoerotik der Trinität, in *Gyn/ökologie* (München, 1981), S. 29–103, mit Elisabeth Moltmann-Wendel. *Ein eigener Mensch werden* (Gütersloh, 1982), S. 105ff.

[2] 1.Kor 11,19? vgl. Archibald Thomas Robertson, *Word Pictures in the NT*, Bd. 4, S. 163, mit Wayne A. Meeks (Hrsg.), *The Writings of St. Paul* (New York, 1972), S. 39. Angesichts der Fülle vorhandener Literatur über Homosexualität scheint unsere Arbeit kaum ins Gewicht zu fallen, ja fast redundant zu sein. Dennoch glauben wir, aus dem »Sitz im Leben« heraus diese Triebrichtung innovierend untersuchen und dementsprechend theologische Ausführungen machen zu können. Auch wenn durch den enormen Aufwand nur »eine lächerliche Maus« geboren wird, meinen wir dennoch, nicht *para physin* gehandelt zu haben.

[3] J.A.T. Robinson, *The Difference of Being a Christian Today* (Philadelphia, 1972), S. 18ff.

zuwiderlaufende Handlungen. Sie sind Gott ein Greuel[4], weil sie im Widerspruch zu seiner Schöpfungsordnung stehen.[5] Praktizierende Homosexuelle müssen laut Paulus zur Kenntnis nehmen, daß sie keinesfalls im Gottesreich beheimatet werden können.[6]

Die paulinische Charakterisierung der Homosexualität als *para physin* ist in der klassischen griechischen Literatur bekannt. Sogar Plato beschreibt homosexuelle Beziehungen mit diesem Ausdruck.[7] Nach Boswell meinte Plato mit *para physin*, die Homosexualität stehe »in keiner Beziehung zur Geburt« (unrelated to birth) und sei »nichtfortpflanzend«, jedoch keinesfalls »widernatürlich« im Sinne der Übertretung gewisser moralischer und physischer Gesetze. Denn *physis* kann eine Ableitung vom griechischen Verb *phyo* sein, das »wachsen« oder »geboren werden« bedeutet.[8]

Es ist nicht notwendig, dieser spekulativ-eklektischen Interpretation weiter zu folgen. Wir weisen hier darauf hin, daß Plato fraglos den Sinngehalt des Wortes *physis* bei den antiken Autoren als inneres Wesen, als Disposition eines Menschen, nicht außer acht lassen konnte.[9] Bei *physis* dachte man an den Charakter und das Wesen einer Person, insofern diese Prägung vorgegeben und von intendierter Lenkung und Erziehung unabhängig war. Die wahre *physis* des Menschen steht im Gegensatz zu den hier bewerteten Handlungen. Denn kennt jemand das Rechte, vollzieht aber das als Böses Gekannte, so verläßt er damit seine *physis*.[10] Das Wesen des Menschen, der Sternbilder, des Äthers, die Beschaffenheit eines Landes, sogar eine Krankheit werden mit diesem Begriff bezeichnet.[11] Aristoteles verstand unter *physis* jedes Objekt als das Resultat (das, was es im End-

---

[4]   Vgl. E. Nestle, »Bdelygma eremoseos«, *ZAW* 4 (1884): 248f; G.F. Moore, *Judaism in the First Centuries of the Christian Era* (Cambridge/Mass., 1927–30), Bd. 1, S. 367; Strack/Billerbeck, Bd. 1, S. 945–951.

[5]   Dale Moody, S. 278; vgl. L.H. Marshall, *The Challenge of New Testament Ethics*, S. 36–52.

[6]   H. Thielicke, *The Ethics of Sex*, S. 278; vgl. R. Bultmann, »Das überweltliche Reich Gottes in der Verkündigung Jesu«, *Theologische Blätter* 6 (1927): 118–120.

[7]   Plato *Laws* (Hrsg. R.G. Bury; London, 1921) 636B-C; 825E-842.

[8]   J. Boswell, S. 13f, seine Anm. 22; vgl. Gustav Gerhard, *Phoinix von Kolophon* (Leipzig, 1909), S. 51–155.

[9]   *Real-Enzyklopädie der classischen Altertumswissenschaft*, Bd. 20, 1941, s.v. »Physis« von H. Leisegang (hier: S. 1131).

[10] So z.B. bei Xenophon *Cyropaedia* (Übers. W. Miller; London–Cambridge/Mass., 1960, Bd. 1, 2.2), vgl. *Fragmente der Vorsokratiker* Bd. 2, Demokrit »Fragment 3«; Platon *Der Staat* (Stuttgart, 1965) 7.5260; Ders. *Republic* (Hrsg. P. Shorey; London, 1932) Bd. 2, 381Aff; *Aristophanes* »The Plutus« 273; Euripides *Medea* (Übers./Hrsg. H. Eller; Stuttgart, 1983), S. 103f.

[11] M. Pohlenz, »Nomos und Physis«, *Hermes Zeitschrift für klassische Philologie* 81 (1953): 418–438, hier: 425; Xenophon *Oikonomikos* (Übers. K. Meyer; Marburg, 1975) 16.2; Parmenides »Fragment« 10,1.4f in *Fragmente der Vorsokratiker* Bd. 1.

ergebnis ist) seines Werdens.[12] Für Aristoteles – wie auch für andere Zeitgenossen – ist die Erfahrung der prinzipiellen Begrenztheit seiner Existenz, und die der Abhängigkeit von den Mächten der Umwelt kein Zufall der jeweiligen Umstände, sondern gehört inhärent zur *physis* des Menschen.[13] Mit dem Begriff *anthropine physis* wurde oft das natürliche, normale menschliche Wesen von allen nichtmenschlichen, unnatürlichen Phänomenen im menschlichen Lebensbereich unterschieden.[14] Diese Konnotationen des Begriffs *physis* sagen direkt noch nichts über dessen Gebrauch durch Paulus in Römer 1,26b aus. Sie stützen nicht Boswell, sondern unsere Auffassung. Es steht fest, daß Plato die homosexuelle Praxis als widernatürlich bezeichnete. Aus welchem Grunde er diese Position vertrat, läßt sich kaum ermitteln, zumal er homosexuelle Beziehungen andernorts beinahe glorifiziert hat.[15] Boswell argumentiert, Plato sei im vorgerückten Alter zur Überzeugung gelangt, »die sexuelle Beziehung zwischen gleichgeschlechtlichen Partnern sei *para physin*«.[16] Hierin folgte ihm die neoplatonische Schule, deren Begründer Plotin (ca. 205–270) lehrte, der Mensch könne nur durch die Loslösung von der sinnlichen Welt zur Vollendung gelangen. Die erste Stufe der »Reinigung« (*katharsis*) der Seele von der Materie führe zu den individual- und sozialethischen Tugenden.

Aber das höchste Ziel des Menschen ist laut Plotin das überrationale Einswerden mit dem Ur-Einen. Darum zensierte er die Homosexualität als eine Abirrung vom eigentlichen Pfad zur Vollendung.[17]

Es ist kaum anzunehmen, daß Paulus von der platonischen und stoischen Philosophie beeinflußt wurde, bevor er homosexuelle Beziehungen mit *para physin* charakterisierte.[18] Gewisse »philosophische« Bedeutungselemente sind in der paulinischen Verwendung des Begriffs jedoch erkennbar, obschon er der *physis* eine theologische Prägung verleiht: *physis* steht bei ihm für die Naturordnung, die den Unterschied der Geschlechter setzt. Gott hat die Götzendiener preisgegeben, so daß sie den

---

[12] Aristoteles »Politics« 1252b.30–34 in *The Basic Works of Aristotle*, S. 1129.

[13] Ebenda: »Politics« Buch 3, a.a.O. S. 1201; vgl. Aristoteles *Poetik* (Stuttgart, 1982) S. 10ff; Epicharmus »Fragment 10« in *Fragmente der Vorsokratiker* Bd. 1, S. 200; Democritus »Fragment 297« in *Fragmente der Vorsokratiker*, Bd. 2, S. 206f.

[14] *Thucydides* (Übers. C.F. Smith; London, 1960ff) 1, Buch 2 45.2; Helmut Köster, »Physis in Greek Literature« in G. Friedrich (Hrsg.), *Theological Dictionary of the New Testament* (fortan: *TDNT*; Grand Rapids, 1981), Bd. 9, S. 252ff.

[15] In der Rede Phaedros' wird die gleichgeschlechtliche Liebe als »himmlisch« (*ouranios)* bezeichnet; siehe Platon *Symposion* (Hrsg. F. Boll; München, 1969) S. 23–26.

[16] J. Boswell, S. 345.

[17] Plotinus *Enneades* 3.5.1. (Hrsg. H. Mueller; Berlin, 1878), S. 208; vgl. V. Schubert, *Pronoia und Logos. Die Rechtfertigung der Weltordnung bei Plotin* (München–Salzburg, 1968).

[18] R. Walker, »Die Heiden und das Gericht«, *Evangelische Theologie* 20 (1960): 302–314.

natürlichen (*physiken*) vaginalen sexuellen Interkurs zwischen Mann und Frau in einen widernatürlichen (*para physin*) – analen – verwandelt haben.[19] Herbert Haag bemerkt, die Homosexualität werde »hier von Paulus als widernatürlich abgelehnt«.[20] Nach Hans Georg Wiedemann betrachtet Paulus die Homosexualität als »eine willkürliche Praxis, die man jederzeit auch aufgeben kann«.[21] Denn das homosexuelle Verhalten ist laut Paulus wie Götzendienst, Lüge, Habsucht, Mord, Betrug u.a.m. (Röm 1,29–31) Ausdruck der Gottferne. Mit diesen Lastern sahen sich Menschen gestraft, weil sie dem wahren Gott die Anerkennung vorenthielten und sich eigene Götter machten (Röm 1,23). Die Verehrung der Götzen anstelle Gottes, der Schöpfung anstelle des Schöpfers zog u.a. die Inversion des Sexualtriebs bzw. den sozialen und sittlichen Verfall nach sich.[22]

Boswell und Haag legen dar, Jesus Christus habe im wesentlichen eine indifferente Haltung gegenüber der Sexualität eingenommen. Auch *para physin* bei Paulus dürfe nicht mit »widernatürlich« übersetzt werden, da damals keine einheitliche Definition für *physis* vorlag.[23] Ernst Käsemann grenzt die paulinische Verwendung von *physis* in Römer 1,26 vom griechischen Gebrauch ab, da es für den Apostel weder eine von Gott getrennte gemeine Natur (*physis*), noch eine der göttlichen gleichwertige Natur gab.[24] Es kann u.E. nicht behauptet werden, Paulus bediene sich der stoischen Auffassung von *physis*, um seine theologische Argumentation zu stützen, wie es beispielsweise Eduard Norden tut.[25] Im 1. Jahrhundert n.Chr. wurde die Philosophie der Stoa bei den Römern und Griechen zwar zur Modephilosophie, doch ist zu bezweifeln, daß die vielen Leser des Paulus damit in Berührung gekommen waren.[26] Die oberste Maxime der stoischen Ethik war die Forderung, in Übereinstimmung mit sich selbst und mit der Natur zu leben und Affekte als der Vernunft zuwiderlaufend

---

[19] *TBLNT*, 1979, s.v. »Physis« von G. Harder; vgl. *RGG*, ³1986, s.v. »Natur und Christentum« von W. Trillhaas; Werner de Boor: *Der Brief des Paulus an die Römer*. Wuppertal 1979, S. 64f.

[20] Herbert Haag und Katharina Elliger, *Stört nicht die Liebe«. Die Diskriminierung der Sexualität – ein Verrat an der Bibel* (Olten–Freiburg, 1986), S. 146.

[21] Hans G. Wiedemann, *Homosexuelle Liebe*, S. 88; vgl. H. Haag und K. Elliger, S. 147.

[22] H. Haag und K. Elliger, S. 146; vgl. Thorkil Vanggaard, *Phallos, Eros und Macht* (Frankfurt/M., 1979), S. 131ff; J.A. Symonds, *Sexual Inversion* (New York, 1984), S. 96f.

[23] J. Boswell, S. 114ff; H. Haag und K. Elliger, S. 181; vgl. A.G.M. van Melson, »Natur und Moral« in F. Böckle (Hrsg.), *Das Naturrecht in Disput* (Düsseldorf, 1966), S. 61–65; s. dagegen *TWNT*, 1959, s.v. »*porne, pornos, porneia, porneuo, ekporneo*« von F. Hauck und S. Schulz.

[24] E. Käsemann, *Commentary on Romans*, S. 48, und *TWNT*, 1973, s.v. »Physis« von Helmut Köster.

[25] E. Norden, *Agnostos Theos* (Leipzig, 1913), S. 240–250.

[26] M. Pohlenz, »Paulus und die Stoa«, *ZNW* 42 (1949): 69–104, bes. 75f.

und die Einsicht behindernd zu bekämpfen.[27] Bruce A. Demarest hat Grund zu der Annahme, daß die paulinische Theologie von den Gläubigen fordere, in Harmonie mit Christus und nicht mit der Natur zu leben.[28]

Der adverbiale Gebrauch von *para physin* beschreibt laut William Hendriksen das *contra naturam* als Konflikt des Menschen mit der göttlichen Intention der Sexualität.[29] Nicht die individuellen Sexualtriebe (die eine hetero- oder homosexuelle Orientierung aufweisen) diskutiert Paulus, sondern das Abweichen von der Heterosexualität.[30] »Denn der Kosmos, der Gott nicht als Gott huldigen will, wird zum Chaos der entfesselten Perversion«[31], führt Ernst Käsemann aus. Ähnlich argumentiert das »Naphtali-Testament«, dessen unbekannter Autor schreibt: Die Nationen gingen in die Irre, verließen Gott, handelten entgegen ihrer Bestimmung und »gehorchten« Steinblöcken sowie Täuschungsgeistern, d.h., sie manipulierten die Beschaffenheit ihrer *physis*.[32] Der Autor erläutert, was er unter *physis* versteht: Gott hat alles »gut« erschaffen: fünf Sinne im Kopf, das Herz für die Perzeption, den Magen für die Verdauung, den »Bauch« für die Exkremente, die Lungen für das Einatmen, die Luftröhre für das Atmen, die Leber für den Grimm, die Galle für die Bitterkeit, die Milz für das Lachen, die Nieren für die Klugheit, die Lendenmuskeln für die Kraft usw. Diese Beschreibung des menschlichen Körpers und seiner Bestimmung schließt den sekundären Gebrauch des Anus und seiner Transition in die Dickdarmschleimhaut für den Analverkehr aus.[33] Nur Personen in der Gott-

---

[27] W.K.C. Guthrie, *The Sophists* (Cambridge, 1971), S. 253–263; Heinrich Greeven, *Das Hauptproblem der Sozialethik in der neueren Stoa und im Urchristentum* (Gütersloh 1935), Kap. 1.

[28] Bruce A. Demarest, *General Revelation. Historical Views and Contemporary Issues* (Grand Rapids, 1982), S. 230f.

[29] W. Hendriksen, *Romans 1–8*, S. 78f.

[30] Ebenda, S. 78; vgl. E. Käsemann, *Commentary on Romans*, S. 44; J. Jeremias, »Zu Röm. 1,22–32«, a.a.O. 120.

[31] E. Käsemann, *Commentary on Romans*, S. 44; vgl. John Murray, *The Epistle to the Romans* (Grand Rapids, 1977), S. 46f; C.K. Barrett, *The Epistle to the Romans*, S. 39.

[32] »Testament of Naphtali« 1,25–27, in: Rutherford H. Platt, Jr. (Hrsg.), *The Forgotten Books of Eden* (Newfoundland, 1927), S. 251.

[33] Vgl. »Testament of Naphtali« 1.20, a.a.O. S. 251. Die Datierung des Buches ist noch nicht endgültig nachgewiesen und bleibt umstritten. Marc Philonenko vertritt die These, die Testamente der zwölf Patriarchen seien von den Essenern kompiliert worden; siehe: Marc Philonenko, *Les interpolations chretiennes des Testaments des Douze Patriarches et les Manuscrits de Qumran* (Paris, 1960). Jürgen Becker unternahm in seiner Habilitationsschrift den Versuch, Philonenko zu widerlegen und folgert: »Die Grundschrift wird in den ersten drei Jahrzehnten des 2. Jahrh. v.Chr. entstanden sein. Die zweite Schicht wird direkt anschließend über einen längeren Zeitraum, der bis weit in das 1. Jahrh. n.Chr. reicht, angewachsen sein. Die christliche Gemeinde hat dann frühestens mit dem beginnenden 2. Jahrh. die Schriften ihrer Verkündigung durch erneute Zusätze dienstbar gemacht. Sie wuchsen langsam bis in die Zeit der Verästelung der heute bekannten

ferne sind dazu fähig, die Naturordnung zu pervertieren, schreibt der Autor des Naphtali-Testaments. Die »Wächter« (Gen 6,1–6) und die Sodomiten taten es, doch war die Warnung vorausgegangen, sich nicht so zu verhalten, »da ihr ja den Herrn in allen seinen Werken erkannt habt«.[34] Könnte mit Sicherheit gesagt werden, daß die »Testamente der 12 Patriarchen« einige Jahrhunderte vor Christus von Rabbinern verfaßt wurden, so hätten wir einen sehr brauchbaren Beleg dafür, daß Paulus möglicherweise von dieser Kompilation beeinflußt war.[35]

Auch Philo und Josephus werteten die sexuelle Abweichung als Verletzung des Naturgesetzes.[36]

Wir wollen hier kurz zusammenfassen: Im Kontext von Römer 1,18–32 erhält *para physin* eine theologische Prägung. »Widernatürlich« sind homosexuelle Praktiken, insofern sie gegen die göttliche schöpfungsmäßige Intention der heterosexuellen Beziehungen verstoßen. Im Denken der biblischen Autoren kommt die Idee, die Rabbi Elasar so formuliert, zum Ausdruck: »Jeder Mensch, der keine Frau hat, ist eigentlich kein Mensch, denn es heißt: Männlich und weiblich erschuf er sie . . . und rief ihren Namen: Mensch.«[37] Nach Adolf Schlatter sind die Sexualtriebe des Menschen einem Chaos ohne Organisation oder einem Kessel voll brodelnder Erregungen vergleichbar; gegensätzliche Sexualregungen können nebeneinander existieren, ohne sich aufzuheben oder subtrahiert zu werden. Energiegeladen, wie sie sind, widerstehen sie dem Gegenwillen, nur darauf ausgerichtet, den Triebbedürfnissen gemäß Lustprinzip Befriedigung zu verschaffen.[38] Die Rück-Transformation bzw. Sublimierung der abartigen Sexualtriebe in die von Gott gegebene heterosexuelle Orientierung geschieht durch die Dual-Union Gott–Mensch–Gott, bei welcher jeder ein Teil des andern wird (vgl. Joh 1,1–14; 1Kor 1,9; Gal 2,20f; Phil 1,21). Diese dual-

Handschriften an.« In: Jürgen Becker, *Untersuchungen zur Entstehungsgeschichte der Testamente der Zwölf Patriarchen* (Leiden, 1970), S. 376.

[34] »Testament of Naphtali« 1,26ff., a.a.O. S. 251f; vgl. *TWNT*, 1973, s.v. »Physis« von Helmut Köster.

[35] Vgl. A.W. Argyle, »The Influence of the Testaments of the Twelve Patriarchs upon the NT«, *Expository Times* (Aberdeen-Edinburgh) 63 (1951–52): 256ff.

[36] Philo »De Abrahamo« 135; Josephus »Contra Apionem« 2,199; vgl. ders. *Jewish Antiquities* 5–8, 5.71; ders. *Jewish Antiquities* 12–14 (Übers. R. Marcus; London, 1961), 12.190, 13.310, mit Martin Hengel, *Judaism and Hellenism* (Philadelphia, 1974), Bd. 1, S. 80ff; Bd. 2, S. 130–180. Die Haltung der Stoiker zur Homosexualität ist nachzulesen bei Plutarch »The Dialogue on Love« 751c–752c, in ders. *Moralia* (Übers. E.L. Minar et al.; London, 1961), Bd. 9, S. 306–442.

[37] »Jewamot 63a« in *Der Babylonische Talmud* (Hrsg. Reinhold Mayer; München, 1963), S. 487.

[38] Vgl. Adolf Schlatter, *Die Theologie der Apostel* (Stuttgart, 1977), S. 265f; vgl. S. Freud, *Gesammelte Werke*, Bd. 15, S. 8f.

unionistische, mystisch empfundene Beziehung Gott–Mensch–Gott bestimmt das menschliche Verhalten.[39] Die narzißtische Homöostase (das innerpsychische Gleichgewicht) wird nun nicht durch eine Überbesetzung autoerotischer Aktivitäten ausgeglichen, sondern durch die Beziehung zu einer sexuell unterschiedlichen Person. Es entwickelt und vollzieht sich also eine zwischenmenschliche Beziehung nach den vorgegebenen Normen Gottes, mit dem die Person in der Dualunion lebt.[40] Kommt es zu einer Störung des dualunionistischen Selbstverständnisses Gott–Mensch–Gott, d.h. vollzieht sich eine Abgrenzung des Menschen aus der symbiotischen Dyade (»Paarverhältnis«) mit Gott (Röm 1,20ff), so wird der Mensch der *pathe*, den Leidenschaften seiner aus der Ordnung entlassenen, chaotischen Sexualtriebe preisgegeben. Er praktiziert, »was sich nicht geziemt« (Röm 1,28b), was zur Dualunion im Widerspruch steht. Die derart entstandene Perversion kann nicht durch den Gegenwillen bzw. »im Alleingang« behoben werden, denn sie ist wohl eine Präferenz, gleichzeitig aber auch der »gebührende Lohn« (*antimisthian*), den zu empfangen »nötig war« (*edei*) »für ihre Verirrung« (*tes planes auton*). In diesem Kontext mußte *para physin* angesetzt werden.[41]

---

[39] Vgl. *TDNT*, s. v. »pneuma, pneumatikos« von Hermann Kleinknecht; Johannes Haussleiter, »Deus Internus« in J. Hoops (Hrsg.): *Reallexikon . . .*, Bd. 3, S. 794–842. – Gedanken über die »mystische« Union Gott–Mensch–Gott bzw. Christus–Mensch–Christus entnahm ich folgenden Werken: Wilhelm Bousset, *Kyrios Christos: A History of the Belief in Christ from the Beginning of Christianity to Irenaeus* (Nashville–New York, 1970), S. 153–210; E. Schweizer, »Die Mystik des Sterbens und Auferstehens mit Christus bei Paulus«, *Evangelische Theologie* 26 (1966): 234–257; E. Lohmeyer, *Urchristliche Mystik* (Darmstadt, 1956).

[40] Vgl. F. Büchsel, »In Christo«, *ZNW* 42 (1949): 141–158; E. Lohmeyer, *Grundlagen paulinischer Theologie* (Tübingen, 1929), S. 139ff. W. Grossouw interpretiert die Beziehung »in Christo« ekklesiastisch und hebt die daraus resultierende Verhaltensnorm im Unterschied zu Lohmeyer hervor, der diese Relation eschatologisch perzipiert. Siehe: W. Grossouw, In Christ (Westminster/Md., 1952).

[41] J.A.T. Robinson, *The Body. A Study in Pauline Theology* (Philadelphia, 1977), S. 23, seine Anm. 1, wo es heißt: »Physis stands under . . . moral ambiguity. It is a divinely appointed norm . . .«; vgl. Menahem Stern, *Greek and Latin Authors on Jews and Judaism, 1: From Herodotus to Plutarch* (Jerusalem, 1974), bes. S. 53f.

2. Die paulinische Sexualethik

Adolf Schlatter hat mit Recht hervorgehoben:

> Allein Paulus hat den Einfluß des Fleisches auf unser inwendiges Leben nicht nur in der Erhitzung und Unnatur der sinnlichen Triebe gesehen, sondern nimmt ihn auch an unseren höchsten Funktionen wahr.[42]

Das bedeutet: Paulus hat den Menschen immer als geschlechtlich bedingtes Wesen verstanden und diese sexuelle Bedingtheit seiner Existenz nie von seinem Menschsein im allgemeinen losgelöst:

> Härte, Selbstsucht, Hoffart, Unfähigkeit zum Gebet, Gottlosigkeit in allen ihren Formen sind nicht weniger durch unsere Abhängigkeit von den natürlichen Reizungen bewirkt als die Wildheit des geschlechtlichen Verlangens.

In diesem Zusammenhang sieht Schlatter die paulinische Auffassung der Sexualtriebe.[43] Bei Paulus geht es in der Sexualethik also stets um den Menschen in der Ganzheit seiner physisch-psychischen Existenz. Man darf also keinesfalls – motiviert durch biologisch-naturalistische Auffassungen – ihren Ausgangspunkt nur in der Leiblichkeit ansiedeln oder – aus einem falschen Verständnis der *sarx* (des »Fleisches«) – in den (rein physisch gesehenen) sexuellen Bedürfnissen suchen. Der Mensch ist eine Einheit, bei der Körper und Seele wohl unterschieden, jedoch nicht geschieden werden können.[44] Aus diesem Grund argumentiert Paulus auch: Wer einer Dirne anhängt (*tei pornei kollomenos; kollao:* zusammenfügen zur vollständigen Gemeinschaft), wird ein Leib mit ihr. »Es werden ja die zwei ein Fleisch sein« (1Kor 6,16).[45] Das *intra naturam*, d.h. z.B. der außereheliche sexuelle Verkehr, ist keine ausschließlich körperliche Verbindung eines Mannes mit einer Prostituierten, sondern eine totale, Leib, Seele und Geist einbeziehende Verbindung, die man auch als psychosomatisch qualifizieren könnte. Insofern der Körper (*soma*) Glied Christi (*melos Christou*) ist, gehört auch die Sexualität in der physischen Ausprägung als konstituierendes Element der Person mit hinein. Zugleich gilt, daß jedes *melos Christou* sein *soma* als Wohnstätte (*naos*, Tempel) des Heiligen Geistes zur

---

[42] A. Schlatter, *Die Theologie der Apostel*, S. 266.

[43] Ebenda; vgl. ders., *Das christliche Dogma* (Stuttgart, 1977), S. 162–167; J.A.T. Robinson, *The Body*, S. 23–26.

[44] Vgl. C.S. Lewis, *Was man Liebe nennt. Zuneigung–Freundschaft–Eros–Agape* (Basel–Gießen, 1982), S. 94f; *RGG*, ³1986, s.v. »Sexualethik« von F. Bloemhof, hier: Sp. 1719; vgl. auch Erich Mauerhofer, *Der Kampf zwischen Fleisch und Geist bei Paulus* (Frutigen, 1981), S. 60–79.

[45] M.R. Vincent, *Word Studies in the New Testament* (Wilmington, o.J.), S. 771. Das Verb *kekolletai* finden wir in Aischylos' Tragödie »Agamemnon«, 1543: Aischylos *Tragödien und Fragmente* (Hrsg. O. Werner; München, 1960): »Die Familie war ›fest zusammengefügt‹ für den Unglücksfall« (*kekolletai* = zus.geleimt, angeschlossen). Vgl. E. Mauerhofer, ebd. S. 44.

Verfügung gestellt hat (1Kor 6,19). Die Verbindung mit einer *porne* entreißt den Mann seiner Zugehörigkeit zum Leib Christi und macht ihn durch die »physiosomatische Vereinigung« eins mit der Prostituierten. Ein Sexualvergehen ist jede dieser Beziehungen, weil sie die »psychosomatische« Ablösung von Christus bedingen.[46]

Die Abgrenzung von der *porne* und das Eingegliedert-Bleiben in den Leib Christi führt bei Paulus nicht zu einer Vergeistigung oder gar Vergöttlichung der Sexualität (kontra Walter Schubart)[47], denn der Mensch ist nicht nur eine »göttlich-himmlische Seele« oder nur ein »körperlich-biologisches Wesen«, sondern eine Einheit von Körper und Seele, von äußerer Gestalt und innerem Wesen. Als entsprechend geschaffenes Geschöpf Gottes existiert er in konsekutiver Interdependenz, und zwar entweder als Mann oder als Frau. Diese Art von Geschöpf-Sein ist nicht willkürlich und zufällig, sondern gottgewollt. Der Mann wird nicht Mensch ohne Frau, die Frau nicht Mensch ohne Mann: die beiden Geschlechter sind aufeinander angewiesen und vom Schöpfer dazu berufen, einander beizustehen.[48] Paulus faßt dies zusammen: »Wie nämlich die Frau vom Manne stammt, so ist wiederum der Mann durch die Frau; alles aber ist aus Gott« (1Kor 11,12). Der Mann kann nicht wirklich Mann sein ohne die Frau und *vice versa*; beide aber leben in der Abhängigkeit vom Schöpfer und von Christus.[49] Fritz Neugebauer kommentiert:

Weil Mann und Frau beide den einen Herrn haben, darum ist ihre Geschlechtlichkeit gerade nicht aufgehoben, wohl aber ist ihr Verhältnis als die ursprüngliche, geschöpfliche Zusammengehörigkeit bestimmt.[50]

Das menschliche Leben hat zur Essenz auch die Strukturen von Gott erhalten und kann sich nur in der Differenzierung und Polarität der Ge-

---

[46] H. Conzelmann kommentiert: »Es besteht insofern eine Reziprozität, als ich im Vergehen gegen den Herrn auch mich selbst treffe und im Vergehen gegen mich auch den Herrn.« Siehe: H. Conzelmann 1981, S. 141, seine Anm. 22; vgl. A. Schlatter, *Die Theologie der Apostel*, S. 346f; R. Bultmann, *Theologie des Neuen Testaments* (Hrsg. O. Merk; Heidelberg, 1977), S. 196ff.

[47] W. Schubart, *Religion und Eros* (München, 1944). Dieser Theologe meint z.B.: »Die genuine sexuelle Liebe ist ein testimonium spiritus sancti«, a.a.O. S. 85; vgl. S. 231–237; vgl. K. Barth, *Church Dogmatics*, Bd. 3.4, S. 116–240. Barth geht mit F.D.E. Schleiermacher konform, indem er schreibt: Wenn eine Frau freiwillig in einer Abhängigkeit lebt, kann sie einen echten Prototyp der wahren Beziehung des Menschen zu Christus darstellen, a.a.O. S. 174.

[48] *RGG*, ³1986, s.v. »Sexualethik« von F. Bloemhof, hier: Sp. 1720; vgl. 1.Kor 11,11f; vgl. K. Barth, *Church Dogmatics*, Bd. 3.1, S. 94–329; Martin Buber, *Between Man and Man* (Boston, 1947), S. 98ff.

[49] Augustine *Confessions of St. Augustine* (Übers. F.J. Sheed; New York, 1942), 1, 3ff; vgl. Dag Hammarskjold, *Markings* (New York, 1964), S. 24ff.

[50] Fritz Neugebauer, *In Christus* (Göttingen, 1961), S. 136f.

schlechter als essentielles menschliches Leben entfalten.[51] Paulus plädiert klar für eine – von Gott so gewollte und in der Schöpfung strukturell verankerte – Differenzierung und Polarität der Mann-Frau-Beziehung und lehnt alle Formen der Sexualität ab, bei denen das Verhältnis als ausschließlich physische Angelegenheit betrachtet wird, die den Menschen als Totalität nicht berühre (vgl. 1Kor 6,9–19).[52]

Paulus setzt sich daher auch für die Ehegemeinschaft ein, um u.a. destruktiven Verbindungen (*porneias*) (1Kor 7,2) vorzubeugen. Gegen die Proklamierung des freien Geschlechtsverkehrs bezog er eindeutig Stellung[53] und stellte der Promiskuität die Exklusivität der Ehe gegenüber, dem Libertinismus seine Anweisung, im Rahmen der Ehe nicht Enthaltung (*egkrateia*) vom Interkurs zu üben (1Kor 7,3–5). Heiraten soll jeder (bzw. jede), rät Paulus, der die Kraft zur »Enthaltsamkeit« nicht aufbringt. »Es ist nämlich besser zu heiraten als (vor Begierde) zu brennen« (*pyrousthai*, 1Kor 7,9). Das griechische Verb *pyroo* wurde im ionischen Dialekt für den Genuß des Augenblicks verwendet, und zwar, um »Freundschafts-, Frauen- und Knabenliebe« zu beschreiben; verzehrendes erotisches Verlangen wurde mit *pyroo* ausgedrückt.[54] Paulus verwendet das Verb *pyroo* ausschließlich im übertragenen Sinn, und zwar nur passiv für das Entflammtsein – von Affekten. Seine Aussage in 1. Korinther 7,9 ergibt die Bedeutung »vom Feuer des sexuellen Verlangens verzehrt werden«.[55] So

---

[51] Markus Barth, *Ephesians 4–6* (Garden City, 1981), S. 611ff; vgl. E. Käsemann, »Essay on New Testament Themes«, *Studies in Biblical Theology* (London), 41 (1964): 130ff; J.A.T. Robinson, *The Body*, S. 8f.

[52] Vgl. Frank Stagg, *Polarities of Man's Existence in Biblical Perspective* (Philadelphia, 1973), S. 50–53.

[53] J.A.T. Robinson kritisiert sexuelle Aktivitäten, die »unehrlich, unkeusch und unmoralisch« sind, insofern diese keine genuine Liebe ausdrücken, sondern marginal, ausbeuterisch bzw. exklusiv wollüstig sind. Siehe: J.A.T. Robinson, *Christian Freedom in a Permissive Society* (Philadelphia, 1970), S. 49; vgl. S. 39–41.

[54] Anakreon »Anakreonteia« 10.15 in *Poetae Melici Graeci* (Hrsg. D.L. Page; Oxford, 1962); Callimachus »Epigrammata« 27.5, 45.2 in *Fragmenta Hymni et Epigrammata* (Hrsg. R. Pfeiffer; Oxford, 1949–53), *Anthologia Graeca* 12.87; *TWNT*, 1953, s.v. »Pyroo« von Friedrich Lang; vgl. Denis de Rougemont, *Love in the Western World* (Philadelphia, 1953), S. 295. Der Autor zeigt u.a., daß erotische Liebe u.U. dämonisch werden könne, nicht aber, wenn sie ihren Impetus von der *Agape* erhalte u.U. Dagegen siehe: Joseph Fletcher, *Situation Ethics* (Philadelphia, 1966), wo er S. 129 sagt: Nichts ist an sich gut, aber das *summum bonum*, das Ende oder Ziel aller Ziele, ist die Liebe. Vgl. Marie Robinson, *The Power of Sexual Surrender* (New York, 1962), S. 130–137.

[55] *TWNT*, 1953, s.v. »pyr, pyroo, pyrosis, pyrikos, pyrros« von Friedrich Lang. Auch Philo kennt das Verb *pyroo* und beschreibt damit »feurige Begierden« (pepyromenos epithymas). Vgl. Philo »Quis Rerum Divinarum Heres« 65 in *Philo* (übers. F.H. Colson und Rev. G.H. Whitaker; London, 1958) 4, 284–450.

gebrauchten die griechischen Schriftsteller auch das Substantiv *pyr*, wo es um das Liebesverlangen ging.[56] Die paulinische Passiv-Wendung impliziert aber, daß der Betreffende vielmehr Betroffener ist: Er könne primär nichts dafür, daß er von erotischer Liebe zu jemandem erfaßt sei.[57] *Pyr* wird in der Weisheitsliteratur zur Charakterisierung diverser destruktiver Leidenschaften verwendet, so beispielsweise für »Liebesleidenschaft« und »Wollust« in Sirach 9,8; 23,17; für »Ehebruch« in Hiob 31,12; Proverbia 6,27f. Paulus stellt die Sexualtriebe realistisch zu ihrem Nennwert in Rechnung, postuliert aber, man müsse den Begierden (*epithymias*) auch entsagen können (vgl. Röm 13,14b). Nicht zu übersehen ist die Tatsache, daß er die Sexualität von biophysischen, biopsychischen sowie biosozialen Determinanten geprägt sieht (z.B. 1Kor 5,1.9–11; 6,9–19; 7,1–9). Die Beziehung zwischen Mann und Frau meint nicht nur die sexuelle Dualunion, sondern auch eine »Verschmelzung« beider Geschlechter zu »einem Fleisch« (*eis sarka mian*). Daher plädiert der Apostel für die Beherrschung der sexuellen Triebe, denen in der Ehe ausreichender Raum und Ausdruck zugestanden wird.[58] Die sexuelle Verbindung von Mann und Frau ist der mystischen Einheit des Christus und seiner *ekklesia* vergleichbar.[59]

Paulus streitet nicht ab, daß die Sexualität des Menschen ein komplexes Phänomen ist. Die Sexualität darf weder aus der Totalität der Person noch aus den zwischenmenschlichen Bindungen herausgelöst werden. Sie hat einen Beitrag zur Gestaltung einer Menschlichkeit in Liebe und Verantwortung für den Nächsten zu leisten (vgl. Eph 5,21–33). Darum bezieht Paulus unmißverständlich Stellung gegen Blutschande (1Kor 5,1), Ehebruch (1Kor 6,9ff) und Homosexualität. Eine hedonistische Se-

---

[56] Sophokles »Philoktet« 927; vgl. dagegen: ders. »Elektra« 888 in Sophokles *Tragödien und Fragmente* (Hrsg. W. Williger; München, 1966). – Im obigen Sinn verwendeten auch die Kirchenväter das Substantiv *pyr*. Siehe: J.P. Migne (Hrsg.), *PC*, 5.685; 6.744c; 8.412b; 30.700ab.

[57] Vgl. Aischylos »Agamemnon« 480f in ders. *Sämtliche Tragödien und Fragmente* (Übers. J.G. Droysen und F. Stoessl; Hrsg. K. Hoenn; Zürich, 1952), S. 255–312, mit *Anthologia Graeca* 12,87.

[58] O.J. Baab, »Sex, Sexual Behavior« in G.A. Buttrick et al. (Hrsg.): *The Interpreter's Dictionary of the Bible.* R–Z. New York–Nashville 1962, Bd. 4, S. 296–301; vgl. H. Ringeling: »Die biblische Begründung der Monogamie« in: *Zeitschrift für evangelische Ethik*, Gütersloh, Nr. 10/1966, S. 81–102.

[59] *Bibel-Lexikon* (Hrsg. Herbert Haag; Zürich usw., 1982), s. v. »Ehe« von A. van den Born; vgl. G. Aicher, »Mann und Weib, ein Fleisch«, *Biblische Zeitschrift* (Paderborn) 5 (1907): 159–167.

xualität verwirft er entschieden. Denn für ihn gilt nur die Sexualethik, die zur Glorifizierung Jesu Christi und Gottes beiträgt (vgl. 1Kor 6,15a).[60]

3. Moraltheologische Erwägungen im Kontext der Gegenwart

3.1. Zeitgeist New Age-Ideale

Michel Foucault stellt in einem seiner letzten Werke heraus, die Sexualität sei heute zur Arena geworden, auf der die christlichen Kirchen und Psychoanalytiker ihren Konflikt austrügen. Laut Foucault herrschte unter den alten Griechen dagegen eine uneingeschränkte Sexualität, deren Impetus der existentiellen Ästhetik entsprang; die Sexualtriebe schöpften ihre Potenz im Schönheitssinn und fanden ihren Ausdruck – je nachdem gegen soziale Tabus und Verpflichtungen – in der »Beziehung (des einzelnen) zu sich selbst«.[61] Diese These verrät ein einziges Ziel: eine Renaissance der Einstellung der antiken Griechen zur Sexualität zu bewirken. Foucault versucht bewußt oder unbewußt zur Norm zu erheben, daß jeder seine individuelle Sexualität ohne Restriktionen seitens des Christentums, der Psychoanalyse (der er, in der Person Freuds, konkrete Manipulationsabsichten unterstellt) oder staatlicher Gesetzgebung ausleben dürfe. Entsprechend plädiert Charlene Spretnak dafür, nicht den Zugang zum spirituellen Aspekt zu verwehren, denn: »Orgasmisches Vergnügen kann die Pforte sein zum Erlebnis der tiefen Einheit des Seins oder zum Bewußtsein der Gnade.«[62] Heute wird auch die Tendenz zur Relativierung der Geschlechter wieder populär. Man propagiert erneut die griechische mystische Vorstellung von »androgynen« männlich-weiblichen Menschen.[63]

---

[60] Interessant ist die Studie von R. Gordis, in der er die Konnotationen von *jada* untersucht und dadurch das jüdische Denken in bezug auf die Sexualität erhellt wird, diese Denkart könnte auch Paulus nicht fremd gewesen sein. Siehe R. Gordis, »The Knowledge of Good and Evil in the OT and the Qumran Scrolls«, *Journal of Biblical Literature* (Philadelphia) 76 (1957): 123–138.

[61] Scott Sullivan, »Of Masters and Puppets: The Debate over Foucault's Theory of Power«, *Newsweek* 49 (8. Dez. 1986): 55. Foucault, ein französischer Philosoph und Kommunist, war an den Folgen seiner AIDS- Erkrankung im Juni 1984 verstorben. Seine homosexuellen Beziehungen wurden ihm zum Verhängnis: Siehe a. a. O.

[62] C. Spretnak, *Die Grünen* (München, 1985), S. 330.

[63] Reinhard König, *New Age. Geheime Gehirnwäsche* (Neuhausen, 1986), S. 93f; vgl. J. Leipoldt, *Die Frau in der antiken Welt und im Urchristentum* (Gütersloh, 1962), S. 116; Ni-

Dieses Streben nach »Ganzheit« und »Synthese« des Menschen, nach einem androgynen bzw. zweigeschlechtlichen Wesen begrüßt folglich abweichende sexuelle Orientierungen wie etwa männliche und weibliche

cholas Berdyaev, »Sex: The Masculine and the Feminine« in ders., The Destiny of Man (London, 1954), Kap. 3, Teil 3; Reinhold Niebuhr, The Nature and Destiny of Man (New York, 1941), S. 228, mit: Platon Gastmahl. Phaidon. Phaidros, S. 28ff.
Günter Ammon schreibt: »Der Mensch ist androgyn, d. h. zweigeschlechtlich angelegt, sowohl körperlich wie psychisch. Er hat die Möglichkeit, sich sowohl männlich als auch weiblich zu erleben und zu verhalten« (G. Ammon. Der mehrdimensionale Mensch. Zur ganzheitlichen Schau von Mensch und Wissenschaft. München, 1986, S. 35). Wird das gegengeschlechtliche Prinzip im Körper und in der Psyche von Kindern ignoriert, dann könnte dadurch nicht nur die Verwirklichung des männlichen wie des weiblichen Prinzips im Erwachsenen ernstlich behindert werden, sondern dies mag sogar zu ernsten psychischen Störungen führen. Androgynität wäre demgegenüber nur dann verwirklicht, wenn »die Fähigkeit zu einer harmonischen Beziehung zwischen den männlichen und weiblichen Aspekten in einer einzigen Person entwickelt sei«, argumentiert June Singer (Ebenda, S. 46 vgl. »Das kreative Prinzip. Die Arbeiten von David Bohm und Rupert Sheldrake im Vergleich« in: Die Neue Zeitung, Nr. 1/1986, S. 27–32). Fritjof Capra beschreibt diesen Sachverhalt mit dem taoistischen Symbol des T'ai Chi, welches die Einheit der Polaritäten Yin und Yang in ihrem Zusammenspiel und ihrer Abhängigkeit voneinander symbolisiert: »Der Yang-Aspekt entspricht unserer männlichen Seite, der aktiven, rationalen, kämpferischen Seite. Der Yin-Aspekt ist unsere weibliche Seite, der nachgiebige, intuitive, kooperative, mystische Teil« (F. Capra: »Ein Weltbild im Entstehen« in: Satish Kumar und Roswitha Hentschel (Hrsg.) Viele Wege, Paradigmen einer neuen Politik. München, 1985, S. 119–129, hier S. 121). Die Verfechter der New Age-Bewegung sehen voraus, wie z.B. Capra: »Das neue, veränderte Bewußtsein wird vielmehr ausgewogen sein, also das rationale, ›männliche‹ Denken wird sich mit den intuitiven ›weiblichen‹ Fähigkeiten zur harmonischen Ganzheit verbinden« (F. Capra: »Ich propagiere die Kommunion mit dem Kosmos«. Spiegel-Gespräch mit Fritjof Capra. Der Spiegel, Nr. 10 vom 5.3.1984. S. 187–203, hier: S. 200). Rüdiger Lutz meint, daß Androgynität das weltanschauliche Modell für den stattfindenden Wandel unserer Gesellschaft darstellt – »es ist das Leitbild für das neue Zeitalter einer nachindustriellen Kultur« (R. Lutz: »Frauen und Energiekrise« in: R. Lutz (Hrsg.) Sanfte Alternativen. ÖKO-LOG-Buch 1. Weinheim–Basel, 1981, S. 56–58, hier: 58). Demzufolge wird Androgynität als geistiges Prinzip von den Ideologen der New Age-Bewegung verstanden, das die Gegensätze von Mann und Frau aufheben und zentral für die gegenwärtige Wendezeit werden soll, ihr »archimedischer Punkt« (G. Ammon, S. 54).
Suki Colegrave meint: »Anscheinend hat jeder Mensch die Fähigkeit, sich der maskulinen und femininen Aspekte seiner Psyche bewußt zu werden, und er kann erkennen, daß seine wirkliche Natur weder männlich, noch weiblich, sondern androgyn ist« (S. Colegrave. Yin und Yang. Die Kräfte des Weiblichen und des Männlichen. Frankfurt a.M., 1986, S. 170, vgl. Platon, »Symposion« in: Ders. Sämtliche Werke. Reinbeck b. Hamburg, 1986, S. 203–250, hier: 189d–191d). Christof Schorsch folgert: »Androgynität bedeute deswegen Flexibilität von weiblichen und männlichen Bedürfnissen in einer Person und gehöre deshalb, notwendigerweise, zu einem ganzheitlichen Menschenbild dazu« (Chr. Schorsch. Die New Age-Bewegung. Utopie und Mythos der Neuen Zeit, Gütersloh, 1988, S. 63).

Homosexualität und anderweitige sexuelle Devianz.[64] Der Psychiatrieprofessor Ludwig J. Pongratz postuliert dementsprechend:

> Meist kann die Therapie nur die Akzeptierung der homosexuellen Neigungen anstreben. Die im ganzen zunehmende Toleranz gegenüber der homosexuellen Andersartigkeit begünstigt dieses Therapieziel.[65]

3.2. Katholizismus: progressiv und traditionell

Katholische Theologen berufen sich ebenfalls zunehmend auf die zeitgenössische Sexualforschung und befürworten die volle Akzeptanz praktizierender Homosexueller innerhalb der Kirche. Eugen Drewermann argumentiert:

> Wenn z.B. Paulus in 1Kor 6,9 (vgl. 1Tim 1,10) die Homosexualität verurteilt, so ergibt sich daraus scheinbar notwendig eine kirchliche Rechtsprechung, die dieses *crimen pessimum*... (als unaussprechliches Vergehen umschrieben) ahndet. Wenn aber von seiten der Medizin und Psychoanalyse die Homosexualität teils als hormonale, teils als seelische Erkrankung verstanden werden muß, wird es natürlich zu einer äußerst problematischen Frage, wann und ob überhaupt die Homosexualität als ein sündhaftes Vergehen bezeichnet werden kann und welche Gründe in der Urkirche zu einer so scharfen Verurteilung dieser sexuellen Triebzielinversion geführt haben.[66]

Auch Herbert Haag, emeritierter katholischer Alttestamentler, vertrat die Aufklärung, die Bibel könne keinesfalls zur normativen Interpretation von wie auch immer gearteten Naturgesetzen mißbraucht werden; ihre Aussagen seien vielmehr kulturell begrenzt und könnten für unsere Verhältnisse nicht als verbindlich betrachtet werden. Außer dem Ehebruch kann laut Haag kein Sexualverhalten unter Berufung auf die Bibel als sündhaft erklärt werden – weder außereheliche Beziehungen noch Selbstbefriedigung, weder Homosexualität noch Prostitution. Das Entscheidende sei die Art und Weise, wie der biblische Mensch dem Leben gegenüberstehe und wie er seine Erfahrungen von Gott her begreife. Diese Grundhaltung sei im Bereich der Sexualmoral aber durchaus nicht mit Permissivität oder gar Beliebigkeit gleichzusetzen; die Sexualität sei hier vielmehr

---

[64] Vgl. H. Leisegang, *Die Gnosis* (Stuttgart, 1955), S. 29–82, mit *IDEA Magazin* (Luzern) 1 (15. Jan. 1987): 7f; »Transvestitisches«, *Bund* (Bern), 31. Jan. 1987, S. 27; Jim Miller et al., »Rock's New Women«, *Newsweek* 9 (4. März 1985): 28–35.

[65] Ludwig J. Pongratz, *Hauptströmungen der Tiefenpsychologie* (Stuttgart, 1983), S. 67ff; vgl. »David gegen Goliath Alkohol«, *Bund* (Bern), 11. Dez. 1986, S. 31. Der Artikel berichtet von der Premiere des Theaterstücks »Nacht, Mutter des Tages« von Lars Noren, der auf der Bühne homoerotische Praktiken darstellen läßt. Kaiser Nero hätte sichs nicht drastischer wünschen können.

[66] E. Drewermann, *Tiefenpsychologie und Exegese*, S. 710.

in die Eigenverantwortung des Menschen gestellt.[67] In einem Interview führte Haag ferner aus:

> Entscheidend für die Bibel ist, daß sie die Liebe und Sexualität als eine persönliche Beziehung aufgefaßt wissen will. Wenn die Sexualität entpersonalisiert wird, ist sie unter der Würde des Menschen. Ansonsten reguliert die Bibel äußerst wenig; sie stellt eigentlich die ganze Sexualität in das freie Ermessen des Menschen. Wir haben kein Wort Jesu gegen die Selbstbefriedigung, gegen den außerehelichen Geschlechtsverkehr (und Joh 8,11c? – H.H.), gegen die Prostitution (und Lk 7,39? – H.H.) oder gegen die Homosexualität. Auch die Einehe ist nicht biblisch abzuleiten; sie ist erst unter griechisch-römischem Einfluß zu einer Selbstverständlichkeit geworden. Jesus hat sich nur gegen die laxe, laue Ehescheidungspraxis seiner Zeit gewandt.[68]

Die Medien berichten neuerdings vermehrt über Fälle, in denen katholische Geistliche praktizierende Homosexuelle tolerieren und ihnen die Teilnahme an der Messe gestatten. Dem Erzbischof der Diözese von Seattle, Raymond Hunthausen, wurde von der römischen Kurie vorgeworfen, Homosexualität, Scheidungen und Sterilisation in seinem Amtsgebiet nicht nur zu dulden, sondern einer homosexuellen Gruppe namens »Dignity« sogar erlaubt zu haben, in der Kathedrale die Messe zu feiern.[69] Der suspendierte Professor und Jesuitenpater Robert Carter bekannte sich zu seinen homosexuellen Beziehungen. Ein anderer ehemaliger Priester, Richard Sipe, der in Maryland als Psychologe wirkt, gab zu Protokoll, daß laut seinen zwischen 1960 und 1985 durchgeführten Recherchen 20 Prozent der 57 000 katholischen Priester in den Vereinigten Staaten homosexuell seien, die Hälfte davon praktizierende Homosexuelle.[70] Die homosexuellen Priester in Europa seien weniger aktiv als ihre Kollegen in USA. In den Niederlanden allerdings haben 90 Geistliche eine Arbeitsgruppe römisch-katholischer homosexueller Priester gegründet. Diese machte in der Diözese von Utrecht eine Umfrage unter 375 Priestern: 84 Prozent bekundeten eine positive Haltung zu den Homosexuellen; 27 Prozent gestanden, selber homosexuell zu sein. In Frankreich quittierte der Priester Jacques Perrotti den pastoralen Dienst und gründete eine Homosexuellen-Organisation »David und Jonathan«, die heute rund 1500 Mitglieder zählt, die zu Bibelstudium, Gebetsgemeinschaft und zu Diskussionen über ethische Fragen zusammenkommen.[71] Die

---

[67] »Kirche und Gesellschaft«, *Bund* (Bern), 17. Jan. 1987, »Der kleine Bund«, S. 4.

[68] Siehe: Klaus Lieber. »Aids ist keine Gottesstrafe«, *Brückenbauer* (Zürich), 18. Feb. 1987, S. 3.

[69] Richad N. Ostling, »›Unreservedly‹ Loyal to the Pope«, *Time* (New York) 47 (24. Nov. 1986): 46f.

[70] Kenneth L. Woodward et al., »Gays in the Clergy«, *Newsweek* 8 (23. Feb. 1987): 44ff; vgl. K.L. Woodward, »A Gay Order from the Vatican«. *Newsweek* 35 (1. Sept. 1986), S. 45.

[71] Ebenda, S. 47; vgl. K.L. Woodward und A. Nagorski, »Misinformation to Rome?«, *Newsweek* 48 (28 Nov. 1983), 59.

Auseinandersetzung zwischen praktizierenden katholischen Homosexuellen und der römischen Kurie nimmt laut dem Bericht von Woodward und Nagorski »unerwartete Dimensionen« an. Eher auf Römer-Linie bewege sich der Präsident der Schweizer Bischofskonferenz mit seinem Aufruf an die Bevölkerung (Februar 1987):

> (Man sollte) die tiefe Sinnhaftigkeit der menschlichen Sexualität und den Wert ehelicher Treue neu hervorheben. An alle richten wir die dringende Aufforderung, sich vermehrt der Erziehung der Kinder und der Jugendlichen auf die menschliche Liebe hin anzunehmen, im sozialen Raum aktiv zu werden und für die Erhaltung und die Wahrung der Schöpfung einzutreten.[72]

Während der tolerante Trend innerhalb der katholischen Kirche die geltende Lehre über die Sexualität faktisch ignoriert, verteidigt der Vatikan seine Position:

> Aus dem Geschlecht ... ergeben sich die besonderen Merkmale, die die menschliche Person im biologischen und geistigen Bereich als Mann und Frau bestimmen. Diese haben somit einen sehr großen Einfluß auf ihren Reifungsprozeß und ihre Einordnung in die Gesellschaft ... Indessen greift zunehmend ein Sittenverfall um sich, dessen erstes Kennzeichen die maßlose Verherrlichung des Geschlechtlichen ist ... Ja sie sind sogar soweit gegangen, einen freizügigen Hedonismus zu begünstigen. Die Folge davon ist, daß auch unter Christen sittliche Lehren, Normen und Lebensweisen, die bisher treu beobachtet werden, innerhalb einiger Jahre stark erschüttert worden sind ...[73]

Die Kongregation für die Glaubenslehre postuliert ferner, die Tolerierung außerehelicher Beziehungen »widerspricht der christlichen Lehre, nach der jede geschlechtliche Hingabe des Menschen nur innerhalb der Ehe erfolgen darf«.[74] Die Kongregation für die Glaubenslehre ignoriert keinesfalls die gängigen Theorien über die Kausalfaktoren der Homosexualität; sie setzt sich mit zwei Theorien auseinander – der umweltbedingten Homosexualität und der angeborenen bzw. pathologisch bedingten:

> Was nun die letzteren Personen betrifft, kommen einige zu dem Schluß, daß ihre Neigung derart natürlich ist, daß sie für sie als Rechtfertigungsgrund für ihre homosexuellen Beziehungen in einer eheähnlichen aufrichtigen Lebens- und Liebesgemeinschaft angesehen werden muß, falls sie sich nicht imstande fühlen, ein Leben in Einsamkeit zu ertragen ... Es kann aber keine pastorale

---

[72] »Stop Aids: Zweideutig«, *Bund* (Bern), 6. Feb. 1987, S. 1.

[73] *Verlautbarungen des Apostolischen Stuhls. 1. Erklärung der Kongregation für die Glaubenslehre zu einigen Fragen der Sexualethik* (Bonn), 29. Dez. 1975, S. 3; vgl. K. Woodward et al., »Rules for Making Love and Babies«, *Newsweek* 12 (23. März 1987): 8f.

[74] K. Woodward et al., »Rules for Making Love and Babies«, *Newsweek* 12 (23. März 1987): 9. Die Kongregation verweist u. a. auch auf die Verlautbarungen früherer Päpste zur Sexualethik, z. B. Innozenz IV., Brief *Sub catholicae professione*, 6. März 1254, Rom, Dekretale Sammlungen (DS) 835; Pius II., Brief *Cum sicut accepimus*, 14. Nov. 1459, DS 1367; *Dekrete des Hl. Offiziums*, 24. Sept. 1665, DS 2045; 2. März 1679, DS 2148; Pius XI., Enzyklika *Casti connubii*, 31. Dez. 1930, *Acta Apostilicae Sedis* 22 (1930), S. 558f.

Methode angewandt werden, die diese Personen moralisch deswegen rechtfertigen würde, weil ihre Handlungen als mit ihrer persönlichen Verfassung übereinstimmend erachtet würden. Nach der objektiven sittlichen Ordnung sind homosexuelle Beziehungen Handlungen, die ihrer wesentlichen und erläßlichen Zuordnung beraubt sind. Sie werden in der Heiligen Schrift als schwere Verirrungen verurteilt und im letzten als die traurige Folge einer Verleugnung Gottes dargestellt. Dieses Urteil der Heiligen Schrift erlaubt zwar nicht den Schluß, daß alle, die an dieser Anomalie leiden, persönlich dafür verantwortlich sind, bezeugt aber, daß die homosexuellen Handlungen in sich nicht in Ordnung sind und keinesfalls in irgendeiner Weise gutgeheißen werden können.[75]

Die römische Kurie widersetzt sich demnach konsequent jeder Tolerierung homosexueller Praktiken, verurteilt aber keinen wegen seiner homoerotischen Neigungen. Denn nicht die Veranlagung als solche wird moraltheologisch bewertet, sondern die allenfalls daraus resultierende Praxis. Papst Paul VI. kam zum Schluß, wissenschaftliche Untersuchungen der menschlichen Natur seien stets nützlich, weil sie die Mentalität, die Sorgen und Nöte der Zeitgenossen im sozialen Umfeld ins Licht rückten. Falls sie aber auf der Auffassung basierten, es gebe außerhalb der Wissenschaft keine berechtigte Form des Wissens, könnten die Schlußfolgerungen solcher Arbeiten kein entscheidendes Wahrheitskriterium darstellen.[76] Dagegen meint Hans Küng:

Man kann nicht mehr von einem tradierten und einfach passiv akzeptierten System ewiger, starrer, unwandelbarer sittlicher Normen ausgehen ... Zu komplex ist das moderne Leben geworden, als daß man bei der Bestimmung ethischer Normen (etwa bezüglich wirtschaftlicher Macht, Sexualität, Aggressivität) in naiver Wirklichkeitsblindheit von den wissenschaftlich gesicherten empirischen Data und Einsichten absehen dürfte. Keine Ethik also ohne engen Kontakt mit den Humanwissenschaften, mit Psychologie, Soziologie, Verhaltensforschung, Biologie, Kulturgeschichte und mit der philosophischen Anthropologie.[77]

3.3. Protestantismus: Präponderanz des Zeitgeistes

Im Protestantismus gibt es keinen Heiligen Stuhl, der moraltheologische Prinzipien festlegen würde. Die Autorität der Heiligen Schrift befindet sich indessen, wie Donald Bloesch formuliert, in einer Krise: Für viele evangelische Kirchen sind die Aussagen der Bibel nicht mehr unbedingt normativ. Daher betrachten die Wortführer von Großkonfessionen die

[75] *Erklärung der Kongregation für die Glaubenslehre zu einigen Fragen der Sexualethik*, S. 10f.
[76] Paul VI., »Quinque ima anni«, 8. Dez. 1970, *Acta Apostolicae Sedis* (Rom) 62 (1971): 102
[77] Hans Küng, *Christ sein* (München-Zürich, 1980), S. 521.

Homosexualität als alternativen Lebensstil und setzen sich für die Ordination praktizierender Homosexueller ein.[78] Beispielsweise suspendiert die Anglikanische Kirche Großbritanniens homosexuelle Priester nicht vom Dienst, exkommuniziert auch keine Kirchenglieder wegen homosexueller Praxis. In einem kirchlichen Schreiben von 1981 hieß es: »Es ist nicht inkompatibel, Christ und gleichzeitig homosexuell zu sein.«[79] Allerdings meint der Generalsekretär der homosexuellen christlichen Bewegung Englands, Richard Kirker, man würde keinen anglikanischen Bischof finden, der zugäbe, daß die Kirche »regelmäßig« Homosexuelle für das Kirchenamt ordiniert.[80]

Den protestantischen Kollegen ist wohl Melanchthons Postulat nicht unbekannt: »Denn die natürliche, angeborene Neigung des Weibes gegen den Mann, des Manns gegen das Weib ist Gottes Geschöpf und Ordnung. Darum ist's recht und hat kein Engel noch Mensch zu ändern.«[81] Auch Karl Barths Korollarium läßt sich mit der »Orthodoxie« der Reformatoren in Beziehung bringen: Die Homosexualität ist eine physische, psychische und soziale Krankheit; das Phänomen von Perversion, Dekadenz und Sittenverfall tritt auf, wenn der Mensch sich der Gültigkeit der göttlichen Verordnung widersetzt.[82] Nach John Giles Milhaven wird eine Person, die noch zu echter Liebe fähig ist, sich einem homosexuellen Verhalten widersetzen, denn dieses »fixiert ihn auf einem Niveau weit unter der vollen emotionalen und sexuellen Entfaltung des ›liebenden Mannes‹, der ›Gottes Abglanz‹ ist«.[83] Ruth Barnhouse weist die Auffassung, daß der Geschlechtsverkehr ausschließlich für die Prokreation bestimmt sei, zurück. »Aus religiöser Sicht ist ein solches Postulat eine schwerwiegende Häresie, aus psychiatrischer Sicht ist es offensichtlich irrig.«[84] Laut Barnhouse wird

[78] Donald G. Bloesch, *Essentials of Evangelical Theology*, Bd. 2, S. 269.
[79] K.L. Woodward et al., »Gays in the Clergy«, a.a.O., S. 45.
[80] Ebenda; vgl. R.A. Humphreys, *Out of the Closets: The Sociology of Homosexual Liberation* (Englewood Cliffs, 1972), S. 144f; Harald Wieser, »Gute Nacht«, *Der Spiegel* 15 (7. Apr. 1986): 242; L.D. Weatherhead, *The Mastery of Sex through Psychology and Religion* (London, 1959), S. 122ff.
[81] Melanchthon *Apologie der Confessio Augustana* (Übers. J. Jonam; Göttingen, 1963), Art. XXIII, 11.15.
[82] Karl Barth, *Church Dogmatics*, III,2, S. 229; vgl. Ewald M. Plass, *What Luther Says* (St. Louis, 1959=, S. 1450ff, bes. S. 1458ff; John Calvin (Hrsg. Torrance), *The Epistles of Paul to the Romans and to the Thessalonians*, S. 34–39; ders., *Commentary on 1 Timothy* in D.W. und T.F. Torrance (Hrsg.), *Calvin's New Testament Commentaries* (Grand Rapids, 1964), Bd. 10, S. 217ff; Paul K. Jewett, *Man as Male and Female*, S. 124, seine Anm. 98.
[83] John Giles Milhaven, »Homosexuality and Love« in E. Batchelor (Hrsg.), *Homosexuality and Ethics*, S. 68; vgl. dagegen die Ausführungen des katholischen Theologen Charles Curran, *Contemporary Problems in Moral Theology* (Notre Dame, 1970), S. 177.
[84] Ruth Tiffany Barnhouse, »Homosexuality: A Symbolic Confusion« in E. Batchelor (Hrsg.), *Homosexuality and Ethics*, S. 81.

Sex von den biblischen Autoren durchweg als wohltuend und zuträglich gewertet. Auch Christen messen heute ihr Verhalten nicht mehr an der biblischen Theologie, wobei die praktische Säkularisierung dieselbe Ursache hat wie die Angriffe auf psychoanalytische Theorien. Der Zeitgenosse möchte »Freiheit« genießen, ohne die äquivalente Verantwortung wahrzunehmen. Ohne diese wird Freiheit zu Libertinismus und Hedonismus, wodurch das Individuum zum Sklaven seiner Sexualregungen gemacht wird. Die Verweigerung des Reifungsprozesses bezeichnet Barnhouse als die Ursünde. Während die heterosexuelle Beziehung den Reifungsprozeß ermöglicht und erfordert, ist »Homosexualität kein völlig normaler alternativer Lebensstil«, sondern Eskapismus in jene Ursünde, welche die Menschheit auch im Bereich der Sexualität zum Verstoß gegen die Harmonie der göttlichen Schöpfungsordnung zwingt.[85]

Helmut Thielicke bezieht sich auf die biblische Klassifizierung der Homosexualität, die er als »libido-konditionierte Mißachtung des Nächsten« interpretiert und den anderen sexuellen Sünden gleichgestellt ist. Denn die homosexuelle Praxis sei »kein sexistisches *delirium tremens*«, sondern liege auf einer Linie mit Götzendienst, vor- und außerehelichem Interkurs, Habsucht, Alkoholismus und Diebstahl.[86] Der biblische Befund führt ihn zur Folgerung, daß die Homosexualität »nicht auf einer Ebene mit der normalen geschaffenen Ordnung der Geschlechter« einzureihen ist, vielmehr eine Verzerrung und Entsittlichung der Sexualität darstellt. Nach Thielicke – wie Barth – soll der Homosexuelle seine Neigung nicht bejahen oder gar idealisieren, sondern in Frage stellen und sich um eine ärztliche wie seelsorgerliche Therapie bemühen. Wo die konstitutionelle homosexuelle Veranlagung sich als unheilbar erweise, könne sie auch zum »Vehikel eines Segens und einer kreativen Herausforderung« werden (Thielicke anders als Barth). Der in der Gesellschaft strukturell benachteiligte, unheilbare Homosexuelle soll seine Kondition zu akzeptieren versuchen und mit einem analog disponierten Erwachsenen eine Partnerschaft eingehen. Thielicke empfiehlt den Homosexuellen

[85] Ebenda, S. 82–85; vgl. John W. Dixon Jr., »The Sacramentality of Sex« in Ruth T. Barnhouse und Urban T. Holmes (Hrsg.) *Male and Female* (New York, 1976), S. 236–256.
[86] Helmut Thielicke, »The Theologicoethical Aspect of Homosexuality« in E. Batchelor (Hrsg.), *Homosexuality and Ethics*, S. 97; vgl. Charles Curran, »Homosexuality and Moral Theology: Methodological and Substantive Considerations«, a.a.O., S. 89–95; James M. Gustafson, »Christian Ethics« in Paul Ramsey (Hrsg.), *Religion* (Englewood Cliffs, 1965), S. 309–325.

nicht, sich der gleichgeschlechtlichen Liebe zu enthalten, da »das Zölibat« ausschließlich eine Gabe Gottes sein könne.[87]

3.4. Neue Sexualethik als Reflexion neuer Verhaltensnormen

Norman Pittenger verteidigt die gesamte homosexuelle Praxis mit einem unwiderleglichen theologischen Postulat: »In der homosexuellen Liebe ... ist Gott anwesend. Er ist anwesend in der Liebesbeziehung und auch in den Handlungen, die diese Liebe ausdrücken und zementieren.«[88] Der Theologe Michael F. Valente gelangt zu Schlußfolgerungen:

> Nun ist die Zeit gekommen, eine neue Haltung gegenüber den Prohibitionen der Vergangenheit – wie Kontrazeption, Unzucht, Masturbation, Homosexualität und Sodomie – zu akzeptieren. Eine genuine Innovation in der Sexualethik ist möglich.[89]

Laut Valente sind die Aussagen der biblischen Autoren zur Sexualität nur Ausdruck ihrer persönlichen Überzeugungen, die als Elemente einer modernen christlichen Ethik nicht in Betracht kommen könnten.[90] Für die Konstituierung einer christlichen Ethik schlägt der New Yorker Jurist und episkopale Geistliche Neal Secor drei für ihn relevante Punkte vor: 1. Alle Sexualidentifizierungen und Verhaltensmuster müssen moralisch neutral bleiben; 2. der Sündhaftigkeits-»Test« wird unabhängig vom jeweiligen Sexualverhalten (hetero-, homo- oder monosexuell) dadurch entschieden, ob eine Verhaltensweise mit dem sozialen Verständnis und mit »den christlichen Richtlinien« harmoniert; 3. christlich ethisches Interesse für den Homosexuellen gilt ihm als Person, nicht als Träger dieser spezifischen angeborenen Veranlagung.[91] Die Gutheißung homosexueller Praxis begründet Robert Wood mit rationalen Erwägungen: 1. Die Homosexualität ist mo-

---

[87] H. Thielicke, »The Theologicoethical Aspect of Homosexuality«, a.a.O., S. 101f; vgl. ausführlicher: ders., *Theological Ethics*. Bd. 3: *Sex*, S. 284–292, hier: S. 285; vgl. Dietrich Bonhoeffer, *Ethics*, Hrsg. E. Bethge (New York, 1965), S. 49ff, mit Sylvanus M. Duvall, *Men, Women, and Morals* (New York, 1952), S. 58ff; Robert W. Wood, *Christ and the Homosexual* (New York–Washington, 1960), S. 151–174.

[88] W. Norman Pittenger, »The Morality of Homosexuals Acts« in E. Batchelor (Hrsg.), *Homosexuality and Ethics*, S. 145; vgl. William Muehe, »Some Words of Caution« in R.T. Barnhouse und U.T. Holmes (Hrsg.), *Male and Female*, S. 167–174; Money-Ehrhardt, *Man and Woman, Boy and Girl*, S. 238ff.

[89] Michael F. Valente, »A New Direction« in E. Batchelor (Hrsg.), *Homosexuality and Ethics*, S. 153; vgl. Küng-Zitat, unsere Anm. 77.

[90] Ebenda; vgl. dagegen: Theodore W. Jennings, »Homosexuality and Christian Faith: A Theological Reflection«, *Christian Century* (Chicago) 94 (16.2.1977): 137–142, mit: Martin Hoffman, »Homosexual«, *Psychology Today* (New York) Juli 1969: 43–70.

[91] Neal Secor, »A Brief for a New Homosexual Ethic« in E. Batchelor (Hrsg.), *Homosexuality and Ethics*, S. 164.

ralisch gerechtfertigt, weil sie der Übervölkerung entgegenwirkt.[92] 2. Die Homosexualität ist eine alternative Liebesbeziehung, wo eine Person im heterosexuellen Interkurs keine Befriedigung erfährt. 3. Die Homosexualität stellt ein alternatives »Ventil« für den »Ausdruck« der Persönlichkeit dar, wo diese in der Heterosexualität nicht dazu finden konnte.[93]

Woods Ausführungen hat Charles E. Curran als propagandistische Polemik bezeichnet.[94] Man kann sie auch als Protest gegen die Sicht verstehen, die Fortpflanzung sei das *finis primarius* jeder sexuellen Betätigung, und nicht zuletzt als berechtigtes Aufbegehren gegen die kriminalisierende statt seelsorgerlich zurechtbringende (Gal 6,1) Haltung der Christen gegenüber den Homosexuellen in der Vergangenheit.[95]

Die Verfechter der neuen, die Homosexualität positiv wertenden Ethik plädieren für eine neue Definition der Sexualität als »reine Qualität der Person«:

> Einmal, weil es zum Wesen der Person gehört, ebenso real geschlechtlich zu sein wie geistig; ferner weil nur die Person . . . Träger der sexuellen Organe ist und daher nur die Person selbst ihre im Wesen angelegte Sexualität zu realisieren vermag; auch ist nur die Person Trägerin der vielen positiven wie auch negativen seelischen Erlebnisse, welche mit der Realisierung der Sexualität möglich sind.[96]

---

[92] Robert Wood, »Christ and the Homosexual« in E. Batchelor (Hrsg.), *Homosexuality and Ethics*, S. 165. Diese Art der »Familienplanung« war, wie bereits erwähnt, in der griechischen Antike nicht unbekannt; insbesondere bezog man dieses Argument auf weibliche Homosexualität. Siehe: S.B. Pomeroy, *Frauenleben im klassischen Altertum*, S. 131, 252; vgl. Ferdinand W. Menne, *Kirchliche Sexualethik gegen gesellschaftliche Realität* (Mainz-München, 1971), S. 122–124 mit S. 41–60.

[93] R. Wood, »Christ and the Homosexual«, a.a.O., S. 166; ebenso: Robert W. Wood, *Christ and the Homosexual* (New York–Washington, 1960), S. 151–174; vgl. H. Kimball Jones, *Toward a Christian Understanding of the Homosexual* (New York, 1966), S. 95–108.

[94] Charles E. Curran »Homosexuality and Moral Theology: Methodological and Substantive Considerations« in E. Batchelor (Hrsg.), *Homosexuality and Ethics*, S. 176.

[95] Vgl. Gregory Baum, »Catholic Homosexuals«, *Commonweal* (New York) 99 (15.2.1974): 479–482.
Es sei hier nur eben erwähnt, daß mit dem bigotten Viktorianismus unsachlicherweise (auch) die biblischen Normen abgelehnt wurden, weil man beides gleichsetzte. Ein Werk, das für die Revidierung der sozialen Verurteilung Homosexueller frühe Vorarbeit geleistet hat, ist: Oscar Wilde, *The Picture of Dorian Gray* (London, 1891; Harmondsworth, 1975). »There are moments, psychologists tell us, when the passion for sin, or for what the world calls sin, so dominates a nature, that every fibre of the body, as every cell of the brain, seems to be instinct with fearful impulses. Men and women at such moments lose the freedom of their will. They move to their terrible end as automatons move. Choice is taken from them, and conscience is either killed, or, if it lives at all, lives but to give rebellion its fascination, and disobedience its charm. For all sins, as theologians weary not of reminding us, are sins of disobedience. When that high spirit, that morning-star of evil, fell from heaven, it was as a rebel that he fell.« Siehe Ausgabe 1975, S. 210. Hierzu vgl. R.T. Barnhouse, oben, zu unseren Fußnoten 79 und 80.

[96] Ernst Ell, *Dynamische Sexualmoral* (Zürich–Einsiedeln–Köln, 1972), S. 35.

Diese »neue Sexualmoral« verneint die These der »alten«, wonach nur der im Rahmen der Ehe vollzogene vaginale Koitus subjektiv befriedigen könne, und begründet dies wie folgt: Das eigentlich Befriedigende am sexuellen Akt ist nicht dessen biologische, sondern die psychologische Richtigkeit. »Daher kann die psychologische Richtigkeit alle Mängel des biologischen Vollzuges ausgleichen, niemals aber die biologische Richtigkeit die psychologischen Mängel.«[97]

Die neue Sexualethik beruft sich auf die These, das Individuum wähle sich die Art seiner sexuellen Veranlagung nicht selbst, sondern fände sie beim Erwachen seines personalen Bewußtseins vor. Seine sexuelle Artung ist sein Fatum; jede Person muß subjektiv bestimmen, mit wem – und ab wann – sie sexuell aktiv sein will. Die subjektive psychologische Richtigkeit kann durchaus mit einem gleichgeschlechtlichen Partner gegeben sein.[98]

3.5. Evaluation und Konklusion

Die traditionelle theologische Auffassung von der homosexuellen Praxis beinhaltete deren strikte Ablehnung als *para physin*, wobei das Scherbengericht im innerkirchlichen Klima gegen die Homosexualität akzentuierter sein konnte als gegen außereheliche heterosexuelle Beziehungen, weil die letzteren den natürlichen Neigungen gerade sehr gemäß sind, falls man die Person auf den physisch-emotionalen Bereich begrenzen will.[99]

Die Neo-Traditionalisten betrachten die homosexuelle Inklination als Folge der Ur- bzw. Erbsünde und tolerieren sie als immanentes Übel.[100]

---

[97] Ebenda, S. 210; vgl. eine ähnliche Diskussion bei Wardell Pomeroy, »Homosexuality« in Ralph Weltge (Hrsg.), *The Same Sex* (New York, 1969), S. 3–13; dagegen siehe: Erich Fromm, *The Art of Loving* (New York, 1962), S. 33–56.

[98] Tom F. Driver, »The Contemporary and Christian Contexts« in E. Batchelor (Hrsg.), *Homosexuality and Ethics*, S. 14–21. H.K. Jones meint zwar (ähnlich wie Thielicke), die Kirche brauche die Homosexualität nicht gutzuheißen, sollte aber die Validität »reifer homosexueller Beziehungen« anerkennen. So in: *Toward a Christian Understanding of the Homosexual*, S. 108. Vgl. Wolfgang Trillhaas, *Sexualethik* (Göttingen, 1969), S. 71–79; über die »neue Moral« siehe 1. Kap., S. 15–36; ebenso: Gibson Winter, *Grundlegung einer Ethik der Gesellschaft* (München–Mainz, 1970), S. 116–124. Dagegen vgl. David Bartlett, »A Biblical Perspektive on Homosexuality«, *Foundations* (New York) 2 (April–Juni 1977): 135–145.

[99] Vgl. E. Mauerhofer, *Der Kampf zwischen Fleisch und Geist bei Paulus*, S. 114; vgl. auch unsere Anm. 102.

[100] Vgl. C. Spicq, *Théologie morale du Nouveau Testament*. 11 (Paris, 1965), bes. S. 482ff, mit Isadore Rubin, »Homosexuality«, *SIECUS. Discussion Guide* (New York) 2 (1965): 1–4.

Die theologische Richtung wiederum, als deren Repräsentanten wir Thielicke und Jones zitiert haben, sieht in der »Anomalie« eine »essentielle Imperfektion« der Sexualität.[101]

Den Befürwortern der »neuen Moral« gilt die homosexuelle Praxis als natürlich und gut, da Gott diesen Personen ihre spezifische Libido zur Realisierung und nicht zur Verdrängung gegeben habe.[102]

Die Auseinandersetzung im Rahmen der verschiedenen Doktrinen der »neuen Moral« ist problematisch, insofern unterschiedliche, ja widersprüchliche Begründungen dargelegt werden. Wir zitieren die wichtigsten resümierend: 1. Die biblischen Autoren geben ihre subjektive Meinung über die Homosexualität wieder. 2. Jesus Christus hat sich nicht gegen die Homosexualität geäußert, also billigt er solche Beziehungen. 3. Die modernen wissenschaftlich gesicherten Data über das Sexualverhalten waren den biblischen Autoren nicht zugänglich; deren Schlußfolgerungen beziehen diese Data nicht mit ein und sind *ergo* für das 20. Jahrhundert in keiner Weise relevant.[103]

Ad 1. und 3. haben wir oben so belegt, daß kaum Differenzen bestehen zwischen psychoanalytischen Forschungsergebnissen der Kausalfaktoren der Homosexualität und der Wertung des Phänomens und seiner Ätiologie bei den Autoren der griechischen Antike. Heute wie damals sind sich die Kommentatoren allerdings nicht einig, welcher der beiden dominierenden Theorien der Vorzug zu geben sei – der hereditären oder der sozialen. Paulus bezog wie auch die alttestamentlichen Autoren Position gegen das Praktizieren der Homosexualität, gleichgültig ob es mit Erbfaktoren oder mit Umweltbedingungen entschuldigt werden sollte. Dabei ist natürlich nicht auszuschließen, daß ihnen die Meinung des Volkes bzw. der Nachbarvölker bekannt war.[104]

Die paulinische Auffassung geht weit über die hedonistische Personen-

[101] Vgl. Michael J. Buckley, *Morality and the Homosexual* (Westminster/Md., 1959), bes. S. 130ff; Paul Tillich, Morality and Beyond (New York, 1963), S. 82ff.

[102] Charles Curran verweist zu Recht auf den Fehler, den die Verfechter der »Gay Liberation« in den USA machen, indem sie die Person mit ihrer homosexuellen Neigung identifizieren: Eine genuine Anthropologie wehrt sich dagegen; auch jene Personen seien zu respektieren, deren (homo-)sexuelles Verhalten nicht mit den (jeweils neuesten) psychoanalytischen Forschungsergebnissen in Einklang stehe. In: *Catholic Moral Theology in Dialogue* (Notre Dame, 1976), S. 184ff.

[103] Vgl. James B. Nelson, »Gayness and Homosexuality: Issues for the Church« in E. Batchelor (Hrsg.), *Homosexuality and Ethics*, S. 206–210; vgl. J.A.T. Robinson, *Christian Morals Today* (Philadelphia, 1964), S. 30ff.

[104] Vgl. L.M. Epstein, *Sex, Laws and Customs in Judaism* (New York, 1948), bes. S. 135–138; Robert Gordis, »Homosexuality and the Homosexual«, a.a.O., S. 206–210, mit: D.S. Bailey, »Homosexuality and Christian Morals« in J. Tudor Rees und Harvey V. Usill (Hrsg.): *They Stand Apart* (London, 1955), S. 36–63.

vorstellung der verschiedenen Befürwortergruppen der Homosexualität hinaus, indem sie sie als Ergebnis der Gottferne bzw. der Flucht vor Gott versteht. Darin ist der Gedanke impliziert, daß für den Fliehenden auch die reale Welt in ihrer Ganzheit unwirklich geworden ist (vgl. Röm 1,20–23). Die Sexualtriebe verlieren ihre qualitative Eigenart und werden im Leben dieser Person zu »namenlosen Ungeheuern«, die nur noch Quantität zeitigen, denn außerhalb Christus ist die Libido nicht mehr durch das Wort geschützt und wird nur noch empirisch in ihrer »ungeheuerlichen Potenz« erlebt.[105]

Die Begründer der »dynamischen Sozialethik« berücksichtigen nicht die qualitativ unvergleichlich höher zu wertenden Seinsform »in Christus« (Phil 3,8; Mt 13,44.45f). Sie mißachten die biblische Wertordnung einschließlich der Moralvorstellungen, um die allgemeine Triebempfindung zum Freiheitsmaßstab zu nehmen. Daß aber die Aufhebung der christlichen Moral nicht Freiheit bedeutet, hat Theodor Bovet begründet: Diese Haltung bedingt maximale Unfreiheit in Form einer Abhängigkeit von »den Dingen«, so auch vom Sexualtrieb, wobei jedes Ding einen wachsenden dämonischen Einfluß auf das Individuum gewinnen kann; Unfreiheit in Form von Opportunismus gegenüber den Mitmenschen, der zum unbarmherzigen Überlebenskampf aller gegen alle und somit zu Angst führt. Um diese Angst einzudämmen, muß der Mensch dann laut Bovet in der Entwicklungsgeschichte noch weiter zurückgreifen und findet dort seine Autorität in Gestalt des primitiven Häuptlings oder Zauberers.[106]

In Bovets historischem Bezug ist die primitive Autoritätsgestalt mit Hitler Aktualität geworden. Bovets Analyse hat aber ihre Gültigkeit auch für die Gegenwart und Zukunft behalten, was beispielsweise durch Foucault bestätigt wird. Dieser plädiert für eine Renaissance der hellenistisch-römischen Sexualethik. Er setzt einerseits gerade im Sexuellen die empiristische subjektive Verhaltensnorm des Individuums gegen die tradierten jüdisch-christlichen Werte, während er andererseits die Erwartung einer Weltführerfigur provoziert.[107] Kaum überraschend ist dann der Vorstoß zweier Be-

[105] Vgl. M. Picard, *Die Flucht vor Gott* (Erlenbach, 1934), S. 137–198.

[106] Theodor Bovet, *Der Glaube. Erstarrung und Erlösung* (Tübingen, 1950), S. 151; vgl. O. Pfister, *Das Christentum und die Angst* (Zürich, 1944), S. 341–402; vgl. auch das Zitat von Oscar Wilde in unserer Fußnote 95 sowie den Verweis auf R.T. Barnhouse ebenda.

[107] S. Sullivan, »Of Masters and Puppets: The Debate over Foucault's Theories of Power«, *Newsweek* 49 (8.12.1986): 55; R. König, *New Age. Geheime Gehirnwäsche*, S. 53: ». . . im Zuge der Relativierung der Geschlechter, auf dem Wege zum androgynen, geschlechtslosen Wesen, /finden/ auch abweichende sexuelle Orgien wie etwa männliche und weibliche Homosexualität und andere sexuelle Praktiken ihren Platz im Gedankengut dieser Autoren«; vgl. Dave Hunt und T.A. McMahon, *The Seduction of Christianity* (Eugene, 1986), S. 49–52.

wegungen, die für die »Freiheit der Sexualität« in Form des Inzests bzw. der Zoophilie (Sodomie) kämpfen, also Abarten der sexuellen Praxis, die zugunsten der Triebbefriedigung alle Normen durchbrechen und wiederum auf antike Praktiken kultischer Prostitution zurückgreifen.[108]

Ad 2. ist nach Feststellung der Unzulässigkeit einer Folgerung *a silentio* darauf zu verweisen, daß die zitierte Argumentation bereits in Psalm 50,21 evoziert – und zurückgewiesen – wird. Wir können nicht umhin zu beobachten, daß die Verhaltensnormen und die daraus logisch resultierenden Verhaltensmuster entweder auf der Akzeptanz der Heiligen Schrift gründen oder aber auf deren Relativierung oder völligen Ablehnung; es besteht eine Art »Wasserscheide« zwischen den beiden Bereichen. Für uns ist die Glaubenspraxis, namentlich im pastoralen Dienst, mit der Akzeptanz der biblischen Normen gottgegeben. In bezug auf die Homosexualität ist das Prinzip Jesu, »die Schriften« (des Alten Testaments, inklusive Lev 18,22) als Autorität zu behandeln, zu erwähnen. Zudem belegen seine Äußerungen über die Ehe seine Schrifttreue gerade für den sexuellen Bereich (vgl. Mt 5,27–32).

Ad 3. konstatieren wir, daß die Befunde »der Wissenschaft« einzig in dem Bestreben zusammenfallen, die biblischen Normen für nicht bindend erklären zu können.[109] Wo die biblischen Normen und das Wort »Moral« negative Konnotationen bewirken, übersieht man ihren Originalgehalt des (für den Menschen) Guten, notwendigerweise in Abgrenzung gegen das (für den Menschen) Schlechte, Böse. Die traditionelle biblische Sexualethik dient offensichtlich der Persönlichkeitsentfaltung. Zu beachten ist hier auch, daß die jüdische Theologie[110] mit der zitierten päpstlichen bzw. katholischen Stellungnahme[111] übereinstimmt. Wir postulieren die Beziehung zu Gott »in Christus« als *summum bonum* und etablieren damit gleichzeitig das Prinzip, daß die Wahl des Menschen letztlich stets darum geht, ob er sich selbst zum Gefallen leben will oder Gott zum Gefallen.[112] Die These und Konklusion

---

[108] Th. Bovet, S. 75–83; vgl. K. Woodward et al., »Gays in the Clergy«, *Newsweek* (23.2.1987): 44–47; Scott Sullivan, »Barking Dogs and Women's Clothes«, *Newsweek* (22.12.1986): 50. Vgl. R. Königs Verweis auf einen New-Age-Vordenker: »Im Zeitalter des Wassermanns wird die erotische Liebe ... große Bedeutung erlangen. Sie wird gleichzeitig experimentelle und existentielle Formen annehmen – und daher lassen sich hier keinerlei Voraussagen machen – aber sie wird ohne Zweifel die derzeitige Sex-Szene bei weitem überschreiten«: a.a.O. S. 94.

[109] Daß Wissenschaftler ihre Recherchen sehr wohl präjudiziert betreiben können, apostrophierte C.S. Lewis so: ». . . the whole vast structure of modern naturalism (seems to) depend not on positive evidence but simply on an *a priori* metaphysical prejudice . . . (and is) devised not to get in facts but to keep out God«: *They Asked for a Paper* (London, 1962), S. 163.

[110] Siehe: *Encyclopaedia Judaica*, 1971, s.v. »Sexual Offenses« und s.v. »Homosexuality«.

[111] Vgl. unsere Anm. 74–77.

[112] Vgl. D. Martyn Lloyd-Jones, *Studies in the Sermon on the Mount* (Grand Rapids, 1977), Bd. 2, S. 17 u. 13.

dieser Arbeit soll sein, daß das *summum bonum* jeder Person, auch einer in einer homosexuellen Praxis stehenden, angeboten ist und vermittelt werden soll.[113]

4. Homosexualität und AIDS: »Domine, cum veneris iudicare, noli me condemnare«

Die in Umlauf gebrachte These, daß die Immunschwächekrankheit AIDS eine Geißel bzw. Strafe Gottes für die homo- bzw. bisexuellen Beziehungen oder Promiskuität sei, findet in unserer Arbeit nur wenig Sympathie. Diese Wertung ist in Frage zu stellen, was von ihrer Warte aus auch der Arzt Mathias Bosch und der Theologieprofessor Haag durchführen; ausgewogener geht u.E. der im Pastoraldienst stehende evangelische Theologe Harold O.J. Brown vor.[114] Zwar ist gut dokumentiert, daß AIDS vorwiegend homo- und bisexuelle Männer, Rauschgiftsüchtige und Bluter heimsucht[115], aber nach den neuesten Reporten sollen auch immer mehr Hetereosexuelle AIDS-Opfer werden.[116] So z.B. wurden der Weltgesundheitsorganisation (WHO) in Genf zum 31. Dezember 1989 31 497 AIDS-Fälle aus 32 europäischen Ländern bekannt, und 9,4 Prozent der AIDS-Erkrankten sollen aus dem heterosexuellen Milieu stammen – »in the heterosexual transmission group« –, 1986 waren es noch 6,6 Prozent.[117]

---

[113] Es versteht sich für diese pastorale Sicht von selbst, daß (auch) der Homosexuelle nicht *qua* Homosexueller, sondern als der *soteria* bedürftiger Sünder mit der Christusbotschaft konfrontiert wird; N. Secors 3. Punkt (s. oben zu unserer Anm. 93) verrät den Drang zur Selbstrechtfertigung, die in Jesu Präsenz total überflüssig wird.

[114] Mathias Bosch, *AIDS – Die Geißel Gottes?* (Wiesbaden, 1986), S. 90f; ebenso: Interview Klaus Lieber mit Herbert Haat, »AIDS ist keine Gottesstrafe«, a.a.O., S. 3; Harold O.J. Brown, »Eine neue Geißel Gottes?«, *Welt am Sonntag* (Hamburg), 22. Feb. 1987. – Wir bevorzugen die Majuskeln-Version der Abkürzung und verwenden sie konsequent, also auch in Zitaten, wo im Original Versal plus Minuskeln stehen.

[115] Denise Grady und Kelly Tasker: »AIDS, Epidemie der Angst«, *Das Beste aus Reader's Digest* (Stuttgart) 12 (1983): 77; »Spreading Alarm about AIDS. A Growing Epidemic«, *Newsweek* 25 (23. Juni 1986): 55; Barbara Kantrowitz et al.; »Fear of Sex«, *Newsweek* 47 (24. Nov. 1986): 42f.

[116] Dick Thompson, »The Risk to Heterosexuals«, *Time* 45 (10. Nov. 1986): 28; Peter Goldman und Lucille Beachy, »One Against the Plague«, *Newsweek* 29 (21. Juli 1986): 30–43.

[117] *AIDS SURVEILLANCE IN EUROPE. Quarterly Report No. 24.* WHO Collaborating Centre on AIDS (Paris, 31. Dezember 1989, S. 2a.f.)

136

4.1. Die Genese von AIDS

Das Acquired Immune Deficiency Syndrome (Erworbenes Immunschwäche-Syndrom), AIDS, schwächt das Abwehrsystem des Körpers und macht ihn anfällig für Infektionen und bestimmte Krebsarten. AIDS ist unheilbar und kann bei 75% der Opfer innerhalb von zwei Jahren zum Tode führen.[118]

Erstmals wurde man im Juni 1981 auf ein geheimnisvolles Phänomen aufmerksam, als fünf homosexuelle Männer an Pneumocystis carinii erkrankt waren, bei der ärztlichen Untersuchung den Medizinern jedoch ein Rätsel aufgaben: Das Immunsystem dieser Männer war derart geschwächt, daß sie der Krankheit bald erlagen.[119] Im Monat darauf wurden sechsundzwanzig Fälle homosexueller Männer registriert – zwanzig in New York und sechs in Kalifornien –, die sich das Kaposi-Sarkom zugezogen hatten und keine Abwehrkräfte gegen den Hautkrebs besaßen.[120] Bis dahin war das Kaposi-Sarkom als sehr seltene Krankheit bekannt; es gab auf 100 000 Personen 0,02–0,05 Erkrankungen. Dieser Hautkrebs befiel vor allem ältere Männer jüdischer Herkunft, im Mittelmeerraum lebende Männer oder auch jüngere Äquatorial-Afrikaner.[121] Auffälligerweise waren neuerdings vorwiegend homosexuelle Männer ab fünfzehn Jahren und bis über sechzig Jahre am Kaposi-Sarkom erkrankt. Die registrierten Fälle nahmen rapide zu, und man eruierte, daß der Hautkrebs unter den Homosexuellen fünfunddreißigmal häufiger vorkam als bei den traditionellen Risikogruppen.[122] Diese Phänomene veranlaßten namhafte Forscher, der Ursache dieser Immunschwäche nachzuspüren. Anfang 1983 gelang es Luc Montagnier, bei der Untersuchung der Lymphknotenschwellung ein Virus zu entdecken, das die Abwehrreaktion des menschli-

---

[118] D. Grady und K. Tasker, »AIDS – Epidemie der Angst«, a.a.O., S. 77; Report »AIDS – Die unheimliche Bedrohung«, *Bunte* (München) 8 (12. Febr. 1987): 68–80,82.

[119] Center for Disease Control (Hrsg.), »Pneumocystis pneumonia – Los Angeles«, *Morbidity and Mortality Weekly Report* (fortan: MMWR) (Atlanta) 30 (1982): 250–252.

[120] »Kaposi's sarcoma and Pneumocystis carinii among homosexual men – New York City and California«, *MMWR* 30 (1982): 305.

[121] C. Urmocher, P. Muskowski, M. Ochoa et al., »Outbreak of Kaposi's sarcoma with cytomegalovirus in young homosexual men«. *American Journal of Medicine* (New York) 72 (1982) 569; vgl. O. Klepp, O. Dahl und J.T. Stenning, »Association of Kaposi's sarcoma with prior immunosuppressive therapy: A 5-year study of Kaposi's sarcoma in Norway«, *Cancer Journal of the American Cancer Society* (Philadelphia) 12 (1978): 2626–2630. Über das Kaposi-Sarkom informiere man sich anhand des Essays von M. Kaposi, »Idiopathisches multiples Pigmentsarkom der Haut«, *Archives of Dermatology and Syphilology* (Chicago) 4 (1872): 205–273.

[122] New York City Department of Health, »Acuired Immunodeficiency Syndrome«, *City Health Information* (New York) 1 (1982): 1f.

chen Organismus schwächt und das die Bezeichnung »Lymphadenopathy Associated Virus« (LAV) erhielt.[123] Die Montagnier-Gruppe schaffte es jedoch nicht, das Virus außerhalb des menschlichen Körpers zu vermehren. Dies gelang etwas später amerikanischen Forschern unter Robert Gallo am National Cancer Institute in Bethesda/Maryland. Gallo gab »seinem« Virus den Namen »Human T-Cell Lymphotropic Retrovirus III« (HTLV-III), und die Welt-Gesundheits-Organisation registrierte den Doppelnamen LAV/HTLV-III.[124] Ein Expertenkomitee für Nomenklatur zog es vor, den AIDS-Erreger Human Immunodeficiency Virus (HIV) zu nennen.[125]

Bevor die Frage zu beantworten ist, wer tatsächlich AIDS-gefährdet ist, gilt es, die Herkunft von HIV oder Beginn der HIV-Ausbreitung aufzuklären. Homosexuelle sollen die irrationale These lanciert haben, die amerikanische CIA ziele mit dem HIV auf die Ausrottung der Andersartigen.[126] Fast so hypothetisch und jedenfalls kaum zu beweisen ist die Annahme von Volkmar Sigusch von einem vertuschten Unfall in einem gentechnischen Labor als AIDS-Auslöser. »Auszuschließen ist jedenfalls nicht, daß Waffen wie der AIDS-Erreger in Laboratorien bereitgehalten werden«, meint er.[127] Auch die sowjetische Presse behauptete: Die westlichen Militärlaboratorien hätten »die AIDS-Epidemie durch ihre Experimente zur biologischen Kriegsführung ausgelöst«. Michael G. Koch schreibt: »In manchen Ostblockländern gilt AIDS immer noch als eine Krankheit des Kapitalismus. So wurde den angeblichen ›Schöpfern‹ des AIDS-Virus (CDC Pentagon und CIA) unterstellt, diese Epidemie absichtlich gestartet zu haben, um sich so der Schwarzen und Drogensüchtigen zu entledigen.«[128]

Im medizinischen Raum bemerkte man jedoch, daß nebst den oben ge-

---

123 C. Wallis, Ch. Gorman et al., »Viruses. AIDS Research Spurs New Interest in Some Ancient Enemies«, *Time* 44 (3. Nov., 1986): 42–48; M. Bosch, S. 13; vgl. Matt Clark, M.A. Lerner und N. Stadtman, »AIDS: A Breakthrough?«, *Newsweek* 45 (11. Nov. 1985): 54, mit M. Clark, M. Gosnell et al., »AIDS. Once Dismissed as the Gay Plague, the Disease Has Become the No. 1 Public-Health Menace«. *Newsweek* 32 (12. Aug. 1985): 38.

124 Jean Seligman et al., »Tracing the Origin of AIDS«, *Newsweek* 19 (7. Mai 1984): 62f; M. Bosch, S. 13; Stanley L. Englebardt, »Ein Killervirus wird eingekreist«, *Das Beste* 1 (1986): 19–24.

125 M. Bosch, S. 14; vgl. Rod Nordland et al., »Africa in the Plague Years«, *Newsweek* 48 (1. Dez. 1986) 44–46, hier: 45.

126 Hans Halter, »Ich bin en Tunt, bin kerngesund«, *Spiegel* 29 (16. Juli 1984): 133.

127 M. Bosch, S. 15. – 1987 ist die »Labor-These« erneut in der Presse aufgetaucht, jeweils mit der Einschränkung, Beweise fehlten noch. Siehe Heimo Claasen, »Die Fährte führt ins Genlabor«, *Wochenzeitung* (Zürich), 27.2.1987, S. 5; Holger Strohm, »Seuche aus dem Labor?«, *Deutsches allg. Sonntagsblatt* (Hamburg), 1.3.1987.

128 Michael G. Koch, *AIDS. Vom Molekül zur Pandemie*, Heidelberg: Spektrum -d.-wiss.-Verl.-Ges., 1982, S. 167.

nannten Risikogruppen auch Afrikaner an Kaposi-Sarkom litten und möglicherweise auch HIV-Träger waren, wobei das HIV durch stetige Veränderungen seiner Erbinformation immer gefährlicher wurde; nach entsprechenden wissenschaftlichen Untersuchungen nahm das Kaposi-Sarkom in den letzten Jahren auch in Afrika einen sehr aggressiven Verlauf.[129] Als plausibelste Erklärung galt bis zum Pariser AIDS-Kongreß im Juni 1986 jene von der Übertragung des Virus durch Biß-/Kratzwunden von Grünen Meerkatzen (eine Affenart in Äquatorialafrika, denen das Virus nichts anhaben soll) auf einheimische Jäger bereits in den 60er Jahren.[130] Nach Afrika weist auch die bisher jüngste These – Verbreitung (nicht Genese!) des AIDS-Virus durch eine 13 Jahre (bis 1980) dauernde Kampagne der WHO für Pockenschutzimpfungen.[131] Gastarbeiter aus Haiti in Zaire sollen »in Zentralafrika (wo die Krankheit seit spätestens 1959 endemisch ist und möglicherweise nichtvirulente Formen vorkommen) infiziert worden sein und das Virus Ende der siebziger Jahre nach Haiti importiert haben«[132], von wo es durch die homosexuellen Touristen nach Nordamerika und in die meisten Länder der Welt gelangte.[133]

Wie kam man zur Schlußfolgerung, daß Affen – besonders die afrikanischen Grünen Meerkatzen –, Träger des Affen-Immunschwäche-Virus (simian immundeficiency virus, SIV) sind und Menschen mit diesen Viren infiziert haben könnten? Robert Gallo und andere Wissenschaftler haben die Affen in manchen Fällen für ein Reservoir von Krankheitserregern gehalten, die dann auch Menschen infizieren. Gallo fand 1980 die ersten beiden Retroviren, d.h. die Humanen T-Zell-Lymphotropen Viren: HTLV-I – der Erreger einer seltenen menschlichen T-Zell-Leukämie bzw. eines

---

[129] Vgl. Y. Laar und R.A. Schwarz, »Epidemiologic Aspects of American Kaposi's Sarcoma«, *Journal of Surgical Oncology* (New York) 12 (1979): 299–303, mit: »Centers for Disease Control Task Force on Kaposi's Sarcoma and Opportunistic Infections. Epidemiologic Aspects of the Current Outbreak of Kaposi's Sarcoma . . .«, *New England Journal of Medicine* (Boston) 306 (1982): 248–252. Zum »Umbau« der Virus-Eiweißhülle siehe: *Bund* (Bern), 22.4.1987, S. 2; zur Code-Entschlüsselung bei HIV-1/-2 s.: *Bund*, 16.4.1987.

[130] M. Bosch, S. 14; S.L. Englebardt, »AIDS: Ein Killervirus wird eingekreist«, a.a.O., S. 22; J. Seligmann et al., »Tracing the Origin of AIDS«, a.a.O., S. 63; zum Ende der Theorie: Heimo Claasen, a.a.O.

[131] »Neue AIDS-Hypothese«, *Bund* (Bern), 12. Mai 1987, S. 44.

[132] *Brockhaus Enzyklopädie*, 1986, s.v. »AIDS«; vgl. Centers for Disease Control, »Opportunistic Infections and Kaposi's Sarcoma among Haitians in the U.S.«, *MMWR* 30 (1982): 353–361, mit: B. Safai und R.A. Good, »Kaposi's Sarcoma: A Review of Recent Developments«, *Clinical Bulletin* (Memorial Sloan-Kettering Cancer Center, New York) 10 (1982): 62f.

[133] M. Bosch, S. 14; J. Seligman et al., »Tracing the Origin of AIDS«, a.a.O., S. 63; vgl. H. Flückiger, »AIDS – Folge des falschen Umgangs mit der Sexualität«, *Standpunkt* (Bern) Jan. 1987: 4; Rod Nordland, Ruth Marshall, Sudip Mazumdar und Ray Wilkinson, »AIDS: Fear of Foreigners«, *Newsweek* 14 (6. April 1987): 17.

Lymphoms – und das mit ihm eng verwandte HTLV-II (T-Zellen sind spezielle weiße Blutkörperchen mit wichtigen immunologischen Funktionen).[134] Isao Miyoshi von der japanischen Universität Kochi beschrieb zwei Jahre später ein ähnliches Virus bei Rotgesicht-Makaken, die eine Gattung der Meerkatzenartigen sind. Das Affen-Virus ähnelte verblüffend den HTL-Viren und erhielt die Bezeichnung STLV (das S steht für englisch simian, Affe).[135] Max Essex und Phyllis J. Kanki schreiben:

> Das menschliche Virus ist, wie genetische Untersuchungen gezeigt haben, mit STLV-Stämmen aus afrikanischen Schimpansen oder Grünen Meerkatzen näher verwandt (zu 95 Prozent homolog) als mit solchen Viren aus asiatischen Makaken (90 Prozent). Demnach könnte das afrikanische STLV bei der Entstehung und Entwicklung von menschlichen HTLVs die wichtigere Rolle gespielt haben.[136]

Das ließ die Vermutung aufkommen, »HTLV sei in Afrika entstanden, habe sowohl einheimische Affenarten als auch Menschen infiziert und müßte sich dann vor wenigen Jahrhunderten durch den Sklavenhandel nach Amerika – insbesondere die Karibik – verbreitet haben. Portugiesische Seefahrer hätten das Virus« nach Gallos Theorie »auch auf die Südwestlichen Inseln Japans gebracht – dort ist das Virus ebenfalls endemisch«.[137] Diese Theorie wird erhärtet dadurch, daß man in verschiedenen Populationen der afrikanischen Grünen Meerkatzen zwischen 30 und 70 Prozent dieser Tiere mit SIV infiziert entdeckt hat. Jedoch löst SIV bei ihnen keine Krankheit aus. Bei anderen Affen dagegen, wie z.B. bei Makaken in Primaten-Forschungszentren, verursacht das Virus Affen-AIDS (SAIDS).[138] Den Wissenschaftlern fällt es schwer, die Abstammung des AIDS-Virus wie dessen Beginn der Ausbreitung unter den Menschen nachzuweisen.

4.2. Infektion und Emotion

Eva Rozdzinski und Winfried Kern beschreiben die Übertragungsmöglichkeiten von AIDS-Viren vor allem durch sexuelle Beziehungen, aber auch »durch Blut, Blutprodukte, Organtransplantate sowie von der Mut-

---

[134] Vgl. Robert C. Gallo: »HTLV-1: Das erste menschliche Retrovirus«. *Spektrum der Wissenschaft* (Heidelberg), Februar 1987, S. 54–65.

[135] Vgl. P.J. Kanki, M.F. McLane, N.W. King jr., N.L. Letvin, R.D. Hunt, P. Sehgal, M.D. Daniel, R.C. Desrosiers und M. Essex: »Serology, Identification and Characterization of a Macaque T-Lymphotropic Retrovirus Closely Related to Human HTLV-III.« *Science*, Bd. 228, Heft 4707/7, Juni 1985, S. 1199–1201.

[136] Max Essex und Phyllis J. Kanki: »Die Abstammung des AIDS-Virus«. *Spektrum der Wissenschaft*, Sonderheft 7/1989, S. 28.

[137] Ebenda, S. 29

[138] Ebenda, S. 27

ter vor oder während der Geburt« kann das HIV »auf das Kind übertragen« werden. Das Virus wurde im Blut, Sperma, Cervikalsekret und in der Muttermilch Infizierter nachgewiesen. Die Autoren schreiben ferner: »Obwohl HIV auch aus Speichel, Tränenflüssigkeit und Insekten isoliert wurde, spielen Übertragung durch normale Kontakte, Gegenstände wie Kontaktlinsen, Lebensmittel und Insekten keine Rolle, wenn auch eine Übertragung im Einzelfall nicht vollkommen ausgeschlossen werden kann.«[139] Vehikel der Seuche AIDS sollen Homosexualität, Promiskuität sowie Drogensucht sein. So wurde z.B. in der Schweiz berichtet, daß unter den bekanntgewordenen AIDS-Fällen im Februar 1987 rund 65% homo- oder bisexuelle Männer und etwa 10% Rauschgiftsüchtige waren.[140]

Bis Ende 1989 wurden in diesem Land 1141 Fälle von AIDS bei Erwachsenen gemeldet. 47,9 Prozent betrafen homosexuelle Männer, 35,5 Prozent Drogensüchtige, 0,6 Prozent Bluterkranke, 1,4 Prozent wurden durch Bluttransfusion infiziert, 9,6 Prozent infizierten sich heterosexuell und der Rest von 4,9 Prozent ist unklar. Demzufolge repräsentieren die Homosexuellen, Drogensüchtigen und wohl auch die Prostituierten die primären Risikogruppen.[141]

1987 hat das AIDS-Virus jenes »Getto« verlassen und breitete sich mit zunehmender Tendenz auch bei Heterosexuellen aus. Die Mitte Dezember 1987 in 128 Ländern über 72 000 an Immunschwäche Erkrankten sowie die über 15 000 im Februar 1987 bereits an AIDS-Folgen Verstorbenen registrierte man mehrheitlich in den primären Risikogruppen. Doch sollen in den USA immer häufiger Fälle im Mittelstandsmilieu diagnostiziert werden, und zwar bei Männern, Frauen und Kindern (!).[142] Der amerikanische Surgeon General C. Everett Koop erklärt die Verbreitung dieser Pandemie mit der Promiskuität in Homo- und Bisexuellen-Kreisen, durch die letzteren auch unter exklusiv Heterosexuellen, mit Interkurs mit Prostituierten sowie mit intravenösem Drogenmißbrauch.[143] Der deutsche

[139] Eva Rozdzinski und Winfried Kern: »Das AIDS-Virus: Übertragung, Pathogenese, Nachweismethoden und Epidemiologie« in: Helmuth Zenz und Gabriele Manok AIDS-Handbuch für die psychosoziale Praxis. Bern, Stuttgart, Toronto: H. Huber, 1989, S. 25. Vgl. »Anfang 90er Jahre könnten AIDS-Kranke die ›Insel‹/Berner Universitätskrankenhaus/füllen«, Bund (Bern), 22. Jan. 1987, S. 25; vgl. Jay Kesler (Hrsg.), Parents and Teenagers, S. 512.

[140] »Sicherer als ›Safer Sex‹ ist nur kein Sex«, Bund, 4. Febr. 1987, S. 2.

[141] J. Schüpbach. Antrittsvorlesung: Retroviren & AIDS: Eine Standortbestimmung, Zürich, 8.5.1990, S. 2.

[142] »Trotz Informationsflut Informationsmangel«, Bund, 21. Feb. 1987, S. 2; »Weltweit 30 000 000 AIDS-krank«, Bund, 4. Jan. 1988, S. 11. Vgl. AIDS Surveillance in Europe: Quarterly Report No 24/31.12.1989 (Paris) S. 3af., 7a.

[143] »A Most Explicit Report«, Time 44 (3. Nov. 1986): 50, wo auch Dr. Koops Mahnung steht: »Do not have sex with prostitutes. Infected male and female prostitutes are fre-

Sexologe Erwin J. Haeberle aus San Francisco konstatiert: »Obwohl bisher in keiner Statistik gesondert aufgeführt, sind neuerdings auch die Prostituierten als gefährdete Gruppe erkennbar geworden . . . Den Testpositiven hat man dann ›Berufsverbot‹ erteilt.«[144]

Koop beruhigt jedoch: Keine Infektion erfolgt durch Händeschütteln, Umarmung, Küssen, Weinen, Husten oder Niesen. Laut Koop holt sich auch niemand das Virus im Schwimmbad oder im Restaurant noch durch den Gebrauch von Bettwäsche, Handtüchern, Gläsern, Trinkhalmen, Geschirr und Besteck, Türgriffen, Toiletten, Büromaschinen oder Möbeln, die auch von Virusträgern benutzt werden.[145]

Obwohl die AIDS-Erkrankungen noch immer vorwiegend unter den Homo- und Bisexuellen sowie Drogenabhängigen registriert werden, kann man heute nicht mehr von Risikogruppen, sondern sachlicherweise nur noch von Risikoverhalten sprechen. Abzulehnen ist die Meinungsäußerung eines britischen Konservativen in South Staffordshire, der nach der Betrachtung eines Regierungsfilmes über AIDS zu kommentieren für möglich hielt:

Ich würde sie alle erschießen. Dieser Film zeigt, wie man AIDS aufhalten kann, aber er sagt nichts darüber aus, wie man der Homosexualität ein Ende setzen könnte. Als Heilmittel würde ich vorschlagen, 90% der Schwulen in Gaskammern zu stecken.[146]

4.3. Die Dissemination von AIDS

Anlaß zur Panik, daher auch zu so emotionalen Kommentaren, mag in der Tat gegeben sein, scheint die Pandemie doch bedenkliche Ausmaße anzunehmen. Thomas L. Morris gibt für die USA 1983 die Zahl von 6000 registrierten AIDS-Erkrankungen und 1000 Todesfällen an.[147] Die Weltgesundheitsorganisation (WHO) berichtete Mitte April 1985 von 9608

quently also intravenous drug abusers; therefore they may infect clients by sexual inter course and other intravenous drug abusers by sharing their intravenous drug equipment.«

[144] Erwin J. Haeberle: »AIDS – Was tun?« in Siegfried R. Dunde (Hrsg.), AIDS – Was eine Krankheit verändert (Frankfurt/M., 1986), S. 200.

[145] »A Most Explicit Report«, a.a.O., S. 51; vgl. Alexander Haimhausen, Safer Sex – Liebe und Zärtlichkeit ohne gesundheitliches Risiko (Düsseldorf, 1986). S. 8ff.

[146] Bill Hewitt et al., »An Ugly Anti-Gay Backlash«, Newsweek 13 (30. März 1987): 10.

[147] Thomas Morris, »Venereal Disease: A Well-kept Secret« in Jay Kesler (Hrsg.), Parents and Teenagers, S. 511–513, hier: S. 512, mit Hinweis auf den U.S. Public Health Service. Vgl. dagegen: »4690 AIDS-Kranke sind in den USA gezählt, 2074 von ihnen schon gestorben«, berichtete H. Halter in »Ich bin en Tunt . . .«: Spiegel, 16. Juli 1984, S. 131.

AIDS-Fällen in den USA.[148] Anfang September 1986 veröffentlichte eine Wochenzeitschrift neue Daten über AIDS-Kranke in den Vereinigten Staaten: In den fünf Jahren seit Erfassung der AIDS-Fälle wurden 23 700 Erkrankungen registriert; 12 900 der AIDS-Träger starben in dieser Zeitspanne.[149] Im Januar 1987 verzeichnete man in den USA 12 656 AIDS-Kranke.[150] »Newsweek« berichtete am 25. Juni 1990, daß allein in den USA mehr als 3000 neue AIDS-Fälle jeden Monat gemeldet werden; 130 000 Personen sollen an AIDS bereits erkrankt und eine Million mit HIV infiziert worden sein. Man berichtete von 700 000 AIDS-Fällen und 6 bis 8 Millionen Infizierten weltweit.[151] Diese fragmentarische Statistik mag das Problem in seiner Tendenz belegen.

Eine Auswirkung von AIDS ist die Xenophobie. In Belgien, Kuba, Bulgarien, Rumänien, Ägypten, Indien und dem Bundesland Bayern müssen sich afrikanische Gaststudenten einem AIDS-Test unterziehen; die AIDS-Positiven werden zum Verlassen des jeweiligen Gastlandes aufgefordert. Ein AIDS-kranker amerikanischer Bürger erhielt in Großbritannien keine Einreiseerlaubnis und mußte zurückfliegen.[152] Bereits im April 1985 schrieb ein Nachrichtenmagazin:

Es gibt Gründe für die Angst; 58 von 132 Personen in Großbritannien, die von AIDS infiziert wurden, sind gestorben, und ein Heilmittel für die Krankheit ist noch nicht bekannt. Die Forscher betonen zwar, daß das AIDS-Virus nur durch direkten intimen Kontakt mit dem Blut, Sperma und Speichel eines AIDS-Trägers übertragen werden kann, aber laut Jonathan Turner, einem Arzt am Königlichen Nationalkrankenhaus, /gilt/: »Die Mythen über AIDS nehmen rascher zu als die Krankheit selber. Sensationelle – und oft inkorrekte – Reporte haben Volksangst geschürt. Diese Artikel haben Homophobie erzeugt, welche sich gegen die Homosexuellen richtet, die meisten Opfer der AIDS-Krankheit.«[153]

Wie rapide die Zahl der AIDS-Kranken auch in Großbritannien zunimmt, zeigen folgende Daten: Im Dezember 1984 wußte man von 108 AIDS-Fällen, Anfang 1987 waren 686 erkrankte Personen sowie 355 AIDS-bezo-

[148] Matt Clark und Vincent Coppola, »AIDS. A Growing ›Pandemic‹?«, Newsweek 17 (29. April 1985): 49.
[149] Kenneth Pierce, Anita Pratap und Marianne Vollers, »A Deadly Disease Comes to India«, Time 35 (1. Sept. 1986): 52.
[150] Bill Hewitt et al., »AIDS: The Fear Spreads«, Newsweek 3
[151] Geoffrey Cowley, Mary Hager und Ruth Marshall: »AIDS. The Next Ten Years«. Newsweek 26 (25. Juni 1990): 50.
[152] Rod Nordland, Ruth Marshall et al., »AIDS: Fear of Foreigners«, Newsweek 14 (6. April 1987): 17.
[153] Jacob Young und Rita Dallas, »A Move to Curb AIDS Panic«, Newsweek 14 (5. April 1985): 17; vgl. Andreas Salmen, »Nicht weit von Hysterie entfernt« in S.R. Dunde, AIDS – Was eine Krankheit verändert, S. 149–161.

gene Todesfälle registriert[154], im Dezember 1988 wurden 1982 AIDS-Fälle bekannt, im März 1989 2192, im Juni 2372, im September 2649 und im Dezember 1989 zählte man 2830 an AIDS erkrankte Menschen.[155]

Das Bundesgesundheitsamt meldete am 30. Dezember 1987 1677 bekannte AIDS-Fälle, davon 725 Verstorbene, und im Dezember 1989 wurden 4306 AIDS-Fälle registriert[156]; bis Juni 1984 waren »nur« 31 Personen an AIDS gestorben, und bei 76 war die Infektion eindeutig diagnostiziert worden[157], während im Dezember 1984 bereits 135 Fälle aktenkundig waren.[158] Eine Meldepflicht für AIDS besteht bisher in Bayern. Gleiches gilt für Italien, wo fünf strafgefangene AIDS-Träger bereits aufgrund der Infektion gestorben sind; insgesamt soll sogar einer von sechs Gefängnisinsassen HIV-infiziert sein – eine bedenkliche Statistik, zumal es Homosexualität und Drogenmißbrauch auch in den Strafanstalten anderer Länder gibt.[159] In Italien wurden bis zum 31. Dezember 1989 5307 AIDS-Fälle gezählt.[160]

In Österreich wurde im Februar 1987 die Zahl der AIDS-Erkrankungen mit 54 angegeben, wobei bis dahin 34 Fälle tödlich verliefen.[161] Am 31. Dezember 1989 meldete man 369 Personen, die von der AIDS-Krankheit betroffen waren.[162]

Schweden soll kein moralisches Tabu für freie Liebesbeziehungen kennen; »schon vor 50 Jahren war es selbst in streng religiösen Kreisen Sitte, daß ein Bursche bei einer Anzahl Mädchen ›probe‹-schlief«. Die schwedische Schule versucht nicht zu verhindern, daß Schüler und Schülerinnen, durchschnittlich im Alter von 17–18 Jahren, sexuell miteinander verkehren; als unmoralisch gelten nur »Seitensprünge« Verheirateter. Das Ergebnis einer neuen Untersuchung lautete, daß 18- bis 44jährige alleinstehen-

---

[154] »Minister gibt Kranken Hand«, Bund, 21. Febr. 1987, S. 2.

[155] AIDS Surveillance in Europe. Quarterly Report No 24, Paris, S. 10.

[156] Ralph Lorenz, »Die Zahl der AIDS-Kranken hat sich mehr als verdoppelt«, Die Welt (Hamburg), 31.12.1987/1.1.1988, S. 1; vgl. »AIDS – Die unheimliche Bedrohung«, Bunte (München), 12. Febr. 1987, S. 71. Zu den Zahlen des Jahres 1989 siehe: AIDS Surveillance in Europe. Quarterly Report No 24, S. 10.

[157] H. Halter, »Ich bin en Tunt . . .«, a.a.O., S. 131.

[158] M. Clark und V. Coppola, »AIDS. A Growing ›Pandemic‹?«, a.a.O., S. 49.

[159] Spencer Reiss und Theodore Stanger, »Italy: AIDS and Amnesty«, Newsweek 37 (15. Sept. 1986): 49. Im Dezember 1984 hatte man in Italien 14 AIDS-Fälle registriert: M. Clark und V. Coppola, »AIDS. A Growing ›Pandemic?«, a.a.O., S. 49; vgl. B. Hewitt, R. Marshall et al.: »AIDS: The Fear Spreads«, a.a.O., S. 10f.

[160] AIDS Surveillance in Europe. Quarterly Report No 24, S. 10.

[161] »Wien: Breite Aufklärung«, Bund (Bern), 17. Febr. 1987, S. 2. Laut WHO-Angaben waren im Dezember 1984 in Österreich »nur« 13 AIDS-Fälle gemeldet: Clark und Coppola, a.a.O., S. 49.

[162] AIDS Surveillance in Europe. Quarterly Report No 24, S. 10.

de Männer ihre Sexualgewohnheiten aus Angst vor AIDS verändert hätten und daß die Partnertreue und Enthaltsamkeit in Schweden eine Renaissance erlebten: laut der Erhebung hatten im vergangenen halben Jahr »nur« 2% der Verheirateten sexuellen Interkurs außerhalb der Ehe. Durch AIDS starben in diesem Land bis Februar 1987 46 Personen[163] und insgesamt sind 380 AIDS-Fälle bis zum 31. Dezember 1989 bekannt geworden.

In Südamerika steht Brasilien hinsichtlich der statistisch erfaßten AIDS-Fälle an der Spitze: Im Januar 1987 waren 459 Erkrankungen und rund 110 000 Serumpositive in Brasilien bekannt, während die übrigen Länder des Kontinents bis dahin von AIDS angeblich verschont geblieben waren.[164] Diese Information war aber inkorrekt. Denn kurz danach meldete man z.B. in Argentinien 197 AIDS-Fälle, und zwar am 30. Juni 1988, in Bolivien zum selben Zeitpunkt 8, in Chile wurden am 30. September 1988 100 AIDS-Erkrankungen gemeldet, Costa Rica 79, Dominikanische Republik meldete am 30. 6. 1988 566 AIDS-Fälle, Ecuador 45, Guatemala und Honduras gaben am 30. September 1988 die Zahlen mit 46 bzw. 186 an.[165]

Ähnlich wie für Lateinamerika sieht das Bild zur Zeit für Asien aus. In Thailand waren bis Januar 1987 sechs AIDS-Infizierte gestorben, in Hongkong drei, doch war hier bereits bei 69 weiteren die Krankheit diagnostiziert worden.[166] Jedoch stieg die Zahl der Infizierten in Thailand von 1000 in 1987 auf etwa 50 000 in 1990![167] In Indien werden die Prostituierten als potentielle Krankheitsverbreiter ernstgenommen, nachdem zufällig sechs Prostituierte als Virus-Träger ermittelt waren. Weitere Untersuchungen konstatieren zusätzliche AIDS-Fälle, u.a. unter afrikanischen Gaststudenten.[168] In Japan sind viele Homosexuelle verheiratet und ma-

---

[163] »Skandinavien: Mehr Treue«, *Bund*, 17. Febr. 1987, S. 2. Im Dez. 1984 gab es in Schweden erst 16 AIDS-Fälle: Clark und Coppola a.a.O., S. 49. – Zum Effekt schwedischer Sexualerziehung vgl. unten meine Anm. 202, J. Illies. Zur Kategorisierung »strenge Religiosität« vgl.: Rudolf Seiß, *Freiheit und Identität des Christen* (Neuhausen, 1979), Kap. 5: »Sünde und Moral – leidet der Christ unter moralischen Zwängen?«, S. 75ff. U.a. sagt Seiß: »Die Nachfolge Jesu ist keine moralische Lebensweise« (S. 86); »die schöpfungsgemäße Geschlechtlichkeit/wurde/überlagert und verzerrt zur Sexualität. Zentrales Merkmal der Geschlechtlichkeit war nicht mehr das Einswerden, das Verschmelzungserlebnis . . .« (S. 80). »Der Moralist ist ein Idealist. Der emanzipierte, moderne Zeitmensch ist ein Illusionist . . . Der Jünger Jesu ist ein Realist. Er ist voll in der Welt . . .« (S. 87); *AIDS Surveillance in Europe. Quarterly Report No 24*, S. 10.
[164] Bill Hewitt, Ruth Marshall et al., »AIDS: The Fear Spreads«, a.a.O., S. 9. Im Dez. 1984 waren es in Brasilien 182 AIDS-Kranke gewesen: Clark und Coppola, a.a.O.,
[165] Michael G. Koch, *AIDS. Vom Molekül zur Pandemie*, S. 168.
[166] B. Hewitt et al., »AIDS: The Fear Spreads«, a.a.O., S. 9.
[167] G. Cowley, M. Hager und R. Marshall: »AIDS. The Next Ten Years«, a.a.O., S. 51.
[168] K. Pierce et al., »A Deadly Disease Comes to India«, a.a.O., S. 52, 54f.

chen zwischen Arbeitsplatz und Heim *en passant* ihren Abstecher in ein Homosexuellenviertel. Die Angst vor Diskriminierung ist sehr stark und entsprechend gering ist die Bereitschaft, sich einem AIDS-Test zu unterziehen. Bis Anfang 1987 wurden daher in Japan erst siebenundzwanzig AIDS-Fälle registriert, und 90 AIDS-Fälle meldete man am 31. August 1988. Auf den Philippinen wurden bei zweiundzwanzig am Sexgeschäft beteiligten Personen HIV entdeckt.[169]

Unübersehbare Dimensionen dagegen scheint die AIDS-Seuche in Afrika angenommen zu haben. Ende 1986 wurde von »mehreren hunderttausend« AIDS-Toten und »ca. fünf Millionen« Virusträgern berichtet. Uganda liefert mit dem Dorf Kasensero, 150 Meilen südlich von Kampala gelegen, ein makabres Beispiel. Hier starben von den 500 Einwohnern 100 an der HIV-Invasion von 1982. Jetzt leben noch 150 Personen im Dorf, die übrigen flohen. Die Weltgesundheitsorganisation ermittelte für die von elf Nationen bewohnte Region zwischen Kongo und Tansania bis Ende 1986 50000 Todesopfer aufgrund von AIDS.[170] In Kinshasa (Zaire) soll eins von sieben Neugeborenen mit dem AIDS-Virus infiziert sein. Aufgrund von Blutkonserven aus Kinshasa haben Forscher ermittelt, daß AIDS bis in das Jahr 1959 zurückverfolgt werden kann. Da das Kaposi-Sarkom mit AIDS in Zusammenhang gebracht wird, erhielt die Tatsache neue Relevanz, daß in der Rakai-Region in Uganda seit 1962 sich eine aggressive Form dieses Hautkrebses ausbreitet. Bis zu 25% der Spitalbetten sind im zentralen Afrika heute mit AIDS-Patienten belegt. In Sambia, Zaire, Burundi, Rwanda, Uganda und Tansania sollen 5% der Bevölkerung Virusträger sein, und von hier verbreitet sich AIDS in die bisher weniger betroffenen Länder Angola, Kongo, Simbabwe und Malawi. Kubanische Soldaten sollen das Virus in ihre Heimat importiert haben, ebenso wie Haitianer aus Zaire nach Haiti und in die USA.[171]

Die kommunistisch regierten Länder haben bis jetzt kaum realistische Informationen über ihre Verbreitung des AIDS-Virus geliefert. Den Pres-

---

[169] B. Hewitt et al., »AIDS: The Fear Spreads«, a.a.O., S. 12. Vgl. M.G. Koch, *AIDS. Vom Molekül zur Pandemie*, S. 168.

[170] R. Nordland, R. Wilkinson und R. Marshall, »Africa in the Plague Years«, *Newsweek* 48 (1. Dez. 1986): 44.

[171] Ebenda, S. 45f; vgl. J. Schüpbach. Antrittsvorlesung. Retroviren & AIDS: Eine Standortbestimmung. Zürich 8.5.1990, S. 1. B. Liautard, C. Laroche, J. Duviver et al., *Le sarcome de Kaposi – Est-il fréquent en Haiti?* Beitrag am 18. Kongreß frankophoner Ärzte der amerikanischen Hemisphäre, Port-au-Prince, Haiti, April 1982; M. Marmor, L. Laubenstein, D.C. William et al., »Risk Factors for Kaposi's Sarcoma in Homosexual Men« *Lancet* (London) 1 (1982): 1083ff.; A.E. Friedman-Kien, »Disseminated Kaposi's Sarcoma Syndrome«, *Journal of the American Academy of Dermatology* 5 (1981): 471f; M.A. Hardy, P. Goldfarb, S. Levine et al., »De novo Kaposi's Sarcoma in Renal Transplant«, *Cancer* (Philadelphia) 38 (1976): 144–148.

seberichten zufolge gab Polen die Zahl der bis Ende 1986 registrierten AIDS-Fälle mit 21 an, davon einer mit tödlichem Ausgang.[172] Ungarn meldete Ende 1986 102 AIDS-Virusträger. In Jugoslawien soll im Herbst 1985 der erste AIDS-Fall registriert worden sein; bis Anfang 1987 kam dieses Land offiziell auf fünf AIDS-Todesfälle. Die Tschechoslowakei meldete im Herbst 1986 vier AIDS-Patienten, die Ex-DDR zum selben Zeitpunkt einen einzigen – letalen – AIDS-Fall. Die Ex-DDR-Regierung hat jedoch die AIDS-Meldepflicht verfügt. Aus demographischen Gründen sind in Rumänien Präservative seit einigen Jahren gesetzlich verboten; das Thema AIDS ist bis vor kurzem als korreliertes Tabu umgangen worden. Am 31. Dezember 1989 wurden dennoch 69 AIDS-Fälle in diesem Land gemeldet. In der Sowjetunion wies die offizielle Statistik des Gesundheitsamtes Ende 1986 zwölf AIDS-Erkrankungen bei Ausländern in der UdSSR nach; bei einer Sowjetbürgerin war AIDS diagnostiziert worden, bei einem Sowjetbürger bestand ein Verdacht. Am 31. Dezember 1989 meldete man 26 AIDS-Fälle, die Zahl der Infizierten bleibt jedoch unbekannt. Die sowjetische Presse behauptete, daß die Verantwortung für den AIDS-Erreger beim amerikanischen Geheimdienst CIA liege: Laut einem französischen Immunologen Jack Leybowitsch soll das Virus zwischen 1974 und 1977 in einem amerikanischen Labor für bakteriologische Waffen entstanden und durch einen Zufall nach außen getragen worden sein. Im übrigen wiederholt die sowjetische Presse im Zusammenhang mit AIDS, daß es (speziell davon betroffene) Homosexuelle bekanntlich nur im (kapitalistischen) Ausland gäbe. In der UdSSR sei »diese widernatürliche Neigung als Strafbestand und nicht als existierendes Phänomen zu behandeln«.[173]

Fast täglich berichtet die westliche Presse über AIDS-Fälle, von denen in der Schweiz im dritten Quartal 1987 insgesamt 299 – nebst 157 AIDS-Todesfällen – registriert waren.[174] Hier wie anderswo scheinen die Zahlen rapide zu steigen, denn am 31. Dezember 1989 zählte man bereits 1159 AIDS-Fälle; in Frankreich lag der statistische Befund im Februar und Dezember 1989 bei 19 bzw. 158,3 AIDS-Fällen auf 1 Million Einwohner, in der Schweiz bei 26,2 bzw. 175,6 im Dezember 1989.[175] In Anbetracht der obigen Bestandsaufnahme sehen wir uns mit der Frage konfrontiert, wie

---

[172] »Osteuropa: Unterschiedliche Reaktionen«, *Bund*, 17. Febr. 1987, S. 2.

[173] »AIDS in Ungarn«, *Bund*, 6. März 1987, S. 4; »Spid‹ ist nicht mehr länger ein Tabu«, ebenda; »Osteuropa: Unterschiedliche Reaktionen«, Bund, 17. Febr. 1987, S. 2; AIDS Surveillance in Europe. *Quarterly Report No 24*, S. 10.

[174] »Mehr AIDS-Erkrankungen«, *Bund*, 2. Nov. 1987, S. 36; vgl.: »Immer mehr AIDS-Kranke«, *Bund*, 2. Febr. 1987, S. 1 vgl. S. 16.

[175] »In Paris: Vergnügungen ja, Ansteckung nein«, *Bund*, 21. Febr. 1987, S. 2; vgl. Michael Merschmeier, »Film, Apokalypse now!«, *Spiegel* (Hamburg) 4 (1985): 179f. Vgl. Aids Surveillance in Europe. Quarterly Report No 24, S. 10.

die christlichen Theologen die zur generellen Lebensbedrohung werdende Virusinfektion AIDS einordnen.

4.4. Der theologische Approach zu AIDS und AIDS-Kranken

Zwei Vorstandsmitglieder einer ökumenischen Arbeitsgruppe »Homosexuelle und Kirche« in (West-)Berlin, Lars Fischer und Ekkehard Kunz, interpretieren die Reserviertheit der Kirchen gegenüber dem AIDS-Problem:

> (Sie hat) etwas mit dem besonderen Phänomen dieser Krankheit zu tun. Die Ansteckung mit AIDS erfolgt vornehmlich durch engen Sexualkontakt; die Hauptbetroffenengruppe sind bisher die Schwulen. Zu beidem aber, zur Sexualität überhaupt und zu den Homosexuellen im besonderen, haben die Kirchen ein befangenes und oft sogar gestörtes Verhältnis.[176]

Das differenzierende, laut Fischer und Kunz »befangene und gestörte« Verhältnis der Kirchen namentlich zur Homosexualität resultiert aus ihren sexualethischen Normen, aus ihrer theologischen Auffassung von (Homo-)Sexualität, wobei sich ein breites Spektrum dieser Positionen präsentiert.

Die katholische Kurie argumentiert, Homosexualität sei nicht einfach eine Variante menschlicher Sexualität, sondern eine Einschränkung der Existenzmöglichkeiten des Individuums, »insofern die Möglichkeit der Bereicherung durch das andere Geschlecht wegfällt«.[177] Diese Argumentation will keine moralische Wertung der betroffenen Personen abgeben, sondern ein besseres Verständnis für Homosexuelle erzielen, »denn die Theologie beurteilt eine solche Befindlichkeit als ein Zeichen der allgemeinen Erlösungsbedürftigkeit des Menschen«.[178] Diesem Gedanken schließt sich auch Hans Küng an:

> Erst Erlösung vermag einen von Schuld befreiten, sich für Zeit und Ewigkeit angenommen wissenden, zu einem sinnvollen Leben und zu einem vorbehaltlosen Einsatz für den Mitmenschen, die Gesellschaft, die Not in dieser Welt befreiten neuen Menschen heraufzuführen.[179]

Nun aber leben unzählige Menschen im unerlösten Zustand und sind – laut dem katholischen Systematiker Kurt Koch – preisgegeben »an die

---

[176] E. Kunz und L. Fischer, »AIDS – eine Herausforderung an die Kirchen« in S.R. Dunde (Hrsg.), *AIDS – Was eine Krankheit verändert*, S. 123f.

[177] Eugen J. Cooper *Grundkurs Sexualmoral. II: Leben in Liebe* (Freiburg, 1983), S. 85.

[178] Gemeinsame Synode der Bistümer in der Bundesrepublik Deutschland, Arbeitspapier »Sinn und Gestaltung menschlicher Geschlechtlichkeit«, Nr. 4.4.4 in *Arbeitspapiere der Sachkommissionen. Offizielle Gesamtausgabe II* (Freiburg, 1977).

[179] Hans Küng, »Gott und das Leid« in Karl-Josef Kuschel (Hrsg.), *Lust an der Erkenntnis: Die Theologie des 20. Jahrhunderts* (München–Zürich, 1986), S. 349.

Konsequenzen« ihres »Fehlverhaltens«, das sich »gewiß auch, aber nicht nur und nicht einmal prioritär im Virus AIDS« offenbare.[180] Ähnlich folgern der katholische Moraltheologe Antonio Antiero und der Lehrbeauftragte für ärztliche Ethik Helmut R. Zielinski: »AIDS ist keine Strafe Gottes speziell für Homosexuelle, Bisexuelle oder Fixer, sondern eine Krankheit, die wir versuchen müssen, in den Griff zu bekommen.«[181]

Ohne Information über den aktuellen medizinisch-pharmakologischen Stand der AIDS-Forschung kann ein Theologe gegenüber AIDS-Patienten kaum eine fundierte Position verfechten. Bisher haben sich mehrere Medikamente, die als bahnbrechende Substanzen angekündigt worden waren, bei der klinischen Erprobung als Enttäuschung erwiesen. 1986 schrieb der Arzt Wolfgang Köthemann:

> Die letzten verheißungsvollen Berichte zur kausalen Therapie kommen aus einem deutschen Primatenzentrum. Dort soll eine entwickelte Substanz bereits im Tierversuch erprobt werden, und es bleibt zu hoffen, daß die zu erzielenden Ergebnisse nicht wieder niederschmetternd sind.[182]

1986 gab es erste Erfolgsmeldungen über die AIDS-Therapie mit Azidothymidin (AZT), das 1964 durch Jerome Horwitz an der Michigan Cancer Foundation im Blick auf die Behandlung von Tumoren synthetisiert worden war. Da AZT bei Tumor ineffektiv blieb, hatte man es bis 1984 »vergessen«; nun plädiert man für eine Massenproduktion, da AZT das Leben der AIDS-Patienten verlängern könne.[183]

Anfang 1987 rechnete der Basler Pharmakonzern Ciba-Geigy damit, »in zwei bis drei Jahren« ein Heilmittel gegen das HIV herstellen zu können; das Präparat soll in den Vereinigten Staaten bereits erprobt worden sein und sich als effizient erwiesen haben: Laut Alex Matter sollen die Patienten nach einer Behandlung ihr Leben »unter akzeptablen Bedingungen einigermaßen weiterführen können«.[184]

---

[180] Zitiert aus der »Schweizerischen Kirchenzeitung« bei E. Kunz und L. Fischer, a.a.O., S. 125.

[181] Zitiert von Mathias Bosch, S. 92; vgl. David Gelman, Pamela Abramson et al., »AIDS: Once Dismissed as the ›Gay Plague‹, the Disease Has Become the No. 1 Public-Health Menace« in Newsweek 32 (12. Aug. 1985): 38–46; Hilary Ng'weno, »AIDS in Africa: A Racist ›Taint‹«, Newsweek 12 (23. März 1987): 4.

[182] W. Köthemann, »Der neueste Stand der medizinischen AIDS-Forschung« in S.R. Dunde (Hrsg.), AIDS . . ., S. 242. Köthemann arbeitet seit 1984 in Bonn an einer Dissertation über AIDS.

[183] J. Levine und B. Harymurti, »A Ray of Hope in the Fight Against AIDS«, Time 39 (29. Sept. 1986): 44f; M. Clark, J. Seligmann und M. Hager »At Last, Hope for AIDS Victims«, Newsweek 39 (29. Sept. 1986): 51f; vgl. M. Clark, M. Hager und M. Rogers, »A Possible AIDS Vaccine«, Newsweek 16 (21. Apr. 1986): 53; dagegen: J. Young et al., »An AIDS ›Triumph‹ Backfires«, Newsweek 47 (25. Nov. 1985): 58.

[184] Prof. Matter gegenüber Radio DRS, zitiert in »AIDS-Forschung: Erfolgsmeldung«. Bund, 17. März 1987, S. 1; vgl. M. Clark, M.A. Lerner und N. Stadtman, »AIDS: A

Die Isolierung eines Impfstoffes auf der Grundlage eines genetischen Bausteins des HIV, der bei diesem »Verwandlungskünstler« konstant bleibt, versuchen Molekularbiologen gegenwärtig mittels Gentechnik zu erreichen.[185] Doch dürfte es noch einige Jahre dauern, meint Köthemann, bis eine Impfung nicht nur der Risikogruppen, »sondern der gesamten Bevölkerung« ohne ein neues Risiko praktikabel sein wird.[186]

Bis dahin werden noch viele AIDS-Patienten sterben müssen. Deshalb plädiert der katholische Theologe Bert M. van der Post, Seelsorger an der Universitätsklinik Köln, für viel Offenheit, Geduld und Liebe mit AIDS-Kranken.

Ich kann nur immer wieder betonen und jeden bitten, der diesen Dienst tut, sich ganz zu öffnen und ganz da zu sein. Gott gibt uns die Kraft dazu, denn er hat gesagt: ›Fürchtet euch nicht, denn ich bin bei euch alle Tage‹.[187]

Hans Küng ergänzt in bezug auf menschliches Leid *per se:* »Eine Situation mag noch so trostlos, sinnlos, verzweifelt sein – auch hier ist Gott da.«[188] Küng spricht zugleich davon:

Die Einstellung zum Leid hängt zutiefst mit der Einstellung zu Gott und zur Wirklichkeit überhaupt zusammen: Im Leid kommt der Mensch an seine äußerste Grenze, zur entscheidenden Frage nach seiner Identität, nach Sinn und Unsinn seines Lebens, ja der Wirklichkeit überhaupt. Immer wieder erweist sich das Leid als der Testfall für Gottvertrauen und Grundvertrauen, der Entscheidungen herausfordert.[189]

Davor meinen Antonio Autiero und Helmut R. Zielinski, daß durch die Leiden der AIDS-Kranken und durch die Angst vor einer Infizierung »die lang vernachlässigte Tugend der Treue jetzt zu neuer Blüte erwächst. Und dies wäre dann auch am Ende der Segen einer Krankheit«.[190] Diese Vorstellung von Krankheit und Leid ist der katholischen »offiziellen« Theologie inhärent, stellt für sie sozusagen eine *notio communis* dar. Das Leid bleibt demnach ein Übel, es ist jedoch im Vertrauen auf Gott nicht mehr ein endgültiges Übel. Das letztliche Übel bleibt allein die Trennung von

---

›Breakthrough‹?«, *Newsweek* 45 (11. Nov. 1985): 54; M. Clark, »AIDS Therapy: A Step Closer?«, *Newsweek* 8 (24. Feb. 1986): 50.

[185] Felix Frank, »Gefährlichen Verwandlungskünstlern auf der Spur«, *Bund,* 22. Apr. 1987, S. 2, im Kontext der 46. Jahresversammlung der Schweiz. Gesellschaft für Mikrobiologie.

[186] W. Köthemann, a. a. O., S. 242.

[187] Bert M. van der Post, »Ein Brief an einen verstorbenen AIDS- Patienten« in S.R. Dunde (Hrsg.), *AIDS . . .,* S. 138.

[188] Hans Küng, »Gott und das Leid«, a. a. O., S. 354.

[189] Ebenda, S. 349.

[190] Zitiert bei E. Kunz und L. Fischer, a. a. O., S. 126; vgl. dagegen die Konstation des evangelischen M. Div. Heini Burckhardt, Jesus habe nie vom Segen einer Krankheit gesprochen. In: »Ohne Berührungsängste«, *Wort und Werk* (Bern) 23 (9. Nov. 1986): 22f – ein Beitrag, der unheilbar Kranke nach Jesu Erdenzeit aber im Stich läßt.

Gott, außerhalb dessen auch sekundäre Übel keinen Sinn erhalten. Entsprechend betrachtet die katholische Theologie auch die AIDS-Krankheit als einen Anstoß unter anderen, die dazu beitragen, den Leidenden für einen Weg zu Gott zu öffnen. »Durch Leiden soll der Mensch zum Leben gelangen«, faßt Hans Küng zusammen und fährt fort:

> Warum das so ist, warum das für den Menschen gut und sinnvoll ist, warum es nicht ohne Leid besser ginge, das kann keine Vernunft erweisen. Das kann aber vom Leiden, Sterben und neuem Leben Jesu im Vertrauen auf Gott schon in der Gegenwart als sinnvoll angenommen werden, in der Gewißheit der Hoffnung auf ein Offenbarwerden des Sinnes in der Vollendung.[191]

Daher kann die katholische Theologie postulieren, AIDS vermöge letzten Endes zum Vehikel des Segens zu werden. Es soll bereits unter Homosexuellen diskutiert worden sein, ob AIDS nicht doch ein Zeichen von Gottes Zorn sei, weil »durch die schwulen Lebensumstände die natürliche Ordnung ins Wanken geraten« sei.[192] Hans Halter notiert, daß an der Wand einer öffentlichen Toilette in Berlin ein – offenbar theologisch gebildeter – Homosexueller seine Bitte um Barmherzigkeit hinterlassen hat: »Domine, cum veneris iudicare, noli ne condemnare« (Herr, wenn du kommst zu richten, verurteile mich nicht).[193]

Die protestantischen Theologen bemühen sich um Differenziertheit bei ihrer Einordnung von AIDS. Bereits Calvin erarbeitete eine Antwort auf die Frage nach Sinn und Zweck von Seuchen. Nach Calvin zeigt die Heilige Schrift, »daß Seuchen, Kriege und andere Nöte Heimsuchungen Gottes sind, durch die er unsere Sünden bestraft«.[194] Trotz dieser Konklusion warnt Calvin vor drei gravierenden Irrtümern, die gegenüber Betroffenen leicht begangen werden. Erstens wirft sich der Beobachter zu rasch zum strengen Richter auf, »aber nur ganz wenige üben dieselbe Strenge, wie es doch recht wäre, auch gegen sich selbst«.[195] Zweitens liegt ein Irrtum in der »maßlosen« Strenge des Urteilenden, der glaubt,

> sobald einer von Gottes Hand getroffen wird, sei das ein Zeichen schweren

---

[191] Hans Küng, »Gott und das Leid«, a. a. O., S. 353; vgl. George D. Smith, *Teaching of the Catholic Church* (London, 1952), S. 1141–1146. – Die patristischen Auffassungen über das Leiden sind zusammengefaßt in den Werken: J.K. Mozley, *Impassibility of God: A Survey of Christian Thought* (Cambridge, 1926), und B.R. Brasnett, *The Suffering of the Impassible God* (London, 1928).

[192] Hans Halter, »Ich bin en Tunt . . .«, a. a. O., S. 131.

[193] Ebenda; vgl. »AIDS: ›Wir haben uns angesteckt‹ – Betroffene berichten«, *Stern Magazin* (Hamburg) 9 (19. Feb. 1987): 18–24; E. Salholz und P. McAlevey, »AIDS: Hollywood Jitters«, *Newsweek* 34 (26. Aug. 1985): 47; David Gelman und Michael Reese, »AIDS Strikes a Star«, *Newsweek* 31 (5. Aug. 1985): 53f.

[194] Zitiert von E. Kunz und L. Fischer, a. a. O., S. 126.

[195] Johannes Calvin, *Auslegung der Heiligen Schrift: Das Johannes-Evangelium*. Übers. M. Trebesius und H.Ch. Petersen (Neukirchen-Vluyn, 1964), S. 239.

Zorns; und aus geringen Vergehen machen wir schwere Verbrechen und geben beinahe gleich jede Hoffnung auf Rettung für ihn auf. Im Gegensatz dazu aber schwächen wir unsere eigenen Sünden ab und sind uns kaum eines leichten Vergehens bewußt, auch wo wir eine schwere Sünde begangen haben«.[196] Drittens neigen wir Menschen laut Calvin zum Irrtum, »daß wir alle ohne Ausnahme verdammen, die Gott mit einem Elend heimsucht. Es ist zwar sicher . . ., daß alle Leiden ihren Ursprung in der Sünde haben«, aber die Interpretation, daß »die Art der Strafen den Sünden entspreche und Gott bei der Bestrafung der Menschen nur darauf blicke, was ein jeder verdient habe«, sei problematisch.[197] Ein Querverweis auf Johannes 9,2f ist hier wohl legitim.

Der andere große Reformator, Martin Luther, führt aus, die »Schrekkensmächte« Tod, Gericht und Hölle habe Gott in die Welt hineingestellt, damit der Mensch sie durch den Glauben an Christus überwinde. Sie dienten uns zur Übung, mittels derer der Glaube stark wie der Tod und fest wie die Hölle werden solle, wenn diese Schreckensmächte »das Herz« angreifen und uns vom Glauben abzubringen versuchen. Daher habe auch Christus von furchtbaren Vorzeichen seiner Wiederkunft gesprochen, einschließlich von Seuchen, nicht um uns in Angst zu versetzen, sondern zur Stärkung des Glaubens, wobei seine Worte »Wenn aber dies anfängt zu geschehen, dann habt acht und hebt eure Häupter auf« seine Intention dokumentieren: Die Hörer bzw. Leser sind aufgefordert, durch den Glauben zu überwinden.[198]

Ein moderner lutherischer Theologe, der Japaner Kazoh Kitamori, folgert aufgrund der zitierten Ausführungen des Reformators: Der Glaubenssieg ist nur möglich, weil Gott sich uns als der leidende Gott offenbart hat. Sein Schmerz erwächst aus der Synthese von Zorn und Liebe, die sein Wesen ausmacht.[199] Gottes Schmerz resultiert also aus der Paradoxie des Einen, der Gottes gegen die Sünde gerichteten Zorn abfängt und blockiert,

---

[196] Ebenda; vgl. Calvins Ausführungen über Zöllner und Sünder bzw. Jesu pastorale Haltung ihnen gegenüber, in Joseph Haroutunian (Hrsg.), *Calvin: Commentaries* (Philadelphia, 1958), S. 337ff.

[197] J. Calvin, *Das Johannes-Evangelium*, S. 239.

[198] Martin Luther, *Theologie des Kreuzes*. Hrsg. G. Helbig (Stuttgart, 1962), S. 388. Luther scheint seine Ausführungen in starker Anlehnung an die Abhandlungen von Thascius Cäcilius Cyprian (200/210–258 n. Chr.) zu machen. Vgl. z. b. Cyprians Deliberationen zur Edifikation der Gemeinde zur Pestzeit: »De mortalitate« 4 in: Migne, Bd. 4, S. 606ff; ebenso; Martin Luther, *Commentary on the Epistle to the Galatians* (Cambridge, 1953), S. 272ff.

[199] Kazoh Kitamori, *Theology of the Pain of God* (London, 1966), S. 19–26. Ebda., S. 47, führt Kitamori aus, die Synthese von Zorn und Liebe manifestiere Gott im Kreuzesgeschehen, in dem die Paradoxie beider Elemente offenbar geworden sei.

ihn gegen sich selbst richtet und bestraft.[200] Dennoch wird laut Adolf Schlatter offenbar, daß göttliche Strafen auch an einem von Gott entfernten Menschen geschehen, indem ihr böser Wille vereitelt und zu einer unerfüllbaren, immer mißlingenden Sucht gemacht wird, die ihn letztlich zerstört. D.h., die Strafe manifestiert sich in der Beharrlichkeit des schlechten Begehrens, das aus einer falschen Wahl resultiert. So wird der böse Wille bestätigt und in der Konsequenz als Leiden empfunden. Diesem Leiden folgen auch physische Erkrankungen, potentiell ein notwendiges Ergebnis aus der falschen Wahl.«In diesen Reaktionen erlebt der Mensch die Verwerflichkeit seines bösen Tuns und die Gegnerschaft Gottes gegen seine Sünde, Gottes Zorn.«[201] Georg Huntemann ergänzt: »Die Sünde baut einen unheimlich getarnten Apparat der Vernichtung auf, in dem der Mensch sich verfängt, ehe er weiß, was ihm widerfahren ist.«[202] Karl Barth hebt den Aspekt von Gottes Geduld hervor, die ihre Hoheit und damit ihre Grenzen habe, welche in großen, durch menschliche Verstocktheit unvermeidlich gemachten Gerichten bzw. Katastrophen sichtbar würden.[203]

Laut Calvin, Schlatter und Barth besteht göttliche Strafe nicht nur in dem Verhaftetsein einer zerstörerischen Sucht, in der Beharrlichkeit einer schlechten Begehrung, sondern sie zieht Seuchen, Kriege, Katastrophen als göttliche Heimsuchungen nach sich, die sich aus dem Verhaftetsein einer falschen Wahl ergeben.[204] Aus solcher Heimsuchung resultierende Leiden sind nicht in dem Plan der göttlichen Schöpfung vorhergesehen gewesen, meint Thielicke und folgert, daher müßten alle Anstrengungen zur Eliminierung von Leiden unternommen werden, obschon Leiden einen sittlich relevanten Gehalt haben könne.[205]

Nicht unerwähnt sei Dorothee Sölles theologische Auffassung von Sünde als Ursprung des Leidens, wobei Sölle die marxistische Definition der Entfremdung übernimmt und diese mit Sünde gleichsetzt: Die Sünde entfremdet den Menschen von der Natur, von sich selber, von seinen Mitmenschen und von der ganzen Spezies. Sie bedeutet, daß der einzelne zu sündigen gezwungen ist, zum Zerstören ausgebildet und zum Ausplündern erzogen wird. Im heutigen Kontext hat Sünde oft den Charakter von

[200] K. Kitamori, S. 123; vgl. Jon Sobrino, *Christology at the Crossroads* (London, 1978), S. 201–224.

[201] Adolf Schlatter, *Das christliche Dogma* (Stuttgart, 1977), S. 239.

[202] Georg Huntemann, *Angriff auf die Moderne. Christusglauben zwischen Gestern und Morgen* (Wuppertal, 1966), S. 157.

[203] Karl Barth, *Die kirchliche Dogmatik* (Zürich, 1967), Bd. 4, Teil 4, S. 214.

[204] Vgl. David F. Wells, *Search for Salvation* (Leicester, 1978), S. 29; vgl. K. Barth, *Church Dogmatics*, Bd. 4/I., S. 515–543; Emil Brunner, *The Mediator* (Philadelphia, 1947), S. 444ff.

[205] H. Thielicke, *Theological Ethics: Sex*, S. 266f.

passivem Geschehen-Lassen, nolens-volens Nichts-dagegen-getan-Haben eher als von aktivem Handeln. Theologisch – und weniger umwelt- als vielmehr personbezogen – definiert ist Sünde für Sölle »nicht etwa Verletzung sexueller Normen, die wir als einzelne unternehmen, sondern (es sind) Machtstrukturen, die über uns herrschen« und aus denen wir befreit werden müssen; das Neue Testament habe dafür die Chiffre »Mammon«. »Sünde ist, daß wir diesem Gott dienen, an dieser zerstörerischen Perversion teilnehmen.«[206] Sölle geht nicht konform mit der Sicht, das Leid habe »den Sinn, uns zu einem Gott zurückzuführen, der nur erst groß wird, da er uns klein gemacht hat«, denn diese Folgerung setze einen sadistischen Gott voraus und statuiere »die Allmacht eines himmlischen Leidverhängers«.[207]

John Stott seinerseits stellt vier Thesen zum menschlichen Leiden auf: 1. Leiden ist ein »fremdes« Eindringen in die gute Welt Gottes und wird an seinem neuen Universum keinen Anteil haben. 2. Leiden ist oft die Folge von Sünde. Der Mensch kann sich durch eigene Sünden Leiden verursachen (Leiden als »Sold der Sünde«) oder es durch das Verschulden anderer Menschen erfahren. 3. Leiden ist auf unsere Schmerzempfindlichkeit zurückzuführen. 4. Leiden entsteht durch die Umwelt, in die Gott uns plaziert hat: Naturkatastrophen wie Überschwemmungen, Erdbeben, Dürre usw. haben, im Gegensatz zum meisten menschlichen Leiden, nicht menschliches Fehlverhalten zur Ursache.[208] Im weiteren führt Stott aber aus, durch von Menschen ertragenes Leiden könne Jesus Christus verherrlicht werden. In den Leiden und durch Leiden sei Gott am Werk, um seine Herrlichkeit zu manifestieren, wie er dies durch die Leiden Jesu Christi getan habe.[209]

Diese generellen Ansätze zur Einordnung von Krankheit im Kontext des Sündenbegriffs mußten u.E. kurz referiert werden als Hintergrund und Fundament zu den nun folgenden spezifischeren theologischen Äußerungen zum aktuellen Phänomen der Krankheit AIDS. Das Thema AIDS wird allgemein zu emotional angegangen, namentlich auch von moralisierenden Ärzten, die zwar u.E. mit Recht für die Monogamie plädieren,

[206] Dorothee Sölle, »Sünde und Entfremdung« in K.-J. Kuschel (Hrsg.), *Lust an der Erkenntnis*, S. 333–344, hier: S. 338; vgl. Dorothee Sölle, *Politische Theologie* (Stuttgart, 1982), S. 87–96, mit Jürgen Moltmann, *The Crucified God*, S. 332–335.

[207] Zitiert von L. Fischer und E. Kunz, a.a.O., S. 126. Ähnlich äußerte sich Philip Yancey: »If God is truly in charge, somehow connected to all the world's suffering, why is he so capricious, unfair? Is he the cosmic sadist who delights in watching us squirm?« in seinem Werk *Where Is God When It Hurts?* (Grand Rapids, 1977), S. 63.

[208] John Stott, *The Problem of Pain* (Leicester, 1986), S. 313f.

[209] Ebenda, S. 314; vgl. C.S. Lewis, *The Problem of Pain* (London, 1957), S. 17–77.

dabei aber AIDS zu präsumtiv als Quittung »des Himmels« für unmoralisches Verhalten bezeichnen.[210]

Der Pressesprecher der Evangelischen Kirche Deutschlands, Oberkirchenrat Rolf Koppe, Hannover, wollte nicht ausschließen, daß der einzelne von AIDS betroffene Mensch seine Erkrankung als »Heimsuchung« Gottes erfahre. Koppe wandte sich aber gegen die Präsumtion, AIDS könne »von oben herab« generell als Strafe Gottes für die Betroffenen bezeichnet werden.[211] Als »Heimsuchung Gottes«, nicht aber als »Geißel Gottes« kann nach Karl Heinz Neukamm, Pfarrer in Stuttgart, Präsident des Diakonischen Werkes der EKD, jede Krankheit bezeichnet werden. Neukamm warnte davor, noch mehr Angst vor der »unheimlichen Krankheit« AIDS zu erzeugen.[212] Auch der hessen-nassauische Kirchenpräsident Helmut Spengler, Darmstadt, wertet AIDS grundsätzlich als eine ähnliche Krankheit wie viele andere seuchenartige Infektionskrankheiten, die es in der Geschichte gegeben hat. Seelsorgerlich dürfe man sie nicht als »Geißel« oder »Strafe« Gottes verallgemeinern; statt dessen empfahl er, durch entsprechende Beratung dazu beizutragen, daß sexuelle Promiskuität abgebaut werde, und zu »zeigen, wie verantwortliche Liebe aussieht, die den andern schützt«.[213] Erika Kimmich, Professorin in Stuttgart, Mitglied im Rat der EKD, vertritt die Position, daß AIDS angesichts seiner weltweiten Verbreitung durchaus als »Heimsuchung Gottes« betrachtet werden könne. »Wir müssen überlegen, ob wir der Sexualität nicht einen viel zu hohen Stellenwert für das persönliche Glück eingeräumt haben.« Die Kirche habe es versäumt, darauf hinzuweisen, »daß wir uns nicht hemmungslos und ungestraft dem Lustverlangen hingeben können«. Denn die Kirche müsse auf die Gebote Gottes aufmerksam machen, die ja dem Glück des Menschen dienten.[214] Zum Beleg für Kimmichs Position könnte man den Biologen Joachim Illies anführen: »Ziel der Erziehung ist Selbstentfaltung zu höchstmöglicher Lebensqualität«, definiert er und untersucht dann den Impakt ideologischer Positionen auf die Erziehung, wobei laut Freud »Abwesenheit von Schamgefühl . . . das sicherste Kennzeichen von Schwachheit« ist, aber:

---

[210] (Ton- und Videokassette) »AIDS – ein Geschenk des Himmels an die Feinde sexueller Freiheit«. Vortrag und Diskussion in München, Mai 1986; Referent: Dr. med. N. Auhagen.

[211] »Ein Gericht Gottes?«, *Idea-Spektrum. Nachrichten und Meinungen aus der evangelischen Welt* 7 (1987): 1.

[212] Ebenda, S. 1f.

[213] Ebenda, S. 2; vgl. Dr. Hoevels, »Tabuthema AIDS-Stop«. Vortrag mit Diskussion, Freiburg/Brsg., Oktober 1985, Ton- und Videokasstte.

[214] *Idea-Spektrum* 7 (1987): 2; vgl. G.H. Christ und L.S. Wiener, »Psychosocial Issues in AIDS« in V.T. De Vita Jr., S. Hellman et al. (Hrsg.), *AIDS: Etiology, Diagnosis, Treatment and Prevention* (New York, 1985), S. 283ff.

Die Sexualforscher der modernen Couleur sagen: Die totale Aufklärung, d.h. die totale Überwindung aller Schambarrieren, befreit den Menschen, macht ihn glücklicher, macht das Leben schöner, öffnet ihm ganz andere Lebensqualitäten. Dies ist ... eine ideologische Vorstellung ... Hier können wir von den Schweden etwas lernen, dem sozialen Musterstaat, der nun schon seit vielen Jahrzehnten auf diesem Gebiet ›Vorbildliches‹ leistete ...[215]

Schweden kannte offiziell keine ethischen Normen für die Sexualaufklärung, worauf nach einem von Illies zitierten Bericht des schwedischen Sozial- und Kultusministeriums von 1978 »die Zahl der wegen Vergewaltigung Verurteilten mit einem zunehmenden Anteil Jugendlicher ... von 1950–1972 um 400% gestiegen« ist und »die Zahl der aufgeklärten Fälle von Homosexualität mit Minderjährigen unter 15 Jahren von 1973–1974, also in einem Jahr, um 100%«.[216]

Für die pietistische Dachorganisation Gnadauer Verband nahm 1987 deren damaliger Präses, Kurt Heimbucher, Pfarrer in Nürnberg, Stellung: AIDS ist eine »schreckliche Geißel« und ein »schweres Gericht Gottes über die Menschheit«, denn weltweit habe man »die guten Ordnungen Gottes verspottet, mit Füßen getreten und als veraltet abgetan«; nun ernte der Mensch, was er gesät habe.[217]

Der freikirchliche Theologe Fritz Laubach aus Hamburg erklärte, bei AIDS-Erkrankung sei ein schuldhaftes Verhalten der Menschen erkennbar, da die Infektion in den meisten Fällen Intimkontakt voraussetze, und zwar homosexuellen Interkurs oder heterosexuelle Promiskuität. »Unter diesem Aspekt ist AIDS ein Signal für ein Gericht Gottes«, insofern der Erkrankung die Übertretung göttlicher Gebote vorausgehe.[218]

Der Münchener Theologe Hans-Georg Lubkoll äußerte:

Ob AIDS eine Strafe ist, wissen wir nicht; das weiß Gott allein. Wir können die Strafe aber auch nicht ausschließen ... Daß Gott der Herr herrisch sein und strafen kann, steht nicht nur im Alten Testament.[219]

Lubkoll hält fest, daß AIDS eine Folge von Zügellosigkeit und Promiskuität sein kann, die wiederum eine Folge des Unglaubens ist. Dahinter ver-

---

[215] J. Illies, *Der bedrängte Mensch. Normen und Werte* (Kassel–Dürrenäsch, 1979), Kapitel »Sexualerziehung – Familie, Normen, Werte«, S. 63ff; hier: S. 64, 55, 69.

[216] Ebenda, S. 69–71.

[217] *Idea-Spektrum* 7 (1987): 2. – Der deutsche Verein zur AIDS-Verhütung fordert, jeder Bürger solle einen Gesundheitspaß mit Photo bei sich tragen, mit dem er sich als HIV-negativ ausweisen könne. Siehe: F.E. Hoevels, *Zwischen Monogamie-Propaganda und grünem Licht für Virus-Überträger* (Freiburg, 1986), S. 52–79.

[218] *Idea-Spektrum* 7 (1987): 2; vgl. Christa Meves, »Schrankenlose Freiheit ist die heiligste Kuh«, ebenda: 3f; Elisabeth Motschmann, »Sind Kondome wirklich besser?«, *Idea-Spektrum* 5 (1987): 14f.

[219] Hans-Georg Lubkoll, »AIDS – biblische Anmerkungen zur Seuche unserer Zeit«, *Pastoralblätter* (München) 5 (1987): 292.

berge sich irregeleiteter, egozentrischer Lebenshunger, dessen unbesehene Befriedigung als »Lebenskunst« jedoch ein Irrtum sei. Dennoch darf man, warnt Lubkoll, die AIDS-Kranken in unserer Gesellschaft nicht ausgrenzen:

Jesus . . . hat sich gerade der Ausgegrenzten angenommen . . . Ob sie (die AIDS-Kranken) aus eigener Schuld krank geworden sind oder . . . ohne eigenes Verschulden – nehmen wir sie an als unsere Brüder und Schwestern![220]

Erich Mauerhofer, Professor an der Freien Evangelisch-Theologischen Akademie Basel, trat mit seiner Stellungnahme zu einem Interview mit dem bereits erwähnten katholischen Theologen Haag an die Öffentlichkeit und postulierte: »Aus der Sicht der Heiligen Schrift ist AIDS ein Gericht Gottes, auch wenn Prof. Haag dies in tragischer Weise verneint.«[221] Ferner beklagt Mauerhofer, daß die AIDS-bezogene »Informationskampagne« des Bundesamtes für Gesundheitswesen nichts sei als »Symptom-Bekämpfung und leider die sexuelle Ent-Tabuisierungs-Welle noch weiter begünstigt«.[222] Der schweizerische Bundesrat erwiderte zur Kritik aus kirchlichen Kreisen, wonach die »Stop-AIDS«-Kampagne einseitig sei: »Es kann in dieser Situation nicht darum gehen, mit Aufklärungskampagnen gegen AIDS alles, was in unserer Gesellschaft als fehlerhaft erscheint, in Ordnung zu bringen. Unumstritten ist, daß Wahrung von moralisch-ethischen Verhaltensnormen, wie die eheliche Treue und allgemein die monogame Partnerschaft, den wirksamsten Schutz vor einer Ansteckung darstellen. Solche Überlegungen sind in die Informationen einzubeziehen. Die Aufgabe des Staates besteht aber primär nicht darin, moralische Verhaltungen zu propagieren (. . .), sondern möglichst zu schützen.«[223]

Anders als Mauerhofer verteidigte der Zürcher Theologe Christoph Stückelberger die »Stop-AIDS-Kampagne der Schweizer Behörden als ethisch notwendig«, als, wie er sagte, Feuerwehrübung nach bereits ausgebrochenem Brand. Mit dem Rat, sich bei »wechselnden sexuellen Kontakten« zu »schützen«, benenne die Kampagne »das ethische Minimum«.[224] Allerdings plädiert er auch für »sexuelle Treue«, die »lebensfördernd und

---

[220] Ebenda, S. 293–296, Zitat: S. 296.

[221] Erich Mauerhofer, »Ist AIDS (k)ein Gericht Gottes?«, *Fundamentum* (Riehen) 1 (1987): 74.

[222] Ebenda.

[223] »Bis im Jahr 2000 soll AIDS unter Kontrolle sein«, *Bund*, 9. Apr. 1987, S. 13. Die Erkrankungsrate liegt in der Schweiz bei 26,2 Patienten pro Million Einwohner, in Dänemark bei 21,0 in Frankreich bei 19,1 und in der BRD bei 11,1 pro Million. Vgl. »Die Situation heute«: Ebenda, S. 13.

[224] Christoph Stückelberger, »AIDS und Moral«, *Kirchenbote* (Zürich) 9 (24. Apr. 1987): 2. Stückelberger ist Chefredakteur des Kirchenboten und promovierte an der Zürcher Universität über »Kirchen im Konflikt. Versöhnung durch Vermittlung und Parteinahme« (Arbeitstitel).

befreiend« sei; nur dürfe Treue und Verbindlichkeit nicht Qual und Last, nicht Ausdruck einer lebensfeindlichen religiösen Verklemmung und moralischen Repression werden.

In einer dauerhaften, von Vertrauen getragenen Beziehung leben zu können, ist ein Geschenk, ein Wunder. Es ist Gnade. Daraus wächst Dankbarkeit und Bescheidenheit. Das ist die neue Moral. Wer anders lebt, wird nicht verurteilt.[225]

Trotz diverser theologischer Bewertungen der AIDS-Seuche sind sich die Theologen grundsätzlich einig, daß man den Betroffenen »mit seelsorgerlichem Einfühlungsvermögen menschliche und geistliche Hilfestellung geben müsse«.[226] In der Interpretation des Pariser Baptistenpredigers Joseph Douce äußert sich solch pastoraler Sukkurs in der Gründung eines »Zentrums für Christus, den Befreier«, das rund 1700 Mitglieder zählen soll. Einen spezifischen Auftrag sieht Douce in der Trauung homosexueller Partner und im Trösten sterbender AIDS-Patienten.[227]

4.5. Evaluation der zitierten Positionen

Wir haben bereits eingangs dieses Unterkapitels Bedenken gegen ein präjudizierendes Abqualifizieren von AIDS als Strafe oder Geißel Gottes notiert. Hier sei eine Evaluation unternommen.

Erstens plädieren wir für eine differenzierende Position bereits aufgrund der Ätiologie von AIDS bzw. statistischer Erhebungen über die Dissemination in afrikanischen Ländern. Die Mediziner Gert und Hans-Peter Legal, ebenso Robert C. Gallo, ein eminenter Experte der AIDS-Forschung, vermuten, daß das HTLV-III/LAV-Virus (HIV 3) in Afrika von Grünen Meerkatzen (die auch als Nahrungsmittel dienen) auf Menschen übertragen wurde; AIDS grassiert in Afrika keineswegs vorwiegend unter homosexuellen Männern, wie dies in Amerika und Europa konstatiert wird, sondern unter Männern und Frauen zu gleichen Teilen.[228]

---

[225] Ebenda. Vgl. Hans van der Geest, »Eine Beziehung geht in die Brüche«, ebenda, S. 9, mit: D.A. Noebel, W.C. Lutton und Paul Cameron, *AIDS* (Manitou Springs/Colorado, 1986). Das Buch enthält 52 praktische Ratschläge für persönliche und politische Aktionen, die zur Prophylaxe der AIDS-Viren-Verbreitung beitragen können.

[226] *Idea-Spektrum* 7 (1987): 2ff.

[227] K.L. Woodward et al., »Gays in the Clergy«, *Newsweek* 8 (23. Feb. 1987): 47.

[228] G. Legal, H.-P. Legal: *AIDS – Hintergründe, Fakten, Schutzmaßnahmen.* Regensburg 1986, S. 116f; R.J. Biggar: »The AIDS Problem in Africa« in: *Lancet*, London, Nr. 1 (8472), 11. Jan. 1986, S. 79–83; R. Walgate, J. Palca: »AIDS Research« in: *Nature*, London, 3. Apr. 1986, S. 385ff. Ebenso: V.T. DeVita Jr. et al: *AIDS – Etiology, Diagnosis, Treatment and Prevention.* Philadelphia 1985, S. 6ff. – Heute sollen laut den Ärzten Legal 6–7 % der afrikanischen Bevölkerung von AIDS infiziert sein: a.a.O., S. 117. Daß die

In der westlichen Hemisphäre sollen beispielsweise im Jahre 1986 noch über 80 Prozent der AIDS-Patienten dem homosexuellen Personenkreis angehört haben. Die Gruppe der Hämophilen nahm mit fast 8 Prozent die zweite Stelle in der Skala ein; 3–4 Prozent rechnete man zum Milieu der Drogenabhängigen. Danach hat man als gefährdet registriert: Prostituierte, Säuglinge bzw. Kinder sowie weitere Angehörige bzw. Sexualpartner von AIDS-Patient(inn)en, Empfänger von Bluttransfusionen und Transplantaten, Strafgefangene, Personal im medizinischen und im öffentlichen Dienst.[229] Bereits hat man das HIV in zusätzlichen Liquiden (nebst Blut, Sperma und Speichel) lokalisiert: in Tränen[230], in Muttermilch[231] sowie in zerebrospinaler Flüssigkeit.[232]

Diese Forschungsresultate postulieren, daß sich ein theologischer Approach zu AIDS bzw. AIDS-Patienten nicht einfach aufgrund der quantitativ in den westlichen Ländern präponderanten Disseminationsweise ableiten läßt. Weder Homo- und Bisexualität noch Prostitution oder Promiskuität haben das HIV generiert[233], begünstigen jedoch die Transmis-

---

»Affen-Theorie« am AIDS-Kongreß vom Juni 1986 in Paris widerlegt worden sei, referieren wir hier (quasi neutral) erneut, als eine publizierte Information, die indes irrelevant ist, was das statistische Faktum der enormen Dissemination von AIDS unter (heterosexuellen) Afrikanern anbelangt. Unsere Evalution wird namentlich von dieser tangiert. Vgl. dazu oben, iii. Die Dissemination von AIDS.

[229] G. u H.-P. Legal, S. 38–55; vgl. J.R. Robertson et al.:»Epidemie of AIDS Related Virus Infection among Intravenous Drug Abusers« in: *British Medical Journal*, London, Nr. 292, 22. Feb. 1986, S. 527–530; »San Francisco oder eine Stadt lebt mit AIDS« in: *Bund*, Bern, 16. Apr. 1987, S. 25; J.E. Groopman, S.Z. Salahuddin et al.: »HTLV-III in Saliva of People with AIDS-Related Complex and Healthy Homosexual Men ar Risk for AIDS« in: *Science*, Washington, Nr. 226/1984, S. 447–449; S.Z. Salahuddin, P.D. Markham, R.R. Redfield et al.: »HTLV-III in Symptom-Free Seronegative Persons« in: *Lancet*, Nr. 2 (8417f), 22./29. Dez. 1984, S. 1418–1420; A.E. Pitchenik, R.D. Shafron, R.M. Glasser et al.: »The Acquired Immunodeficiency Syndrome in the Wife of a Hemophiliac« in: *Annals of Internal Medicine*, New York, Nr. 100, Jan. 1984, S. 62–65; J. Cabane, E. Thibierge, P. Godeau et al.: »AIDS in an Apparently Risk-Free Woman« in: *Lancet*, Nr. 2 (8394), 14. Juli 1984, S. 105.

[230] S.L. Fujikowa, A.G. Palestine, R.B. Nussenblatt et al.: »Isolation of Human T-lymphotropic Virus Type III from the Tears of a Patient with the AIDS« in: *Lancet*, Nr. 2 (8454), 7. Sept. 1985, S. 529f.

[231] L. Thirty, S. Sprecher-Goldberger, T. Jonckheer et al.: »Isolation of AIDS Virus from Cell-Free Breast Milk of Three Healthy Virus Carriers« in: *Lancet*, Nr. 2 (8460), 19. Okt. 1985, S. 891f.

[232] J.A. Levy, H. Hollander, J. Shimabukura et al.: »Isolation of AIDS-Associated Retroviruses from Cerebrospinal Fluid and Brain of Patients with Neurological Symptoms« in: *Lancet*, Nr. 2 (8455), 14. Sept. 1985, S. 586–588.

[233] Vgl. Mathias Bosch, S. 14ff; Fritz Erik Hoevels, S. 45–51; E.D. Acheson: »AIDS: A Challenge for the Public Health« in: *Lancet*, Nr. 1 (8482), 22. März 1986, S. 662–666. – Daß die Ätiologie von AIDS unter Spezialisten (noch) umstritten ist, sei in diesem Kontext nochmals hervorgehoben.

sion von AIDS. Die am stärksten exponierten sog. Risikogruppen (Homo- und Bisexuelle, Prostituierte, Drogenabhängige) setzen auch andere Personenkreise dem Infektionsrisiko aus. Sollte zudem wissenschaftlich gesichert werden, daß das HIV auch durch Speichel und Tränen von Virusträgern übertragbar sei, wären die Folgen einer Panik kaum abzuschätzen. Bereits ist bei Fred Schwarz nachzulesen:»AIDS gefährdet heute sogar die treusten (most faithful) Christen und ihre Familien.«[234]

Den nach einer Erklärung rufenden enigmatischen Befund, daß in der westlichen Hemisphäre mit Abstand am meisten Homosexuelle zu AIDS-Opfern werden, bezieht Hans Halter auf deren sehr häufigen Partnerwechsel. Er schreibt:

> »Jetzt wird bewiesen, daß vor allem promiskes Sexualverhalten den tödlichen Keim weiterträgt. Die meisten der amerikanischen AIDS-Opfer hatten im Jahr vor Ausbruch der Krankheit mehr als 100 Sexualpartner, einige brachten es auf tausend, tausend verschiedene, just for fun. In den großen deutschen Städten gibt's das auch.«[235]

Eine Parallele zur zitierten Feststellung fand man bei der Erforschung der Ursachen des Zervixkarzinoms (Gebärmutterhalskrebs). Der negative Befund in einem Nonnenkloster Italiens (1842) wurde 1950 bei kanadischen Nonnen voll bestätigt, ferner eine »relative Immunität« von Jüdinnen ebenfalls in neuen Untersuchungsserien erhärtet, wogegen (geringes) Alter beim ersten Koitus sowie (hohe) Anzahl der Sexualpartner bei Patientinnen mit Zervixkarzinom dieser Krankheit durchaus das Odium einer »Geißel« und »Strafe Gottes für ein unmoralisches Sexualverhalten« hätte eintragen können. Denn auch beim Zervixkarzinom beobachtet man unter den ätiologischen Agenten variierende Viren.[236] Sophinette Becker meint jedoch:»In der Presse, sogar auch in der medizinischen Fachpresse, wird oft behauptet, AIDS-Kranke hätten ihre Krankheit durch ihren homosexuellen Lebensstil selbst verschuldet. Bemerkenswert: Bei sozial anerkannten Krankheiten, wie z.B. Herzinfarkt oder Sportverletzungen, wird der die Krankheit evtl. mitverursachende Lebensstil dem Patienten nicht vorgeworfen.«[237] Jedenfalls hat man nicht mit letzter Sicherheit nachweisen können, daß das HIV durch Homosexuelle aus Afrika in west-

[234] Fred Schwarz: »The Origin, Progress and Prognosis of AIDS« in *Christian Anti-Communism Crusade* (Long Beach) Nr. 8./18. Apr. 1987, S. 4
[235] H. Halter: »Ich bin en Tunt . . .«, a. a. O., S. 132. Vgl. Norbert Kathne, *AIDS-Acquired Immune Deficiency Syndrome*, Zürich 1985.
[236] B.L. Reid: »The Causation of Cervical Cancer« in: Albert Singer (Hrsg.), *Clinics in Obstetries and Gynaecology Cancer of the Cervix: Diagnosis and Treatment*, London, Bd. 12. Nr. 1/März 1985, S. 1f.
[237] Sophinette Becker: »Angst – Schuld – Krankheit« in: Matthias Frings (Hrsg.), *Dimensionen einer Krankheit. AIDS*, Reinbeck, 1986, S. 241.

liche Länder importiert wurde. Es könnte ebenso durch Heterosexuelle geschehen sein, denn die Mehrheit der AIDS-Erkrankungen wird in Afrika unter den Heterosexuellen registriert, wie wir bereits hervorgehoben haben.[238] Es ist auch noch nicht eindeutig bewiesen, daß promiskes Sexualverhalten die AIDS-Viren ins Leben gerufen hat. Denn die Moraltheologen sollten durch die Tatsache aufschrecken, daß sich AIDS auch bei Haustieren ausbreitet. Der Presse zufolge sollen Hunderttausende Katzen in Nordamerika mit dem AIDS-Virus infiziert sein.

»Das Virus, das bei Katzen Immunschwäche auslöst, ist eng mit dem Erreger von AIDS beim Menschen verwandt: Beide vernichten sogenannte T-Helferzellen und führen auf diese Weise schließlich zum Kollaps des Immunsystems. Unter dem Mikroskop betrachtet, sehen sich beide Viren geradezu verblüffend ähnlich. Amerikanische Molekularbiologen stellten bei der Untersuchung von seit langer Zeit aufbewahrten Blutproben von Katzen, die an zu jener Zeit unerklärlichen Krankheiten gestorben waren, zudem fest, daß das Katzen-AIDS länger verbreitet ist als das menschliche AIDS-Virus. Katzen übertragen den Erreger meist durch Bisse. Da die Zähne von Katzen wie Nadeln durch die Haut dringen, genügt ein Biß, um ein anderes Tier anzustecken.«[239]

Auch wenn Wissenschaftler meinen, daß die Infektion eines Menschen mit dem Katzen-AIDS-Erreger ausgeschlossen ist, so ist diese Behauptung noch keineswegs verifiziert worden. Immerhin gibt es einen geringen Prozentsatz von HIV-Infizierten, deren Zugehörigkeit zu einer Gruppe mit Risikoverhalten nicht nachgewiesen werden konnte. Bestehen also doch noch andere Infektionsmodi? Die Verneinung wäre zu präjudiziert, denn die Untersuchungen der Übertragungswege von HIV sind noch nicht abgeschlossen. Fazit: Die Ätiologie von AIDS wurzelt nicht im Libertinismus, wohl aber einer der primären Infektionsmodi. Die biblischen Gestalten glaubten unentwegt, daß Gott den Frieden wie das Unheil, das Gute wie das Böse schafft (Jes 45,5–7; Hiob 2,10; Kla 3,37–38; Am 3,6). Infolgedessen wird jeder von der Seuche Betroffene selbst für sich entscheiden müssen, wieso gerade ihn solch ein schweres Unglück getroffen hat. Wenn nicht einmal der Erzengel Michael wagte, den Teufel zu lästern und zu verurteilen, sondern sagte: »Der Herr weise dich in die Schranken« (Jud 9), so dürfen auch die Christen niemals voreilig den Stab über die HIV-Infizierten brechen (vgl. Röm 14,10; 2Kor 5,10; Hebr 9,27).

---

[238] Vgl. »A Contagious Cancer?« in: *Time* (New York) 3. Nov. 1986, S. 46; Joe Levin »The Toughest Virus of All«, ebenda, S. 50–52
[239] »In den USA breitet sich AIDS bei Katzen aus«, in: *Welt am Sonntag* Nr. 28/15. Juli 1990, S. 11.

IV. Homosexualität im Kontext der Seelsorge

1. Die Beurteilung sexueller Perversion durch die Theologie vor dem Hintergrund der modernen Sexualwissenschaft

Wir haben bereits angeführt, daß man in der Psychiatrie zwischen erblichen und erworbenen Formen der Homosexualität unterscheidet. Der Begründer der Sexualpathologie, Richard von Krafft-Ebing, publizierte in seinem 1886 erschienenen Werk die Hereditäts- und Degenerationshypothese der Perversionen.[1] Damit folgte er dem Grundgedanken Darwins von der Entartung und Vererbbarkeit.

Sigmund Freud verließ das darwinistische Entartungskonzept und stellte die These einer individuellen Biographie, des Lebensschicksals, auf. Er bediente sich des Ausdrucks »pervers«, weitete ihn aber auf die jedem Menschen eigenen Partialtriebe aus.[2] Diese Sicht hat sich allgemein durchgesetzt. In Anlehnung an Freuds Theorie hat der britische Psychiater William H. Gillespie definiert. Für ihn liegt die Perversion bei folgenden Voraussetzungen vor: 1. falsch verarbeitete Partialtriebe, 2. Limitation der Möglichkeit zur Triebbefriedigung, 3. Abwehr ödipaler Konflikte und von Kastrationsangst, 4. aggressive und libidinöse Regression auf prägenitale Stufen, 5. Abwehr von Schuldgefühlen, 6. Libidinisierung von Angst, Schuld und Schmerz, 7. Hanns-Sachs-Mechanismus, d.h. »das Ich reißt einen Teil der infantilen Sexualität an sich« und ermöglicht sich dadurch die Abwehr des »nicht annehmbaren Rests«.[3] Psychoanalytiker wie Erwin Straus, Victor Emil von Gebsattel und Hans Kunz setzen der »normgemäßen Liebeswirklichkeit« als Perversitäts-Kategorien namentlich Normwidrigkeit, Destruktion, Inversion der Sinnkomponente und Sucht gegenüber.[4] Im Versuch einer Rechtfertigung von abweichenden Sexualpraktiken behaupten dagegen Medard Boß und Ludwig Binswanger, (auch) in

---

[1] Richard von Krafft-Ebing, *Psychopathia sexualis* (München, 1984), S. 68; vgl. S. 275–288.

[2] Sigmund Freud, »Drei Abhandlungen zur Sexualtheorie«, *Ges. Werke*, Bd. 5, S. 41ff.

[3] William H. Gillespie, »Notes on the Analysis of Sexual Perversions«, *International Journal of Psycho-Analysis* (London), Bd. 33. Teil 4 (1952), S. 397–402; hier: S. 401–402. Vgl. Dieter Faßnacht, »Sexuelle Abweichungen« in Anselm Hertz et al. (Hrsg.), *Handbuch der christlichen Ethik* (Freiburg usw., 1978), Bd. 2, S. 180. Auch Ch.W. Socarides stützt sich auf die Theorie Gillespies in seinem Essay »Bedeutung und Inhalt im Sexualverhalten« in Dieter Eicke (Hrsg.), *Die Psychologie des 20. Jahrhunderts* (München, 1976), Bd. 7, S. 707–737.

[4] Dieter Faßnacht, »Sexuelle Abweichungen«, a.a.O., S. 179.

der Perversion sei mit dem Sexualakt die Verschmelzung beabsichtigt, weshalb sie das Gegenteil von Destruktion und Negation darstelle.[5]

Der Sexualwissenschaftler Hans Giese ermittelte demgegenüber: Die Perversion nimmt eine maligne Verlaufsform an und wird für den Betroffenen zu einer Sucht.[6] Auch Karl Jaspers bezog die Umwandlung von Trieben in Süchte u.a. auf die Perversion, deren Wesen hiervon bestimmt sei. Er hob insbesondere die perversionsbedingten Folgen für den Charakter hervor: Verödung der Seele, Rücksichtslosigkeit, Herzenskälte, Bösartigkeit, Verlogenheit, innere Unfreiheit, Befangenheit und Engherzigkeit.[7] Hingegen sind Alfred Kinsey, Wardell B. Pomeroy und Clyde E. Martin der Meinung, das Problem »der sogenannten Geschlechtsperversionen« beruhe auf der Unvereinbarkeit des fundamentalen biologischen Erbguts einer Person »mit den traditionsbedingten Kulturgesetzen«, und weisen so den Perversionsbegriff als moralisches Urteil zurück.[8]

Die Genese der Homosexualität ist – somit bis heute nicht geklärt; es kursieren chromosomentheoretische, hormontheoretische und milieutheoretische Interpretationen neben anthropologischen und personalistischen Hypothesen.[9] Die neuesten sexualwissenschaftlichen Theorien über die Kausalfaktoren der Homoerotik unterscheiden sich nicht wesentlich von jenen der griechischen Klassiker und weiterer antiker Autoren (siehe II.3.2.).

Entsprechend umstritten ist die Einordnung und Bewertung der Homosexualität. Eine Gruppe von Sexualwissenschaftlern neigt dazu, sie als nicht pathologisch, der Heterosexualität ebenbürtig zu bezeichnen.[10] Andere betrachten die Homosexualität als Krankheit im Sinne einer neurotischen Fehlentwicklung, die der Therapie bedürfe. Rudolf Seiß argumentiert:

Perversion muß . . . unter einem dynamischen Krankheitsbegriff als funktionale Deviation angesehen werden. So wie ein Organ krank ist, wenn es nicht

---

[5] Ebenda; Medard Boß, *Sinn und Gestalt der sexuellen Perversionen. Ein daseinsanalytischer Beitrag zur Psychopathologie des Phänomens der Liebe* (München o.J.), bes. S. 92–150; Joachim S. Hohmann, *Homosexualität und Subkultur* (Lollar/Lahn, 1976), S. 59ff; Wilhelm Reich, *Die sexuelle Revolution* (Frankfurt/M., 1966), S. 23ff.

[6] Hans Giese, *Der homosexuelle Mann in der Welt* (Stuttgart, 1964), S. 194–202.

[7] Dieter Faßnacht, »Sexuelle Abweichungen«, a.a.O., S. 179; vgl. A. Görres, *Methoden und Erfahrungen der Psychoanalyse* (München, 1965), S. 122f.

[8] D. Faßnacht, »Sexuelle Abweichungen«, a.a.O., S. 180; vgl. A.C. Kinsey, W.B. Pomeroy und C.E. Martin, *Sexual Behavior in the Human Male* (Philadelphia, 1948), S. 100ff.

[9] G. Roth, »Homosexualität: Medizinisch«, in K. Hörmann (Hrsg.), *Lexikon der christlichen Moral* (Innsbruck usw., 2. Ausgabe 1976), S. 816–820, hier: S. 817f.

[10] D. Faßnacht, »Sexuelle Abweichungen«, a.a.O. S. 178; vgl. z.B. H. Kentler, *Repressive und nichtrepressive Sexualerziehung im Jugendalter* (München, 1967), S. 30ff.

mehr leistet, wozu es von der Organstruktur her bestimmt ist, so ist auch eine Funktion krank, wenn sie nicht mehr gemäß der erkennbaren Zusammenhänge arbeitet.[11]

Eine Reihe von Sexualwissenschaftlern geht davon aus, daß die Homosexualität einem »Steckenbleiben« in der Entwicklung zur Heteroerotik gleichkommt. So referiert auch Seiß: »Der Perverse ... bleibt auf dem Wege zu ihr (zur Heteroerotik – H.H.) durch Fixierung stecken. Er wagt nicht dieses Sich-Hingeben.«[12] Der Moraltheologe Karl Hörmann meint, Homosexualität sei Ausdruck des Steckenbleibens im sexuellen Reifungsprozeß, in dem der Betreffende nicht von der Ich-Einstellung oder Autoerotik zur Du-Beziehung gelange. In der Zuwendung zum gleichgeschlechtlichen Partner entferne man sich weniger vom eigenen Ego als in der Beziehung zum andersgeschlechtlichen.[13]

Den meisten Arbeiten von Medizinern liegt die Auffassung zugrunde, daß Heterosexualität der biologischen Beschaffenheit des Menschen entspricht und das medizinisch Normale ist. So weist Gottfried Roth darauf hin, daß eine angemessene Funktion der männlichen und weiblichen Sexualorgane nur in dieser Korrelation gewährleistet ist, da die Tendenz des Sexualtriebes – »seinem Sinn folgend« – potentiell auf Zeugung mit dem heterosexuellen Partner angelegt ist. Die sexuelle Liebe lasse sich aber nicht ausschließlich vom Somatischen her definieren, sondern sei der Höhepunkt im Ausdruck personaler Liebe zwischen Mann und Frau. Die Ehebeziehung ist laut Roth nicht sublimierte Sexualität, sondern umfasse durchaus auch »integrierte Sexualität als Ausdrucksform letzter sich verschenkender Hinneigung in der Leiblichkeit«.[14]

Dieter Faßnacht möchte normabweichendes Sexualverhalten nicht mit perversem gleichsetzen. Im engeren Sinn versteht man heute unter Perversion namentlich einseitige Fixierungen des Sexualtriebs (z.B. Sadismus, Masochismus, Exhibitionismus, Voyeurismus, Nymphomanie) oder Verschiebungen des Triebobjekts (z.B. Zoophilie, Fetischismus, Ne-

---

[11] Rudolf Seiß, *Sexualerziehung zwischen Utopie und Wirklichkeit* (Bad Heilbrunn, ²1976), S. 120; vgl. Rudolf Klimmer, S. 63ff; Ch. W. Socarides, *The Overt Homosexual*, S. 22f, mit A.B. Warren, *Identity and Community in the Gay World* (New York usw., 1974), S. 138–142.

[12] R. Seiß, *Sexualerziehung . . .*, S. 119; vgl. W.H. Gillespie, »Symposium on Homosexuality«, *International Journal of Psychoanalysis* 45 (1964): 203–209.

[13] K. Hörmann, »Homosexualität: Moraltheologisch« in: Ders. (Hrsg.), *Lexikon der christlichen Moral*, S. 820–826, hier: S. 821.

[14] Gottfried Roth, »Homosexualität: Medizinisch«, a.a.O., S. 818; K.H. Wrage, *Mann und Frau* (Gütersloh, 1960), S. 40ff.

krophilie). »Homosexualität wird heute in der Regel nicht mehr zu den Perversionen gezählt, da sie personale Liebe ermöglicht.«[15]

Theologisch ergeben sich bei Faßnachts Unterscheidung der Homosexualität von den »Perversionen« immense Schwierigkeiten. Wir haben bereits eine theologische Evaluation der Homosexualität dargestellt und einige Positionen namhafter Theologen zitiert. Zur Klärung des pastoraltheologischen Ansatzes müssen wir unsere Auffassung von Perversion erarbeiten. Der katholische Moraltheologe Stephan Hubert Pfürtner läßt die paulinische Beurteilung der Homoerotik als *para physin* fallen und betrachtet als Ziel der Verkündigung Jesu, daß der mündige Mensch – dessen Reife Jesus bejaht habe – seine Sexualität selbst verantworten müsse. Pfürtner wendet die historische Kritik konsequent an der Bibel und an der kirchlichen Tradition an und fordert die Lösung des hermeneutischen Problems im Blick auf die Sexualethik, wobei er als Vertreter der Situationsethik postuliert: »Wendet sich das sexuelle Verhalten gegen ein dauerhaftes Lebensglück, wird es unmoralisch. Verhindern Moralgebote dieses, so werden sie ungültig.«[16] Zwar grenzt er Homosexualität nicht eindeutig gegen Perversion ab, plädiert aber dafür, daß man die homophilen Menschen als solche zu respektieren und daß man ihr Menschsein, und nicht die moralischen Gebote in den Vordergrund zu stellen habe.[17] Auch Josef Köhne, Leiter der katholischen Eheberatungsstelle in Münster, geht von einem empirisch-situationsethischen Ansatz aus und betont als Maßstab das Gebot der Nächstenliebe. Der Homosexuelle sei in seiner Rolle als Mitmensch zu bestätigen; man müsse ihm helfen, mit seinen Konflikten das Leben zu meistern und die Fähigkeit zur Partnerschaft zu entwickeln. Wegen einer möglichen psychischen Fehlentwicklung dürfe er seine Sexualität nicht verdrängen. Köhne kommt zu dem Schluß, daß Homo- und Heterosexuelle gleichermaßen von sexuellem Fehlverhalten betroffen sein können.[18] Namentlich aus den Niederlanden widersprechen zunehmend katholische Moraltheologen Psychiatern, die Homosexuelle durch therapeutische Behandlung von ihrer Neigung zu heilen versuchen. So be-

---

[15] D. Faßnacht, »Sexuelle Abweichungen«, a.a.O., S. 191, 178; vgl. H. Giese, *Der homosexuelle Mann . . .*, S. 194ff; Clinton R. Jones, *Homosexuality and Counseling* (Philadelphia, 1974), S. 37ff.

[16] Stephan Hubert Pfürtner, *Kirche und Sexualität* (Reinbek, 1972), S. 181.

[17] Ebenda, S. 182–185, zitiert nach D. Faßnacht, »Sexuelle Abweichungen«, a.a.O., S. 187.

[18] J. Köhne, »Homosexualität«, *Sexualpädagogik* 4 (1972): H.2. Auch Köhnes Ausführungen sind nicht ganz in Harmonie mit der offiziellen katholischen Sexuallehre. Vgl. z.B. H.J. Fischer, »Die katholische Lehre über die Ehe«, *Frankfurter Allgemeine Zeitung*, 27. Okt. 1980, S. 12; J. Rattner, *Psychologie und Psychopathologie des Liebeslebens*, S. 174ff.

jaht Johannes Gottschalk die Freundschaft zwischen zwei Homosexuellen und fordert den Abbau der überlieferten Vorurteile.[19]

Die evangelischen Theologen haben sich zwar kaum ernsthaft mit Perversionen im allgemeinen, aber mit Homosexualität beschäftigt. Bei Karl Barth wird sie als physische, psychische und soziale Krankheit klassifiziert. In Übereinstimmung mit der These Darwins von der Entartung der Spezies wird sie als ein Phänomen von Perversion und Dekadenz definiert, sogar als schlichte egozentrische Korruptheit und »Inhumanität«:

> ... weil die Natur – nein, der Schöpfer der Natur nicht mit sich spaßen läßt, weil der verschmähte Mitmensch nun doch da ist, weil auch die natürliche Ausrichtung auf ihn faktisch besteht und durchhält.[20]

Helmut Thielicke folgert, die Homosexualität lasse sich nicht mit der Schöpfungsordnung in Einklang bringen, sondern sei eine Entartung, Homosexuelle sollten sich daher einer ärztlichen Therapie unterziehen und dort, wo die Neigung sich als unheilbar manifestiere, das Beste daraus machen. Als Seelsorger äußert sich Thielicke gegen eine Askese Homosexueller, vermag aber die Homosexualität eben wegen des hermeneutischen Problems nicht als schöpfungsgemäß zu sehen.[21] Theodor Bovet forderte bereits in den fünfziger und sechziger Jahren die Anerkennung bzw. Rehabilitierung homosexueller Personen mit ihrer Interkurs-Praxis, konkret auch die Förderung ihrer Lebensgemeinschaften.[22]

Wir haben unsere Position bezüglich perverser Sexualpraktiken eingangs formuliert und erklärt: Der Begriff der Perversion beinhaltet für uns eine sexuelle Befriedigung, »die nur oder vorwiegend außerhalb der physiologisch sinnvollen Vereinigung der Genitalorgane verschiedengeschlechtlicher Partner erreicht wird«.[23] Wir stellen hier fest, daß Dieter Faßnachts Meinung – Homosexualität ermögliche »personale Liebe« – dem Theologen Probleme bereiten muß, insofern personale Liebe für uns die Zuwendung einer Person zum heterosexuellen Partner um dieses Individuums willen bedeutet. Eine Zuwendung, die der ehelichen Liebe zwischen Mann und Frau gilt und als Abbild der Liebe Gottes zum auserwählten Volk und der Liebe Jesu Christi zu seiner *ekklesia* zu begreifen ist (Eph

---

[19] Johannes Gottschalk, »Pastorale Betrachtungen und moraltheologische Überlegungen zur Frage der Homosexualität« in W.S. Schlegel (Hrsg.), *Das große Tabu* (München,1967), S. 120–146.

[20] Karl Barth, *Kirchliche Dogmatik*, Bd. 3, 4., S. 184f.

[21] H. Thielicke, *Theological Ethics: Sex*, S. 287–292.

[22] Theodor Bovet, *Ehekunde* (Tübingen, 1961), S. 40ff; vgl. Ders., *Sinnerfülltes Anderssein. Seelsorgerliche Gespräche mit Homophilen* (Tübingen, 1959), S. 9ff. Hans Giese vertrat damals (1964) auch die Meinung, eine Beziehung zwischen zwei Homosexuellen könne sehr sinnvoll sein und sei nicht als pathologisch einzustufen: *Der homosexuelle Mann in der Welt*, S. 133ff.

[23] Unter I.1., Quellen in Fußnote 31; vgl. H. Giese, *Die sexuelle Perversion* (Stuttgart, 1967).

5,31f).[24] Faßnacht verwirft den paulinischen Schöpfungsglauben zugunsten eines Gebots der absoluten Gottes- und Nächstenliebe. Er stützt sich auf die Argumentation, daß der Mensch Normen braucht, um das Formalgebot der Nächstenliebe mit Inhalt füllen zu können. »Es müssen also unbedingt neue Normen gefunden werden, die das Gebot der Nächstenliebe in bezug auf die sexuellen Triebabweichungen konkretisieren.«[25] Darum wirbt Faßnacht für die Anerkennung der Homosexualität als einer Realisierung »der personalen Liebe analog der Ehe«; ferner für die Einbeziehung von Perversionen wie z.b. sadistischer Praktiken eines Mannes bei einer masochistischen Frau, Erregungssteigerung während des Koitus mittels eines Fetischs oder Akzentuierung exhibitionistischer sowie voyeuristischer Tendenzen während des ehelichen Verkehrs in eine bestehende Lebensgemeinschaft, »ohne daß Schuldgefühle von außen geweckt werden«.[26]

Wir führen hierzu unsere Antithesen der theologischen Evaluation an. Erstens: Medizin, Psychologie und Sexualwissenschaft haben die Ursachen der Homosexualität bisher weder eindeutig geklärt noch nachgewiesen. Diese Disziplinen haben auch nicht klar darlegen können, daß die zwischen Homosexuellen mögliche Beziehung der personalen Liebe zwischen Mann und Frau in der Lebens- und Liebesgemeinschaft der Ehe gleichwertig ist. Ebensowenig ist nachgewiesen worden, daß Homosexualität der Würde der Menschen ebenso angemesen wie Heterosexualität ist. Daher postulieren wir: Die christliche Sexualethik wird die Homosexualität als abweichende Verhaltensweise betrachten müssen, als Fehlentwicklung und »Steckenbleiben« auf einem Niveau der Persönlichkeitsentfaltung, das die höchste Form der personalen Liebe zweier Menschen nicht erreichen läßt. Zweitens: Bei allem Respekt gegenüber der Methode der historischen Kritik akzeptieren wir die Ethik des Neuen Testaments für das Christentum immer noch als normativ. Wir stellen erneut fest, daß Homosexualität zu allen Zeiten praktiziert worden ist, wofür gerade auch das Eindringen der hetero- und homosexuellen Prostitution in die vorderasiatischen Kulte spricht. Auch bei einer Befürwortung der historisch-kritischen Methode als hermeneutisches Prinzip für die alttestamentliche Exegese ist nicht zu übersehen, daß die Abgrenzung der Juden von der heidnischen Tempelprostitution nicht nur aus der Befürchtung resultier-

---

[24] B. Häring sei aber beigepflichtet, daß »ein liebloser Geschlechtsakt, auch wenn er in der Ehe geschieht und die Zeugung eines Kindes zum Zweck hat, sündig ist«. Siehe B. Häring, *Frei in Christus* (Freiburg usw., 1980), Bd. 2, S. 193.

[25] D. Faßnacht, »Sexuelle Abweichungen«, a.a.O., S. 193.

[26] H. Ringeling, »Die nichteheliche Lebensgemeinschaft: Das Problem alternativer Wege zur Verbindlichkeit der Ehe« in A. Hertz et al. (Hrsg.), *Handbuch der christlichen Ethik* (Freiburg usw., 1982), Bd. 3, S. 300.

te, den Jahwe-Glauben zu verraten, sondern auch aus der Glaubensüberzeugung, daß die heterosexuelle Beziehung zwischen einem Mann und einer Frau schöpfungsmäßig gottgewollt ist (vgl. Mt 19,4b–6; Gen 1,27; 2,24; Eph 5,31). Darüber hinaus hat Paulus diesem Schöpfungsglauben Folge geleistet und die Homosexualität als »schöpfungswidrig«, d.h. *contra naturam* oder *para physin* klassifiziert, als eine der Sexualethik des Reiches Gottes zuwiderlaufende Praktik (Röm 1,26–28; 1Kor 6,9–11).[27] Soweit der einzelne Mensch betroffen ist, wird der Seelsorger das sittliche Urteil über Ursache und Wirkung, d.h. Veranlagung und Praxis, von einer eingehenden Untersuchung der Verantwortlichkeit und damit der Schuld oder »Schuldlosigkeit« des Individuums abhängig machen müssen.[28] »Denn was der Mensch braucht, ist nicht Befriedigung seiner perversen Wünsche, sondern die Erfahrung echter Verbundenheit«, gibt Rudolf Seiß zu bedenken. Der Homosexuelle »ist nicht nur durch eine mögliche Ablehnung sekundär kontaktgestört, sondern primär durch die Psychostruktur seiner Sexualorganisation«.[29] Es läßt sich aufgrund der subjektiven Dokumentation von seiten praktizierender Homosexueller schwer bestreiten, daß diesen bei ihren Sexualpraktiken eine solche Verbundenheit und damit eine letztliche personale Erfüllung versagt bleibt.

2. Hilfen gegen sexuelle Perversionen in der christlichen Gemeinde von Korinth nach 1. Korinther 6,11

Der Apostel Paulus zeigt in 1. Korinther 6,11, daß Mitglieder der Korinthergemeinde früher als Unzüchtige *(pornoi)*, Götzendienstbesucher, Ehebrecher, passive und aktive Homosexuelle, Diebe, Hab- oder Trunksüchtige, Lästerer und Räuber gelebt hatten (vgl. 6,9f). Der Satz »und Leute dieser Art seid ihr, einige von euch, gewesen« (6,11a) zeigt, daß nicht alle Christen vor ihrer Bekehrung denselben Lastern verfallen waren: einige *(tines ete)* hatten *porneia* geübt[30]; nicht alle hatten Götzendienst betrieben,

[27] Vgl. W. Schrage, *Die konkreten Einzelgebote in der paulinischen Paränese* (Gütersloh, 1961), S. 187–271.

[28] Vgl. Theodor Bovet, *Von Mann zu Mann* (Tübingen, 1966), S. 56ff, mit G. Ockel, *Gesundes Liebesleben* (Berlin, 1943). Ockel empfiehlt ein striktes Vorgehen gegen die »seelischen Mißbildungen« der Homosexualität: a.a.O., S. 73.

[29] R. Seiß, *Sexualerziehung zwischen Utopie und Wirklichkeit*, S. 123.

[30] Vgl. Pindar *Siegesgesänge und Fragmente* (Hrsg. O. Werner; München o.J.), »Fragment 122«, S. 451f; Aristophanes »Ploutes« 149–152; Platon »Politeia« 404d; deutsche Übersetzung siehe: *Der Staat* (Stuttgart, 1965).

da es in Korinth ja auch Judenchristen gab.[31] Nur je ein Teil gehörte in die Kategorien ehemaliger Diebe, Alkoholiker, Habsüchtiger, Lästerer, Räuber sowie passiver und aktiver Homosexueller.[32] In der Antike galt gegenüber den angeführten Lastern eine differenzierende Wertung. Während ein Räuber *(praedo)* oder Dieb *(latro)* nach der *Lex duodecim tabularum,* dem römischen Zwölftafel-Gesetz, bestraft wurde[33], duldete man im allgemeinen die Homosexualität.[34]

Paulus differenzierte jedoch nicht zwischen den zitierten negativen Praktiken. Für ihn sind die Lästerer und Habsüchtigen genauso vom Reich Gottes ausgeschlossen wie die Homosexuellen, Ehebrecher, Götzendiener, Alkoholiker, Diebe und Räuber. Mithin unterliegen homosexuelle Praktiken denselben Konsequenzen wie jeder andere Ungehorsam gegenüber Gottes Willen.[35]

Pastoraltheologisch läßt sich aus der paulinischen Darstellung folgern, daß die christlichen Kirchen Homosexualität ebensowenig gutheißen können wie etwa Blutschande (vgl. 1Kor 5,1ff) bzw. Inzest[36], Prostitution, Ehebruch; Alkoholismus, Habsucht, Lästerung; Raub, Diebstahl und sonstige Delikte. Will man praktizierende Homosexuelle als Kirchenmitglieder akzeptieren – so argumentiert Spencer W. Kimball[37] –, müßte man konsequenterweise auch Personen zur Mitgliedschaft zulassen, die im Ehebruch, mit verschiedenen Sexualpartnern oder als Prostituierte leben, und ebenso »Diebe und Räuber«, im heutigen Umfeld etwa Mafiosi und Terroristen. Gerade das Problem der *koinonia* spricht Paulus in 1. Korinther 5,11 an, wo er Anweisungen gibt, die jeder Vorspiegelung einer (mit Leuten der erwähnten Kategorien unmöglichen) Gemeinschaft vorbeugen sollen:

. . . ihr sollt keinen Verkehr unterhalten mit einem, der zwar den Brudernamen führt, dabei aber ein Unzüchtiger oder Habgieriger oder Götzendiener oder Lä-

---

[31] F.F. Bruce, *New Testament History* (London, 1977), S. 280f. Daß auch in Korinth Juden ihren Glauben treu auslebten, belegt die fragmentarische Inschrift »(syna)goge Eb(raion)«. Vgl. A. Deissmann, *Light from the Ancient East* (London, 1927), S. 16.

[32] Vgl. Greg L. Bahnsen, *Homosexuality: A Biblical View* (Grand Rapids, 1978), S. 83f.

[33] Veit Valentin, *Illustrierte Weltgeschichte,* Bd. 1, S. 133.

[34] W. Barclay, *The Letters to the Corinthians* (Toronto, 1975), S. 53f.

[35] Vgl. G.L. Bahnsen, *Theonomy in Christian Ethics* (Nutley, 1977), Kap. 16–19 und 22; J.R. Spangler, »Is there Help for Homosexuals?«, *Ministry* 54/9 (1981): 27.

[36] Inzest bzw. Blutschande wird in den meisten Ländern der Welt als Delikt geahndet. Wiehäufig solche Sexualdelikte immer noch vorkommen, deutet ein erschütternder Report von Russell Watson et al. an: »A Hidden Epidemic: Sexual Abuse of Children Is Much More Common than Most Americans Suspect«, *Newsweek* 20 (14. Mai 1984): 32–40.

[37] Spencer W. Kimball, *The Miracle of Forgiveness* (Salt Lake City, 1981), S. 82ff; L. Pongratz, *Lehrbuch der klinischen Psychologie* (Göttingen, 1973), S. 68f, mit J.S. Hielema, *Pastoral or Christian Counseling* (Leeuwarden, 1975), S. 221ff.

sterer oder Trunkenbold oder Räuber ist. Mit einem solchen sollt ihr nicht einmal essen.

Der »Unzüchtige« *(pornos)* läßt sich unschwer mit dem »jemand« *(tina)* in Vers 1 identifizieren, der *porneia* beging, indem er mit der Frau seines Vaters lebte (5,1ff). Diesen will Paulus »hinausgefegt« *(ekkatharate)* wissen (5,7), »dem Satan übergeben« sehen, und zwar »zum Verderben des Fleisches, damit sein Geist gerettet werde am Tag des Herrn« (5,5). »Einige« *(tauta tines)* dagegen, die u.a. homosexuell und kriminell gewesen waren, bezeichnet Paulus nun – nicht mit Imperativ, sondern im Indikativ – als vom früheren Verhalten »reingewaschen«, als »geheiligt«, »gerechtfertigt im Namen des Herrn Jesus Christus und im Geiste unseres Gottes« (6,11). Walter Eichrodt sieht in dieser Aussage die Manifestation der ganzen Herrlichkeit des Evangeliums, das einen Weg zur Befreiung von todeswürdigem Unrecht zeigt:

> Paulus bezeichnet ihn (jenen Weg – H.H.) in Vers 11 als Abwaschung, Heiligung und Rechtfertigung, wiederum unter Benutzung entscheidender alttestamentlicher Begriffe. Der Richter, unter dessen Zorn die Menschheit steht, ist auch der Erlöser, der in einen neuen Lebensstand versetzt, in dem auch eine neue Gerechtigkeit verwirklicht wird.[38]

Georg Strecker folgert im selben Zusammenhang: Paulus mußte in Korinth einige Homosexuelle gekannt haben, die Gott von ihrer Neigung bzw. von der Ausübung ihrer homosexuellen Orientierung befreit hatte, d.h. die Heilung von der Homosexualität ist möglich.[39] Die Theologen William Barclay, Paul Kent und Bennett J. Sims[40] meinen: Anhand von 1. Korinther 6,11 wird deutlich, daß eine Person, die u.a. Homosexualität praktiziert, unrein und ungeheiligt ist und einen Lebenswandel führt, der Gott nicht gefällt – und diese Person daher erlösungsbedürftig ist.[41]

Dagegen meint Fred B. Craddock, daß die Liste der »sündhaften Typen« als Kulisse diene, »um die Bedeutung der Kirche in Korinth zu erörtern«, wobei es weder eine Diskussion über die Homosexualität noch Informationen darüber gebe, wie die frühe christliche Kirche mit Homosexuellen

---

[38] Walter Eichrodt, »Homosexualität – Andersartigkeit oder Perversion«, *Reformatio* 12 (1963): 67–82, hier: 74.

[39] Georg Strecker, »Homosexualität in biblischer Sicht«, *Kerygma und Dogma* 2 (1982): 127–141, hier: 138.

[40] William Barclay. *The Letters to the Corinthians*, Toronto, 1975, S. 53f; Paul Kent, *The Gay Theology* (Planfield, 1977), S. 97f; Bennett J. Sims, »Sex and Homosexuality«, *Christianity Today* 10 (1978): 23–30, hier: 23f. vgl. A. Cassano, »Christian Men and Homosexual Desire. A Pastoral Perspective«, *Pastoral Renewal* (Ann Arbor) 10 (1981): 75–80.

[41] Vgl. Ruth T. Barnhouse, *Homosexuality: A Symbolic Confusion* (New York, 1977); Leanne Payne, *The Healing of the Homosexual* (Westchester, 1985), bes. S. 17–24.

umgegangen sei.[42] Auch David C. Bartlett hat Schwierigkeiten zu ermitteln, welches Verständnis von Homosexualität dem Abschnitt (1Kor 6,9–11) zugrunde liegt.[43]

Bezieht man den relevanten Abschnitt Römer 1,26–28 mit ein, so gelangt man unwillkürlich zur Deutung, daß der Apostel Paulus in 1. Korinther 6,9–11 nicht in erster Linie die homosexuelle Orientierung als solche anspricht, sondern die Preisgabe homosexueller wie krimineller und anderer negativer Praktiken. Ob man nun wie Strecker folgern kann, der Apostel habe laut 1. Korinther 6,11 die Homosexualität für korrigierbar gehalten[44], soll dahingestellt bleiben. Was sich aus unserem Passus sicher schließen läßt, ist, daß die zehn »sündhaften Typen« (nach Craddock, s. oben) aufgehört haben, der Prostitution nachzugehen, Götzen zu dienen, die Ehe zu brechen, passive oder aktive Homosexualität auszuüben, zu stehlen, habgierig zu sein, dem Alkohol zu verfallen, zu lästern und zu rauben. Einige hatten dies einst getan, nun sind sie »reingewaschen«, »geheiligt«, »gerechtfertigt worden im Namen des Herrn Jesus Christus und im Geiste unseres Gottes« (6,11). Da anzunehmen ist, daß Paulus die Thesen über die Ursachen der Homosexualität bei den griechischen Klassikern und übrigen antiken Autoren kannte[45], wußte er diesbezüglich nicht weniger als wir heute. Dieser Sicht widerspricht Ulrich Wilckens; er deutet die Stelle dahingehend, daß jüdische Polemik die in 1. Korinther 6,9 genannten Laster mit Götzendienst verbinde, was hinsichtlich der sexuellen Vergehen nicht ganz auszuschließen ist. Sogar Lästerung – als Fluchen interpretiert – läßt sich einbeziehen.[46] Es kann u.E. also nicht schlüssig behauptet werden, Paulus habe aus Unkenntnis eine ethische Forderung – von homosexuellen Praktiken ebenso wie von kriminellen Delikten abzulassen – vertreten, die mit dem heutigen Wissensstand überholt sei.

Untersucht man den Zusammenhang unseres Abschnitts nach Hinwei-

---

[42] Fred B. Craddock, »How Does the New Testament Deal with the Issue of Homosexuality?«, *Encounter* 40 (1979): 197–208, hier: 204f.

[43] D.c. Bartlett, »A Biblical Perspective on Homosexuality«, *Foundation* 30 (1977): 133–147, hier: 138f.

[44] G. Strecker, a.a.O., 135; vgl. D.P. McWhirter und A.M. Mattison, »The Treatment of Sexual Dysfunctions in Gay Male Couples«, *Journal of Sex and Marital Therapy* (London) 3 (1978): 213–218.

[45] Vgl. oben, II.2.4.; George Carey, *I Believe in Man* (Grand Rapids, 1977), S. 145ff; B. Gärtner, »The Areopagus Speech and Natural Revelation«, *Acta Seminarii Neotestamentici Upsaliensis* 21 (1955): 73–116.

[46] Ulrich Wilckens, *Der Brief an die Römer. Evangelisch-katholischer Kommentar zum NT* (Zürich, 1978), S. 110; Delikte bzw. Laster wie Diebstahl, Raub, Habsucht und Alkoholismus (V. 10) sind allerdings schwerlich in seiner These unterzubringen. – Vgl. auch P. Zaas, »1 Corinthians 6:9ff. Was Homosexuality Condoned in the Corinthian Church?« in Paul J. Achtemeier (Hrsg.), *Abstracts: Society of Biblical Literature 1979* (Missoula,1980), S. 205–212.

sen auf sexuelle Gegebenheiten, bei denen eine ständige homosexuelle Lebensgemeinschaft zumindest geduldet wird, so ist nichts zu finden. Dem Ratschlag zu heiraten, um Unzuchtsünden zu vermeiden (1Kor 7,2), und der Argumentation, es sei besser zu heiraten als in Libido zu »brennen« (7,8b), geht die Feststellung des Grundsatzes voraus, die Verbindung mit einer Dirne (*porne*, 6,15f) sei als Unzucht *(porneia)* zu meiden (6,13b.18). Auch Blutschande ist *porneia* (5,1ff). Ein Christ, der sich Bruder nennen läßt *(adelphos onomazomenos)*, in Wirklichkeit aber ein *pornos* (5,11) geblieben ist, soll gemieden werden; *pornos* meint den Liebhaber der »Frau seines Vaters« (5,1), jeden, der mit Prostituierten verkehrte (6,13b–18), und jeden, der sich selbst prostituiert *(porneia)*.[47] Schließt *porneia* auch passive und aktive Homosexualität mit ein? Für Paulus war jeder Sexualakt außerhalb der legitimen heterosexuellen Ehe *porneia* (vgl. 7,2.9; 6,13–18; 5,1). Darum empfahl er »Pheugete ten porneian!« (6,18a: Flieht die Unzucht!). Aus der paulinischen Lehre läßt sich daher nicht folgern, Paulus hätte im Hinblick auf die ethische Bewältigung einer gegebenen homosexuellen Veranlagung den Aufbau einer festen personalen partnerschaftlichen Beziehung als Lösung befürwortet.[48] Nach Boswell hätte sich Paulus allerdings »nur« gegen Promiskuität bei Hetero- wie Homosexualität gewandt.[49] Diese These ist inzwischen mit der Anweisung des Paulus widerlegt worden: »Jeder habe seine Frau und jede habe den eigenen Mann« (7,2). Hermann Ringeling meint sogar, daß die homosexuellen Partnerschaften »einer eigenen Bewertung« bedürfen. Es sei jedoch »nicht nur aus rechtspragmatischen Gründen, sondern auch aus Gründen ihres Selbstverständnisses vertretbar, sie auszugrenzen, weil die Feststellung ihrer Eheähnlichkeit problematisch und strittig ist«.[50]

Aus pastoraltheologischer Sicht ist Wilhelm Korff aber davon überzeugt, daß feste homosexuelle Partnerschaften als das geringere moralische Übel zu dulden seien, um immerhin etwas »Gutes« zu ermöglichen:

Eine solche Partnerschaft steht nicht auf derselben Stufe wie promiskes homosexuelles oder heterosexuelles Verhalten. Andererseits bleibt sie das geringere

---

[47] Aristophanes »Ploutes« 155; Xenophon *Memorabilia* (Übers. J. Hrusa), Prag 1940, I.6,13; vgl. Philo »Legum Allegoriae« 8, zitiert in *TWNT* s. v. »porne, pornos, porneia, porneuo, ekporneuo« von F. Hauck und S. Schulz.

[48] Vgl. Boswell, S. 107ff, mit T. Horner, *Jonathan Loved David*, S. 26ff; D.S. Bailey, *Homosexuality and the Western Christian Tradition*, S. 56ff; J.A. Thompson, »The Significance of the Verb Love in the David Jonathan Narratives in 1. Samuel«, *Vetus Testamentum* 24 (1974): 335–338.

[49] Boswell, S. 107.

[50] H. Ringeling, »Die nichteheliche Lebensgemeinschaft: Das Problem alternativer Wege zur Verbindlichkeit der Ehe« in A. Hertz et al. (Hrsg.), *Handbuch der christlichen Ethik* (Freiburg usw., 1982), Bd. 3, S. 300.

Gute – das *minum bonum* – gegenüber der Fülle einer zweigeschlechtlichen Beziehung.[51]

In Übereinstimmung mit Korff ruft Thielicke zu einer begründeten Zustimmung der homosexuellen Veranlagung im Sinne einer »Last« auf. Dies schließt den Imperativ mit ein, die homosexuelle Neigung zu ändern. Wo dies nicht möglich ist, soll die betroffene Person versuchen, ihre homosexuellen Bedürfnisse zu vergeistigen. Wenn dies für einen konstitutionellen Homosexuellen nicht erreichbar ist, so soll er seine Sexualität in einer ethisch verbindlichen Weise, in einer verantwortlichen, voll verpflichtenden Beziehung gestalten. Einer solchen Person bzw. einem solchen »Paar« soll nach Thielicke die Gesellschaft Respekt entgegenbringen und unbegrenzte Vergebung und Mitgliedschaft in der Kirche zusichern. Um jedoch mögliche Schwierigkeiten zu vermeiden, soll eine solche Partnerschaft geheimgehalten werden. In dieser Praxis nimmt Thielicke den homosexuellen Menschen an, insofern er mit der ethischen Frage konfrontiert ist auf einer Grundlage, »die er nicht willentlich betreten hat, sondern auf der er sich habituell befindet, auf die er geworfen ist«.[52] Die Evangelische Kirche in Deutschland fordert die Homosexuellen ebenfalls zur Sublimierung ihrer Triebe und zum Verzicht auf deren Ausleben auf, mit der Begründung, daß praktizierende Homosexuelle nur über »eingeschränkte Entwicklungsmöglichkeiten« verfügten und hinter dem »Schöpfungsangebot« zurückblieben.[53]

Wir haben bereits in einem anderen Zusammenhang auf diverse theologische Bewertungen der Homosexualität und ihre jeweilige Problematik hingewiesen. Sie können unsere Folgerung nicht entkräften oder gar widerlegen, daß Paulus auch die Erlösungsbedürftigkeit der Homosexuellen anspricht und daß eine Sublimierung ihrer Libido in einer heterosexuellen (Ehe-)Partnerschaft bei ihm, wenn nicht ausdrücklich angeraten, so doch keineswegs ausgeschlossen wird. Wir gehen anhand von 1. Korinther 6 davon aus, daß Paulus nach der Bekehrung der Korinther eine radikale Wende in ihrem Verhalten beobachten konnte. In Vers 9–11 wird die Homosexualität als eine der Verhaltensweisen zitiert, die für den von Gott entfernten Menschen typisch ist, aber im Reich Gottes nicht praktiziert

---

[51] Wilhelm Korff, »Ethische Entscheidungskonflikte: Zum Problem der Güterabwägung« in *Handbuch der christlichen Ethik*, Bd. 3, S. 90.

[52] H. Thielicke, *Theologische Ethik* (Tübingen, 1968), Bd. 3, S. 802f; vgl. D.S. Browning, »Homosexuality, Theology, the Social Sciences and the Church«, *Encounter* 40 (1979): 223–243, bes. 234.

[53] EKD, »Denkschrift zu Fragen der Sexualethik«, *Tutzinger Studien* 2 (1977): 50–54; vgl. Wiedemann, S. 92ff; H. Keutler, *Die Menschlichkeit der Sexualität. Berichte, Analysen, Kommentare, ausgelöst durch die Frage: Wie homosexuell dürfen Pfarrer sein?* (München, 1983), S. 62ff.

wird – nicht mehr praktiziert zu werden braucht, da die Hilfe im »Namen des Herrn Jesus Christus«, d.h. in der Kraft des Evangeliums bzw. im Geist Gottes, zugänglich ist.[54] Infolgedessen ist es schwer vorstellbar, wie die Kirchen das pastorale Ziel niedriger als in der Heilung (auch) der homosexuellen Menschen stecken könnten.[55]

3. Medizinische und sozialmedizinische Therapien als Hilfen bei sexuellen Perversionen

3.1. Medizinische Therapiemethoden

Jedes Therapiemodell basiert auf einer Diagnose, die sich am gesunden Menschen orientiert. Es bleibt nicht ohne Folgen, wenn man davon ausgeht, daß der Mensch eine »chemisch angetriebene Maschine« sei: Zu diesem Schluß kam Jacques Loeb[56] Ende des 19. Jahrhunderts. Er hielt Anfang des 20. Jahrhunderts entsprechende Vorlesungen an amerikanischen Universitäten, wobei er die Funktion dieser »Maschinen« allein aus ihren Bausteinen zu erklären versuchte:

> Letztes Ziel aller physikalischen Wissenschaften ist es, alle Phänomene aus der Gruppierung und Dislozierung von Masseteilchen sichtbar zu machen; und da es zwischen der Materie der lebenden und der nichtlebenden Welt keine Lücke gibt, kann auch das Ziel der Biologie auf dieselbe Weise ausgedrückt werden.[57]

Das Konzept lebender Organismen als »chemisch angetriebene Maschinen« betont – nebst der Chemie – die hereditären Instinkte und macht das menschliche Verhalten schlechthin davon abhängig. Dies galt bereits im 19. Jahrhundert, als die Zelle als Grundbaustein der lebenden Organismen betrachtet wurde, ebenso wie um die Mitte des 20. Jahrhunderts, als das Interesse sich auf das Molekül verlagert hatte: Die Genetiker begannen die

---

[54] B.J. Sims, S. 29; vgl. »Homosexual Healing. Interview with C. Cook«, *Ministry* 9 (1981): 4–13; P. Kent, S. 100f; S.R. Strong, »Christian Counseling with Homosexuals«, *Journal of Psychology and Theology* 4 (1980): 279–287.

[55] K. Barth, *Kirchliche Dogmatik*, Bd. 3.4, S. 189; R.K. Johnston, »Homosexuality. Is ›Cure‹ Inappropriate?« *Reformed Journal* 4 (1981): 16–20.

[56] »Lebende Organismen sind chemisch angetriebene Maschinen, die sich selbst erhalten und fortpflanzen können.« Zitiert von Fritjof Capra, *Wendezeit. Bausteine für ein neues Weltbild* (Bern–München–Wien, 1987), S. 123; John Herman Rendall, *The Making of the Modern Mind: A Survey of the Intellectual Background of the Present Age* (New York, 1976), S. 479; vgl. Jacques Loeb, *The Mechanistic Conception of Life* (Cambridge/Mass., 1964).

[57] F. Capra, S. 123; J.H. Rendall, S. 480.

molekulare Struktur der Gene zu studieren und schafften dann auch die Analyse der physikalischen Struktur der Desoxyribonukleinsäure.[58] Dieser Triumph der Molekularbiologie und das neue Wissen führte die Biologen wieder zu jener traditionellen Meinung, daß alle biologischen Funktionen aus Mechanismen bzw. molekularen Strukturen erklärt werden könnten.[59] In der jüngsten Zeit hat sich aus dem genetischen Determinismus eine vieldiskutierte Theorie entwickelt, die das gesamte soziale Verhalten als Prädestination durch die genetische Struktur erklären möchte. Ein Grundgedanke dieser sozialbiologischen Verhaltenstheorie lautet: Die Unterschiede im menschlichen Behavior sind genetisch vorprogrammiert und unabänderlich.[60] Der Genetiker und Nobelpreisträger Jacques Monod schloß sich dieser These an[61]. Peter Herrlich betrachtet dies hingegen differenzierter: Es bestehen keine Zweifel, daß das menschliche Verhalten aus einem erblichen Anteil resultiert, doch ist bisher immer noch ungeklärt, wie die Relation des erblich bedingten Behaviors zum erlernten bzw. erworbenen Behavior aussieht.[62] Und Paul Weiß argumentiert: Es gibt in einem lebenden System kein Phänomen, das nicht molekular ist, jedoch auch kein Phänomen, das exklusiv molekular wäre.[63] Sydney Brenner meinte, daß möglicherweise das Apriori falsch sei, die molekulare Ebene sei die entscheidende: »Vielleicht müssen wir über den Uhrwerkmechanismus hinausdenken.«[64]

Die Theorie des genetischen Determinismus ist für konträre Therapieziele anrufbar und kann eine Rechtfertigung medizinischer Therapiemethoden bei Homosexuellen ebenso stützen wie Therapien, die die Akzeptierung der homosexuellen Neigungen anstreben.[65]

---

[58] Abgekürzt DNS: »eine in allen Lebewesen vorhandene Nukleinsäure, die als Träger der genetischen Information die stoffliche Substanz der Gene darstellt.« *Meyers Enzyklopädisches Lexikon*, 1980, s.v. »Desoxyribonukleinsäure«.

[59] F. Capra, S. 123f; vgl. Gunther S. Stent, *The Coming of the Golden Age. A View of the End of Progress* (Garden City, 1969), S. 10ff.

[60] Vgl. H.J. Eysenck, »The Biosocial Nature of Man«, *Journal of Social and Biological Structures* (London) 3 (1980): 125–134.

[61] Jacques Monod, *Chance and Necessity: An Essay on the Revolution in Biology* (New York, 1971), S. 122ff; vgl. Horace Freeland Judson, *The Eighth Day of Creation: Makers of the Revolution in Biology* (New York, 1979), S. 209–220.

[62] Peter Herrlich, *Gentec pop onc. Antworten der Genforschung auf menschliche Ängste* (Berlin, 1985), S. 85; vgl. Hans J. Eysenck, *Personality, Genetics, and Behavior. Selected Papers* (New York, 1982), S. 184–186, 188–196; H.J. Eysenck, »Personality, Premarital Sexual Permissiveness, and Assortative Mating«, *Journal of Sex Research* (Philadelphia) 10 (1974): 383–390.

[63] Paul Weiß. *Within the Gates of Science and Beyond* (New York, 1971), S. 270.

[64] Zitiert in F. Capra, S. 130; ebenso in H.F. Judson, S. 220.

[65] L.J. Pongratz, S. 67f; vgl. F. Dorsch, *Psychologisches Wörterbuch* (Bern–Stuttgart–Wien, 1982), S. 612.

Die amerikanische Psychiatrische Vereinigung strich 1973 die Homosexualität von der Liste der Funktionsstörungen. Das »Handbuch Diagnose und Statistik«[66] nahm 1980 den Begriff »homosexuelle Ego-Dystonie« oder »ego-dystonische Homosexualität« auf. Die Diagnose basiert auf zwei Kriterien: 1. Der Patient beklagt sich über permanente Absenz oder nur schwache Präsenz heterosexueller Erregung, wobei dieses Phänomen der bewußtseinsmäßigen Neigung zur heterosexuellen Relation zuwiderläuft; 2. er ist permanent homosexuellen Trieben ausgesetzt, die seiner Inklination zuwiderlaufen und ihm anhaltende Not bereiten. Der wesentliche Faktor ist dabei die persönliche Ablehnung der homosexuellen Orientierung.[67] Einer solchen Person soll therapeutische Hilfe keinesfalls versagt werden.[68]

Da viele Sexualwissenschaftler prinzipiell davon ausgehen, daß Bisexualität die Wurzel der menschlichen Sexualität und die Matrix aller biopsychischen Reaktionen sei[69], wird von ihnen eine medizinische Therapie bei bisexuellen Personen als nicht erforderlich angesehen.[70]

Ohne sich einer der verschiedenen Hypothesen über die Kausalfaktoren der Homosexualität anschließen zu wollen, legt John Money recht zurückhaltend die Erklärung vor, daß zumindest bei einem Teil der Homosexuellen eine latente Prädisposition schon bei der Geburt vorhanden sein könnte, und zwar indem gleichgeschlechtliche Triebe im neurohumoralen System des Gehirns existierten (are lurking).[71] Darum wendet sich Money gegen den Versuch, bei so disponierten Personen die homosexuelle Orientierung in eine heterosexuelle umzuwandeln: Eine solche »Sublimierung« wäre »genau so wenig angebracht«, wie ein Zwingen des Heterosexuellen, »homosexuell zu werden«.[72]

Diese Hypothese ist mitverantwortlich für die breite Akzeptanz eines

66 The Diagnostic and Statistical Manual. DSM III. Case Book (Washington D.C., 1980),Hrsg.: American Psychiatric Association.

67 Emery S. Hetrick und A. Damien Martin, »Ego-Dystonic Homosexuality: A Developmental View« in Hetrick und Stein (Hrsg.), a.a.O., S. 2.

68 Vgl. K. Freund, »Should Homosexuality Arouse Therapeutic Concerns?«, Journal of Homosexuality (New York) 2 (1977): 235–240.

69 So schreibt z.B. Charlotte Wolf, zitiert bei H.G. Wiedemann, Homosexuelle Liebe (Stuttgart–Berlin, 1982), S. 42; vgl. G.J.M. van den Aardweg, Das Drama des gewöhnlichen Homosexuellen, S. 41–47.

70 Vgl. E. Rosenheim, »Humor in Psychotherapy«, American Journal of Psychotherapy (Lancaster) 28 (1974): 589–591.

71 Robert Kronemeyer, S. 60; John Money, »Genetic and Chromosomal Aspects of Homosexual Etiology« in J. Marmor (Hrsg.), Homosexual Behavior (New York, 1980), S. 59–74.

72 Zitiert bei L. Scanzoni und V.R. Mollenkott, S. 78; vgl. Barbara Palmer, »Left out: Post-Office May Fire Banfield because He Works Left-Handed«, Herald Telephone (Bloomington), 3.6.1977, S. 13.

quasi medizinischen Modells der Homosexualität.[73] Volens nolens diskutiert man daher die Frage der psychischen Gesundheit bzw. Störung bei homosexuell orientierten Personen.[74] Eine Denkschule behandelt die Homosexualität als indiskutabel krankhaftes Phänomen.[75]

In Deutschland wurden an Homosexuellen Gehirnoperationen vorgenommen, in der Absicht, das homosexuelle Verhalten unter Kontrolle zu bringen und an die soziale Norm zu adaptieren. Auf beiden Seiten des Gehirns wurde in verschiedenen Regionen millimeterweise Hirnsubstanz kauterisiert.[76] Volkmar Sigusch referiert über die Psychochirurgie der dreißiger Jahre, als die sogenannte klassische Leukotomie[77] bzw. Topektomie[78] praktiziert wurde,

> bei der einfach der größere Teil des Stirnhirns herausgeschnitten wurde, und die sogenannte transorbitale Leukotomie, bei der ein »Eispickel« genanntes Operationsinstrument unmittelbar über dem Auge des Patienten durch den Knochen hindurch sieben Zentimeter weit ins Gehirn hineingetrieben wurde, um dann mit Kreisbewegungen gesundes Stirngehirngewebe zu zerstören.[79]

Es soll Therapieerfolge gegeben haben, indem homosexuelle Neigungen bei den operierten Patienten »verschwanden«; doch zog diese Methode vielfach Lähmungen und Funktionsunfähigkeit im täglichen Leben nach sich, ja erwies sich nicht selten als letal.[80]

Eine »verläßliche« Herabsetzung der sexuellen Motivation wurde angestrebt und erreicht, indem man die Keimdrüsen bei homosexuellen Männern entfernte. Bei Frauen konnte sich diese Therapie nicht als effizient er-

---

[73] Salvatore J. Licata und Robert P. Petersen, *Historical Perspectives on Homosexuality* (New York, 1981), S. 103–105.

[74] Vgl. Rudolf Brun, S. 214; Heinz Remplein, S. 426ff, mit: R.A. Spitz, »Ein Nachtrag zum Problem des Autoerotismus«, *Psyche* 18 (1965): 241–272.

[75] H. Giese und G. Schmidt, *Studentensexualität* (Reinbek, 1957), S. 11–19; vgl. M. Woodward, »The Diagnosis and Treatment of Homosexual Offenders«, *British Journal of Delinquency* (London) 9 (1958): 44–59.

[76] J.J. Hinrichsen und M. Kathan, »Recent Trends and New Developments in the Treatment of Homosexuality«, *Psychotherapy: Theory, Research and Practice* (Chicago) 1 (1975): 83–92.

[77] Leukotomie: ein psychochirurgischer Eingriff mit dem Ziel, auf operativem Weg Nervenfasern (Projektionsbahnen) zwischen dem Stirnhirn und tiefergelegenen Gehirnabschnitten zu unterbrechen. Man verwendete dafür das Leukotom, ein dolchartiges, zweischneidiges Skalpell. Siehe: W. Pschyrembel, *Klinisches Wörterbuch*, S. 690; vgl. *Meyers Enzyklopädisches Lexikon*, 1980, s.v. »Leukotomie«.

[78] »Topektomie: Operative Entfernung der Hirnrinde im Bereich der Broadman-Felder 9 und 10.« W. Pschyrembel, *Klinisches Wörterbuch*, S. 1218.

[79] V. Sigusch, »Psychochirurgie – hirnverbrannt«, *Die Zeit* (Hamburg) 15 (1980): 9–11, hier: 9; vgl. V. Sigusch, E. Schorsch, G. Schmidt et al., »Stellungnahme zu stereotaktischen Hirnoperationen an Menschen mit abweichendem Sexualverhalten«, *Sexualmedizin* (Wiesbaden) 5 (1976): 442–450, nachgedruckt in *Psychologie heute* 3 (1976): 27–32.

[80] C. Silverstein, *A Family Matter* (New York, 1977), S. 167ff.

weisen, da bei ihnen die Keimdrüsen offenbar eine geringere Bedeutung für das sexuelle Verlangen haben.[81] Kurt Freund meint u.E. zu recht: Bei sexuell deviierenden Männern sollte die »Kastration«, d.h. die Entfernung der Keimdrüsen, nur in solchen Fällen gerechtfertigt werden, »in denen die sadistischen Neigungen die Umwelt ernstlich bedrohen«.[82]

Daneben gab es – ebenfalls mit dem Therapieziel der Heilung von Homosexualität als Anomalität – Versuche, die homosexuellen Triebe »umzupolen«. R.M. Foote kann hier angeführt werden. Homosexuellen Männern wurde das weibliche Sexualhormon Progesteron verabreicht, womit man erreichte, daß die Hormonausschüttung der männlichen Keimdrüsen gehemmt wurde. Doch führt diese Therapie zu einer Entwicklung femininer Brüste, die operativ abgetragen werden müssen, um nicht aufzufallen.[83] Bei der Anwendung der Präparate Cyproteron und Cyproteronacetat wird verhindert, daß das von den Keimdrüsen ausgeschüttete männliche Hormon von den Geweben aufgenommen wird – es wird blokkiert und unwirksam gemacht; zu einer Vergrößerung der Brüste kommt es dabei nicht.[84] Allerdings wird hier anscheinend nur der (homo-)sexuelle Drang bekämpft, aber kaum die Substitution der Homosexualität durch Heterosexualität erzielt.[85]

Hilfesuchende Homosexuelle unterzogen sich auch einer kombinierten Chemo- und Hormontherapie, bei welcher das injizierte Anti-Androgen die Sexualhormone neutralisiert bzw. deren Produktion verhindert. Der Patient wird zwar für eine gewisse Periode asexuell, doch benutzt der Therapeut diesen Zeitabschnitt, um ihn von homosexuellen Praktiken weg auf die Förderung heterosexueller Libido zu führen.[86] Wenn der Patient soweit ist, eine heterosexuelle Beziehung einzugehen, wird die Verabreichung einer zusätzlichen Dosis Androgen empfohlen.[87]

M. Sydney Margolese untersuchte das Blutserum von je zehn homosexuellen und heterosexuellen Männern und kam zum Resultat, daß der

[81] S.E. Waxenberg, M. Drellich und A.M. Sutherland, »The Roles of Hormones in Human Behavior«, *Journal of Clinical Endocrinology* (Springfield) 19 (1959): 193–202.

[82] K. Freund, *Homosexualität*, S. 54.

[83] R.M. Foote, »Diethylstilbestrol in the Management of Psychopathological States in Males«, *Journal of Nervous Mental Disease* (Baltimore) 99 (1944): 928–935; vgl. Kurt Freund, *Homosexualität* (Reinbek, 1969), S. 53.

[84] K. Freund, *Homosexualität*, S. 53.

[85] Wunibald Müller, *Homosexualität – eine Herausforderung für Theologie und Seelsorge* (Mainz, 1986), S. 44.

[86] C. Silverstein, *A Family Matter*, S. 169.

[87] J.D. Frank, »Treatment of Homosexuals« in J.M. Livingood (Hrsg.), *National Institute of Mental Health Task Force on Homosexuality* (Rockville, 1976) S. 64.

Androsteronspiegel[88] bei Homosexuellen im Vergleich mit den Heterosexuellen niedriger war. Robert C. Kolodny, William Masters et al. haben im Blutplasma einer Gruppe von Homosexuellen einen niedrigeren Testosteronspiegel[89] sowie weniger Spermatozoen in der Samenflüssigkeit und eine geringere Spermienmobilität im Vergleich mit einer heterosexuellen Kontrollgruppe und einer anderen Gruppe von Homosexuellen mit nicht hundertprozentiger homoerotischer Neigung festgestellt.[90]

Heino F.L. Meyer-Bahlburg dagegen meint, daß Untersuchungen von Blutplasma, die zwischen 1971 und 1977 vorgenommen wurden, keine Unterschiede im Testosteronspiegel von homo- und heterosexuellen Männern hätten nachweisen können.[91] Er warnt prinzipiell vor zu schnellen Schlußfolgerungen[92], da der Testosteronspiegel von Woche zu Woche, ja schon von Tag zu Tag starken Schwankungen unterworfen sein könne.[93]

Philip Feldman und Malcolm MacCulloch ziehen daher das Fazit, daß das homosexuelle Verhalten sowohl durch hormonale bzw. genetische als auch durch umweltbedingte Faktoren bestimmt werde.[94] Nach Auffassung der beiden Autoren darf man hilfesuchenden Homosexuellen keinesfalls eine Therapie verweigern, wenn ihre Lebensfreude beeinträchtigt ist und die erworbenen Konditionen überwiegen.[95] Charles Silverstein dagegen hatte einem englischen Geistlichen jede Therapie verweigert, als

---

[88] Androsteron ist ein männliches Keimdrüsenhormon aus der Gruppe der Steroide; es bildet weiße, in Wasser schwer lösliche Kristallplättchen. Es entsteht durch Veresterung eines in der Leber gebildeten Abbauproduktes des Testosterons und wird mit dem Harn ausgeschieden. Androsteron ist z.B. für den männlichen Bartwuchs, die Stimmhöhe usw. verantwortlich. W. Pschyrembel, S. 51.

[89] Testosteron ist das stärkste natürliche männliche Geschlechtshormon. Siehe: W. Pschyrembel, S. 1200.

[90] R.C. Kolodny, L.S. Jacobs, W.H. Masters et al., »Plasma Gonadotrophins and Prolactin inMale Homosexuals«, *Lancet* (London) 7766 (1972): 18; R. Kolodny, W.H. Masters, J.Hendry und G. Torro, »Plasma Testosterone and Semen Analysis in Male Homosexuals«, *New England Journal of Medicine* (Boston) 285 (1971): 1170.

[91] Heino F.L. Meyer-Bahlburg, »Sex Hormones and Male Homosexuality in Comparative Perspective«, *Archives of Sexual Behavior* (New York) 4 (1977): 297ff; R.C. Pillard, R.M. Rose und M. Sherwood, »Plasma Testosterone Levels in Homosexual Men«, *Archives of Sexual Behavior* 3 (1974): 453.

[92] H.F.L. Meyer-Bahlburg, a.a.O., S. 311.

[93] G.A. Parks, S. Korth-Schütz, R. Penny et al., »Variation in Pituitary-Gonadal Function in Adolescent Male Homosexuals and Heterosexuals«, *Journal of Clinical Endocrinology and Metabolism* (Springfield) 39 (1974): 796; vgl. F.J. Kallman, *Heredity in Health and Mental Disorder* (New York, 1953), S. 115ff.

[94] Philip Feldman und Malcolm MacCulloch, *Human Sexual Behaviour* (Chichester etc.,1980), S. 158, vgl. S. 61 mit: N.E. Miller, »Learning of Visceral and Glandular Responses«, *Science* (New York) 163 (1969): 434.

[95] P. Feldman und M. McCulloch, S. 171; vgl. L.J. Pongratz, S. 67.

dieser ihn um Hilfe ersuchte, weil er nicht mit seiner Homosexualität leben wollte. Silverstein gab ihm auch keine Hinweise darüber, wo er therapeutischen Beistand finden könnte. »Ich glaube nicht«, meint Silverstein, »ich könnte es verantworten, einer Person irgendeine Therapie anzubieten, die meinen Prinzipien und Werten widerspricht.«[96]

Günter Dörner geht davon aus, daß sich in Zukunft die Möglichkeit ergeben könnte, männliche Homosexualität pränatal zu diagnostizieren und beim Fötus zwischen dem 4. und 7. Monat durch Hormontherapie in utero der unerwünschten Neigung entgegenzuwirken.[97] Laut der kanadischen Molekularbiologin Kary Mullis wird es »in zehn Jahren höchstens eine Stunde (dauern), die gesamte Erbanlage eines Menschen zu entschlüsseln und seine Zukunft vorauszusagen« – und dann gezielt zu modifizieren. Denn sind die Gene dechiffriert, lassen sich am Embryo auch die Erbinformationen hinsichtlich seiner Sexualorientierung manipulieren.[98]

Die medizinischen Therapiemethoden einschließlich der Gentechnologie fordern zu ihrer Rechtfertigung den Beweis, daß homosexuelle Neigungen genetisch vorprogrammiert seien. Obwohl der genetische Determinismus nicht ohne weiteres von der Hand zu weisen ist, bleibt die Frage, in welchem Ausmaß das menschliche Verhalten von der Vererbung und von der Umwelt bestimmt ist. Wir haben eingangs die genetischen und hormonalen Faktoren der Homosexualität untersucht (I.2.1.) und darauf verwiesen, daß diese Theorien zu wenig begründet sind (I.2.5.).

Alan Paul Bell argumentiert: Die Aufgabe eines Arztes ist es, sämtliche stereotypen Ansichten über Homosexuelle, die man mehr oder weniger bewußt übernommen hat, beiseitezulegen und sich mit dem Patienten als einer absolut freien, individuellen Persönlichkeit zu beschäftigen. Dieser hat selbst über sein Schicksal zu entscheiden.[99]

Es stellt sich nun die Frage, ob ein Seelsorger medizinische Behandlungsmethoden wie die oben skizzierten befürworten kann. Evaluieren wir die bekannten Therapien kurz. 1. Klassische Leukotomie bzw. Topektomie: Bei dem erheblichen Risiko gesundheitsschädlicher Folgen müßte

[96] Charles Silverstein, »Homosexuality and the Ethics of Behavioural Interventions«, *Journal of Homosexuality* 3 (1977): 206.

[97] Günter Dörner, W. Rohde et al., »A Neuroendocrine Predisposition for Homosexuality in Men«. *Archives of Sexual Behavior* (New York) 4 (1975): 1–8; J. Hart und D. Richardson, *The Theory and Practice of Homosexuality* (London, 1981), S. 78; S. Winokur, »Homosexuality: Is It Created in the Womb?«, *San Francisco Examiner & Chronicle*, 28. Aug. 1983, S. A7.

[98] Dieter Herold, »Gen-Technologie: Der achte Tag der Schöpfung«, *Ja. Zeitungsillustrierte* (Hamburg) 22 (19.5.1987): 18–22, hier: 22.

[99] A.P. Bell, »The Homosexual as Patient« in R. Green (Hrsg.), *Human Sexuality: A Health Practitioner's Text* (Baltimore, 1979), S. 98–114, hier: S. 99f.

aus pastoraltheologischen Erwägungen einer nach Hilfe ausschauenden Person abgeraten werden, sich solcher Psychochirurgie zu unterziehen.[100] 2. Sollte sich bestätigen, daß die Chemo- und Hormontherapie – wie die Entfernung der Keimdrüsen bei Männern – wirklich zur Asexualität führen könnte[101], läge die Aufgabe des Seelsorgers darin, die hilfesuchende Person auf dieses Risiko hinzuweisen. Denn wenn jene medizinische Therapie den Homosexuellen nicht die Umpolung ihrer Triebe auf eine heterosexuelle Ebene ermöglicht, sondern eventuell zu einer völligen Impotenz führen kann, sollten Hilfesuchende selber entscheiden, ob sie »um des Himmelreiches willen« (Mt 19,12) auf Sexualität und Ehe freiwillig zu verzichten bereit wären.[102] 3. Der Seelsorger darf nicht versuchen, dem hilfesuchenden homosexuellen Menschen den Rat vorzuenthalten, einen kompetenten Arzt aufzusuchen. Manche Sexualwissenschaftler haben die radikale Position bezogen, einem Patienten, der eine Umwandlung der Inklination beabsichtigt, eine entsprechende Therapie zu verweigern.[103] Die Verweigerung einer potentiellen Hilfeleistung seitens eines Spezialisten kann der Seelsorger nur mit Befremden zur Kenntnis nehmen; er wird sich seinerseits darum bemühen, von neuen Alternativen konkreter Hilfsansätze Kenntnis zu erlangen.[104]

Die Ablehnung, an einer Reorientierung von Homosexualität auf Heterosexualität mitzuwirken, beruht bei manchen Spezialisten auf der bejahenden Akzeptanz des homosexuellen Verhaltens, wobei diese Akzeptanz auch religiös begründet worden ist. Die verbreitete Auffassung, daß Jesus die Diskriminierung der Menschen aufgehoben und jeden in seinem So-Sein akzeptiert habe, verknüpft häufig die Folgerung, daß er durch seine prinzipielle Akzeptanz jeden Diskriminierten samt dessen Verhalten bestätigt habe. Das ist aber unzutreffend, wie Landessuperintendent Horst Hirschler in Göttingen ausführt:

Wenn sich einer in seiner Andersartigkeit von Jesus angenommen sah, bedeu-

---

[100] Vgl. C.-M. Edsman, »Ignis divinus«, *Skrifter utgivna av Vetenskaps-Societeten i Lund* 34 (1949): 250ff, mit K. Barth, *Kirchliche Dogmatik*, III/4, 1951, S. 459ff.

[101] R. Blair erwähnt »Heilungen« von Homosexuellen durch die Chemo- und Hormontherapie in seinem Buch: *Etiological and Treatment Literature on Homosexuality* (New York, 1972), S. 34f.

[102] Vgl. *BHHW*, 1962, s. v. »Verschnittener« von G. Molin.

[103] Vgl. oben Anm. 96 und C. Silverstein, »Homosexuality and the Ethics of Behavioural Intervention«, a. a. O., S. 205–209; G.C. Davison, »Homosexuality and the Ethics of Behavioral Intervention«, *Journal of Homosexuality* (New York) 3 (1977): 195–204. Beide Autoren lehnen eine Kooperation zur therapeutischen Behandlung hilfesuchender Homosexueller ab.

[104] Vgl. D.P. McWhirter und A.M. Mattison, »The Treatment of Sexual Dysfunction in Gay Male Couples«, *Journal of Sex and Marital Therapy* (London) 2 (1978): 213–218.

tete das für ihn eine große Befreiung. Eine Befreiung, die ihn gerade nicht auf das festlegte, was er immer war.[105]

Konträr zur Position Jesu ist der Slogan »Homosexualität ist *beautiful*«, mit dem ein Sexualwissenschaftler oder Theologe den Homosexuellen auf seinen Weg fixiert.[106]

Tatsächlich stellt die bejahende Akzeptanz des homosexuellen Verhaltens vielfach nur eine Methode dar, den jeweiligen homosexuellen Menschen überhaupt nicht wahrzunehmen. Ist er aber als Person angenommen, gewinnt er erst die eigentliche Freiheit, den für ihn richtigen Weg zu suchen. Die Alternative einer Reorientierung mittels medizinischer Therapie von vornherein zu negieren, ist unverantwortlich, wenn nicht geradezu inhuman.[107]

3.2. Die Gruppentherapie im psychosozialen Approach

Eine Gruppentherapie für Homosexuelle – von ihr soll im folgenden Abschnitt die Rede sein – ist nur bei der Erfüllung mehrerer Bedingungen praktikabel. Erstens muß die sexuell deviierende Person eine starke Motivation für eine Reorientierung ihrer Sexualtriebe manifestieren.[108]

Zweitens muß bei männlichen Homosexuellen ermittelt werden, ob bestimmte Kindheitserfahrungen zu einer generellen heterosexuellen Passivität und Intimidation geführt haben, die mit der Furcht vor einer Frau als Sexualobjekt verbunden sind.[109] Vamik D. Volkan führt ebenfalls diese Argumentation, unter Zitierung von Charles W. Socarides an, der 1978 postulierte: Eine »erfolgreiche Behandlung« ist nur dann möglich, wenn der Psychoanalytiker oder -therapeut festgestellt hat, ob homosexuelle Neigungen auf den ödipalen Konflikt bzw. auf Kastrations- oder Inzestangst zurückgehen.[110] Die auf Freuds Kausalfaktoren basierende These für Homosexualität schließt die Hoffnung ein, durch Gruppentherapie

---

[105] H. Hirschler, »Ein Homosexueller als Pfarrer?«, *Evangelische Zeitung* (Hannover), 29. Juli 1979.

[106] K.K. Dion, E. Berscheid und E. Walster, »What Is Beautiful Is Good«, *Journal of Personality and Social Psychology* (Washington) 24 (1972): 285–290.

[107] Vgl. Simon Th. Dijkstra, »Ein neuer Weg auch für Homosexuelle«, *Ethos* (Berneck) 7 (1986): 20–23, mit: Michael W. Ross, *The Married Homosexual Man* (London etc., 1983), S. 119–123; ebenso oben, A.P. Bell, Anm. 99.

[108] Vgl. B.M. Miller, J.B. Bradley et al., »Review of Homosexuality Research (1960–66) and Some Implications for Treatment« in H.M. Ruitenbeck (Hrsg.) *Homosexuality: A Changing Picture* (London, 1973), S. 153.

[109] Vgl. J.D. Frank, S. 63, mit Wilhelm Reich, *Frühe Schriften 2 . . .*, S. 137ff.

[110] V.D. Volkan, S. 107; vgl. R. Brun, S. 214; H. Remplein, S. 426f; Walter Hoffmann, *Die Reifezeit* (Leipzig, 1930), S. 261f.

eine Sublimierung des Sexualtriebs in die heterosexuelle Richtung erreichen zu können.[111] Die psychoanalytisch ausgerichteten Einzel- und Gruppentherapien sollen sich als besonders »erfolgreich« erwiesen haben, d.h. eine relativ hohe Heilungsquote erzielen.[112]

Allerdings versuchen die psychoanalytischen Gruppen die Rationalisierung des einzelnen Homosexuellen in Frage zu stellen und zeigen letztlich zerstörerische Tendenzen auf. Therapieobjekt ist die Entscheidung des einzelnen für die Homosexualität, z.B. in Form der Akzeptanz einer Prädisposition oder die Assertion, diese Neigung nicht verändern zu wollen, welche nun von den Gruppenmitgliedern mit dem Verweis auf gesellschaftliche Ächtung, soziale Isolierung, Einsamkeit und andere durch homosexuelle Praxis generierte Probleme angesprochen wird.[113] Bei solchen Gruppentherapien werden zwei Ziele verfolgt: erstens der Nachweis, daß die Homosexualität durch (Kindheits-?)Faktoren festgelegt worden ist, die potentiell außerhalb der Kontrolle der Betroffenen liegen könnten; zweitens soll der Therapieteilnehmer sein Anderssein als Krankheit sehen und durch diese Erkenntnis motiviert werden, sich in Richtung auf die Heterosexualität umzuwandeln. Laut empirischer bzw. statistischer Erhebungen soll eine nicht exakt zu ermittelnde »Minderheit« homosexueller Klienten eine gewisse Aversion gegen ihre sexuelle Prägung entwickelt und eine sexuelle Reorientierung nicht nur angestrebt, sondern auch erzielt haben.[114]

Eine andere psychoanalytische Schule, die z.B. von William G. Herron, Thomas Kinter, Irwin Sollinger und Julius Trubowitz repräsentiert wird, will durch Gruppen- und Einzeltherapie weder eine Aversion gegen die abweichende Sexualinklination der Klienten noch eine Umwandlung erzielen. Das Therapieziel lautet, den homosexuellen Personen zu einer Verbesserung der Qualität ihrer interpersonalen Beziehungen zu verhelfen, wobei die eigene sexuelle Orientierung akzeptiert und wertgeschätzt wer-

---

[111] Siehe eine Zusammenfassung der therapeutischen »Erfolge« bei M.P. Feldman und M.J. MacCulloch, *Homosexual Behavior Therapy and Assessment* (Oxford, 1971), S. 3ff; vgl. J.D. Frank, »The Bewildering World of Psychotherapy«, *Journal of Social Issues* (New York) 28 (1972): 27–43.

[112] Vgl. M. Singer und R. Fischer, »Group Psychotherapy of Male Homosexuals by A Male- and Female Co-therapy Team«, *International Journal of Group Psychotherapy* (New York) 1 (1967): 44–52; J.J. Hinrichsen und M. Kathan, »Recent Trends and New Developments in the Treatment of Homosexuality«, *Psychotherapy: Theory, Research and Practice* (Chicago) 1 (1975): 83–92.

[113] S.B. Hadden, »Male Homosexuality: Observations on Its Psychogenesis and Its Treatment by Group Psychotherapy« in J.L. Moremo (Hrsg.), *The International Handbook of Group Therapy* (New York, 1966), S. 676ff.

[114] J.D. Frank, »Treatment of Homosexuals«, a.a.O., S. 65; E.A. Malloy, *Homosexuality and the Christian Way of Life*, S. 95; vgl. dagegen Kristin T. Schnider, »Lesbisch, na und?«, *Magma* (Zürich) 5 (1987): 49–57.

den soll. D. h., die Gruppenteilnehmer sollen sich selbst besser verstehen lernen und entsprechend dieser Selbsterkenntnis leben und sich ihres Lebens erfreuen.[115] Letzten Endes zielt diese Gruppentherapie darauf ab, den Homosexuellen Mut zum Sex zu machen.[116] Es sei hier noch angemerkt, daß der Leiter des virologischen Instituts der Akademie der UdSSR, Viktor Shdanov, die das Lustprinzip betonende »Sexualrevolution« im Westen für die Verbreitung von AIDS weitgehend verantwortlich macht.[117]

Im Kontext der Kirchen wurden den Homosexuellen teilweise Kontaktgruppen *(fellowship groups)*, den Anonymen Alkoholikern vergleichbar, angeboten, mit der Absicht, daß die Teilnehmer eine sexuelle Reorientierung erarbeiten sollten. Zu der Veränderung auf dem Verhaltensniveau erwartet man auch die kognitive Veränderung auf der Basis einer Erläuterung der biblischen Sexualprinzipien: Sie soll die homosexuellen Personen dazu bringen, ein »christusähnliches Leben« zu führen. Diese Antizipation hatte bei einigen Therapieteilnehmern eine intrapsychische Entscheidung und bleibende Abwendung von der homosexuellen Identität zur Folge.[118] Es wurden übrigens auch in nichtkirchlichem Kontext psychodynamische Verhaltensmethoden in Gruppentherapien angewandt, um Aversion und Ablehnung homosexueller Praktiken zu wecken und homosexuelle Personen so zur Sublimierung ihrer Triebe zu führen.[119]

Spezifische Resultate haben katholische Kleingruppen für Therapie mit Homosexuellen erbracht, die John Harvey in der katholischen Kirche in den USA einführte. Gruppenteilnehmer sind je homosexuelle Männer und Frauen, die einander im Erarbeiten des Zieles, ein voll integriertes Leben zu finden, unterstützen. Eine Gruppe kommt wöchentlich für zwei Stunden zusammen. Die erste Stunde ist für Gebet, Meditation, biblische Reflexion und das Austeilen der Kommunion reserviert, in der zweiten findet ein intensiver Gruppendialog statt. Ausgangspunkt ist das »Be-

---

[115] William G. Herron, Thomas Kinter, Irwin Sollinger und Julius Trubowitz, »New Psychoanalytic Perspectives on the Treatment of a Homosexual Male«, *Journal of Homosexuality* 4 (1980): 393–403, hier: 402f; vgl. R.R. Troiden, »Becoming Homosexual: A Model of Gay Identity Acquisition«, *Psychiatry* (Washington) 42 (1979): 362–373.

[116] Vgl. Christine Humbert, »Trotz AIDS: Kirche fordert mehr Mut zum Sex«, *Blick* (Zürich), 29. Mai 1987, S. 1. Laut diesem Report sagte Charles Biber, einer der Organisatoren der Evangelischen Synode in Genf, am Tag zuvor: »AIDS? Keine moralische Vorschriften mehr. Die Menschen sollen heute nicht mehr so leben müssen wie ihre Urgroßeltern.« Biber postuliert laut Humbert, eheliche Treue als Mittel gegen AIDS habe »mit Liebe nichts zu tun . . . Wir respektieren die echte Homosexualität« (a. a. O.).

[117] Pierre Rigulo, »Sovetskaja propaganda i SPID« (Sowjetische Propaganda und AIDS), *Russkaja Mysl'* (Paris) 3673 (15. Mai 1987): 4.

[118] E.M. Pattison und M.L. Pattison, »›Ex-Gays‹, Religiously Mediated Change in Homosexuals«, *American Journal of Psychiatry* (Baltimore) 12 (1980): 1553–1562, hier: 1553ff.

[119] C. Roback, E. McKee und D. Calhoun, »Group Psychotherapy with Homosexuals. A Review«, *International Journal of Psychotherapy* (Boston) 1 (1976): 3–27.

kenntnis« der eigenen Homosexualität, die nun aber, als nicht selbstge-
wählt, akzeptiert wird. Zur Therapiemethode gehört die Aufstellung eines
persönlichen Lebensplans für jedes Gruppenmitglied mit detailliertem
Wochenplan, dem gemäß ein christusähnliches Leben angestrebt wird.[120]
In der Gruppe läßt jeder den andern an seiner Existenz teilnehmen. Hier
darf und soll er seinen tiefsten Emotionen Ausdruck geben, ohne Angst
vor Ablehnung haben zu müssen. Somit bieten diese Therapiegruppen exklusive Gelegenheit, tiefe, konstante, nichtsexuelle Freundschaftsbezie-
hungen einzugehen. »Solche Freundschaften helfen nicht nur den Personen, keusch zu bleiben, sie mildern auch die Einsamkeit.«[121] Die theologische Prämisse für diese Gruppentherapie ist Harveys biblische Exegese,
nach der die menschliche sexuelle Aktivität zwischen Mann und Frau,
nicht aber zwischen Männern bzw. zwischen Frauen geschaffen wurde.
Harvey ist überzeugt, »daß Gott jedem Menschen ein Übermaß an Gnade
gibt, sein Gesetz einhalten zu können«.[122]

Wir meinen, daß die protestantischen Kirchen von Harveys Modell der
Homosexuellen-Gruppentherapie viel zu lernen hätten. Der Austausch
über empfundene Schmerzen, Ängste, Freude, spirituelle Erfahrungen
und weitere relevante Themen erweist sich als hilfreich. Zudem kann Gottes Wort in der Begegnung von Menschen Realität werden.[123] Die gele-
gentliche Anwesenheit heterosexueller Gruppenteilnehmer kann zur gegenseitigen Verständigung beitragen, Vorurteile und Antipathien abbau-
en zu helfen. So erlebte Annahme kann den »Ex-Homosexuellen« zusätzlich motivieren, seine »perversen« Wünsche zu überwinden und zu einer
heterosexuellen Beziehung heranzuwachsen.[124]

---

[120] J. Harvey, »Pastoral Responses to Gay World Questions« in W.D. Oberholtzer (Hrsg.), *Is Gay Good? Ethics, Theology, and Homosexuality*, S. 123–139, hier: S. 137.

[121] Zitiert von W. Müller, *Homosexualität, eine Herausforderung . . .*, S. 107; ebenso: J. Harvey, »Group Support in Helping the Homosexual to live a Fully Integrated Life« in K. Leopold und T. Orians (Hrsg.), *Theological Pastoral Resources* (Washington, 1981), S. 24–26, hier: S. 26.

[122] W. Müller, *Homosexualität, eine Herausforderung . . .*, S. 107; J. Harvey, »Group Support . . .«, a.a.O., S. 26. S.B. Hadden meint seinerseits auch: »Ich kann das nicht abkau-fen, daß der homosexuelle Lebensstil zufriedenstellend ist. Da gibt es kurze Beziehun-gen, dramatische Trennungen und kein Gefühl der Verantwortung.« Zitiert von W. Müller, a.a.O., S. 45. Ebenso: S.B. Hadden, »Interview« in A. Karlen (Hrsg.), *Sexuality and Homosexuality* (New York, 1972), S. 599–603, hier: S. 601.

[123] W. Müller, *Homosexualität, eine Herausforderung . . .*, S. 109; vgl. J. Ratzinger, »Theolo-gie und Ethos« in K. Ulmer (Hrsg.), *Die Verantwortung der Wissenschaft* (Bonn, 1975), S. 46–61.

[124] Vgl. Lawrence J. Crabb, *Die Last des andern. Biblische Seelsorge als Aufgabe der Gemeinde* (Basel–Gießen, 1984), S. 138f. – A. Ellis geht davon aus, daß die meisten exklusiven Ho-mosexuellen im Grunde psychotisch seien, was sich als Überängstlichkeit gegenüber heterosexuellen Verbindungen manifestiert. Darum geht Ellis in der Therapie gegen

3.3. Positive kirchlich-dogmatische Therapie und Aversionstherapie

Wie bereits vermerkt, tritt die Homosexualität in vielen Abstufungen auf und hat diverse Ursachen, von denen manche außerhalb der Kontrolle des betroffenen Individuums liegen. Es scheint uns angebracht, hier das Kinseysche Schema sexueller Präferenzen anzuführen: Klasse 0 seiner Präferenzskala umfaßt alle Personen, die keinerlei homosexuelle Erfahrungen gemacht haben. In Klasse 1 werden minimale homosexuelle Erfahrungen von heterosexuellen Erfahrungen fast völlig überschattet. Klasse 2 sind Personen mit beträchtlich mehr homosexueller Praxis, wo aber immer noch die heterosexuellen Beziehungen überwiegen. Klasse 3 repräsentiert Personen, in deren Lebensgeschichte homo- und heterosexuelle Erlebnisse mit nahezu gleicher Häufigkeit auftreten. In Klasse 4 dominieren homosexuelle Erfahrungen, obschon auch heterosexueller Interkurs praktiziert wird. Bei Personen der Klasse 5 überwiegen die homosexuellen Erfahrungen eklatant gegenüber minimalen heterosexuellen Aktivitäten. Klasse 6 ist konträr zur Klasse 0 und umfaßt Männer und Frauen mit ausschließlich homosexueller Erfahrung.[125] Richard Foster kommentiert:

> Ein Mensch mit einer Neigung von 20 bis 30 Prozent zur Homosexualität wird es viel leichter haben, sich zu einer vollen heterosexuellen Orientierung zu »bekehren« als ein Mensch mit einer Neigung von 80 bis 90 Prozent zur Homosexualität. Die Faktoren, die zur sexuellen Orientierung eines Menschen beitragen, sitzen oft tief und sind kompliziert. Deshalb wollen wir mit denen mitfühlen und bei ihnen stehen, die eine heterosexuelle Orientierung als fremd und schwierig empfinden, obwohl wir uns zu ihr als der christlichen Norm bekennen wollen.[126]

Das theologische Bekenntnis zur Heterosexualität zieht ein entschiedenes Nein zu homosexuellen Praktiken nach sich, auch wenn man die statistischen Befunde der Sexualwissenschaft zur Kenntnis nimmt, daß rund fünf Prozent der Männer und rund zweieinhalb Prozent der Frauen einen chronischen gleichgeschlechtlichen Sexualtrieb haben.[127] Wenn man also eine nicht unbeträchtliche Minderheit mit homosexueller Neigung konstatiert, darf man in der christlichen Kirche nicht der Versuchung erliegen,

---

neurotische Motivationen an, die »hinter der Homosexualität liegen«: Ist eine fixierte Homosexualität erlernt, so kann sie auch verlernt werden, meint er. Siehe: A. Ellis, *Reason and Emotion in Psychotherapy* (Secaucus, 1977), S. 241–247. Aufgrund seiner Diagnose spricht sich Ellis gegen Gruppentherapie aus.

[125] William H. Masters und Virginia E. Johnson, *Homosexualität* (Berlin–Frankfurt/M.–Wien, 1980), S. 19f; vgl. Mathias Bosch, S. 94.

[126] Richard Foster, *Geld, Sex und Macht. Die Realitäten unseres Lebens unter der Herrschaft Christi* (Wuppertal–Kassel, 1987), S. 94.

[127] Masters und Johnson, *Homosexualität*, S. 19f.

die »konstitutionelle« Homosexualität anders denn als Devianz von Gottes Intention einzuordnen.[128] Denn auch wenn ein Homosexueller nicht für seine sexuelle Inklination verantwortlich ist, so ist er doch zweifellos dafür verantwortlich, was er tut. Richard Foster gibt zu bedenken:

> Entscheidungen müssen getroffen werden, und Christen, die eine homosexuelle Orientierung in sich tragen, müssen diese Entscheidungen im Lichte der Wahrheit Gottes und der Gnade Gottes treffen.[129]

Philip Feldman und Malcolm MacCulloch haben darauf hingewiesen, daß der Entschluß, sich der Lehre der Kirche zu unterstellen und sie voll zu akzeptieren, bei einer von ihnen beobachteten Gruppe von Männern zu einer Reduzierung der homosexuellen Erlebnisse geführt hat:

> Die Annahme der Doktrinen einer Kirche stand bei Männern in Relation zu den sexuellen Frequenzen: Diese betrugen (nur) zwei Drittel oder weniger der Frequenzen unter Männern des entsprechenden Alters und Bildungsgrads ohne aktive Bindung an eine Kirche. Wie Kinsey festhält, war dies entweder die unmittelbare Auswirkung kirchlicher Lehre, oder aber jene Personen, die aktiv in einer Kirche integriert wurden, waren eine selbstselektionierte Gruppe, die auch sonst keine hohen Frequenzen sexueller Bekundung aufgewiesen hätte.[130]

Aus pastoraltheologischer Sicht nennt Foster für Homosexuelle drei Möglichkeiten, mit ihrer Inklination umzugehen: Sie bewältigen sie entweder durch Änderung oder durch Kontrolle ihrer homosexuellen Orientierung – oder sie üben diese aus. Zur dritten Variante merkt Foster an: Die christliche Gemeinde kann solchen, die sich unfähig fühlen, ihre Inklination zu verändern oder das Zölibat zu wählen, nicht erlauben, die Homosexualität auszuleben. Wird indes eine derartige tragische moralische Wahl getroffen, sollte der bestmögliche moralische Kontext beibehalten bzw. gewährt werden.[131] Doch glaubt Ted D. Evans, man dürfe niemals die Hoffnung auf »Heilung« von Homosexuellen aufgeben und müsse alles

---

[128] R. Foster, S. 95f. G.J.M. van den Aardweg kritisiert die Theorie der konstitutionellen Homosexualität mit dem Hinweis auf Männer mit einer weiblichen Art von Geschlechtschromatin, die jedoch keine abnormen sexuellen Empfindungen haben. »Im Gegensatz dazu fehlt dieser Faktor bei einer Gruppe von untersuchten Homosexuellen. Auch haben sich von einer genetischen Hypothese abgeleitete Schlußfolgerungen allgemein nicht erhärten lassen. Zum Beispiel müßte dann die Homosexualität in manchen Familien häufiger vorkommen als in anderen.« Das soll aber nicht der Fall sein. *Das Drama des gewöhnlichen Homosexuellen*, S. 54; vgl. J. Raboch und K. Nedoma, »Sex Chromatin and Sexual Behavior«, *Psychosomatic Medicine* (New York) 20 (1958): 55–59.

[129] R. Foster, S. 96; vgl. F.M. Pattison und M.L. Pattison, »›Ex-Gays‹. Religiously Mediated Change in Homosexuals«, a.a.O., S. 1553.

[130] Ph. Feldman und M. MacCulloch: *Human Sexual Behaviour*, S. 102; vgl. F. Henriques, *Modern Sexuality* (London, 1968), S. 325ff.

[131] R. Foster, S. 97; vgl. H. Thielicke, *Theological Ethics: Sex*, S. 282; vgl. dagegen: Karl Barth, *Church Dogmatics*, III.4 S. 166.

unternehmen, um sie zur heterosexuellen Ehe hinzuführen. Dabei werden die auftretenden Schwierigkeiten nicht ausgeklammert.[132]

Im vorhergehenden Abschnitt (3.2.) haben wir bereits kirchliche Gruppentherapien erwähnt, deren positive Resultate zu würdigen sind. Freilich legt uns die Erfahrung den pastoraltheologischen Approach nahe, sich nicht prinzipiell der Beiziehung eines Psychotherapeuten oder Psychiaters zu verschließen, wenn dieser als Fachmann einem Hilfesuchenden ergänzende Hilfe leisten kann. Ob ein Berater im pastoralen Dienst die Mittel, die etwa im Rahmen der Aversionstherapie Anwendung finden, bejahen kann, wird er von Fall zu Fall prüfen müssen.

Durchaus kritisch berichtet Wunibald Müller über diverse Methoden, die zwecks Umpolung von Homosexuellen in einer amerikanischen religiösen Sondergruppe der Mormonen praktiziert werden, darunter die Aversionstherapie.[133] Diese wird mit der Schocktherapie kombiniert, wobei der Schock zur Auslösung von Schuldgefühlen bei den Homosexuellen beitragen soll: Die Patienten hätten sich erleichtert gefühlt, als sie mit Schocks ganz konkret bestraft wurden. Die Strafe wird als Konsequenz aus Sünde und Schuld eingeordnet. »Strafe ist ein Mittel Gottes, mit dem Gott Menschen hilft, sich zu ändern.«[134]

Anhand eines nicht religiös geprägten Beispiels der Durchführung einer Aversionstherapie seien hier deren mögliche Elemente referiert. Basil James, Arzt im Glenside-Krankenhaus in Stapleton-Bristol, berichtet 1962 von einem homosexuellen 40jährigen Mann, der gemäß Kinseys Präferenzskala der 6. Klasse zuzurechnen war (siehe 3.3.):

Die homosexuelle Inklination wurde bereits beim 15jährigen konstatiert; sein erstes homosexuelles Erlebnis hatte er mit 18 Jahren. In der Folge hatte er zahlreiche Beziehungen mit Männern (nie mit Frauen), wobei u.a. gegenseitige Masturbation, Küssen und gelegentlich analer Interkurs praktiziert wurden. Der Patient trat nach Abschluß seines Universitätsstudiums eine Stelle in einer Ölhandelsgesellschaft an, die ihm jedoch kündigte, als seine Homosexualität bekannt wurde. Das Detailhandelsgeschäft von Verwandten geriet unter seiner Verwaltung an den Rand des Bankrotts. 1953 stand er drei Monate lang in psychiatrischer Behandlung, in deren Rahmen er sich persönlicher wie auch Gruppentherapie unterzog und das Medikament Stilboestrol einnahm – mit dem Effekt, daß er impotent wurde, während die Triebe blieben. Die daraus re-

[132] Ted D. Evans, »Homosexuality: Christian Ethics and Psychological Research«, *Journal of Psychology and Theology* (La Mirada) 1 (1975): 94–98, hier: 98.

[133] W. Müller, *Homosexualität, eine Herausforderung...*, S. 72f.

[134] Ebenda, S. 73; vgl. V.L. Brown, »Truth, Sin, Guilt, Punishment and Redemption«, *Association of Mormon Counselors and Psychotherapists* (Provo) 1 (1975): 42–47; R. Card, »Counseling the Homosexual in a Private Practice Setting«, ebenda: 10–13; R.C. Blattner, »Counseling the Homosexual in a Church Setting«, ebenda: 6–9.

sultierende Frustration intensivierte das homosexuelle Verlangen über das für ihn erträgliche Maß, so daß er das Stilboestrol absetzte und bald wieder homosexuelle Beziehungen einging. Nach einem Suizidversuch mit einer Überdosis von Barbiturat wurde er in das Glenside-Krankenhaus eingeliefert. Da er als Suizidmotiv seine Homosexualität angab, rieten ihm die Ärzte zur Aversionstherapie, der er – mit Skepsis – zustimmte.

Die Behandlung erfolgte in einem verdunkelten Einerzimmer. Alle zwei Stunden bekam er eine brechreizerregende Dosis von Apomorphin und ein Gläschen (57 ml) Brandy; im übrigen galt striktes Fastenregime. Wenn die Brechreizwirkung eintrat, wurde eine starke Lampe angeschaltet, die eine Leinwand mit mehreren Photos nackter und halbnackter Männer anstrahlte. Nun wurde er aufgefordert, den bzw. die attraktivsten darunter zu nennen und die Erlebnisse mit seinem letzten Geschlechtspartner zu visualisieren, wobei der Therapeut bei den ersten zwei, drei Sessionen seine Phantasie zusätzlich anregte. Anschließend lief bis zum Ende des 2-Stunden-Intervalls, d.h. solange der Brechreiz anhielt, ein Tonband ab: Die homosexuellen Reize erklärten sich aus Vaterdeprivation zu einer Zeit, da homosexuelle Anziehung nicht abnormal war; durch erste homosexuelle Erfahrungen sei ein erlerntes Fundament entstanden. Der negative Effekt dieser Prägung im sozialen Bereich wurde episch ausgemalt, mit abschließenden Wertungen wie »widerlich«, »ekelerregend«, »zum Kotzen«, untermalt von Brech-Geräuschen. Dies verstärkte die Wirkung des Apomorphins. Nach jeweils rund 30 Stunden wurde die Behandlung wegen Azetonurie für 24 Stunden unterbrochen. In der folgenden Nacht wurde der Patient alle zwei Stunden geweckt und mit einer Tonaufzeichnung bedient, die ihm in positiven Bildern schilderte, wie er von umgepolten Sexualtrieben profitieren könnte; Fotos sexuell attraktiver Frauen hatte er am dritten, vierten und fünften Tag jeweils nach Beendigung der Apomorphinbehandlung vorgeführt erhalten, und Schallplatten mit sexuell stimulierenden Chansons weiblicher Interpreten standen ihm zur Verfügung. Jeden Morgen wurde ihm Testosteron-Propionat verabreicht. Bei sexueller Erregung wurde ihm empfohlen, sich hinzulegen.

Die Behandlung soll den Patienten geheilt haben: Die Angehörigen beschrieben ihn als »neuen Menschen«, und laut ihm selbst war die Therapie »phantastisch erfolgreich«; er sei glücklicher als jemals in der Kindheit und gar danach. Zu homosexuellen Praktiken empfand er keine Neigung mehr, doch sah er sich nun von Frauen angezogen und hatte Freude an heterosexuellen Beziehungen. [135]

Rund ein Jahr später berichtete der Arzt in der medizinischen Zeitschrift, sein früherer Patient habe keinen Rückfall in die Homosexualität gehabt, auch wenn er gelegentlich männliche Teenager wegen ihrer Schönheit bewunderte. Er hatte eine feste Freundin, mit der er auch sexuelle Kontakte

---

[135] Unsere Zusammenfassung von Basil James, »Case of Homosexuality Treated by Aversion Therapy«, *British Medical Journal* (London) 5280 (17.3.1962): 768f.

pflegte, die ihm physische Befriedigung verschafften, obwohl er emotional nicht dasselbe empfunden habe wie bei homosexuellen Beziehungen.[136]

Feldman und MacCulloch wandten bei der Aversionstherapie ein System von Belohnung und Bestrafung an. Den männlichen Patienten wurden stimulierende Diapositive von Männern gezeigt, die sie selber abschalten konnten. Taten sie es nicht, so erhielten sie einen schmerzhaften Schock. Unmittelbar nach dem Schock zeigte man ihnen Dias mit nackten Frauen, die sie nun mit einem angenehmen Gefühl assoziierten. Eine Sitzung dauerte 20–25 Minuten. Die Patienten absolvierten 18–20 solcher Sitzungen.[137] Die sogenannte antizipatorische Vermeidungs-Lerntherapie soll bei 60 Prozent der 43 männlichen homosexuellen Patienten auch ein Jahr nach der Behandlung noch wirksam gewesen sein.[138] Ebenso führen Birk, Huddleston, Miller und Cohler Belege für Behandlungserfolge mit der Aversionstherapie an.[139]

Edward J. Callahan und Harold Leitenberg bauen in ihrer Aversionstherapie auf der Verabreichung von Schocks gemäß dem Verhalten und der verdeckten Sensibilisierung auf, wenden also auch eine Methode von Stimuli und Reaktion an. Zur verbalen Beschreibung einer Sequenz homosexueller Geschlechtserlebnisse soll der Klient nacheinander einen attraktiven potentiellen Partner und darauf einen abstoßenden visualisieren. Zur Erholung darf er sich danach eine anziehende Frau vor Augen führen. Diese Behandlung wird wiederholt, bis der homosexuelle Patient melden kann, daß er eindeutige Triebe zum anderen Geschlecht empfindet, nicht mehr aber zu Männern.[140]

Eine andere Methode der Einpflanzung einer Aversion referierte Peter Roper 1966. Eine Anzahl homosexueller Patienten unterzogen sich einer

[136] B. James und D.F. Early, »Aversion Therapy for Homosexuality«, *British Medical Journal* 5329 (23.2.1963): 538.

[137] M.P. Feldman und M.J. MacCulloch, *Homosexual Behavior: Therapy and Assessment* (Oxford, 1972), S. 26ff.

[138] Ebenda, S. 156 (engl.: »Anticipatory Avoidance Learning«, AA); vgl. N. McConaghy, »Subjective and Penile Plethysmograph Responses to Aversion Therapy for Homosexuality: A Follow-up Study«, *British Journal of Psychiatry* (Ashford) 117 (1970): 555; ders., »Aversive and Positive Conditioning Treatment of Homosexuality«, *Behaviour Research and Therapy* (Oxford) 13 (1975): 309.

[139] L. Birk, W. Huddleston, E. Miller und B. Cohler, »Avoidance Conditioning for Homosexuality«, *Archives of General Psychiatry* (Chicago) 25 (1971): 314; vgl. B.A. Tanner, »A Comparison of Automated Aversive Conditioning and A Waiting List Control in the Modifications of Homosexual Behaviour in Males«, *Behaviour Therapy* (New York) 5 (1974): 29–32.

[140] E.J. Callahan und H. Leitenberg, »Aversion Therapy for Sexual Deviation: Contingent Shock and Covert Sensitization«, *Journal of Abnormal Psychology* (Washington) 81 (1973): 60; vgl. J.R. Cautela, »Covert Sensitization«, *Psychological Reports* (Missoula) 20 (1967): 459.

Hypnose- und Suggestionstherapie. Dabei wurde dem Patienten in tiefer hypnotischer Trance suggeriert, er habe sich bei seinem ersten homosexuellen Erlebnis aufgrund einer Konstellation äußerer Umstände in einem extrem ungünstigen Zustand befunden, und allein deshalb hätte ihm der homosexuelle Akt eine sexuelle Befriedigung verschafft. Diese sei subjektiv von solcher Intensität gewesen, daß er sich homosexuelles Verhalten zur Gewohnheit gemacht habe. Nachdem er nun die Entstehung der Gewohnheit erkannt habe, hätte sie keine Macht mehr über ihn, und sein homosexuelles Bedürfnis sei erloschen. – Diese Methode soll erfolgreich sein, wenn es nur gelingt, den Patienten in einen ausreichend tiefen Trancezustand zu versetzen.[141]

Die Fachliteratur berichtet auch über Versuche einer Kombination von Psychotherapie und Verabreichung von LSD.[142] Diese Droge hat schon in geringen Dosen eine bewußtseinsverändernde Wirkung, häufig begleitet von Angst und panischen Reaktionen, die der Therapeut als Angst vor homosexuellem Behavior bzw. als Aversion dagegen interpretiert. Kurt Freund wertet: »Die psychotherapeutische Behandlung, verbunden mit einer LSD-Kur, kann unter Umständen effektiv sein.«[143]

Freund evaluierte 1977 seine rund zwanzig Jahre früher (1960) angewandte Aversionstherapie[144], die er mit positivem Konditionieren verband: Er verabreichte dem Patienten ein Brechmittel, und wenn der Brechreiz wirkte, zeigte er ihm Lichtbilder mit nackten und halbnackten Männern. Darauf bekam der Patient 50 mg Testosteron. Sobald die Hormonwirkung maximal war, kamen Diapositive nackter Frauen auf die Leinwand. Diesen Vorgang wiederholte Freund mit einem Patienten bis zu zehnmal.[145] 20 Prozent dieser männlichen homosexuellen Patienten, die ihn um Hilfe ersucht hatten, heirateten nach erfolgter Aversionstherapie und gründeten Familien. Obgleich sie nun in der Lage waren, sexuelle

---

[141] Peter Roper »The Effects of Hypnotherapy on Homosexuality«, *Canadian Medical Association Journal* (Montreal) 94 (1966): 72–77. – Wir möchten hier die Fragen aufwerfen, a) ob dieses Verfahren eine Dauerwirkung erzielen kann, insofern es auf einer Fiktion und nicht auf subjektiv erfahrenen Fakten basiert; b) ob solche Fiktion seitens des Therapeuten ethisch verantwortbar ist.

[142] LSD: Lysergsäurediethylamid, ein kristallines Pulver, Abkömmling der als Bestandteil der Mutterkorn-Alkaloide auftretenden Lysergsäure. Siehe: *Meyers Enzyklopädisches Lexikon*, 1980, s. v. »LSD«.

[143] K. Freund, *Homosexualität* (Reinbek, 1969), S. 51; vgl. J.D.A. Whitelaw. »A Case of Fetishism Treated with Lysergic Acid Diethylamid«, *Journal of Nervous Mental Disease* (Baltimore) 129 (1959): 573–577.

[144] Kurt Freund, »Should Homosexuality Arouse Therapeutic Concern?«, *Journal of Homosexuality* 3 (1977): 235–239.

[145] K. Freund, »Some Problems in the Treatment of Homosexuality« in H.J. Eysenck (Hrsg.), *Behaviour Therapy and the Neurosis* (Oxford, 1960), S. 312–326.

Beziehungen mit Frauen zu unterhalten, soll der Interkurs deutlich seltener erfolgt sein als früher mit männlichen Partnern.[146] Der Therapeut konstatiert jedoch in der rückblickenden Wertung selbstkritisch, sein therapeutisches Experiment habe den Patienten, wenn überhaupt, so dazu »geholfen«, Ehen einzugehen, die später absolut oder nahezu unerträglich geworden seien.[147] Daher kommt Freund zum Resultat: »Es gibt keine ›Heilmethode‹, jedenfalls vorderhand nicht.«[148] Auch Hans J. Eysenck verwies 1971 darauf, daß bei Aversionstherapien mit Rückfällen zu rechnen sei, da keine nachfolgende Bekräftigung des neu erlernten Behaviors stattfinde. Man müßte im Rahmen der Therapie eine soziale Alternative zur Homosexualität aufbauen, die z.B. das Tanzen einbezöge und dem Patienten überhaupt beibringe, »wie man ein Mädchen kennenlernt«.[149]

Jan D. Frank kann den Pessimismus von Freund nicht teilen. Er hält die auf instrumentellem Konditionieren basierende Methode für vielversprechend. Zu seinen Verbesserungsvorschlägen für die bisherigen Aversionstherapien gehören: die Verabreichung von Schocks vor oder während der Visualisierung von Bildern homosexueller (potentieller) Partner; die Förderung heterosexueller Aktivität mit Hilfe speziell geschulter Prostituierter.[150] Auch William H. Masters, Virginia E. Johnson und Robert C. Kolodny verneinen einen gewünschten Effekt bei der Aversionstherapie nicht. Anstelle von Testosteron setzen sie aber Antiandrogen ein, das den Geschlechtstrieb bei homosexuellen Männern abschwächt und die Häufigkeit sexuell stimulierender Phantasien reduziert.[151] Da Antiandrogen den Zwang der homosexuellen Triebe verringert, verschafft es dem Psychiater Raum für die Betreuung und Rekonditionierung von Patienten durch die Aversionstherapie.[152]

Immer häufiger wird inzwischen ein Desensibilisierungsverfahren angewandt, durch welches die Angst vor dem anderen Geschlecht abgebaut und zugleich die Aversion zu homosexueller Liebe gesteigert wird. Es gibt

---

[146] K. Freund, »Should Homosexuality Arouse Therapeutic Concern?«, a.a.O., 238.

[147] Ebenda: 239.

[148] Ebenda, vgl. W. Steckel, »Ist die Homosexualität heilbar?«, Nervenarzt (Berlin) 2 (1929): 337–343.

[149] H.J. Eysenck, »Interview« in A. Karlen, Sexuality and Homosexuality (New York, 1971), S. 596–599, hier: S. 597.

[150] Jan D. Frank, »Treatment of Homosexuals« in J.M. Livingood (Hrsg.), National Institute of Mental Health Task on Homosexuality (Washington, 1978), S. 63–68, hier: S. 66. – Hier erhebt sich für den pastoralen Betreuer erneut die Frage nach der ethischen Vertretbarkeit.

[151] William H. Masters, Virginia E. Johnson und Robert C. Kolodny, On Sex and Human Loving (London, 1986), S. 390.

[152] F.S. Berlin und C.F. Meinecke, »Treatment of Sex Offenders with Antiandrogenic Medication«, American Journal of Psychiatry 138 (1981): 601–607.

eine entsprechende Verhaltensschulung – etwa im Sinne der erwähnten Forderung Eysencks von Anfang der 70er Jahre –, die dem Patienten parallel zur Aversionstherapie verhilft, interpersonale Beziehungen aufzubauen; so lernt ein Mann, Frauen anzusprechen und seine Furcht vor Abweisung zu überwinden.[153] Für Personen, die an Paraphilie leiden – also an Fetischismus, Transvestismus, Voyeurismus, Exhibitionismus, dem Zwang zum Führen obszöner Telephongespräche, Sadismus, Masochismus, Zoophilie, Pädophilie, Urophilie, Klismophilie, Frotterismus und Nekrophilie –, ist die Orgasmusrekonditionierung als Therapie angezeigt[154], doch wurde sie auch schon bei homosexuellen Männern angewandt. Der Patient wird aufgefordert, paraphilistische Phantasien aufkommen zu lassen und zu masturbieren. Vor Einsetzen des Orgasmus soll er diese Phantasien abschalten und statt dessen an eine Frau denken bzw. sie plastisch visualisieren. Schritt für Schritt wird er gelehrt, sich eine aversive Haltung gegen perverse Sexualpraktiken anzueignen und ein sozial akzeptiertes, d.h. heterosexuelles Leben zu führen.[155]

Zieht man die Umpolung eines Homosexuellen als pastoraltheologisches Ziel in Betracht, so sollte man wahrnehmen, daß in den christlichen Kirchen eine gewisse Homophobie nicht zu verneinen ist. Richard Lovelace appelliert an die Christen, sich mehr in die Lage jener Homosexuellen einzufühlen, die mit ihrer Inklination im Dauerkonflikt leben, eben weil sie diese zu überwinden suchen. Die Integration solcher Personen in den kirchlichen Kontext und die Anteilnahme an ihren Kämpfen würde das Leben homosexuell orientierter Christen erleichtern und ihnen helfen, die Alltagsprobleme zu bewältigen.[156] Hiermit sind wir bei einem weiteren Aspekt einer positiven kirchlichen Therapieunterstützung. Der Leiter des Quest Learning Center in Pennsylvania, selbst ein Homosexueller, Colin Cook, versucht der Homophobie in diesem Sinn entgegenzuwirken, damit konvertierte Gläubige mit homosexueller Veranlagung in den Kirchen als Mitchristen Akzeptanz finden und nicht als »Homosexuelle« stigmatisiert werden. Jeder müsse sich seiner Sündhaftigkeit bewußt werden, die sich auch in der Verachtung des Nächsten mit andersgearteter Sexualorientie-

---

[153] L.R. Schover und J. Lo Piccolo, »Treatment Effectiveness for Dysfunctions of Sexual Desire«, *Journal of Sex and Marital Therapy* (London) 8 (1982): 179–197.

[154] M.F. Schwarz und W.H. Masters, »Conceptual Factors in the Treatment of Paraphilias: A Preliminary Report«, *Journal of Sex and Marital Therapy* 9 (1983): 3–18.

[155] Vgl. C. Crepault und M. Couture, »Men's Erotic Fantasies«, *Archives of Sexual Behavior* 9 (1980): 565–581.

[156] R. Lovelace, »The Active Homosexual Lifestyle and the Church«, *Church and Society* (New York) 5 (1977): 24–39.

rung manifestiere.[157] Ein Ja zur Person mit konstitutioneller homosexueller Orientierung schließt keinesfalls das Nein zu homosexuellen Handlungen aus, so stimmen Katholiken wie Protestanten überein. Die Mediziner E. Mansell Pattison und Myrma Loy Pattison vom Department of Psychiatry und Health Behavior des Medical College of Georgia haben im Dezember 1980 von elf Männern berichtet, die behaupteten, in einer Pfingstgemeinde von exklusiver Homosexualität in die »exklusive Heterosexualität« umgepolt worden zu sein.[158]

Der katholische Theologe John Harvey und sein protestantischer Kollege Don Spencer Browning meinen, daß die Mehrheit der Homosexuellen ihre Orientierung zwar nicht wählen, aber die Freiheit besitzen, sich homosexueller Akte zu enthalten. Auch wenn diese Freiheit bei vielen begrenzt ist, sind sie jedenfalls zu intensiven Freundschaften mit anderen Personen fähig, ohne die Beziehung genital zum Ausdruck zu bringen. Dies zu unterlassen, stellt nicht etwa einen Verlust an Menschlichkeit dar. Denn in der gegenseitigen Anerkennung und in der dauerhaften Kameradschaft liegt das fundamentale Bedürfnis aller Menschen – nicht nur der Homosexuellen.[159]

Die theologische Prämisse der Mann-Frau-Beziehung und der Ehe schließt die Akzeptanz von Menschen mit homosexueller Orientierung durch Christen nicht aus, sondern betrachtet lediglich abweichende Sexualpraktiken als Übel, argumentieren Philip S. Keane[160], Bernard A.

---

[157] Colin Cook, »Homosexual Healing. Interview with C. Cook«, *Ministry. A Magazine for Clergy* (Hagerstown) 9 (1981): 4–13.

[158] E. Mansell Pattison und Myrna Loy Pattison: »Exgays' Religiously Mediated Change in Homosexuals«, American Journal of Psychiatry. 137:12 (Dezember 1980) S. 115–153. Ebenso: Raoul Dederen: »Homosexuality & Biblical Perspective« Ministry. A Magazin for Clergy. 9 (1981), S. 14–16. Hier: S. 16. Vgl. H.G. Wiedemann, *Homosexuelle Liebe*, S. 92ff; H. Keutler, *Die Menschlichkeit der Sexualität . . .*, S. 62ff; R. Weakland, »Who Is Our Neighbor?« in H.M. Leopold und T. Orians (Hrsg.), *Theological Pastoral Resources* (Washington, 1981), S. 54–65, bes. S. 55; J. Ratzinger, »Brief an die Regionalgruppe München der AG ›Homosexuelle und Kirche‹, vom 22. Mai 1981«, *HuK-Info* (Berlin) 30 (1981): 41f; United Presbyterian Church in the United States of America (Hrsg.), *The Church and the Homosexual* (New York, 1978), bes. S. 58f.

[159] J.F. Harvey, »Chastity and the Homosexual«, *The Priest* (Huntington) 33 (1977): 10–16; ders., »Homosexuality and Vocations«, *American Ecclesiastical Review* (Washington) 164 (1972): 42–55; D.S. Browning, »Homosexuality, Theology, the Social Sciences and the Church«, *Encounter* (London) 40 (1979): 223–243, hier: 240–243.

[160] Philip S. Keane, *Sexual Morality. A Catholic Perspective* (New York, 1977), S. 80ff.

Williams[161], Lisa Sowle Cahill[162], Charles Curran[163], Don Spencer Browning[164] und andere. Henri Nouwen geht zudem davon aus, daß der Homosexuelle zu seinen Gefühlen stehen müsse, denn nur so verlören sie ihre »verrücktmachende« Kraft.[165]

Aus pastoralpsychologischer Sicht ist in diesem Zusammenhang der Hinweis wichtig, daß für die überwiegende Mehrheit auch homosexueller Frauen und Männer gelebte Sexualität unverzichtbar ist. Hat eine Person sich dazu entschlossen, die Umpolung auf Heterosexualität anzustreben, kann auch die Aversionstherapie zur Erreichung dieses Ziels beitragen.[166]

3.4. Die Therapie nach Masters und Johnson

Wunibald Müller hat den Versuch unternommen, die Behandlungsmethode von Masters und Johnson zu resümieren und kritisch zu bewerten. Da seine Beschreibung dieser Therapie sehr knapp gefaßt ist[167], haben wir uns entschlossen, die Buchveröffentlichungen der beiden amerikanischen Fachleute zu untersuchen und eine eigene Zusammenfassung ihrer Therapie vorzulegen. Der Gynäkologe William Howell Masters wirkt seit 1947 an der Washington-Universität in St. Louis als Pionier im Bereich der Sexualphysiologie. Er erforschte erstmals die Mechanismen der sexuellen Erregung in wissenschaftlichen Laboruntersuchungen.[168] Virginia Johnson hat sich durch die Untersuchung von Sexualfunktionen und -störungen und zahlreiche Publikationen einen Namen gemacht. Sie leitet das Masters and Johnson-Institut in St. Louis.[169]

Masters und Johnson bieten homo- wie heterosexuellen Menschen bei

---

[161] Bernard A. Williams, »Homosexuality and Christianity. A Review Discussion«, The Thomist (Baltimore) 46 (1982): 609–625.

[162] Lisa Sowle Cahill, »Moral Methodology: A Case Study«, in R. Nugent (Hrsg.), A Challenge to Love (New York, 1983), S. 78–92.

[163] Charles Curran, »Homosexuality and Moral Theology, Methodological and Substantive Considerations«, The Thomist 35 (1971): 447–481.

[164] Don Spencer Browning, a.a.O., S. 239f.

[165] Henri Nouwen, »The Self-availability of the Homosexual« in W.D. Oberholtzer (Hrsg.), Is Gay Good?, S. 204–212, hier: S. 211.

[166] Vgl. A. Boisen, »Pastoral Counseling«, Journal of Pastoral Care (Washington) 2 (1948): 13–22, mit R.C. Blattner, »Counseling the Homosexual in A Church Setting«, a.a.O., Ebenso: M.P. Feldman und M.J. MacCulloch, »A Systematic Approach to the Treatment of Homosexuality by Conditioned Aversion«, American Journal of Psychiatry (Baltimore) 121 (1964): 167–171.

[167] W. Müller, Homosexualität – eine Herausforderung für Theologie und Seelsorge, S. 50–52.

[168] Meyers Enzyklopädisches Lexikon, 1980, s.v. »Masters, William Howell«.

[169] William H. Masters, Virginia E. Johnson und Robert C. Kolodny, Masters and Johnson on Sex and Human Loving (London, 1986), S. 23ff.

Sexualstörungen Therapien an. Sie postulieren auch, daß man homosexuellen Hilfesuchenden eine Reorientierungstherapie nicht verweigern dürfe.[170]

Zu Beginn soll der Approach dieser Sexualwissenschaftler zur Homosexualität jedoch kurz referiert werden.

3.4.1. Die Ätiologie der Homosexualität aus der Sicht von Masters und Johnson

Nach Masters und Johnson hängt die sexuelle Orientierung einzig von der Geschlechtsrolle ab, die eine Person als Kind erlernt hat. Dieses Erlernen wird in psychologischer Konditionierung bei frühem Sexualverhalten mit Befürwortung oder Strafe assoziiert, was den Prozeß der Sexualorientierung in hohem Maße bestimmt. So können die frühen Sexualerfahrungen eine Person in homosexuelles Verhalten steuern, und zwar ebenso durch angenehme gleichgeschlechtliche Begegnungen wie durch unbefriedigende, ja abschreckende heterosexuelle Erfahrungen. Auch die sexuellen Phantasien können konditioniert werden; ein positives Erlebnis mit einem homosexuellen Partner kann zum Rohmaterial für Vorstellungen bei der Masturbation werden – und bei Kulmination im Orgasmus erfolgt eine weitere positive Verstärkung.[171] Masters und Johnson verweisen hier auf Feldman und MacCulloch, die eruiert haben, daß die Kombination von negativen heterosexuellen und positiven homosexuellen Erfahrungen eine Person veranlassen kann, eine Verschiebung in Richtung auf die Homosexualität zu vollziehen.[172] Allerdings betonen Masters und Johnson:

> Für alle, die in medizinischen und psychologischen Berufen mit den Problemen der sexuellen Präferenz zu tun haben, ist es unerläßlich, sich darüber klar zu sein, daß der homosexuelle Mann oder die Frau durch genetische Determination zunächst ein Mann oder eine Frau ist und erst durch erlernte Präferenz homosexuell ist. Ein heterosexueller Mann oder eine Frau ist im gleichen Wesenszug zuerst ein Mann oder eine Frau durch genetische Determination, und dann heterosexuell determiniert durch erworbene Präferenz.[173]

Fritz Morgenthaler vertritt seinerseits die Hypothese der »innerpsychischen Theorie«. Sein Versuch einer psychoanalytischen Deutung der Ätiologie der Homosexualität arbeitet mit dem Ödipuskomplex. Sigmund

---

[170] W.H. Masters und V.E. Johnson, *Homosexualität*, S. 221ff.

[171] *Masters and Johnson on Sex and Human Loving*, S. 352f.

[172] Ebenda, S. 353; vgl. P. Feldman und M. MacCulloch, *Human Sexual Behaviour*, S. 168–170, mit M. Manosevitz, »Early Sexual Behaviour in Adult Homosexual and Heterosexual Males«, *Journal of Abnormal Psychology* (Washington) 76 (1970): 396–401.

[173] Masters und Johnson, *Homosexualität*, S. 238f.

Freuds Theorie von einer angeborenen homosexuellen Komponente[174] scheint er nicht zu teilen, modifiziert jedoch dessen Theorie vom Ödipuskomplex: Wenn das Kleinkind sich nicht mehr als Teil seiner Mutter, sondern als selbständiges, in sich abgegrenztes Wesen erfährt, bildet sich allmählich das innere Bild der eigenen Person, die Selbstrepräsentanz, aus. Dabei entwickeln sich die zwei Bedürfnisse nach Identität und nach Autonomie, wobei je nach Belastungen in der Ablösungsphase das Bedürfnis nach Identität oder nach Autonomie überbesetzt wird und in den Vordergrund tritt. Im ersteren Fall entsteht später eine heterosexuelle Liebesbeziehung. Bei Überbesetzung des Bedürfnisses nach Autonomie, d.h. wenn die kompensatorischen Strukturen auf dem Höhepunkt der ödipalen Auseinandersetzung auf eine Überbesetzung der (inneren und äußeren) Autonomie zentriert werden, entstehen die Voraussetzungen für eine homosexuelle Liebesbeziehung.[175] Wir wollten Morgenthalers Theorie der innerpsychischen Disposition hier referieren, um eine Parallele zum »radikalen Behaviorismus« zu ziehen, da sie beide zwischen der Geschlechtsidentität und der Geschlechtsrolle unterscheiden: Man wird biologisch als Mann oder Frau geboren, doch die sexuelle Rolle wird durch einen komplexen Konditionierungsprozeß erworben.

Die Theorie des »radikalen Behaviorismus«, die Masters und Johnson verfechten, hat ihre Impulse in den Forschungsarbeiten von John Money und Anke Ehrhardt. Sie berichten u.a. von einem Jungen, der bei der Beschneidung durch einen Kunstfehler – eine Verbrennung – seinen Penis einbüßte und darauf operativ in ein Mädchen »verwandelt« wurde. Man erzog das Kind als Mädchen, und seine Reaktionen und Einstellungen wurden total feminin, ebenso sein Aussehen. So folgern die Autoren: Familie und Gesellschaft zwingen dem Kind ihre konditionierten und konditionierenden Ideen auf und beeinflussen oder verformen die Art und Weise, wie es sein Selbstbild wahrnimmt.[176]

Dieselben Forscher haben auch Daten über Hermaphroditen erhoben und festgestellt, daß deren sexuelle Orientierung mit der Geschlechtsrolle übereinstimmte, in der sie erzogen wurden, und nicht mit ihrem genetischen Geschlecht.[177] Allerdings schließen Masters und Johnson nicht aus, daß ein genetischer Einfluß die potentielle Tendenz eines Mannes oder ei-

---

[174] Vgl. A. Adler, *Das Problem der Homosexualität und sexueller Perversionen*, S. 79–81.

[175] F. Morgenthaler, *Homosexualität, Heterosexualität, Perversion*, S. 87f und 115f.

[176] Zitiert von Ch. Wolff, *Bisexualität* (Frankfurt/M., 1979), S. 72, wo sie auch folgert: »Der Mensch ist ein von seiner Kultur geformtes Artefakt.« Vgl. J. Money und A.A. Ehrhardt, *Männlich, weiblich: Die Entstehung der Geschlechtsunterschiede* (Reinbek, 1975), S. 118ff.

[177] J. Money und A.A. Ehrhardt, *Man and Woman, Boy and Girl*, S. 178f; vgl. J. Money und R.J. Gaskin, »Sex Reassignment«, *International Journal of Psychiatry* (New York) 9 (1970): 249–253.

ner Frau, eher auf homo- als auf heterosexuelle Stimulation zu reagieren, verstärken könnte; doch gebe es zur Zeit keinen überzeugenden Beweis, der diese Behauptung stütze.[178]

Zur Hormontheorie meinen die beiden Wissenschaftler, daß »zumindest in einigen Fällen« eine »hormonale Prädisposition mit sozialen und Umweltfaktoren zusammenwirken« und zu einer homosexuellen Orientierung führen kann.[179]

In seiner Kritik der behavioristischen Psychologie, namentlich auch von Masters und Johnson, gibt Gerard J.M. van den Aardweg zu bedenken, wenn diese Thesen zuträfen, »gäbe es keine erblich bedingte Präferenz der Heterosexualität«. Auch unter dem Gesichtspunkt der Evolutionstheorie wie der biologischen Anpassung sei jene Theorie kaum haltbar.[180] Bei Masters und Johnson wird ja das ganze Therapieverfahren von der Annahme bestimmt, daß zwischen männlich und weiblich psychologisch überhaupt kein angeborener Unterschied bestehe; alle beobachteten Differenzen seien auf erlernte Rollen zurückzuführen. Daher gilt bei ihnen: Der Homosexuelle kann heterosexuelle Techniken erlernen und zur Heterosexualität »konvertieren«.[181]

3.4.2. Homosexuelle sind nicht geisteskrank

»Zunächst einmal müssen die Therapeuten erkennen, daß Homosexualität keine Krankheit ist«, fordern Masters und Johnson.[182] Diese These wird durch Evelyn Hookers Untersuchungen gestützt, die Ende der fünfziger Jahre dreißig homosexuelle und ebenso viele heterosexuelle Männer einem Persönlichkeitstest unterwarf, wobei keiner der Männer je in psychiatrischer Behandlung noch im Gefängnis gewesen war; man wählte sie nach gleichem Alter sowie gleichem Intelligenzquotienten und Bildungsgang aus. Die detaillierten Testresultate unterbreitete Hooker zur Bewertung einer Gruppe von Psychiatern, die nicht wußten, ob die Daten von einem hetero- oder einem homosexuellen Mann stammten, und zwischen den beiden Testgruppen keinen Unterschied feststellen konnten. Damit lieferten die Psychiater laut Masters und Johnson den Beweis, daß

---

[178] Masters und Johnson, *Homosexualität*, S. 239.
[179] Ebenda, S. 368.
[180] G.J.M. van den Aardweg, *Das Drama des gewöhnlichen Homosexuellen*, S. 505, seine Anm. 10.
[181] Ebenda, S. 460, 477; vgl. W.H. Masters und V.E. Johnson, *Human Sexual Inadequacy* (Toronto etc., 1980), s. 269.
[182] Masters und Johnson, *Homosexualität*, S. 239.

Homosexualität nicht notwendigerweise eine Form von Verhaltensstörung darstelle.[183]

3.4.3. Homo- und Bisexuelle streben vermehrt eine heterosexuelle Orientierung an

Masters, Johnson und Kolodny verweisen auf die AIDS-Gefahr, die speziell die homosexuellen Gruppen bedroht. Von den erstregistrierten 100 000 AIDS-Fällen in den Vereinigten Staaten waren 73 Prozent homo- und bisexuelle Männer, 17 Prozent Drogenabhängige (Männer und Frauen), 4 Prozent Haitianer (nur wenige bekannten sich zu Homo- und Bisexualität) und rund 1 Prozent Hämophile. 94 Prozent waren Männer, annähernd die Hälfte zwischen dreißig und vierzig Jahre alt.[184] Die erkrankten Homosexuellen unterhielten die Promiskuität, bei über 100 verschiedenen Partnern jährlich. Ferner ermittelte man bei ihnen auch Drogenmißbrauch, häufigen Analinterkurs, »fisting« sowie frühere Erkrankung an Syphilis, Hepatitis B u.ä.[185] Viele AIDS-Opfer wurden von ihren Sexualpartnern in panischer Angst im Stich gelassen und waren zu einem einsamen Tod verurteilt.[186]

Zahlreiche Homosexuelle soll die AIDS-Gefahr dazu bewogen haben, nicht mehr ihre Sexualorientierung auszuleben.[187] Der in der Abteilung für Sexualwissenschaft am Klinikum der Frankfurter Universität arbeitende Martin Dannecker räumt ein: »AIDS hat . . . die Stellung der Homosexuellen in der Gesellschaft einschneidend verändert. Umgemodelt wird durch AIDS auch die Sexualität der Homosexuellen.«[188] Der Leiter einer Sextherapie-Klinik in New Orleans, Konsiliarius am Masters-Johnson-Institut, Mark Schwarz, informierte Journalisten, daß seine Klinik von Bisexuellen überlaufen werde, die aus Angst vor AIDS nun exklusiv heterosexuelle Orientierung anstrebten. Es seien Ärzte, Juristen und Beamte unter den Hilfesuchenden; 70 Prozent hätten tatsächlich eine Reorientierung im Sexualverhalten erreicht.[189] Da es in den USA bis 1987 rund 1,5 Millionen

---

[183] *Masters und Johnson on Sex and Human Loving*, S. 354. Ebenso: Evelyn Hooker, »The Adjustment of the Male Overt Homosexual«, *Journal of Projective Techniques* (New York) 18 (1957): 18–31.

[184] *Masters and Johnson on Sex and Human Loving*, S. 543.

[185] Ebenda, S. 545.

[186] Ebenda, S. 548.

[187] Ebenda.

[188] Martin Dannecker, *Der Homosexuelle und die Homosexualität. Mit einem Nachwort AIDS und die Homosexuellen* (Frankfurt/M., 1986), S. 120.

[189] David Gelman, Lisa Drew et al., »A Perilous Double Love Life«, *Newsweek* 28 (13.7.1987): 40–42, hier: 41. M. Dannecker bedauert diese Tendenz. Zum Postulat einer Änderung des Sexualverhaltens aufgrund der AIDS-Ansteckungsgefahr, das E.J. Hae-

AIDS-Infizierte geben und da nach der Weltgesundheitsorganisation (WHO) Ende Dezember 1988 bei 80 538 Personen die AIDS-Krankheit[190] ausgebrochen und 55 Prozent verstorben sein sollen, taucht die Frage auf, ob AIDS nicht doch die Richtung vorschreibt, »in die sich die homosexuellen Männer verändern sollen«.[191]

3.4.4. Die Therapiemethode

Das Masters-Johnson-Institut in St. Louis nahm 1969 bis 1977 insgesamt 151 homosexuelle Männer und Frauen zur Behandlung auf. Man teilte sie nach ihren Problemen bzw. Störungen in zwei Kategorien ein: einerseits Personen mit Impotenz, Orgasmusunfähigkeit, sexueller Aversion; andererseits Personen, die zur Heterosexualität gelangen oder zurückgelangen wollten. Das Institut verwendet dafür die Termini Konversion (Therapieziel von Personen mit wenig oder keinen heterosexuellen Erfahrungen; Kinsey-Skala 5 oder 6) und Reversion (bei Personen mit den Kinsey-Werten 2–4). Die Hilfesuchenden hatten offen oder heimlich als Homosexuelle gelebt, wobei manche der letzteren verheiratet waren und als heterosexuell gegolten hatten.[192] Für die Aufnahme in die Behandlungstherapie galten zwei Bedingungen: Die Patienten mußten »ein hohes Maß an Motivation« für eine Konversion bzw. Reversion zur Heterosexualität bekunden, und sie mußten einen verständnisvollen andersgeschlechtlichen Partner mit in die Therapie bringen, »der eine wichtige Hilfe zur psychosexuellen Unterstützung während der Übergangsphase bei der sexuellen Präferenz darstellen konnte«.[193]

Am ersten Therapietag erfolgte jeweils die physische Untersuchung der hilfesuchenden homosexuellen Person wie der andersgeschlechtlichen fe-

---

berle in *Penthouse* aussprach, meint M. Dannecker: »Im sexuellen Verhalten (auch homosexuellen) manifestiert sich aber immer auch das individuelle und kollektive Triebschicksal der Menschen. Deshalb wirkt ein von außen aufgenötigter Eingriff in das Sexualverhalten der Menschen sich allemal auf ihr psychisches Gleichgewicht aus. Solche Aspekte der Sexualität werden jedoch von den Propagandisten des ›safer Sex‹ verleugnet«: M. Dannecker in *Der Homosexuelle und die Homosexualität*; vgl. E.J. Haeberle, »Spaß am Sex«, *Sonderbeilage zu Penthouse* (Baar) 4 (April 1986): 7f.

[190] Michael C. Koch, *AIDS. Vom Molekül zur Pandemie* (Heidelberg 1989, S. 167ff. Vgl. M. Malter und R. Süß, *AIDS-Kurzlexikon* (Darmstadt, 1987), S. 66.

[191] M. Dannecker, *Der Homosexuelle und die Homosexualität*, S. 134. Masters, Johnson und Kolodny berichten, daß Anomalien in T-Zellen (die in der Thymusdrüse gebildet werden und bei der Entstehung von Abwehrstoffen mitwirken; siehe M. Malter und R. Süß, S. 46f) bei AIDS-freien homosexuellen Männern in hohem Prozentsatz entdeckt wurden; die Bedeutung dieses Untersuchungsergebnisses sei aber unsicher. *Masters and Johnson on Sex and Human Loving*, S. 546.

[192] Masters und Johnson, *Homosexualität*, S. 211.

[193] Ebenda, S. 225 vgl. S. 239.

sten oder gelegentlichen Partnerperson. Am Morgen des zweiten Tags wurden allgemeine Labor- und grundlegende metabolische Untersuchungen vorgenommen. So versuchte das Ärzteteam, negative physische und metabolische Faktoren zu erkennen, die bei Klagen über Sexualstörungen als mögliche Auslöser in Frage kommen. Ein Therapeutenteam interviewte die Patienten während der ersten zwei Tage, studierte die Verhaltensweise und sammelte Hintergrundinformationen. Dann besprach das behandelte Paar, d.h. die »unzufriedene« homosexuelle Person und ihr andersgeschlechtlicher Partner, das Material aus der Erhebung der »psychosexuellen und sozialen Vorgeschichten« sowie die Ergebnisse der körperlichen Untersuchung.[194]

Es folgte eine zweiwöchige Intensivbehandlung mit täglicher Therapie. Ziel war, den homosexuellen Klienten innerhalb dieser Zeit mit Hilfe des andersgeschlechtlichen Partners umzuschulen.[195] Zunächst wurden Leistungsängste abgebaut, die auftauchen, »wenn sexuell enttäuschte Menschen versuchen, ihre Leistungsprobleme vor dem Partner oder der Partnerin zu verbergen«.[196] Ruhig, kontrolliert und positiv konfrontierte ein Therapeut den Patienten mit dessen Ängsten und leitete ihn an, sich mit der Anatomie, Physiologie der Sexualität und den psychosexuellen Bedürfnissen der Partnerperson vertraut zu machen.[197] Eine ganze Reihe psychosozialer Einflüsse wurden nach und nach neutralisiert. Parallel hierzu begann der Klient, sich mit der sinnlichen Wahrnehmung der Sexualität der Partnerperson auseinanderzusetzen. Die Wiedererlangung sinnlichen Genusses wurde erreicht, indem der Klient seinen Körper zum Vergnügen erlebte und die Partnerperson dem Klienten erlaubte, zu seinem Vergnügen mit ihrem Körper umzugehen, wobei die Genitalien zunächst »verbotene Zonen« und vom abwechselnden gegenseitigen Streicheln ausgeschlossen waren; dieses kam dazu, sobald Vertrauen und Freude an sinnlicher Konzentration erreicht waren.[198] Währenddessen wurden die Leistungsängste laufend analysiert, Befürchtungen erklärt und Anatomie sowie sexuelle Reaktionen der Partnerperson wiederholt diskutiert. Traten beim Klienten im *sensate focus* (Empfindungszentrum) nur noch angenehme Empfindungen auf, setzte das Paar das Streicheln fort.

---

[194] Masters und Johnson, *Homosexualität*, S. 226. Laut R.C. Kolodny setzte man vor 1970 zwei Tage für die Erhebung der Anamnese ein, in den 70er Jahren nur noch einen Tag. R.C. Kolodny, »Evaluating Sex Therapy: Process and Outcome at the Masters and Johnson Institute«, *Journal of Sex Research* (Philadelphia), 4 (Nov. 1981): 301–318, hier: 307.

[195] Masters und Johnson, *Homosexualität*, S. 320.

[196] Ebenda, S. 321; vgl. Masters and Johnson, *Human Sexual Inadequacy*, S. 10–13.

[197] Masters und Johnson, *Homosexualität*, S. 315, vgl. S. 244ff sowie Masters und Johnson, *Human Sexual Inadequacy*, S. 189f.

[198] Masters und Johnson, *Homosexualität*, S. 331f.

Die homosexuelle Person konnte den Ausdruck sexueller Erregung bei der Partnerperson weiter beobachten und gab die Zuschauerrolle auf, wenn eigene sexuelle Erregung ohne Leistungsdruck erlebt wurde: Dann näherte der Klient sich der Partnerperson mit der Intention zum sexuellen Akt.[199]

Masters und Johnson vermerken, daß jeder therapeutische Erfolg davon abhing, wie weit das Ausmaß der gemeinsamen heterosexuellen Beziehung entwickelt werden konnte. Wenn z.b. ein bisexueller Mann wahrnahm, was ihm die Beziehung zu seiner Frau bedeutete,»neutralisierte er seine homosexuelle Neigung von sich aus«.[200] Darum hänge die Möglichkeit, heterosexuell zu werden, nicht nur vom Grad der subjektiven Motivation zur »Konversion« bzw. »Reversion« ab, »sondern von der Aussicht auf Belohnung für die erbrachte Leistung«.[201]

3.4.5. Kritische Evaluation

Masters und Johnson geben keine detaillierten Informationen über ihre therapeutischen Techniken, obgleich sie diese zu publizieren beabsichtigen. Wir haben die obigen Angaben aus den von ihnen geschilderten Fallbeispielen zusammengestellt.[202] Zu ergänzen ist, daß bei männlichen Homosexuellen in der Regel eine Therapeutin über die weibliche Anatomie und sexuelle Physiologie der Frau referierte und Fragen über die psychosexuelle Einstellung bei Frauen beantwortete. Die Partnerpersonen mußten über den homosexuellen Hintergrund unterrichtet werden, um als »psychosoziale Stütze« handeln und »eine gelöste repressionsfreie sexuelle Atmosphäre« schaffen zu können. »Wenn die Partner die Probleme der Klienten richtig kennen, wird ein erheblicher Teil der vielfachen Leistungsängste abgebaut.«[203]

Grundlage der Folgerungen von Masters und Johnson ist die Behandlung von 67 Hilfesuchenden, die am Institut ein heterosexuelles Verhalten erlangen bzw. zurückerlangen wollten und »während der klinischen Beobachtungsperiode von zehn Jahren zusammen mit ihren festen oder gele-

[199] G. Arentewicz und F. Pfäfflin, »Sexuelle Funktionsstörungen aus verhaltenstherapeutischer Sicht« in V. Sigusch (Hrsg.), *Therapie sexueller Störungen*, S. 27–53, hier: 50; Masters und Johnson, *Homosexualität*, S. 315f u. 333.

[200] Masters und Johnson, *Homosexualität*, S. 313.

[201] Ebenda, S. 316.

[202] Ebenda, S. 261–339.

[203] Ebenda, S. 321; vgl. W. Müller, *Homosexualität – eine Herausforderung . . .*, S. 50f, mit J.P. Wincze und W.K. Caird, »The Effects of Systematic Desensitization and Video Desensitization in the Treatment of Essential Sexual Dysfunction in Women«, *Behavior Therapy* (New York) 7 (1976): 335–342.

gentlichen heterosexuellen Partnern behandelt« wurden.[204] Von den 54 Männern kamen neun zur Konversions- und die übrigen zur Reversionstherapie. Bei der ersteren Gruppe gab es in der aktuen Phase bei zwei Männern Behandlungsfehlschläge (22,2%) und bei einem Mann einen Therapierückschlag. Die Mißerfolgsquote lag hier also bei 33,3 Prozent. Bei der Reversionstherapie gab es neun Fehlschläge in der akuten Therapiephase (20,0%); drei Personen erlitten einen Behandlungsrückschlag und blieben in ihrer homosexuellen Fixierung; die Mißerfolgsquote betrug hier 26,7 Prozent. Gesamthaft betrachtet konnten 15 der 54 Männer (27,8%) die Konversion bzw. Reversion nicht erlangen. Nebst den elf Behandlungsfehlschlägen kehrten vier zur homosexuellen Orientierung zurück; 16 Männer gingen für die – fünfjährige – »Folgezeit« verloren. Von den 13 weiblichen Klienten unterzogen sich drei der Konversionstherapie und erlitten während der Testzeit von fünf Jahren keinen Behandlungsrückschlag, doch später wurde eine der Frauen »rückfällig«. Zehn Frauen wurden für die Reversionstherapie angenommen, von denen drei in der akuten Therapiephase ausschieden; eine Frau wurde als Behandlungsrückschlag notiert. Insgesamt gelangten vier Frauen (30,8%) nicht zur Heterosexualität. Im ganzen gab es bei den 67 homosexuellen Hilfesuchenden in 19 Fällen oder 28,4 Prozent Fehlschläge, doch sind diese Zahlen nicht endgültig, da »16 Männer und drei Frauen in der Folgeperiode verloren gingen« und anzunehmen sei, »daß ein kleiner Teil von ihnen innerhalb des Zeitraums von fünf Jahren der Folgeperiode zu seiner früheren homosexuellen Orientierung zurückkehrt«.[205] Masters und Johnson geben eine Gesamt-Fehlschlagsquote von 33 Prozent bei Männern und 40 Prozent bei Frauen an, erwähnen jedoch, daß »eine Fehlschlagsquote von insgesamt mehr als 45 Prozent bei homosexueller Unzufriedenheit als unwahrscheinlich angesehen« werde.[206]

Wunibald Müller beurteilt die Masters-Johnson-Therapie abwertend und betont, von den 67 behandelten homosexuellen Personen seien nur fünf ausschließlich homosexuell, also Kinsey – 6, gewesen, während die übrigen »genauso auch ›heterosexuelle Gruppe‹ genannt werden« könnten. Er folgert, daß die »sensationelle Mißerfolgsrate« von »nur« 35 Prozent »in Wirklichkeit eine Mißerfolgsrate von 94%« sei.[207]

Im Grunde genommen berichten Masters und Johnson lediglich von einem au-

[204] Masters und Johnson, *Homosexualität*, S. 297.
[205] Masters und Johnson, *Homosexualität*, S. 358f.
[206] Ebenda, S. 359; Masters and Johnson, *Homosexuality in Perspective*, S. 401.
[207] W. Müller, *Homosexualität – eine Herausforderung . . .*, S. 51; vgl. K. Gorden, »Latest Study ›Homogenizes‹ Homosexuals«, *National Catholic Reporter* (Kansas City), 12.10.1979, S. 23; W.B. Pomeroy, »Homosexuality in Perspective: Three Views«, *SIECUS Report* (New York) 1 (1979): 1 u. 6f.

thentischen (und da noch einem bisexuellen) Fall, der auch fünf Jahre nach der Behandlung eindeutig heterosexuell orientiert war.[208]

Müllers Kritik muß mit Vorsicht zur Kenntnis genommen werden, da er die Frage der Umwandlung offenläßt und zugleich angibt, Therapieziel sei nicht die Bisexualität, sondern die Integration »zusätzlicher gleichgeschlechtlicher bzw. andersgeschlechtlicher Gefühlskomponenten, die grundsätzlich vorhanden sind«, in die Gesamtpersönlichkeit.[209]

Masters und Johnson ihrerseits verteidigen die Therapiemethode(n) des Instituts und ihre Erfolgsrate. Robert C. Kolodny notiert die »fortgesetzten Attacken«, die nicht mit gleicher Münze heimgezahlt werden sollten; statt dessen seien »weitere verantwortungsvolle, rigorose Forschungsarbeiten, die für sich selbst sprechen«, erforderlich.[210]

Unsere Kritik richtet sich hauptsächlich gegen die Annahme von Masters und Johnson, das Glück der Sexualität bestehe letztlich im Orgasmus, gegenüber dem sinnvollen Einswerden zweier Partner, deren Sexualakt sie einen »Verschmelzungsprozeß« des einenden und formenden Prinzips der Liebe erleben lasse.[211] In der sinnvollen Sexualbeziehung zwischen den Partnern wird nämlich die *recreatio* und *regeneratio* der leiblichen, seelischen und geistigen Lebenskräfte erfahren. Bernhard Häring formuliert: »Gesunder Ausdruck der Geschlechtlichkeit im Bund der Liebe ist Spiel und Fest, aber die Quelle der Festesfreude und des Spieles ist Treue und fruchtbare Liebe.«[212] Gerade diesen Sinngehalt läßt das Therapieziel von Masters und Johnson vermissen. Sie schreiben:

(Der Mensch besitzt) die Fähigkeit zum Erreichen des Orgasmus. Diese Möglichkeiten bleiben bei heterosexueller wie bei homosexueller Interaktion in ihren Funktionen gleich. Wenn ein Mann oder eine Frau einen Orgasmus erreicht, reagiert er oder sie auf sexuelle Stimuli mit den gleichen grundlegenden physiologischen Reaktionsmustern, unabhängig davon, ob die Stimulationstechnik Masturbation, Partnermanipulation, Fellatio, Cunnilingus, vaginaler oder rektaler Koitus heißt – und auch unabhängig davon, ob die sexuellen Partner vom gleichen oder vom anderen Geschlecht ist.[213]

---

[208] W. Müller, *Homosexualität – eine Herausforderung . . .*, S. 51.

[209] Ebenda, S. 55; vgl. S. 54 mit B. Zilbergeld und M. Evans, »The Inadequacy of Masters and Johnson«, *Psychology Today* (New York) 8 (Aug. 1980): 42f.

[210] Robert C. Kolodny, »Evaluating Sex Therapy: Process and Outcome at the Masters and Johnson Institute«, *Journal of Sex Research* 4 (Nov. 1981): 301–318, hier: 317.

[211] Bereits im 17. Jahrhundert plädierten katholische Theologen für eine Neuorientierung in Fragen der Sexualität. Man betrachtete z.B. die Ehe immer mehr als Vehikel »zur Vermeidung der Unzucht« und »um der Lust willen«. So entstanden schon damals die Thesen von der Sündlosigkeit der sexuellen Interaktion, wo das Lustempfinden im Rahmen der Ehe sein Ventil findet. Siehe: W. Molinski, *Theologie der Ehe in der Geschichte* (Stein a. Rhein, 1976), S. 176–188.

[212] B. Häring, *Frei in Christus* (Freiburg–Basel–Wien, 1980), Bd. 2, S. 482.

[213] Masters und Johnson, *Homosexualität*, S. 362.

Daher zeigten sie sich völlig unbeteiligt, welche Sexualorientierung zwei sich in Behandlung befindliche impotente Männer wählen würden, die gemäß klinischem Urteil des Forscherteams weder als homosexuell noch als heterosexuell eingestuft werden konnten. Die beiden Männer selbst nahmen an, sie seien heterosexuell, obwohl sie – wegen ihrer Impotenz – kein Interesse an heterosexuellem Verkehr verspürten und zuletzt fanden, »daß sie die beste Möglichkeit, zu sexueller Funktionalität zu kommen, bei der Interaktion miteinander hätten«.[214]

Wenn wir gemäß Masters und Johnson »genetisch als Mann und Frau festgelegt« sind und »zudem die Fähigkeit zur sexuellen Funktion als Männer und Frauen« besitzen[215], erhebt sich allerdings die Frage, weshalb die zwei ursprünglich impotenten Männer nicht den Rat erhielten, sich für die Heterosexualität zu entscheiden. Man wird von den Therapeuten keine moralische Beurteilung erwarten, noch kann vorweggenommen werden, daß sie der »relativ gut definierten Position der Theologie über den Gegenstand Homosexualität« beipflichten.[216] Im zitierten Fall scheint uns die Haltung des Instituts zur Sexualität jedoch problematisch zu sein. Zumindest ist sie theologisch zu hinterfragen.

Masters und Johnson haben aber mit aller Deutlichkeit gezeigt, daß die homosexuelle Orientierung in die heterosexuelle »konvertiert« (umgewandelt) werden kann. Auch wenn ihre Statistik laut »Time« manipuliert sein soll[217], räumt sogar Müller ein: Es gab zumindest einige Fälle, in denen Personen eine Sexualreorientierung erlangt haben.[218]

Die Theorie der erlernten Präferenz der Homosexualität bedarf weiterer Verifikation, doch scheint sie gut in das theologische Gebäude des Apostels Paulus hineinzupassen. Und der Seelsorger wird einem verheirateten Ex-Homosexuellen ohne Bedenken raten können, sich gemeinsam mit seiner Frau der Paartherapie nach Masters und Johnson zu unterziehen.[219]

[214] Ebenda, S. 251f; vgl. J.H. Gagnon, »Reviews of the Literature«, *American Journal of Orthopsychiatry* (Menasha) 3 (1981): 560–568. Den Rezensenten irritiert offenbar vor allem, daß Masters und Johnson keine detaillierten Angaben zu ihrer Therapiemethode preisgeben.

[215] Masters und Johnson, *Homosexualität*, S. 362.

[216] W. Müller, *Homosexualität – Herausforderung . . .*, S. 51.

[217] »Masters and Johnson on Homosexuality«, *Time*, 23. Apr. 1979: 77f.

[218] Vgl. oben unsere Anm. 208.

[219] G. Arentewicz und G. Schmidt, *Sexuelle gestörte Beziehungen. Konzept und Technik der Paartherapie* (Berlin, 1980), S. 48–53.

3.5. Die Anti-Selbstmitleidstherapie nach G.J.M. van den Aardweg

3.5.1. Ergänzungen zur Ätiologie der Homosexualität

Aardwegs Darstellung der kausalen Faktoren der Homosexualität haben wir eingangs (gegen Ende von I.2.3.) kurz zusammengefaßt. Hier ist zu erwähnen, daß Aardwegs Theorie durch die klassische Psychoanalyse, insbesondere durch Arndts Veröffentlichungen und durch Hugh Missildines Werk »In dir lebt das Kind, das du warst« beeinflußt wurde. Dieser Autor, Assistenzprofessor für Psychiatrie am Ohio State University College of Medicine, legt eine Theorie des psychischen Infantilismus vor. Nach Missildine lebt »das Kind von einst« in der Schale des Erwachsenen als unabhängige Einheit, als quasi-autonome Persönlichkeit, als selbständiges Ich. Dieses »innere Kind von früher« ist ein wucherndes, plärrendes, lärmendes Wesen, das trödelt, mogelt und lügt, »um dem zu entkommen, was es nicht mag«.[220] Die sexuellen Erlebnisse des »inneren Kindes von einst« werden unweigerlich durch die spezifische Haltung der Eltern geprägt. So lebt dann die Sexualität des Kindes beim »inneren Kind« in der Schale des Erwachsenen – im Sinne der Einstellungen seiner Eltern – weiter.

> Übertriebene sexuelle Anregung entwickelt sich entweder aus einem elterlichen Verbot sexueller Interessen und Betätigungen oder aus der unterschwelligen sinnlichen Versuchung und übermäßigen Reizung der sexuellen Gefühle des Kindes durch die Eltern.[221]

Aardweg ergänzt lediglich mit der These des Autopsychodramas, d.h. vom sich verselbständigt habenden Selbstmitleid: Die Person, die einem Autopsychodrama unterworfen ist, denkt und fühlt teilweise wie ein sich selbst bemitleidendes Kind, d.h. wie es früher einmal wirklich war, insofern diese Züge »zu seinem Drama gehören oder damit verbunden sind«.[222]

Von Freud übernimmt Aardweg die Begriffe »polymorph pervers« und »Pansexualität«, deren Phänomene sich im Übergangsstadium der menschlichen psychosexuellen Entwicklung vom Kind zum Erwachsenen manifestieren. Doch gerade weil es sich hier nur um eine Entwicklungs-

---

[220] W. Hugh Missildine, *In dir lebt das Kind, das du warst* (Stuttgart, 1982), S. 12.
[221] Ebenda: »Sexuelle Anregung«, Kap. 18, S. 329–356; Zitat: S. 333; vgl. S. Freud, *Vorlesungen zur Einführung in die Psychoanalyse*, S. 289f. Ebenso: G.J.M. van den Aardweg, *Das Drama des gewöhnlichen Homosexuellen*, S. 103; C.S. Blum, *Psychoanalytic Theories of Personality* (New York, 1963), S. 73f.
[222] Aardweg, *Das Drama . . .*, S. 107 u. 63–65.

stufe handelt, wird diese Ausrichtung mit zunehmender psychischer Reife auf spontane, natürliche Art zurückgehen.[223]

Die Homosexualität begreift Aardweg generell als eine unreife, unterentwickelte Form der Geschlechtlichkeit.[224] Im Homosexuellen steckt »das innere Kind von früher«, das »unausgereift« einen versteckten Groll über ungerechtfertigte Erniedrigungen und ungerechte Behandlung in der Kindheit mit sich trägt. Das »innnere Kind« entwickelt einen Minderwertigkeitskomplex, wobei sein Drama lautet: Ich bin nicht so männlich bzw. weiblich wie die andern. Zu diesem Drama haben diverse Umweltfaktoren und Kindheitserlebnisse beigetragen. Entscheidend ist jedoch, daß der homosexuelle Mann eine Phase durchlebte, in der er sich einsam und minderwertig fühlte. Die daraus erwachsene, sich verselbständigende Klage über seine Minderwertigkeit als Mann hat eine schmerzliche Sehnsucht nach der Liebe und Nähe anderer Männer geweckt.[225]

Bei Bisexuellen soll es im Gehirn zwei sich gegenseitig »hemmende« Aktionszentren geben: Das Erwachsenen-Ich, aus dem die heterosexuellen Gefühle kommen, und das »klagende Kind«, das für die homosexuellen Inklinationen verantwortlich ist. Doch beherrscht das »klagende Kind« im bisexuellen Menschen den Bereich der sexuellen Gefühle nicht total, im Gegensatz zum »klagenden Kind« des Homosexuellen.[226]

Zum Transvestitismus meint Aardweg, dieser scheine parallel zu einer Identifikation mit der Passivität des Weiblichen aufzutreten und sei deshalb meist mit einem Minderwertigkeitskomplex hinsichtlich der Männlichkeit verbunden.[227]

Die Neigung des Pädophilen erklärt Aardweg aus der Sehnsucht nach intimer Gemeinschaft mit den idolisierten, »unerreichbar überlegenen anderen Jungen« und nennt sie einen »Aufschrei« nach Zugehörigkeit zu deren Gruppe und Annahme durch sie. Hinter seiner Zuneigung verbergen

[223] Ebenda, S. 45f; vgl. S. Freud, *Vorlesungen zur Einführung in die Psychoanalyse*, S. 166, 276f.

[224] Aardweg, *Das Drama . . .*, S. 354.

[225] Ebenda, S. 124–136, 171, 224f; vgl. Charles R. Solomon, *The Ins and Out of Rejection* (Littleton, 1976). In diesem sowie weiteren Büchern beschreibt Solomon psychologische und emotionale Probleme aufgrund offener oder verdeckter Ablehnung in der Kindheit, u.a. die Unfähigkeit, Frauen zu vertrauen (a.a.O., S. 24) oder sich als Erwachsener zu verhalten (S. 51f); die Depression aus »launischem Koller« (S. 44), die homosexuelle Beziehung zwecks Annahme (S. 53f).

[226] Aardweg, *Das Drama . . .*, S. 273; vgl. dagegen Charlotte Wolff, *Bisexualität* (Frankfurt/M., 1979), S. 37, wo die Autorin sagt: »Die Bisexualität ruft im Menschen und in den Tieren Spannungen hervor, ohne die die Evolution und der Dynamismus der Lebewesen erlahmen würden. Nichts existiert ohne Polarität.

[227] Aardweg, *Das Drama . . .*, S. 285; vgl. dagegen: F. Morgenthaler, *Homosexualität, Heterosexualität, Perversion*, S. 32–35.

sich Minderwertigkeitsgefühle und die unreife Haltung des Bettelns um Liebe.[228] Das Autopsychodrama des Pädophilen verrät, daß ein Teil seiner Persönlichkeit auf dem infantilen Niveau geblieben ist. Seine »Einsamkeitsklage« soll die gravierendste sein. Bei ihm kann das Gefühl des Abgelehntseins leicht Haß, verzweifelte Wut oder Rachsucht hervorrufen, die wiederum zu kriminellen Akten führen können.[229]

Die lesbische Frau hegt in sich ein »inneres Kind von früher«, das sich entsprechend bemitleidet und an der Minderwertigkeitsklage festhält: »Ich bin nicht so weiblich (mädchenhaft) wie andere« oder: »Ich gehöre nicht in die Welt der Frauen!« Aus dieser Perspektive soll sie den Körper und/oder die Persönlichkeit anderer Mädchen oder Frauen verehren und davon sexuell angezogen werden.[230]

Aardwegs Schlußfolgerung lautet, daß Homosexualität nicht das Ergebnis einer Degeneration sei, vielmehr eine funktionelle Störung in grundsätzlich normalen Individuen; obgleich er sie in anderem Zusammenhang als eine »neurotische Kondition« bezeichnet.[231]

3.5.2. Therapiemethode nach van den Aardweg

Van den Aardweg weist mit Recht darauf hin, daß die Verhaltenstherapie zu stark das bloße Unterdrücken homosexueller Emotionen ohne vorhergehende Selbsterkenntnis fördere. Aus diesem Grunde plädiert er dafür, einen hilfesuchenden Homosexuellen, der die »Umpolung« seiner »Sexualorientierung anstrebt, mit den Grundregeln seiner »Klagekrankheit« vertraut zu machen: Der Klient muß begreifen, daß seine homosexuellen Gefühle im wesentlichen Klagen sind und daß er von seiner Klagesucht völlig bestimmt wird: ». . . es handelt sich um ein Klagen um des Klagens willen.«[232]

Der erste Schritt der Anti-Selbstmitleids-Therapie besteht somit darin, daß der Klient sein neurotisches Gefühl, das Unbehagen bzw. seine Klagen als Wirklichkeit erlebt. Der Therapeut führt Beispiele an, »was bei einem

---

[228] Aardweg, *Das Drama . . .*, S. 296f; vgl. Parker Rossman, »The Pederasts« in Erich Goode und Richard Troiden (Hrsg.), *Sexual Deviance and Sexual Deviants* (New York, 1974), S. 396–409.

[229] Aardweg, *Das Drama . . .*, S. 297–299; vgl. dagegen Michel Foucault, *Die Sorge um sich* (Frankfurt/M., 1986), S. 241–297.

[230] Aardweg, *Das Drama . . .*, S. 325ff; vgl. aber F.E. Kenyon, »Studies in Female Homosexuality: Psychological Test Results«, *Journal of Consulting and Clinical Psychology* (Washington) 5 (1968): 510–513.

[231] Aardweg, *Das Drama . . .*, S. 46f, 321f. Man erkennt unschwer, daß Aardweg A. Adlers »Lebensplan« modifiziert und übernimmt. Vgl. A. Adler, *Das Problem der Homosexualität . . .*, S. 29, 42f, 53–74.

[232] Aardweg, *Das Drama . . .*, S. 382.

verselbständigten Klagezwang abläuft« und wie das Selbstmitleid sich in »somatischen Klagen« äußert: »Ach, ich Armer, ich bin nichts wert!« sowie in übersteigerter Kritik: »Mit ihm ist nichts los!« oder: »Es ist alles nutzlos« – was wieder Stoff für das Selbstmitleid hergibt: »Und ich Armer muß darunter leiden . . .«[233] So versucht die Therapie durch psychoanalytische Deutung der Klageimpulse, diese »auszuhungern«. Bei Personen mit psychischem Infantilismus soll eine Gehirnstruktur das stetige Bedürfnis nach Stimulation anmelden, wobei sie zur Befriedigung negative Gefühle bzw. Klagegründe benötigt, auch wenn der Neurotiker angenehme Lebensumstände hat: »Es findet ein Suchen nach Dingen statt, über die sich klagen läßt.«[234]

Die psychoanalytische Deutung des Autopsychodramas kann während des Interviews erfolgen. Der Therapeut wird daran interessiert sein, eine Anamnese des Klienten zu erstellen, welche die Umstände der Kindheit, das Auftreten der ersten homoerotischen Gefühle, die Beziehung zu den Eltern, möglicherweise Onaniephantasien und Tagträume ebenso festzuhalten sucht wie die Personentypen, zu denen er sich hingezogen fühlt. Hierdurch können die Ursachen des Minderwertigkeitskomplexes ermittelt werden. Danach kann der Therapeut beginnen, die Klagen zu entdramatisieren.[235]

Aardweg räumt ein, daß die Heilung einer Neurose langwierig sei und durchschnittlich mehrere Jahre dauere. Darum empfiehlt er wöchentliche, im weiteren Verlauf eventuelle vierzehntägige Sitzungen von etwa einer Stunde, um die infantilen Klagen des Klienten zu zerstören. Sobald das Selbstmitleid neutralisiert ist, wird die heterosexuelle Inklination von selbst freigesetzt und nach den inhärenten Gesetzen wachsen. In diesem Stadium der Therapie wird dem Homosexuellen empfohlen, seinen Wünschen nach homosexuellen Kontakten zu widerstehen und die Beziehungen zu den (früheren) Partnern abzubrechen.[236]

Ein wichtiger Faktor bei dieser Therapie ist, den Klienten zur Selbstbeobachtung zu motivieren, d.h. er soll seine Gedanken, Gefühle und Verhalten auf Äußerungen infantiler Klagen hin beobachten. Sie ist eine *con-*

[233] Ebenda; vgl. Alfred Adler, *Studie über Minderwertigkeiten von Organen* (Frankfurt/M., 1977), S. 32ff.

[234] Aardweg, *Das Drama* . . ., S. 383f; vgl. Heinz Dirks, *Psychologie. Eine moderne Seelenkunde* (Gütersloh–Berlin–München–Wien, 1972), S. 135f. Dr. Dirks meint (S. 136), die mißglückte Erlebnisverarbeitung führe zu Zwangsideen und -handlungen, u.a. zu »einer triebhaften und gefühlsmäßigen Fehlorientierung«.

[235] Aardweg, *Das Drama* . . ., S. 383; vgl. J. Cremerius, »Gibt es zwei psychoanalytische Techniken?«, *Psyche* 33 (1979): 577–599; S. Freud, *Gesammelte Werke*, Bd. 5, S. 279–284; M. Muck, »Übertragung und Gegenübertragung« in *Psychologie des 20. Jhdts.*, Bd. 3 (München, 1977), S. 1109–1124.

[236] Aardweg, *Das Drama* . . ., S. 384f.

ditio sine qua non, eine unerläßliche Voraussetzung für die »eintretende Heilung«. Durch diese Selbstwahrnehmung kann der Klient erkennen, daß er wie ein Kind bedauert, »über sich geweint, gewimmert und gejammert hat«. Diese Selbsterkenntnis erreicht ihren Höhepunkt paradoxerweise dann, »wenn die Klagesucht verblaßt ist«.[237] Der Therapeut leitet den Klienten an, störende Reaktionen oder Gedanken zu analysieren und zu verbalisieren, wobei jeder seine individuellen Anhaltspunkte entdeckt, anhand derer er in Gefühlen oder Gedanken die Klagesucht »am Werk« sehen kann. Bringt er eine Art von Klage zum Schweigen, wird sie direkt durch eine andere ersetzt.[238]

Auch Aardweg hebt hervor, daß man einem Homosexuellen nicht zur Umpolung verhelfen kann, wenn er nicht selbst den Willen dafür aufbringen will.

> Der Wille des Klienten muß es letztlich sein, der zu bestimmten Impulsen »nein« und zu anderen »ja« sagt. Unsere Methoden und Techniken bestimmen lediglich, wie »nein« oder »ja« gesagt wird.[239]

Der Wille kann jedoch gestärkt werden, indem der Therapeut dem Klienten die Einsicht vermittelt, wie wenig wünschenswert sein spezifischer Zustand ist, und ihm erklärt, wie sich eine Neurose entwickelt und wie der Klient nach deren Neutralisierung zur Aussicht auf eine größere innere Zufriedenheit, in Verbindung mit einer natürlichen Abneigung gegen Negativismus und Egozentrik, gelangen kann.[240]

Als nächsten Schritt im Heilungsprozeß nennt Aardweg die Humortechniken wie u.a. die Hyperdramatisierung. Die Versuche des Klienten, seine Klageimpulse in der Gegenwart des Therapeuten zu verbalisieren, haben einen gewissen Grad von therapeutischem Effekt, da der noch unreife Charakter vieler Gefühle und Verhaltensweisen erkannt und benannt wird. Das eindeutige Zugeben »beinhaltet . . . bereits den bewußten Versuch, sich von ihnen zu distanzieren«.[241] Der Klient wird motiviert, seine neurotischen Gefühle nicht nur verbal zu äußern, sondern auch aufzuschreiben. So wird ihm bewußt, wie sehr sein Denken, Fühlen und Verhalten von seiner infantilen Klagesucht beeinflußt, wenn nicht gar total beherrscht wird. Mit Humortechniken läßt sich das erkannte Klagebe-

---

[237] Ebenda, S. 387; vgl. S. Mentzos, *Neurotische Konfliktverarbeitung*, S. 287ff.

[238] Aardweg, *Das Drama . . .*, S. 388–398.

[239] Ebenda, S. 409f.

[240] Ebenda, S. 408f; vgl. Karen Horney, *Die Psychologie der Frau* (München, 1977), S. 222–242; K. Horney, »Das neurotische Liebesbedürfnis«, *Zentralblatt für Psychotherapie* (Leipzig) 10 (1938): 69–82.

[241] Aardweg, *Das Drama . . .*, S. 411; vgl. H. Kohut und E. Wolf, »Die Störungen des Selbst und ihre Behandlung« in *Psychologie des 20. Jhdts.*, Bd. 10 (1980), S. 667–682, mit Raymond A. Moody, *Lachen und Leiden. Über die heilende Kraft des Humors* (Zürich, 1981), S. 17–31.

dürfnis neutralisieren. Ihre Anwendung, namentlich jene der Hyperdramatisierung, ist nach der Selbstbeobachtung und -analyse das wichtigste Verfahren der Anti-Selbstmitleidstherapie. Der Klient lernt, sich über die von ihm beobachtete und analysierte Klage des »neurotischen Kindes« lustig zu machen. Der Anlaß für die Klage wird vom »Erwachsenen« vor dem »klagenden Kind« hyperbolisch wiederholt, wobei diese Hyperdramatisierung an den Sinn für Komik appelliert. Der Neurotiker, der über seine entsprechend gearteten Äußerungen bzw. über seinen Infantilismus zunächst wie ein unreifes Ich zu lachen beginnt, befindet sich auf dem Weg zur Genesung. In solchen Momenten erlebt er einen Akt der Befreiung, da er die Bindungen an seine Egozentrik überwindet.[242] Aardweg erläutert, daß die Nervensysteme, die die Reize zum Lachen und Weinen weiterleiten, sich zum Teil überschneiden. Psychologisch ist bekannt, daß diese beiden Gefühlsäußerungen in spezifischen psychischen Zuständen sehr nahe beieinanderliegen können, auch wenn eine dieser emotionalen Reaktionen die andere ausschließt.[243]

Zur Hyperdramatisierung schlägt Aardweg die hyperbolische Nachahmung des Jammerns und Heulens des »inneren Kindes«, des wehleidigen Benehmens in Tonfall, Mimik und Gestik vor. Das Ausschimpfen und symbolische Verprügeln des »klagenden Kindes« soll ebenfalls heilsam wirken, indem der Klient beim Auftreten homoerotischer Neigungen etwa sagt:

Krieche doch hin zu diesem Idol, du Baby! Drücke dein glitschiges Gesicht gegen seines. Aus deinem versabberten Heulmund rinnt der Speichel, während du mit deiner dicken Zunge blökst und schreist: »Liebe mich! Liebe mich!«[244]

Mit der Überwindung seines unreifen Selbstmitleids gewinnt die homosexuelle Person zunehmend an Selbstvertrauen. Er entdeckt und spürt, womöglich erstmalig, eine innere Festigkeit. Parallel dazu wandelt sich die Einstellung gegenüber dem anderen Geschlecht. Beim Mann wird das angeborene Rollenverhalten des Eroberns, Dominierens etc., das sich solange nicht hatte entwickeln können, weil das »innere Kind« es unterdrückte, schließlich aktiv. Aus dem Gefühl, ein Mann zu sein, erwächst das charakteristisch maskuline Verhalten gegenüber Frauen, einschließlich des sexuellen Bereichs. Die Veränderung der sexuellen Gefühle tritt mit Sicherheit ein, wenn ein Klient sein »neurotisches Kind« durch die Therapie »ausgehungert« hat.[245]

Aardweg betrachtet seine Anti-Selbstmitleids-Therapie als erfolgreich abgeschlossen, wenn ein Klient mindestens zwei Jahre normale heterose-

---

[242] Aardweg, *Das Drama . . .*, S. 412–424.
[243] Ebenda, S. 425.
[244] Ebenda, S. 437–442; hier: 440.
[245] Ebenda, S. 446–457.

xuelle Interessen gehabt hat und wenn in dieser Zeitspanne keine homosexuellen Neigungen und Phantasien aufgetreten sind.[246]

3.5.3. Evaluation der Anti-Selbstmitleidstherapie

Van den Aardweg hatte 101 homosexuelle Männer und Frauen in seiner
Behandlung. Dreiundvierzig Prozent brachen die Therapie nach 2–8 Mo-
naten ab. Elf Prozent zeigten innerhalb der Nachkontrollfrist (minimal 2
Jahre) keine homosexuellen Interessen, höchstens äußerst schwache, selten »blitzartige« homosexuelle Impulse. Bei sechsundzwanzig Prozent
stellte man eine zufriedenstellende Änderung fest, wobei beim einen Teil
die heterosexuellen Interessen zwar überwiegen, aber noch periodisch homosexuelles Phantasieren – potentiell heftig, wenn auch wieder ver-
schwindend – vorkam. Beim anderen Teil dieser Gruppe waren keine homosexuellen Interessen mehr vorhanden, aber erst eine rudimentäre oder
schwache Heterosexualität entstanden. Die Nachkontrollfrist bei dieser
Gruppe belief sich mindestens auf ein Jahr, ebenso bei den elf Prozent der
behandelten Personen, die beträchtlich weniger homosexuelle Interessen
manifestierten – mit oder ohne parallele Zunahme heterosexueller Neigungen. Neun Prozent zeigten (nach mindestens drei Therapiejahren) keine bleibende Änderung, bestenfalls eine vorübergehende Abnahme der
homosexuellen Interessen.[247]

Nur eine Minderheit von elf Prozent erreichte also einen Punkt, bei
dem man von echter, grundlegender Änderung reden kann. Aardweg folgert jedoch, daß die Tatsache der mindestens seit zwei Jahren andauern-
den Freiheit von homosexuellen Interessen bei dieser Gruppe »eher vielversprechend« sei und die These bestätige, »daß Homosexualität an sich
nicht unheilbar ist«.[248]

Wir sehen uns nicht kompetent, die Erfolge bzw. Mißerfolge dieser
Therapie aus psychoanalytischer Perspektive zu bewerten. Wir halten indes als positive Wirkung fest, daß die beschriebene angewandte Therapie
infantile Rachsucht ebenso wie Abhängigkeitsgefühle verschwinden läßt.
Auch kann ein Seelsorger die Anti-Selbstmitleids-Theorie van den Aardwegs bedenkenlos bei Personen anwenden bzw. dazu raten, die extrem unter Minderwertigkeitsgefühlen zu leiden haben.

Interessanterweise zeigt Aardweg in seinem Werk zugleich auf, daß sei-

---

[246] Ebenda, S. 462. Die oben skizzierte Therapie gilt für Männer und Frauen gleicherweise.
[247] Ebenda, S. 466, Tabelle. Die Daten stützen sich auf Erhebungen von seinen 101 (z. T.
ehemaligen) Klienten, über die genügend Informationen greifbar waren.
[248] Ebenda, S. 467. Auch A. Adler äußerte sich entschieden gegen die Behauptung, Homosexualität sei unheilbar. Siehe: A. Adler, *Das Problem der Homosexualität und sexueller
Perversionen*, S. 39–41.

ne psychoanalytische Therapie nicht nur bei homosexuellen Hilfesuchenden einen positiven Effekt haben kann. Er zitiert, allerdings ohne statistische Daten liefern zu können, eine ganze Serie von Fällen der Heilung ohne psychotherapeutische Behandlung. Drei seien hier erwähnt:

Ein amerikanischer Musiker schildert unter dem Pseudonym W. Aaron seine jahrelange homosexuelle Praxis und berichtet dann, wie er zur Heterosexualität gelangte. An erster Stelle nahm sein Wille Einfluß auf den Prozeß seiner Reorientierung, zweitens entschloß er sich, nicht mehr seine Eltern für seine Situation und Enttäuschungen verantwortlich zu machen; drittens trennte er sich von der infantilen emotionalen Abhängigkeit von seiner Mutter, die in seinen Gedanken sehr präsent war. Er versuchte kontinuierlich und konsequent, homosexuelle Kontakte – an denen er zwanghaft hing – zu meiden, und unterband homoerotische Phantasien, die er als Störung seines neugewonnenen emotionalen Glücks erlebte. Unter Glück versteht er seine bewußte Hinwendung zu Gott. Seine christlichen Freunde, die gewissermaßen Therapeutenfunktion übernahmen, unterstützten ihn, indem sie ihm seine Verstimmungen ausredeten und ihm eine andere, glücklichere und dankbarere Einstellung zeigten, »den Sinn des Lebens gegenüber seinen neurotischen Gefühlen der Sinnlosigkeit zu betonen«. Im Verlauf eines wachstümlichen Prozesses wurden bei Aaron die homosexuellen Interessen allmählich eliminiert.[249]

Eine Lesbierin informierte einen (selber homosexuellen) holländischen Psychiater nach der Lektüre eines Artikels von ihm, wie sie mit 37 Jahren »geheilt wurde«, d.h. zur Umpolung gelangte, »obwohl Ihr Artikel wenig Hoffnung läßt. Können Sie sich vorstellen, wie glücklich ich bin?«[250] (Das konnte der Psychiater wohl kaum, da er das Akzeptieren der homosexuellen Inklination als Lösung propagierte.) Die Lesbierin war Krankenschwester und verliebte sich häufig in ältere Frauen. Nach einem Mißerfolg beging sie einen Suizidversuch und war stark depressiv, bis sie einem verständnisvollen Priester begegnete, der ihr sagte: »Kind, du bist überhaupt noch nicht erwachsen. Du bist nicht älter als 16.« Die Frau gelangte zur Selbsterkenntnis über ihr infantiles Verhalten und begann, dessen Ausprägungen entschlossen zu bekämpfen. Sie überwand die Unreife und damit auch den Minderwertigkeitskomplex. Ihre Einstellung zu Gott veränderte sich in Dankbarkeit und Ehrfurcht. In einem gewissen Stadium erwachten in ihr heterosexuelle Gefühle, und sie »wollte irgendwie alle Männer gleichzeitig heiraten«. Doch wuchs sie über diese Stufe hinaus und heiratete ihren jetzigen Ehemann. Früher hätte sie nicht im entferntesten ans Heiraten gedacht, da Männer »nichts, einfach nichts« in ihr auslösten. Ihr Wille zur Reorientierung siegte trotzdem. Das Erkennen des »inneren Kindes«, der Kampf zur Überwindung infantiler Denk- und Verhaltensmuster, Ehrlichkeit

---

[249] Unsere Zusammenfassung; vgl. Aardweg, *Das Drama . . .*, S. 363–368; vgl. W. Aaron, *Straight: A Heterosexual Talks about His Homosexual Past* (New York, 1972). Aaron hebt insbesondere die Einsamkeit der Homosexuellen hervor, die auch ihn fast in den Selbstmord trieb.

[250] Aardweg, *Das Drama . . .*, S. 368; W.J. Sengers, *Homoseksualiteit als Klacht: Een psychiatrische Studie.* Dissertation (Bussum, 1969).

gegenüber sich selbst und das Vertrauen zu ihrem pastoralen Betreuer führten sie zur völligen Überwindung der homosexuellen Triebe.[251] Aardweg verweist auf mehrere ihm bekannte Personen, »deren Heilung durch eine Hinwendung zu Christus« er bestätigen könne, nachdem er in zahlreichen Gesprächen »ihre Gefühle und Einstellungen sorgfältig nachprüfte«.[252] So berichtet er u.a. auch von dem jungen Holländer Johann V., der »durch Hingabe an das, was er als seine Rettung betrachtete«, und zwar an Gott, von der Homosexualität zur Heterosexualität gelangte. Aardweg resümiert:

> Mehr als zehn Jahre nachdem seine grundsätzliche Änderung sich gefestigt hatte und nachdem er seit vielen Jahren verheiratet war, konnte ich mich von der Echtheit seiner Änderung überzeugen.[253]

Aardwegs Optimismus wird wohl nicht bei allen Sexualwissenschaftlern auf Verständnis stoßen. Wir meinen jedoch, daß seine psychoanalytische Anti-Selbstmitleids-Therapie im kirchlichen Kontext bei hilfesuchenden Homosexuellen mit Erfolg angewandt werden kann.[254]

3.6. Kritische Evaluation der Therapiemethoden

Die These, daß Homosexuelle ihre sexuelle Neigung umpolen bzw. auf die Heterosexualität reorientieren können, wird durch zahlreiche Therapieergebnisse bestätigt. Walter Bräutigam verwies 1967 auf die Resultate von Irving Bieber. Sie zeigen auf, daß von 72 zuvor ausschließlich homosexuell aktiv gewesenen Männern 14 dank psychoanalytischer Behandlung voll und ganz heterosexuell wurden.[255] Auch wenn Bräutigam zum Schluß kommt: »Die gleichgeschlechtliche Liebe kann mehr oder weniger verant-

---

[251] Unsere Zusammenfassung, vgl. Aardweg *Das Drama* . . ., S. 368–372.

[252] Ebenda, S. 373.

[253] Ebenda, S. 375; vgl. J.Th. Bos, *Ik ben niet meer »ZO«* (Hoornaar, 1969).

[254] Vgl. Leanne Payne, *Das zerbrochene Bild* (Kehl, o.J.), S. 38–63, mit M.L. Moeller, *Anders helfen. Selbsthilfegruppen und Fachleute arbeiten zusammen* (Stuttgart, 1981), S. 15ff. – Was unter »kirchlichem Kontext« zu verstehen ist, wird unten noch ausgeführt werden; vgl. dazu: David Field, *Homosexualität. Was sagt die Bibel wirklich?* (Kehl, o.J.), S. 51: Wer durch persönliche Hingabe an Jesus Christus in das Reich Gottes gelangt ist, empfängt seine Kraft und vermag auch eingefahrene Verhaltensmuster zu verändern. Ebenso: Lawrence J. Crabb, *Die Last des andern*, wo S. 138f von einem verheirateten Homosexuellen berichtet wird, der als Christ den ernsten Wunsch bekundete, heterosexuell zu werden und seine Sexualität gemäß 1. Korinther 7 auszuleben; bis dahin hatte er mit seiner Frau keinen Verkehr gepflegt. So aber konnte die Umpolung gelingen.

[255] W. Bräutigam, *Formen der Homosexualität. Erscheinungsweisen, Ursachen, Behandlung, Rechtsprechung* (Stuttgart, 1967), S. 93; vgl. J. Bieber, »Clinical Aspects of Male Homosexuality« in J. Marmor (Hrsg.), *Sexual Inversion*, S. 248–268.

wortungsvoll gelebt werden«[256], rät er doch, homosexuellen Personen Therapien anzubieten.[257]

MacCulloch und Feldman vermochten nach eigener Angabe 14 von 43 psychotherapeutisch behandelten Homosexuellen, mehrheitlich mit einer gleichgeschlechtlichen Praxis von über zehn Jahren, »in den Stand der homosexuellen Unschuld zurückzuversetzen« bzw. zur Heterosexualität umzupolen.[258] Die Anwendung der Aversionstherapie soll nicht nur bei MacCulloch und Feldman positive Reorientierungsresultate ergeben haben. Auch zahlreiche andere Psychotherapeuten sprechen von beachtlichen Erfolgen, wenngleich sie unterschiedliche Ergebnisse vorweisen.[259] Dagegen bezeichnet John Money die Aversionstherapien als »Experimente« und berichtet, daß mangels wirksamer therapeutischer Techniken der therapeutische Eifer Scharlatanerie betreibe.[260] K.H. Mandel, der in der katholischen Eheberatung in München tätig ist, betont jedoch, daß die Aversionstherapie bei Ausklammerung der Elektroschocks, aber mit Einsatz des Covert-Sensitization-Verfahrens, zur Reorientierung von homosexuellem Verhalten führen kann.[261] Die Kritik gegenüber der Aversionstherapie wird überwiegend von jenen Sexualforschern geäußert, die die homosexuelle Neigung als eine Funktion betrachten – von ihnen als »Plombe« oder »Pfropf« oder auch als »ein heterogenes Gebilde« bezeichnet –, welche »die Lücke schließt, die eine fehlgehende narzißtische Entwicklung schafft. Dank dieser Plombe wird die Homöostase im narzißtischen Bereich ermöglicht und aufrechterhalten«.[262] Die Entstehung der homosexuellen Inklination hängt von der Heftigkeit der Konflikte in frühen Entwicklungsphasen ab, in denen die adäquate, emphatische Erlebnisfähigkeit der Mutter in der Dualunion mit dem Kind eine entscheiden-

---

[256] W. Bräutigam, S. 103.

[257] Ebenda, S. 105f.

[258] M. Dannecker, »Warum die Therapie der Homosexualität die Lage der Homosexuellen verschlechtert« in V. Sigusch (Hrsg.), *Therapie sexueller Störungen*, S. 376; ebenso M.J. MacCulloch und M.P. Feldman, »Aversion Therapy in Management of 43 Homosexuals«, *British Medical Journal* (London) 2 (1967): 594ff.

[259] J. Bancroft und I. Marks räumen ein, daß ihre Resultate nicht an jene im Bericht von MacCulloch und Feldman heranreichen. Siehe: *Proceedings. Royal Society of Medicine* (London) 61 (1968): 797; vgl. N.D. Conaghy, D. Proctor und R. Barr, »Subjective and Penile Plethysmography Responses to Aversion Therapy for Homosexuality: A Partial Replication«, *Archives of Sexual Behavior* (New York) 2 (1972): 65ff.

[260] J. Money, »Strategy, Ethics, Behavior Modification, and Homosexuality«, *(Archives of Sexual Behavior* 2 (1972): 79.

[261] K.H. Mandel: »Probleme und Ansätze der Verhaltenstherapie bei männlichen Homosexuellen«, *Zeitschrift für Psychotherapie und Medizinische Psychologie* (Stuttgart) 20 (1970): 115–121, bes. 120f; vgl. K. Freund, *Homosexualität*, S. 25ff.

[262] M. Dannecker, *Der Homosexuelle und die Homosexualität*, S. 101; vgl. F. Morgenthaler, *Homosexualität, Heterosexualität, Perversion*, S. 35ff.

215

de Rolle spielt.[263] Die Verfechter dieser Homosexualitäts-Ätiologie interpretieren die Aversionstherapie als Angriff auf die Aufrechterhaltung der narzißtischen Homöostase und bezeichnen die Protagonisten jener Therapie als »Folterknechte unseres Jahrhunderts«.[264] Fritz Morgenthaler formuliert entsprechend, daß ein Therapeut in der Überzeugung, ein Homosexueller könne von seiner Neigung »geheilt« werden, deshalb einer Illusion erliege, »weil er die autonomen Funktionen des anderen durch den Einfluß, den er auf ihn nimmt, in schädigender Weise beeinträchtigt«.[265] Nicht zu übersehen ist aber, daß auch Morgenthaler im homosexuellen Verhalten eine neurotische Komponente entdecken kann, wenn der Homosexuelle den gleichgeschlechtlichen Partner »so liebt, wie er wünschte, von seiner Mutter geliebt zu werden« (bzw. wie eine Lesbierin wünschte, von ihrem Vater geliebt zu werden – H.H.). Dann erleide diese Person eine gravierende Störung in ihrem Selbstwertgefühl und empfinde »eine quälende innere Leere«. Aufgabe des Psychoanalytikers sei es dann, dieses neurotische Phänomen durch psychoanalytische Deutungen dem Klienten plausibel zu machen, damit dieser sich von seiner Neurose befreien könne.[266]

Die somatischen Behandlungsversuche haben wir in der vorliegenden Arbeit unter »Medizinische Therapiemethoden« (IV.3.1.) beschrieben und zum Teil auch kommentiert bzw. pastorale Bedenken aufgezeigt. Bräutigam besteht bei den homosexuell-pädophilen Delinquenten auf der chirurgischen bzw. chemischen Kastration.[267] Albrecht Langelüddecke berichtet, daß während der Nazi-Herrschaft in Deutschland zwischen 1934 und 1945 mindestens 2800 chirurgische Kastrationen an »effektiven und potentiellen« Sexualdelinquenten vorgenommen wurden. Bei 1618 Fällen konnte Langelüddecke den weiteren Verlauf ermitteln und stellte eine

---

[263] Fritz Morgenthaler, »Zur Theorie und Therapie von Perversionen«, *Psyche* 28 (1974): 1081ff; vgl. O.F. Kernberg, »Barriers to Falling and Remaining in Love«, *Journal of the American Psychoanalytic Association* 3 (1974): 488–510.

[264] M. Dannecker, »Warum die Therapie der Homosexualität die Lage der Homosexuellen verschlechtert«, a.a.O., S. 374.

[265] F. Morgenthaler, *Homosexualität, Heterosexualität, Perversion*, S. 137, vgl. S. 97–99. Ch.W. Socarides will im Gegensatz zu Morgenthaler in der Homosexualität kein progressives Element sehen, sondern deutet sie als regressive Anpassung bzw. als Selbststabilisierung und Entlastung der Persönlichkeit – wobei er diese Anpassung als »vernichtende persönliche Katastrophe« bezeichnet. Siehe: Ch.W. Socarides, *Der offene Homosexuelle* (Frankfurt/M., 1971), S. 73f.

[266] F. Morgenthaler, *Homosexualität, Heterosexualität, Perversion*, S. 110; vgl. J. McDougall, »Primal Scene and Sexual Perversion«, *International Journal of Psychoanalyses* (London) 53 (1972): 371; D.W. Winnicott, »Übergangsobjekte und Übergangsphänomene«, *Psyche* 23 (1963): 666. Ebenso vgl. F. Morgenthaler, »Homosexualität« in V. Sigusch (Hrsg.), *Therapie sexueller Störungen*, S. 329–367, hier: 363–367.

[267] W. Bräutigam, *Formen der Homosexualität . . .*, S. 59.

Rückfallquote von 2,8 Prozent fest.[268] Nur »wo sexuelle Süchtigkeit vorliegt« befürwortet Hans Giese die Entfernung der männlichen Keimdrüsen durch einen Arzt.[269]

Zu beachten ist, daß die chirurgische Kastration einen irreversiblen und verunstaltenden Eingriff darstellt. Zwangsläufige somatische Folgen sind die Zeugungs- bzw. Fortpflanzungsunfähigkeit sowie die allgemein-körperlichen Veränderungen, die der Ausfall der Keimdrüsen-Androgene bewirkt. »Für den sexuellen Bereich sind mit einiger Evidenz ausschließlich Beeinträchtigungen einiger sexueller Funktionen belegt worden.«[270]

Nach unserem Dafürhalten ist die Entfernung der männlichen Keimdrüsen keine Therapie, sondern muß als Bestrafung klassifiziert werden. Sie wird dann vollzogen, »wenn alles andere versagt hat«.[271] Zudem ist hier zu fragen, ob »alles andere« auch die seelsorgerliche Ebene und die pastorale Betreuung einschloß.[272] Nur wenige Neurochirurgen und Psychiater befürworten den stereotaktischen Eingriff am Hypothalamus bei Homosexuellen, da die Ergebnisse solcher Hypothalamotomien extrem unbefriedigend ausfallen sollen.[273] Die psychochirurgischen Hirneingriffe sind ihrerseits keine Therapie im Sinne der Heilbehandlung und dürften keinesfalls für die »Eliminierung« (homo)sexueller Neigungen angewandt werden. Nicht wenige Ärzte sollen solche Eingriffe bei straffälligen Personen, z.B. auch bei Nymphomanen, als *ultima ratio* und nicht ohne Gewissensbisse tolerieren.[274]

Die Verhaltenstherapie geht von der Annahme aus, daß sexuelle Devianzen das Resultat von »Prägungen« seien. Diese sollen aus einer Kombination von neutralen Umweltreizen und Umständen, unter denen norma-

[268] Ebenda; vgl. V. Sigusch, »Somatische Behandlungsversuche bei sexuellen Perversionen und sexueller Delinquenz« in ders. (Hrsg.), *Therapie sexueller Störungen*, S. 278f, mit A. Langelüddecke, *Die Entmannung von Sittlichkeitsverbrechern* (Berlin, 1963).

[269] Siehe: V. Sigusch, »Somatische Behandlungsversuche . . .«, a.a.O., S. 280.

[270] Ebenda, S. 283, vgl. J. Yamamoto und W. Seeman, »A Psychological Study of Castrated Males«, *Psychiatric Research Reports* (American Psychiatric Association, Washington) 12 (1960): 97–103.

[271] Vgl. E. Schorsch, »Sexuelle Perversionen: Ideologie, Klinik, Kritik« in V. Sigusch (Hrsg.), *Therapie sexueller Störungen*, S. 150, mit V. Sigusch, »Die Kastration des Mannes« in *Sexualmedizin* (Wiebaden) 7 (1978): 984–993.

[272] Vgl. Anm. 254 sowie unsere Ausführungen zum pastoralen Approach.

[273] Vgl. F. Neumann, »Problematik stereotaktischer Operationen aus neuroendokrinologischer Sicht« in G. Fülgraff und J. Barbey, *Stereotaktische Hirnoperationen bei abweichendem Sexualverhalten. Abschlußbericht der Kommission beim Bundesgesundheitsamt* (Berlin, 1978), S. II/105 mit S. II/141. Siehe dagegen: V.H. Mark, W.H. Sweet und F.R. Erwin, »Role of Brain Disease in Riots and Urban Violence«, *Journal of the American Medical Association* (Chicago) 201 (1967): 895.

[274] Vgl. P.R. Breggin, »The Return of Lobotomy and Psychosurgery«, *U.S. Congressional Record* (92. Kongreß, 2. Session; Washington, 24.2.1972), Bd. 118, 26 (Teil 5): 5567–5577.

lerweise sexuelle Aktivitäten wie beispielsweise Phantasien, Masturbation, Petting, Koitus erfolgen, entstanden sein. Determinierender Ausgangspunkt der sexuellen Abweichung wäre ein frühes erstes Erlebnis, bei dem ein sexuell neutraler Reiz zufällig mit einer sexuellen Erregung zeitlich zusammenfällt, so daß die beiden Reize gekoppelt werden. Der nächste determinierende Faktor ist das Beibehalten dieser Koppelung, begleitet oder gefolgt von der Angst, daß nichtdeviierendes Sexualverhalten zu Versagen führen würde. Sind die sexuellen Wünsche mit Versagensängsten assoziiert, erfüllt die – möglicherweise zwanghaft gewordene – abweichende Sexualpraxis eine doppelte Funktion: Sie befriedigt ein momentanes sexuelles Bedürfnis und vermindert parallel dazu die Ängste, da sie die Konfrontation mit realen Impotenzerlebnissen verhindert. Diese Theorie beinhaltet die Grundannahme, daß perverse Sexualhandlungen eine längere oder kürzere Vorgeschichte in der Masturbationsphantasie haben.[275] Jedenfalls versuchen die Anhänger dieser Theorie, sie mit empirischen Erhebungen zu verifizieren. Eine Hypothese lautet, daß deviierendes Sexualverhalten oft über Verhaltensvorbilder erworben und indirekt verstärkt wird.[276]

Die Verhaltenstherapie will dem Klienten sein Behavior erklären, d.h. ihm die Korrelation mit charakteristischen Auslösern und Ausgangsbedingungen einsichtig machen, wodurch der abweichende Akt etwas von seiner »Fremdheit« verliert und so vom Betroffenen eher als eigenes Problem angenommen werden kann. Indem er die typisch ablaufende Verhaltenskette ins Auge faßt, kann der Hilfesuchende seine Sexualdevianz als weniger unausweichlich und »zwanghaft« begreifen, was die Motivation zur Mitarbeit in der Therapie erhöht. Im Blick auf den konkreten Therapieprozeß hat der Klient die Wahl unter systematischer Desensibilisierung, Aversionstherapie, Covert Sensitization, Scham/Aversionstherapie und diversen Methoden für Selbstbeherrschung. Die Ergebnisse dieser Therapiemethoden sind unterschiedlich; ihre Evaluation würde den Rahmen dieser Arbeit sprengen und liegt außerhalb der pastoralen Kompetenz.[277]

[275] R. Metzner, »Some Experimental Analogues of Obsession«, *Behaviour Research and Therapy* (Oxford) 1 (1963): 231–236.

[276] A. Bandura, »Punishment Revisited«, *Journal of Consulting Psychology* (Washington) 6 (1962): 298–301; vgl. R.J. Stoller, »Transvestite's Women«, *American Journal of Psychiatry* (Baltimore) 124 (1967): 333–339.

[277] Hier seien nur ausgewählte Publikationen zur Behaviorismustherapie angeführt. -- G.C. Davison, »Elimination of Sadistic Fantasy by a Client-controlled Counterconditioning Technique: A Case Study«, *Journal of Abnormal Psychology* (Washington) 73 (1968): 84–89; R.J. Kohlenberg, »Treatment of a Homosexual Pedophiliac Using In Vivo Desensitization: A Case Study«, *Journal of Abnormal and Social Psychology* (Washington) 83 (1974): 192–195; R.C. Rosen und S.A. Kopel, »Penile Plethysmography and Biofeedback

Die behavioristische Ätiologie der Homosexualität, welche auch diese Abweichung auf eine zufällige Koppelung sexueller Reize an neutrale Reize zurückführt, entbehrt der Evidenz. Laut der Kritiker verdecke das Fehlen plausibler ätiologischer Vorstellungen, daß das sexuelle Symptom »bestimmte Funktionen für das psychische Gleichgewicht haben kann«.[278] Die Unkenntnis von Sinn und Funktion »des perversen Symptoms erschwert das Definieren adäquater Therapieziele«, und darum lasse die Verhaltenstherapie viele Fragen hinsichtlich ihrer Effizienz offen.[279] Es bleibt zu fragen, ob man tatsächlich perverse Reize via eines negativen Reizes (z.B. gekoppelt mit Elektroschocks) auslöschen kann, wie John Broadus Watson es 1913 behauptete.[280] Eine angemessene Fragestellung ist sicher, wie die abweichende sexuelle Phantasie durch eine nichtperverse ersetzt werden kann. Die Vorschläge von Burrhus Frederic Skinner, Gregory Kimble und Dietmar Schulte, das Individuum müsse Situationen schaffen, die zur Erreichung angenehmer Konsequenzen und zur Vermeidung unangenehmer Folgen (z.B. von Elektroschocks) geeignet seien[281] –, diese Vorschläge basieren auf dem Muster von Strafe oder Belohnung und sind im heutigen sozialen Klima kaum mehr anwendbar.

Falls es zutrifft, daß die sexuelle Identität ihre Wurzeln in den Suggestionen der Eltern hat, dann können Albert Bandura und Richard H. Walters recht haben, wenn sie vom sozialen Lernen sprechen, das durch drei »Effekte« beeinflußt werde: 1. das prägende Vorbild einer signifikanten Bezugsperson (modeling effect), 2. deren Fördern oder Hemmen von bereits Erlerntem (/dis-/inhibitory effect) und 3. das Auslösen oder Hervorrufen von früher erlernten Inhalten durch die Modellperson (eliciting effect). Die darauf basierende Therapie will ein neues Verhalten durch die

in the Treatment of a Transvestite-Exhibitionist«, *Journal of Consulting and Clinical Psychology* (Washington) 45 (1977): 908–916. Diese und andere Autoren können laut G. Arentewicz und E. Schorsch »den Anspruch erheben, kontrollierte Untersuchungen« unterbreitet zu haben. Siehe: G. Arentewicz und E. Schorsch, »Verhaltenstherapie sexueller Perversionen« in V. Sigusch (Hrsg.), *Therapie sexueller Störungen*, S. 220–246, hier: 233.

[278] Arentewicz und Schorsch, S. 236.
[279] Ebenda, S. 237f; vgl. S.R. Conrad und J.P. Wincze, »Orgasmic Reconditioning: A Controlled Study of its Effects upon the Sexual Arousal of Adult Male Homosexuals«, *Behavior Therapy* (New York) 7 (1976): 155–166.
[280] J.B. Watson, »Psychology as the Behaviorist Views«, *Psychological Review* (Washington) 20 (1913): 158–177.
[281] Vgl. B.F. Skinner, *The Behavior of Organisms* (New York, 1938), S. 48ff; G. Kimble, *Foundations of Conditioning and Learning* (New York, 1961), S. 18ff; D. Schulte, *Diagnostik in der Verhaltenstherapie* (München, 1974), S. 31ff.

»künstliche« Herbeiführung dieser drei Effekte ermöglichen.[282] Es liegen keine spezifischen Daten über die Anwendung dieser Therapie bei Homosexuellen vor; die Abhängigkeit vom Therapeuten als Modellperson scheint grundsätzlich problematisch zu sein.

Positive Ansätze von Erfolgen zeigt Aardwegs Anti-Selbstmitleidstherapie, doch ist bei der Bewertung zu berücksichtigen, daß die Dauer der Praktizierung für gesicherte Resultate noch zu kurz ist. Zudem darf die empirische Beobachtung nicht außer acht gelassen werden, daß ja nicht nur Homosexuelle unter Selbstmitleid und Minderwertigkeitskomplexen leiden. Alfred Adler hat sie auch bei zahlreichen Personen eindeutig nachgewiesen, die kein perverses Sexualverhalten an den Tag legten.[283]

Die Notwendigkeit der »Heilung« von homosexuellen Personen, d.h. der Hinführung zur Norm des heterosexuellen Verhaltens, ist in der psychotherapeutischen Literatur zwar nicht unumstritten, aber inzwischen doch belegt. So argumentiert Helmut Schelsky, daß es zur Zerstörung der Gesellschaft kommen kann, wenn jeder nach dem Lustprinzip lebte.[284]

Probleme mit der praktischen Therapie für Homosexuelle bestehen aufgrund des krassen Dissenses bezüglich der Ätiologie der Homosexualität, welcher unter den Fachleuten herrscht. Solange divergierende verursachende Faktoren angenommen werden, muß es auch verschiedene Therapien geben. Die angebotenen Behandlungsmethoden sind jedoch, wie wir sahen, zum Teil gar nicht so abwegig und zeitigen Erfolge – unter der Bedingung freilich, daß der Hilfesuchende kooperativ ist. Die Reorientierung homosexueller Neigungen in heterosexuelle hängt eindeutig vom Willen der hilfesuchenden Person zur Umpolung ab. Ein Therapeut wie ein Seelsorger wird niemals das Ziel der Heilung erreichen, wenn der Homosexuelle den Willen zur Änderung seines Behaviors nicht aufbringt. Die von Masters-Johnson, Socarides, Bieber, Aardweg und anderen angewandten Therapiemethoden haben dies zur Genüge belegt. Martin Siems hat wohl recht mit seinem Appell an den Homosexuellen, sich selbst zu akzeptieren. Die Selbstakzeptanz emanzipiert die Betroffenen von Meinung und Urteil anderer Leute und hilft ihnen entscheiden, ob sie bei der homosexuellen Praxis bleiben wollen. Siems zieht allerdings keine solche

[282] Vgl. Albert Bandura und Richard H. Walters, *Social Learning and Personality Development* (New York, 1963), S. 18ff; Albert Bandura, *Principles of Behavior Modification* (New York, 1969), S. 10ff.

[283] A. Adler, *Studie über Minderwertigkeit von Organen*, S. 111–124.

[284] Helmut Schelsky, *Soziologie der Sexualität* (Reinbek, 1955), S. 51–53; vgl. Abram Kardiner, *Sex and Morality* (Indianapolis, 1954), S. 110; A. Karlen, »Homosexuality: The Scene and Its Students« in J.M. Henslin und E. Sagarin (Hrsg.), *The Sociology of Sex* (New York, 1978), S. 223–248.

Wahl in Betracht, sondern plädiert für Selbstakzeptanz im Sinne homosexueller Selbstbestätigung.[285]

4. Drei Seelsorgetheorien und ihre Applikation

4.1. Die »spezielle Seelsorge« (cura specialis) und ihre Korrelation zur »allgemeinen Seelsorge« (cura generalis)

Nachdem wir bereits unterschiedliche Therapiemethoden bei abweichendem Sexualverhalten untersucht und resümiert haben, wenden wir uns
nun den spezifisch pastoralen Methoden zu, die wir als praktisch-theologische Teildisziplin erkannt haben. – Zum Ursprung der Seelsorge konstatiert Klaus Winkler:

> Die Verkündigung des Evangeliums und die engagierte Verantwortlichkeit für
> die spezifische Lebens-»Last« des Mitmenschen werden in der Gemeinde Jesu
> Christi von vornherein als untrennbar und als selbstverständlich miteinander
> verbunden angesehen (vgl. Gal 6,2). Mit Seelsorge sind Christentum und Kir-
> che der Sache nach deshalb stets befaßt gewesen, weil tatsächlich gelebter
> Glaube das Verhalten (d.h. die strukturierte Gesamtheit der geistigen, seeli-
> schen und körperlichen Tätigkeiten eines Menschen) prägt und weil jede innere
> Überzeugung zu einem ihr entsprechenden Handeln drängt.[286]

So hat auch Gottfried Griesl den Heilsdienst der christlichen Kirchen an
den Gläubigen im Sinne einer Fortsetzung des Heilswirkens Christi zusammengefaßt und die verbale oder nonverbale Vermittlung der zentralen (reformatorischen) Erfahrung »Rechtfertigung des Sünders aus Glauben« (Röm 3,28) an den einzelnen – worin die Freiheit zu heilsamen Veränderungen und Korrekturen begründet ist – vorgeschlagen.[287]

Friedrich Schleiermacher (1768–1834) stellte seinerzeit jedoch fest,
daß in der evangelischen Kirche die spezielle Seelsorge generell verkannt

---

[285] M. Siems, *Coming Out. Hilfen zur homosexuellen Emanzipation* (Reinbek, 1980), S. 26–
40; vgl. dagegen, T.J. D'Zurilla und M.R. Goldfried, »Problem Solving and Behavior Modification«, *Journal of Abnormal Psychology* (Washington) 78 (1971): 107–126; Ph. Feldman und M. MacCulloch, *Human Sexual Behavior*, S. 170–176, mit David Gelman, Lisa
Drew et al., »A Perilous Double Love Life«, *Newsweek* 28 (13.7.1987): 40–42; Terence
Monmaney, »Kids with AIDS«, *Newsweek* 36 (7.9.1987): 37–46.

[286] *Taschenlexikon Religion und Theologie*, 1983, s.v. »Seelsorge« von Klaus Winkler.

[287] Gottfried Griesl, »Praktische Theologie zwischen Verkündigung und Psychotherapie«
in G. Griesl (Hrsg.), *Fünfzehntes Forschungsgespräch von der Pastoraltheologie zur praktischen Theologie 1774–1974* (Salzburg, 1976), S. 199–219, hier: S. 213f.

und keine Legitimation dafür gesehen wurde. Der Geistliche galt als »öffentlicher Lehrer, sonst gar nichts«.[288] Dieser Situation widersetzte sich der Theologe: Jedes Gemeindeglied stehe in direkter Beziehung zum Wort Gottes, aus dem sich jeder selbst beraten kann, wobei er zu den im Wort enthaltenen Anweisungen Vertrauen haben kann oder auch nicht. Im letzteren Fall ist bewiesen, daß die Tätigkeit des Geistlichen in der Erklärung des göttlichen Wortes im öffentlichen Gottesdienst sowie im Religionsunterricht unzureichend war und der Ergänzung bedurfte. Eine dirigistische Seelsorge lehnte Schleiermacher jedoch ab:

> Überall, wo solche Anforderung (eines Hilfesuchenden – H.H.) an den Geistlichen geschieht, hat er sie dazu zu benutzen, die geistige Freiheit des Gemeindegliedes zu erhöhen und ihm eine solche Klarheit zu geben, daß jene Anforderung nicht mehr in ihm entstehe.[289]

Ob der Gläubige dem Wort Gottes Vertrauen schenkt oder nicht, kann letztlich nicht in den Bereich der Verantwortung des Geistlichen gehören. Wirkt nun ein einzelner durch ein *skandalon* störend auf den Gesamtzustand des religiösen Bewußtseins der Gemeinde, muß der Geistliche das nicht nur wissen und davon betroffen sein, sondern auch den Anstoß aussprechen dürfen. Denn der Träger des Anstoßes sündigt nicht nur an der Gemeinde, sondern auch am Geistlichen, »weil er den Grund und Boden alteriert, auf dem dieser zu bauen hat. Der Geistliche hat also das Recht, ihn darüber zur Rede zu stellen«.[290] Schleiermacher betont zugleich: Jedem muß es freistehen, die Ermahnung des Pastors anzunehmen oder nicht.[291] Bei Eheseelsorge kann der Geistliche, wenn ein in Scheidung stehendes Paar sich versöhnt hat, das Gericht von der Rücknahme der Klage informieren; andernfalls werde »die Sache ihren gesetzlichen Gang gehen«.[292] In Fällen, wo ein Gemeindeglied zwar Erkenntnis des Wortes Gottes besitzt, nicht aber die Kraft zur Ausführung, soll der Geistliche dessen Gemütszustand beruhigen, seine geistige Freiheit für oder gegen eine Sache erhöhen und dem Schwachen zu Hilfe kommen bzw. seine Schwächen tragen.[293]

Nach Schleiermacher begleitet und unterstützt die »spezielle« Seelsorge den Gemeindegottesdienst (als allgemeine Seelsorge), verhilft Un-

---

[288] F.D.E. Schleiermacher, *Sämtliche Werke* (Hrsg. J. Frerichs; Berlin, 1834–1864), Bd. 13, 1. Abt. (1850), S. 428.
[289] Ebenda, S. 430f.
[290] Ebenda, S. 432f.
[291] Ebenda, S. 435f.
[292] Ebenda, S. 456f.
[293] Ebenda, S. 444.

schlüssigen zur sittlichen Entscheidung und steht angefochtenen Gläubigen zur Seite.[294]

Alexander Schweizer (1808–1888) folgte Schleiermachers Seelsorgepostulat, begründete jedoch die Seelsorge von einem bruderschaftlichen Kirchenbegriff sowie vom Gemeindegedanken her. Er verlagerte den Akzent auf die Hilfe zur Profizienz und Progression der einzelnen Gemeindeglieder, die in vielfältigen Lebenssituationen seelsorgerlichen Rat und Zuspruch benötigen. Nach Schweizers These basiert Seelsorge auf dem allgemeinen Priestertum der Gläubigen:

> Je besser wir die evangelische Seelsorge innerhalb des gemeinsamen Priestertums aller Christen verstehen als den Liebeserweis, welcher aus gegenseitiger Teilnahme am inneren Leben eines jeden hervorgeht, desto berechtigter und segensreicher erscheint sie für die Zukunft.[295]

Schweizer unterscheidet die Laienseelsorge zwar von der pastoralen, trennt sie jedoch nicht absolut.[296] Er übernahm den Begriff der »speziellen« Seelsorge, die er als praktisch-theologische Teildisziplin betrachtete, und stellte die Relation zum Gottesdienst her:

> Nur eine auf alle gerichtete Seelsorge sagt dem Homileten, was und wie er predigen solle; die Kultustätigkeit ist von der pastoralen gerade so abhängig wie diese von jener; jede ergänzt die andere in demselben Maße.[297]

Carl Immanuel Nitzsch (1787–1868), der Schleiermachers Glaubenslehre mit Elementen der spekulativen Theologie verband, verankert sein Seelsorgeprogramm in der Grundintention der »Erhaltung, Vervollkommnung und Herstellung des christlichen und geistlichen Lebens«.[298] Die Pastoraltheologie von Nitzsch geht mit der Forderung einher, daß das Christentum nicht allein die kirchliche, sondern die gesamte menschliche Lebenspraxis durchdringen solle. Er stellte fest, daß »das therapeutische Werk (der Seelsorge) auf den Ausgangspunkt des halieustischen (missionarischen) vorhand wieder zurücktreten« müsse. Seelsorgerliches und missionarisches bzw. evangelistisches Handeln der Kirche ist weitgehend identisch, d.h. als »Austeilung des göttlichen Wortes« zu begreifen.[299]

Heinrich Adolf Köstlin (1846–1907) kombinierte die Theologie seiner Zeit mit Einflüssen der biblizistisch und heilsgeschichtlich orientierten

---

[294] Ebenda, S. 429ff.

[295] Alexander Schweizer, *Pastoraltheorie oder die Lehre von der Seelsorge des evangelischen Pfarrers* (Leipzig, 1875), S. 111f.

[296] Ebenda, S. 11ff; vgl. hundert Jahre danach Lawrence Crabb, *Die Last des andern. Biblische Seelsorge als Aufgabe der Gemeinde* (Basel-Gießen, 1984).

[297] Alexander Schweizer, »Über die wissenschaftliche Constructionsweise der Pastoraltheologie oder Theorie der Seelsorge«, *Theologische Studien und Kritiken* (Gotha) 1 (1938): 1–53, hier: 30f.

[298] C.I. Nitzsch, *Praktische Theologie* (Bonn, 1847–1867), Bd. 1, S. 128, 209.

[299] Ebenda, Bd. 3, 1. Abt. S. 19ff.

Theologie von Johannes Tobias Beck (1804–1878), der Vermittlungstheologie von Richard Rothe (1799–1867) und Christian Palmer (1811–1875).[300] Köstlin sah das Ziel der Seelsorge u.a. in der Festigung des Glaubens und in der Verkündigung des Heilswirkens Gottes. Das pastorale Wirken muß in den Lebenszusammenhang aktiver Gemeinden eingebettet sein, denn es bedarf des gegenseitigen Beistandes der Gruppe oder Gemeinde, um die christliche Existenz überhaupt zu ermöglichen. Die »Seelsorgegemeinde« soll sich nach Köstlin innerhalb der kirchlichen Institution organisieren und korrektiv auf sie einwirken.[301]

Emil Sulze (1832–1914) trat für den Neuprotestantismus[302] ein und betonte in seiner Seelsorgekonzeption vier Forderungen: 1. Der Seelsorger darf den christlichen Glauben nicht losgelöst von den Alltagsproblemen vermitteln. 2. Die christliche Verkündigung muß auch außerhalb der Predigt geschehen. 3. Die Seelsorge soll an der Charakterbildung und an der Anleitung zu ethischem Handeln partizipieren. 4. Der Gedanke des allgemeinen Priestertums muß Konsequenzen haben, d.h. Laienseelsorger sollten mit den Pfarrern zusammenarbeiten.[303]

Einer der am meisten angefochtenen »modernen Theologen«, Otto Baumgarten (1858–1934), hielt an den unaufgebbaren Erkenntnissen der deutschen Seelsorgetheorie in der Nachfolge Schleiermachers fest. Er postulierte: Seelsorge dürfe nicht mit dirigistischer Seelenleitung und autoritärer Beratung verwechselt werden. Baumgarten bemühte sich um eine weiterführende und empirisch kontrollierbare Seelsorge.[304] Aus dem Gemeindegedanken leitete er die Forderung ab, daß prinzipiell für jedes Glied der Gemeinde ein anderes sich verantwortlich wissen sollte; der »berufene Seelsorger« kümmert sich um diejenigen, für die sich kein anderer verantwortlich sieht. Baumgarten entfaltete die Differenzierung zwischen der *cura generalis*, die im Gottesdienst geschieht, und der *cura specialis*, die den Christen im Alltag gilt, und verweist auf das Wechselverhältnis von Got-

---

[300] Die Vermittlungstheologen unternahmen den Versuch, biblischen Glauben und wissenschaftlichen Geist miteinander zu verbinden bzw. lehrten deren Interdependenz und Korrelation. Siehe: *RGG*, ³1986, s. v. »Vermittlungstheologie« von E. Schott, Zitat Sp. 1362.

[301] H.A. Köstlin, *Die Lehre von der Seelsorge nach evangelischen Grundsätzen* (Berlin, 1895), S. 163. Vgl. auch: Fritz Schwarz, Christian A. Schwarz, *Theologie des Gemeindeaufbaus. Ein Versuch* (Neukirchen-Vluyn, 1984), bes. Teil V: Die Aufgabe der Ekklesia in der Kirche, S. 180ff.

[302] *RGG*, ³1986, s. v. »Neuprotestantismus« von H. Hohlwein.

[303] Emil Sulze, *Die evangelische Gemeinde* (Gotha, 1891), S. 29f.

[304] Vgl. Otto Baumgarten, »Grundzüge einer psychologischen Seelsorge am sündigen Menschen«, *Zeitschrift für Praktische Theologie* (Tübingen) 18 (1896: 1–23; vgl. O. Baumgarten, »Sulzes Evangelische Gemeinde«, *Zeitschrift für Praktische Theologie* 14 (1892): 256–277, 345–359.

tesdienst und Seelsorge. Der »berufene Seelsorger« übt *cura generalis* an der versammelten Gemeinde; »der aus der Gemeinschaft entlassenen, der in der Welt lebenden Gemeinde gegenüber übt er *cura specialis*, letzteres in Fortsetzung der *cura generalis*«.[305] An dieser Stelle klingt das Problem der Unabhängigkeit der Seelsorge an, indem Baumgarten ihr die Mitwirkung an den Reformen der ökonomischen und sozialen Verhältnisse zuweist und damit das Problem einer ganzheitlichen Seelsorge einleitet.[306]

Als erster Theologe suchte Oscar Pfister (1873–1956) im Jahre 1908 eine positive Begegnung mit der Psychoanalyse Freuds. Pfister verband mit Freud ab 1909 eine dreißigjährige Freundschaft. Alle seelischen und leiblichen Nöte des Menschen sollten Objekt der *cura specialis* sein, nicht nur die traditionellen Anlässe wie Sünde, Krankheit oder Irrtum.

Woher stammen die unterirdischen Mitregenten des menschlichen bewußten Lebens –fragt Pfister –, die so viel Seelennot und Seelenverkrüppelung hervorbringen und dem Druck der alten seelsorgerlichen Maßregeln so oft erfolgreich widerstehen?[307]

Um dieser Fragestellung gerecht zu werden, wandte er in seiner Seelsorgepraxis psychoanalytische Erkenntnisse sowie eine entsprechende Methode an. Nach Pfister können Schuldgefühle und Ängste einen Menschen bedrängen, obwohl kognitiv die Gewißheit von Vergebung und Gnade vorliegen mag.[308]

Zusammenfassend läßt sich sagen, daß die *cura specialis*, welche seit Schleiermacher die evangelische Pastoraltheologie erheblich geprägt hat, keinesfalls »dirigistische Seelsorge« betreiben will. Sie versucht dem Unschlüssigen zur sittlichen Entscheidung zu verhelfen, ohne sich aufdrängen zu wollen. Ist jemand den Anforderungen der ethischen Entscheidungen nicht gewachsen, soll die Seelsorge diesem angefochtenen Gläubigen Beistand und Trost vermitteln. Schleiermacher und Nitzsch gaben den ärztlichen bzw. therapeutischen Termini den Vorzug vor den pädagogischen.

Positiv an der »speziellen Seelsorge«-Theorie ist insbesondere der Appell an die Laien, einander seelsorgerlich zu betreuen. Nicht zu übersehen ist, daß die erwähnten Theologen die Bedeutung der Verkündigung von Gottes Wort für die *cura specialis* hervorhoben. Sie allein genügt jedoch

---

[305] Otto Baumgarten, *Protestantische Seelsorge* (Tübingen, 1931), S. 59, vgl. S. 43.

[306] Otto Baumgarten, *Der Seelsorger unserer Tage. Evangelisch-soziale Zeitfrage.* 1. Reihe, Heft 3 (Leipzig, 1891), S. 18ff.

[307] Oscar Pfister, *Analytische Seelsorge* (Göttingen, 1927), S. 13.

[308] Ebenda, S. 13ff. O. Pfister beruft sich in seinen Ausführungen nicht nur auf Freud, sondern auch auf Sandor Ferenczis Werk *Organneurosen. Das psychoanalytische Volksbuch* (Stuttgart, 1926), S. 364–371; vgl. S. Ferenczi, »Zwangsneurosen und Frömmigkeit«, *Internationale Zeitschrift für Psychoanalyse* (Leipzig) 2 (1914): 272.

nicht. Es bedarf des gegenseitigen Zuspruchs und Beistandes der Christen im Alltag, um den Lebensforderungen gerecht zu werden.[309]

Speziell für das Phänomen der Homosexualität hat die *cura specialis* sich auf die *cura generalis* zu berufen und ist deren Fortsetzung. Ist die Wirkung der gebotenen *cura generalis* auf den Willen zur Umpolung der Homosexualität bei einer Person zu gering, so führt die *cura specialis*, gegebenenfalls mit Hilfe der Psychoanalyse, die Seelsorgearbeit weiter. Gelingt der Seelsorge die Reorientierung des von der biblischen Norm abweichenden Sexualverhaltens nicht, so »hört das Freiwillige (nach Schleiermacher) auf, so kann er (der Seelsorger – H.H.) das Geschäft nicht fortsetzen . . .« Denn jeder Christ sei letztlich sein eigener Priester.[310]

Abschließend soll es um eine kritische Evaluation der speziellen Seelsorge gehen. Die *cura specialis* betont die personale Autonomie und Freiheit und konzentriert sich entschieden auf die »religiöse Erfahrung in ihrer Mannigfaltigkeit«, d.h. sie appelliert an die Innennorm des Gewissens und der religiösen Erfahrung. Die Gültigkeit der Religion sieht diese Theorie hauptsächlich in deren ethischen und sozialen Frucht. Jesus Christus hat in dieser Variante der Seelsorge nicht die Bedeutung des Lammes Gottes, »das die Sünde der Welt wegnimmt« (Joh 1,29), und des »Mittlers« (vgl. 1Joh 2,1f), sondern ist nach der neoprotestantischen Schule das moralische Ideal oder Symbol der göttlichen Liebe. Bei Schleiermacher geht es entsprechend um Erlebnisse des persönlichen Innenlebens. Mittels der drei Instrumente Introspektion, Experiment und stetiger Beobachtung versucht man der Erfahrung als quasi »eines impulsiven Glaubens«, der die Wahrheit ursprünglich etabliert, habhaft zu werden. Denn nur bei den Erlebnissen des persönlichen Innenlebens handele es sich um Realitäten im strengsten Sinn des Wortes; alle anderen Erlebnisse, die der Wirkung der Bibel oder der Wissenschaft zugeschrieben werden könnten, sind nur Symbole jener Wirklichkeit.[311] So hat William James die biblischen Normen, wenn sie sich nicht unmittelbar mit der Erfahrung in Deckung brin-

---

[309] Vgl. hiermit L. Crabb, *Die Last des andern*, bes. S. 55ff; ebenso Lawrence J. Crabb und Dan B. Allender, *Encouragement. The Key to Caring* (Grand Rapids, 1984). Crabbs Konzept der Seelsorge wird unten unter 4.3. »Ganzheitliche Seelsorge« näher beleuchtet.

[310] F. Schleiermacher, a.a.O., S. 435ff; vgl. Friedrich Niebergall, »Otto Baumgarten, Protestantische Seelsorge«, *Theologische Literaturzeitung* (Leipzig) 1932, Sp. 215; K. Meyer, »Die soziale Stellung und Aufgabe des evangelischen Geistlichen in der Gegenwart«, *Zeitschrift für Praktische Theologie* 12 (1890): 1–23; Otto Friedrich Riemann, »Evangelische Gedanken über evangelische Seelsorge«, *Zeitschrift für Praktische Theologie* 12 (1890): 229–241; Heinrich Bassermann, »Äußere und innere Mission in ihrem Verhältnis zur praktischen Theologie«, *Zeitschrift für Praktische Theologie* 13 (1891): 1–18.

[311] F. Schleiermacher, *On Religion. Speeches to Its Cultured Despisers* (New York, 1958), S. 132ff; vgl. W. James, *Die religiöse Erfahrung in ihrer Mannigfaltigkeit* (Leipzig, 1925), S. 355–388.

gen lassen, als »metaphysisches Monstrum«[312] bezeichnet, was auf den Fall eines Homosexuellen bezogen, lauten würde: Da seine Rolle ihm das Befolgen der biblischen Norm – keine Homosexualität zu praktizieren – unmöglich macht, erweist sich die Norm als nicht annehmbar. – Die Tendenz, die Bibel als Textbuch einer religiösen und moralischen Evolution und den Menschen von Natur aus gut zu sehen, liegt vor. Sie führt zur Auffassung dieser Denkschule, daß der Mensch sein »innergeistliches« Potential mit Hilfe der göttlichen Gnade verwirklichen und mit der modernen Kultur im Dialog stehen könne.[313] So lautet die Aufgabe des Seelsorgers bei Schleiermacher beispielsweise auch, dem Unschlüssigen zur sittlichen Entscheidung zu verhelfen. Das »Sittliche«ist die Norm, die aus der religiösen Introspektion mittels der Erfahrung und Beobachtung stammt. Mit ihrer Befolgung wird das von Natur aus Gute im Menschen gefördert und Christus als Exempel des ethischen Ideals und der göttlichen Liebe gewürdigt.[314] Die Entscheidung, ob jemand dem Evangelium Gehör schenken will oder nicht, überläßt die neoprotestantische Theorie der speziellen Seelsorge der Autonomie und Freiheit des einzelnen[315], da sie (diese Theorie) die Bedeutung des Opfertodes Jesu Christi und die Kraft seiner Auferstehung völlig verkennt. Darum sieht sich der Seelsorgesuchende bei den Neoprotestanten zwar allenfalls psychologisch gut beraten, doch bewirkt die »Erhöhung« (Schleiermacher) seiner geistigen Freiheit und Autonomie, daß keine Interdependenz mit Christus und seinem Wort möglich wird. Denn Maßstab des menschlichen Verhaltens sind im Neoprotestantismus nicht Christus und das Wort Gottes, Christus *qua* Wort Gottes, sondern die geistige Autonomie und Freiheit, deren Aufrechterhaltung als Aufgabe des Seelsorgers oder Verantwortlichen gilt.[316]

Es ist auch hervorzuheben, daß die *cura generalis* und *specialis* des Neoprotestantismus positive Elemente bzw. Stimuli enthält. Diese Theorie akzentuiert mit Recht die Bedeutung der allgemeinen Seelsorge im Gottesdienst und ihre Fortsetzung im individuellen Alltagsleben. Insbesonde-

---

[312] W. James, S. 355.

[313] Vgl. Donald G. Bloesch, *Essentials of Evangelical Theology*, Bd. 1, S. 14ff.

[314] Vgl. F. Schleiermacher, *Kurze Darstellung des theologischen Studiums* (Berlin, 1811), S. 78ff; vgl. John B. Cobb, Jr., *Christ in a Pluralistic Age* (Philadelphia, 1975), S. 225–257; Russell F. Aldwinckle, *More than Man: A Study in Christology* (Grand Rapids, 1976), S. 211–246.

[315] Vgl. Eugene TeSelle, *Augustine the Theologian* (New York, 1970), S. 286f. Adolf Harnack meint: Es ist die Eigenüberwindung, die den Menschen von der Tyrannei der Dinge befreit. S.A. Harnack, *What is Christianity?* (New York, 1957), S. 150.

[316] Vgl. z.B. Langdon Gilkey, *Catholicism Confronts Modernity* (New York, 1975): »Der Seelsorger ist ein Ratgeber in der individuellen Suche des Menschen nach Lebenserfüllung«, S. 76 (und ff); Schleiermacher, *Sämtliche Werke*, Bd. 13, S. 430.

re ist auf die Verantwortung des einzelnen für den einzelnen zu verweisen. Dieses Konzept deckt sich mit dem neutestamentlichen Zeugnis (Gal 6,1–2; Röm 15,1f.7; Mt 18,15–17; 1Kor 5).[317]

Unsere Position divergiert von dieser Theorie weniger im Bereich der Methodik als im theologischen Approach zum Wort Gottes, zu Christus und zu Fragen der Anthropologie: Da wir die heiligen Schriften als von Gottes Geist eingegeben (2Tim 3,16), Jesus Christus als das Lamm Gottes, das die Sünde der Welt hinwegnimmt (*amnos tou theou ho airon ten hamartian tou kosmou*, Joh 1,29b) und den Menschen als der Herrlichkeit Gottes *(tes doxes tou theou)* ermangelnd (Röm 3,23) voraussetzen, ergibt sich, im Gegensatz zum oben Referierten, in unserer eigenen Seelsorgepraxis inhaltlich ein auf Christus hin ausgerichtetes Gespräch (vgl. Röm 3,12–16).[318]

4.2. Die kerygmatische Seelsorge

Die dialektische Theologie, begründet von Karl Barth, Friedrich Gogarten, Rudolf Bultmann, Emil Brunner u.a.m. hat in der Seelsorge neue Akzente gesetzt. Sie brachte eine deutliche Abkehr vom Kulturprotestantismus und von der Spätphase der liberalen Theologie. So hat z.B. Karl Barth (1886–1968) in seinem Kommentar zum Römerbrief (1919; stark veränderte Bearbeitung 1922) den »qualitativ unendlichen Abstand« (Kierkegaard) zwischen Himmel und Erde, Zeit und Ewigkeit, Gott und Mensch diastatisch betont und der anthropozentrisch ausgerichteten neuprotestantischen Theologie den Kampf angesagt.[319] Nun galt als Ansatzpunkt nicht mehr der Mensch mit seinem religiösen Bewußtsein[320], sondern die Offenbarung Gottes in seinem »Wort«, in dem bezeugt wird: Zu Gottes Majestät und Transzendenz führt vom Menschen aus kein Weg – allein in Christus gibt sich Gott zu erkennen.[321] Die theologische Anthropologie der dialektischen Theologie stellt besonders die Ich-Du-Beziehung als Wesenselement der Begegnung von Gott und Mensch heraus. Sie sieht neben der Besinnung auf das Wort Gottes parallel dazu den Auftrag, auf-

---

[317] Vgl. die Ausführungen von D. Bloesch, *Essentials of Evangelical Theology*, Bd. 2, S. 122f.

[318] Vgl. Cyril Eastwood, *The Priesthood of All Believers* (Minneapolis, 1960), S. 44ff; T.W. Manson, *Ministry and Priesthood: Christ's and Ours* (Richmond/Va., 1958), S. 37ff.

[319] Karl Barth, *Römerbrief* (Zürich, 1922), S. 59ff; vgl. ders., »Der Glaube an den persönlichen Gott«, *Zeitschrift für Theologie und Kirche* (Tübingen) 24 (1914): 21–32, 65–95.

[320] Richard R. Niebuhr, »Friedrich Schleiermacher« in: Dean G. Peerman und Martin E. Marty (Hrsg.), *A Handbook of Christian Tradition* (Nashville, 1965), S. 17–35, hier: 26f.

[321] Vgl. G. Krüger, »The Theology of Crisis«, *The Harvard Theological Review*, Cambridge/Mass., Nr. 19/1926, S. 227–258.

zuweisen, daß das Wort Gottes die menschliche Vernunft als Quelle des Irrtums enthüllt.[322] Denn das Heilsgeschehen, das grundsätzlich der Objektivierung in nachprüfbaren Offenbarungswahrheiten und Heilstatsachen entzogen ist, wird im Hier und Jetzt nirgends anders als im anredenden, fordernden und verheißenden Wort, im Kerygma, präsent.[323] Dieses Apriori wurde für die Schöpfer bzw. Anhänger der dialektischen Theologie zur »Basis« der kerygmatischen Seelsorge.

Eduard Thurneysen (1888–1974), der mit Barth, Gogarten usw. auch als Begründer der dialektischen Theologie gilt, hat das Proprium der kerygmatischen Seelsorge in der Heilsverkündigung an den einzelnen gesehen. Das vom Verkündiger gepredigte Wort Gottes, in dem das Heilsgeschehen präsent ist, trifft nicht auf ein naturales Vorverständnis, sondern es »bricht herein«, und so »wird das Seelsorgegespräch zum Kampfgespräch, in welchem um die Durchsetzung des Urteils Gottes zum Heil des Menschen gerungen wird«.[324] In seinem Aufsatz »Rechtfertigung und Seelsorge« (1929) fragt Thurneysen:

> Heißt nun aber Seelsorge, wenigstens im gewöhnlichen Verstande, nicht gerade: liebevolles und verstehendes Eingehen auf alle diese vielen Fragen, die man nicht mehr treiben darf, weil man sich damit verlieren könnte, ja notwendig verlieren müßte in jenes weite Gebiet menschlichen Suchens und Irrens, aus dem wir eben dem Menschen heraushelfen sollen, weil es einem Sumpfgelände vergleichbar ist, das man nicht betreten soll, demgegenüber es nur eines gibt, die gründlichste Entwässerung und Trockenlegung?[325]

Der Theologe bejaht diese Frage und grenzt auf diese Weise die kerygmatische Seelsorge gegenüber der »speziellen« bzw. »beratenden« ab.

Thurneysens theologische Anthropologie betont die kerygmatische Seelsorge. Er beschreibt den Menschen als ein Wesen, das zerteilt, zerrissen, zersplittert und darum zerfallen und friedlos ist, wobei das Ende bzw. der Tod seinen Zustand kennzeichnet.[326] Die Entfremdung des Menschen von Gott, von sich selbst und von den Mitmenschen ist so fundamental, daß er nur »umgeben vom Schutz der Vergebung« ein entlastetes Leben führen kann, d.h. dieser Mensch muß sich zuerst ändern oder geändert werden, um den Ansprüchen des Menschseins überhaupt genügen zu können. Darum basiert Thurneysens kerygmatische Seelsorgetheorie auf folgender Grundannahme:

---

[322] Emil Brunner, *Revelation and Reason* (Philadelphia, 1946), S. 362–379.

[323] K. Barth *The Word of God and the Words of Man* (New York, 1957), S. 34; vgl. R. Bultmann, »New Testament and Mythology« in Hans Bartsch (Hrsg.), *Kerygma and Myth* (New York, 1961), S. 1–44.

[324] Eduard Thurneysen, *Die Lehre von der Seelsorge* (Zollikon–Zürich, 1957), S. 114.

[325] E. Thurneysen, »Rechtfertigung und Seelsorge«, *Zwischen den Zeiten* (München) 6 (1928): 197–218, hier: 220.

[326] Ebenda, S. 207.

Und nun fragen wir . . .: Was ist Seelsorge? . . . Seelsorge ist nicht Sorge um die Seele des Menschen, sondern Sorge um den Menschen als Seele. Und wir verstehen darunter, der Mensch wird auf Grund der Rechtfertigung gesehen als der, den Gott anspricht in Christus. Dieses Sehen des Menschen als einer, auf den Gott seine Hand gelegt hat, das ist der primäre Akt aller wirklichen Seelsorge.[327]

Durch das Wort Gottes, so expliziert Thurneysen, spricht Gott den sterblichen, vergänglichen Menschen mit Leib, Seele und Geist an, und der Mensch wird, was er nicht ist: »er wird Gottes Kind mitten in seinem Unfrieden durch das Wort Gottes, das ihn erreicht«.[328] Der Gotteskindschaft geht nach Thurneysen die Buße voraus, verstanden als »die konkrete Umdrehung des Lebens des Menschen durch die Vergebung«:

Am Ort seiner Tatsünde wird der Mensch vom Vergebungswort begnadigt und damit gerichtet und in den Gehorsam Christi gestellt. Das ist seine Wiedergeburt und seine Bekehrung. Weil es das Evangelium ist, das hier alles bewirkt, darum ist die Buße bei allem Ernst des Gerichtes eine freudige Buße.[329]

Nach Thurneysen verläuft das seelsorgerliche Gespräch auf zwei Ebenen. Zuerst nimmt es seinen Stoff aus der allgemein menschlichen Lebenslage mit den darin wirksamen psychologischen, weltanschaulichen, soziologischen und moralischen Deutungen. Dann läßt der Seelsorger all diese Einstellungen als »Vor-Urteile« erkennen und überbietet sie durch eine übergreifende Betrachtung der Dinge, indem er sie unter das Urteil des Wortes Gottes stellt.[330]

Die Bedeutung der Humanwissenschaft in der Seelsorge wird von Thurneysen positiv gewürdigt; er rät aber, sie auf ihre anthropologischen Voraussetzungen hin zu befragen:

Die Seelsorge bedarf . . . der Psychologie als einer Hilfswissenschaft, die der Erforschung der inneren Natur des Menschen dient, und die diese Kenntnis vermitteln kann. Sie hat sich dabei kritisch abzugrenzen gegen ihr wesensfremde weltanschauliche Voraussetzungen, die mitlaufen, und die das ihr eigene, aus der Heiligen Schrift erhobene Menschenverständnis beeinträchtigen könnten.[331]

Im weiteren empfiehlt er Seelsorgern, sich mit dem Menschenverständnis der Psychiatrie ernsthaft auseinanderzusetzen, um deren Erkenntnisse

---

[327] Ebenda, S. 209.
[328] Ebenda. – Damit richtete er in der Seelsorge die theoretische Besinnung ganz und gar auf die eine Frage nach Gott und seinem versöhnenden Handeln aus. So schränkte er die im 19. Jahrhundert begonnene Verselbständigung der Seelsorge gegenüber der Predigt wieder ein. Siehe E. Thurneysen, »Erwägungen zur Seelsorge am Menschen von heute« in: Ders. (Hrsg.), *Das Wort Gottes und die Kirche Aufsätze und Vorträge* (München, 1971), S. 212–226.
[329] E. Thurneysen, *Die Lehre von der Seelsorge*, S. 242.
[330] Ebenda, S. 114ff.
[331] Ebenda, S. 174.

samt denen der Psychotherapie aufzunehmen, denn diese könnten dazu dienen, »die Botschaft von der Vergebung nur um so faßbarer und kräftiger hervortreten zu lassen«.[332] So überwiegt das Wort Gottes stets die Humanwissenschaften, denn die theologische Anthropologie kann die Aufgaben der wissenschaftlichen oder verwissenschaftlichen Menschenkenntnis nicht völlig übernehmen. Thurneysen führt aus:

> ... stellen wir dem analytischen Gespräch unser seelsorgerliches gegenüber, so ist zu sagen, daß dieses etwas *toto genere* und unaustauschbar anderes darstellt. Schon daß im Unterschied zum psychoanalytischen Gespräch das seelsorgerliche Gespräch in jener strengen, grundsätzlichen Bindung verläuft an die Heilige Schrift und daß das Gebet dabei unerläßlich ist, ist Zeichen genug für seine Eigenständigkeit. Es gibt zwar Psychologen und wohl auch (freilich schlechte!) Seelsorger, die den grundsätzlichen Unterschied der beiden Gesprächsarten nicht einsehen.[333]

Seelsorge als Konfrontation mit der Sünde und ihre Zuspitzung auf die Verkündigung der Vergebung ist die eigentliche und entscheidende, letztlich allein relevante Bedeutung der kerygmatischen Seelsorge.[334] Denn daß es der kerygmatischen Seelsorge in ihrem praktischen Vollzug primär um Kommunikation geht, ist eine Konsequenz bestimmter theologischer und anthropologischer Prämissen; der eigentlich Sprechende in der Seelsorge ist nicht der Mensch, sondern Gott.[335]

So geht durch das seelsorgerliche Gespräch deswegen grundsätzlich ein »Bruch«, der alles »bloß« menschliche Reden als vorläufig bestimmt, bestenfalls als Vorspiel zum eigentlich seelsorgerlichen Geschehen, in dem von Sünde und Rechtfertigung rückhaltlos die Rede ist.[336] Aufgrund dieser »Bruchlinie« kommt es im seelsorgerlichen Gespräch zu einer doppelten Bewegung:

1. zum Aufgreifen der allgemein menschlichen Lebenslage, ein Akt des »Auf-

---

[332] Ebenda, S. 193. – Auch K. Barth betonte die Notwendigung der Verkündigung, deren Inhalt Gericht und Gnade Gottes ist. Beide haben sich in Christus Jesus manifestiert, und zwar stellvertretend für alle Menschen. »Gott hat in Christus die Welt mit sich versöhnt« (2. Kor 5,19), heißt es bei Paulus. Diese Aussage machte Barth zum Angelpunkt seiner Theologie und hob hervor: Die Welt ist bereits mit Gott versöhnt, doch ist sie noch nicht erlöst, weil die Menschheit noch nicht zur Wahrheit und Bedeutung der göttlichen Versöhnungstat Jesu Christi erwacht ist. Darum ist es notwendig, von der Sünde und vom Vergehen des Menschen zu sprechen, aber nur um zu zeigen, daß die Sünde vernichtet und das Vergehen vergeben wurden. Siehe: K. Barth, *The Preaching of the Gospel* (Philadelphia, 1963), S. 17; ders., *The Word of God and the Word of Man*, S. 183–217.

[333] E. Thurneysen, *Die Lehre von der Seelsorge*, S. 226.

[334] Vgl. Helmut Tacke, *Glaubenshilfe als Lebenshilfe* (Neukirchen-Vluyn, 1975), S. 91ff.

[335] E. Thurneysen, *Die Lehre von der Seelsorge*, S. 93; vgl. Richard Riess, *Seelsorge. Orientierung, Analysen, Alternativen* (Göttingen, 1973), S. 176.

[336] E. Thurneysen, *Die Lehre von der Seelsorge*, S. 81, 114ff.

nehmens«, der sich im Vollzug »aktiven Zuhörens« verwirklicht; 2. zum Antworten auf Grund der »übergreifenden Betrachtung aller Dinge, wie sie vom Worte Gottes her in Kraft tritt«, ein Akt des »Mitnehmens« in das »Licht des Wortes Gottes«, der sich methodisch als »Zusprechen« vollzieht.[337]

Die von Thurneysen in Betracht gezogene Seelsorge legt es nahe, deren Prozeß »als vorwiegend direktiv ausgerichtete (one-way) und verbale Kommunikation zu verstehen«.[338] Gegen liberalistische Positionen hat er aber das legitime Anliegen der theozentrischen Theologie, im Seelsorgegespräch müsse es sich mittelbar oder unmittelbar um die »Ausrichtung des Wortes Gottes« handeln, überzogen, wenn er es mit der Überzeugung verband, es gehe daher um »ein besonderes, vom profanen, natürlichen Sprechen unterschiedenes Reden«[339]. So kommentiert Werner Jentsch, daß sich im Vollzug solcher Gespräche unter vier Augen schlecht ein erster »natürlicher« Teil durch jene postulierte »Bruchlinie« von einem zweiten »geistlichen« Teil abtrennen läßt.[340]

Der Theologe Hans Asmussen (1898–1968) weicht prinzipiell kaum von Thurneysens Seelsorgetheorie ab, ergänzt sie aber beträchtlich und schafft neue Perspektiven.

Wie alle Verfechter der dialektischen Theologie stellt er die Verkündigung des Wortes Gottes an den einzelnen in den Mittelpunkt jedes seelsorgerlichen Gesprächs.

Im Gegensatz zur Diskussion wird hier ohne intellektuelle Begründung das Wort gesagt, gegen welches mit Recht nur die unbegründbare »Begründung« der Sünde und des Satans geltend gemacht werden kann. Das ist der fundamentale Unterschied zwischen Seelsorge und Gericht.[341]

So steht bei ihm nicht das psychologische und methodische Problem im Vordergrund, sondern das religiöse und theologische. Denn der Seelsorger konzentriert sich in seinem Gespräch auf den Zorn Gottes gegen die Sünde und »bemüht sich um dessen Abwendung«. »Daraus entsteht eine Bewegung des Kampfes mit Gott und mir selbst, in welchem der Sünder versucht, sich selbst oder Gott umzustimmen.«[342] Das Verhältnis des Men-

---

[337] Richard Riess, S. 176; vgl. E. Thurneysen, *Die Lehre von der Seelsorge*, S. 108, 111, 114ff.

[338] Richard Riess, S. 177; E. Thurneysen, *Seelsorge im Vollzug* (Zürich, 1986), S. 200–237. Karl Barth vertrat ebenfalls die direktiv ausgerichtete Seelsorge, indem er u. a. schrieb: Der Seelsorger ist kein »Priester«, sondern nur ein »Meßbub«, der im entscheidenden Augenblick das Glöcklein läutet; »eben das ist er aber, eben in solcher Art tut er mit. Zu solchem ministrierenden Dabeisein ist er berufen, und das macht ihn zum Christen. Das zeichnet ihn aus, daß er bei dem, was Christus tut, ministrierend mittut.« K. Barth, *Kirchliche Dogmatik*, Bd. 4, 1959, Teil 3, S. 690.

[339] E. Thurneysen, *Die Lehre von der Seelsorge*, S. 94, 119f.

[340] Werner Jentsch, *Der Seelsorger. Beraten, Bezeugen, Befreien* (Moers, 1982), S. 196.

[341] Hans Asmussen, *Die Seelsorge. Ein praktisches Handbuch über Seelsorge und Seelenführung* (München, 1935), S. XVII.

[342] Ebenda, S. XVIII.

schen zu Gott ist für ihn demnach von großer Bedeutung. Das seelsorgerlich Entscheidende geschieht auch stets erst dann, wenn die Gesprächsform unter dem Zugriff der kerygmatischen Absicht zerbricht, die dem Pastoranden das unvermittelte Wort Gottes »auf den Kopf zusagt«, wobei es um den Zorn Gottes über die Sünde und um Begnadigung geht.[343] Die Begnadigung aber bringt Bekehrung mit sich, welche nichts anderes beinhaltet als »eine reale Wendung von sich selbst zu Gott, die im konkreten Leben geschieht« und die »sich dann im Angriff auf die Welt und in der Feindschaft der Welt zeigt«, meint Asmussen im Blick auf die »echte Wendung zu Gott«.[344] Jedoch vollzieht sich diese »Wendung« erst, wenn der sündige Mensch via Wort Gottes die Zusicherung erhält, daß der »als zornig erfahrene Gott« sich ihm in vergebender Liebe zuwenden will.[345]

Die Vergebung der Schuld gesteht Asmussen allein Gott zu, er hebt allerdings im Unterschied zu Thurneysen die Beichte besonders hervor. Da der Mensch auf vielfältige Weise sündigt, hat er, um die Vergebung zu empfangen, seine Sünde zu beichten, denn diese »ist immer ein Widerstand in letzter Potenz, weil sie einen Kampf auf Leben und Tod mit Gott bedeutet«.[346] Weil die Sünde eine destruktive Wirkung hat, gibt es nur ein Mittel gegen sie – die Versöhnung, die in Jesus Christus geschehen ist. Wer gesündigt hat, muß seine Sünde(n) einem Glaubensgenossen bekennen und von diesem die Lossprache empfangen.[347] Thurneysen hat dagegen von der Empfehlung eines »Beichtvaters« abgesehen. Die Beichte vollzieht sich »im Gebet jedes Einzelnen für sich und aller miteinander im Gottesdienst der Gemeinde«[348].

Die beiden hier vorgestellten Theologen, der reformierte Thurneysen und der lutherische Asmussen, haben bei ihren theozentrischen Interessen den Humanwissenschaften kaum Bedeutung in seelsorgerlichen Belangen geschenkt. Sie wehrten sich vielmehr gegen eine liberalistische und psychologistische Ideologie. Asmussen sah sich veranlaßt, vehement vor

---

[343] Ebenda, S. 15. Karl Barth geht in dieser Frage auch mit Asmussen konform, indem er ausführt: »Noch im Stündlein unseres Todes werden wir nichts anderes zu sagen haben als: ›Ich glaube an die Vergebung der Sünden.‹« Siehe: K. Barth, *Dogmatik im Grundriß* (Zollikon, 1947), S. 176.

[344] H. Asmussen, *Die Seelsorge*, S. XVIII. So wird laut K. Barth das Ich-Du-Verhältnis hergestellt, indem die »Zwei«, d.h. Gott und der Mensch, einander in der Ich-Du-Beziehung konfrontieren. Siehe: K. Barth, *Church Dogmatics*, Bd. 3, Teil 1, S. 184–198; vgl. Bd. 3, Teil 2, S. 41–89 und 223–265.

[345] H. Asmussen, *Die Seelsorge*, S. XVIIf.

[346] Ebenda, S. 227.

[347] Ebenda, S. 226.

[348] E. Thurneysen, *Die Lehre von der Seelsorge*, S. 251.

der Psychoanalyse zu warnen.[349] Auch Thurneysen zeigt eine tiefe Aversion gegenüber der Psychologie. Richard Riess kommentiert:

> Sie findet ihren Ausdruck in nahezu allen seinen Arbeiten. In häufigen Seitenhieben werden Psychologie oder Psychotherapie als »Seelenpflege« apostrophiert, mit Aufklärung, Moral, menschlichem Rat assoziiert und gar als »raffinierte Psychologie« abgewertet. Immer wieder wird eine biblisch begründete Seelsorge gegen eine »bloße« Psychologie ausgespielt. Immer wieder erhält bei einer solchen Alternative die kirchliche Seelsorge den Primat vor Psychologie und Psychotherapie . . .[350]

Der christozentrische Ansatz ermöglicht Thurneysen jedoch, die psychotherapeutische Arbeit unter bestimmten Bedingungen anzuerkennen, und zwar unter dem umfassenden Begriff von Heilung:

> Indem die Seelsorge die Psychotherapie in dieser Weise aufnimmt und anerkennt, bezeugt sie aus ihrer eigenen Glaubensvoraussetzung heraus den Sieg und die Herrschaft Christi auch über den Bereich der Natur und der natürlichen Erkenntnis.[351]

Insofern er sie positiv verbucht, behandelt Thurneysen Psychologie und Psychotherapie aber doch als *ancillae curae animarum*, als Hilfswissenschaft bzw. Hilfsmittel.[352] Die Seelsorge ist ihnen übergeordnet, denn ihr geht es um die ganzheitliche Sicht des Menschen vor Gott, weshalb sie nicht nur eine begrenzte Menschenerkenntnis, sondern ein begründetes Menschenverständnis vermitteln könne.

> Die Seelsorge nur vermag Hoffnung zu verkünden, während Psychologie und Psychotherapie lediglich bis an den Punkt der Hoffnungslosigkeit führen, wo allein »ein einziger Schrei . . . nach Auferstehung« übrigbleibt.[353]

Denn einzig die Seelsorge kann nach Thurneysen den »Aufbruch . . . aus aller Gefangenschaft« glaubwürdig proklamieren, wo alle psychologischen und soziologischen Lösungen längst versagen.[354]

> Es ist da zu denken an die mannigfache Seelenleitung, wie sie auf Grund psychologischer Beratung oder sozialer Hilfeleistung geübt wird. Sie sei nicht gering geachtet, aber die Seelsorge hat demgegenüber ihre eigene Aufgabe und Gültigkeit. Es ist etwas Großes, wenn man seelische Nöte therapeutisch löst

---

[349] H. Asmussen, *Die Seelsorge*, S. 30, wo er schreibt, die Psychoanalyse sei eine »satanische Gefahr«.

[350] Richard Riess, S. 170; vgl. E. Thurneysen, *Die Lehre von der Seelsorge*, S. 42, 73, 80, 110, 137, 179; ders., »Seelsorge und Psychotherapie«, *Theologische Existenz heute* (München) 25 (1950): 6; ders., »Der Mensch von heute und das Evangelium«, *Theologische Studien* (Zürich) 75 (1964): 6, 11, 33; ders., *Seelsorge im Vollzug*, S. 73, 86.

[351] E. Thurneysen, *Die Lehre von der Seelsorge*, S. 212.

[352] Ebenda, S. 174–192.

[353] Zitiert von R. Riess, S. 170.

[354] R. Riess, S. 171.

und soziale Mißstände überwindet. Aber letztlich ist es doch der Ruf zum Reich Gottes, der den Menschen die entscheidende Hilfe bringt.[355] Daher hebt sich die dialektische Theologie auch von der natürlichen Anthropologie ab. Sie betont: eine »echte Erkenntnis des Menschen ist nur zu gewinnen aus der Heiligen Schrift«[356]. Eine biblisch begründete und theologisch bedeutsame Anthropologie ist jedoch »immer und in Ausschließlichkeit christologische Anthropologie«[357]. Auch wenn die Forschungsergebnisse Freuds nicht prinzipiell in Frage gestellt werden, erfahren sie eine Relativierung, weil die biblisch-theologische Anthropologie, angesichts derselben Fakten wie die natürliche Anthropologie, »diese Tatbestände auf das Wort Gottes bezieht« und so »das Licht eines neuen Verständnisses des Menschen darauf fallen läßt«.[358]

Daher kann der dialektische Theologe sich gar nicht vorstellen, daß aus biblisch-anthropologischer Perspektive eine homosexuelle Praxis zu rechtfertigen und im kirchlichen Kontext zu dulden wäre. Der homosexuelle Akt wird als perverse Handlung verstanden, als sexuelle Vereinigung, die nicht echt sein kann, setzt die biblische Anthropologie doch voraus, daß Gott für die sexuelle Vereinigung dem Mann eine Frau geschaffen hat und umgekehrt der Frau einen Mann. Als »unmenschlich« bezeichnet diese Theologie daher das Ideal einer Maskulinität ohne die Frau bzw. einer Feminität ohne den Mann – so Karl Barth, der entsprechend »hoffte«, daß der Arzt und der in Psychotherapie ausgebildete Seelsorger – im Bewußtsein des göttlichen Befehls bzw. der Verordnung und vergebenden Gnade Gottes – aufs Äußerste bemüht sein würden, einem Homosexuellen die Heilung zugänglich zu machen.[359] Die dialektische Theologie will den Homosexuellen keinesfalls preisgeben, da Gott einem bußfertigen Sünder wohlgesonnen ist. Diese Theologie versucht, den Homosexuellen zur Predigt und zum Sakrament, mithin zum Wort Gottes zu führen und ihn in die Gemeinde einzugliedern.[360]

Unsere Kritik an der kerygmatischen Seelsorge konzentriert sich auf das Konzept der Verkündigung, denn sie neigt dazu, den seelsorgerlichen

[355] E. Thurneysen, *Seelsorge im Vollzug*, S. 73, zitiert von R. Riess, S. 171.
[356] E. Thurneysen, *Die Lehre von der Seelsorge*, S. 56.
[357] Ebenda, S. 55.
[358] Ebenda, S. 52.
[359] Karl Barth, *Church Dogmatics*, Bd. 3, Teil 2, S. 229ff.
[360] So führt denn auch Eduard Thurneysen aus: Die Gemeinde »ruft die von ihr angeredeten Menschen – immer in Kraft des Wortes – aus der Welt heraus, sondert sie aus und nimmt sie für Gott in Beschlag, nicht anders als es in der Predigt geschieht, nun aber durch das Mittel der nachgehenden Einzelrede. Sie heiligt sie. . . . Sie werden dadurch . . . hineingestellt in einen Prozeß des ›Absterbens der Sünde‹ und des ›Auferwecktwerdens‹ zu einem neuen Leben«. (Eduard Thurneysen, *Die Lehre von der Seelsorge*, S. 30–31)

Vollzug auf die verbale Verkündigung zu reduzieren. Diese erweckt den Eindruck, als wolle sie die Probleme eines Seelsorgesuchenden möglichst schnell verdrängen, um ihr eigentliches Ziel anzustreben. Dieses impliziert mit Hilfe passender Bibelverse eine Triebunterdrückung zu bewerkstelligen – obgleich die psychoanalytischen Studien befürwortet werden! Ein Seelsorgegespräch muß jedoch keinesfalls nur die bewußtgewordenen Verfehlungen ansprechen, sondern auch die unbewußt gewordenen, d.h. verdrängten, traumatischen Szenen.[361] Gerade die Seelsorge bei Personen, die unter einer homosexuellen Inklination als »Zwang« leiden, genügt die Analyse ihres Verhaltens als solches nicht. Der Seelsorger wird vielmehr die Wurzeln des Verhaltens freizulegen versuchen. Die Prävalenz des Wortes Gottes muß zwar betont werden, doch gilt es zugleich, die verdrängten traumatischen Prägungen aus der Vergangenheit der Hilfesuchenden zu berücksichtigen, da sie gemeinsam im Gespräch auf die Vergebung hin aufgearbeitet werden sollen.[362]

4.3. Die ganzheitliche Seelsorge

4.3.1. Genese der Theorie der ganzheitlichen Seelsorge

Seit etwa 1950 hat sich innerhalb der Seelsorgetheorie und -praxis eine Neuorientierung angebahnt, die sich in Ansätzen bei der Reform der theologischen Ausbildung niederschlug. So plädierte Alfred Dedo Müller für die Aufnahme psychologischer und tiefenpsychologischer Erkenntnisse in das Vorlesungsangebot für künftige Theologen.[363]

Wir haben bereits darauf hingewiesen (siehe Anm. 307), daß der Schweizer Theologe Oskar Pfister als erster die Verbindung mit der Psychologie aufgenommen hatte (1909). Nach Pfister hat Freud den Bereich des Unbewußten als Ursprung einer Fülle religiöser und sittlicher Schäden entdeckt und zugleich mit der Psychotherapie die allein angemessene Me-

---

[361] Vgl. J. Scharfenberg, *Seelsorge als Gespräch* (Göttingen, 1972), S. 15–22.

[362] G. Griesl, »Praktische Theologie zwischen Verkündigung und Psychotherapie«, a.a.O., S. 213. Wir teilen auch keinesfalls das auf Thurneysens Linie liegende Postulat D. Stollbergs, das für alle Seelsorge die therapeutische Methode verlangt. Stollbergs »Seelsorgetheorie« wird der Eigenbedeutung und dem Auftrag der Verkündigung nicht gerecht; sie leidet an der gleichen Schwäche wie Thurneysens Theorie – an einem Methodenmonismus. Siehe: D. Stollberg, *Mein Auftrag – Deine Freiheit* (München, 1972), S. 33; ders., *Seelsorge praktisch* (Göttingen, 1971), S. 13ff.

[363] A.D. Müller, »Ist Seelsorge lehrbar?« in Ernst-Rüdiger Kiesow und Joachim Scharfenberg (Hrsg.), *Forschung und Erfahrung im Dienste der Seelsorge. Festgabe für Otto Haendler* (Göttingen, 1961), S. 71–79.

thode zur Heilung gegeben. Entsprechend soll der Seelsorger, sofern er derartige Schäden antrifft, eine »analytische Seelsorge« bzw. Psychotherapie betreiben.[364] Der intensiven Verbindung theologischer Fragen mit der Tiefenpsychologie Carl Gustav Jungs ist vor allem auch Walter Uhsadel gefolgt. Er sieht die Bedeutsamkeit dieser Verbindung darin, daß der Theologe nur auf diese Weise Zugang zum Bereich des Unbewußten finden und ihn als eine Dimension der Wirklichkeit begreifen werde.[365] Damit wurde die Psychoanalyse als Erhellung der Existenz interpretiert: Die psychologische Theorie sollte zur anthropologischen Wesensbestimmung einen essentiellen Beitrag leisten.[366] Auch Paul Tillich stellte Konvergenzen zwischen theologisch-anthropologischen und tiefenpsychologischen Erkenntnissen fest. Denn die Tiefenpsychologie könne auf neue Weise die Tiefe der Entfremdung des Menschen aufzeigen. Die Psychotherapie hat laut Tillich »den Nachdruck von dem Gehorsam heischenden, aber fernen Gott auf seine sich selbst schenkende Nähe verlegt« . . . »Die psychoanalytische Verfahrensweise, den seelisch Gestörten ohne Verurteilung und Anweisung zu akzeptieren, wurde das Vorbild für die Seelsorge«, die Tillich als »ganzheitlich« bezeichnete.[367] So insistierte er schon in den frühen fünfziger Jahren:

> Man muß die Theologen und Seelsorger daran erinnern, daß im Kampf gegen die Angst der Schuld durch die psychotherapeutische Psychologie die Idee der Annahme die gleiche Aufmerksamkeit empfangen und die gleiche Bedeutung gewonnen hat, wie im Reformationszeitalter Formulierungen wie »Vergebung der Sünden« oder »Rechtfertigung durch den Glauben« besaßen.[368]

Tillich nahm die Basis einer psychologischen Erfahrung in Anspruch, um die zentrale theologische Wahrheit »verständlich« zu vermitteln. Denn er glaubte, mittels der Psychoanalyse theologische Doktrinen plausibler kommunizieren zu können.[369]

---

[364] Vgl. Oskar Pfister, *Analytische Seelsorge*, S. 10ff, mit M. Doerne, »Predigtlehre als Psychotherapie«, *Pastoralblätter* (Stuttgart) 85 (1942–43): 90–103.

[365] Walter Uhsadel, *Der Mensch und die Mächte des Unbewußten. Studien zur Begegnung von Psychotherapie und Seelsorge* (Kassel, 1962), S. 10ff; W. Uhsadel, »Tiefenpsychologie als Hilfswissenschaft der Praktischen Theologie«, *Wege zum Menschen* (Göttingen), 19. Jg. (1969): 146–158.

[366] Vgl. Hans Trüb, *Heilung aus der Begegnung* (Stuttgart, 1951), S. 18ff.

[367] Paul Tillich, *Gesammelte Werke*, Bd. 8 (Stuttgart, 1969), S. 316–335; die Zitate: S. 329; zur »ganzheitlichen Seelsorge« bes. S. 318, 321, 329f. Ebenso P. Tillich, »Der Einfluß der Pastoralpsychologie auf die Theologie«, *Neue Zeitschrift für systematische Theologie* (Berlin) 2 (1960): 128–137, hier: 132ff.

[368] Paul Tillich, *Der Mut zum Sein* (Stuttgart, 1953), S. 119.

[369] Vgl. Helmut Tacke, *Glaubenshilfe als Lebenshilfe. Probleme und Chancen heutiger Seelsorge* (Neukirchen-Vluyn, 1975), S. 141f.

4.3.2. Problematische Korrelation: psychologische und theologische Anthropologie

Aufgrund der engen Beziehung zwischen Psychotherapie und Seelsorge als den zwei Arten von »Seelenbehandlung« wird die Beziehung zwischen psychologischer und theologischer Anthropologie gegenwärtig stärker als je zuvor betont. Sie bildet den Ausgangspunkt für ein vermehrtes Interesse an der Pastoralpsychologie. Adolf Allwohn meinte hierzu:

> (Trotz aller Verschiedenheit der psychologischen und theologischen Bereiche) stimmen das biblische und das tiefenpsychologische Menschenverständnis aber doch in der Erkenntnis überein, daß zwischen dem, was vor Augen liegt, und dem, was verborgen ist, zwischen der Maske und dem Eigentlichen, zwischen der Verhüllung und der inneren Wirklichkeit ein Unterschied bzw. ein Gegensatz besteht.[370]

Bei der Beziehung mit einer homosexuellen hilfesuchenden Person spielt also das »Verborgene«, d.h. spielen die kausalen Faktoren der geschlechtlichen Neigung, eine wesentliche Rolle. Das Verständnis des homosexuellen Verhaltens hängt vom Verständnis jener Faktoren ab und bedingt wieder das Seelsorgeverfahren. Auch wenn einem Seelsorger psychotherapeutische Aufgaben kaum zuzumuten sind, sollte er sich dennoch nach Möglichkeit auch mit psychischen Krankheitsformen und daraus resultierendem Behavior *per se* vertraut machen, um vor Fehlurteilen geschützt und über therapeutische Optionen orientiert zu sein.[371]

Dem theologisch geschulten Seelsorger wird bei der Beschäftigung mit der Psychoanalyse jedoch auffallen, daß sie zu einer Glaubensangelegenheit, oder vielmehr zu einer Ideologie geworden ist. Sie läßt sich ja nicht mit der in der wissenschaftlichen Psychologie üblichen Methode der empirischen Überprüfung untersuchen und somit auch nicht widerlegen.[372] Daher sind die ätiologischen Theorien der Homosexualität entsprechend uneinheitlich und umstritten. An dieser Stelle ist ein kurzes Resümee dienlich. Nach William H. Masters, Virginia E. Johnson und Robert Kolodny ist es möglich, daß alle bisherigen Vorstellungen der kausalen Faktoren der Homosexualität in ein paar Jahren »unseren Kindern als entsetzlich

---

[370] Adolf Allwohn, *Das heilende Wort. Zwiesprache mit dem ratsuchenden Menschen unserer Zeit* (Göttingen, 1958), S. 16; vgl. Paul Tournier, *Jeder hütet sein Geheimnis* (Zürich–Stuttgart, 1965), S. 50–59.

[371] Vgl. Dietrich Rössler, »Die Tiefenpsychologie als theologisches Problem«, *Evangelische Theologie* (München) 16 (1961): 162–173; D. Rössler, »Rekonstruktion des Menschen. Ziele und Aufgaben der Seelsorge in der Gegenwart«, *Wege zum Menschen* (Göttingen) 25 (1973): 181–196.

[372] Michael Dieterich, *Psychologie contra Seelsorge?* (Neuhausen–Stuttgart, 1984), S. 137.

töricht und altmodisch erscheinen werden«.[373] Fritz Morgenthaler, Martin Dannecker, Alan P. Bell, Martin S. Weinberg, Sue K. Hammersmith und viele andere nehmen an, die Veranlagung zur späteren homosexuellen Objektwahl werde auf der frühesten Entwicklungsstufe verankert und begründet das »Triebschicksal«, das im späteren Leben »zur gleichgeschlechtlichen Objektwahl zwingen wird« (M. Dannecker).[374] Laut Dannecker schließen solche Einsichten »den isolierten und manipulativen therapeutischen Zugriff auf die Homosexualität« aus, »es sei denn, die Therapeuten nähmen den Zusammenbruch der Persönlichkeit oder deren völlige Verarmung in Kauf«.[375] Morgenthaler meint, daß weder die Homosexualität noch generell die Perversion »eine Neurose, eine Psychose, eine Morbidität« (Krankheit) sein können und daß deshalb eine »Heilung der Homosexualität« nicht in Frage komme.[376] Er betrachtet die Psychotherapie lediglich als Möglichkeit, den Homosexuellen dazu zu verhelfen, »leistungsfähig und liebesfähig zu werden«.[377] *Summa summarum* weichen diese Psychoanalytiker kaum von der Schlußfolgerung Freuds ab, der an die Mutter eines Homosexuellen schrieb:»Wir betrachten sie (die Homosexualität – H.H.) als eine Abweichung der sexuellen Funktionen, hervorgerufen durch eine gewisse Stockung der sexuellen Entwicklung.«[378]

Statt von »Abweichung der sexuellen Funktionen« spricht Dannecker vom »Triebschicksal«, das später zur homosexuellen Objektwahl zwinge. Morgenthaler verneint die »Stockung der sexuellen Entwicklung« als konstitutive Ursache einer homosexuellen Veranlagung:

Es gibt im Grunde weder Hetero- noch Homo- noch Bisexualität. Es gibt nur Sexualität, die entlang sehr variationsreicher Entwicklungslinien schließlich ihre, für jeden einzelnen spezifische Ausdrucksform findet.[379]

Demzufolge geht es darum, daß ein Mann oder eine Frau die in der frühesten Kindheit entwickelte innerpsychische Disposition erfüllt, um sich sexuell betätigen und Befriedigung erlangen zu können. Das ist das Organisationsmuster seiner bzw. ihrer Geschlechtsrolle.[380]

---

[373] W.H. Masters, V.E. Johnson und R. Kolodny, *Masters und Johnson. Liebe und Sexualität* (Berlin–Frankfurt/M.–Wien, 1987), S. 386f.

[374] Martin Dannecker, *Das Drama der Sexualität* (Frankfurt/M., 1987), S. 59; vgl. Fritz Morgenthaler, *Homosexualität, Heterosexualität, Perversion*, S. 95–139; A.P. Bell, M.S. Weinberg und S.K. Hammersmith, *Der Kinsey-Institut-Report über sexuelle Orientierung und Partnerwahl* (München, 1980), S. 85ff.

[375] M. Dannecker, *Das Drama der Sexualität*, S. 59.

[376] F. Morgenthaler, *Homosexualität, Heterosexualität, Perversion*, S. 98ff.

[377] M. Dannecker, *Der Homosexuelle und die Homosexualität*, S. 100.

[378] S. Freud, *Briefe 1873–1939* (Frankfurt/M., 1960), S. 520 (»Brief an die Mutter«).

[379] F. Morgenthaler, *Homosexualität, Heterosexualität, Perversion*, S. 138f.

[380] Ebenda, S. 124ff; vgl. J. Lacan, *Das Seminar II: Das Ich in der Theorie Freuds und in der Technik der Psychoanalyse* (Olten–Freiburg, 1980), S. 86–102.

Mit allem Nachdruck ist hier Michael Dieterich nochmals anzuführen: Die psychoanalytischen Theorien (der kausalen Faktoren der Homosexualität) lassen sich »auf dem in der wissenschaftlichen Psychologie üblichen Wege der empirischen Überprüfung nicht untersuchen – und damit auch nicht widerlegen«.[381] Dem Seelsorger wird daher nicht das wissenschaftlich erhärtete Instrument an die Hand gegeben, doch ist es für ihn wichtig, eine Art Anamnese zu erstellen und dem hilfesuchenden Homosexuellen z.B. alle Faktoren und Begleitumstände ins Gedächtnis zurückzurufen, die möglicherweise zum homoerotischen Verhalten beigetragen haben. Es müssen dabei Daten zur Lebensgeschichte, zur Persönlichkeit, zum Problembereich und zu den sozialen Beziehungen des Betroffenen erfaßt werden. Wenn der Seelsorger der Frage nachgeht, unter welchen Umständen die homosexuellen Triebe auftreten, dürften sich verschiedene Zusammenhänge zwischen Ursache und Wirkung des homosexuellen Verhaltens zeigen. Die Menschen sind in ihrem gesamten Tun in einem größeren Umfeld zu sehen, auch wenn jeder seinen individuellen »Aufnahmeraster« entwickelt hat. Tatsachen, schreibt Dieterich, die nicht in diesen Raster passen, werden in der Regel auch nicht im Gedächtnis gespeichert. Dabei kann es wichtig sein, die folgenden Fragen zu stellen:
– Wann ist das Verhalten erstmalig aufgetreten bzw. wann tritt es immer wieder auf? (Frage nach der Zeit)
– Wo hat sich das Verhalten gezeigt bzw. zeigt sich immer wieder? (Frage nach dem Ort)
– Wer war bzw. ist dabei? (Frage nach den Personen)
– Was ist für das Verhalten typisch? (Frage nach den Umständen, Beschreibung)[382]
Es ist möglich, daß ein Homosexueller behaupten wird, er habe »immer schon«, d.h. seit frühester Kindheit, homosexuelle Inklinationen empfunden. »Es ist jedoch nicht sehr wahrscheinlich, daß ein kleines Kind eine reale Empfindung von homosexueller Orientierung hat«, meinen Masters, Johnson und Kolodny.[383] Nach Michael Roll können die Erinnerungen eines erwachsenen Homosexuellen über seine Empfindungen und sein Verhalten in frühester Kindheit »von der gesellschaftlichen Erwartung bzw. dem sozialen Vorurteil darüber, was Homosexuelle ›gefühlt haben würden‹, beeinflußt sein«.[384] Wird das Gespräch nicht in Form einer Exploration, sondern in freundlich abwartender, nicht dirigierender Haltung

[381] Vgl. unsere Anm. 372; vgl. auch S. Weber *Freudlegende* (Olten-Freiburg, 1979), S. 64ff.
[382] Michael Dieterich, S. 134; vgl. Stavros Mentzos, *Neurotische Konfliktverarbeitung*, S. 270f.
[383] *Masters and Johnson on Sex and Human Loving*, S. 326.
[384] M.W. Ross, »Retrospective Distortion in Homosexual Research«, *Archives of Sexual Behavior* (New York) 9 (1980): 523–532).

geführt, kann der Hilfesuchende wertvolle Hinweise auf psychodynamische Zusammenhänge und unbewußte Motivationen liefern.[385]

Die ätiologischen Fragestellungen müssen aber theologisch abgesichert werden, sonst könnte der Seelsorger dem tiefenpsychologischen Denkmuster »auf den Leim gehen« und »nicht biblisch vorgehen«, mahnt Dieterich in Anbetracht der Differenzen zwischen biblischer und psychologischer Anthropologie.[386]

4.3.3. Varianten bibelbezogener Perzeption der Ätiologie der Homosexualität und der inkriminierten Aspekte

Es wäre unzureichend und zugleich unbefriedigend, wenn der Seelsorger einem homosexuellen Hilfesuchenden einfach eine der psychoanalytischen Deutungen der Zusammenhänge zwischen Ursache und Wirkung des homosexuellen Verhaltens liefern wollte. Er muß sich vielmehr verpflichtet wissen, den Betroffenen über die biblische Sicht der Ätiologie dieser Neigung aufzuklären. Siegfried Meurer hat in seiner Habilitationsvorlesung an der Pädagogischen Hochschule Dortmund auf die paulinische Erklärung der Entstehung des homosexuellen Verhaltens verwiesen: Die Schuld der Nationen besteht darin, daß sie Gott in der Kreatur gesucht und verehrt haben.

> Diese theologische Perversion zieht ... die ethische nach sich ... Der Mensch, der einmal Gott pervertiert hat, verfällt zwangsläufig der ethischen Orientierungslosigkeit, er findet zum Beispiel nichts Ungewöhnliches und Sündhaftes bei homosexuellen Handlungen. Gottes Strafe besteht nach der Ansicht des Apostels darin, daß er die Perversion sich ethisch ausleben läßt.[387]

Der heterosexuelle Verkehr wird mit dem homosexuellen »vertauscht«; vaginaler Koitus wird durch gleichgeschlechtliche Lustempfindung und Praxis ersetzt (vgl. Röm 1,26f). Der homosexuelle Verkehr wird im Römerbrief vor anderen Lastern (1,29–31) hervorgehoben. Die Erklärung ist erstens in 1. Korinther 6,18 zu suchen, wo es heißt: »Jede andere Sünde, die ein Mensch begeht, bleibt außerhalb seines Leibes; wer aber Unzucht treibt, versündigt sich an seinem eigenen Leibe«, der dazu bestimmt ist, »ein Tempel des Heiligen Geistes« zu sein, der in einem Christen wohnt (1Kor 6,19). Zweitens wiegt die homosexuelle Praxis deshalb schwer, weil die Betreffenden »Gottes Satzung« zwar kennen, aber »dennoch verüben

---

[385] Vgl. S. Mentzos, *Neurotische Konfliktverarbeitung*, S. 270f.

[386] Michael Dieterich, S. 136; vgl. Paul Tournier, *Bibel und Medizin. Heilung aus biblischer Schau* (Bern, o. J., 3. Aufl.), S. 32ff.

[387] Siegfried Meurer, »Das Problem der Homosexualität in theologischer Sicht«, *Zeitschrift für evangelische Ethik* (Gütersloh) 18. Jg. (1974): 42f. – Den Habilitationsvortrag hielt er am 12. 2. 1973.

sie es nicht nur selbst, sondern spenden noch denen Beifall, die so handeln« (Röm 1,32).[388] Paulus entwickelt laut Meurer in Römer 1–3 den Gedanken: Alle Menschen sind schuldig, deshalb sind alle auf Gnade angewiesen. »Die Aufhebung der theologischen und ethischen Perversion geschieht dann, wenn Menschen sich durch die Taufe abwaschen und sich dem Kyrios Jesus unterstellen.«[389] In der Tat »kommt es erst zu einer Wende, sobald und sofern die Hinwendung zu Christus geschieht«.[390] Aber zur Wende kommt es; Paulus muß in Korinth beobachtet haben, wie Christen, die ehemals die Homosexualität praktiziert hatten, jene »innerpsychische Disposition« nicht mehr auslebten (1Kor 6,11).[391]

Meurer meint allerdings, der paulinische Protest richte sich nicht gegen die homosexuelle Partnerschaft *per se*, sondern gegen die Abwertung der Ehe als personale Gemeinschaft, gegen die kultische Prostitution, »gegen die pädagogische Verklärung der Päderastie, wie sie im Griechentum üblich war . . . Was Paulus also vor Augen hatte, war die Perversion der Ehe und der Geschlechtlichkeit«.[392]

Der Berner Theologe Gabriel Looser argumentiert u.a. ähnlich: Die Bibel wußte von Menschen, die sich homosexuell betätigten, nicht aber, daß diese Menschen u.U. homosexuell veranlagt waren. Nichtsdestoweniger richtet sich die Bibel nicht gegen die Liebesbeziehung gleichgeschlechtlicher Partner.[393] Der Theologe Hans Georg Wiedemann resümiert nach seinen exegetischen Ausführungen der Bibeltexte über die Homosexualität wie folgt: »Der Bibel sind homosexuelle Liebesbeziehungen unbekannt. Ein biblisches Verbot homosexueller Liebe ist nirgends zu sehen.«[394]

Auf diese Argumentation mit der scheinbar alles rechtfertigenden »Liebe« werden wir noch zurückkommen müssen. Wenn diese Theologen der Bibel anlasten, sie hätte von homosexueller Veranlagung »nichts gewußt«, ist dazu einerseits zu fragen, ob denn die Heilige Schrift aus »Unkenntnis« von Tatbeständen ein Verbot formulieren könnte oder ob nicht vielmehr jene postulierte Veranlagung eben nonexistent ist. Anderseits ist daran zu erinnern, daß bis heute keine wissenschaftlich abgesicherte plausible Erklärung einer homosexuellen Veranlagung besteht. Masters und

[388] Vgl. E. Kähler, »Exegese neutestamentlicher Stellen« in Th. Bovet (Hrsg.), *Probleme der Homophilie* (Bern–Tübingen, 1965), S. 31ff.

[389] S. Meurer, a.a.O., S. 42f.

[390] Ebenda, S. 43.

[391] Wunibald Müller, *Homosexualität – eine Herausforderung . . .*, S. 70; H.D. Wendland, *Die Briefe an die Korinther* (Das NT Deutsch) (Göttingen, 1972), S. 49.

[392] Meurer, a.a.O., S. 43.

[393] Gabriel Looser, *Gleichgeschlechtlichkeit ohne Vorurteil* (Basel, 1980), S. 74f, 86–89.

[394] H.G. Wiedemann, *Homosexuelle Liebe. Für eine Neuorientierung in der christlichen Ethik* (Stuttgart–Berlin, 1982), S. 89.

Johnson schreiben: »Wir persönlich nehmen zwar an, daß Homosexualität beim Menschen primär ein ›Nebenprodukt‹ der Lebenserfahrung nach der Geburt ist«[395], also ein erlerntes Phänomen. Es scheint um so problematischer für einen Theologen, mit der wissenschaftlich umstrittenen Hypothese der homosexuellen »Veranlagung« zu arbeiten.[396]

4.3.4. Protestantische Pastoralpraxis vor dem Hintergrund transmoralischer Ethik

Das Seelsorgeverfahren wird im kirchlichen Kontext entsprechend der theologischen Prägung der Pastoren geübt. In der jüngeren theologischen Generation des Protestantismus wird immer häufiger die transmoralische Ethik propagiert. Nach dieser steht nicht die emotional, sondern ontologisch verstandene Liebe im Mittelpunkt. Diese »transmoralische« Ethik entsprang dem Versuch, den theologisch unergiebigen Konflikt zwischen dialektischer Theologie und liberal-humanistischem Denken zu überwinden.[397] Bei diesem Versuch hat Tillich den Begriff »das neue Sein«, das in Jesus »als dem Christus« in letztgültiger Offenbarung erschienen sei und in der Kirche fortlebe als die den Menschen in seiner Existenz befreiende und erneuernde Macht, eingeführt. Das »neue Sein« ist auch ein Ergebnis des neuen Verständnisses der Rechtfertigung durch den Glauben als eines ontologisch zu fassenden »protestantischen Prinzips«. Es formuliert die paradoxe Gegenwart Gottes in allen Lebensbereichen und ermöglicht so die »Methode der Korrelation« von Offenbarung und Wirklichkeit, ewiger Botschaft und geschichtlicher Situation, Theologie und Philosophie. So wird die gesamte Kultur in die theologische Arbeit mit einbezogen: Wirtschaft, Politik, Soziologie, Geschichte, Literatur, Kunst, Erziehung, Ethik und Psychotherapie.[398] Tillich lehnte es ab, mit dem praktischen Empirismus der modernen liberalen Tradition und mit dem »übernatürlichen« Biblizismus von Barths Neoorthodoxie in Beziehung gebracht zu werden. Er unternahm einen »Vermittlungs«-Versuch zwischen Supranaturalismus und Naturalismus, dem traditionellen Theismus und atheistischen Humanismus. Sein existential-ontologischer Theismus synthesiert Einsichten des Idealismus von Hegel und Schelling, des Romantizismus von

---

[395] Masters und Johnson, *Liebe und Sexualität*, S. 387.

[396] Masters and Johnson, *Sex and Human Loving*, S. 352f.

[397] John Macquarrie, *Principles of Christian Theology* (New York, 1977), S. 116ff.

[398] Vgl. Paul Tillich *Systematic Theology*, 3 Bde. (Chicago, 1951–63), Bd. 1: S. 110–195 u. bes. 211; Bd. 2 (1957), S. 148ff u. passim; ders., *The Courage To Be* (London, 1952), S. 173–186; Jürgen Moltmann, *Theology of Hope* (New York, 1965), S. 222–329; W. Pannenberg, *Das Glaubensbekenntnis ausgelegt und verantwortet vor den Fragen der Gegenwart* (Gütersloh, 1979), S. 162ff.

Friedrich Schleiermacher und des Existentialismus von Sören Kierkegaard wie des frühen Martin Heidegger. Von dessen Dissertation über Schelling übernahm Tillich das pantheistische Schema der Einbeziehung in eine ontologische Vereinigung zwischen Subjekt und Objekt, des Seins und der Welt, des Menschen und Gottes.[399] Die Auswirkungen von Tillichs Denken lassen sich noch nicht klar absehen. Wir können jedoch Aspekte davon im Seelsorgeverfahren der jüngeren theologischen Generation finden.

Die »jüngere theologische Generation des Protestantismus«, von der schon oben (unter 4.3.2.) die Rede war, argumentiert nun, daß das »neue Sein« des Menschen in seiner Beziehung zu Gott auch die Beziehung zum Mitmenschen ermöglicht, welche Ausdruck jener Beziehung zu Gott ist. Bei Gabriel Looser lautet das so:

> Wo immer der Mensch sich dem Mitmenschen nicht zuwendet, verweigert er sich Gott, verschließt er sich der Absicht Gottes mit dem Menschen. Im letzten verstößt also der Mensch nicht erst dort gegen Gottes Willen und Gebot, wo er sich etwa dem Gegengeschlecht oder sonst einer genau abgegrenzten Menschengruppe nicht öffnet, sondern viel grundsätzlicher immer dort, wo er sich seinem Mitmenschen nicht zuwendet, nicht zu ihm in Beziehung tritt. Der Mensch verfehlt den Willen Gottes, wo er nicht liebt.[400]

Darum ist nach Looser jeder Mensch, so auch der homosexuelle, dazu aufgerufen, sein eigenes Ich zu überschreiten und sich für seinen Nächsten zu öffnen, und zwar so, »wie der Herr es ihm zugeteilt hat« (1Kor 7,17):

> Die sexuelle Begegnung dieser Öffnung ist eine unter vielen möglichen Formen dieser Öffnung zum Mitmenschen ... Wo eine gleichgeschlechtliche Begegnung dieser Öffnung des Ich auf den Mitmenschen hin dient, kann sie nicht als a priori unsittlich verurteilt werden, steht sie nicht grundätzlich der Unsittlichkeit, die alles menschliche Tun bedroht, näher als die Gegengeschlechtlichkeit.[401]

Da die Bibel angeblich »nichts« von dem ganzheitlichen, konstitutionellen Gerichtetsein auf Menschen des eigenen Geschlechts »wußte«, wird der Homosexuelle im Seelsorgegespräch mit einem Vertreter der transmoralischen Ethik dazu aufgerufen, sein ganzes Sein – Leib, Seele und Geist – Gott hinzugeben und mit diesem Sein in eine zwischenmenschlich-humane Beziehung zu treten. Der oder die Homosexuelle wird also ermutigt, die gleichgeschlechtliche sexuelle Begegnung im Rahmen einer liebenden Ich-Du-Gemeinschaft zu vollziehen. So wird der humane Sinn realisiert,

[399] Vgl. Reinhold Niebuhr, »Biblical Thought and Ontological Speculation in Tillich's Theology« in Charles W. Kegley und Robert W. Bretall (Hrsg.), *The Theology of Paul Tillich* (New York, 1952), S. 216–229.
[400] Gabriel Looser, S. 85.
[401] Ebenda, S. 87f.

gleichgültig, ob es sich um eine gleich- oder eine gegengeschlechtliche Beziehung handelt.[402]

Meurer gibt zu bedenken, daß zunächst nicht eindeutig feststehe, »ob es sich bei auftretender Homosexualität bei einem Menschen um Gewohnheits- oder um Gelegenheits- oder um wesentliche Homosexualität handelt«. Der Seelsorger solle deshalb darauf hinwirken, daß der homosexuelle Ratsuchende einen Psychotherapeuten oder Psychiater aufsuche und feststellen lasse, ob bei ihm »unverschuldete« Homosexualität vorliege und gegebenenfalls eine Therapie erfolgreich wäre.[403] Führt keine Therapie zum Erfolg, hat der Homosexuelle seine Neigung als von Gott verordnet anzunehmen und sie »verantwortungsvoll auszuleben«.[404]

Norman Pittenger, ein Repräsentant der Prozeßtheologie, operiert nicht mit dem »neuen Sein« Tillichs oder der »Wort-Gottes-Theologie«, d.h. der dialektischen Theologie, sondern bezeichnet Gott als den »kosmischen Liebhaber«, dessen Ziel »kosmisch ausgefaltet ist und dessen Liebe vornehmlich den Menschen gilt«: Menschen verwirklichen sich wahrhaft, wo ihre Liebe Reflexion und Manifestation kosmischer Liebe ist. Pittenger kann deshalb resümieren: Die Homosexuellen verwirklichen in der gleichgeschlechtlichen Liebe (die sexuelle Komponente eingeschlossen!) auf angemessene Weise die Liebe Gottes:

> Es ist normal, daß sich für homosexuelle Menschen das Leben einer ganzheitlichen Liebe, die die sexuelle Komponente einschließt, nur in einer gleichgeschlechtlichen Liebesbeziehung konkretisieren läßt.[405]

So rät Pittenger den Seelsorgern, einem Homosexuellen zu empfehlen, seine von Gott angelegte Selbstaktualisierung zu erkennen und zu verwirklichen.

4.3.5. Anfragen an die Vertreter der »ganzheitlichen Seelsorge« an Homosexuellen

Die »ontologisch verstandene Liebe« will u.a. die personale Gemeinschaft zweier Homosexueller hervorheben und in deren partnerschaftlichen gleichgeschlechtlichen Beziehung Geborgenheit, Aufgeschlossenheit und

---

[402] G. Looser, S. 88; S. Meurer, a.a.O., S. 48; H.G. Wiedemann schreibt: »Evangelische Sexualethik wird jeder Abwertung homosexuell lebender Menschen und ihrer Beziehungen widersprechen« (a.a.O., S. 122ff); vgl. dagegen: H.H. Schrey, »Seelsorge für Homophile. Verstehen und Verzeihen?«, *Lutherische Monatshefte* (Hamburg) 5 (1973): 264f.

[403] S. Meurer, a.a.O., S. 48.

[404] G. Looser, S. 55ff; vgl. H. van Oyen, »Pastorale Bemerkungen zur Homophilie«, *Zeitschrift für Evangelische Ethik* (Gütersloh) 1964: 25–34.

[405] Wunibald Müllers Zusammenfassung von Pittengers Position: *Homosexualität – eine Herausforderung...*, S. 119–121, hier: 120.

umfassende Liebe beobachten. Gabriel Looser argumentiert: »Wir haben ernstzunehmende Zeugnisse, daß die Menschen im Rahmen dieser Veranlagung humane Werte erfahren und entfalten können.«[406]

Gegen diese Feststellung ist an sich nichts einzuwenden; ihre Relevanz steht und fällt mit der Interpretation der »humanen Werte«. In der biblischen Theologie geht es *per definitionem* nicht in erster Linie um humane Werte, sondern um den biblischen Äquilibrationsgedanken des Reiches Gottes (die je und je erfolgende Herstellung des ethischen Gleichgewichts). Das alttestamentliche Heiligkeitsgesetz (Lev 17–26) hat den sittlichen Charakter des Gottes Israels vergeistigt; es aktualisiert sich ständig in der jeweiligen historischen Situation. Der Heiligkeit Gottes liegt zunächst und ursprünglich der Gedanke von Trennung, Unzulänglichkeit und ehrfurchtgebietender Transzendenz zugrunde. Diese Heiligkeit teilt sich allem mit, was in die Nähe Gottes gelangt oder ihm geweiht wird. »Ihr sollt mir ein Königreich von Priestern und ein heiliges Volk sein« (Ex 19,6), bestimmte Gott und machte Israel zum heiligen Besitz (vgl. Jer 2,3; Deut 7,6).[407] So ist auch das Land, das Israel in Besitz nehmen und bewohnen sollte, Gottes Geschenk an sein Volk gewesen.[408] Darum hatte das Land Kanaan eine theologische Bedeutung und verlangte einen spezifischen Lebensstil[409], der die homosexuelle Praxis – welcher Art auch immer (vgl. Lev 18,22f; 20,13) – ausschloß. Falls das ethische Gleichgewicht gestört oder gegen die gegebene Norm systematisch verstoßen werden sollte, würde das Land die entstandene Lücke im ethischen Äquilibrium (›Ausgleich‹) zu schließen suchen, indem es die Israeliter »ausspeien« würde, »wie es das Volk ausgespien hat, das vor euch da war« (Lev 18,28; vgl. 18,25). Nur auf diese Weise kann das Land dem ethischen Äquilibrationsprozeß bzw. der Heiligkeitsforderung gerecht werden.[410]

---

[406] G. Looser, S. 77; vgl. Th. Bovet, *Sinnerfülltes Anderssein* (Tübingen, 1959), S. 87ff; H. Bianchi, »Die gesellschaftlichen Aspekte der Homosexualität« in *Der Homosexuelle Nächste. Ein Symposion* (Berlin, 1965), S. 246f; Jacqueline Frossard, »Lesbische Frauen« in *Weltbilder. Sexualität: eine Kontroverse mit Brigitta Hauser-Schäublin* (Basel, 1987), S. 127–135.

[407] Elmer A. Martens, *God's Design. A Focus on Old Testament Theology* (Grand Rapids, 1981), S. 95ff.

[408] Patrick D. Miller, »The Gift of God: The Deuteronomic Theology of Land«, *Interpretation. A. Journal of Bible and Theology* (Richmond) 23 (1969): 451–465.

[409] E.A. Martens, S. 108–115.

[410] Wir haben den Begriff des Äquilibrationsgedankens oder -prozesses bzw. einer Äquilibrationstheorie von Jean Piaget entliehen. Vgl. J. Piaget, »Equilibration and the Development of Logical Structure« in J.M. Tanner und B. Inhelder (Hrsg.), *Discussion on Child Development* (London, 1960), Bd. 4, S. 103. – Demgegenüber operiert F. Morgenthaler im auf das Menschliche limitierten Bereich auch mit dem Begriff der Schließung einer Lücke – jener Lücke, welche durch mißlungene narzißtische Entwicklung entstanden sein konnte und welche die narzißtische Homöostase zu schließen bestrebt ist, wobei

Darum wird biblische Seelsorge ihrem Auftrag nur dann gerecht, wenn sie via *cura generalis* und *cura specialis* die von Gott kommunizierte »Anthropologie« gemäß seinen Normen vermittelt. Hiernach ist der Mensch Sünder als sich selbst Wollender, auf sich selbst Gegründeter und auf sich selbst hin Entworfener, d.h. Gottes Widerpart und Gegenspieler (Röm 1,18–32). Günter Brakelmann wendet ein: Wer das »nicht in Rechnung setzt, wenn er über den historisch-empirischen Menschen nachdenkt, gerät in die Zone der Verharmlosung der eigentlichen Dramatik des Menschen«.[411] Hans-Georg Wiedemann setzt die Sünde mit dem »Unglauben des Menschen als Verschlossenheit gegenüber der Menschenfreundlichkeit Gottes« gleich.[412] An dieser Aussage wäre kaum etwas auszusetzen, verstände Wiedemann unter Sünde auch die gesamte Pervertiertheit des von Gott an die »im Kessel voll brodelnder« Leidenschaften[413] dahingegebenen Menschen, die das tun, wonach »ihr Herz gelüstete« (Röm 1,24). Demgegenüber kritisiert er die biblischen Autoren, daß sie von den Liebesbeziehungen Homosexueller »nichts gewußt« haben sollen.[414] Der Bibel zu unterstellen, daß sie die homosexuelle Liebe ignoriert habe, ist ungerechtfertigt. Paulus war mit der griechischen Kultur gut vertraut und hatte ausreichend Gelegenheit, homosexuelle Beziehungen zu beobachten, zu evaluieren und ein theologisches Urteil abzugeben (1Kor 6,9–11). Er argumentiert über die homosexuellen Liebesbeziehungen aus der Sicht der Reich-Gottes-Ethik, welche homosexuelle Liebe bzw. perverse Praktiken nicht vorgesehen hat. Das scheint der paulinische eschatologische Grundgedanke der Reich-Gottes-Ethik zu sein.

Wir stimmen der Ansicht Meurers zu: Der Mensch hat Gott pervertiert und ist damit der ethischen Orientierungslosigkeit verfallen. Gott läßt ihn seine Perversion voll ausleben.[415] Das Ausleben der Perversion äußert sich gemäß der vorherrschenden »innerpsychischen Disposition« in Form von Homosexualität, von »jedweder Ungerechtigkeit, Bosheit, Habgier, Schlechtigkeit . . ., Neid, Mordlust, Streitsucht, Niedertracht« usw. (Röm 1,24–32).[416]

Angesichts dieser *conditio humana* ist es die unerläßliche Aufgabe des

Perversionen und Homosexualität die Funktion einer Plombe bzw. eines Pfropfens übernehmen. F. Morgenthaler, *Homosexualität, Heterosexualität, Perversion*, S. 29ff; vgl. Peter Passett, »Die Aufhebung des Widerspruchs in der Bewegung« in Psychoanalytisches Seminar Zürich (Hrsg.), *Sexualität* (Frankfurt/M., 1986), S. 157–203, hier: 172ff.

[411] Günter Brakelmann, »Der friedenssichernde Auftrag der Macht«, *Pastoraltheologie* (Göttingen) 12 (1986): 512.

[412] H.G. Wiedemann, *Homosexuelle Liebe*, S. 72.

[413] Vgl. Peter Passet, S. 166ff; Röm 1,26ff.

[414] H.G. Wiedemann, *Homosexuelle Liebe*, S. 89.

[415] S. Meurer, a.a.O., S. 42f.

[416] Vgl. dazu: Erich Fromm, *Ihr werdet sein wie Gott* (Reinbek, 1980), S. 130ff.

Seelsorgers, den Menschen zu Gott zurückzuführen via seiner Hinwendung zu Jesus Christus, dem er sich im Akt der Geburt *anothen* (von oben her) als dem *Kyrios* unterstellt. Da Jesus Christus die universale Schuldfrage gelöst hat, weiß sich nach kompromißloser Umkehr *(metanoia)* auch ein homosexueller Mensch im Besitz der Vergebung und »in das Reich des Sohnes seiner Liebe versetzt« (Kol 1,13b). Der verantwortungsvolle[417] Umgang mit der Sexualität trotz bisheriger zwanghafter Disposition zur Perversion (zur sexuellen Begierde jedweder Art, *epithymein*, vgl. Mt 5,28 mit Röm 13,14, bzw. zu sexuellen Leidenschaften, *pathe*, Röm 1,26) wird zur Bedingung, dem eschatologischen Reich Gottes anzugehören. Die Spannung zwischen dem Jetzt-versetzt-Sein (Kol 1,13) und dem Noch-nicht (1Kor 6,9ff) wird die Initiation eines neuen Lebens unter dem Gesetz Christi und damit das essentielle Bedürfnis nach ganzheitlicher Heilung gemäß biblischer Ethik fördern. Der anspruchsvolle Vorgang der sinnvollen *metanoia* legt unbewußte Mechanismen, Ängste, zwanghafte Neigungen frei und entschärft sie im konkreten Seelsorgeakt. Zwänge und Neigungen, die dem Betreffenden eventuell Leiden verursachen, ihn jedoch nicht von der Verantwortung entbinden, »die Beseitigung von abnormem Verhalten in seinem eigenen Leben« anzustreben.[418]

An dieser Stelle kann der Einwand des Institutleiters für Konstitutionsbiologie und menschliche Verhaltensforschung in Hamburg, Willhart S. Schlegel, geltend gemacht werden. Laut Schlegel beruht die homo- bzw. bisexuelle Verhaltensbereitschaft »mit größter Wahrscheinlichkeit« auf der Mutation »eines einzelnen Gens im X-Chromosom«.[419] Aufgrund dieser hochgradigen Wahrscheinlichkeit postuliert Johannes Werres: »Homo-, Hetero- und Bisexualität sind angeborene und vererbte Triebrichtungen.«[420] Heinz-Horst Schrey bemerkt hinsichtlich der Anwendung: Im Sinn des Pluralismus wird der Seelsorger »diese Variante als legitim anerkennen und den Homosexuellen in seinem Sosein bestätigen«.[421] Über-

---

[417] Wenn G. Looser et al. raten, die Homosexualität als »von Gott verordnet verantwortungsvoll auszuleben«, gehen sie von einer Gottesvorstellung aus, die sich nicht mit der von uns unten unter 4.3.5. angeführten deckt; in unserem Verständnis meint »verantwortungsvoll«: was der Betreffende vor dem heiligen Gott wird verantworten können. – Die Seelsorgetätigkeit gemäß transmoralischer Ethik wüßten wir vor diesem lebendigen Gott übrigens nicht zu verantworten.

[418] Thomas Szasz wird von Gary Collins zitiert in dessen Buch: *Einführung in die beratende Seelsorge. Handbuch für Ausbildung und Praxis* (Witten, 1979), S. 182.

[419] W.S. Schlegel, *Die Sexualinstinkte des Menschen. Eine naturwissenschaftliche Anthropologie der Sexualität* (München, 1966), S. 231.

[420] Johannes Werres, »Angeborene Triebrichtung«, *Lutherische Monatshefte* 5 (1973): 263.

[421] Heinz-Horst Schrey, »Seelsorge für Homophilie: Verstehen und Verzeihen«, *Lutherische Monatshefte* 5 (1973): 265.

nimmt ein Seelsorger diese Folgerungen, findet er sich aber im Konflikt mit den weiter oben (ab II.1.1.) besprochenen relevanten Aussagen der Bibel.

In dieser Lage wird sich der Seelsorger entscheiden müssen, ob er die biblischen Texte reinterpretieren und sich der humanistischen Philosophie bzw. der transmoralischen Ethik anpassen, oder ob er sich an die biblische Anthropologie halten will, die den Menschen als erlösungsbedürftig behandelt und ihm gegebenenfalls die »Umpolung« seiner Sexualtriebe in die heterosexuelle Richtung zumutet (vgl. 1Kor 6,9–11).[422] Denn die Bibel betrachtet den Geschlechtsverkehr als einen Leben-verbindenden Akt, als Handlung der ganzen Person, die wiederum die ganze Person des Partners betrifft. Es handelt sich also um eine Wechselbeziehung, in der jeder auf den andern zum Guten oder zum Bösen und in unauslöschlicher Weise einwirkt. »Dies gilt auch dann, wenn sie sich der Radikalität ihres Handelns nicht bewußt sind.«[423] Der sexuelle Akt enthält eine »geheimnisvolle« Komponente, die über das Physische und über das Emotionale, Psychische hinausgeht: Sie berührt zutiefst den Geist eines jeden Menschen und führt zu jener umfassenden Einheit, welche die biblischen Autoren »ein Fleisch« nennen (vgl. Gen 2,24; Mt 19,5f; Mk 10,8; 1Kor 6,16; Eph 5,31). Die sexuelle Vereinigung mit einer Prostituierten ist ebenfalls eine Ein-Fleisch-Einheit, die keinesfalls »nur« die Befriedigung des Lustempfindens beim Freier darstellt und »nur« das Geldverdienen der Prostituierten zur Folge hat (vgl. 1Kor 6,16).[424] Es gibt beim Menschen nach biblischer Anthropologie kein isoliertes biologisch-triebhaftes Lustbedürfnis: Stets ist beim physisch-psychischen Ausgleichsstreben der seelische Bereich mit eingeschlossen, dies gilt für den hetero- und homosexuellen Verkehr wie auch für autoerotische und fetischistische Handlungen.[425]

Da die Sexualität nicht nur den biologischen Zweck der Artfortpflanzung erfüllt (Gen 1,28) und die biologisch-triebhaften Lustbedürfnisse befriedigt (1Kor 7,4–6.9), sondern den seelischen Bereich der Partner mit-

---

[422] R. Foster, *Geld, Sex und Macht*, S. 94; vgl. Richard Riess, *Sehnsucht nach Leben. Spannungsfelder, Sinnbilder und Spiritualität der Seelsorge* (Göttingen, 1987), S. 47f.

[423] Derrick Bailey, *The Mystery of Love and Marriage* (New York, 1952), S. 53.

[424] Vgl. Chr. Maurer, »Ehe und Unzucht nach 1. Kor 6,12–7,7«, *Wort und Dienst* (Bethel) 6 (1959): 166f; vgl. D.J. Doughty, *Heiligkeit und Freiheit.* Dissertation (Göttingen, 1965), S. 173. – Zahlreiche Gespräche mit aktiven und ehemaligen Prostituierten in Zürich haben uns gezeigt, daß die meisten dieser Frauen durch ihr Gewerbe psychisch geschädigt wurden. Frühere Dirnen, die ihr Gewerbe aufgaben und ihr Leben bewußt in den Dienst Christi gestellt haben, mußten sich psychiatrischer Behandlung unterziehen und leiden z. T. noch immer unter Neurosen, u. a. am Ablehnungssyndrom.

[425] Nochmals: 1. Kor 6,16; vgl. W.S. Schlegel, *Die Sexualinstinkte des Menschen*, S. 151ff; Volkmar Sigusch, »Über den Fetischcharakter der Sexualität« in: Psychoanalytisches Seminar Zürich (Hrsg.), *Sexualität*, S. 133–156.

einschließt und die lebensverbindende Absicht beinhaltet, besteht die Bibel auf heterosexueller Intimität und betrachtet jede andere sexuelle Verbindung als Abweichung von Gottes Absicht und als Folge der Abkehr des Geschöpfs vom Schöpfer (Röm 1,21–27). Auch wenn bei einem Christen ein angeborener homosexueller Instinktmechanismus vorläge[426], sollte nach der Bibel soviel Entscheidungskraft aufgebracht werden – aus Gehorsam gegenüber Christus –, daß er die momentanen Emotionen unberücksichtigt läßt und diesen »Instinkten« oder Bedürfnissen keinen Gehorsam leisten muß (1Kor 6,9–11; vgl. Röm 13,12–14; Eph 4,22ff; Kol 3,8; Heb 12,1). Die Bibel kennt zwar eine konstitutionelle Veranlagung zu bösen Gedanken, Mord, Ehebruch, Unzucht, Diebstahl, falschem Zeugnis oder Lästerung (Mt 15,19), doch würde wohl kein Humanist und kein Theologe behaupten, daß der Mensch seine jeweiligen Laster praktizieren müsse, um glücklich zu werden.[427] Die Warnung des amerikanischen Soziologen Pitirim A. Sorokin darf nicht überhört werden: Sollte sich die Beliebigkeit des sexuellen Verhaltens in der Gesellschaft durchsetzen, so stellt sie ihr eigenes Überleben in Frage.[428] Jedoch sollte auch das Plädoyer von Richard Foster berücksichtigt werden, daß man Christen mit »konstitutioneller Homosexualität« nicht fallen lassen dürfe, sondern ihnen Mitgefühl und Verständnis entgegenbringen müsse. In erster Linie soll ihnen geraten werden, ihre homosexuelle Orientierung mit Hilfe einer der diversen Therapiemethoden zu ändern. Foster zitiert aus einem Artikel von Mansell und Myrna Loy Pattison im »American Journal of Psychiatry« aus dem Jahre 1980:

> Die Daten ergeben beachtliches Beweismaterial für die Möglichkeit eines Wandels von exklusiver Homosexualität zu exklusiver Heterosexualität, was im Einklang steht mit den statistischen Möglichkeiten von Kinsey für einen solchen Wandel, den Daten von Masters und Johnson und den klinischen oder observierten Fallbeispielen solcher Wandlung.[429]

Auch wenn die gemeldeten Therapieerfolge sich nicht mehrheitlich auf konstitutionell bedingte Homosexualität der Betroffenen bezog, wie Fo-

---

[426] Vgl. E. Drewermann, *Psychoanalyse und Moraltheologie*, Bd. 2: *Wege und Umwege der Liebe*, S. 171f.

[427] Vgl. Malte Hossenfelder, »Epicurus – Hedonist malgré lui« in M. Schofield und Gisela Striker (Hrsg.), *The Norms of Nature. Studies in Hellenistic Ethics* (Cambridge etc., 1986), S. 145–263; P.A. Sorokin, *Social and Cultural Dynamics* (New York, 1937–1941), 4 Bde., hier: Bd. 2, Abschnitte 13–15.

[428] P.A. Sorokin, *Society, Culture, and Personality: Their Structure and Dynamics* (New York, 1969), S. 477f.

[429] R. Foster, *Geld, Sex und Macht*, S. 96; ebenso: F. Mansell Pattison und Myrna Loy Pattison, »Ex-Gays. Religiously Mediated Change in Homosexuals«, *American Journal of Psychiatry* 167 (1980): 1553; vgl. oben die Kap. IV.3.1., 3.4.5 und 3.5.3.

ster annimmt, darf der Seelsorger die Hoffnung auf eine innerpsychische Heilung des homosexuellen Christen nicht verlieren.[430]

Die humanistisch verstandene Liebe setzt ihr Glück im Sinne der Befriedigung der jeweiligen Sexualtriebe als *summum bonum*. Daher kann Schlegel auch argumentieren, der Intimfreund des bisexuellen Mannes nehme dessen Frau nichts weg, weil die homosexuelle Bindung von einer anderen Art sei als die heterosexuelle; die Ehefrau sollte dies akzeptieren können.[431] Auf derselben Basis steht die Behauptung von Norman Pittenger, die Forderung an homosexuelle Personen, auf den körperlichen Ausdruck ihrer Liebe zu verzichten, sei unmenschlich, ungerecht und vor allem unchristlich.[432]

Darauf ist mit einer Analogie zu entgegnen, denn das humanistische Liebesverständnis übersieht die Tatsache, daß im Menschen noch viele weitere tiefverwurzelte Neigungen vorhanden sein können, Habgier bis zur Kleptomanie, von der Erfolgssucht bis zur Machtsucht usw., in diesem Sinn fragt der Theologe Roland Werner: Was bedeutet es, wenn ein Mann die »Anlage« hat, mehrere Frauen nebeneinander zu lieben?[433] Ist es unchristlich, ihm das Ausleben seiner Veranlagung zu verwehren? Richard Riess gibt zu bedenken, daß das Evangelium den Menschen weder auf seine Krankheit, seine Tragik, seine Lebensgestalt, seine Schuld noch auf seinen Tod festlegt. Es hält ihn offen für das, was er seinem Entwurf als Ebenbild Gottes nach noch nicht ist, sozusagen für ein Letztes, das noch auf ihn wartet. Darum wird nach Riess Seelsorge zur Leibsorge, zur Sensibilisierung für den ganzen Menschen, zur Offenheit für das, was er in Christus bereits ist und für das, was er als ureigenster Entwurf Gottes noch werden wird.[434]

Auch vor dem Hintergrund der Eschatologie (vgl. 1Kor 6,9–11) kann dem Arzt Schlegel und dem Theologen Pittenger, wie anderen Homophilen, nicht zugestimmt werden, daß die homosexuelle Neigung gottgewollt sei. Der Seelsorger wird vielmehr darauf hinwirken wollen, daß bei homosexuellen Christen die heterosexuelle Komponente aktiviert und diesen Menschen eine andere – bibelkonforme – Möglichkeit sexueller Betätigung positiv eröffnet wird.[435]

[430] Greg L. Bahnsen, *Homosexuality: A Biblical View* (Grand Rapids, 1986), S. 85–98; Leanne Payne, *Das zerbrochene Bild* (Kehl, 1987), S. 143–165.

[431] W.S. Schlegel, »Neuere Erkenntnisse«, *Lutherische Monatshefte* 5 (1973): 262.

[432] N. Pittenger, *Time for Consent: A Christian's Approach to Homosexuality*, S. 70.

[433] Roland Werner, *Christ und Homosexuell? Begegnungen und Berichte. Mit einem theologischen Beitrag von Dr. theol. Helmuth Egelkraut* (Moers, 1981), S. 98.

[434] R. Riess, *Sehnsucht nach Leben*, S. 46f; vgl. W. Pannenberg, *Was ist der Mensch?* Die Anthropologie der Gegenwart im Lichte der Theologie (Göttingen, 1962), S. 58.

[435] H.-H. Schrey, »Seelsorge für Homophile: Verstehen und Verzeihen?«, a.a.O., S. 265.

Die Bibel definiert das Glück des Menschen allerdings auch nicht als Befriedigung heterosexueller Neigung. Das Glück ist nicht als Lustegoismus ohne Warten oder Verzicht zu verstehen, sondern liegt bei Verheirateten vielmehr in der christlichen authentischen Kommunikation miteinander, durch welche »die zwei Wesen eins werden und doch zwei bleiben«.[436] Eine durch Gottes Geist geheiligte Sexualität wird nie zuchtlos, im Gegensatz zur egozentrischen Sexualität, die gegen die biblisch geprägten traditionellen Sexualnormen der westlichen Gesellschaft protestieren zu müssen meinte.[437]

Der Liebesbegriff ist bei den biblischen Autoren, wie schon oben ausgeführt, weiter als der humanistische (bzw. »ontologische«), da er den Menschen ganzheitlich nach Leib, Seele *und* Geist erfaßt (1Thess 5,23).[438] Daher ist der nach transmoralischer Ethik geradezu zwingende Ehebruch »aus Liebe« nach dem biblischen Liebesverständnis ebenso unmöglich, wie es eine »ontologisch« interpretierte Liebesbeziehung zwischen gleichgeschlechtlichen Partnern ist. Solche Beziehungen umfassen stets nur den Körper, allenfalls auch die Seele, nicht jedoch den Geist des Menschen.[439]

Zur biblischen Anthropologie gehört fundamental das Konzept des heilsbedürftigen Menschen und des Evangeliums als ausgleichendes, das Gleichgewicht wiederherstellendes Heilmittel. Bei den humanistisch argumentierenden Autoren und Seelsorgern wird letztlich stets die Heilsbedürftigkeit des Menschen verneint, wie auch bei Looser[440], dem mit den Vertretern sowohl der *cura specialis* als auch der kerygmatischen Seelsorge entgegenzuhalten ist: Gott kann als unsittlich verurteilen – und er tut es auch –, was er in seiner Willensoffenbarung als todbringend definiert. Diese Verurteilung durch Gott (Röm 1,18) ist für denjenigen Seelsorger bzw. Pastoranden nicht zu ertragen, der sie nicht mit dem Evangelium in Beziehung setzt, der also das Evangelium nicht als solches sieht, hört und erfaßt. Doch die ganzheitliche biblische Seelsorge bezweckt *per definitionem* das Zusammenbringen von Bedürfnis und Befriedigung des ganzen

---

[436] E. Fromm, *Die Kunst des Liebens* (Berlin, 1973), S. 39f.

[437] Vgl. Ulrich Beer, *Liebe contra Sex. Zehn Plädoyers für die Liebe* (Tübingen, 1967), S. 15ff; H.-H. Schrey, a.a.O., S. 265.

[438] Vgl. Martin Luther, »Auslegung des 1. Glaubensartikels im Kleinen Katechismus« in *Die Bekenntnisschriften der Evang.-Lutherischen Kirche* (Göttingen, 1959), 4. Aufl., S. 510f.

[439] Zur Frage der Di- oder Trichotomie siehe Jürgen Neidhart, »Leib, Seele und Geist – Dichotomie oder Trichotomie?«, *Bibel und Gemeinde* (Waldbronn) 3 (1985): 281–299, samt Definitionsvarianten. Für uns ist hier nur das Faktum der Einbeziehung des Geistesbereiches relevant, jener Komponente der Persönlichkeit also, die »auf Gott anspricht«.

[440] Vgl. oben IV.4.3.4, und Anm. 401.

Menschen. Sie spricht darum von »Sünde« und »Erlösung« in einem Atemzug.[441]

Gegen Looser ist die Anfrage zu formulieren, welches Verständnis von Seelsorge und Seelsorger ihn zu der Annahme veranlaßt hat, ein Seelsorger könnte jemals »verurteilen«.[442] Ein der ganzheitlichen Seelsorge gemäß der biblischen Anthropologie verpflichteter Theologe oder Laienseelsorger proklamiert zwar die Verurteilung Gottes, stellt sich aber selbst völlig darunter. Er solidarisiert sich völlig mit dem Pastoranden als gleichwertiger – begnadigter – Sünder, ohne aktuell jede Sünde des Pastoranden selber begangen zu haben; zugleich weiß er um das potentielle Gleichsein. Die absolute Identifikation mit aller Sünde hat Jesus Christus geleistet (Joh 1,29; 2Kor 5,21 usw.), und in seiner *imitatio* (Nachfolge) steht ja der evangelisch wirkende Seelsorger.

Demgegenüber bleibt der Mensch in den Begrenzungen des Humanismus, limitiert auf seine eigenen Ressourcen, in der Unfreiheit seiner Mortalität und er bleibt Opfer des Bösen. Dies soll auch im folgenden Zusammenhang sichtbar werden:

Walter Uhsadel plädiert für die Erschließung des Unbewußten mit Hilfe der Tiefenpsychologie, da dieser Bereich sonst eine »unbekannte Dimension der Realität« bleiben müßte.[443] Die biblische Pastoraltheologie hält dem entgegen, daß der Begriff »Unbewußtes« von den biblischen Autoren zwar nicht verwendet, sehr wohl aber als Thema behandelt wird. Erwin Scharrer meint: Ausdrücke wie »Inneres des Menschen« (z.B. Mt 7,15; Röm 7,22) oder »Verborgenes des Menschen« (1Kor 4,5; 1Petr 3,4; etc.) können hier als Beleg gelten und schließlich darf auch der Tiefenaspekt der Schöpfung hier nicht fehlen. In diesem Zusammenhang ist unbedingt darauf hinzuweisen, daß der Aspekt des »Bösen«, der im folgenden der Darstellung einen relativ engen, aber bedeutsamen Raum einnehmen wird, sehr viel zu tun hat mit dem Unbewußten der Seele. Das Böse ist unbewußt, die Tatsache der Erbsünde ist unbewußt. Mit diesen Aussagen gerät der biblische Anthropologe in Widerspruch zum Psychoanalytiker, zur Humanwissenschaft ganz allgemein, welche den Begriff des Bösen in

---

[441] Vgl. oben: IV.4.1., Griesl, zu Röm 3,28 (unsere Anm. 287); Schleiermacher, zur Notwendigkeit der Nennung des Skandalon (unsere Anm. 290); IV.4.2., Thurneysen, zur »Umdrehung des Lebens« als Kondition für Gotteskindschaft und zur Unterstellung unter das Urteil von Gottes Wort (Anm. 330); Barth, zum gleichzeitigen Sprechen von der Sünde und von deren Vernichtung (Anm. 332); Barth und Asmussen, laut dem das Wort Gottes dem Pastoranden »auf den Kopf zugesagt« werden muß: Botschaft vom Zorn Gottes und von der Begnadigung (Anm. 343, 344); gegenüber – am Schluß von 4.1. – O. Pfister (Anm. 307) und vor allem W. James, der die biblischen Normen als »metaphysisches Monstrum« aus seiner Realität ausklammerte (Anm. 311).

[442] Vgl. oben 4.3.4, Zitat aus G. Looser, *Gleichgeschlechtlichkeit ohne Vorurteil*, S. 87f.

[443] Vgl. oben 4.3.1 (unsere Anm. 365).

dieser Form nicht anerkennt, sondern relativiert und zu umschreiben versucht. Demgegenüber kennt die Tiefenpsychologie von C.G. Jung den Begriff des Bösen; aber auch in der Deutung dieser tiefenpsychologischen Schule wird der Begriff des Bösen zu einer rein meta-psychologisch-religiösen Metapher, welche im Gegensatz steht zur biblischen Anthropologie.[444]

Die ganzheitliche Seelsorge (in unserem Wortverständnis) folgt den biblischen Autoren in ihrer Kenntnis unbewußter Prozesse, wie Enttäuschungen, Kränkungen, Verletzungen, Beleidigungen, negative Kindheitserfahrungen mit den primären Bezugspersonen, die vergessen waren und später durch einen bestimmten Anlaß wieder geweckt werden (vgl. Ps 51,7). Auf dieser Basis ist der Seelsorger in der Lage, die eigentlichen unbewußten Probleme des hilfesuchenden Homosexuellen zu erspüren und zu verstehen. Erst wenn sie angemessen verstanden sind, können angemessene Antworten der Hilfe und entsprechende Handlungsweisen erfolgen.

Der Seelsorger ist aber nicht auf diesen Zugang zum Unbewußten des Pastoranden beschränkt. Er kann sich, wie Scharrer weiter ausführt, grundsätzlich auf die Offenbarungsmacht des Wortes Gottes ausrichten, die ihm Jesus Christus bzw. der Geist Gottes vermittelt und die er in die Lage des Hilfesuchenden hineinsprechen und »dolmetschen« darf. Dies gilt gerade auch für Situationen der frühen Kindheit, wenn diese angemessen durchforscht und analysiert worden ist. Aus der Sicht des Pastoranden heißt dies, daß die Offenbarung der göttlichen Erlösung in die Erfahrung der frühen Kindheit eindringen kann und zur Heilung der Erinnerungen führt. In der Begegnung der vertikalen und der horizontalen Ebene treffen sich Seelsorge und Psychotherapie bzw. Lebens- und Glaubenshilfe einerseits und bloße Lebenshilfe andererseits.[445]

4.3.6. Ganzheitliche Seelsorge gemäß biblischer Anthropologie im kirchlichen Umfeld

Der in anderem Kontext zitierte Lawrence Crabb[446] hat sich als ehemaliger Direktor des Psychology Counseling Center an der Florida Atlantic University eingehend mit den verschiedenen – auch christlichen – psychiatrisch-psychologischen Seelsorgemethoden auseinandergesetzt. Er gelangt zu einem Modell der ganzheitlichen Seelsorge im kirchlichen Umfeld, welches die Anwendung der biblischen Anthropologie als wirksam und heilsam belegt.

Wenn christliche Psychologenverbände »die modernen empirischen

---

[444] Erwin Scharrer, *Heilung des Unbewußten* (Marburg, 1982), S. 16.
[445] Vgl. ebenda, S. 20ff.
[446] Vgl. oben IV.4.1. (Anm. 296 und 309)

Forschungsmethoden« über die als »kulturell gefärbt« apostrophierten Aussagen der Bibel stellen[447], führt Crabb dagegen an, daß eine Hermeneutik der Bibel unter dem Blickwinkel jenes kulturellen Relativismus und umweltbedingten Determinismus wesentliche Inhalte der Bibel »unabsichtlich aufgeben« müsse.[448] Hierzu ist Crabb nicht bereit. Er geht davon aus, daß vom Seelsorger jedes Gedankengebäude, das mit Aussagen der Bibel in Konflikt gerät, »als unwahr zurückgewiesen« werden muß.[449] Ebenso distanziert sich Crabb von dem Versuch, die christliche Anthropologie mit der humanwissenschaftlichen zu verschmelzen. Denn diese Synthese verneint letztlich das Böse im Menschen und setzt ein angeblich inhärentes »Gutes« voraus, woraus zu folgern wäre, daß einzig das oppressive Gesetzessystem die Aktualisierung jenes »innewohnenden Guten« verhindere.[450] Schreibt man dem Menschen – im Gegensatz zum Wort Gottes – immanentes Gutsein zu, so sind darin auch alle Triebe eingeschlossen, und ihre Aktualisierung – also auch die homosexuellen Triebe – wären im Namen jenes »Guten« zwingend. Indes ist dieses Element der humanistischen Anthropologie als Mythos einzustufen.[451]

Crabb berücksichtigt jedoch die Relevanz psychologischer Forschungen für die Seelsorge, namentlich für das Verständnis der Bewirkung emotionaler Störungen durch Probleme wie Schuld, Angst, Groll, unkontrollierte Triebe, Mangel an Selbstannahme, Minderwertigkeitskomplexe, falsch gesetzte Prioritäten und Egozentrik.[452]

Crabbs theoretische Grundlage für sein gemeindliches Seelsorgemodell lautet:

Man kombiniere die Erkenntnisse und Anweisungen der Bibel mit der Weisheit der Psychologie. So wird daraus eine wahrhaft wirksame und allen Ansprüchen genügende Psychotherapie hervorgehen.[453]

Für die Praxis fordert Crabb grundsätzlich, daß für den Hilfesuchenden ei-

---

[447] L. Crabb, *Die Last des andern*, S. 44; vgl. B. Narramore, »Perspectives on the Integration of Psychology and Theology«, *Journal of Psychology and Theology* (La Mirada) 1 (1973): 3–18.

[448] L. Crabb, *Die Last des andern*, S. 44; vgl. J.C. Weber, »Does the Bible Condemn Homosexual Acts?«, *Engage / Social Action* (Washington) 5 (1975): 28–36; Sidney Tarachow, »St. Paul and Early Christianity: A Psychoanalytic and Historical Study« in W. Muensterberger (Hrsg.), *Psychoanalysis and the Social Sciences* (New York, 1955), S. 232ff.

[449] L. Crabb, *Die Last des andern*, S. 44; vgl. J.R. McQuilkin, »The Behavioral Sciences under the Authority of Scripture«. Referat in der Evangelical Theological Society, Jackson, 30. 12. 1975.

[450] L.J. Crabb und D. Allender, *Ecouragement. The Key to Caring* (New Malden, 1986), S. 78.

[451] Vgl. W. Pannenberg, *Was ist der Mensch? Die Anthropologie der Gegenwart im Lichte der Theologie* (Göttingen, 1962), S. 68ff.

[452] L. Crabb, *Die Last des andern*, S. 28.

[453] Ebenda, S. 30; vgl. aber S. 44: Wahrheitspriorität hat im Konfliktfall stets die Bibel (vgl. unsere Anm. 449).

ne Atmosphäre der Annahme zu schaffen ist, eine quasi neue Welt, in die er sich hinauswagen kann. Dabei ist Crabb davon überzeugt, daß Gott die lokale Gemeinde spezifisch zur Befriedigung der generell beobachteten menschlichen Bedürfnisse geschaffen hat. Bedingungslose positive Wertschätzung und emotionale Wärme als Hintergrund und Umfeld eröffnen dem Seelsorger auch die Gelegenheit, einem Hilfesuchenden »die Wahrheit der Bibel in geeigneter Form« nahezubringen.[454] Diese »Methode«, die er allen Seelsorgern empfiehlt, führt Crabb auf Carl R. Rogers zurück.[455] Es ist einsichtig, daß gerade Personen mit schwacher Sexualtriebkontrolle besonders der Akzeptanz als Mitmenschen bedürfen (vgl. Joh 8,3–11), der Vergebung anstelle der Verurteilung (vgl. Lk 19,1–9), doch teilen die meisten Menschen mit ihnen die Not der Furcht vor Ablehnung. Die Alternative lautet: oberflächliche soziale Beziehungen oder biblisch fundierte Gemeinschaft.[456]

Crabbs biblische Anthropologie enthält den augustinischen Grundgedanken: Der Mensch ist, was er ist, in seinem Gottesverhältnis. Crabb begründet ähnlich wie Barth:

> Ohne Beziehung zu Gottes allmächtigem Werk sucht der Mensch immer nur das Seine. Alle seine Fähigkeiten (Verstand, moralisches Urteilsvermögen, Gefühle, Wille) wirken zusammen und lenken ihn auf das eine sündige Ziel der Selbsterhöhung.[457]

Dieses Bedürfnis zur »Selbsterhöhung« wird nach einer bewußten Hingabe an Christus ersetzt durch die Grundbedürfnisse, »näher zu Jesus zu finden« bzw. in sein Ebenbild umgestaltet zu werden.[458] Die christlichen Grundbedürfnisse müssen durch die Verkündigung geweckt werden:

> Wenn wir verstehen, wer Christus ist, auf welcher Grundlage wir wertvoll sind und worum es im Leben geht, dann haben wir die nötige Formel für eine dauerhafte Veränderung unseres Lebensstils. Christen, die versuchen, »richtig« zu leben, ohne ihre falschen Erkenntnisse zu korrigieren, werden sich immer abmühen ...

... und die Sünde wird immer noch als »Rest« *(reliquae peccati)* ihr Denken, Fühlen bzw. Verhalten beeinflussen.[459] Crabb und Dan Allender schreiben der christlichen Gemeinde die Aufgabe zu, »elementar am Heilungsprozeß« der vom »Sündenrest« beherrschten Menschen »teilzuha-

---

[454] Ebenda, S. 41; besonders: Crabb und Allender, *Encouragement*, S. 11 und passim.

[455] L. Crabb, *Die Last des andern*, S. 92f; vgl. Th.C. Oden, *Kerygma and Counseling* (Philadelphia, 1966), S. 59–66, 110f; W. Jentsch, *Der Seelsorger*, S. 99ff.

[456] Crabb und Allender, *Encouragement*, S. 29–45; L. Crabb, *Die Last des andern*, S. 125ff.

[457] L. Crabb, *Die Last des andern*, S. 93; vgl. Augustine *City of God* (Hrsg. D. Knowles, Harmondsworth, 1980), S. 503ff; K. Barth, *Evangelical Theology. An Introduction* (Grand Rapids, 1980), S. 153ff.

[458] L. Crabb, *Die Last des andern*, S. 117.

[459] Ebenda, S. 97.

ben und sie auf höhere Ebenen der geistlichen Reife und Christusähnlichkeit zu führen«.[460] Freilich ist Crabb zuzustimmen, daß einem Menschen, bei dem das Bedürfnis nach echter Personalität als Hingabe des Ichs an Gott nicht vorhanden ist, in seiner Not kaum zu helfen ist. Er bleibt dann mit seiner durch den Sündenfall korrumpierten Gottebenbildlichkeit stecken, denn »Motive, Emotionen, Gedanken, Präferenzen, Verhalten, Meinungen, Wünsche – jede Facette des Menschenlebens ist von der Sünde geprägt«.[461]

Hier kommt jedoch der Imperativ aus der Transzendenz zum Tragen: Das auf ewiges Leben gerichtete Verlangen nach geheilter Personalität zu wecken bzw. bewußt zu machen (vgl. Pred 3,11) und den Weg dazu aufzuzeigen, ist zentrale Aufgabe der Kirche und im spezifischen – des Seelsorgers (vgl. Mk 16,15f; Lk 24,47; Apg 4,19; usw.).

Darum seien im folgenden auf der Basis der knapp skizzierten biblischen Anthropologie, wie auch Crabb sie für den pastoralen Dienst im Rahmen der konkreten Gemeindesituation appliziert, die u.E. entscheidenden Faktoren hervorgehoben: Gottes Wille ist, daß sein Bild im Menschen restauriert werde. Regin Prenter schreibt: »Der Sündenfall ist die Verzerrung der wahren Beziehung des Menschen zu Gott durch den Aufruhr des Sünders. Die Vernunft vernimmt dann nicht mehr das Gnadenwort Gottes, sondern ersetzt es durch die Lüge von der Selbständigkeit des Menschen. Demzufolge spricht der Mensch nicht mehr das Wort des Lobes, sondern ein Wort der Selbstrechtfertigung und der Anklage gegen Gott; nicht das Wort der Liebe, sondern der Selbstbehauptung gegen den Mitmenschen; nicht das Wort der wahren Erkenntnis und Beherrschung, sondern ein Wort der Vergöttlichung der Welt. Verkehrte Religion (Selbstrechtfertigung statt Glaube), verkehrte Ethik (Selbstbehauptung statt Liebe) und verkehrte Erkenntnis (metaphysische Spekulation statt ehrliche Empirie) sind die Symptome des verkehrten Gottesverhältnisses. Unechte Personalität als Behauptung des Ichs . . . statt echte Personalität als Hingabe des Ichs markiert die Zerstörung der Gottebenbildlichkeit.«[462] Der Mensch muß zurück zum *status originalis* (Urstand), um Gott zu gefallen. Prenter bedient sich des Begriffs »Urstand« und meint damit »die menschliche Existenz, wie Gott sie will und gibt. Sie läßt sich im Anschluß an Genesis 1,26 als gottebenbildliche Geschöpflichkeit bestimmen«, die das wahre Verhältnis des Menschen sowohl zu Gott als auch zum Mitmenschen und zur Umwelt mitbringt. Der Urstand *(status originalis)* wurde durch den Sündenfall zwar vom Sündenstand *(status corrup-*

---

[460] L. Crabb und D. Allender, *Encouragement*, S. 131.
[461] Ebenda.
[462] Vgl. *RGG*, ³1986, s.v. »Anthropologie, dogmatisch« von R. Prenter.

tionis) abgelöst, geht aber nicht gänzlich unter. »Denn die Sünde des Menschen hat keine Macht, das Schöpfungswerk Gottes zu vernichten.« Das Wort Gottes, »das im vollkommen Urstand ein Evangelium und als solches die erfüllte Bestimmung des Menschen ist«, wird unter der Rebellion des Sünders zu einem Gesetz. D.h. es wird zur unerfüllten Bestimmung des Menschen, die ihn als Sünder verdammt. Zugleich trägt es aber durch die Verkündigung das Gesetz Gottes zur Verheißung einer neuen Erfüllung in sich: die stellvertretende Erfüllung durch das inkarnierte Wort Gottes, Jesus Christus. Durch den Glauben an die Christusbotschaft wird im Menschen der *status originalis* wiederhergestellt, und die Sünde besteht nur noch als »Rest« (reliquiae peccati) weiter, der durch den Glauben fortschreitend zu überwinden ist. Der Christ befindet sich also in einem Äquilibrationsprozeß, d.h. im Prozeß des Ausgleiches, wobei Gesetz und Evangelium zusammen dahin wirken, »die Sünde auszumerzen und die Gottebenbildlichkeit zu bewahren«. Die Funktion des Gesetzes ist die Bloßstellung von Sünde, ihre Verurteilung im Gewissen des Menschen und »somit die Bestimmung des Menschen bei dem Sünder in ihrer Unerfülltheit bestätigt«. Demgegenüber verleiht das Evangelium dem Sünder, der sich unter das Gericht des Gesetzes beugt, durch Christus seine erfüllte Bestimmung: Im Stande der Gnade (status gratiae) koexistieren Urstand und Sünde (vgl. 1Joh 1,8), »aber so, daß die durch das Evangelium erfüllte Bestimmung des Menschen die Sünde vertreibt und vernichtet«[463] (vgl. Röm 6,6.13,19).

Kraft seiner Natur steht der Mensch unter Gott, aber über der Kreatur, deren Verwalter er ist. Er vermag das göttliche und das menschliche Wort zu vernehmen dank seiner seelischen Natur, in welcher die Vernunft gründet und ihre Realität hat. Als psychische Realität untersucht die empirische Psychologie sie auch und hat ja samt der Sexualwissenschaft u.a. ernsthaft nach den Ursachen für die Homosexualität geforscht. Die Seelsorge holt sich dort einiges Wissen, vernachlässigt darüber aber nicht die biblische Anthropologie. Daraus ergibt sich *in concreto*: Ein Christ, dessen innerpsychische Veranlagung ihn ein homosexuelles Verhaltensmuster hatte einüben lassen, der nun aber durch das Zusammenwirken von Gesetz und Evangelium erkannt hat, daß sein Verhalten dem Urstand *(status originalis)* u.a. der heterosexuellen Bestimmung, widerspricht, wird nach Hilfe ausschauen. Der Seelsorger spricht mit ihm darüber, daß der homosexuelle Akt – im griechischen Begriff *arsenokoitai* offensichtlich impliziert[464] – die z.B. durch den Ödipuskomplex entstandene Lücke in der nar-

---

[463] Ebenda.
[464] Der Begriff *koite* steht in der LXX häufig für Ehebett oder sexuelle Beziehungen; er findet sich auch im NT (Röm 9,10) als Frucht der ehelichen Liebesbeziehung zwischen Rebekka und Isaak. Die euphemistische Verwendung von *arsenokoitai* akzentuiert die ho-

zißtischen Homöostase schließt, was jedoch auch die heterosexuelle Beziehung zu leisten vermag. Das komplexe Unterfangen, die Person mit einer innerpsychischen Veranlagung zur Homosexualität vom »Zwang« zum homosexuellen Verhalten auf »Freiheit« zur heterosexuellen Beziehung umzupolen, setzt ein entsprechendes kirchliches Umfeld voraus. Hier müssen die spezifischen »Sehnsüchte«, Zwänge und Kämpfe im Licht der medizinischen Wissenschaft und des Evangeliums verstanden werden. Die Bekundung von Verständnis kann (auch) einen solchen Christen ermutigen, über seine Probleme zu sprechen.

Wir stimmen nicht mit John Harvey überein, daß im kirchlichen Kontext Kleingruppen von ausschließlich Homosexuellen gegründet werden sollten mit dem Ziel, einander zu helfen, sich aber des genitalen Auslebens ihrer Veranlagung zu enthalten.[465] Solche Gruppen können zwar über mögliche Konflikte, Schuldgefühle und Depressionen diskutieren, innere Disziplin und biblische Reflexion üben und den einzelnen den Ansporn zum christusähnlichen Leben vermitteln, u.a. durch den Entwurf eines persönlichen Lebensplans für die Mitglieder, als Ghettoorganisation vermögen sie indes kaum, unter der heterosexuellen Mehrheit Vorurteile abzubauen und Verständnis, ja uneingeschränkte Nächstenliebe zu fördern. Wir postulieren daher die Bildung von gemischten Kleingruppen. Zu den Fakten, von denen auszugehen ist, gehört übrigens auch, daß Masturbation, Masochismus, Voyeurismus, Fetischismus und promiskes Sexualverhalten ebenso wie Homosexualität Praktiken sind, die narzißtische Homöostase durch entsprechendes – nicht mit dem Urstand *(status originalis)* zu vereinbarendes – Sexualverhalten aufrechthalten (vgl. Röm 6,11). Die Generation der sechziger Jahre hat eine Sexualrevolution miterlebt und zum Teil mitgemacht. Eine Folge davon ist heute die Immunschwächekrankheit AIDS, die alle Bevölkerungskreise bedroht. Gerade auch für den Abbau der Phobien und Vorurteile gegen HIV-Positive sind solche Kleingruppen nötig. Im Wissen, daß nicht allein deren vorgängiges promiskes oder perverses Sexualverhalten Sünde ist (vgl. Röm 14,23), sondern daß jeder Mensch von Gottes Vergebung lebt (vgl. Röm 3,23), gewähren die Christen einander gegenseitige Akzeptanz (vgl. Röm 15,7). So wird der Äquilibrationsprozeß gefördert und das Bedürfnis nach Christusähnlichkeit erhöht. Inwieweit diese Kleingruppen Ort der Bloßlegung von Sexualproblemen sein sollen und können oder ob die intimen Fragen in

mosexuelle Liebe, den Akt zwischen gleichgeschlechtlichen Partnern. Vgl. D. Atkinson, *Homosexuals in the Christian Fellowship*, S. 91f.

[465] Vgl. J. Harvey, »Group Support in Helping the Homosexuals to Live a Fully Integrated Life« in K. Leopold und T. Orians (Hrsg.), *Theological Pastoral Resources* (Washington, 1981), S. 24–26; J. Harvey, »Chastity and the Homosexual«, *The Priest* (Huntington) 33 (1977): 10–16.

den Rahmen der Zweierschaft[466] gehören, wird je nach Gegebenheiten in der jeweiligen lokalen Gemeinde zu entscheiden sein. Jedenfalls ist jedes Gemeindeglied in eine verbindliche Beziehung zu integrieren, wo ihm von einem oder mehreren Mitgläubigen Verständnis geschenkt werden kann. Je exakter das Verstehen durch Rückfragen, »desto ermutigender die verbale Kommunikation«.[467] Wir stimmen Crabb zu:

> Nur in einer Atmosphäre der Sicherheit wird ein Mensch bereit sein, sich ehrlich selbst zu betrachten und Überzeugungen aufzugeben, die über Jahre hinweg sein persönliches Wertgefühl bestimmt haben.[468]

Im *status gratiae* erkennt der homosexuelle Mensch, daß er vor der heterosexuellen Begegnung auf der Flucht ist und daß dieses Verhalten zu dem von Gott gesetzten *status originalis* der vollgültigen heterosexuellen Verhaltensweise im Widerspruch steht; im *status originalis* ist Homosexualität nicht etwa als ebenbürtige Variante vorgesehen. Ohne nun im geringsten zu richten, bekunden die informierten Mitgläubigen der jeweiligen Kleingruppe bzw. Zweierschaft dem Homosexuellen zwar Verständnis in seinem So-Sein, ermutigen ihn jedoch auch, herauszufinden, wo seine Grundannahme angesiedelt ist. Eine nur nouthetische Seelsorge genügt nicht, um dem Betroffenen zur Problemlösung zu verhelfen. Der Entdeckung seiner Grundannahme, welche das Bedürfnis nach homosexueller Praxis zwecks Schließung der Lücke in seiner narzißtischen Homöostase »rechtfertigte«, folgt die Interpretation seines Verhaltens aus theologisch-anthropologischer wie psychoanalytischer Perspektive. Dafür sind im kirchlichen Umfeld Seelsorger notwendig, die humanmedizinische und psychologische Kenntnisse über die sexuellen Abweichungen besitzen und sie im Rahmen der biblischen Anthropologie anwenden können. Das verlangt nach einer neuen Dimension in der theologischen Ausbildung, nach einer Gegenüberstellung der humanistischen und der biblisch-theologischen Anthropologie, wobei beide Varianten auszuwerten sind. Crabb postuliert einen akademischen Abschluß im Fach Biblische Seelsorge; ein so fundierter Seelsorgedienst »soll nichtmedizinische Psychotherapie ersetzen«.[469]

Wie mit diesem Zitat von Crabb, so verneinen auch wir keinesfalls die Notwendigkeit medizinischer Therapie bei Christen, deren sexuelle Per-

---

[466] Vgl. Hans Bürki, *Zweierschaft* (Wuppertal, 1959), »Grundlegung der Glaubensgemeinschaft«, bes. S. 81–85; »Verwirklichung der Glaubensgemeinschaft«, S. 95ff.; Crabb und Allender, *Encouragement*, S. 103ff, 124–129.

[467] Crabb und Allender, *Encouragement*, S. 128f.

[468] L. Crabb, *Die Last des andern*, S. 92; vgl. James Dobson, *Gemeinsam oder einsam?* (Kehl, 1986), S. 172–177.

[469] Crabb und Allender, *Encouragement*, S. 138.

versionen neurotisch bedingt sind – Adler und van den Aardweg berichten davon –; sie lassen sich nicht ohne therapeutischen Eingriff kurieren. Immerhin vermag das entsprechende Klima im kirchlichen Umfeld auch auf den unter Neurosen leidenden Christen heilend zu wirken. Mißerfolge sind nie ein Grund für die Gemeinde, einen Homosexuellen aufzugeben, denn das Noch-nicht ist nicht identisch mit endgültiger Zielverfehlung.[470]

In einer »ermutigenden Gemeinde« wissen sich Christen mit abweichenden Sexualinklinationen weder abgelehnt noch verurteilt, obgleich das Ausleben dieser Neigungen im Gemeindekonsens, dem sich auch die davon betroffene Person unterstellt, als außerhalb des Willens Gottes liegend gilt. Das genuine Verhältnis auch dieser Gläubigen zu Gott verwirklicht sich darin, daß Gott zu ihnen sein gnädiges Wort spricht und sie dieses Wort glauben und ihm gehorchen. In diesem Glauben und Gehorsam drücken sie ihrerseits Gott gegenüber Dank und Lob, den Menschen gegenüber Liebe und ihrer Welt gegenüber ein Wort der Erkenntnis und der Herrschaft aus.[471] Der innerpsychische Ausgleich wird fortan nicht zuerst in der sexuellen Ausdrucksweise gesucht, sondern in der durch Christus erfüllten Bestimmung (Eph 2,10). Diese neue Grundannahme und die auf ihr basierende neue Einschätzung von Sexualverhalten wird das innerpsychische Gleichgewicht im Streben nach der Ebenbildlichkeit Christi herstellen wollen (vgl. Phil 3,13f). Die Sexualität spielt im Leben dieses Christen nicht mehr eine erstrangige Rolle, sondern Priorität hat für ihn, »daß Christus an meinem Leibe verherrlicht werden wird, sei es durch Leben, sei es durch Tod« (Phil 1,20). Die Grundbedürfnisse der Anbetung, Lehre, Jüngerschaft und Gemeinschaft weisen der Sexualität eine sekundäre Rolle zu. Lustegoismus und sexueller Leistungsdruck schwinden in der authentischen christlichen Kommunikation mit Gott und dadurch auch mit dem andern.

Abschließend stellen wir noch einmal fest, daß die Bejahung der Homosexualität als einer Alternative zur Heterosexualität in der Bibel keine Legitimation findet. Entsprechend ermutigt eine auf dem integralen Wort Gottes gründende lokale Gemeinde dieses Verhalten nicht. Je nach der theologischen Prägung und Mitberücksichtigung von Elementen der humanistischen bzw. transhumanen Psychologie wird jedoch heute im konkreten kirchlichen Umfeld nicht der Prozeß zur Gottebenbildlichkeit, sondern das Ausleben der jeweiligen Inklinationen als wesentlich beurteilt.

---

[470] Vgl. ebenda, S. 90.
[471] Vgl. K. Barth, *Kirchliche Dogmatik*, Bd. 3, 1.2., S. 1945–48; H. Thielicke, *Theologische Ethik*, Bd. 2, S. 328ff.

V. Konklusion, thesenartig

1. Die homosexuelle Neigung ist überwiegend »umweltbedingt«; in Ausnahmefällen kann sie konstitutionell bedingt sein.

1.1. Die These der umweltbedingten Homosexualität setzt eine durch mangelhafte Sexualerziehung hervorgerufene Fehlentwicklung voraus.

1.1.1. Die Fehlentwicklung kann durch einen Ödipuskomplex in früher Kindheit entstanden sein und wird vom Betroffenen als angeboren bzw. konstitutionell bedingt erlebt.

1.1.2. Die Sexualentwicklung übernimmt die Aufgabe, via Verhalten das gestörte innerpsychische Gleichgewicht wiederherzustellen.

1.1.3. Der ausschließlich Homosexuelle erfährt seine Neigung nicht als Funktionsstörung, sondern als normales Verhalten, das seinem Bedürfnis entspringt.

1.1.4. Die homosexuelle Neigung wird durch gesellschaftliche Hinterfragung bzw. Kritik zum psychosozialen Problem, das eine Lösung erfordert.

1.1.5. In vielen Fällen kann sich die homosexuelle Neigung als pathologische Abwehr oder als Reparationsvorgang zeigen und neurotische Phänomene hervortreten lassen.

1.1.6. Die umweltbedingte Homosexualität kann auch erlernt, erworben bzw. »aufgezwungen« sein. So kann dieses Verhalten in einer permissiven Atmosphäre geradezu Mode werden und auch Personen ohne eigentliche homosexuelle Neigung erfassen.

1.1.7. Die umweltbedingte Homosexualität kann als Steckenbleiben im Reifungsprozeß zur Heterosexualität betrachtet werden.

1.2. Die These der vererbten bzw. konstitutionellen Homosexualität ist weithin umstritten.

1.2.1. Sie resultiert bei den meisten Vertretern aus der Annahme, daß jeder Mensch bisexuell veranlagt geboren werde.

1.2.2. Es wird auch angenommen, daß die angeborene Homosexualität Folge des Einflusses der Geschlechtshormone auf die Entwicklung sexueller Empfindungen im Bereich des Gehirns ist.

1.2.3. Endokrinologische und genetische Forschungen haben die These einer vererbten homosexuellen Veranlagung bisher nicht belegen können.

1.3. Der heutige Stand der Erforschung der Ursachen homosexuellen Verhaltens hat im Vergleich zu dem, was bereits in der griechischen klassischen Literatur steht, nichts wesentlich Neues erbracht.

1.3.1. Die griechischen Klassiker betrachten die homosexuellen Triebe als »natürliches« Bedürfnis zur analen Penetration und schließen eine Vererbung dieser Neigung nicht aus.

1.3.2. Griechische Klassiker sprechen auch von erlernter bzw. erworbener Homosexualität.

1.3.3. Plato behandelt das Phänomen der Homosexualität als Folge eines Reizes, der aus dem Stimulus optisch erfahrener Schönheit entstehe.

1.3.4. Plutarch weiß von vererbter Bisexualität zu berichten.

1.3.5. Andere griechische Autoren betrachten die Homosexualität als Fortpflanzungsdefekt und bezeichnen sie als krankhaft.

1.4. Die biblische Sicht der Homosexualität unterscheidet sich kaum von der neuesten wissenschaftlichen Erkenntnis.

1.4.1. Der priesterliche Heiligkeitskodex empfindet den homosexuellen Liebesausdruck als ein Verhalten »nach den Satzungen der Heiden« (vgl. Lev 20,23).

1.4.2. Die alttestamentlichen Stellen über homosexuelles Verhalten (Lev 18,22; 20,13) deuten an, daß der homosexuelle Verkehr als alternativ zum heterosexuellen betrachtet werden kann. Zugleich sagen sie aber deutlich, daß er der Absicht Gottes widerspricht und sein Strafgericht herausfordert.

1.4.3. Paulus betrachtet die Homosexualität als Folge der falschen Wahl, durch die ein Mensch dann sich selbst überlassen ist; diese Wahl trifft der Mensch, weil er meint, sein Selbstwertgefühl so steigern zu können (vgl. Röm 1,22ff).

1.4.4. Das Sich-selbst-überlassen-Sein führt nach Paulus zu einer unkontrollierten Ausrichtung der Sexualtriebe, die in perversen Praktiken ihren Ausdruck finden (vgl. Röm 1,26–28).

1.4.5. Das homosexuelle Verhalten wird nach Paulus für Menschen, die einmal die falsche Wahl trafen, zum innerpsychischen Bedürfnis, das sie durch die homosexuelle Praxis zu befriedigen suchen.

1.4.6. Diese Personen befürworten das homosexuelle Verhalten auch bei anderen, »die es verüben« (vgl. Röm 1,32), d.h. die Gleichartigen solidarisieren sich.

2. Die biblische Ablehnung des homosexuellen Verhaltens hat mehrere Gründe.

2.1. Die Homosexualität bedroht die göttliche Einrichtung der heterosexuellen Ehe (vgl. Gen 1,26–30; 2,18–25) und ist damit eine der Schöpfungsabsicht Gottes zuwiderlaufende Praxis.

2.2. Das Verbot der homosexuellen Praxis sollte das Volk Israel im Verhalten von den heidnischen Völkern abheben und die Israeliten im Reifungsprozeß zur Heterosexualität hinführen.

2.2.1. Bei den kanaanitischen Stämmen wurde die kultische Prostitution zu Ehren der Fruchtbarkeitsgöttinnen geübt; nicht selten war sie mit homosexuellem Verhalten verbunden.

2.2.2. Durch den im Tempel vollzogenen Sexualverkehr mit dem Kultpersonal glaubte man, die Lebenskräfte zu fördern und das menschliche Dasein in die kosmische Ordnung einzubinden, ja geradezu den Sieg über Tod und Verwesung zu erreichen.

2.2.3. In den kanaanitischen Tempeln soll es eine anerkannte homosexuelle Zunft gegeben haben.

2.3. Das Verbot der homosexuellen bzw. perversen Praktiken hob den Gott der Hebräer von den Göttern der Heidenvölker ab.

2.3.1. Der Gott Israels steht als Schöpfer und Lenker über der Natur und ist daher notwendigerweise transzendent.

2.3.2. Der hebräische Monotheismus schließt intermeditäre Agenten und somit auch die sakrale Prostitution aus.

2.3.3. Die monotheistische Religion der Hebräer verlangt eine Abgrenzung des Gottesdienstes von polytheistischen Kulten: Die gottesdienstlichen Handlungen der Hebräer werden spiritualisiert und sollen das Verhalten jedes Angehörigen des Volkes bestimmen (vgl. Röm 12,1f).

2.4. Das Verbot der homosexuellen Liebe *(arsenokoitos)* hat seine Bedeutung im Neuen Testament beibehalten (vgl. Röm 1,26–28; 2Kor 6,9).

2.4.1. Die homosexuelle Praxis wird zu den Unzuchtssünden gezählt und abgelehnt (vgl. 1Kor 6,9f).

2.4.2. Die Sexualtriebe sollen heterosexuell in einer monogamen Ehe kanalisiert und gelebt werden (vgl. 1Kor 7,2–5.9).

2.4.3. Ein anderes Sexualverhalten als die heterosexuelle monogame Ehe – oder die Enthaltung –, sei es promisk oder homosexuell, verletzt das ethische Gleichgewicht der Kirche Jesu Christi und schließt das Erben des Reiches Gottes aus (vgl. 1Kor 6,9f).

2.4.4. Die Bibel bewertet die homosexuelle Hingabe an eine gleichgeschlechtliche Person keineswegs positiv. Ihre Erklärung für das Vertauschen des vaginalen Verkehrs mit dem analen (Röm 1,22–31) bedingt die Ablehnung des letzteren, einschließlich der gegenseitigen Masturbation (Röm 1,26–28).

3. Die theologischen Überlegungen beziehen sich einerseits auf die biblische Haltung gegenüber der Homosexualität, andererseits auf die

Forschungsergebnisse der empirischen Psychologie.

3.1. Die Vertreter der dialektischen Theologie konnten das homosexuelle Verhalten in keinem Fall befürworten.

3.1.1. Sie betrachteten es als »soziale Krankheit«, die durch psychotherapeutisch geschulte Seelsorger behandelt werden soll.

3.1.2. Bei Unheilbarkeit der ausschließlich homosexuellen Neigung einer Person gestatten dialektische Theologen eine homosexuelle Partnerschaft, die aber geheim bleiben soll und nicht zum Verlust der Kirchenmitgliedschaft führen darf.

3.2. Der Kulturprotestantismus setzt sich für die Anerkennung der homosexuellen Praxis wie für die Trauung homosexueller Paare ein.

3.3. Die Vertreter der Prozeßtheologie (Pittenger) sehen im homosexuellen Verhalten eine göttliche Tugend.

3.3.1. In der homosexuellen Liebe bekunde sich die Liebe Gottes.

3.3.2. Jede Anstrengung zur »Umpolung« der homosexuellen in die heterosexuelle Neigung ist in diesem Verständnis ein Verstoß gegen die göttliche Liebe, mithin ein Verbrechen.

3.3.3. Die Re-Interpretation der biblischen Aussagen über Homosexualität führt die Prozeßtheologen zur Sicht, die Bibel wende sich (»nur«) gegen kultische Prostitution und promiskes homosexuelles Verhalten.

3.4. Die Anhänger der »transmoralischen« Ethik folgen der Prozeßtheologie, gehen aber in der praktischen Anwendung weiter.

3.4.1. Sie befürworten eine verantwortungsbewußte Liebe als Hingabe an den Nächsten, sei es innerhalb oder außerhalb einer homo- oder heterosexuellen exklusiven Partnerschaft.

3.4.2. Sie setzen sich für die Ordination homosexueller Geistlicher ein.

3.4.3. Sie bekämpfen psychotherapeutische Bemühungen, homosexuelle Menschen umzupolen.

3.5. Die römische Kurie hält sich an die biblische Beurteilung der Homosexualität.

3.5.1. Konservative katholische Theologen raten homosexuellen Kirchenmitgliedern, sich einer psychotherapeutischen Behandlung zu unterziehen.

3.5.2. Progressive katholische Theologen befürworten im Gegensatz zur Kurie das homosexuelle Verhalten.

4. Die Umwandlung der homosexuellen Neigung in die heterosexuelle ist möglich.

4.1. Zahlreiche empirische Psychologen und Psychiater betrachten die

Homosexualität als Abweichung von der heterosexuellen Norm und bieten Homosexuellen verschiedene Therapien an.

4.2. Psychotherapien werden von Homosexuellen in Anspruch genommen, die über ihre Neigung unglücklich sind bzw. sich von der Immunschwächekrankheit AIDS bedroht sehen.

4.3. Die Ergebnisse verschiedener Psychotherapien belegen, daß Homosexualität »heilbar«, d.h. »umwandelbar« ist.

5. Es gibt seelsorgerliche Bemühungen um homosexuell veranlagte Christen.

5.1. Die Anwendung der speziellen Seelsorge im kirchlichen Umfeld hat ihre Berechtigung.

5.1.1. Christen müssen in Verbindung mit der Verkündigung auch über die Ursachen der Homosexualität aufgeklärt werden.

5.1.2. Vorurteile gegen Christen mit homosexuellen Neigungen müssen abgebaut werden.

5.1.3. Die allgemeine Seelsorge muß ihre Fortsetzung in der speziellen Seelsorge finden.

5.2. Die kerygmatische Seelsorge hat ihren Wert in der christuszentrierten Botschaft. Der von der Botschaft angesprochene Homosexuelle sucht beim Seelsorger entsprechende Hilfe im Rahmen eines Zweiergesprächs.

5.3. Die ganzheitliche Seelsorge bezieht die Erkenntnisse der empirischen Psychologie mit ein.

5.3.1. Eine Anamnese verschafft dem Seelsorger Einblick in die jeweiligen Ursachen der Homosexualität.

5.3.2. Der Seelsorger muß entscheiden, ob er allein mit dem Fall fertig wird oder ob er einen Arzt bzw. Therapeuten hinzuziehen will.

5.3.3. Der Seelsorger ist bemüht, den Betroffenen in eine Kleingruppe seiner Gemeinde zu integrieren, wo ihm mitmenschliche Seelsorge zuteil wird.

5.3.4. Der Seelsorger fördert das Bedürfnis eines homosexuell veranlagten Christen nach Umwandlung zur Heterosexualität und verweist ihn bei Bedarf an einen geschulten Psychotherapeuten.

5.3.5. Der Seelsorger klärt bei Bedarf über die Gefahren von AIDS auf und sucht die Angst vor Ansteckung zu beseitigen. Der gemeinsame Abendmahlskelch sollte durch individuelle Becher ersetzt werden.

5.3.6. Die ganzheitliche Seelsorge bedingt die Einbeziehung der empirischen Psychologie als obligatorisches Fach an theologischen Hochschulen bzw. Fakultäten.

Ausgewählte Bibliographie

1. Lexika, Enzyklopädien, Bibliographien

Arndt, William F., Hrsg. *Greek-English Lexicon of the New Testament and Other Early Christian Literature* (Arndt/Gingrich). (Übers. W.F. Arndt und G.W. Gingrich von: *Walter Bauer's Griechisch-Deutsches Wörterbuch zu den Schriften des NT und der übrigen urchristlichen Literatur*). Chicago-London: Univ. of Chicago Press, 1979.

Bauer, Walter. *Bauer's Griechisch-Deutsches Wörterbuch* ... s. Arndt.

BHHW s. Reicke und Rost. Hrsg. *Biblisch-Historisches Hand-Wörterbuch.*

Biblisch-Historisches Hand-Wörterbuch (BHHW). Göttingen: Vandenhoeck & Ruprecht, 1962, s. Reicke-Rost.

Bol'šaja Sovetskaja Ėnciklopedija (Große Sowjetenzyklopädie). Hrsg. A.M. Prochorov. Moskau: Izdatel'stvo Sovetskaja Ėnciklopedija, 3. Ausg. 1974, Bd. 17.

Buchberger, M., Hrsg. *Lexikon für Theologie und Kirche.* Freiburg-Basel: Herder, 1957–1968.

Buttrick, G.A. et al., Hrsg. *The Interpreter's Dictionary of the Bible.* 4 Bde. New York-Nashville: Abingdon, 1962.

Catholic Bibliography of Homosexuality, A. San Diego: Dignity International, o.J. (Bezugsquelle: Dignity International, 3719 Sixth Ave., Suite F., San Diego, CA 92103).

Coenen, Lothar, Hrsg. *Theologisches Begriffs-Lexikon zum Neuen Testament.* Wuppertal: R. Brockhaus, 1979.

Collier's Encyclopaedia. Hrsg. William D. Halsey und Emanuel Friedman. London-New York: P.F. Collier, 1980.

Dorsch, F., *Psychologisches Wörterbuch.* Bern-Stuttgart-Wien: H. Huber, 1982.

Douglas, J.D., Hrsg. *The New Bible Dictionary.* Grand Rapids: Eerdmans, 1979.

Duden, Der Große: Herkunftswörterbuch. Bearbeitet von Günther Drosdowski et al. Mannheim-Wien-Zürich: Bibliographisches Institut, 1963, Bd. 7.

Ebeling, E. und Meißner, B., Hrsg. *Realllexikon der Assyrologie.* 6 Bde. Berlin-Leipzig-New York: Walter de Gruyter, 1928–72.

Ellis, Albert und Abarbanel, Albert, Hrsg. *The Encyclopedia of Sexual Behavior.* New York: Hawthorn Books, 1961.

Encyclopaedia Judaica. Hrsg. Cecil Roth, Geoffrey Wigorder et al. Jerusalem: Keter, 1971.

Encyclopaedia of Religion and Ethics, s. Hastings.

Fahlbusch, Erwin, Hrsg. *Taschenlexikon Religion und Theologie.* 5 Bde. Göttingen: Vandenhoeck & Ruprecht, 4. Aufl. 1983.

Friedrich, G. (Kittel, Gerhard), Hrsg. *Theological Dictionary of the New Testament (TDNT).* Übers. und Hrsg. Geoffrey W. Bromiley. 10 Bde. Grand Rapids: Eerdmans, 11. Aufl. 1981.

Galling, Kurt, Hrsg. *Die Religion in Geschichte und Gegenwart (RGG)*. 3., völlig neu bearb. Aufl. Tübingen: J.C.B. Mohr (Sieburg), 1986.

Gay Bibliography, A. Hrsg. von Task Force on Gay Liberation of the American Library Association, 6. Aufl. 1978. (Bezugsquelle: Barbara Gittings, Coordinator, Box 2383, Philadelphia, PA. 19103).

Gesenius, W., *Wilhelm Gesenius' hebräisches und aramäisches Handwörterbuch über das AT*. Bearb. F. Buhl. Berlin-Göttingen-Heidelberg: Springer, 17. Aufl. 1962.

Great Soviet Encyclopedia. Chefred. A.M. Prokhorov. Translation of the Third Edition. New York-London: Macmillan, 1975.

Haag, Herbert, Hrsg. *Bibel-Lexikon*. Zürich-Einsiedeln-Köln: Benziger, 1982.

Hastings, James, Hrsg. *Encyclopaedia of Religion and Ethics*. 13 Bde. Edinburgh: T.&T. Clark, 1908–1926.

Hauck, D. Albert, Hrsg. *Realencyclopädie für protestantische Theologie und Kirche*. Leipzig: J.C. Hinrichs'sche Buchhdlg., 1897.

International Encyclopedia of the Social Sciences, siehe Sills.

International Standard Bible Encyclopaedia (ISBE). Grand Rapids: Eerdmans, Reprint 1976, s. Orr.

Interpreter's Dictionary of the Bible. 4 Bde. Nashville: Abingdon Press, 1962; *Supplementary Volume*. Nashville: Abingdon Press, 1976.

Irmscher, Johannes. *Das große Lexikon der Antike*. München: Wilhelm Heyne, 2. ergänzte Aufl. 1976.

ISBE s. Orr, James, Hrsg. *International Standard Bible Encyclopaedia*

Jenni, Ernst (Hrsg. unter Mitarbeit von Westermann, Claus). *Theologisches Handwörterbuch zum Alten Testament*. 2 Bde. München: Chr. Kaiser; Zürich: Theologischer Vlg., 3. Aufl. 1978.

Kittel, Gerhard, Hrsg. *Theologisches Wörterbuch zum Neuen Testament (TWNT)*. 10 Bde. Stuttgart: Kohlhammer, 1953.

Koch, Klaus et al., Hrsg. *Reclam Bibel-Lexikon*. Stuttgart: Ph. Reclam jun., 1982.

Köhler, Ludwig. *Lexicon in Veteris Testamenti Libros*. Leiden: Brill, 1958.

Malter, Margarete und Süß, Rudolf. *AIDS-Kurzlexikon*. Darmstadt: Steinkopff, 1987.

Menge, Hermann. *Altgriechisch-Deutsch*. Berlin-München-Wien-Zürich: Langenscheidt, 42. Aufl. 1985.

Meyers Enzyklopädisches Lexikon. Mannheim-Wien-Zürich: Lexikonverlag, 1974.

Meyers kleines Lexikon: Psychologie. Mannheim-Wien-Zürich: Lexikonverlag, 1986.

Meyers Konversations-Lexikon. Leipzig-Wien: Bibliographisches Institut, 5. Aufl. 1895.

Moll, Albert, Hrsg. *Handbuch der Sexualwissenschaften*. Leipzig: F.C.W. Vogel, 1921.

Neue Knaur, Der. Lexikon in 10 Bd. München-Zürich: Droemer'sche Verlagsanstalt Th. Knaur, 1975.

New Bible Dictionary, siehe Douglas J.D., Hrsg.

New Encaclopaedia Britannica, Chicago, 15. Ausg. 1985.

Orr, James, Hrsg. *The International Standard Bible Encyclopaedia (ISBE)*. Grand Rapids: Eerdmans, Reprint 1976.

Otto, W., Hrsg. *Handbuch der Altertumswissenschaft*. 4 Bde. + 2 Tafel-Bde. München: Beck, 1939–1954.

Pfeiffer, Charles F., Hrsg. *The Biblical World. A Dictionary of Biblical Archaeology*. Grand Rapids: Baker, 1966.

Psychologie des 20. Jahrhunderts. 15 Bde. München: Kindler, 1976ff.

Real-Encyklopädie der classischen Altertumswissenschaft. Hrsg. A. Pauly, 1839. Revid. G. v. Wissowa et al. 24 Bde. Stuttgart: Metzler, 1894–1963.

Realencyklopädie s. Hauck D.A., Hrsg.

Reallexikon der Assyrologie s. Ebeling und Meißner.

Reallexikon für Antike und Christentum. Hrsg. J. Hoops. 7 Bde. Stuttgart: Hiersemann, 1924.

Reicke, Bo und Rost, Leonhard, Hrsg. *Biblisch-Historisches Hand-Wörterbuch (BHHW)*. Göttingen: Vandenhoeck & Ruprecht, 1962.

RGG siehe Galling, K., Hrsg. *Die Religion in Geschichte und Gegenwart*.

Richardson, A., Hrsg. *A Theological Handbook of the Bible*. London: SCM, 1950.

Sills, David L., Hrsg. *International Encyclopedia of the Social Sciences*. New York: Crowell, Collier and Macmillan, 1968.

Spuler, Berthold, Hrsg. *Handbuch der Orientalistik*. Leiden: Brill, 1954–75: 7 »Bde«. Ab 1981 Hrsg. J.E. v. Lohuizende-Leeuw.

Taschenlexikon Religion und Theologie siehe Fahlbusch, E.

Task Force on Gay Liberation of the American Library Association (Hrsg.), s. *Gay Bibliography, A*.

TBLNT s. Coenen, L., Hrsg. *Theologisches Begriffs-Lexikon zum Neuen Testament*.

TDNT (Theological Dictionary of the New Testament) s. Friedrich (Kittel).

Tenney, Merrill C., Hrsg. *The Zondervan Pictorial Encyclopedia of the Bible (ZPEB)*. Grand Rapids: Zondervan, 4. Ausg. 1980.

Theological Dictionary of the New Testament (TDNT) s. Friedrich (Kittel).

Theological Handbook of the Bible s. Richardson.

Theologisches Begriffs-Lexikon zum Neuen Testament (TBLNT) s. Coenen.

Theologisches Wörterbuch zum Neuen Testament (TWNT). Stuttgart: Kohlhammer, 1953 s. Kittel.

TWNT s. Kittel, Gerhard, Hrsg. *Theologisches Wörterbuch zum Neuen Testament*.

Vine, William Edwyn, An *Expository Dictionary of New Testament Words*. Old Tappan, N.J.: Revell, 17. Aufl. 1966.

Vollständige Konkordanz zum griechischen NT. Hrsg. Kurt Aland mit Harald Riesenfeld, Udo H. Rosenbaum und Christian Hannicke. 2 Bde. Berlin-New York: de Gruyter, 1983.

Webster's New Collegiate Dictionary s. Woolf.

Webster, Noah. *Webster's New Twentieth Century Dictionary of the English Language*. Montevideo: Wm. Collins, 2. Ausg. 1979.

Weinberg, Martin S. und Bell, Allan P., Hrsg. *Homosexuality: An Annotated Bibliography*. New York: Harper & Row, 1972.

Woolf, Henry Bosley, Hrsg. *Webster's New Collegiate Dictionary*. Springfield: G.&C. Merriam, 1981.

Zondervan Pictorial Encyclopedia of the Bible (ZPEB). Grand Rapids: Zondervan, 4. Ausg. 1980 s. Tenney.
ZPEB s. Tenney, Hrsg. *Zondervan Pictorial Encyclopedia of the Bible.*

2. Bücher

a) Theologie

Achtemeier, Paul J., Hrsg. *115th Annual Meeting. Society of Biblical Literature.* Missoula: Scholars Press, 1979.
Ackroyd, Peter R. *Exile and Restoration.* Philadelphia: Westminster Press, 1968.
Aisleitner, J. *Die mythologischen und kultischen Texte aus Ras Schamra.* Budapest: Bibliotheca Orientalis Hungarica 8, 1959.
Albright, W.F. *Archaeology and the Religion of Israel.* Harmondsworth: Pelican, 1960.
Albright, W.F. *From the Stone Age to Christianity.* Baltimore: John Hopkins, 1957.
Albright, W.F. *The Biblical Period from Abraham to Ezra.* New York: Harper & Row, 1963.
Aldwinckle, Russell F. *More than Man: A Study in Christology.* Grand Rapids: Eerdmans, 1976.
Allen, Clifton J., Hrsg. *The Broadman Biblical Commentary.* Nashville: Broadman Press, 1972.
Allier, R. *La psychologie de la conversion chez les peuples non-civilisés.* Paris: Payot, 1925.
Allwohn, Adolf. *Das heilende Wort. Zwiesprache mit dem ratsuchenden Menschen unserer Zeit.* Göttingen: Vandenhoeck & Ruprecht, 1958.
Alt, Albrecht, Hrsg. *Kleine Schriften zur Geschichte des Volkes Israel.* München: C.H. Beck, 1953.
Altaner, B. und Stuiber, A. *Patrologie.* Freiburg: Herder, 1966.
Ancient Near Eastern Texts Relating to the Old Testament (ANET) s. Pritchard, J.B.
ANET s. Pritchard, J.B., Hrsg. *Ancient Near Eastern Texts Relating to the Old Testament.*
Apologie der Confessio Augustana. Übers. J. Jonam. Göttingen: Vandenhoeck & Ruprecht, 1963.
Aquin, Thomas von. *Summa Theologica.* Deutsch-latein. Ausg. Hrsg. Albertus-Magnus-Akademie, Waldenberg b. Köln. Übers. von Dominikanern und Benediktinern Deutschlands und Österreichs. 28 Bde. und 2 Ergänzungsbde. Heidelberg: F.H. Kerle; Graz-Wien-Köln: Styria, 1934–1977.
Archer, Gleason L. Jr. *A Survey of Old Testament. Introduction.* Chicago: Moody Press, 1974.
Asmussen, Hans. *Die Seelsorge. Ein praktisches Handbuch über Seelsorge und Seelenführung.* München: Chr. Kaiser, 1935.
Atkinson, David. *Homosexuals in the Christian Fellowship.* Grand Rapids: Eerdmans, 1979.

Augustine. *Basic Writings of Saint Augustine.* Hrsg. Whitney J. Oates. (Besonders das Kap. »On Original Sin«.) New York: Random House, 1948.

Augustine. *City of God.* Hrsg. David Knowles. Übers. Henry Bettenson. Harmondsworth: Penguin, 1980.

Augustine. *Confessions of St. Augustine.* Übers. F.J. Sheed. New York: Sheed & Ward, 1942.

Babylonische Talmud. Der. Hrsg. Reinhold Mayer. München: W. Goldmann, 1963.

Bahnsen, Greg L. *Homosexuality: A Biblical View.* Grand Rapids: Baker, 1978.

Bahnsen, Greg L. *Theonomy in Christian Ethics.* Nutley/N.J.: Craig Press, 1977.

Bailey, (Derrick) S(herwin). *Homosexuality and the Western Christian Tradition.* London: Longmans, Green, 1955.

Bailey, Derrick S. *The Mystery of Love and Marriage.* New York: SCM, 1952.

Bailey, Derrick S., Hrsg. *Sexual Offenders and Social Punishment.* London: Church Information Board for C/E Moral Welfare Council, 1956.

Bainton, Roland. *Here I Stand.* New York: Abingdon/Cokesbury Press, 1950.

Barclay, William. *The Letters to the Corinthians.* Toronto: G.R. Welch, 1975.

Barclay, William. *Begriffe des Neuen Testaments.* Übers. H. Knorr und W. Müller. Wuppertal: Aussaat, 1979.

Barclay, William. *The Letter to the Romans.* Edinburgh: St. Andrews Press, o.J.

Barnhouse, Ruth Tiffany und Holmes, Urban T. III., Hrsg. *Male and Female.* New York: Seabury Press, 1976.

Barnhouse, Ruth Tiffany. *Homosexuality: A Symbolic Confusion.* New York: Seabury Press, 1977.

Barrett, Charles K. *The Epistle to the Romans.* San Francisco: Harper & Row, 1957.

Barrett, Charles K. *The New Testament Background. Selected Documents.* London: SPCK, 1958.

Barth, Karl. *Church Dogmatics.* Hrsg. G.W. Bromiley und T.F. Torrance. Edinburgh: T.&T. Clark, 1957.

Barth, Karl. *Die Kirchliche Dogmatik.* Zürich: EVZ, 1955.

Barth, Karl. *Dogmatik im Grundriß.* Zollikon-Zürich: EVZ, 1947.

Barth, Karl. *Evangelical Theology. An Introduction.* Übers. Grover Goley. Grand Rapids: Eerdmans, 1980.

Barth, Karl. *Römerbrief.* Zürich: EVZ, 1922.

Barth, Karl. *The Preaching of the Gospel.* Übers. B.E. Hooke. Philadelphia: Westminster, 1963.

Barth, Karl. *The Word of God and the Word of Man.* Übers. Douglas Horton. New York: Harper & Row, 1957.

Barth, Markus. *Ephesians 4–6.* Garden City/N.Y.: Doubleday, 5. Aufl. 1981.

Barton, George A. *Archaeology and the Bible.* Philadelphia: American Sunday School Union, 7. Aufl. 1937.

Bartsch, Hans, Hrsg. *Kerygma and Myth.* New York: Harper & Row, 1961.

Batchelor, Edward, Jr., Hrsg. *Homosexuality and Ethics.* New York: The Pilgrim Press, 1980.

Baumgarten, Otto. *Protestantische Seelsorge.* Tübingen: J.C.B. Mohr, 1931.

Becker, Jürgen. *Untersuchungen zur Entstehungsgeschichte der Testamente der Zwölf Patriarchen.* Leiden: Brill, 1970.

271

Beyerlin, Walter, Hrsg. *New Eastern Religious Texts to the Old Testament.* Übers. John Browden. Philadelphia: Westminster Press, 1978.

Beyerlin, Walter, Hrsg. *Religionsgeschichtliches Textbuch zum Alten Testament (RTAT).* ATD-Ergänzungsreihe. Göttingen: Vandenhoeck & Ruprecht, 1975.

Bianchi, Ugo, Hrsg. *The Origins of Gnosticism.* Leiden: Brill, 1967.

Billerbeck, P. (Strack, H.L.), Hrsg. *Kommentar zum Neuen Testament aus Talmud und Midrasch.* München: C.H. Beck, 1922–1961.

Blaiklock, E.M. *The Archaeology of the New Testament.* Grand Rapids: Zondervan, 1970.

Blecker, C.J. *Hathor and Thora.* Leiden: Brill, 1973.

Bloesch, Donald G. *Essentials of Evangelical Theology.* Bd. 1: *God, Authority and Salvation.* San Francisco: Harper & Row, 1978.

Bloesch, Donald G. *Essentials of Evangelical Theology.* Bd. 2: *Life, Ministry and Hope.* San Francisco: Harper & Row, 1979.

Bockmühl, Klaus. *Leiblichkeit und Gesellschaft. Studien zur Religionskritik und Anthropologie im Frühwerk von Ludwig Feuerbach und Karl Marx.* Gießen-Basel: Brunnen, 1980.

Bonhoeffer, Dietrich. *Ethics.* Hrsg. Eberhard Bethge. Übers. Nevill Horton Smith. New York: Macmillan, 1965.

Boor, Werner de. *Der Brief des Paulus an die Römer.* Wuppertaler Studienbibel. Wuppertal: R. Brockhaus, 1979.

Boström, Gustav. *Proverbialstudien. Die Weisheit und das fremde Weib in Sprüche 1–9.* Lund: C.W.K. Gleerup, 1935.

Boswell, John. *Christianity, Social Tolerance, and Homosexuality.* Chicago-London: Univ. of Chicago Press, 1980.

Bousset, Wilhelm. *Kyrios Christo: A History of the Belief in Christ from the Beginning of Christianity to Irenaeus.* Übers. John E. Steely. Nashville-New York: Abingdon, 1970.

Bovet, Theodor. *Der Glaube. Erstarrung und Erlösung.* Tübingen: Katzmann, 1950.

Bovet, Theodor. *Ehekunde.* Tübingen: Katzmann, 1961.

Bovet, Theodor. *Sinnerfülltes Anders-Sein. Seelsorgerliche Gespräche mit Homophilen.* Tübingen: Katzmann, 1959.

Bovet, Theodor. *Von Mann zu Mann.* Tübingen: Katzmann, 1966.

Böcher, Otto und Haaker, Klaus. *Verborum Veritas: Festschrift für Gustav Stählin.* Wuppertal: R. Brockhaus, 1970.

Böckle, F., Hrsg. *Das Naturrecht im Disput.* Düsseldorf: Patmos, 1966.

Brasnett, B.R. *The Suffering of the Impassible God.* London: SPCK, 1928.

Bright, John. *A History of Israel.* London: S.C.M., 2. Aufl. 1972.

Bright, John. *The Authority of the Old Testament.* London: S.C.M., 1967.

Briscoe, D. Stuart. *Romans.* Hrsg. Lloyd J. Ogilvie: *The Communicator's Commentary.* Waco: Word Books, 1982.

Bromiley, Geoffrey W. *Historical Theology.* Grand Rapids: Eerdmans, 1978.

Bruce, F.F. *New Testament History.* London: Oliphants, 1977.

Bruce, F.F. *The Acts of the Apostles. The Greek Text with Introduction and Commentary.* Grand Rapids: Eerdmans, 1979.

Bruce, F.F. *The Book of the Acts.* Grand Rapids: Eerdmans, 1977.

Bruggemann, Walter und Wolff, Hans Walter. *The Vitality of Old Testament Tradition.* Atlanta: John Knox Press, 1975.

Brunner, Emil. *Revelation and Reason.* Übers. Oliva Wyon. Philadelphia: Westminster, 1946.

Brunner, Emil. *The Mediator.* Übers. Oliva Wyon. Philadelphia: Westminster, 1947.

Buber, Martin. *Between Man and Man.* Übers. Ronald Gregor Smith. Boston: Beacon Press, 1947.

Buber, Martin. *Kingship of God.* Übers. Richard Scheiman. New York: Harper; London: Allen & Unwin, 3. Aufl. 1967.

Buber, Martin. *Königtum Gottes.* Berlin: Schocken, 2. Aufl. 1932.

Budge, E.A.W. *The Book of the Dead.* 2 Bde. New York: Dover, 1967.

Budge, E.A.W. *The Gods of Egyptians.* 2 Bde. New York: Dover, 1969.

Bultmann, Rudolf. *Theologie des Neuen Testaments.* Hrsg. O. Merk. Heidelberg: Quelle & Meyer, 1977.

Bultmann, Rudolf. *Der Stil der paulinischen Predigt und die kynisch-stoische Diatribe.* Göttingen: Vandenhoeck & Ruprecht, 1910.

Bürki, Hans. *Der erste Brief des Paulus an Timotheus.* Wuppertaler Studienbibel. Wuppertal: R. Brockhaus, 1982.

Bürki, Hans. *Zweierschaft Besinnung über Grundfragen des Zusammenlebens.* Wuppertal: R. Brockhaus, 1959.

Calvin's Commentaries s. Torrance, David W. und Torrance, Thomas F. (Hrsg.).

Calvin's New Testament Commentaries. Hrsg. David W. Torrance und Thomas F. Torrance. Grand Rapids: Eerdmans, 1964.

Calvin, Johannes. *Auslegung der Heiligen Schrift: Das Johannes-Evangelium.* Übers. Martin Trebesius und Hans Christian Petersen. Neukirchen-Vluyn: Neukirchener Vlg., 1964.

Calvin, John. *Institutes of the Christian Religion.* 2 Bde. Grand Rapids: Eerdmans, 1949.

Calvin: Commentaries. Hrsg. Joseph Haroutunian. Philadelphia: Westminster, 1958.

Garey, George. *I Believe in Man.* Grand Rapids: Eerdmans, 1977.

Cassuto, U. *A Commentary on the Book of Exodus.* Jerusalem: Magnus Press, 1967.

Cobb, John B., Jr. *Christ in a Pluralistic Age.* Philadelphia: Westminster, 1875.

Coleman, Peter. *Christian Attitudes to Homosexuality.* London: SPCK, 1980.

Collins, Gary. *Einführung in die beratende Seelsorge. Handbuch für Ausbildung und Praxis.* Übers. Reinhilde Klatte. Witten: Bundes-Vlg., 1979.

Conzelmann, Hans. *Grundriß der Theologie des Neuen Testaments.* München: Chr. Kaiser, 1976.

Conzelmann, Hans. *Der erste Brief an die Korinther* (»H. Conzelmann«). Göttingen: Vandenhoeck & Ruprecht, 1981.

Cooper, Euge J. *Grundkurs Sexualmoral II: Leben in Liebe.* Freiburg: Herder, 1983.

Craigie, Peter C. *(The New International Commentary on the Old Testament.) The Book of Deuteronomy.* Grand Rapids: Eerdmans, 1976.

Curran, Charles E. *Catholic Moral Theology in Dialogue.* Notre Dame/Ind.: University of Notre Dame Press, 1976.

Curran, Charles. *Contemporary Problems in the Moral Theology.* Notre Dame/Ind.: Fides, 1970.

Daly, Mary. *Gyn/ökologie.* München: Frauenoffensive Vlg., 1981.

Dart, John. *The Laughing Savior: The Discovery and Significance of the Nag Hammadi Gnostic Library.* New York: Harper & Row, 1976.

Davidson, Benjamin. *The Analytical Hebrew and Chaldee Lexicon.* Lynn/Mass.: Hendrickson, 1981.

Davies, W.D. *Paul and Rabbinic Judaism.* London: SPCK, 1970.

Davis, John J. *Paradise to Prison: Studies in Genesis.* Grand Rapids: Baker, 1976.

Deissmann, Adolf. *Licht vom Osten. Das Neue Testament und die neuentdeckten Texte der hellenistisch-römischen Welt.* Tübingen: J.C.B. Mohr (Paul Siebeck). 4., völlig neu bearb. Aufl. 1923.

Deissmann, Adolf. *Light from the Ancient East.* Übers. L.R.M. Strachan. London: Hodder, 1927.

Dekrete des Hl. Offiziums. 24. 9. 1665. Rom: Dekretale Sammlungen (DS) 2045; 2. 3. 1679: DS 2148.

Demarest, Bruce A. *General Revelation. Historical Views and Contemporary Issues.* Grand Rapids: Zondervan, 1982.

Derchain, Ph. *Hathor and Quadrifons.* Leiden: Brill, 1972.

Dibelius, Martin. *Studies in the Acts of the Apostles.* London: SCM, 1956.

Die Bibelzitate im Text sind alle der *Jerusalemer Bibel* entnommen: Hrsg. Diego Arenhoevel, Alfons Deissler, und Anton Vögtle. Freiburg-Basel-Wien: Herder, 6. Aufl. 1968.

Dieterich, Michael. *Psychologie contra Seelsorge?* Neuhausen-Stuttgart: Hänssler, 1984.

Dodd, C.H. *The Parables of the Kingdom.* London: Nisbet, 1955.

Donner, H. und Röllig, W., Hrsg. *Kanaanäische und aramäische Inschriften.* Wiesbaden: Harrassowitz, 1967–69.

Doughty, D.J. *Heiligkeit und Freiheit.* Diss. Göttingen: Vandenhoeck & Ruprecht, 1965.

Drewermann, Eugen. *Psychoanalyse und Moraltheologie: Wege und Umwege der Liebe.* Mainz: Matthias Grünewald, 1983.

Drewermann, Eugen. *Tiefenpsychologie und Exegese.* Olten-Freiburg: Walter, 1985.

Driver, S.R. *Deuteronomy.* (Hrsg. S.R. Driver, A. Plummer, und C.A. Briggs. *International Critical Commentary.*) Edinburgh: T.&T. Clark, 1895/1896; New York: Charles Scribner's Sons, 1910.

Eastwood, Cyril. *The Priesthood of All Believers.* Minneapolis: Augsburg, 1960.

Eichrodt, D. Walther. *Theology of the Old Testament.* Übers. J.A. Baker. Philadelphia: Westminster Press, 1961.

Eliade, M. *From Primitives to Zen.* New York: Harper & Row, 1967.

Ell, Ernst. *Dynamische Sexualmoral.* Zürich-Einsiedeln-Köln: Benziger, 1972.

Ellicott, Charles. *A Bible Commentary for English Readers.* London: Cassell, o.J.

Enslin, Morton Scott. *The Ethics of Paul.* Nashville: Abingdon Press, 1957.

Epstein, L.M. *Sex Laws and Customs in Judaism.* New York: Block, 1948.

Erickson, J. *Christian Theology.* Grand Rapids: Baker Book House, 1983.

Evans, Barbara *Joy!* Carol Stream, Ill.: Creation House, 1973.

Ferm, V., Hrsg. *Forgotten Religions*. New York: Philosophical Library, 1950.

Field, David. *Homosexualität. Was sagt die Bibel wirklich?* Übers. Brigitta Müller-Osenberg. Kehl: Trobisch, 1982.

Fletcher, Joseph. *Situation Ethics*. Philadelphia: Westminster, 1966.

Fohrer, Georg. *Geschichte der israelitischen Religion*. Berlin: W. de Gruyter, 1969.

Fohrer, Georg. *Geschichte Israels*. Heidelberg: Quelle & Meyer, 3. Aufl. 1982.

Forgotten Books of Eden, The. Hrsg. Rutherford H. Platt, Jr. Newfoundland: Alpha House, 1927.

Forster, Roger T. und Marsten, V. Paul. *God's Strategy in Human History*. Wheaton, Ill.: Tyndale, 1974.

Foster, Richard. *Geld, Sex und Macht. Die Realitäten unseres Lebens unter der Herrschaft Christi*. Wuppertal-Kassel: Oncken, 1987.

Frank, Harry Thomas. *Bible, Archaeology and Faith*. Nashville: Abingdon Press, 1971.

Friberg, Barbara und Friberg, Timothy, Hrsg. *Analytical Greek New Testament*. Grand Rapids: Baker, 1981.

Fuller, R.H. *The Mission and Achievement of Jesus*. London: SCM, 1954.

Furnish, Victor Paul. *The Moral Teaching of Paul*. Nashville: Abingdon, 1979.

Gaebelein, Frank E., Hrsg. *The Expositor's Bible Commentary*. Grand Rapids: Zondervan, 1976.

Gangel, Kenneth. *The Gospel and the Gay*. Nashville-New York: Thomas Nelson, 1978.

Gaube, Karin und Pechmann, Alexander v. *Magie, Matriarchat und Marienkult: Frauen und Religion. Versuch einer Bestandsaufnahme*. Reinbek: Rowohlt, 1986.

Gearhart, Sally und Johnson, William R., Hrsg. *Loving Women/Loving Men: Gay Liberation and the Church*. San Francisco: Glide Publications, 1974.

Gerlach, Otto v. *Das Alte Testament mit Einleitung und erklärenden Anmerkungen*. Leipzig: Hinrichs'sche Buchhdlg., 1876.

Gilkey, Langdon. *Catholicism Confronts Modernity*. New York: Seabury Press, 1975.

Godet, F.L. *Commentary on Romans*. Grand Rapids: Kregel, 1977.

Goodspeed, E.J., Hrsg. *Die ältesten Apologeten*. Göttingen: Vandenhoeck & Ruprecht, 1914.

Gray, J. *Joshuah, Judges and Ruth*. Nashville-New York: Th. Nelson, 1967.

Green, A.R.W. *The Role of Human Sacrifice in the Ancient Near East*. Missoula/Mont.: Scholars Press, 1975.

Greeven, Heinrich. *Das Hauptproblem der Sozialethik in der neueren Stoa und im Urchristentum*. Gütersloh: Der Rufer, 1935.

Griesl, Gottfried. *Fünfzehntes Forschungsgespräch. Von der Pastoraltheologie zur praktischen Theologie 1774-1974*. Salzburg: Pustet, 1976.

Griffiths, J. Gwyn. *The Conflict of Horus and Seth*. New York: Argonaut Publ., 1969.

Grosheide, F.W. *Commentary on the First Epistle to the Corinthians*. Grand Rapids: Eerdmans, 8. Aufl. 1976.

Grossouw, W. *In Christ*. Westminster/Md.: Newman Press, 1952.

Gundry, Robert H. *A Survey of the New Testament*. Grand Rapids: Zondervan, 1972.

Gurney, O.R., Hrsg. *Schweich Lectures*. Oxford: Oxford Univ. Press, 1977.

Guthrie, Donald. *New Testament Introduction*. Downers Grove: Inter-Varsity Press, 1970.

Haag, Herbert und Elliger, Katharina. *»Stört nicht die Liebe.« Diskriminierung der Sexualität – ein Verrat an der Bibel*. Olten-Freiburg: Walter, 1986.

Haenchen, Ernst. *The Acts of the Apostles. A Commentary*. Übers. Basil Blackwell. Philadelphia: Westminster Press, 1971.

Halliday, W.R. *The Pagan Background of Early Christianity*. London: Hodder, 1925.

Haran, M., Hrsg. *Y. Kaufmann Jubilee Volume*. Jerusalem: Magnes, 1960.

Harkness, Georgia. *Women in Church and Society*. Nashville: Abingdon Press, 1972.

Harnack, Adolf v., Hrsg. *Marcion. Das Evangelium vom fremden Gott*. Leipzig: J.C. Hinrichs, 1924.

Harnack, Adolf. *What Is Christianity?* Übers. Thomas Bailey Saunders. New York: Harper & Row, 1957.

Harrison, Roland Kenneth. *Introduction to the Old Testament*. Grand Rapids: Eerdmans, 1977.

Harrison, Roland Kenneth. *Leviticus. An Introduction and Commentary*. Downers Grove: Inter-Varsity Press, 1980.

Häring, Bernhard. *Frei in Christus*. Freiburg-Basel-Wien: Herder, 1980.

Heiler, Friedrich. *Die Religionen der Menschheit*. Frankfurt/M.-Olten-Wien: Büchergilde Gutenberg, 1984.

Hendriksen, William. *New Testament Commentary*. Grand Rapids: Baker, 1953.

Hendriksen, William. *Romans*: Bd. 1: *Chapters 1–8*. Grand Rapids: Baker, 1980.

Hendriksen, William. *Survey of the Bible*. Welwyn/England: Evangelical Press, 1976.

Hengel, Martin. *Judaism and Hellenism*. Übers. John Bowden. Philadelphia: Fortress, 1974.

Hertz, Anselm; Korff, Wilhelm; Rendtorff, Trutz; und Ringeling, Hermann, Hrsg. *Handbuch der christlichen Ethik*. Freiburg-Basel-Wien: Herder, Bd. 2 1978, Bd. 3 1982.

Hielema, J.S. *Pastoral or Christian Counseling*. Leeuwarden: De Tille, 1975.

Hoffner, Harry A. jun., Hrsg. *Orient and Occident: Essays Presented to Cyrus H. Gordon* (Festschrift zum 65. Geburtstag). Neukirchen: Neukirchener Vlg., 1973.

Homosexualität in evangelischer Sicht. Vier Beiträge von Walther Eichrodt, Klaus Bockmühl, Wilhelm Kütemeyer und Rolf Erfurth. Hrsg. Theo Sorg, Gerhard Stoll und Karl Sundermeier. Wuppertal: Aussaat, 1965.

Horner, Thomas M. *Jonathan Loved David*. Philadelphia: Westminster Press, 1979.

Hölscher, G. *Geschichte der israelitischen und jüdischen Religion*. Gießen: Sammlung Töpelmann, 1922.

Hörmann, K., Hrsg. *Lexikon der christlichen Moral*. Innsbruck-Wien-München: Tyrolia, 2. Aufl. 1976.

Hunt, Dave und McMahon, T.A. *The Seducation of Christianity*. Eugene: Harvest House, 1. Aufl. Juli 1985, 9. Aufl. Sept. 1986.

Huntemann, Georg. *Angriff auf die Moderne. Christusglaube zwischen Gestern und Morgen.* Wuppertal: R. Brockhaus, 1966.

Hurd, J.C. *The Origin of 1 Corinthians.* London: SPCK, 1965.

Hyatt, J. Philip, Hrsg. *The Bible in Modern Scholarship.* Nashville: Abingdon, 1965.

Ide, Arthur Frederick. *The City of Sodom and Homosexuality in Western Religious Thought to 630 C.E.* Dallas: Monument Press, 1985.

Idowu, E. Bolaji. *African Traditional Religion.* Maryknoll: Orbis, 1975.

Innozenz IV. *Sub catholicae professione.* 6. 3. 1254. Rom: Dekretale Sammlungen 835.

Jackson, B.S. *Essays in Jewish and Comparative Legal History.* Leiden: Brill, 1975.

Jentsch, Werner. *Der Seelsorger. Beraten – Bezeugen – Befreien. Grundzüge biblischer Seelsorge.* Moers: Brendow, 1982.

Jervell, J. *Imago Dei.* Göttingen: Vandenhoeck & Ruprecht, 1960.

Jewett, Paul K. *Man as Male and Female.* Grand Rapids: Eerdmans, 1975.

Jewett, Robert. *Paul's Anthropological Terms: A Study of Their Use in Conflict Settings.* Leiden: Brill, 1971.

Jones, Clinton R. *Homosexuality and Counseling.* Philadelphia: Fortress, 1974.

Jones, H. Kimball. *Toward a Christian Understanding of the Homosexual.* New York: Association Press, 1966.

Kapelrud, A.S. *The Violent Goddess.* Oslo: Universitets-Forlaget, 1969.

Kater-Gibbes, G.J.F. *A Preliminary Catalogue of Sarapis' Monuments.* Leiden: Brill, 1971.

Käsemann, Ernst. *Commentary on Romans.* Übers. G.W. Bromiley. Grand Rapids: Eerdmans, 1980.

Käsemann, Ernst. *Essays on New Testament Themes. Studies in Biblical Theology* No. 41. Übers. W.J. Montague. London: SCM, 1964.

Keane, Philip S. *Sexual Morality: A Catholic Perspective.* New York: Paulist Press, 1977.

Kees, Hermann. *Das Priestertum im ägyptischen Staat.* Leiden: Brill, 1953.

Kees, Hermann. *Der Götterglaube im Alten Ägypten.* Berlin: Akademie-Vlg., 1980.

Kegley, Charles W. und Bretall, Robert W., Hrsg. *The Theology of Paul Tillich.* New York: Macmillan, 1952.

Keil, Carl Friedrich und Delitzsch, Franz. *Commentary on the Old Testament in Ten Vols.: The Pentateuch.* Übers. J. Martin. Grand Rapids: Eerdmans, 1980.

Keller, Werner. *Und die Bibel hat doch recht. In Bildern.* Wien-Düsseldorf: Econ, 1963.

Kent, P. *The Gay Theology.* Planfield, 1977.

Kesler, Jay, Hrsg. *Parents and Teenagers.* Wheaton/Ill.: Victor Books, 1984.

Kidner, Derek. *Genesis. An Introduction and Commentary.* Downers Grove: Inter-Varsity Press, 1967.

Kidner, Derek. *Proverbs.* Downers Grove: Inter-Varsity Press, 1978.

Kiesow, Ernst-Rüdiger und Scharfenberg, Joachim. *Forschung und Erfahrung im Dienste der Seelsorge. Festgabe für Otto Haendler.* Göttingen: Vandenhoeck & Ruprecht, 1961.

Kimball, Spencer, W. *The Miracle of Forgiveness.* Salt Lake City: Desert Book, 1981.

Kirk, Jerry. *The Homosexual Crisis in the Mainline Church.* Nashville-New York: Thomas Nelson, 1973.

Kitamori, Kazoh. *Theology of the Pain of God.* London: SCM, 1966.

Kitchen, Kenneth A. *The Bible in Its World: The Bible and Archaeology Today.* Downers Grove: Inter-Varsity Press, 1978.

Klauck, H.-J. *1. Korintherbrief.* Neue Echter Bibel. Würzburg: Echter, 1984.

Klostermann, August. *Der Pentateuch: Beiträge zu seinem Verständnis und seiner Entstehungsgeschichte.* Leipzig: A. Deichert, 1907.

König, Kardinal Franz, Hrsg. *Der Glaube der Menschen. Christus und die Religionen der Erde.* Wien: Herder, 1985.

König, Reinhard. *New Age: Geheime Gehirnwäsche.* Neuhausen-Stuttgart: Hänssler, 1986.

Köstling, Heinrich Adolf. *Die Lehre von der Seelsorge nach evangelischen Grundsätzen.* Berlin: Beuther und Reichard, 1895.

Krimmer, Heiko. *Bibelkommentar.* Bd. 10: *Römerbrief.* Neuhausen: Hänssler, 1983.

Kubo, Sanae. *Theology and Ethics of Sex.* Washington, D.C.: Review und Herald, 1980.

Kuschel, Karl-Josef, Hrsg. *Lust an der Erkenntnis: Die Theologie des 20. Jahrhunderts.* München-Zürich: Piper, 1986.

Kümmel, W.G. *Promise and Fulfillment.* Naperville/Ill.: Alec R. Allenson, 1957.

Küng, Hans. *Christ sein.* München-Zürich: Piper, 1980.

Küng, Hans. *Existiert Gott? Antwort auf die Gottesfrage der Neuzeit.* München-Zürich: Piper, 1978.

Labuschague, C.B. *The Incomparability of Yahweh in the Old Testament.* Leiden: Brill, 1966.

Ladd, George Eldon. *A Theology of the New Testament.* Grand Rapids: Eerdmans, 1974.

Lake, K. und Cadbury, H.J., Hrsg. *The Beginnings of Christianity.* London: Macmillan, 1933.

Lang, Friedrich. *Die Briefe an die Korinther.* NTD Bd. 7. Göttingen: Vandenhoeck & Ruprecht, 1986.

Lange, J.P. *Die Bücher Exodus, Leviticus, Numeri.* Bielefeld-Leipzig: Belhagen u. Klasing, 1874.

Lehmann, Paul. *Ethics in a Christian Context.* New York: Harper & Row, 1963.

Leisegang, H. *Die Gnosis.* Stuttgart: Kröner, 1955.

Leopold, K. und Orians, T., Hrsg. *Theological Pastoral Rescources.* Washington: Dignity, 1981.

Lewis, C.S. *The Problem of Pain.* London: Collins Fontana, 1957.

Lewis, C.S. *Was man Liebe nennt. Zuneigung – Freundschaft – Eros – Agape.* Basel-Gießen: Brunnen, 3. Aufl. 1982.

Lietzmann, Hans. *An die Korinther I/II.* Handbuch zum NT. Tübingen: J.C.B. Mohr (Paul Siebeck), 1969.

Lohmeyer, E. *Grundlagen paulinischer Theologie.* Tübigen: Mohr, 1929.

Lohmeyer, E. *Urchristliche Mystik.* Darmstadt: Gentner, 1956.

Looser, Gabriel. *Gleichgeschlechtlichkeit ohne Vorurteil.* Basel: F. Reinhard, 1980.

Lossky, Vladimir. *Théologie négative et connaissance de Dieu chez Maître Eckhart, Etudes de Philosophie Médiévale.* Paris: J. Vrin, Bd. 48, 1960.

Lost Books of the Bible, The. Übers. W. Wake et al. New York: Bell, 1979.

Lovelace, Richard. *Homosexuality and the Church.* Old Tappan/N.J.: Fleming H. Revell, 1978.

Luther, Martin. *Commentary on the Epistle to the Galatians.* Cambridge: James Clarke, 1953.

Luther, Martin. *Luther's Works.* Hrsg. Jaroslav Pelikan und H.T. Lehman. 55 Bde. St. Louis: Concordia; Philadelphia: Fortress, 1955–1976.

Luther, Martin. *Theologie des Kreuzes.* Hrsg. Georg Helbig. Stuttgart: J.F. Steinkopf, 1962.

Macourt, M., Hrsg. *Towards a Theology of Gay Liberation.* London: SCM, 1977.

Macquarrie, John. *Principles of Christian Theology.* New York: Scribner, 1977.

Malloy, Edward A. *Homosexuality and the Christian Way of Life.* Lanham-New York-London: Univ. Press of America, 1981.

Manson, T.W. *Ministry and Priesthood: Christ's and Ours.* Richmond/Va.: John Knox Press, 1958.

Marshall, L.H. *The Challenge of New Testament Ethics.* London: Macmillan, 1947.

Marshall, L.H. *The Challenge of New Testament Ethics.* New York: Macmillan, 1974.

Martens, Elmer A. *God's Design. A Focus on Old Testament Theology.* Grand Rapids: Baker Book House, 1981.

Mauerhofer, Erich. *Der Kampf zwischen Fleisch und Geist bei Paulus.* Frutigen, Trachsel, 2. Aufl. 1981.

McNeill, John J. *The Church and the Homosexual.* Mission/Kansas: Sheed Andrews & McMeel, 1976.

Meeks, Wayne A., Hrsg. *The Writings of St. Paul.* New York: W.W. Norton, 1972.

Mehling, Marianne, Hrsg. *Knaurs großer Bibelführer.* München: Droemer Knaur, 1985.

Meister, Abraham. *Namen des Ewigen.* Pfäffikon ZH: Mitternachtsruf Vlg. Große Freude, 1973.

Menne, Ferdinand W. *Kirchliche Sexualethik gegen gesellschaftliche Realität.* Mainz: Matthias Grünewald; München: Kaiser, 1971.

Middleton, H., Hrsg. *Gods and Ritual.* New York: National History Press, 1967.

Migne, J.-P., Hrsg. *Patrologiae cursus completus.* Paris: Migne, 1857–1936; Turnhout/Belgien: Brepols, 1975.

Molinski, W. *Theologie der Ehe in der Geschichte.* Stein a. Rhein: Christiana Vlg., 1976.

Moltmann, Jürgen. *The Crucified God.* Übers. R.A. Wilson und J. Bowden. New York: Harper & Row, 2. Aufl. 1973.

Moltmann, Jürgen. *Theology of Hope.* Übers. James W. Leitch. New York: Harper & Row, 1965.

Moltmann-Wendel, Elisabeth. *Ein eigener Mensch werden.* Gütersloh: Mohn (Siebenstern TB), 1982.

Moody, Dale. *The Word of Truth. A Summary of Christian Doctrine Based on Biblical Revelation.* Grand Rapids: Eerdmans, 1981.

Moore, G.F. *Judaism in the First Centuries of the Christian Era.* 3 Bde. Cambridge/ Mass.: Harvard Univ. Press, 1927–1930.

Mozley, J.K. *Impassibility of God: A Survey of Christian Thought.* Cambridge: Cambridge Univ. Press, 1926.

Murray, John. *The Epistle to the Romans.* Grand Rapids: Eerdmans, 1977.

Müller, Wunibald. *Homosexualität – eine Herausforderung für Theologie und Seelsorge.* Mainz: M. Grünewald, 1986.

Neugebauer, Fritz. *In Christus.* Göttingen: Vandenhoeck & Ruprecht, 1961.

Niebuhr, Reinhold. *The Nature and Destiny of Man.* New York: Charles Scribner's Sons, 1941.

Nitzsch, C.J. *Praktische Theologie.* Bonn: Adolph Marcus, 3 Bde. 1847–1867.

Noth, J. *History of the Old Testament.* London: A.&C. Black, 1958.

Noth, Martin. *Geschichte Israels.* Göttingen: Vandenhoeck & Ruprecht, 1956.

Nygren Commentary on Romans. Philadelphia: Fortress Press, 1967.

Oates, Whitney J., Hrsg. *Basic Writings of Saint Augustine.* New York: Random House, 1948.

Oberholtzer, W. Dwight, Hrsg. *Is Gay Good? Ethics, Theology and Homosexuality.* Philadelphia: Westminster, 1971.

Oden, Th.C. *Kerygma and Counseling.* Philadelphia: Westminster, 1966.

Ogg, George. *The Chronology of the Life of Paul.* London: Epworth, 1968.

Ogilvie, Lloyd J., Hrsg. *The Communicator's Commentary.* Waco: Word Books, 1982.

Oldenburg, Ulf. *The Conflict between El and Baal in Canaanite Religion.* Suppl. Numen 3. Leiden: Brill, 1969.

Orient and Occident. Essays for C.H. Gordon. Neukirchen: Neukirchener Vlg., 1973.

Packer, J.I.; Tenney, Merrill C.; und White, William Jr., Hrsg. *The World of the Old Testament.* Nashville-Camden-New York: Th. Nelson, 1982.

Packer, J.I.; Tenney, Merrill C.; und White, William Jr., Hrsg. *The World of the New Testament.* Nashville-Camden-New York: Thomas Nelson, 1982.

Panikhar, Raimundo. *Myth, Faith and Hermeneutics.* New York: Paulist Press, 1979.

Panikhar, Raimundo. *The Trinity and the Religious Experience of Man.* London: Darton, Longman and Todd, 1973.

Panikhar, Raimundo. *The Unknown Christ of Hinduism.* London: Darton, Longman and Todd, 1964.

Pannenberg, W. *Das Glaubensbekenntnis ausgelegt und verantwortet vor den Fragen der Gegenwart.* Gütersloh: Siebenstern, 1979.

Pannenberg, W. *Was ist der Mensch? Die Anthropologie der Gegenwart im Lichte der Theologie.* Göttingen: Vandenhoeck & Ruprecht, 1962.

Park-Taylor, G.H. *Yahweh: The Divine Name in the Bible.* Waterloo/Ont.: Wilfrid Laurer Univ. Press, 1973.

Patai, Raphael. *Sex and Family in the Bible and the Middle East.* New York: Doubleday, 1959; Argonaut Publishers, 1969.

Payne, J. Barton. *The Theology of the Older Testament.* Grand Rapids: Zondervan, 1962.

Pedersen, Johs. *Israel. Its Life and Culture.* 2 Bde. London: Oxford Univ. Press; Kopenhagen: V Pio. Poul Branner, 1926.

Peerman, Dean G. und Marty, Martin E. *A Handbook of Christian Tradition.* Nashville: Abingdon, 1965.

Peisker, Armor D. *The Wesleyan Bible Commentary: Leviticus.* Grand Rapids: Eerdmans, o.J.

Perry, Troy D. *The Lord Is My Shepherd and He Knows: I'm Gay.* Los Angeles: Nash Publishing, 1972.

Pfister, Oscar. *Das Christentum und die Angst.* Zürich: Artemis, 1944.

Pfister, Oscar. *Analytische Seelsorge.* Göttingen: Vandenhoeck & Ruprecht, 1927.

Pfürtner, S.H. *Kirche und Sexualität.* Reinbek: Rowohlt, 1972.

Philo Jidaeus. *On Abraham.* Übers. F.H. Colson. Loeb Classical Library. London: Heinemann, 1935.

Philonenko, Marc. *Les interpolations chrétiennes des Testaments des Douze Patriarches et les Manuscrits de Qumran.* Paris: Presses Universitaires de France, 1960.

Phipps, William E. *Was Jesus Married? The Distortion of Sexuality in the Christian Tradition.* New York: Harper & Row, 1970.

Picard, M. *Die Flucht vor Gott.* Erlenbach: Rentsch, 1934.

Pittenger, Norman. *Zeit der Verständigung. Plädoyer eines Christen zum Problem der Homosexualität.* Übers. Uwe Lassen. Hamburg: Furche; Zürich: Theolog. Vlg., 1971.

Pius II. *Cum sicut accepimus.* 14. 11. 1459. Rom: Dekretale Sammlungen 1367.

Plass, Ewald M. *What Luther Says.* St. Louis: Concordia, 1959.

Pope, M.(H.). *El in the Ugaritic Texts.* Suppl. VT 2. Leiden: Brill, 1955.

Pritchard, James B. *Ancient Near East, The.* Princeton: Princeton Univ. Press, 1973.

Pritchard, James B., Hrsg. *Ancient Near Eastern Texts Relating to the Old Testament (ANET).* Princeton: Princeton Univ. Press, 2. Aufl. 1956.

Quasten, Johannes. *Patrology.* 3 Bde. Westminster/Md.: Newman, 1950–1963.

Rad, Gerhard v. *Genesis.* Übers. Marks J.H. Philadelphia: Westminster, 1973.

Rad, Gerhard v. *Old Testament Theology.* Übers. D.M.G. Stalker. New York-Hagerstown-San Francisco-London: Harper & Row, 1962.

Rad, Gerhard v. *Theologie des Alten Testaments.* München: Chr. Kaiser, 1984.

Rahner, Karl. *Theological Investigations.* 14 Bde. New York: Seabury, 1974–1976.

Ramsay, Paul, Hrsg. *Religion.* Englewood Cliffs/N.J.: Prentice-Hall, 1965.

Ranke-Graves Robert v. und Patai, Raphael. *Hebräische Mythologie.* Reinbek: Rowohlt, 1986.

Religionsgeschichtliches Textbuch zum AT (RTAT) s. Beyerlin, W. (Hrsg.).

Reuss, J.M. *Verantwortliche Elternschaft.* Mainz: Grünewald, 1967.

Rienecker, Fritz. *Sprachlicher Schlüssel zum griechischen Neuen Testament nach der Ausgabe von D. Eberhard Nestle.* Gießen-Basel: Brunnen, 1970.

Riess, Richard. *Seelsorge. Orientierung, Analysen, Alternativen.* Göttingen: Vandenhoeck & Ruprecht, 1973.

Riess, Richard. *Sehnsucht nach Leben. Spannungsfelder, Sinnbilder und Spiritualität der Seelsorge.* Göttingen: Vandenhoeck & Ruprecht, 1987.

Ringgren, Helmer. *Die Religionen des Alten Orients*. Göttingen: Vandenhoeck & Ruprecht, 1979.

Ringgren, Helmer. *Israelitische Religion*. Stuttgart: Kohlhammer, 1963.

Ringgren, Helmer. *Word and Wisdom*. Lund: Ohlssons, 1947.

Ritschl, Albrecht. *Justification and Reconciliation*. Übers. H.R. Mackintosh und A.B. Macaulay. New York: Scribners, 1900.

Roberts, Alexander und Donaldson, James, Hrsg. *The Ante-Nicene Fathers*. Edinburgh: T.&T. Clark, 1885.

Robertson, Archibald Thomas. *Word Pictures in the New Testament*. Nashville: Broadman Press, 1931.

Robinson, H.W. *Corporate Personality in Ancient Israel*. Philadelphia: Fortress Press, 1964.

Robinson, John A.T. *Christian Freedom in a Permissive Society*. Philadelphia: Westminster, 1970.

Robinson, John A.T. *The Body. A Study in Pauline Theology*. Philadelphia: Westminster, 1977.

Robinson, John A.T. *The Difference in Being a Christian Today*. Philadelphia: Westminster, 1972.

Robinson, John A.T. *Christian Morals Today*. Philadelphia: Westminster, 1964.

Roloff, Jürgen. *Die Apostelgeschichte. NTD Bd. 5*. Göttingen: Vandenhoeck & Ruprecht, 1981.

Rose, Herbert J. *Griechische Mythologie*. Handbuch. München: C.H. Beck, 1982.

RTAT s. Beyerlin, W., Hrsg. *Religionsgeschichtliches Textbuch zum AT*.

Sabrino, Jon. *Christology at the Crossroads*. London: SCM, 1979.

Sanders, E.P. *Paul and Palestinian Judaism*. Philadelphia: Fortress Press, 1977.

Sandman-Holmberg, M. *The God Ptah*. Lund: Ohlssons, 1946.

Scanzoni, Letha und Mollenkott, Virginia Ramey. *Is the Homosexual My Neighbor? Another Christian View*. San Francisco: Harper & Row, 1980.

Scharfenberg, J. *Seelsorge als Gespräch*. Göttingen: Vandenhoeck & Ruprecht, 1972.

Schlatter, Adolf. *Das christliche Dogma*. Stuttgart: Calwer Vlg., 3. Aufl. 1977.

Schlatter, Adolf. *Der Brief an die Römer*. Stuttgart: Calwer Vlg., 1974.

Schlatter, Adolf. *Die Theologie der Apostel*. Stuttgart: Calwer Vlg., 3. Aufl. 1977.

Schleiermacher, Friedrich D.E. *Sämtliche Werke*. Hrsg. J. Frerichs. Berlin: Georg Reimer, 1834–1864.

Schleiermacher, Friedrich. *Kurze Darstellung des theologischen Studiums*. Berlin: Reimer, 1811.

Schleiermacher, Friedrich. *On Religion*. Übers. John Oman. New York: Harper & Row, 1958.

Schmidt, Hans. *Die Erzählung von Paradies und Sündenfall*. Tübingen: J.C.B. Mohr, 1931.

Schmidt, Henry J. *The Church's Ministry to Persons with a Homosexual Orientation*. Reedley/Ca.: A Study Paper for the Pacific MB District Conference, 6.–9. Nov. 1980, S. 2ff.

Schmitt, Gladys. *David the King.* New York: Dial Press, Reprint 1973.

Schnackenburg, R. *God's Rule and Kingdom.* New York-London: Nelson, 1963.

Schrage, W. *Die konkreten Einzelgebote in der paulinischen Paränese.* Gütersloh: Mohn, 1961.

Schubart, Walter. *Religion und Eros.* München: Beck, 1944.

Schweizer, Alexander. *Pastoraltheorie oder die Lehre von der Seelsorge des evangelischen Pfarrers.* Leipzig: Hirzel, 1875.

Scroggs, R. *Paul for a New Day.* Philadelphia: Fortress, 1977.

Shaw, R.D. *The Pauline Epistles.* Edinburgh: T.&T. Clark, 1913.

Sieber, Ernst. *H . . . S . . . der Homosexuelle.* Zürich-Frankfurt/M.: Gotthelf-Vlg., 1964.

Skemp, J.B. *The Greek and the Gospel.* London: Garey Kingsgate, 1964.

Smedes, Lewis B. *Sex for Christians.* Grand Rapids: Eerdmans, 1976.

Smith, George D. *Teaching of the Catholic Church.* London: Burns & Oates, 2. Aufl. 1952.

Smith, Robertson W. *The Religion of the Semites.* New York: Meridian Books, 1956.

Snaith, Norman H. *Leviticus and Numbers. (Century Bible.)* London: Nelson & Sons, 1967.

Snaith, Norman H. *The Distinctive Ideas of the Old Testament.* Philadelphia: Westminster, 1946.

Soggin, Alberto J. *Introduction to the Old Testament.* London: S.C.M., 1976.

Sorg, Theo; Stoll, Gerhard; und Sundermeier, Karl, Hrsg. *Homosexualität in evangelischer Sicht.* Wuppertal: Aussaat, 1965.

Sölle, Dorothee. *Politische Theologie.* Stuttgart: Kreuz Vlg., 1982.

Speiser, E.A. *Genesis. Introduction, Translation, and Notes.* Garden City: Doubleday, 1964.

Spicq, C. *Théologie morale du Nouveau Testament.* 11. Paris: Lecoffre, 1965.

Spriggs, D.C. *Two Old Testament Theologies.* London: S.C.M, 1974.

Stagg, Frank. *Polarities of Man's Existence in Biblical Perspective.* Philadelphia: Westminster, 1973.

Stambaugh, J.E. *Sarapis Under the Early Ptolemies.* Leiden: Brill, 1972.

Stollberg, D. *Mein Auftrag – Deine Freiheit.* München: Chr. Kaiser, 1972.

Stollberg, D. *Seelsorge praktisch.* Göttingen: Vandenhoeck & Ruprecht, 3. Aufl. 1971.

Stone, Merlin. *When God Was a Woman.* New York: Dial Press, 1976.

Stott, John. *The Cross of Christ.* Leicester: Inter-Varsity Press, 1986.

Strack/Billerbeck siehe Billerbeck, P. und Strack, H.L., Hrsg.

Suhl, Alfred. *Paulus und seine Briefe: Ein Beitrag zur paulinischen Chronologie.* Gütersloh: Mohn, 1975.

Sulze, Emil. *Die evangelische Gemeinde.* Gotha: Perthes, 1891.

Tacke, Helmut. *Glaubenshilfe als Lebenshilfe. Probleme und Chancen heutiger Seelsorge.* Neukirchen-Vluyn: Neukirchener Vlg., 1975.

Taylor, Michael J., Hrsg. *Sex: Thoughts for Contemporary Christians.* New York: Doubleday.

Tenney, Merrill C. *Die Welt des Neuen Testaments.* Übers. Litera/Köppel. Marburg/Lahn: Vlg. der Francke Buchhandlung, 1979.

TeSelle, Eugene. *Augustine the Theologian*. New York: Herder & Herder, 1970.

Thielicke, Helmut. *The Ethics of Sex*. London: James Clarke, 1964.

Thielicke, Helmut. *Fragen des Christentums an die moderne Welt*. Tübingen: Mohr, 1946.

Thielicke, Helmut. *Theologische Ethik*. Tübingen: Mohr, 1968.

Thomas, D. Winton. *Documents from Old Testament Times*. New York: Harper Torch Books, 1970.

Thurneysen, Eduard. *Das Wort Gottes und die Kirche. Aufsätze und Vorträge*. München: Chr. Kaiser, 1971.

Thurneysen, Eduard. *Die Lehre von der Seelsorge*. Zollikon-Zürich: EVZ, 2. Aufl. 1957.

Thurneysen, Eduard. *Seelsorge im Vollzug*. Zürich: EVZ, 1968.

Tillich, Paul. *Der Mut zum Sein*. Stuttgart: Evangelisches Verlagswerk, 1953.

Tillich, Paul. *Gesammelte Werke*. Stuttgart: Evangelisches Verlagswerk, 1969.

Tillich, Paul. *Morality and Beyond*. New York: Harper & Row, 1963.

Tillich, Paul. *The Courage to Be*. London: Nisbet, 1952.

Torrance, David W. und Torrance, Thomas F., Hrsg. *Calvin's Commentaries: The Epistles of Paul the Apostle to the Romans and to the Thessalonians*. Übers. Ross Mackenzie. Grand Rapids: Eerdmans, 1979.

Trillhaas, Wolfgang. *Sexualethik*. Göttingen: Vandenhoeck & Ruprecht, 1969.

United Presbyterian Church in the U.S.A. *The Church and the Homosexual*. New York: Office of the General Assembly of the UPCUSA, 1978.

Vaux, Roland de. *Ancient Israel: Its Life and Institutions*. London: Darton, Longman & Todd, 1961.

Vaux, Roland de. *The Early History of Israel to the Period of the Judges*. London: Darton, Longman & Todd, 1978.

Verlautbarungen des Apostolischen Stuhls. 1. Erklärung der Kongregation für die Glaubenslehre zu einigen Fragen der Sexualethik. Bonn: Sekretariat der Deutschen Bischofskonferenz, 1975.

Vidler, A.R. *Christ's Strange Work*. London: Longmans, Green, 1944.

Vielhauer, Philipp. *Geschichte der urchristlichen Literatur*. Berlin: de Gruyter, 1975.

Vincent, Marvin R. *Word Studies in the New Testament*. Wilmington/Delaware: Associated Publishers and Authors, o.J.

Vinet, A. *Philosophie religieuse*. Lausanne-Paris: Bridel, 1918.

Vos, Geerhardus. *Biblical Theology*. Grand Rapids: Eerdmans, 1948.

Walvoord, John F. und Zuck, Roy B., Hrsg. *The Bible Knowledge Commentary: New Testament Edition*. Wheaton: Victor Books, 1983.

Weiss, K.J. *Der erste Korintherbrief*. Göttingen: Vandenhoeck & Ruprecht, 1910.

Wells, David F. *Search for Salvation*. Leicester: Inter-Varsity Press, 1978.

Wendland, H.D. *Die Briefe an die Korinther* (NTD). Göttingen: Vandenhoeck & Ruprecht, 1972.

Wenham, Gordon J. *The Book of Leviticus*. Grand Rapids: Eerdmans, 1979.

Werner, Roland. *Christ und Homosexuell? Begegnungen und Berichte mit einem theologischen Beitrag von Dr. theol. Helmuth Egelkraut*. Moers: Brendow, 1981.

Wiedemann, Hans-Georg. *Homosexuelle Liebe. Für eine Neuorientierung in der christlichen Ethik*. Stuttgart-Berlin: Kreuz Vlg., 1982.

284

Wilckens, Ulrich. *Der Brief an die Römer.* Zürich: Benziger, 1978.
Williams, Donald. *Homosexuality, the Bible and the Church.* Los Angeles: BIM Publishing Co., 1978.
Wilson, Edward Osborne. *On Human Nature.* Cambridge/Mass.: Harvard University Press, 1978.
Winter, Gibson. *Grundlegung einer Ethik der Gesellschaft.* München: Kaiser; Mainz: Matthias Grünewald, 1970.
Wood, Leon. *A Survey of Israel's History.* Grand Rapids: Zondervan, 1973.
Wood, Robert W. *Christ and the Homosexual.* New York-Washington: Vantage Press, 1950.
Wright, G. Ernest und Freedman, D.N., Hrsg. *The Biblical Archaeological Reader.* New York: Doubleday, 1961.
Wright, G. Ernest et al., Hrsg. *Völker, Herrscher und Propheten. Die Menschen der Bibel – ihr Leben, ihre Zeit.* Übers. H.A. Werner, Stuttgart: Das Beste, 1979.
Wright, J. Stafford. *Der Christ und das Okkulte.* Wuppertal: R. Brockhaus, 1974.
Yancey, Philip. *Where Is God When It Hurts?* Grand Rapids: Zondervan, 1977.
Zahn, Theodor. *Geschichte des neutestamentlichen Kanons.* Leipzig: Deichert, Bd. 1, 1888; Bd. 2, 1890.

b) Medizin, Psychologie, Psychiatrie

Aardweg, Gerard J.M. van den. *Das Drama des gewöhnlichen Homosexuellen: Analyse und Therapie.* Neuhausen-Stuttgart: Hänssler, 1985.
Aardweg, Gerard J.M. van den. *Homosexuality and Hope.* Ann Arbor, Mich.: Servant Publications, 1985.
Adler, Alfred. *Das Problem der Homosexualität und sexueller Perversionen.* Frankfurt/M.: Fischer TB, Bd. 6337, 1981.
Adler, Alfred. *Studien über Minderwertigkeiten von Organen.* Frankfurt/M.: Fischer TB, 1977.
Affemann, Rudolf. *Geschlechtlichkeit und Geschlechtserziehung in der modernen Welt.* Gütersloh: Gütersloher Verlagshaus, 1970.
Allen, Clifton. *Textbook of Psychosexual Disorders.* New York: Oxford University Press, 1962 (1969).
Arentewicz, G. und Schmidt, G. *Sexuelle gestörte Beziehungen. Konzept und Technik der Paartherapie.* Berlin: Springer, 1980.
Armstrong, Charles Nathaniel und Marshall, Alan Jones, Hrsg. *Intersexuality in Vertebrates Including Man.* London: Academic Press, 1964.
Bandura, A. *Principles of Behavior Modification.* New York: Holt, Rinehart & Winston, 1969.
Bandura, Albert und Walthers, Richard H. *Social Learning and Personality Development.* New York: Holt, Rinehart & Winston, 1963.
Barash, David. *Das Flüstern in uns: Ursprung und Entwicklung menschlichen Verhaltens.* Übers. J.A. Frank. Frankfurt/M.: S. Fischer, 1981.
Barnett, Walter. *Sexual Freedom and the Constitution.* Albuquerque: Univ. of New Mexico Press, 1973.

Bednarik, Karl. *Die Krise des Mannes.* Wien-München-Zürich: Molden, 1968.

Bell, Alan P.; Weinberg, Martin S.; und Hammersmith, Sue K. *Der Kinsey-Institut-Report über sexuelle Orientierung und Partnerwahl.* Übers. Dietrich Menne. München: Bertelsmann, 1980.

Bell, Alan Paul und Weinberg, Martin Stephen. *Homosexualities.* New York: Mitchell Beazley, 1978.

Benson, R.O. *In Defense of Homosexuality.* New York: Julian Press, 1965.

Bergler, Edmund. *Homosexuality: Disease or Way of Life?* New York: Collier, 1956.

Bianchi, Hermanns und Leendert, Adriaan, Hrsg. *Symposienband: Der homosexuelle Nächste.* Übers. und Bearb. Bruno Loets. Hamburg: Furche, 2. Aufl. 1965.

Bieber, Irving. *Homosexuality: A Psychoanalytical Study.* New York: Vintage Books, 1962.

Bieber, Irving; Dain, Harvey; Dince, Paul; Drellich, Marvin; Grand, Henry; Gundlach, Ralph; Kremer, Malvina; Rifkin, Alfred; Wilbur, Cornelia und Bieber, Toby. *Homosexuality: A Psychoanalytic Study of Male Homosexuality.* New York: Basic Books, 1962.

Blum, C.S. *Psychoanalytic Theories of Personality.* New York: McGraw-Hill, 1963.

Blüher, Hans. *Die Rolle der Erotik in der männlichen Gesellschaft.* Jena: Eugen Diederichs, 1920, Bd. 2.

Blüher, Hans. *Studien zur Inversion und Perversion. Das uralte Phänomen der geschlechtlichen Inversion in natürlicher Sicht.* Schmieden/Stuttgart: Franz Dekker, 1965.

Bosch, Mathias. *AIDS – Die Geißel Gottes?* Wiesbaden: Coprint, 1986.

Boss, Medard. *Sinn und Gestalt der sexuellen Perversionen. Ein daseinsanalytischer Beitrag zur Psychopathologie des Phänomens der Liebe.* München: Kindler (Geist und Psyche), o.J.

Bovet, Theodor, Hrsg. *Probleme der Homophilie.* Bern-Tübingen: Haupt, 1965.

Bovet, Theodor. *Sinnerfülltes Anderssein.* Tübingen: Katzmann, 1959.

Bräutigam, Walter. *Formen der Homosexualität. Erscheinungsweisen – Ursachen – Behandlung – Rechtsprechung.* Stuttgart: Enke, 1967.

Briggs, M.H. *Sexual Behavior and Antiandrogens. Pharmacology of Caproterone and Related Compounds.* London: Royal Society of Medicine, 1970.

Brun, Rudolf. *Allgemeine Neurosenlehre. Biologie, Psychoanalyse und Psychohygiene leib-seelischer Störungen.* Basel: Benno Schwabe, 1942.

Bullough, Vern L. *Sexual Variance in Society and History.* New York: John Wiley & Sons, 1976.

Campbell, H.J. *Der Irrtum mit der Seele.* Bern-München-Wien: Scherz, o.J.

Clinebell, Howard J. und Clinebell, Charlotte. *The Intimate Marriage.* New York-Hagerstown-San Francisco-London: Harper & Row, 1970.

Crabb, Lawrence J. *Die Last des andern. Biblische Seelsorge als Aufgabe der Gemeinde.* Basel-Gießen: Brunnen, 1984.

Crabb, Lawrence J. und Allender, Dan. *Encouragement. The Key to Caring.* New Malden: Navpress, 1986.

Dannecker, Martin. *Das Drama der Sexualität.* Frankfurt/M.: Athenäum, 1987.

Dannecker, Martin. *Der Homosexuelle und die Homosexualität. Mit einem Nachwort AIDS und die Homosexuellen.* Frankfurt/M.: Syndikat, 1986.

De Cecco, John P. und Shively, Michael G., Hrsg. *Origins of Sexuality and Homosexuality*. New York-Binghamton: Harrington Park Press, 1985.

DeVita, V.T. Jr.; Hellman, S.; und Rosenberg, S.A., Hrsg. *AIDS: Etiology, Diagnosis, Treatment and Prevention*. New York: Lippincott, 1985.

Dirks, Heinz. *Psychologie. Eine moderne Seelenkunde*. Gütersloh-Berlin-München-Wien: Bertelsmann, 1972.

Dobson, James. *Gemeinsam oder einsam*. Kehl: Trobisch, 1986.

Dörner, Günter. *Hormones and Brain Differentiation*. Amsterdam: Elsevier, 1976.

Eicke, Dieter, Hrsg. *Die Psychologie des 20. Jahrhunderts*. München: Kindler, 1976.

Ellis, Albert. *Reason and Emotion in Psychotherapy*. Secaucus/N.J.: Lyle Stuart, 1977.

Ellis, Albert. *Clinical Applications of Rational-Emotive Therapy*. New York: Plenum Press, 1985.

Ellis, Albert. *Die rational-emotive Therapie: das innere Selbstgespräch bei seelischen Problemen und seine Veränderung*. Übers. Brigitte Stein. München: Pfeiffer, 1977.

Eysenck, Hans J. *Personality, Genetics, and Behavior. Selected Papers*. New York: Praeger, 1982.

Feldman, M. Philip und MacCulloch, Malcolm J. *Homosexual Behavior. Therapy and Assessment*. Oxford: Pergamon Press, 1972.

Feldman, Philip und MacCulloch, Malcolm. *Human Sexual Behavior*. Chichester-New York-Brisbane-Toronto: John Wiley & Sons, 1980.

Ferenczi, Sandor. *Organneurosen. Das psychoanalytische Volksbuch*. Stuttgart: Hippokrates Vlg., 1926.

Fisher, Peter. *The Gay Mystique: The Myths and Reality of the Male Homosexual*. New York: Stein & Day, 1972.

Freedman, Mark. *Homosexuality and Psychological Functioning*. Belmont Ca.: Brooks/Cole, 1971.

Freud, Sigmund. *Briefe 1873–1939*. Frankfurt/M.: Fischer, 1960.

Freud, Sigmund. *Gesammelte Werke*. London: Imago Publishing Co., 1950.

Freud, Sigmund. *Introductory Lectures on Psychoanalysis*. Übers. Joan Riviere. New York: Norton; London: Allen & Unwin, 1933.

Freud, Sigmund. *Vorlesungen zur Einführung in die Psychoanalyse*. Frankfurt/M.: Fischer TB Vlg., 1984.

Freund, Kurt. *Die Homosexualität beim Mann*. Leipzig: Hirzel, 1963.

Freund, Kurt. *Homosexualität*. Reinbek: Rowohlt, 1969.

Friedländer, Benedict. *Denkschrift verfaßt für die Freunde und Fondzeichner des Wissenschaftlich-Humanitären Komitees*. Berlin: Sezession des Wissenschaftlich-Humanitären Komitees, 1907.

Frings, Matthias. *Dimensionen einer Krankheit – AIDS*. Reinbek: Rowohlt TB, 1986.

Fromm, Erich. *Die Kunst des Liebens*. Zürich: Buchclub Ex Libris, 1982.

Fromm, Erich. *Haben oder Sein*. München: Kindler, 1976.

Fromm, Erich. *Ihr werdet sein wie Gott*. Reinbek: Rowohlt TB, 1980.

Fromm, Erich. *The Art of Loving*. New York: Harper & Row (Colophon), 1962.

Füllgraff, G. und Barbey, J. *Stereotaktische Hirnoperationen bei abweichendem Sexualverhalten. Abschlußbericht der Kommission beim Bundesgesundheitsamt.* Berlin: Reimer, 1978.

Geddes, D.P., Hrsg. *An Analysis of the Kinsey Reports on Sexual Behavior.* New York: New American Library, 1954.

Giese, Hans und Schmidt, G. *Studentensexualität.* Reinbek: Rowohlt, 1957.

Giese, Hans. *Der homosexuelle Mann in der Welt.* Stuttgart: Enke, 1964.

Giese, Hans. *Die sexuelle Perversion.* Stuttgart: Enke, 1967.

Gollner, Günther. *Homosexualität: Ideologiekritik und Entmythologisierung einer Gesetzgebung.* Berlin: Duncken & Humblot, 1974.

Goode, Erich und Troiden, Richard, Hrsg. *Sexual Deviance and Sexual Deviants.* New York: William Morrow, 1974.

Gottlieb, David J. *The Gay Tapes. A Candid Discussion about Male Homosexuality.* New York: Stein & Day, 1977.

Görres, A. *Methoden und Erfahrungen der Psychoanalyse.* München: Kindler, 1965.

Green, R., Hrsg. *Human Sexuality: A Health Practitioner's Text.* Baltimore: Williams & Wilkins, 1979.

Haeberle, Erwin H. *Die Sexualität des Menschen.* 2. erw. Aufl. Berlin-New York: Walter de Gruyter, 1985.

Harris, Thomas A. *Ich bin o.k. – Du bist o.k.* Reinbek/Hamburg: Rowohlt TB-Vlg., 1975.

Hart, J. und Richardson, D. *The Theory and Practice of Homosexuality.* London: Routledge & Kegan, 1981.

Henriques, F. *Modern Sexuality.* London: McGibbon & Kee, 1968.

Henslin, J.M. und Sagarin, E. *The Sociology of Sex.* New York: Schocken, 1978.

Hetrick, Emery S. und Stein, Terry S., Hrsg. *Innovations in Psychotherapy with Homosexuals.* Washington: American Psychiatric Press, 1984.

Hoevels, Fritz Erik. *Zwischen Monogamie-Propaganda und grünem Licht für Virus-Überträger.* Freiburg: Ahriman, 1986.

Hoffman, Martin. *Die Welt der Homosexuellen.* Frankfurt/M.: Fischer, 1971.

Hoffman, Martin. *The Gay World.* New York-London: Basic Books, 1968.

Hoffmann, Walter. *Die Reifezeit.* Leipzig: Quelle & Meyer, 1930.

Horney, Karen. *Die Psychologie der Frau.* München: Kindler, 1977.

Illies, Joachim. *Der bedrängte Mensch. Normen und Werte.* Kassel-Dürrenäsch: Vlg. Weißes Kreuz, 1979.

Jahoda, Marie. *Freud und das Dilemma der Psychologie.* Frankfurt/M.: Fischer, 1985.

Johnson, R. William. *Loving Men/Loving Women.* San Francisco: Geyde, 1974.

Jung, Carl Gustav. *Gesammelte Werke.* Olten-Freiburg: Walter, 1972.

Kallman, Franz J. *Heredity in Health and Mental Disorder.* New York: Norton, 1953.

Kardiner, Abram. *Sex and Morality.* Indianapolis: Bobbs-Merrill, 1954.

Karlen, Arno, Hrsg. *Sexuality and Homosexuality.* New York: Norton, 1972.

Karlen, Arno. *Sexuality and Homosexuality: A New View.* New York: W.W. Norton, 1971.

Kathke, Norbert. *AIDS – Acquired Immune Deficiency Syndrome.* Zürich: Freihofer, 1985.

Kaufmann, Max. *Licht und Wahrheit über die homo-sexuelle Frage.* Leipzig: Max Spohr, 1906.

Keiter, Friedrich. *Verhaltensbiologie des Menschen auf kulturanthropologischer Grundlage.* München-Basel: Ernst Reinhardt, 1966.

Kimble, Gregory. *Foundations of Conditioning and Learning.* New York: Appleton-Century Crofts, 1961.

Kinsey, Alfred Charles. *Sexual Behavior in the Human Female.* New York: W.B. Saunders, 1953.

Kinsey, Alfred Charles; Pomeroy, Wardell B.; und Martin, Clyde E. *Sexual Behavior in the Human Male.* Philadelphia: W.B. Saunders, 1948.

Kinsey, Alfred Charles; Pomeroy, Wardell B.; und Martin, Clyse E. *Das sexuelle Verhalten des Mannes.* Übers. M. v. Eckard-Jaffe, M. Baake und W. Seemann. Frankfurt/M.: Fischer, 1966.

Klein, Melanie. *Die Psychoanalyse des Kindes.* München-Basel: Ernst Reinhardt, 1971.

Klimmer, Rudolf. *Die Homosexualität als biologisch-soziologische Zeitfrage.* Hamburg: Vlg. für kriminalistische Fachliteratur, 1965.

Kohut, H. *Die Heilung des Selbst.* Frankfurt/M.: Suhrkamp, 1979.

Krafft-Ebing, Richard v. *Psychopathia sexualis.* München: Matthes & Geitz, 1984.

Kretschmer, Ernst. Medizinische Psychologie. Leipzig: Thieme, 1922/1930.

Kronemeyer, Robert. *Overcoming Homosexuality.* London-New York: Macmillan, 1980.

Kutter, Peter, Hrsg. *Die Beziehung zwischen Arzt und Patient. Zur psychoanalytischen Theorie und Praxis. Festschrift für W. Loch zum 60. Geburtstag.* München: List, 1975.

Lacan, J. *Das Seminar II: Das Ich in der Theorie Freuds und in der Technik der Psychoanalyse.* Olten-Freiburg: Walter, 1980.

Lautmann, Rüdiger. *Seminar: Gesellschaft und Homosexualität.* Frankfurt/M.: Suhrkamp, 1977.

Legal, Gert und Legal, Hans-Peter. *AIDS – Hintergründe, Fakten, Schutzmaßnahmen.* Regensburg: Walhalla und Praetoria, 1986.

Lester, David. *Unusual Sexual Behavior: The Standard Devia-tion.* Springfield, Ill.: Charles C. Thomas, 1975.

Livingood, John M., Hrsg. *National Institute of Mental Health Task Force on Homosexuality: Final Report and Background Papers.* Washington: U.S. Government Print Office, 1972.

Loch, Wolfgang, Hrsg. *Die Krankheitslehre der Psychoanalyse.* Stuttgart: S. Hirzel, 4. Aufl. 1983.

London, Louis S. und Caprio, Frank S. *Sexual Deviations.* Washington: Linacre Press, 1950.

Loraine, John Alexander, Hrsg. *Understanding Homosexuality: Its Biological and Psychological Basis.* Lancaster: Medical and Technical Publishing Co., 1974.

Marmor, Judd, Hrsg. *Homosexual Behavior.* New York: Holt, 1980.

Marmor, Judd, Hrsg. *Sexual Inversion: The Multiple Roots of Homosexuality.* New York: Basic Books, 1965.

Maslow, Abraham A. *Psychologie des Seins. Ein Entwurf.* München: Kindler, 1973.

Masters, William H. und Johnson, Virginia E. *Homosexualität.* Frankfurt/M.: Ullstein, 1979.

Masters, William H. und Johnson, Virginia E. *Homosexuality in Perspective.* Boston: Little, Brown, 1979.

Masters, William H. und Johnson, Virginia E. *Human Sexual Inadequacy.* Toronto-New York-London-Sidney-Auckland: Bantam Books, 1980.

Masters, William H.; Johnson, Virginia E.; und Kolodny, Robert C. *Masters & Johnson on Sex and Human Loving.* London: Macmillan, 1986.

Masters, William H.; Johnson, Virginia E.; und Kolodny, Robert C. *Masters und Johnson. Liebe und Sexualität.* Übers. Roland Fleißner. Berlin-Frankfurt/M.-Wien: Ullstein, 1987.

Masters, William H.; Johnson, Virginia E.; und Kolodny, Robert C. *On Sex and Human Loving.* London: Macmillan, 1986.

Mentzos, Stavros. *Hysterie. Zur Psychodynamik unbewußter Inszenierungen.* München: Kindler, 1980.

Mentzos, Stavros. *Neurotische Konfliktverarbeitung.* Frankfurt/M.: Fischer TB Vlg., 1985.

Millett, Kate. *Sexus und Herrschaft. Die Tyrannei des Mannes in unserer Gesellschaft.* München: DTV, 1974.

Milligan, Don. *The Politics of Homosexuality.* London: Pluto Press, 1973.

Missildine, W. Hugh. *In dir lebt das Kind, das du warst.* Stuttgart: Klett-Cotta, 3. Aufl. 1982.

Mitscherlich, Alexander. *Auf dem Weg zur vaterlosen Gesellschaft: Ideen zur Sozialpsychologie.* Zürich: Buchclub Ex Libris, 1963.

Moeller, M.L. *Anders Helfen. Selbsthilfegruppen und Fachleute arbeiten zusammen.* Stuttgart: Klett-Cotta, 1981.

Moll, Albert. *Die konträre Sexualempfindung.* Berlin: Fischer's medicin. Buchhandlung, 1899.

Money, John und Ehrhardt, Anke A. *Man and Woman, Boy and Girl: The Differentiation and Dimorphism of Gender Identity from Conception to Maturity.* Baltimore: John Hopkins Univ. Press, 1972.

Money, John und Ehrhardt, Anke A. *Männlich, weiblich: Die Entstehung der Geschlechtsunterschiede.* Reinbek: Rowohlt, 1975.

Money, John und Ehrhardt, Anke A. *Man and Woman, Boy and Girl.* New York: New American Library, 1972.

Money, John, Hrsg. *Sex Research: New Developments.* New York: Holt, 1965.

Moody, Raymond A. *Lachen und Leiden. Über die heilende Kraft des Humors.* Zürich: Ex Libris, 1981.

Moreno, J.L., Hrsg. *The International Handbook of Group Psychotherapy.* New York: Philosophical Library, 1966.

Muensterberger, W., Hrsg. *Psychoanalysis and the Social Science.* New York: International Universities Press, 1955.

Mumm, Reinhard; Römhild, Paul; und Naujokat, Gerhard. *Vom Sinn geschlechtlicher Partnerschaft*. Kassel-Harleshausen: Vlg. des Weißen Kreuzes, 1976.

Noebel, D.A.; Lutton, W.C.; und Cameron, Paul. *AIDS*. Manitou Springs/Colorado: Summit Research Institute, 1986.

Oraison, Marc. *The Homosexual Question*. New York: Harper & Row, 1977.

Ovesey, Lionel. *Homosexuality and Pseudohomosexuality*. New York: Science House, 1969.

Pacharsina, Klaus. *AIDS und unsere Angst*. Reinbek: Rowohlt, 1986.

Pongratz, Ludwig. *Lehrbuch der klinischen Psychologie*. Göttingen: D. Hogrefe, 1973.

Pongratz, Ludwig J. *Hauptströmungen der Tiefenpsychologie*. Stuttgart: Kröner, 1983.

Pschyrembel, Willibald. *Klinisches Wörterbuch mit klinischen Syndromen*. Berlin-New York: Walter de Gruyter, 1975.

Rank, Otto. *Technik der Psychoanalyse I*. Leipzig-Wien: Franz Deuticke, 1926.

Rattner, Joseph. *Homosexualität – Psychoanalyse und Gruppentherapie*. Olten-Freiburg/Brsg.: Walter, 1973.

Rattner, Joseph. *Psychologie und Psychopathologie des Liebeslebens*. München: Kindler, 1970.

Redlich, F.C. und Freedman, D.X. *Theorie und Praxis der Psychiatrie*. Frankfurt/M.: Suhrkamp, 1970.

Reich, Wilhelm. *Die sexuelle Revolution*. Frankfurt/M.: Europäische Verlagsanstalt, 1966.

Reich, Wilhelm. *Frühe Schriften. 2. Genitalität in der Theorie und Therapie der Neurose*. Köln: Kiepenheuer & Witsch, 1982.

Remplein, Heinz. *Die seelische Entwicklung des Menschen im Kindes- und Jugendalter*. München-Basel: Ernst Reinhardt, 7. Aufl. 1958.

Riess, Bernhard F., Hrsg. *New Directions in Mental Health*. New York: Grune & Stratton, 1968.

Rosenthal, D. *Genetics of Psychopathology*. New York: McGraw-Hill, 1971.

Ruitenbeck, H.M., Hrsg. *Homosexuality: A Changing Picture*. London, 1973.

Schelsky, Helmut. *Soziologie der Sexualität*. Reinbek-Hamburg: Rowohlt, 1955.

Schlegel, Willhart S. *Die Sexualinstinkte des Menschen, eine naturwissenschaftliche Anthropologie der Sexualität*. München: Rütten & Loening, 1966.

Schofield, C.B.S. *Sexually Transmitted Diseases*. Edinburgh-London: Churchill Livingstone, 1972.

Schraml, Walter J. *Einführung in die Psychologie*. Stuttgart: Ernst Klett, 1976.

Schulte, D. *Diagnostik in der Verhaltenstherapie*. München: Urban & Schwarzenberg, 1974.

Schultz-Hencke, H. *Das Problem der Schizophrenie*. Stuttgart: Thieme, 1972.

Schultz-Hencke, H. *Einführung in die Psychoanalyse*. Jena: G. Fischer, 1927.

Schultz-Hencke, H. *Schicksal und Neurose*. Jena: G. Fischer, 1931.

Seiß, Rudolf. *Freiheit und Identität des Christen*. Telos Wissenschaftl. Reihe. Neuhausen-Stuttgart: Hänssler, 1979.

Seiß, Rudolf. *Sexualerziehung zwischen Utopie und Wirklichkeit*. Bad Heilbrunn: Julius Klinkhardt, 2. Aufl. 1976.

Sengers, W.J. *Homoseksualiteit als Klacht: Een psychiatrische Studie.* Diss. Bussum: Paul Brand, 1969.

Siems, Martin. *Coming Out. Hilfen zur homosexuellen Emanzipation.* Reinbek: Rowohlt, 1980.

Sigusch, Volkmar I., Hrsg. *Therapie sexueller Störungen.* Stuttgart: Thieme, 1980.

Silverstein, C. *A Family Matter.* New York: McGraw-Hill, 1977.

Simon, W. und Gagnon, S.H. *Sexuelle Außenseiter.* Reinbek: Rowohlt, 1970.

Skinner, Burrhus Frederic. *The Behavior of Organisms.* New York: Appleton-Century Crofts, 1938.

Socarides, Charles W. *Homosexuality.* New York-London: Jason Aaronson, 1978.

Socarides, Charles W. *The Overt Homosexual.* New York: Grune & Stratton, 1968.

Socarides, Charles W. *Der offene Homosexuelle.* Frankfurt/M.: Suhrkamp, 1971.

Spijker, Herman van de. *Die gleichgeschlechtliche Zuneigung.* Olten-Freiburg: Walter, 1968.

Spoerri, Theodor. *Kompendium der Psychiatrie.* Basel-München-New York: Karger 1975.

Steckel, Wilhelm. *Onanie und Homosexualität. Die homosexuelle Neurose.* Wien-Berlin: Urban & Schwarzenberg, 1921.

Steckel, Wilhelm. *The Homosexual Neurosis.* New York: Emerson Books, 1949, bes. S. 290ff.

Stoller, Robert J. *Sex and Gender.* New York: Science House, 1968.

Storr, Anthony. *Sexual Deviation.* New York-Harmondsworth: Penguin Books, 1964.

Symonds, John Addington. *Sexual Inversion.* New York: Bell Publ., 1984.

Szondi, L. *Triebpathologie.* Bern-Stuttgart: Hans Huber, 1952.

Szondi, L. *Triebpathologie.* Bern: Hans Huber, 1956.

Tanner, J.H. und Inhelder, B., Hrsg. *Discussion on Child Development.* London: Tavistock, 1960.

Taylor, G. Rattray. *Sex in History.* New York: Harper & Row, Reprint 1973.

Tissot, S.A. *L'Onanisme: Dissertation sur les maladies produites par la masturbation.* Lausanne: Marcus Chapuis, 1764.

Tournier, Paul. *Bibel und Medizin. Heilung aus biblischer Schau.* Bern: Humata Vlg. Harold S. Blume. 3. Aufl. o.J.

Tripp, Clarence A. *The Homosexual Matrix.* New York: McGraw Hill, New American Library, 1975.

Trüb, Hans. *Heilung aus der Begegnung.* Stuttgart: Klett, 1951.

Uhsadel, Walter. *Der Mensch und die Mächte des Unbewußten. Studien zur Begegnung von Psychotherapie und Seelsorge.* Kassel: J. Stauda, 1952.

Vanggaard, Thorkil. *Phallos, Eros und Macht.* Frankfurt/M.: Fachbuchhandlung für Psychologie, 2. Aufl. 1979.

Vanggaard, Thorkil. *Phallos: A Symbol and Its History in the Middle World.* New York: International Universities Press, 1974.

Vinnai, Gerhard. *Das Elend der Männlichkeit: Heterosexualität, Homosexualität und ökonomische Struktur.* Reinbek: Rowohlt, 1977.

292

Volkan, Vamik D. *Linking Objects and Linking Phenomena. A Study of the Forms, Symptoms, Metapsychology and Therapy of Complicated Mourning.* New York: International Universities Press, 1981.

Vonessen, Irmela. *Aspekte der homosexuellen Übertragung und ihrer Handhabung.* Göttingen: Vlg. für Medizinische Psychologie, bei Vandenhoeck & Ruprecht, 1980.

Wallnöfer, Heinrich. *Seele ohne Angst. Autogenes Training, Hypnose – Wege zur Entspannung.* Rüschlikon-Zürich-Stuttgart-Wien: Albert Müller, 1986.

Warren, A.B. *Identity and Community in the Gay World.* New York-London-Sidney-Toronto: John Wiley & Sons, 1974.

Weatherhead, L.D. *The Mastery of Sex throught Psychology and Religion.* London: SCM, 1959.

Weber, S. *Freud-Legende.* Olten-Freiburg: Walter, 1979.

Weltbilder. Sexualität: eine Kontroverse mit Brigitta Hauser-Schäublin. Basel: GS-Vlg., 1987.

Weltge, Ralph, Hrsg. *The Same Sex.* New York: Pilgrim Press, 1975.

West, Donald J. *Homosexuality.* Harmondsworth: Penguin, Reprint 1974.

Wickes, Frances G. *Analyse der Kinderseele: Die Auswirkung elterlicher Probleme auf das Unbewußte des Kindes.* Olten-Freiburg: Walter, 3. Aufl. 1973.

Wiedemann, Hans-Georg. *Homosexuelle Liebe.* Stuttgart-Berlin: Kreuz Vlg., 1982.

Williams, Don. *The Bond that Breaks.* Ventura/Ca.: Regal, o.J.

Wolff, Charlotte. *Bisexualität.* Frankfurt/M.: Goverts im S. Fischer Vlg., 1979.

Wolff, Charlotte. *Love Between Women.* New York: Harper & Row, 1971.

Young, Paul. *Motivation of Behavior: The Fundamental Determinants of Human and Animal Activity.* New York: John Wiley & Sons, 1936.

c) *Allgemeine Literatur*

Aaron, W. *Straight: A Heterosexual Talks about His Homosexual Past.* New York: Doubleday, 1972.

Ahlmark-Michanek, K. *Jungfrauenglaube und Doppelmoral.* Hamburg-Reinbek: Rowohlt TB, 1968.

Aischines. *Aeschinis orationis.* Hrsg. F. Blaß. Leipzig: Teubner, 1908.

Aischylos. *Sämtliche Tragödien und Fragmente.* Hrsg. Karl Hoenn. Übers. Johann Gustav Droysen und Franz Stoessl. Zürich: Artemis, 1952.

Aischylos. *Tragödien und Fragmente.* Griech. und Deutsch. Hrsg. O. Werner. München: Heimeran, 1960.

Anthologia Graeca. Buch IX–XI. Griech.-Deutsch. Hrsg. Hermann Beckby. München: Heimeran, 1958.

Apuleius Lucius. *The Golden Ass.* Übers. Robert Graves. New York: Farrar, Straus & Giroux, 1951.

Aristides Aelius. *Opera Omnia.* Hrsg. W. Dindorf. Nachdruck Hildesheim: 1986.

Aristoteles. *Nikomachische Ethik.* Übers. Franz Dirlmeier. Stuttgart: Philipp Reclam jun., 1983.

Aristoteles. *Poetik.* Übers. und Hrsg. Manfred Führmann. Stuttgart: Reclam, 1982.

Athenaeus. *The Deipnosophists.* Griech. und Engl. Hrsg. Ch. B. Gulick. 7 Bde. London: Heinemann, 1957–1963.

Beer, Ulrich. *Liebe contra Sex. Zehn Plädoyers für die Liebe.* Tübingen: Mohr, 1968.

Berdyaew. Nicholas. *The Destiny of Man.* London: Geoffrey Bles, 1954.

Bos, J.Th. *Ik ben niet meer »20«.* Hoornaar: Gideon, 1969.

Buckley, Michael J. *Morality and the Homosexual.* Westminster/Md.: Newman Press, 1959.

Capra, Fritjof. *Wendezeit. Bausteine für ein neues Weltbild.* Übers. Erwin Schuhmacher. Bern-München-Wien: Scherz, 14. Aufl. 1987.

Diagenes Laertius. *Leben und Meinungen berühmter Philosophen.* Berlin: Akademie Vlg., 1955.

Diels, H. *Fragmente der Vorsokratiker.* Hrsg. Walther Kranz. Berlin: Weidmann, 6. Aufl. 1951.

Dimont, Max I. *Jews, God and History.* New York: Signet Books, The New American Library, 1962.

Dio Cassius. *Römische Geschichte.* Übers. L. Tafel. 16 Bde. Stuttgart: J.B. Metzler, 1831–1844.

Dio Chrysostom. Griech. und Engl. Übers. H. Lamar Crosby. 5 Bde. Cambridge/Mass.: Harvard Univ. Press; London: Heinemann, 1951.

Dion Chrysostomos. *Sämtliche Werke.* Übers. und Hrsg. W. Elliger. Zürich-Stuttgart: Artemis, 1967.

Dionysius. *The Roman Antiquities of Dionysius of Halicarnassus.* Griech. und engl. Übers. Earnest Cary. 7 Bde. Cambridge/Mass.: Harvard Univ. Press; London: Heinemann, 1950.

Dover, Kenneth J. *Homosexualität in der griechischen Antike.* Übers. Susan Worcester. München: C.H. Beck, 1983.

Dunde, Siegfried Rudolf, Hrsg. *AIDS – Was eine Krankheit verändert.* Frankfurt/M.: Fischer TB, 1986.

Duvall, Sylvanus M. *Men, Women and Morals.* New York: Association Press, 1952.

Eban, Abba. *Das Erbe. Die Geschichte des Judentums.* Frankfurt/M.-Berlin: Ullstein, 1986.

Eliade, M. *Kosmos und Geschichte.* Übers. G. Spaltmann. Reinbek: Rowohlt, 1966.

Epicteti dissertationes ab Arriani digestae. Hrsg. H. Schenkl. Leipzig: Teubner, 1916; Neudruck Stuttgart, 1965.

Epiktet. *Handbüchlein der Ethik.* Übers. Ernst Neitzke. Stuttgart: Reclam, 1984.

Euripides. *Medea.* Übers. und Hrsg. Heinz Eller. Stuttgart: Reclam, 1983.

Firebaugh, W.C. *The Satyricon of Petronius Arbiter.* New York-Washington: Square Press, 1966.

Foucault, Michel. *Die Sorge um sich.* Übers. Ulrich Raulff und Walter Seitter. Frankfurt/M.: Suhrkamp, 1986.

Foucault, Michel. *Gebrauch der Lüste.* Übers. Walter Seitter. Frankfurt/M.: Suhrkamp, 1986.

Frazer, James G. *The Golden Bough: A Study in Magic and Religion.* London: Macmillan, 1919.

Garstang, John, Hrsg. *Lucian. The Syrian Goddess.* London: Constable 1913.

Gerguson. *Hellenistic Athens: An Historical Essay.* London: Macmillan, 1911.

Gerhard, Gustav. *Phoinix von Kolophon.* Leipzig: Teubner, 1909.

Gibbon, Edward. *History of the Decline and Fall of the Roman Empire.* Hrsg. D. Milman, M. Guizot, und W. Smith. London: Methuen, 1898.

Gilgamesch-Epos, Das. Übers./Anm. A. Schott; Bearb. W. v. Soden, Stuttgart: Reclam, 1958.

Graham-Murray, James. *A History of Morals.* London: Library 33 Ltd., 1966.

Graves, Robert. *The White Goddess: A Historical Grammar of Poetic Myth.* London: Faber and Faber, 1961; New York: Octagon Books, 1972 (gleiche Seitenzahlen).

Grenfell, Bernard P. und Hunt, Arthur S., Hrsg. *The Hibeh Papyri.* Part I. Oxford: Horace Hart, 1906.

Gurney, O.R. *The Hittites.* Baltimore: Penguin, 1952.

Guthrie, W.K.C. *The Sophists.* Cambridge: Cambridge Univ. Press, 1971.

Haimhausen, Alexander. *Safer Sex – Liebe und Zärtlichkeit ohne gesundheitliches Risiko.* Düsseldorf: Econ, 1986.

Hammarskjöld, Dag. *Markings.* Übers. Leif Sjöberg und W.H. Auden. New York: Knopf, 1964.

Helfritz, Hans. *Schwarze Ritter zwischen Niger und Tschad.* Berlin: Safari Vlg., 1958.

Herodotus. *History.* Hrsg. Alfred Denis Godley. London: Heinemann, 1946.

Herodotus. *The Histories.* Übers. A. de Selincourt. Harmondsworth: Penguin, 1954.

Herrlich, Peter. *Gentec pop onc. Antworten der Genforschung auf menschliche Ängste.* Berlin: Quadria Vlg. J. Severin, 1985.

Hesiod. *Sämtliche Gedichte. theogonie. Erga. Frauenkataloge.* Übers. W. Marg. Zürich-Stuttgart: Artemis, 1970.

Hesiodi Carmina. Hrsg. A. Rzach. Stuttgart: Teubner, 1967.

Hohmann, Joachim S. *Homosexualität und Subkultur.* Lollar/Lahn: Achenbach, 1976.

Homer. *Hymnoi Homerikoi 5.* Übers. Thassilo v. Scheffer. Leipzig: Dieterich, o.J.

Homer. *Ilias.* Übers. J.H. Voß. München: Winkler, 1967.

Horaz. *Briefe.* Übers. C.M. Wieland. Nördlingen: Franz Greno, 1986.

Humphreys, R.A. *Out of the Closets: The Sociology of Homosexual Liberation.* Englewood Cliffs/N.J.: Prentice-Hall, 1972.

Irmscher, Johannes. *Das große Lexikon der Antike.* München: Wilhelm Heyne, 2. Ergänzte Aufl. 1976.

Josephus. *Jewish Antiquities.* Bd. 1: Übers. Henry St. John Thackeray. London: Heinemann, 1966; Bd. 2: Übers. H. St. J. Thackeray und Ralph Marcus. London: Heinemann, 1958.

Josephus. *Jewish Antiquities.* Übers. Henry St. John Thackeray. Loeb Classical Library. London: Heinemann, 1966.

Josephus. *The Life and Against Apion.* Übers. Henry St. John Thackeray. Loeb Classical Library. London: Heinemann, 1966.

Judson, Horace Freeland. *The Eight Day of Creation: Makers of the Revolution in Biology.* New York: Simon & Schuster, 1979.

Kallimachos. *Die Dichtungen des Kallimachos.* Griech. und Deutsch. Hrsg. E. Howald und E. Staiger. Zürich: Artemis, 1955.

Kentler, Helmut. *Menschlichkeit der Sexualität. Berichte, Analysen, Kommentare, ausgelöst durch die Frage: Wie homosexuell dürfen Pfarrer sein?* München: Kaiser, 1983.

Kramer, S.N. *The Sumerians.* Chicago: The Indiana Univ. Press, 1963.

Kramer, S.N., Hrsg. *Mythologies of the Ancient World.* Garden City: Doubleday, 1961.

Lambert, W.G. *Babylonian Wisdom Literature.* Oxford: Clarendon Press, 1960.

Langelüddecke, Albrecht. *Die Entmannung von Sittlichkeitsverbrechern.* Berlin: de Gruyter, 1963.

Licata, Salvatore J. und Petersen, Robert P. *Historical Perspectives on Homosexuality.* New York: Haworth Press, 1981.

Licht, Hans (Brandt, Paul). *Sittengeschichte Griechenlands.* Hrsg. und Bearb. Herbert Lewandowski. Stuttgart: Hans E. Günther, 1959.

Lobel, E. und Page, D. *Poetarum Lesbiorum Fragmenta.* Oxford: University Press, 1953, S. 2–110.

Loeb, Jacques. *The Mechanistic Conception of Life.* Cambridge/Mass.: Belknap Press of Harvard Univ. Press, 1964.

Lucian. *The Syrian Goddess.* Übers. H.A. Strong. Hrsg. John Garstang. London: Constable, 1913.

Lukian von Samosata. *Hetärengespräche.* Übers. C.M. Wieland. Köln: Bund; Berlin/DDR: Eulenspiegel, 1983.

Mann, Golo und Hauß, Alfred, Hrsg. *Propyläen Weltgeschichte.* Berlin-Frankfurt/M.: Propyläen, 1986.

Milton, John. *Das verlorene Paradies.* Übers. und Hrsg. Hans Heinrich Meier. Stuttgart: Winkler, 1969.

Mommsen, Theodor. *Das Römische Imperium der Caesaren.* Wiesbaden: Safari Vlg., 1941.

Monod, Jacques. *Chance and Necessity: An Essay on the Revolution in Biology.* New York: Knopf, 1971.

Nugent, R., Hrsg. *A Challenge to Love.* New York: Crossroad, 1983.

Ockel, G. *Gesundes Liebesleben.* Berlin: Sicker, 1943.

Ovidius Naso. *Metamorphosen.* München-Zürich: Artemis, 1983.

Paoli, Ugo Enrico. *Die Frau im alten Hellas.* Bern: Francke, 1955.

Pausanias' Description of Greece. Übers. und Anm. W.H.S. Jones. 6 Bde. London: Heinemann, 1955–1966.

Payne, Leanne. *Das zerbrochene Bild.* Übers. Ulrike Schumacher. Kehl: Trobisch, 1987.

Payne, Leanne. *The Healing of the Homosexual.* Westchester/Ill.: Crossway Books, 1985.

Petronius. *Satyricon.* Übers. Wilhelm Heinse. Frankfurt/M.: Insel, 1986.

Pfeiffer, R., Hrsg. *Fragmenta Hymni et Epigrammata.* Oxford: University Press, 1949–1953.

Philo Judaeus. *Philo of Alexandria.* Übers. F.H. Colson et al. Loeb Classical Library. London: Heinemann, 1924–1941.

Philo Judaeus. *Philosophical Works*. Übers. F.H. Colson et al. 10 Bde. Loeb Classical Library. London: Heinemann, 1929–1941.

Philo. Übers. F.H. Colson und G.H. Whitaker. London: Heinemann, 1958.

Pindar. *Die Dichtungen und Fragmente*. Übers. L. Wolde. Leipzig: Dieterich, 1942.

Pindar. *Siegesgesänge und Fragmente*. Hrsg. und Übers. Oskar Werner. München: Heimeran, o.J.

Plassart, André. *Fouilles de Delphes 3.4*. Paris: de Boccard, 1970.

Plato. *Laws*. Griech. und engl. Hrsg. R.G. Bury. Loeb Classical Library. London: Heinemann, 1921.

Plato. *Republic*. Griech. und Engl. Hrsg. Paul Shoray. Loeb Classical Library. London: Heinemann, 1932.

Platon. *Der Staat*. Übers. August Horneffer. Stuttgart: Kröner, 1965.

Platon. *Sämtliche Werke*. Übers. F. Schleiermacher. Reinbek-Hamburg: Rowohlt, 1958.

Platon. *Symposion*. Hrsg. und Übers. Franz Boll. München: Heimeran, 1969.

Plautus, T. Marcus. *Miles Gloriosus*. Hrsg. Mason Hammond; Arthur M. Mack; und Walter Moskalew. Cambridge/Mass.: Harvard Univ. Press, 1963.

Plutarch. *Moralia*. Übers. Edwin L. Minar; F.H. Sandbach; und W.C. Helmbold. London: Heinemann, 1961.

Pohlenz, M. *Die Stoa I*. Göttingen: Vandenhoeck & Ruprecht, 4. Aufl. 1970.

Polybius. *The Histories*. Übers. Mortimer Chambers. New York: Washington Square Press, 1966.

Pomeroy, Sarah B. *Frauenleben im klassischen Altertum*. Stuttgart: Kröner, 1985.

Rees, J. Tudor und Usill, Harvey V., Hrsg. *They Stand Apart*. London: Heinemann, 1955.

Rendall, John Herman. *The Making of the Modern Mind: A Survey of the Intellectual Background of the Present Age*. New York: Columbia Univ. Press, 1976.

Robinson, Marie. *The Power of Sexual Surrender*. New York: Signet Books, 1962.

Ross, Michael W. *The Married Homosexual Man*. London-Boston-Melbourne-Henley: Routledge & Kegan, 1983.

Rougemont, Denis de. *Love in the Western World*. Philadelphia: Westminster, 1953.

Roux, G. *Pausanias en Corinthe*. Paris: Les Belles Lettres, 1958.

Römer, W.O.P. *Sumerische Königshymnen der Isiszeit*. Leiden: Brill, 1965.

Saggs, H.W.F. *The Greatness that Was Babylon*. London: Sidgwick & Jackson, 1962.

Sameh, Waley-el-dine. *Alltag im Alten Ägypten*. München: G.D.W. Callwey, 1963.

Schofield, M. und Striker, Gisela, Hrsg. *The Norms of Nature. Studies in Hellenistic Ethics*. Cambridge-New York-New Rochelle-Melbourne-Sydney: Cambridge Univ. Press, 1986.

Selms, A. van. *Marriage and Family Life in Ugaritic Literature*. London: Luzac, 1954.

Seneca. *Philosophische Schriften*. Übers. Otto Apelt. Leipzig: F. Meiner, 1923–24.

Seneca. *Werke*. Hrsg. G. Tafel, C. Osiander und G. Schwab. Stuttgart: J.B. Metzler, 1829.

Skinner, Burrhus Frederic. *Walden Two*. New York: Macmillan, 1948.

Sodom und Gomorrha. Der Prozeß der Königsmacher. Hrsg. Sozialdemokraten. Berlin: Vlg. Buchhandlung Vorwärts, 1907.

Sorokin, Pitirim A. *Social and Cultural Dynamics.* New York: American Book, 4 Bde, 1937–1941.

Sorokin, Pitirim A. *Society, Culture and Personality: Their Structure and Dynamics.* New York: Cooper Square, 1969.

Sörensen, Villy. *Seneca. Ein Humanist an Neros Hof.* Zürich: Ex Libris, 1986.

Spretnak, C. *Die Grünen.* München: Goldmann, 1985.

Stent, Gunther S. *The Coming of the Golden Age: A View of the End of Progress.* Garden City/N.Y.: Natural History Press, 1969.

Stern, Menahem. *Greek and Latin Authors on Jews and Judaism, 1: From Herodotus to Plutarch.* Jerusalem: The Israel Academy of Science and Humanities, 1974.

Strabo. *Geographica. Strabos Geographika in 17 Büchern.* Text, Übers. und erläuternde Anm. Begründet von W. Aly, fortgesetzt von E. Kirsten und F. Lapp. Bonn: Habelt, 1957.

Strabo. *The Geography.* Griechisch und Englisch. Hrsg. H.L. Jones. 8 Bde. New York: Putnam, 1917–1932.

Sueton. *Kaiserbiographien. De vita Caesarum: Claudius, Nero, Galba, Otho, Vitellius, Vespasian.* Übers. Adolf Stahr, Bearb. Martin Vosseler. München: Goldmann, o.J.

Suetonius. *The Twelve Caesars.* Übers. Robert Graves. Harmondsworth: Penguin, 1957.

Tacitus. Hrsg./Übers. C. Moore und J. Jackson. Loeb Classical Library. Cambridge/Mass.: Harvard Univ. Press, 1939.

Theocritus. Hrsg. und Übers. A.S.F. Gow. Cambridge: University Press, 1950.

Thucydides. Geschichte des Peloponnesischen Krieges. Übers. und Einl. P. Landmann. Zürich-Stuttgart: Artemis, 1960.

Thucydides. Übers. C.F. Smith. London: Heinemann, 1960.

Turner, E.G., Hrsg. *The Hibeh Papyri.* Part II. Edinburgh: R.&R. Clark, 1955.

Valentin, Veit. *Illustrierte Weltgeschichte.* Köln: Lingen Vlg., 1976.

Valerius Maximus. Photorepro für Thompson Henry Yates. London: B. Quarich, 1907.

Vandenberg, Philipp. *Nero: Kaiser und Gott, Künstler und Narr.* München: Bertelsmann, 1981.

Weiler, Gerda. *Der enteignete Mythos.* München: Frauenoffensive, 1985.

Westermarck, Edward. *The Origin and Development of the Moral Ideas.* London: Macmillan, 1917.

Wouk, Herman. *Das ist mein Gott. Glaube und Leben der Juden.* Hamburg: Albrecht Knaus, 1984.

Wrage, K.H. *Mann und Frau.* Gütersloh: Mohn, 1960.

Xenophon. *Cyropaedia.* Übers. Walter Miller. London: Heinemann; Cambridge/Mass.: Harvard Univ. Press, 1960.

Xenophon. *Des Kyros Anabasis. Der Zug der Zehntausend.* Übers. Paul M. Laskowsky. Limburg: Limburger Vereinsdruckerei, 1958.

Xenophon. *Erinnerungen an Sokrates.* Übers. Peter Jarrisch. München: Heimeran, 1962.

Xenophon. *Memorabilia.* Übers. J. Hrusa. Prag, 1940.
Xenophon. *Oikonomikos.* Übers. Klaus Meyer. Marburg: Kaesberger-Westerburg, 1975.

3. Beiträge in Periodica, Sammelbänden; Referate

Abkürzungen von Periodica:

BASOR: Bulletin of the American Schools of Oriental Research, Baltimore.
ZAW: Zeitschrift für die alttestamentliche Wissenschaft, Gießen-Berlin.
ZNW: Zeitschrift für die neutestamentliche Wissenschaft, Gießen-Berlin.

a) Theologische Beiträge

Aicher, G. »Mann und Weib, ein Fleisch.« *Biblische Zeitschrift* (Paderborn) 5 (1907): 159–167.

Albright, W.F. »New Egyptian Data on Palestine in the Patriarchal Age.« *BASOR* 81 (1941): 16–21.

Albright, W.F. »The Land of Damascus between 1850 and 1750 B.C.« *BASOR* 83 (1941): 30–36.

Allam, Schafik. »Beiträge zum Hathorkult bis zum Ende des Mittleren Reiches.« *Münchener ägyptologische Studien* (Berlin) 4 (1963): 164.

Alt, Albrecht. »Die Ursprünge des israelitischen Rechts.« *Kleine Schriften zur Geschichte des Volkes Israel.* Hrsg. Albrecht Alt. München: C.H. Beck, 1953, Bd. 1, S. 278–332.

Argyle, A.W. »The Influence of the Testaments of the Twelve Patriarchs upon the NT.« *Expository Times* (Aberdeen-Edinburgh) 63 (1951–52): 256ff.

Avigad, N. »Review of Hebrew Inscriptions . . .« *Israel Exploration Journal* (Jerusalem) 9 (1959): 130–133.

Barnhouse, Ruth Tiffany. »Homosexuality: A Symbolic Confusion«. *Homosexuality and Ethics.* Hrsg. E. Batchelor. New York: Pilgrim Press, 1980.

Barrett, Charles K. »Hodiekesas (2. Cor. 7,12).« *Verborum Veritas: Festschrift für Gustav Stählin.* Hrsg. Otto Böcher und Klaus Haaker. Wuppertal: R. Brockhaus, 1970.

Barth, Karl. »Der Glaube an den persönlichen Gott.« *Zeitschrift für Theologie und Kirche* (Tübingen) 24 (1914): 21–32; 65–95.

Bartlett, David C. »A Biblical Perspective on Homosexuality.« *Foundation. A Baptist Journal of History and Theology* (New York) 20 (1977): 133–147.

Bartlett, David L. »A Biblical Perspective on Homosexuality.« *Foundations* (New York) 3 (April–Juni 1977): 133–147.

Bartlett, David. »A Biblical Perspective on Homosexuality.« *Foundations* (New York) 2 (April–Juni 1977): 135–145.

Bassermann, Heinrich. »Äußere und innere Mission in ihrem Verhältnis zur praktischen Theologie.« *Zeitschrift für Praktische Theologie* 13 (1891): 1–18.

Baudissin, Wolf. »Der Begriff der Heiligkeit im AT.« *Studien zur semitischen Religionsgeschichte* (Leipzig) 2 (1878).

Bauer, H. »Die Gottheiten von Ras Schamra.« ZAW 51 (1933): 81–101.

Baum, Gregory. »Catholic Homosexuals.« *Commonweal* (New York) 99 (15. 2. 1974): 479–482.

Baumgarten, Otto. »Der Seelsorger unserer Tage.« *Evangelisch-soziale Zeitfragen* (Leipzig) 3 (1891): 18ff.

Baumgarten, Otto. »Grundzüge einer psychologischen Seelsorge am sündigen Menschen. *Zeitschrift für Praktische Theologie* (Tübingen) 18 (1896): 1–23.

Baumgarten, Otto. »Sulzes Evangelische Gemeinde.« *Zeitschrift für Praktische Theologie* (Tübingen) 14 (1892): 256–277; 345–359.

Baumgartner, W. »Ras Schamra und das AT.« *Theologische Rundschau* (Tübingen) 1940: 163ff.; 1941: 1–157.

Baumgartner, W. »Ugaritische Probleme und ihre Tragweite für das AT.« *Theologische Zeitschrift* 3 (1947): 81–100.

Begrich, J. »Die priesterliche Tora.« *Beihefte zur ZAW* 66 (1933): 63–88.

Birchard, Roy. »Metropolitan Community Church.« *Foundations: Baptist Journal of History and Theology* (New York) 2 (April–Juni 1977): 127f.

Bockmühl, Klaus. »Die Diskussion über Homosexualität in theologischer Sicht.« *Homosexualität in evangelischer Sicht.* Wuppertal: Aussaat, 1965. S. 39–41.

Boisen, A. »Pastoral Counseling.« *Journal of Pastoral Care* (Washington) 2 (1948): 13–22.

Brakelmann, Günter. »Der friedenssichernde Auftrag der Macht.« *Pastoraltheologie* (Göttingen) 12 (1986): 512ff.

Brocke, M. »Tun und Lohn im nachbiblischen Judentum.« *Bibel und Leben* 8 (1967): 166–178.

Broneer, Oscar. »Corinth, Center of Paul's Missionary Works in Greece.« *The Biblical Archaeologist* (New Haven) 4 (Dez. 1951): 77–96.

Brooks, Beatrice A. »Fertility Cult Functionaries in the Old Testament.« *Journal of Biblical Literature* (Philadelphia-Missoula) 15 (Sept. 1951): 238–249.

Brown, Harold O.J. »Eine neue Geißel Gottes?« *Welt am Sonntag* (Hamburg), 22. 2. 1987.

Browning, D.S. »Homosexuality, Theology, the Social Sciences and the Church.« *Encounter* (London) 40 (1979): 223–243.

Bultmann, Rudolf. »Das überweltliche Reich Gottes in der Verkündigung Jesu.« *Theologische Blätter* (Leipzig-Bonn) 6 (1927): 118–120.

Bultmann, Rudolf. »Dikaiosyne Theou.« *Journal of Biblical Literature* (Philadelphia-Missoula) 83 (1964): 12–16.

Büchsel, F. »In Christo.« ZNW 42 (1949): 141–158.

Cassano, A. »Christian Men and Homosexual Desire. A Pastoral Perspective.« *Pastoral Renewal* (Ann Arbor) 10 (1981): 75–80.

Clements, R.E. »Leviticus.« *The Broadman Biblical Commentary.* Hrsg. Clifton J. Allen. Nashville: Broadman Press, 1972, S. 50.

Cook, Colin. »Homosexual Healing. Interviews with C. Cook.« *Ministry* (Hagerstown) 9 (1981): 4–13.

Craddock, Fred B. »How Does the New Testament Deal with the Issue of Homosexuality.« *Encounter* (London) 40 (1979): 197–208.

Curran, Charles. »Homosexuality and Moral Theology, Methodological and Substantive Considerations.« *The Thomist* (Baltimore) 35 (1971): 447–481.

Devereux, G. »Greek Pseudo-homosexuality and the Greek Miracle.« *Symbolae Osloenses* (Oslo) 42 (1967): 69–92.

Dijkstra, Simon Th. »Ein neuer Weg auch für Homosexuelle.« *Ethos* (Berneck) 7 (1986): 20–23.

Dixon, John W. Jr. »The Sacramentality of Sex.« *Male and Female.* Hrsg. R.T. Barnhouse und U.T. Holmes. New York: Seabury, 1976, S. 236–256.

Doerne, M. »Predigtlehre als Psychotherapie.« *Pastoralblätter* (Stuttgart) 85 (1942–43): 90–103.

Driver, Thomas F. »Sexuality and Jesus.« *Sex: Thoughts for Contemporary Christians.* Hrsg. Michael J. Taylor. New York: Doubleday, S. 59ff. Der Artikel erschien zuerst in *Union Seminary Quarterly Review* (New York) 3 (März 1965): 235–246.

Driver, Tom F. »The Contemporary and Christian Contexts.« *Homosexuality and Ethics.* Hrsg. E. Batchelor. New York: Pilgrim Press, 1980, S. 14–21.

»Duldung homosexueller Partnerschaften.« *Erweckliche Stimme.* Hrsg. Heinrich Kemner. (Krelingen) 7 (1986): 7f.

Dumermuth, F. »Zur deuteronomischen Kulttheologie und ihren Voraussetzungen.« *ZAW* 70 (1958): 59–98.

Dus, J. »Gibeon – eine Kultstätte des SMS und die Stadt des benjaminitischen Schicksals.« *Vetus Testamentum* (Leiden) 10 (1960): 353–374.

Edsman, C.-M. »Ignis divinus.« *Skrifter utgivna av Vetenskaps-Societeten i Lund* 34 (1949): 250ff.

Edwards, I.E.S. »A Relief of Qudshu-Astarte-Anath in the Winchester College Collection.« *Journal of Near Eastern Studies* (Chicago) 14 (1955): 49ff.

»Egyptian, Hymns.« Übers. J.A. Wilson. *The Ancient Near East.* Hrsg. James B. Pritchard. Bd. 1, S. 226–231. Princeton N.J.: Princeton Univ. Press, 1973.

»Egyptian, Myths and Tales.« Übers. J.A. Wilson. *The Ancient Near East.* Hrsg. James B. Pritchard. Bd. 1, S. 1–27. Princeton N.J.: Princeton Univ. Press, 1973.

Eichrodt, D. Walther. »Homosexualität – Andersartigkeit oder Perversion?« *Homosexualität in evangelischer Sicht.* Hrsg. Theo Sorg, Gerhard Stoll, und Karl Sundermeier. Wuppertal: Aussaat, 1965, S. 11ff.

Eichrodt, Walter. »Homosexualität – Andersartigkeit oder Perversion.« *Reformatio* (Zürich) 12 (1963): 67–82.

»Ein Gericht Gottes?« *Idea-Spektrum: Nachrichten und Meinungen aus der evangelischen Welt* (Wetzlar) 7 (1987): 1.

Eißfeldt, Otto, »Israelitisch-jüdische Religionsgeschichte und alttestamentliche Theologie.« *ZAW* 44 (1926): 1–12.

Eißfeldt, Otto. »Werden, Wesen und Wert geschichtlicher Betrachtung der israelitisch-jüdisch-christlichen Religion.« *Zeitschrift für Missionskunde und Religionswissenschaft* (Münster) 46 (1931): 1–24.

EKD. »Denkschrift zu Fragen der Sexualethik.« *Tutzinger Studien* (Tutzing) 2 (1977): 50–54.

Elliger, K. »Das Gesetz Leviticus 18.« *ZAW* 67 (1955): 1–25.

Ellwein, E. »Das Rätsel von Röm 7.« *Kerygma und Dogma* (Göttingen) 1 (1955): 247–268.

»Erklärungen zu einigen Fragen der Sozialethik.« *L'Osservatore Romano* 4 (1975): 3–5.

Euler, K.F. »Königtum und Götterwelt in den altaramäischen Inschriften Nordsyriens.« *ZAW* 56 (1938): 272–313.

Ewert, David. »The Bible, Homosexuality and the Church.« *The Christian Leader*. Hillsboro, Kansas: MB Board of Publications, 1980, S. 9ff.

Faßnacht, Dieter. »Sexuelle Abweichungen.« *Handbuch der christlichen Ethik*. Hrsg. A. Hertz, W. Korff, T. Rendtorff, und H. Ringeling. Freiburg-Basel-Wien: Herder, 1978, Bd. 2, S. 180ff.

Finkelstein, J.J. »Sex Offences in Sumerian Laws.« *Journal of the American Oriental Society* (New Haven) 86 (1966): 355–372.

Fisher, Eegene Joseph. »Cultic Prostitution in the Ancient Near East? A Reassessment.« *Biblical Theology Bulletin* (Rom) 6 (1976): 225–236.

Flücker, F. »Zur Unterscheidung von Heiden und Juden in Röm 1,18–2,3.« *Theologische Zeitschrift* (Basel) 10 (1954): 154–158.

Fohrer, Georg. »Das sogenannte apodiktisch formulierte Recht und der Dekalog.« *Kerygma und Dogma* 11 (1965): 49–74.

Fohrer, Georg. »Die wiederentdeckte kanaanäische Religion.« *Theologische Literaturzeitung* (Halle-Berlin) 4 (1953): 193–200.

Fridrichsen, A. »Zur Auslegung von Röm 1,19f.« *ZNW* 17 (1916): 159–168.

Geest, Hans van der. »Eine Beziehung geht in die Brüche.« *Kirchenbote* (Zürich) 9 (24. 4. 1987): 9.

Gemeinsame Synode der Bistümer in der Bundesrepublik Deutschland. »Sinn und Gestaltung menschlicher Geschlechtlichkeit.« *Arbeitspapiere der Sachkommissionen. Offizielle Gesamtausgabe II*. Freiburg: Herder, 1977.

Gordis, R. »The Knowledge of Good and Evil in the OT and the Qumran Scrolls.« *Journal of Biblical Literature* (Philadelphia) 76 (1957): 123–138.

Gottschalk, Johannes. »Pastorale Betrachtungen und moraltheologische Überlegungen zur Frage der Homosexualität.« *Das große Tabu*. Hrsg. Willhart Siegmar Schlegel. München: Kindler, 1967, S. 120–146.

Greenberg, M. »Some Postulates of Biblical Criminal Law.« *Y. Kaufmann Jubilee Volume*. Hrsg. M. Haran. Jerusalem: Magnes, 1960, S. 5–28.

Grether, O. »Name und Wort Gottes im AT.« *ZAW* 64 (1934): 59ff.

Gurney, O.R. »Some Aspects of Hittite Religion.« *Schweich Lectures*. Hrsg. O.R. Gurney. Oxford: Oxford Univ. Press, 1977, S. 9ff.

Gustafson, James M. »Christian Ethics.« *Religion*. Hrsg. Paul Ramsey. Englewood Cliffs/N.J.: Prentice-Hall, 1965, S. 309–325.

Gutbrod, W. »Zur Predigt des Paulus in Korinth. Nach Apg 18.« *Evangelische Theologie* (München) 3 (1936): 379–384.

Güterbock, H.G. »Hittite Mythology.« *Mythologies of the Ancient World*. Hrsg. S.N. Kramer. Garden City: Doubleday, 1961.

Güterbock, H.G. »Hittite Religion.« *Forgotten Religions.* Hrsg. V. Ferm. New York: Philosophical Library, 1950, S. 83–109.

Güterbock, H.G. »The Deeds of Suppiluliuma as Told by His Son, Murshili II.« *Journal of Cuneiform Studies* (New Haven) 10, 1956: 41–68, 75–98, 107–130.

Güterbock, H.G. »The Songs of Ullikummi.« *Journal of Cuneiform Studies* (New Haven) 5 (1951): 135ff; 6 (1952): 8–42.

Haacker, Klaus. »Die Gallio-Episode und die paulinische Chronologie.« *Biblische Zeitschrift* (Paderborn) 16 (1972): 252–255.

Hardy, R.S. »The Old Hittite Kingdom.« *American Journal of Semitic Languages and Literature* (Chicago) 57 (1941): 177–216.

Harland, J. Penrose. »Sodom and Gomorrah.« *The Biblical Archaeological Reader.* Hrsg. G. Ernest Wright und D.N. Freedman. New York: Doubleday, 1961, S. 58–67.

Harnik, Bernard. »Gleichgeschlechtliche Liebe und Homosexualität.« Sieber, Ernst. *H . . . S . . . der Homosexuelle.* Zürich-Frankfurt/M.: Gotthelf-Vlg., 1964, S. 43ff.

Harrison, Everett F. »Romans.« *The Expositor's Bible Commentary.* Hrsg. F.E. Gaebelein. Bd. 10, S. 25ff. Grand Rapids: Zondervan, 1976.

Harvey, J. »Chastity and the Homosexual.« *The Priest* (Huntingdon/In.) 33 (1977): 10–16.

Harvey, J. »Group Support in Helping the Homosexual to Live a Fully Integrated Life.« *Theological Pastoral Resources.* Hrsg. K. Leopold und T. Orians. Washington: Dignity, 1981, S. 24–26.

Harvey, J.F. »Chastity and the Homosexual.« *The Priest* (Huntington/In.) 33 (1977): 10–16.

Harvey, J.F. »Homosexuality and Vocations.« *American Ecclesiastical Review* (Washington) 164 (1972): 42–55.

Hirschler, Horst. »Ein Homosexueller als Pfarrer?« *Evangelische Zeitung* (Hannover), 29. 7. 1979.

Hirzel, R. »Die Strafe der Steinigung.« *Abhandlungen der Sächsischen Akademie der Wissenschaften in Leipzig* 7 (1909): 222–226.

Hoffner, H.A. »Incest, Sodomy and Bestiality in the Ancient Near East.« *Orient and Occident: Essay for C.H. Gordon.* Hrsg. Harry A. Hoffner jun. Neukirchen: Kevelaer, Butzon & Bercker, 1973, S. 81–90.

»Homosexualität und Kirche.« Sendung des Zweiten Deutschen Fernsehens. Mainz, 9. 8. 1976.

Hooker, M.D. »Adam in Romans, i.« *New Testament Studies* (Cambridge) 4 (1959–60): 297ff.

Hölscher, G. »Zum Ursprung der Rahabsage.« *ZAW* 38 (1919–20): 54–57.

Hurd, John C. »Pauline Chronology and Pauline Theology.« *Christian History and Interpretation: Studies Presented to John Knox.* Cambridge: Cambridge University Press, 1967, S. 225–248.

Jennings, Theodore W. »Homosexuality and Christian Faith: A Theological Reflection.« *Christian Century* (Chicago) 94 (16. 2. 1977): 137–142.

Jeremias, J. »Zu Rm 1,22–32.« *ZZNW* 45 (1954): 119–123.

Johnson, S. Lewis. »God Gave Them Up.« *Bibliotheca Sacra* (Dallas) 2 (April–Juni 1972): 127f.

Johnston, R.K. »Homosexuality. Is ›Cure‹ Inappropriate?« *Reformed Journal* (Grand Rapids) 4 (1981): 16–20.

Kaufmann, Yeheznel. »The Bible and Mythological Polytheism.« *Journal of Biblical Literature* (Philadelphia) 70 (1951): 179–197.

Käsemann, Ernst, »Gottesgerechtigkeit bei Paulus.« *Zeitschrift für Theologie und Kirche* (Tübingen) 58 (1961): 367–378.

Käsemann, Ernst. »Sätze heiligen Rechts im NT.« *New Testament Studies* (Cambridge) 1 (1954): 248ff.

Kirk, Jerry. *A Time to Speak / A Time to Learn / A Time for Hope / A Time for Action.* 4 Vorträge auf Kassetten. Bezugsquelle: College Hill Presbyterian Church, 5742 Hamilton Ave., Cincinnati/Ohio 45224.

Klein, G. »Reich Gottes als biblischer Zentralbegriff.« *Evangelische Theologie* (München) 30 (1970): 642–670.

Kleinig, J. »Reflections on Homosexuality.« *Australian Journal of Christian Education.* Papers 59 (Sept. 1977): 32ff.

Klostermann, August. »Beiträge zur Entstehungsgeschichte des Pentateuchs.« *Zeitschrift für die gesamte Lutherische Theologie und Kirche* (Leipzig) 38 (1877): 401–455.

Klostermann, E. »Die adäquate Vergeltung in Röm 1,22–31.« *ZNW* 32 (1933): 1–6.

Koch, Klaus, »Gibt es ein Vergeltungsdogma im Alten Testament?« *Zeitschrift für Theologie und Kirche* (Leipzig) 52 (1955): 1–42.

Koch, Tr. »Das Böse als theologisches Problem.« *Kerygma und Dogma* (Göttingen) 24 (1978): 285ff.

Krebs, W. »Zur kultischen Kohabitation mit Tieren im alten Orient.« *Forschungen und Fortschritte* (Berlin) 37 (1963): 19–21.

Krüger, G. »The Theology of Crisis.« *The Harvard Theological Review* (Cambridge/Mass.) 19 (1926): 227–258.

Kuhn, K.G. »Röm 6,7.« *ZNW* 30 (1931): 305–310.

Kümmel, W.G. »Futurische und präsentische Eschatologie im ältesten Christentum.« *New Testament Studies* (Cambridge) 5 (1959): 113–126.

Küng, Hans. »Gott und das Leid.« *Lust an der Erkenntnis: Die Theologie des 20. Jahrhunderts.* Hrsg. Karl-Josef Kuschel. München-Zürich: Piper, 1986.

Langdon, S.H. »The Scape-Goat in Babylonian Religion.« *Expository Times* (Aberdeen-Edinburgh) 24 (1912/13): 9–13.

Lindbeck, George A. »The Thought of Karl Rahner, S.J.« *Christianity and Crisis* (New York) 25 (Okt. 1965): 211–215.

Lohmeyer, E. »Sünde, Fleisch und Tod.« *ZNW* 29 (1930): 1–59.

Lovelace, Richard. »The Active Homosexual Lifestyle and the Church.« *Church and Society* (New York) 5 (1977): 24–39.

Lubkoll, Hans-Georg. »AIDS – biblische Anmerkungen zur Seuche unserer Zeit.« *Pastoralblätter* (München) 5 (Mai 1987): 292–296.

Luther, Martin. »Auslegung des 1. Glaubensartikels im Kleinen Katechismus.« *Die Bekenntnisschriften der Evangelisch-Lutherischen Kirche.* Göttingen: Vandenhoeck & Ruprecht, 1930; 4. Aufl. 1959, S. 510f.

Maag, V. »Belija'al im AT.« *Theologische Zeitschrift* (Basel) 21 (1965): 287–299.

Maag, V. »Jakob-Esau-Edom.« *Theologische Zeitschrift* 13 (1957): 418–429.

Maisler, B. »Canaan and the Canaanites.« *Bulletin of the American Schools of Oriental Research (BASOR)* (Baltimore) 102 (1946): 7–12.

Masson, O. »A propos d'un rituel hittite pour la lustration d'une armée.« *Revue de l'histoire des religions* (Paris) 137 (1950): 5ff.

Masters, William H. und Johnson, Virginia E. *Homosexualität.* Berlin-Frankfurt/ M.-Wien: Ullstein, 1980.

Matthiae, P. »Ebla nel periodo delle dinastie amorree e della dinastia di Akkad: Scoperte archeologiche recenti a Tell Mardikh.« *Orientalia NS* (Rom) 44 (1975): 337–360.

Mauerhofer, Erich. »Ist AIDS (k)ein Gericht Gottes?« *Fundamentum* (Riehen) 1 (1987): 74f.

Maurer, Chr. »Ehe und Unzucht nach 1. Kor. 6,12–7,7.« *Wort und Dienst* (Bethel) 6 (1959): 166f.

Mayer, R. »Monotheistische Strömungen in der altorientalischen Umwelt Israels.« *Münchener Theologische Zeitschrift* 8 (1957): 97–113.

McDonald, W.A. »Archaeology and St. Paul's Journey in Greek Lands. Part III: Corinth.« *The Biblical Archaeologist* 5 (1942): 36–48.

McQuilkin, J.R. »The Behavioral Sciences under the Authority of Scripture.« Referat in der Evangelical Theological Society, Jackson/Ms., 30. 12. 1975.

Meurer, Siegfried. »Das Problem der Homosexualität in theologischer Sicht.« *Zeitschrift für evangelische Ethik* (Gütersloh) 18 (1974): 42ff.

Meyer, K. »Die soziale Stellung und Aufgabe des evangelischen Geistlichen in der Gegenwart.« *Zeitschrift für Praktische Theologie* 12 (1890): 1–23.

Milhaven, John Giles. »Homosexuality and Love.« *Homosexuality and Ethics.* Hrsg. E. Batchelor. New York: Pilgrim Press, 1980.

Milleer, Patrick D. »The Gift of God: The Deuteronomic Theology of Land.« *Interpretation. A Journal of Bible and Theology* (Richmond/Va.) 23 (1969): 451–465.

Morgenstein, J. »Beena Marriage (Matriarchat) in Ancient Israel and Its Historical Implications.« *ZAW* 47 (1929): 91ff und 49 (1931): 46ff.

Mowinkel, Sigmund. »Urmensch und ›Königsideologie‹.« *Studia Theologica* (Lund) 2 (1948): 71–89.

Nannen, Els. »Dr. Lawrence Crabb. Die Last des andern. Biblische Seelsorge als Aufgabe der Gemeinde.« *Bibel und Gemeinde* (Waldbronn) 4 (1987): 439–445.

Nelson, James B. »Gayness and Homosexuality: Issues for the Church.« *Homosexuality and Ethics.* Hrsg. E. Batchelor. New York: Pilgrim Press, 1980, S. 206–210.

Niebergall, Friedrich. »Otto Baumgarten, Protestantische Seelsorge.« *Theologische Literaturzeitung* (Leipzig) (1932): Sp. 215f.

Noth, Martin. »Amoriter.« *ZAW* 58 (1940/41): 182ff.

Oliver, James H. »The Epostle of Claudius which Mentions the Proconsul Junius Gallio.« *Hesperia: Journal of the American School of Classical Studies at Athens* 40 (1971): 239ff.

Otten, H. »Die Religionen des alten Kleinasien.« *Handbuch der Orientalistik.* Hrsg. Berthold Spuler. Leiden: Brill, Bd. 8, 1.1, S. 105ff.

Otten, H. »Zu den Anfängen der hethitischen Geschichte.« *Mitteilungen der deutschen Orientalgesellschaft* (Berlin) 83 (1951): 33–45.

Oyen, H. van. »Pastorale Bemerkungen zur Homophilie.« *Zeitschrift für evangelische Ethik* (Gütersloh) (1964): 25–34.

Paul VI. »Quinque iam anni.« 8.12.1970. *Acta Apostolicae Sedis* (Rom) 63 (1971): 102.

Pilz, E. »Die weiblichen Gottheiten Kanaans.« *Zeitschrift des Deutschen Palästina-Vereins* (Wiesbaden) 47 (1924): 127–167.

Pittenger, Norman. »The Homosexual Expression of Love.« *Is Gay Good?* Hrsg. W. Dwight Oberholtzer. Philadelphia: Westminster, 1971, S. 237ff.

Pius XI. »Casti Connubii«, Enzyklika. *Acta Apostolicae Sedis* 22 (1930): 558f.

Pohlenz, M. »Paulus und die Stoa.« *ZNW* 42 (1949): 69–104.

Pope, M.(H.). »Homosexuality.« *The Interpreter's Dictionary of the Bible. Supplementary Vol.* Nashville: Abingdon Press, 1976, S. 416ff.

Rambo, L. »Evangelical Psychology.« *The Christian Century* (Chicago) 28. 12. 1977: 1229f.

Ratzinger, J. »Brief an die Regionalgruppe München der AG ›Homosexuelle und Kirche‹ vom 22. Mai 1981.« *Huk-Info* (Berlin) 30 (1981): 41f.

Richter, W. »Zu den Richtern Israels.« *ZAW* 77 (1965): 40ff.

Riemann, Otto Friedrich. »Evangelische Gedanken über evangelische Seelsorge.« *Zeitschrift für Praktische Theologie* 12 (1890): 229–241.

Ringeling, Hermann. »Die biblische Begründung der Monogamie.« *Zeitschrift für evangelische Ethik* (Gütersloh) 10 (1966): 81–102.

Ringeling, Hermann. »Die nichteheliche Lebensgemeinschaft: Das Problem alternativer Wege zur Verbindlichkeit der Ehe.« *Handbuch der christlichen Ethik.* Hrsg. A. Hertz, W. Korff, T. Rendtorff, und H. Ringeling. Freiburg-Basel-Wien: Herder, Bd. 3, 1982, S. 300ff.

Rowley, H.H. »Mose und der Monotheismus.« *ZAW* 69 (1957): 1–21.

Rowley, H.H. »The Antiquity of Israelite Monotheism.« *Expository Times* (Aberdeen-Edinburgh) 61 (1950): 333–338.

Rössler, Dietrich. »Die Tiefenpsychologie als theologisches Problem.« *Evangelische Theologie* (München) 16 (1961): 162–173.

Rössler, Dietrich. »Rekonstruktion des Menschen. Ziele und Aufgaben der Seelsorge in der Gegenwart.« *Wege zum Menschen* (Göttingen) 25 (1973): 181–196.

Scanzoni, Letha. »On Friendship and Homosexuality.« *Christinity Today* (Carol Stream/Ill.) 18 (27. Sept. 1974): 11–16.

Schlatter, Th. »Für Gott lebendig in Christi Kraft. Eine Studie zu den Selbstaussagen des Paulus.« *Wort und Dienst* (Bielefeld), Jahrbuch 1930: 116–144.

Schlegel, Willhart S. »Neuere Erkenntnisse.« *Lutherische Monatshefte* (Hamburg) 5 (1973): 262.

Schrey, Heinz-Horst. »Seelsorge für Homophile. Verstehen und Verzeihen?« *Lutherische Monatshefte* (Hamburg) 5 (1973): 264f.

Schulz, S. »Die Anklage in Röm 1,18–32.« *Theologische Zeitschrift* (Basel) 14 (1958): 161–173.

Schweizer, Alexander. »Über die wissenschaftliche Constructionsweise der Pastoraltheologie oder Theorie der Seelsorge.« *Theologische Studien und Kritiken* (Gotha) 1 (1938): 1–53.

Schweizer, E. »Die Mystik des Sterbens und Auferstehens mit Christus bei Paulus.« *Evangelische Theologie* (München) 26 (1966): 234–257.

Seemann, Michael. »Homosexualität – Veranlagung, Schuld oder legitime Selbstverwirklichung? Eine ethische Auseinandersetzung.« *Fundamentum* (F.E.T.A. Basel) 1 (1991): 80–90.

Shear, T.H. »Excavations in the Theatre District and Tombs of Corinth in 1929.« *American Journal of Archaeology* (Concord/N.H.) 33 (1929): 525ff.

Sims, B.J. »Sex and Homosexuality.« *Christianity Today* (Carol Stream/Ill.) 10 (1978): 23–30.

Snaith, Norman H. »The Cult of Moloch.« *Vetus Testamentum.* Leiden 16 (1966): 123ff.

Soden, W. v. »Zur Stellung des ›Geweihten‹ *(qdsch)* in Ugarit.« *Ugarit Forschungen* (Neukirchen) 2 (1970): 329ff.

Spangler, J.R. »Is there Help for Homosexuals?« *Ministry* (Hagerstown) 9 (1981): 27ff.

Stonecipher, Christie. »Is Your Teen a Homosexual?« *Parents and Teenagers.* Hrsg. Jay Kesler. Wheaton: Victor Books, 1984, S. 516f.

Strecker, G. »Homosexualität in biblischer Sicht.« *Kerygma und Dogma* (Göttingen): 2 (1982): 127–141.

Strong, S.R. »Christian Counseling with Homosexuals.« *Journal of Psychology and Theology* (La Mirada) 4 (1980): 279–287.

Stückelberger, Christoph. »AIDS und Moral.« *Kirchenbote* (Zürich) 9 (24.4.1987): 2.

Tarachow, Sidney. »St. Paul and Early Christianity: A Psychoanalytic and Historical Study.« *Psychoanalysis and the Social Science.* Hrsg. W. Muensterberger. New York: International Universities Press, 1955, S. 232ff.

Thielicke, Helmut. »The Theologico-ethical Aspect of Homosexuality.« *Homosexuality and Ethics.* Hrsg. E. Batchelor. New York: Pilgrim Press, 1980.

Thompson, J.A. »The Significance of the Verb Love in the David-Jonathan Narratives in 1 Samuel.« *Vetus Testamentum* (Leiden) 24 (1974): 335–338.

Thurneysen, Eduard. »Der Mensch von heute und das Evangelium.« *Theologische Studien* (Zürich) 75 (1964): 5. 11. 33.

Thurneysen, Eduard. »Rechtfertigung und Seelsorge.« *Zwischen den Zeiten* (München) 6 (1928): 197–218.

Thurneysen, Eduard. »Seelsorge und Psychotherapie.« *Theologische Existenz heute* (München) 25 (1950): 6.

Tillich, Paul. »Der Einfluß der Pastoralpsychologie auf die Theologie.« *Neue Zeitschrift für systematische Theologie* (Berlin) 2 (1960): 128–137.

Treese, Robert L. »Homosexuality: A Contemporary View of the Biblical Perspective.« *Loving Women/Loving Men: Gay Liberation and the Church.* Hrsg. Sally Gearhart und William R. Johnson. San Francisco: Glide Publications, 1974, S. 23–58.

Troy, Perry. »Homosexual Ordination: Bishops Feel the Flack.« *Christianity Today* (4. März 1977): 516ff.

Walker, R. »Die Heiden und das Gericht.« *Evangelische Theologie* (München) 20 (1960): 302–314.

Williams, B.A. »Homosexuality and Christianity. A Review Discussion.« *The Thomist* (Baltimore) 46 (1982): 609–625.

Witmer, John A. »Romans.« *The Bible Knowledge Commentary: New Testament Edition.* Hrsg. J.F. Walvoord und R.B. Zuck. Wheaton: Victor, 1983.

Yoyotte, J. »Le jugement des morts.« *Sources Orientales* (Paris) 4 (1961): 15ff.

Zaas, P. »1 Corinthians 6,9ff. Was Homosexuality Condoned in the Corinthian Church?« *115th Annual Meeting. Society in Biblical Literature.* Missoula: Scholars Press, 1979, S. 205–212.

b) Beiträge zu Medizin, Psychologie, Psychiatrie

Aardweg, Gerard J.M. van den. »A Grief Theory of Homosexuality.« *American Journal of Psychotherapy* 26 (1972): 52–68.

Aardweg, Gerard J.M. van den. »Autopsychodrama: Theory and Therapy of Neurosis According to J.L. Arndt.« *American Jornal of Psychotherapy* 17 (1964): 163–166.

Acheson, E.D. »AIDS: A Challenge for the Public Health.« *Lancet* 8482 (22. 3. 1986): 662–666.

Arentewicz, G. und Pfäfflin, F. »Sexuelle Funktionsstörungen aus verhaltenstherapeutischer Sicht mit Bemerkungen zur Paartherapie.« *Therapie sexueller Störungen.* Hrsg. V. Sigusch. Stuttgart: Thieme, 1980, S. 27–53.

Arentewicz, G. und Schorsch, E. »Verhaltenstherapie sexueller Perversionen.« *Therapie sexueller Störungen.* Hrsg. V. Sigusch. Stuttgart: Thieme, 1980.

Armstrong, C.N. »Diversities of Sex.« *British Medical Journal* (London) 4923 (1955): 1173–1177.

Auhagen, N. »AIDS – ein Geschenk des Himmels an die Feinde sexueller Freiheit.« Ton- und Videokassette des Vortrags mit Diskussion, München, Mai 1986. Bezugsquelle: Verein zur AIDS-Verhütung e.V., Postfach 701 264, 6000 Frankfurt/M. 70.

Bancroft, John. »Aversion Therapy of Homosexuality.« *British Journal of Psychiatry* (Dez. 1969): 1417–1431.

Bandura, Albert. »Punishment Revisited.« *Journal of Consulting Psychology* (Washington) 26 (1962): 298–301.

Becker, N. und Schorsch, E. »Die psychoanalytische Theorie sexueller Perversionen.« *Therapie sexueller Störungen.* Hrsg. V. Sigusch. Stuttgart: Thieme, 1980, S. 172ff.

Bergler, Edmund und Eidelberg, Ludwig. »Der Mammakomplex des Mannes.« *Internationale Zeitschrift für Psychoanalyse* 19 (1933): 550ff.

Berlin, F.S. und Meinecke, C.F. »Treatment of Sex Offenders with Antiandrogenic Medication.« *American Journal of Psychiatry* 138 (1981): 601–607.

Bieber, Irving. »A Discussion of ›Homosexuality‹. The Ethical Challenge.« *Journal of Consulting and Clinical Psychology.* Washington D.C. 44 (1976): 163–166.

Biggar, R.J. »The AIDS Problem in Africa.« *Lancet* 8472 (11. 1. 1986): 79–83.

Birk, L.; Huddleston, W.; Miller, E.; und Cohler, B. »Avoidance Conditioning for Homosexuality.« *Archives of General Psychiatry* (Chicago) 25 (1971): 314ff.

Boss, Medard. »Ist Homosexualität angeboren?« *Dokument und Analyse.* München 11 (1975): 40ff.

Bouvet, Maurice. »Importance de l'aspect homosexuel du transfert dans le traitement de quatre cas de névrose obsessionelle masculine.« *Revue française de Psychanalyse* 12 (1948): 419–455.

Boyd, Kenneth. »Homosexuality and the Church.« *Understanding Homosexuality. Its Biological and Psychological Basis.* Hrsg. J.A. Loraine. Lancaster: Medical and Technical Publishing Co., 1974, S. 178ff.

Breggin, P.R. »The Return of Lobotomy and Psychosurgery.« *U.S. Congressional Record* (Washington), 92. Kongress, 2. Session. 24. 2. 1972, Bd. 118, Nr. 26: 5567–5577.

Cabane, J.; Thibierge, E.; Godeau, P.; et al. »AIDS in an Apparently Risk-Free Woman.« *Lancet* 8394 (14. 7. 1984): 105.

Callahan, Edward J. und Leitenberg, Harald. »Aversion Therapy for Sexual Deviation: Contingent Shock and Covert Sensitization.« *Journal of Abnormal Psychology* (Washington) 81 (1973): 60ff.

Cautela, J.R. »Covert Sensitization.« *Psychological Reports* (Missoula) 20 (1967): 459ff.

Center for Disease Control. »Kaposi's Sarcoma and Penumocystis Carinii among Homosexual Men – New York City and California.« *Morbidity and Mortality Weekly Report* (Atlanta) 30 (1982): 305.

Center for Disease Control. »Pneumocystis Pneumonia – Los Angeles.« *Morbidity and Mortality Weekly Report* (Atlanta) 30 (1982): 250–252.

Center for Disease Control. »Opportunistic Infections and Kaposi's Sarcoma among Haitians in the U.S.« *Morbidity and Mortality Weekly Report* (Atlanta) 30 (1982): 253–361.

Center for Disease Control Task Force on Kaposi's Sarcoma and Opportunistic Infections. »Epidemiologic Aspects of the Current Outbreak of Kaposi's Sarcoma and Opportunistic Infections.« *New England Journal of Medicine* (Boston) 306 (1982): 248–252.

Collins, G.R. »Integrating Psychology and Theology.« *Journal of Psychology and Theology* (La Mirada) 8 (1980): 72–79.

Conrad, S.R. und Wincze, J.P. »Orgasmic Reconditioning: A Controlled Study of Its Effects upon the Sexual Arousal of Adult Male Homosexuals.« *Behavior Therapy* (New York) 7 (1976): 155–166.

Cooper, Alan J. »Aetiology of Homosexuality.« *Understanding Homosexuality: Its Biological and Psychological Basis.* Hrsg. J.A. Loraine. Lancaster: Medical and Technical Publishing Co., 1974, S. 1ff.

Cremerius, J. »Gibt es zwei psychoanalytische Techniken?« *Psyche* (Stuttgart) 33 (1979): 577–599.

Crepault, C. und Couture, M. »Men's Erotic Fantasies.« *Archives of Sexual Behavior* 9 (1980): 565–581.

D'Zurilla, T.J. und Goldfried, M.R. »Problem solving and Behavior Modification.« *Journal of Abnormal Psychology* (Washington) 78 (1971): 107–126.

Davison, Gerald C. »Elimination of Sadistic Fantasy by a Client-Controlled Counterconditioning Technique: A Case Study.« *Journal of Abnormal Psychology* (Washington) 73 (1968): 84–89.

Davison, Gerald C. »Homosexuality and the Ethics of Behavioral Intervention.«

Journal of Homosexuality (New York) 3 (1977): 195–204.

Dion, K.K.; Berscheid, E.; und Walster, E. »What Is Beautiful Is Good.« *Journal of Personality and Social Psychology* 24 (1972): 285–290.

Dörner, Günter; Rohole, W.; Stahl, F.; Krell, L.; und Masius, W.G. »A Neuroendoctrine Predisposition for Homosexuality in Men.« *Archives of Sexual Behavior* (New York) 4 (1975): 1–8.

Ellis, Havelock und Moll, Albert. »Die Funktionsstörungen des Sexuallebens.« *Handbuch der Sexualwissenschaften.* Hrsg. Albert Moll. Leipzig: F.C.W. Vogel, 1921, S. 652ff.

Evans, R.B. »Physical and Biochemical Characteristics of Homosexual Men.« *Journal of Consulting Psychology* (Washington) 39 (1972): 140ff.

Evans, Ted D. »Homosexuality: Christian Ethics and Psychological Research.« *Journal of Psychology and Theology* (La Mirada) 1 (1975): 94–98.

Eysenck, Hans J. »Personality, Premarital Sexual Permissiveness and Assortative Mating.« *Journal of Sex Research* (Philadelphia) 10 (1974): 383–390.

Eysenck, Hans J. »The Biosocial Nature of Man.« *Journal of Social and Biological Structures* (London) 3 (1980): 125–134.

Fain, M. und Marty, P. »The Synthetic Function of Homosexual Cathexis in the Treatment of Adults.« *International Journal of Psycho-Analysis* 41 (1960): 401–406.

Feldman, Philip und MacCulloch, Malcolm J. »A Systematic Approach to the Treatment of Homosexuality by Conditional Aversion.« *American Journal of Psychiatry* (Baltimore) 121 (1964): 167–171.

Ferenczi, Sandor. »Zwangsneurosen und Frömmigkeit.« *Internationale Zeitschrift für Psychoanalyse* (Leipzig) 21 (1914): 272ff.

Foote, R.M. »Diethylstilbestrol in the Management of Psychopathological States in Males.« *Journal of Nervous Mental Disease* (Baltimore) 99 (1944): 928–935.

Frank, Jan D. »The Bewildering World of Psychotherapy.« *Journal of Social Issues* (New York) 28 (1972): 27–43.

Freund, Kurt. »Should Homosexuality Arouse Therapeutic Concerns?« *Journal of Homosexuality* (New York) 2 (1977): 235–240.

Freund, Kurt. »Some Problems in the Treatment of Homosexuality.« *Behaviour Therapy and the Neurosis.* Hrsg. H.J. Eysenck. Oxford: Pergamon Press, 1960, S. 312–326.

Frossard, Jacqueline. »Lesbische Frauen.« *Weltbilder. Sexualität: eine Kontroverse mit Brigitte Hauser-Schäublin.* Basel: GS-Vlg., 1987, S. 127–135.

Fujikowa, L.S.; Palestine, A.G.; Nussenblatt, R.B.; et al. »Isolation of Human T-lymphotropic Virus Type III from the Tears of a Patient with the Acquired Immune Deficiency Syndrome.« *Lancet* 8454 (7. 9. 1985): 529f.

Futuyma, Douglas und Risch, Stephan J. »Sexual Orientation, Sociobiology and Evolution.« *Origins of Sexuality and Homosexuality.* Hrsg. J.P. De Cecco und M.G. Shively. New York-Binghamton: Harrington Park Press, 1985, S. 158ff.

Gagnon, John H. »Reviews of the Literature.« *American Journal of Orthopsychiatry* (Menasha/Wisc.) 3 (1981): 560–568.

Gagnon, John H. und Simon, William. »Sexual Deviance in Contemporary America.« *Annals of the American Academy of Political and Social Science* (Washington) 376 (1968): 106–122.

Gillespie, William H. »Notes on the Analysis of Sexual Perversions.« *International Journal of Psychoanalysis* (London) 33 (1952): 397–402.

Gillespie, William H. »Symposium on Homosexuality.« *International Journal of Psychoanalysis* (London) 45 (1964): 203–209.

Gorden, K. »Lastest Study ›Homogenizes‹ Homosexuals.« *National Catholic Reporter* (Kansas City), 12. 10. 1979: 23.

Groopman, J.E.; Salahuddin, S.Z.; Sarngadharan, M.G.; et al. »HTLV-III in Saliva of People with AIDS-Related Complex and Healty Homosexual Men are Risk for AIDS.« *Science* (Washington) 226 (1984): 447–449.

Gundlach, Ralph H. und Riess, Bernard F. »Self and Sexual Identity in the Female: A Study of Female Homosexuals.« *New Directions in Mental Health.* Hrsg. Bernard F. Riess. New York: Grune & Stratton, 1968, S. 205–231.

Hadden, S.B. »Male Homosexuality: Observations on Its Psychogenesis and Its Treatment by Group Psychotherapy.« *The International Handbook of Group Psychotherapy.* Hrsg. J.L. Moreno. New York, 1966, S. 672–678.

Heron, William G.; Kinter, Thomas; Sollinger, Irwing und Trubowitz, Julius. »New Psychoanalytic Perspectives on Treatment of a Homosexual Male.« *Journal of Homosexuality* (New York) 4 (1980): 393–403.

Hetrick, Emery S. und Martin, A. Damien. »Ego-Dystonic Homosexuality: A Developmental View.« *Innovations in Psychotherapy with Homosexuals.* Hrsg. E.S. Hetrick und Terry S. Stein. Washington: American Psychiatric Press, 1984.

Hinrichsen, J.J. und Kathan, M. »Recent Trends and New Developments in the Treatment of Homosexuality.« *Psychotherapy: Theory, Research and Practice* (Chicago) 1 (1975): 83–92.

Hoevels, Fritz Erik. »Tabuthema AIDS-Stop.« Ton- und Videokassette von Vortrag mit Diskussion, Freiburg, Okt. 1985. Bezugsquelle: Verein zur AIDS-Verhütung e.V., Postfach 701 264, 6000 Frankfurt/M. 70.

Hoffman, Martin. »Homosexual.« *Psychology Today* (New York) (Juli 1969): 43–45.70.

Hoffman, Richard J. »Vices, Gods and Virtues. Cosmology as a Mediative Factor in Attitudes toward Male Homosexuality.« *Origins of Sexuality and Homosexuality.* Hrsg. John De Cecco und Michael G. Shively. New York-Binghamton: Harrington Park Press, 1985, S. 30ff.

Holder, A. »Freuds Theorie des psychischen Apparates.« *Psychologie des 20. Jahrhunderts.* München: Kindler, 1976 (Weinheim-Basel: Beltz, 1982), Bd. 2, S. 226–266.

Hoocker, Evelyne. »The Adjustment of the Male Overt Homosexual.« *Journal of Projective Techniques* (New York) 18 (1957): 18–31.

Hooker, Evelyne. »Male Homosexuals and Their ›Worlds‹.« *Sexual Inversion: The Multiple Roots of Homosexuality.* Hrsg. Judd Marmor. New York: Basic Books, 1965, S. 83–107.

Horney, Karen. »Das neurotische Liebesbedürfnis.« *Zentralblatt für Psychotherapie* 10 (1938): 69–82.

James, Basil und Early, Donald F. »Aversion Therapy for Homosexuality.« *British Medical Journal* (London) 5329 (23. 2. 1963): 538ff.

James, Basil. »Case of Homosexuality Treated by Aversion Therapy.« *British Medical Journal* (London) 5280 (17. 3. 1962): 768ff.

Kallmann, Franz J. »Comparative Twin Studies on the Genetic Aspects of Male Homosexuality.« *Journal of Nervous and Mental Disease* (Baltimore) 115 (1952): 283ff.

Kaposi, M. »Idiopathisches multiples Pigmentsarkom der Haut.« *Archives of Dermatology and Syphilology* (Chicago) 4 (1872): 265–273.

Kenyon, Frank Edwin. »Studies in Female Homosexuality.« *British Journal of Psychiatry* (Ashford) 114 (1968): 1337–1350.

Kenyon, Frank Edwin. »Studies in Female Homosexuality: Psychological Test Results.« *Journal of Consulting and Clinical Psychology* (Washington) 5 (1968): 510–513.

Kernberg, O.F. »Barriers to Falling and Remaining in Love.« *Journal of the American Psychoanalytic Association* (New York) 3 (1974): 488–510.

Klepp, O.; Dahl, O.; und Stenning, J.T. »Association of Kaposi's Sarcoma with Prior Immunosuppressive Therapy: A 5-Year Study of Kaposi's Sarcoma in Norway.« *Cancer Journal of the American Cancer Society* 12 (1978): 2626–2630.

Koch, Günther. »Die Bedeutung genetischer Faktoren für das menschliche Verhalten.« *Ärztliche Praxis* (Wien) 17 (1965): 823–839.

Kockott, Götz. »Überblick über die Forschungsdiskussion zu Erklärungs- und Entstehungstheorien der Homosexualität.« *Tutzinger Studien* (Tutzing) 2 (1977): 13ff.

Kohlenberg, R.J. »Treatment of a Homosexual Pedophiliac Using in Vivo Desensitization: A Case Study.« *Journal of Abnormal and Social Psychology* (Washington) 83 (1974): 192–195.

Kohut, H. und Wolf, E. »Die Störungen des Selbst und ihre Behandlung.« *Psychologie des 20. Jahrhunderts*. München: Kindler, 1980, Bd. 10, S. 667–682.

Kolodny, Robert C. »Evaluating Sex Therapy: Process and Outcome at the Masters & Johnson Institute.« *Journal of Sex Research* (Philadelphia) 4 (Nov. 1981): 301–318.

Kolodny, Robert C.; Masters, W.H.; Hendrys, J.; und Toro, G. »Plasma Testoterone and Semen Analysis in Male Homosexuals.« *New England Journal of Medicine* (Boston) 285 (1971): 1170–1174.

Kolodny, Robert C.; Jacobs, L.S.; Masters, W.H.; et al. »Plasma Gonadoctrophins and Prolactin in Male Homosexuals.« *Lancet* (London) 7766 (1972): 18.

Köberle, Adolf. »Deutung und Bewertung der Homosexualität im Gespräch der Gegenwart.« *Der homosexuelle Nächste. Ein Symposion.* Hamburg: Furche, 1963, S. 36ff.

Köhne, J. »Homosexualität.« *Sexualpädagogik* (München) 4 (1972): 2ff.

Kroll, Wilhelm. »Römische Erotik.« *Zeitschrift für Sexualwissenschaft und Sexualpolitik* (Leipzig) 3 (1930–31): 145–178.

Kütemeyer, Wilhelm. »Medizinische Aspekte der Homosexualität.« *Homosexualität in evangelischer Sicht*. Hrsg. Theo Sorg, Gerhard Stoll, und Karl Sundermeier. Wuppertal: Aussaat, 1965, S. 64ff.

Kutter, Peter. »Psychoanalytische Aspekte psychiatrischer Krankheitsbilder.« *Die Krankheitslehre der Psychoanalyse.* Hrsg. Wolfgang Loch. Stuttgart: S. Hirzel, 4. Aufl. 1983, S. 261ff.

Kutter, Peter. »Über moderne Neurosenformen und ihre gesellschaftliche Bedingtheit.« *Die Beziehung zwischen Arzt und Patient. Zur psychoanalytischen Theorie und Praxis. Festschrift für W. Loch zum 60. Geburtstag.* Hrsg. P. Kutter. München: List, 1975, S. 215–226.

Laar, Y. und Schwarz, R.A. »Epidemiologic Aspects of American Kaposi's Sarcoma.« *Journal of Surgical Oncology* (New York) 12 (1979): 299–303.

Levy, J.A.; Hollander, H.; und Shimabukura, J. »Isolation of AIDS-Associated Retroviruses from Cerebrospinal Fluid and Brain of Patients with Neurological Symptoms.« *Lancet* 8455 (14. 9. 1985): 586–588.

MacCulloch, Malcolm und Feldman, Philip. »Aversion Therapy in Management of 43 Homosexuals.« *British Medical Journal* (London) 2 (1967): 594ff.

Mandel, K.H. »Probleme und Ansätze der Verhaltenstherapie bei männlichen Homosexuellen.« *Zeitschrift für Psychotherapie und Medizinische Psychologie* (Stuttgart) 20 (19

Manosevitz, M. »Early Sexual Behaviour in Adult Homosexual and Heterosexual Males.« *Journal of Abnormal Psychology* (Washington) 76 (1970): 396–401.

Marbach, William D. »A New Theory of Causation.« *Newsweek,* (New York) 27 (7. Juli 1986): 51.

Margolese, M. Sydney. »Homosexuality: A New Endocrine Correlate.« *Hormones and Behaviour* (New York) 1 (1970): 151.

Marmor, M.; Laubenstein, L.; William, D.C.; et al. »Risk Factors for Kaposi's Sarcoma in Homosexual men.« *Lancet* (London) 1 (1982): 1083–1087.

Martin, Peter. »The New Narcissism.« *Harper's* (New York) 10 (Okt. 1975): 45f.

McConaghy, N. »Aversive and Positive Conditioning Treatment of Homosexuality.« *Behaviour Research and Therapy* (Oxford) 13 (1975): 309ff.

McConaghy, N. »Subjective and Penile Plethysmograph Responses to Aversion Therapy for Homosexuality: A Follow-Up Study.« *British Journal of Psychiatry* (Ashford) 117 (1970): 555ff.

McConaghy, N.D.; Proctor, D.; und Barr, R. »Subjective and Penile Plethysmography Responses to Aversion Therapy for Homosexuality: A Partial Replication.« *Archives of Sexual Behavior* (New York) 2 (1971): 65ff.

McDougall, J. »Primal Scene and Sexual Perversion.« *International Journal of Psychoanalysis* (London) 53 (1972): 371ff.

McWhirter, D.P. und Mattison, A.M. »The Treatment of Sexual Dysfunctions in Gay Male Couples.« *Journal of Sex and Marital Therapy* (London) 3 (1978): 213–218.

Metzner, R. »Some Experimental Analogies of Obsession.« *Behaviour Research and Therapy* (Oxford) 1 (1963): 231–236.

Meyer-Bahlburg, Heino F.L. »Sex Hormones and Male Homosexuality in Comparative Perspective.« *Archives of Sexual Behavior* (New York) 4 (1977): 297ff.

Miller, B.M.; Bradley, J.B.; Gross, R.S.; und Wood, G. »Review of Homosexuality Research (1960–66) and Some Implications for Treatment.« *Homosexuality: A Changing Picture.* Hrsg. H.M. Ruitenbeck. London, 1973, S. 153ff.

Miller, N.E. »Learning of Visceral and Glandular Responses.« *Science* (New York) 163 (1969): 434.

Money, John. »Strategy Ethics, Behavior Modification, and Homosexuality.« *Archives of Sexual Behavior* (New York) 2 (1972): 79ff.

Money, John und Gaskin, R.J. »Sex Reassignment.« *International Journal of Psychiatry* (New York) 9 (1970): 249–253.

Money, John. »Genetic and Chromosomal Aspects of Homosexual Etiology.« *Homosexual Behavior*. Hrsg. J. Marmor. New York: Holt, 1980, S. 59–74.

Money, John. »Psychosexual Differentiation.« *Sex Research: New Developments*. Hrsg. John Money. New York: Holt, 1965.

Money, John. »Statement on Antidiscrimination Regarding Sexual Orientation.« *Siecus Report* (New York) 6 (Sept. 1977).

Morgenthaler, Fritz. »Die Stellung der Perversionen in Metapsychologie und Technik.« *Psyche* (Stuttgart) 28 (1974): 1077–1098.

Morgenthaler, Fritz. »Homosexualität«. *Therapie sexueller Störungen*. Hrsg. V. Sigusch. Stuttgart: Thieme, 1980, S. 336ff.

Morgenthaler, Fritz. »Zur Theorie und Therapie von Perversionen.« *Psyche* (Stuttgart) 28 (1974): 1081ff.

Morris, Herman und Wortis, S.B. »Aberrant Sex Behavior in Humans.« *Annals of the New York Academy of Science* (New York) 5 (1947): 639–645.

Muck, M. »Übertragung und Gegenübertragung.« *Psychologie des 20. Jahrhunderts*. München: Kindler, Bd. 3 1977, S. 1109–1124.

Narramore, B. »Perspectives on the Integration of Psychology and Theology.« *Journal of Psychology and Theology* (La Mirada) 1 (1973): 3–18.

Niebuhr, Reinhold. »Kinsey and the Moral Problems of Man's Sexual Life.« *An Analysis of the Kinsey Reports*. Hrsg. D.P. Geddes. New York: New American Library, 1954, S. 62ff.

Parks, G.A.; Korth-Schütz, S.; Penny, R.; et al. »Variation in Pituitary-Gonadal Function in Adolescent Male Homosexuals and Heterosexuals.« *Journal of Clinical Endocrinology (and Metabolism)* (Springfield/Ill.) 39 (1974): 796ff.

Passett, Peter. »Die Aufhebung des Widerspruchs in der Bewegung.« *Sexualität*. Hrsg. Psychoanalytisches Seminar Zürich. Frankfurt/M.: Syndikat EVA, 1986, S. 157–203.

Pattison, F. Mansell und Pattison, Myrna Loy. »Ex-Gays. Religiously Mediated Change in Homosexuals.« *American Journal of Psychiatry* (Baltimore) 12/167 (1980): 1553–1563.

Perloff, W.H. »Hormones and Homosexuality.« *Sexual Inversion*. Hrsg. Judd Marmor. New York: Basic Books, 1965.

Piaget, Jean. »Equilibration and the Development of Logical Structure.« *Discussion on Child Development*. Hrsg. J.M. Tanner und B. Inhelder. London: Tavistock, 1960.

Pillard, R.C.; Rose, R.M.; und Sherwood, M. »Plasma Testosterone Levels in Homosexual Men.« *Archives of Sexual Behavior* (New York) 3 (1974): 543.

Pitchenik, A.E.; Shafron, R.D.; Glasser, R.M.; et al. »The Acquired Immunodeficiency Syndrome in the Wife of a Hemophiliac.« *Annals of Internal Medicine* (New York) 100 (Jan. 1984): 62–65.

Pomeroy, Wardell B. »Homosexuality in Perspective: Three Views.« *Siecus Report* (New York) 1 (1979): 1 u. 6f.

Pomeroy, Wardell. »Homosexuality.« *The Same Sex.* Hrsg. Ralph Weltge. New York: Pilgrim Press, 1975, S. 3–13.

Raboch, J. und Nedoma, K. »Sex Chromatin and Sexual Behavior.« *Psychosomatic Medicine* (New York) 20 (1958): 55–59.

Rainer, J.D.; Mesnikoff, A.; Kolb, L.C.; und Carr, A. »Homosexuality and Heterosexuality in Identical Twins.« *Psychosomatic Medicine* (New York) 22 (1960): 251–259.

Reid, B.L. »The Causation of Cervical Cancer.« *Clinics in Ostetrics and Gynaecology. Cancer of the Cervix: Diagnosis and Treatment.* Hrsg. Albert Singer. London-Philadelphia-Toronto: W.B. Saunders, Bd. 12/1, März 1985.

Rice, Berceley. »Coming on Age in Sodom and New Milford.« *Psychology Today* 9 (1975): 64–66.

Robertson, J.R. et al. »Epidemic of AIDS-Related Virus Infection among Intravenous Drug Abusers.« *British Medical Journal* (London) 292 (22. 2. 1986): 527–530.

Rogers, Carl; Roback, H.; McKee, E.; und Calhoun, D. »Group Psychotherapy with Homosexuals: A Review.« *International Journal of Psychotherapy* (Boston) 1 (1976): 3–27.

Rosen, R.C. und Kopel, S.A. »Penile Plethysmography and Biofeedback in the Treatment of a Transvestite-Exhibitionist.« *Journal of Consulting and Clinical Psychology* (Washington) 45 (1977): 908–916.

Ross, Michael W. »Retrospective Distortion in Homosexual Research.« *Archives of Sexual Behavior* (New York) 9 (1980): 523–532.

Roth, Martin und Ball, John R.B. »Psychiatric Aspects of Intersexuality.« *Intersexuality in Vertebrates Including Man.* Hrsg. C.N. Armstrong und A.J. Marshall. London: Academic Press, 1964, S. 395–443.

Roper, Peter. »The Effects of Hypnotherapy on Homosexuality.« *Canadian Medical Association Journal* (Montreal) 94 (1966): 72–77.

Rubin, Isadore. »Homosexuality.« *Siecus Discussion Guide* (New York) 2 (1965): 1–4.

Ruse, M. »Are there Gay Genes? Sociobiology and Homosexuality.« *Journal of Homosexuality* (New York) 6 (1981): 5–34.

Safai, B. und Good, R.A. »Kaposi's Sarcoma: A Review of Recent Developments.« *Clinical Bulletin* (Memorial Sloane-Kettering Cancer Center) (New York) 10 (1982): 62f.

Salahuddin, S.Z.; Markham, P.D.; Redfield, R.R.; et al. »HTLV-III in Symptom-Free Seronegative Persons.« *Lancet* 8417–18 (22./29. 12. 1984): 1418–1420.

Schlegel, Willhart S. »Angeborenes Verhalten und Sittengesetz.« *Symposienband: Der homosexuelle Nächste.* Hrsg. H. Bianchi und A. Leendert. Hamburg: Furche, 2. Aufl. 1965, S. 190ff.

Schlegel, Willhart S. »Parameter Beckenskelett. Genetische Aspekte sozialen Verhaltens.« *Sexualmedizin* (Wiesbaden) 4 (1975): 228–238.

Schmideberg, Melitta. »Einige unbewußte Mechanismen im pathologischen Sexualleben und ihre Beziehung zur normalen Sexualbetätigung.« *Internationale Zeitschrift für Psychoanalyse* 18 (1932): 61ff.

Schover, L.R. und LoPiccolo, J. »Treatment Effectiveness for Dysfunctions of Sexual Desire.« *Journal of Sex and Marital Therapy* (London) 8 (1982): 179–197.

Schwarz, M.F. und Masters, William H. »Conceptual Factors in the Treatment of Paraphilias: A Preliminary Report.« *Journal of Sex and Marital Therapy* (London) 9 (1983): 3–18.

Sherfey, Mary Jane. »The Evolution and Nature of Female Sexuality in Relation to Psychoanalytic Theory.« *Journal of the American Psychoanalytic Association* (New York) 1 (1966).

Siegelman, M. »Parental Backgrounds of Homosexual and Heterosexual Women.« *British Journal of Psychiatry* 124 (1974): 14–21.

Siegelman, M. »Parental Backgrounds of Male Homosexuals and Heterosexuals.« *Archives of Sexual Behavior* (New York) 3 (1974): 3–18.

Siegelman, M. »Psychological Adjustment of Homosexual and Heterosexual Men: A Cross-National Replication.« *Archives of Sexual Behavior* (New York) 7 (1978): 1–11.

Sigusch, Volkmar. »Psychochirurgie – hirnverbrannt.« *Die Zeit* (Hamburg) 15 (1980): 9–11.

Sigusch, Volkmar. »Über den Fetischcharakter der Sexualität.« *Sexualität.* Hrsg. Psychoanalytisches Seminar Zürich. Frankfurt/M.: Syndikat EVA, 1986, S. 133–156.

Sigusch, Volkmar. »Die Kastration des Mannes.« *Sexualmedizin* (Wiesbaden) 7 (1978): 984–993.

Silverstein, Charles. »Homosexuality and the Ethics of Behavioral Intervention.« *Journal of Homosexuality* (New York) 3 (1977): 205–209.

Singer, M. und Fischer, R. »Group Psychotherapy of Male Homosexuals by a Male and Female Co-therapy Team.« *International Journal of Group Psychotherapy* (New York) 1 (1967): 44–52.

Socarides, Charles W. »Bedeutung und Inhalt von Abweichungen im Sexualverhalten.« *Psychologie des 20. Jahrhunderts.* Bd. 2. München: Kindler, 1976, S. 707–737.

Socarides, Charles W. »Beyond Sexual Freedom: Clinical Fallout.« *American Journal of Psychotherapy* 30 (1976): 385–397.

Socarides, Charles W. »The Sexual Deviations and the Diagnostic Manual.« *American Journal of Psychotherapy* 32 (1978): 414–425.

Spitz, R.A. »Ein Nachtrag zum Problem des Autoerotismus.« *Psyche* (Stuttgart) 18 (1965): 241–272.

Stekel, Wilhelm. »Ist die Homosexualität heilbar?« *Nervenarzt* (Berlin) 2 (1929): 337–343.

Stoller, R.J. »Transvestite's Women.« *American Journal of Psychiatry* (Baltimore) 124 (1967): 333–339.

Tanner, B.A. »A Comparison of Automated Aversive Conditioning and a Waiting List Control in the Modifications of Homosexual Behaviour in Males.« *Behaviour Therapy* (New York) 5 (1974): 29–32.

Taylor, Gordon Rattray. »Historical and Mythological Aspects of Homosexuality.« *Sexual Inversion: The Multiple Roots of Homosexuality.* Hrsg. Judd Marmor. New York: Basic Books, 1965, S. 140–164.

Thirty, L.; Sprecher-Goldberger, S.; Jonckheer, T.; et al. »Isolation of AIDS Virus from Cell-Free Breast Mild of Three Healthy Virus Carriers.« *Lancet* 8460 (19. 10. 1985): 891f.

Troiden, R.R. »Becoming Homosexual: A Model of Gay Identity Acquisition.« *Psychiatry* (Washington) 42 (1979): 362–373.

Urmocher, C.; Muskowski, P.; Ochoa, M.; et al. »Outbreak of Kaposi's Sarcoma with Cytomegalovirus in Young Homosexual Men.« *American Journal of Medicine* (New York) 72 (1982): 569.

Valente, Michael F. »A New Direction.« *Homosexuality and Ethics.* Hrsg. Edward Batchelor, Jr. New York: The Pilgrim Press, 1980.

Watson, John, Broadus. »Psychology as the Behaviorist Views.« *Psychological Review* (Washington) 20 (1913): 158–177.

Waxenberg, S.E.; Drellich, M.; und Sutherland, A.M. »The Roles of Hormones in Human Behavior.« *Journal of Clinical Endocrinology* (Springfield/Ill.) 19 (1959): 193–202.

Wenres, Johannes. »Angeborene Triebrichtung.« *Lutherische Monatshefte* (Hamburg) 5 (1973): 263.

Wincze, J.P. und Caird, W.K. »The Effects of Systematic Desensitization and Video-Desensitization in the Treatment of Essential Sexual Dysfunction in Women.« *Behaviour Therapy* (New York) 7 (1976): 335–342.

Winnicott, D.W. »Übergangsobjekte und Übergangsphänomene.« *Psyche* (Stuttgart) 23 (1963): 666ff.

Wood, Robert. »Sex Life in Ancient Civilizations.« *The Encyclopedia of Sexual Behavior.* Hrsg. A. Ellis und A. Abarbanel. New York: Hawthorn Books, 1961, Bd. 1, S. 125–128.

Woodward, M. »The Diagnosis and Treatment of Homosexual Offenders.« *British Journal of Delinquency* (London) 9 (1958): 44–59.

Yamamoto, J. und Seeman, W. »A Psychological Study of Castrated Males.« *Psychiatric Research Reports* (Washington) 12 (1960): 97–103.

Zilbergeld, B. und Evans, M. »The Inadequacy of Masters and Johnson.« *Psychology Today* (New York) 8 (August 1980): 42f.

Zuckermann, M. »Physiological Measures of Sexual Arousal in the Human.« *Psychological Bulletin* (Washington D.C.) 75 (1971): 297–329.

Zuger, B. »The States of Being and Awareness in Neurosis and Their Redirection in Therapy.« *Journal of Nervous and Mental Disease* (Baltimore) 121 (1955): 575.

c) Allgemeine Beiträge

Dover, Kenneth J. »Classical Greek Attitudes to Sexual Behavior.« *Arethusa* (Albany) 6 (1973): 58ff.

Griffin, Jasper. »Augustan Poetry and the Life of Luxury.« *Journal of Roman Studies* (London) 66 (1976): 87–105.

Halter, Hans. »Ich bin en Tunt, bin kernjesund.« *Der Spiegel* (Hamburg) 29 (16. 7. 1984): 133.

Kees, Hermann. »Horus und Seth als Götterpaar.« *Mitteilungen der Vorderasiatisch(-Ägyptisch)en Gesellschaft* (Leipzig) 28/1 (1912); 29/1 (1924).

Kramer, S.N. »Sumerian Mythology.« *Proceedings of the American Philosophical Society* (Philadelphia) 107 (1944): 501ff.

Lieber, Klaus. »AIDS ist keine Gottesstrafe.« *Brückenbauer* (Zürich) 8 (18. 2. 1987): 3.

Meves, Christa. »Schrankenlose Freiheit ist die heiligste Kuh.« *Idea-Spektrum* (Wetzlar) 7 (1987): 3–4.

Motschmann, Elisabeth. »Sind Kondome wirklich besser?« *Idea-Spektrum* (Wetzlar) 5 (1987): 14f.

Ostling, Richard N. »›Unreservedly‹ Loyal to the Pope.« *Time* (New York) 47 (24. 11. 1986): 46f.

Plassart, André. »L'inscription de Delphes mentionnant le proconsul Gallion.« *Revue des études grecques* (Paris) 80 (1967): 372–378.

Pohlenz, M. »Nomos und Physis.« *Hermes Zeitschrift für klassische Philologie* 81 (1953): 418–438.

Sullivan, Scott. »Of Masters and Puppets: The Debate over Foucault's Theories of Power.« *Newsweek* (New York) 49 (8. 12. 1986): 53–55.

Ungareni, J.R. »De-moralizing Morality: Where Dover's Greek Homosexuality Leaves Us.« *Journal of Homosexuality* (New York) 8 (1982): 1–18.

Weber, Joseph C. »Does the Bible Condemn Homosexual Acts?« *Engage / Social Action* (Washington) 5 (1975): 28–36.

Woodward, Kenneth L. und Nagorski, Andrew. »Misinformation to Rome?« *Newsweek* 48 (28. 11. 1983): 59.

Woodward, Kenneth L.; Whitmore, Jane; Hutchison, Sue; Shenitz, Bruce; und King, Patricia. »Gays in the Clergy.« *Newsweek* 8 (23. 2. 1987): 44.